JUS ECCLESIASTICUM

Beiträge zum evangelischen Kirchenrecht
und zum Staatskirchenrecht
Band 31

Herausgegeben von

AXEL FRHR. VON CAMPENHAUSEN
GERHARD GRETHLEIN · MARTIN HECKEL
KLAUS OBERMAYER · RUDOLF WEEBER

MARTIN HECKEL

Die theologischen Fakultäten
im weltlichen Verfassungsstaat

J.C.B. Mohr (Paul Siebeck) Tübingen 1986

Geschäftsführender Herausgeber: Martin Heckel

CIP-Kurztitelaufnahme der Deutschen Bibliothek

Heckel, Martin:
Die theologischen Fakultäten im weltlichen
Verfassungsstaat / Martin Heckel. – Tübingen:
Mohr, 1986.
  (Jus ecclesiasticum; Bd. 31)
  ISBN 3-16-645031-9
  [ISSN 0449-4393]
NE: Ius ecclesiasticum

J.C.B. Mohr (Paul Siebeck) Tübingen 1986.

Printed in Germany. Satz und Druck von Gulde-Druck GmbH in Tübingen.
Bindung von Heinrich Koch in Tübingen.

OTTO BACHOF

in freundnachbarlicher Verbundenheit

Vorwort

Diese Untersuchung ist aus mannigfachen Anregungen der Praxis erwachsen. Sie versucht, vor allem die Zusammenhänge zwischen dem Hochschulrecht und dem Staatskirchenrecht sowie zwischen dem Staatskirchenrecht und dem inneren Kirchenrecht der Konfessionen in ihrer komplexen Differenziertheit aufzuzeigen. Sie widmet ihr besonderes Interesse den Rechtsfragen der evangelisch-theologischen Fakultäten, deren Grundprobleme und Spezialregelungen bisher nicht entfernt so eingehend diskutiert und aufbereitet worden sind wie das katholisch-theologische Fakultätenrecht. Sie will nicht handbuchartig eine vollständige Darstellung des Rechtsstoffes geben, sondern eher monographisch den grundsätzlichen Fragen und Entwicklungen dieses sensiblen kulturverfassungsrechtlichen Bereiches nachgehen. Seit der letzten großen, die wissenschaftliche Diskussion vertiefende Darstellung des Rechts der theologischen Fakultäten von Ernst-Lüder Solte vor 14 Jahren haben sich manche neuen Aufgaben für die Lehre und die Praxis gestellt.

Die Studie ist für Juristen und Theologen geschrieben. Gerade auch den letzteren will sie eine Orientierungshilfe über die weltlichen Rahmenbedingungen der theologischen Arbeit im System des modernen Staates und Rechtes anbieten.

Für ihre Hilfe bei der Drucklegung und bei der Anfertigung der Register danke ich herzlich meinen Assistenten Dietrich Kratsch, Georg Ris, Jörg Kriewitz und vor allem meiner lieben Frau.

Tübingen, im Juli 1985   Martin Heckel

Gliederung

Vierter Teil

Die Mitwirkung der evangelischen Kirchen in Personalangelegenheiten der evangelisch-theologischen Fakultäten

Fünfter Teil

Exkurs in das evangelische Kirchenrecht: Bekenntnis, Bekenntnisrelevanz, Bekenntniswahrung

Sechster Teil

Institutionelle Sonderfragen

Inhaltsverzeichnis

Dritter Teil

Die Mitwirkung der katholischen Kirche in Personalangelegenheiten der katholisch-theologischen Fakultäten

Vierter Teil

Die Mitwirkung der evangelischen Kirchen in Personalangelegenheiten der evangelisch-theologischen Fakultäten

Fünfter Teil

Exkurs in das evangelische Kirchenrecht:
Bekenntnis, Bekenntnisrelevanz, Bekenntniswahrung

Sechster Teil
Institutionelle Sonderfragen

Siebter Teil
Die theologischen Prüfungen und Grade

Achter Teil
Konfessionszugehörigkeit als Prüfungsvoraussetzung

Abkürzungsverzeichnis

a.A.	anderer Ansicht
AAS	Acta Apostolica Sedis
ABl	Amtsblatt
AkAbschlPrO	Ordnung der Akademischen Abschlußprüfung
ALR	Allgemeines Landrecht für die preußischen Staaten
AöR	Archiv des öffentlichen Rechts
BayVGHE	Sammlung von Entscheidungen des Bayerischen Verwaltungs-gerichtshofs
BGBl	Bundesgesetzblatt
BVerfGE	Entscheidungen des Bundesverfassungsgerichts
BVerwGE	Entscheidungen des Bundesverwaltungsgerichts
CIC	Codex Iuris Canonici
DiplPrO	Diplomprüfungsordnung
DÖV	Die Öffentliche Verwaltung
DVBl	Deutsches Verwaltungsblatt
EKD	Evangelische Kirche in Deutschland
EKU	Evangelische Kirche der Union
ErstTheolDienstPrO	Ordnung über die erste Evang.-theol. Dienstprüfung
ErstTheolExO	Prüfungsordnung für das Erste Theologische Examen
FachbPrO	Ordnung der Fachbereichsprüfung
FachHSchG	Fachhochschulgesetz
FakExO	Prüfungsordnung für das Fakultätsexamen
FAZ	Frankfurter Allgemeine Zeitung
GBl	Gesetzblatt
GG	Grundgesetz für die Bundesrepublik Deutschland
GrundO	Grundordnung
GVBl	Gesetz- und Verordnungsblatt
HabilO	Habilitationsordnung
HdbStKirchR	Handbuch des Staatskirchenrechts der Bundesrepublik Deutsch-land
HdbWissR	Handbuch des Wissenschaftsrechts
h.M.	herrschende Meinung
HRG	Hochschulrahmengesetz
HSchG	Hochschulgesetz
JZ	Juristenzeitung
KABl	Kirchliches Amtsblatt
KabO	Kabinettsordre
KGBl	Kirchliches Gesetzblatt
KGuVBl	Kirchliches Gesetz- und Verordnungsblatt

KiGes	Kirchengesetz
KiHo	Kirchliche Hochschule
KO	Kirchenordnung
Konk	Konkordat
KV	Kirchenvertrag
LehrbeanstO	Lehrbeanstandungsordnung
LehrO	Lehrordnung
LehrzuchtO	Lehrzuchtordnung
LizO	Lizentiatsordnung
Liz/PromO	Lizentiats- und Promotionsordnung
LV	Landesverfassung
MagPrO	Ordnung für die Magisterprüfung
MBl	Ministerialblatt
NJW	Neue Juristische Wochenschrift
NVwZ	Neue Zeitschrift für Verwaltungsrecht
OVG	Oberverwaltungsgericht
PromO	Promotionsordnung
PrüfungsO	Prüfungsordnung
Sap.Chr.	Constitutio Apostolica »Sapientia Christiana«
TheolAbschlExO	Ordnung für das Theologische Abschlußexamen
TheolAufnPrO	Prüfungsordnung für die Theologische Aufnahmeprüfung
TheolHauptPrO	Ordnung der Theologischen Hauptprüfung
UG	Universitätsgesetz
VELKD	Vereinigte Evangelisch-Lutherische Kirche Deutschlands
Verf	Verfassung
VG	Verwaltungsgericht
VGH	Verwaltungsgerichtshof
VorlO	Vorläufige Ordnung
VVDStRL	Veröffentlichungen der Vereinigung der Deutschen Staatsrechts-lehrer
VwVfG	Verwaltungsverfahrensgesetz
WissHSchG	Gesetz über die wissenschaftlichen Hochschulen
WissR	Wissenschaftsrecht, Wissenschaftsverwaltung, Wissenschafts-förderung (Zeitschrift)
WRV	Weimarer Reichsverfassung
ZevKR	Zeitschrift für evangelisches Kirchenrecht
ZRGKan.Abt.	Zeitschrift d. Savigny-Stiftung für Rechtsgeschichte, Kanonisti-sche Abteilung
ZRP	Zeitschrift für Rechtspolitik

Erster Teil

Problematik und Entwicklung

I. Die Koinzidenz der kulturstaatlichen
und staatskirchenrechtlichen Probleme

Die »Wege zum Rechtsstaat«[1] führen durch die konkreten Gefilde des Verwaltungsrechts. In ihnen wird die Probe darauf abgelegt, was die großen Allgemeinprinzipien der Freiheit und Rechtsstaatlichkeit, wie sie die Verfassungstheorie und Verfassungsrechtsdogmatik als Richtmaß entwickeln, wirklich bedeuten und bewirken. Die Zucht des Konkreten lehrt das Maß der Dinge und führt in die Tiefe des Prinzips. Sie schärft den Blick für das Verstehen der Vergangenheit wie der Gegenwartsentwicklung des Rechts. Der Status der theologischen Fakultäten im freiheitlich-demokratischen Staat bietet hierfür ein reizvolles Exempel – steht er doch im Schnittpunkt von Wissenschaft, Staat, Kirche und Gesellschaft, von Geist, Glaube, Recht und Macht. Die heiklen Fragen der modernen Kulturstaatlichkeit zeigen sich hier in dem sensiblen Koordinaten-Zusammenhang der Freiheit des Kulturellen vom Staat und zugleich seiner rechtlichen Gewährleistung, Ordnung und Förderung durch den Staat. Und dieses Widerspiel wird überlagert durch das spannungsreiche Verhältnis von Staat und Kirche, ja überhaupt von Glaube und Recht: Was bedeutet und erfordert hier die »Trennung von Kirche und Staat«, die Garantie der Religionsfreiheit und der Eigenständigkeit der Religionsgesellschaften? Was heißt und verlangt die Weltlichkeit bzw. Säkularisierung des modernen Staates, seine weltanschauliche und religiöse (speziell konfessionelle) Neutralität, was das Prinzip des »Pluralismus« und der religionsrechtlichen Parität? Das Kernproblem lautet: Wie ist im staatlichen Recht das Verhältnis der Freiheit der Wissenschaft zur Freiheit der Religion und der Religionsgemeinschaften zu

---

[1] Diesem Thema hat *Otto Bachof* seine Lebensarbeit gewidmet, die er mit einer kirchenrechtlichen Dissertation über Die parochiale Rechtsstellung der großen Anstalten in den deutschen evangelischen Kirchen, Berlin 1939, bei Erik Wolf begann. Vgl. *ders.*, Wege zum Rechtsstaat. Ausgewählte Studien zum öffentlichen Recht, Königstein/Ts. 1979.

bestimmen? Wie lassen sich die Spannungen zwischen ihnen zum Ausgleich bringen? Und wie sind insbesondere jene Spannungen zu lösen, die sich innerhalb der Wissenschaftsfreiheit und ebenso der Religionsfreiheit aus dem Aufeinandertreffen verschiedener Wissenschaftsrichtungen und verschiedener Glaubenspositionen in den staatlichen Einrichtungen ergeben? Die Verfassungsgarantien entfalten hier eine durchaus ambivalente Wirkung – stehen sie doch den verschiedensten Richtungen, Gruppen, Individuen offen. Deren Antagonismus aber folgt notwendig aus dem komplexen geistigen Befund der Moderne auf dem Felde der Wissenschaften, der Weltanschauung, der Religion; er kann durch das Recht – wenn es umfassend und unvoreingenommen Freiheit gewährleisten will – nicht beseitigt und überwunden, sondern nur äußerlich entzerrt werden. Betreibt der Staat in der »heillos« zersplitterten religiösen und geistigen Lage unserer Zeit die theologischen Wissenschaften in eigener Regie, so wird er nur eine äußere rechtliche Ausgleichslösung finden können, die den vielseitig dissentierenden Stimmen umsichtig und vorsichtig Freiheit und Schutz vor Verfälschung gewährt. Mehr als ein differenzierter Kompromiß kann nicht erwartet werden, wenn der Status der theologischen Fakultäten rechtsstaatlich in Freiheitlichkeit und Offenheit geordnet werden soll und sich die monolithische ideologische bzw. religiöse Einheitslösung verbietet.

II. Äußere Kontinuität und innere Divergenzen des Rechts im kultur- und kirchenpolitischen Spannungsfeld

1. Ältere Bestandsgarantien der theologischen Fakultäten

Wenn man die einschlägige Diskussion überblickt, ist eine gewisse Beruhigung in den Grundpositionen nicht zu verkennen: Die Existenz der theologischen Fakultäten an der staatlichen Universität ist in breitem Konsens anerkannt, desgleichen auch ihre besondere geistige-geistliche Prägung, die insbesondere aus ihrer Aufgabe der Geistlichenausbildung und der dadurch bedingten Nähe zu den Kirchen folgt. Nur ganz vereinzelte Außenseiterstimmen[2] bestreiten schlechthin ihre verfassungsrechtliche Zulässigkeit. Auch die verfassungspolitischen Angriffe[3] auf sie scheinen derzeit abgeschlagen bzw. chancenlos. Die theologischen Fakultäten haben den Schritt aus dem Bismarck-Reich in

---

[2] Etwa *Erwin Fischer*, Trennung von Staat und Kirche, 2. A., Frankfurt/Berlin 1971 S. 289 ff.; *Joachim Kahl*, Das Elend des Christentums, Reinbek b. Hamburg 1968 S. 125 ff.

[3] Vgl. die Forderung der Bundesdelegiertenkonferenz der Deutschen Jungdemokraten vom Januar 1973 Ziff. II 4 (abgedr. in: *P. Rath*, Trennung von Staat und Kirche? Reinbek 1974 S. 11 ff.), die im »Kirchenpapier« der F.D.P. »Freie Kirche im Freien Staat« vom Jahre 1974 nicht aufgenommen wurde. Vgl. *G. Verheugen*, Das Programm der Liberalen, 2. A. 1980 S. 198 ff.

die Weimarer und Bonner Republik – und d. h. aus dem christlichen Selbstverständnis der konstitutionellen Monarchie[4] in die weltanschaulich ungebundene, pluralistisch-freiheitliche Demokratie – erstaunlich unbeschädigt überstanden. Desgleichen sind sie in ihrem Grundbestand unversehrt durch die kulturpolitischen (z. T. kulturrevolutionär verstandenen) Unruhen und Experimente seit den späten Sechziger Jahren hindurchgegangen. Die Garantiebestimmungen der Landesverfassungen[5] und der Kirchenverträge[6] für die theologischen Fakultäten blieben in Geltung und wurden in den Vorbehaltsklauseln der Hochschulgesetze[7] weiterhin mit Vorrang stabilisiert. Auch die verfassungsgerichtliche Judikatur hat hier bisher keine wesentlichen Veränderungen gefordert, geschweige denn ausgelöst; insbesondere das Bundesverfassungsgericht hat sich nicht in einer einschlägigen Grundsatzentscheidung geäußert.

Dennoch ist die Materie in Bewegung geraten, und zwar einerseits von den Einzelheiten, andererseits vom Grundsätzlichen her:

2. Die Durchnormierung des »weltlichen« Hochschulrechts

Die breite Welle der Durchnormierung aller Gebiete des öffentlichen Rechts hat seit den Sechziger Jahren auch die Hochschulen erreicht und sie mit den Hochschulgesetzen der Länder und dem Hochschulrahmengesetz des Bundes überdeckt. Sie hat die Verrechtlichung vieler bisher nicht explizit geregelter Beziehungen in den – vormals so titulierten – »Besonderen Gewaltverhältnissen« auch der Hochschulen bewirkt. Als Folge des verfassungsrechtlichen

---

[4] Vgl. Art. 14 der preußischen Verfassung vom 31. 1. 1850: »Die christliche Religion wird bei denjenigen Einrichtungen des Staates, welche mit der Religionsausübung im Zusammenhang stehen, unbeschadet der im Art. 12 gewährleisteten Religionsfreiheit, zum Grunde gelegt.« Zur Vorgeschichte *Gerhard Anschütz*, Die Verfassungsurkunde für den Preußischen Staat. Ein Kommentar, 1. Bd. Berlin 1912 S. 260 ff.

[5] Art. 85 Bad.-Württ.Verf, Art. 150 Abs. 2 Bay.Verf, Art. 60 Abs. 2 Hess.Verf; Art. 39 Abs. 1 S. 3 Rhld.-Pfälz.Verf; ferner die Vertragsklauseln in Art. 23 Abs. 1 Nordrh.-Westf.Verf und Art. 35 Abs. 1 S. 3 Saarl.Verf.

[6] Vgl. Art. 3 Bay.Konk v. 1924; Art. 12 Abs. 1 Preuß.Konk v. 1929; Art. IX S. 1 Bad.Konk v. 1932; Art. 19 Reichskonk v. 1933; auch die Verträge Bayerns über die kath.-theol. Fakultäten Regensburg v. 3. 11. 60 und Augsburg v. 12. 11. 70, *Werner Weber*, Die deutschen Konkordate und Kirchenverträge Bd. 1, Göttingen 1962 S. 22, 41, 75, 107, Bd. 2, Göttingen 1971 S. 25, 41. – Art. 2 Bay.Kirchenvertrag; Art. 11 Preuß.KV, Art. VII Bad.KV, Art. 3 Abs. 1 Nieders.KV; Art. 4 Schl.-Holst.KV; Art. 13 Abs. 1 Hess.KV; Art. 14 Rhld.-Pfälz.KV, *W. Weber*, aaO, Bd. 1 S. 152, 171, 192, 213, 235, 276; Bd. 2 S. 199.

[7] § 81 Hochschulrahmenges (HRG) des Bundes v. 26. 1. 1976 (BGBl I S. 185); § 140 Bad.-Württ.UG v. 22. 11. 1977 (GBl S. 473) i. d. F. v. 4. 6. 1982 (GBl S. 177); § 103 Bay.HSchG i. d. F. v. 7. 11. 1978 (GBl S. 791); § 165 Berlin.HSchG v. 22. 12. 1978 (GBl S. 2449); § 84 Hess.HSchG v. 6. 6. 1978 (GVBl I S. 319); § 163 Nieders.HSchG v. 1. 6. 78 (GVBl S. 473); § 142 Abs. 1 Nordrh.-Westf.WissHSchG v. 20. 11. 1979 (GVBl S. 929); § 125 Rhld.-Pfälz.HSchG v. 21. 6. 1978 (GVBl S. 507); § 118 Schl.-Holst.HSchG v. 1. 3. 1979 (GVBl S. 123).

Rechtsstaatsprinzips und der verwaltungsgerichtlichen Generalklausel, des gesteigerten Anspruchsdenkens, der Überfüllung der Hochschulen und der bildungspolitischen Reformprogramme und Verteilungskämpfe kann dies nicht verwundern. Diese ins Detail gehende Verrechtlichung des allgemeinen Hochschulrechts betraf die allgemeinen (»weltlichen«) Beziehungen der Lehrkörperstruktur, des Status der Studenten und wissenschaftlichen Mitarbeiter, der detaillierten Kompetenz- und Verfahrensnormen universitärer Gremien. All dies ergriff natürlich auch die theologischen Fakultäten. Speziell für sie entstanden dadurch jedoch gewisse Sonderprobleme:

Ihre besondere religiöse Sachgesetzlichkeit, wie sie vor allem die konfessionelle Ausrichtung und Bedingtheit, das kirchliche Ausbildungsziel und die institutionelle Verbindung zu den eigenen Kirchen betraf, war vorher ja nicht spezialgesetzlich und nicht durch spezielle Satzungen ausnormiert worden, weil sie als selbstverständlich und unproblematisch der Regelung nicht bedurften bzw. als gewohnheitsrechtlich geregelt gelten durften. So schien es im Ganzen gesehen beispielsweise klar, daß nur Angehörige der betreffenden Konfession und Kirche an »ihrer« theologischen Fakultät lehren, promovieren, sich habilitieren würden und könnten. Auch die Mantel- und Schutznormen der Weimarer Reichsverfassung[8] und Landesverfassungen[5], Konkordate und Kirchenverträge[6] hinsichtlich der theologischen Fakultäten waren auf diesen überkommenen Typ des Rechts der Fakultäten abgestellt und selbst entsprechend allgemein gehalten: Sie beschränkten sich auf Bestandsgarantien und gewisse einzelne Regelungen kirchlicher Mitwirkungsrechte, besonders der katholischen Kirche, bei der manche Einzelfragen (vornehmlich seit dem Kulturkampf) eine ausdrückliche Regelung erfordert hatten. Sie gaben jedoch keineswegs eine erschöpfende Gesamt- und Spezialregelung aller einschlägigen rechtlichen Fragen: Auch hierbei wurde eben das selbstverständliche Funktionieren der Geistlichenausbildung, die Vitalität des konfessionellen Selbstverständnisses der Fakultäten und ihre entsprechende Selbstbegrenzung vorausgesetzt. So war der Gesamtstatus der theologischen Fakultät als lebendige Einheit von den Verfassungsgarantien und von den Verträgen in einer gewissen Allgemeinheit der rechtlichen Formulierung vorgefunden, normativ rezipiert und gewährleistet worden.

Und ihr spezifisch religionsrechtlicher Komplex blieb weiterhin in diesem älteren, weitmaschig-generellen Typ des Rechts geregelt, als nun die sonstigen (»weltlichen«) Rechtsverhältnisse durch jene neuen Spezialbestimmungen

---

[8] Art. 149 Abs. 3 WRV v. 11. 8. 1919. – Zum Auslegungsstreit der Weimarer Lehre über den Sinn des Artikels als bloße Ermächtigungsnorm oder als Garantienorm i. S. einer Status-quo-Garantie oder einer »institutionellen Garantie« vgl. *Ernst Rudolf Huber*, Deutsche Verfassungsgeschichte seit 1789, Bd. 6, Stuttgart u. a. 1981 S. 985.

durchnormiert wurden. Denn die neuen Hochschulgesetze haben die spezifisch religionsrechtlichen Beziehungen nicht selbst neu kodifiziert, sondern ausgeklammert: Die Fortgeltung der Kirchenverträge in den Übergangsbestimmungen wurde speziell ausbedungen[7], der Vorrang der Verfassungsgarantien aber fraglos vorausgesetzt.

Das Zusammentreffen dieser verschiedenen Rechtstypen hat für die Rechtsauslegung manche Schwierigkeiten aufgeworfen: Die spezifisch theologischen Konturen der theologischen Fakultäten drohen in der Praxis der Hochschulverwaltungen und der Gerichte zu verblassen gegenüber der detaillierten Perfektion des neuen allgemeinen Hochschulrechts. So werden die theologischen Fakultäten leicht unterschiedslos in den allgemeinen Universitätsbetrieb vereinnahmt und durchweg den anderen Fakultäten gleichgestellt bzw. gleichgeschaltet. Diese Nivellierung und Ignorierung der theologischen Besonderheiten liegt eben nahe, wo eine stark spezialgesetzlich-positivistisch ausgerichtete Gesetzesauslegung in den theologischen Sonderfragen auf die älteren, generell formulierten Normen und Rechtsprinzipien trifft. Denn diese lassen sich nicht mit den kurzen gesetzestechnischen Subsumtions- und Analogieschlüssen erfassen, sondern erschließen sich nur durch die institutionelle »Gesamtbetrachtung« der betreffenden Institutionen und Funktionen im Rahmen des Verfassungsgefüges von Wissenschaft, Staat und Kirche.

3. Einseitigkeit der Grundrechtsinterpretation

In Bewegung gerät das theologische Fakultätenrecht aber andererseits auch vom Grundsätzlichen her: Mit jener spezialgesetzlichen Verrechtlichung korrespondiert die zunehmende Aktualisierung von Grundrechten[9], die nun auch im Hochschulbereich die Judikatur wie die Lehre wachsend bestimmt. Auch hier zeigt sich oft die Gefahr der Einseitigkeit und der Vernachlässigung der komplexen Zusammenhänge, besonders wenn berechtigte Teilaspekte isoliert und okkasionell verallgemeinert werden. So führt es in die Irre, etwa jeweils die individualrechtliche oder die institutionelle Seite zu verabsolutieren bzw. zu ignorieren. Das freiheitliche demokratische Verfassungsrecht schützt und fördert in breiter Unvoreingenommenheit die Koexistenz und Konkurrenz der verschiedenen großen und kleinen, individuellen und überindividuellen, geistigen und religiösen Positionen und Phänomene. Aus dem Nachbarfeld der verfassungsrechtlichen Auseinandersetzungen um die Schulformen und das

---

[9] Pointiert: *Karl August Bettermann*, Hypertrophie der Grundrechte, Sonderdruck des Hamburger Anwaltsvereins 1984 S. 3 ff.; *Ernst Friesenhahn*, Der Wandel des Grundrechtsverständnisses, Verhandlungen des 50. Deutschen Juristentages 1974, München 1974 S. (G) 1 ff., 10 ff., 13, 26, 29 ff., 33.

Schulgebet ist deutlich geworden, daß die verkürzte, einseitige Berufung auf die
»negative« oder auf die »positive« Variante der Religionsfreiheit, auf Einzel-
aspekte der »Trennung« oder der »Partnerschaft« zwischen Staat und Kirche,
auf Teilmomente der staatlichen Neutralität und Säkularisierung zu inhaltlichen
Fehlschlüssen führt[10]. Auch wird durch derartige Interpretationen die Kompetenz der demokratischen Gesetzgebungsorgane und der zuständigen Satzungs-
geber ebenso bestritten wie die umfassend gewährleistete freiheitliche Rechtsstaatlichkeit. – Diese rechtlichen Veränderungen erhalten zusätzliches Gewicht
durch gewisse »faktische« Entwicklungen, die sich ihrer als juristischen Trans-
missionsriemens zu bedienen suchen:

4. Kulturpolitische Spannungen

Die wachsende kulturpolitische und kirchenpolitische Dynamik der vergangenen anderthalb Jahrzehnte hat sich als weiterer Bewegungsfaktor auf die
theologischen Fakultäten gerichtet. Die typische Zwischenposition der theologischen Staatsfakultäten zwischen Staat und Kirche mochte dies provozieren, ja
die rechtliche Ungreifbarkeit und Unangreifbarkeit der spezifisch religiösen
Freiheiten im säkularen Staat schienen dazu förmlich einzuladen. Das hat
gelegentlich zu eigenartigen Frontverkehrungen und Einzelkämpferpositionen
geführt. Die Personalpolitik und der Entscheidungsmechanismus der Gruppenuniversität boten den ideologischen Minoritäten vielfältige Chancen zur Veränderung und kaschierten Privilegierung. In den künstlich geschürten Universi-
tätskonflikten ließ dies die politische Spitze mancher Ministerien bisweilen mit
der »Basis« zusammenwirken, um die überkommenen theologischen Konturen
der Fakultäten in Gefahr zu bringen. Weitergehende kulturpolitische Erwägungen, die das Ende der konfessionell gebundenen theologischen Fakultäten durch
ihre allmähliche Verwandlung in Einheiten der Gesellschafts- und Religionswissenschaften – entsprechend dem »Bedürfnis der Gesellschaft« – vorsahen,
wurden jedoch durch die Einfügung der Kirchenvertragsklausel in das Hochschulrahmengesetz gestoppt[11]. Dies konnte freilich nach Lage der Dinge nur in
jener nicht unproblematischen Allgemeinheit geschehen.

---

[10] Statt anderer *Ulrich Scheuner*, Schriften zum Staatskirchenrecht, Berlin 1973 S. 208 ff., 227,
279 ff., 289 und die Schulrechtsentscheidungen des Bundesverfassungsgerichts BVerfGE 41
S. 29 ff., 65 ff., 88 ff.
[11] Vgl. § 81 HRG. – Diese Einfügung des Kirchenvertragsvorbehaltes in das Hochschulrahmengesetz des Bundes geht auf die Initiative der Evangelischen Kirche in Deutschland zurück, die
insbesondere von einer EKD-Kommission evangelischer Staatskirchenrechtler und Theologen
unter dem Vorsitz von Bischof D. Hermann Kunst erarbeitet wurde. Unter anderem wurden auch
bei einer Verhandlung dieser Kommission mit der damaligen politischen Führung des Bonner
Wissenschaftsministeriums am 1. 11. 1971 in Gegenwart des Verfassers kulturpolitische Überle-

5. Kirchenpolitische Instrumentalisierungsversuche

Auch eine andere Frontverkehrung fällt in den Blick: Von manchen kirchlichen Gliedern bzw. Gruppen wird versucht, über die staatlichen theologischen Fakultäten den Durchbruch innerkirchlicher Veränderungen (»Reformen«) zu bewirken, die im innerkirchlichen Willensbildungsprozeß auf Ablehnung stoßen. Diese Tendenzen erscheinen neu in diesen Jahren; sie haben jedoch ihre bedeutsamen Vorläufer in den kulturpolitischen und staatskirchenrechtlichen Debatten des 19. Jahrhunderts[12]. Doch schon die Paulskirchenverfassung – und ebenso die Weimarer Reichsverfassung und das Grundgesetz – haben sich bewußt und generell vom System des Staatseingriffs in die innerkirchliche Entwicklung abgekehrt. Die Kirche erhielt bekanntlich seither die volle, weltlich garantierte Freiheit zur geistlichen Selbstbestimmung im säkularen, liberalen Staat. Auch das theologische Fakultätenrecht darf keineswegs als staatlicher Hebel gebraucht werden, um einer von der Kirche selbst abgelehnten Position ihres Glaubensverständnisses durch staatliche Interventionen doch innerkirchliche Geltung zu verschaffen. Gerade hier wird eine Wandlung der (»faktischen«) Denk- und Verhaltensweisen rechtlich relevant. Ein Theologe, der sich von den Grundlagen der Lehre und des Ethos seiner Kirche löste, schied früher fast immer schließlich auch aus eigenem Entschluß aus seiner bisherigen Fakultät, gegebenenfalls auch aus seiner Kirche aus, um in der philosophischen Fakultät oder in der theologischen Fakultät der anderen Konfession seine neue Heimat zu finden, wenn er sich nicht schlicht emeritieren ließ. Heute hingegen ist die Verlockung zur »Umfunktionierung« gewachsen: Sie sucht aus einer (vermeintlich) sicheren säkularen staatlichen Position heraus die kirchlichen Verhältnisse umzugestalten und sich dabei über die theologischen Statusbindungen des theologischen Lehramtes an der Universität hinwegzusetzen, ohne die betreffenden Institutionen äußerlich zu verlassen. Die Verfassungs- und Vertragsgarantien der theologischen Fakultäten sollen dabei als Hülse bestehen bleiben bzw. sich nach den Maßstäben und Bedürfnissen ihres neuen Interpreten mit einer veränderten Bestimmung und Funktion erfüllen.

6. Ökumenische Fragen und kirchliche Veränderungen

Die ökumenische Bewegung hat ferner die alte Scheidung der evangelischen und katholischen Theologie und Theologenfakultäten prinzipiell in Frage ge-

---

gungen dazu verlautbart, ob die theologischen Lehrstühle nicht für die dringender benötigten sozialwissenschaftlichen Disziplinen zu verwenden seien.

[12] Nachweise bei *Martin Heckel*, Säkularisierung. Staatskirchenrechtliche Aspekte einer umstrittenen Kategorie, Zeitschrift der Savigny-Stiftung für Rechtsgeschichte (ZRG) 97, Kanonistische Abteilung 66, 1980 S. 77 ff., 85, 89.

stellt[13] und die rechtlichen Möglichkeiten neuer Verbindungen, ja Verschmelzungen zwischen ihnen pragmatisch provoziert.

Überdies haben die großen Umbrüche im innerkirchlichen Bereich, wie sie sich in der evangelischen Kirche seit dem Kirchenkampf und dem Neubeginn nach 1945 vollzogen und in der katholischen Kirche seit dem II. Vatikanischen Konzil einsetzten und zum Erlaß des neuen Kodex von 1983 führten, ein neues Besinnen über die Rolle des weltlichen und kirchlichen Rechts in Fragen der Lehre und Lehrbindung entstehen lassen.

7. Säkularisierung des Geisteslebens

Und schließlich zeigt sich heute gerade auch im Recht der theologischen Fakultäten jener Trend der allgemeinen Säkularisierung des Geisteslebens, der die Besonderheiten der theologischen Fakultäten von innen aufzulösen droht. Die Theologie, die sich als Wissenschaft vom Worte Gottes versteht, wird dabei im Grunde als Religionspsychologie und Religionssoziologie, bestenfalls als Religionsphilosophie begriffen und geordnet, die nicht von Gott, sondern vom Menschen handelt, nicht Gottes Schöpfungs- und Erlösungshandeln, nicht sein Gesetz und Evangelium zu erforschen und zu lehren hat, sondern die menschliche Selbstprojektion und Selbstverwirklichung im Geistes- und Sozialleben betrifft. Wird so die Theologie innerlich den anderen Geistes- und Sozialwissenschaften gleichgestellt, so droht auch in der äußeren Rechtsgestalt ihre Eigenart und Besonderheit eliminiert bzw. minimalisiert zu werden. Ihr Wirken für die kirchliche Verkündigung und Geistlichenausbildung verliert dann seinen Rang als eine ihrer Zentralaufgaben und erscheint als periphere, fragwürdige Lästigkeit. Und die institutionelle Verbindung mit den Kirchen wirkt dann nicht als Funktion und Konsequenz des besonderen theologischen Wissenschaftsbegriffs und Wissenschaftsziels, sondern als anachronistische, wissenschaftsfremde Privilegierung und Ingerenz der »Amtskirche«. Diese säkularisierende Ausdeutung ihres Wesens und ihres Rechtsstatus wird den Theologenfakultäten vielfach von außen angesonnen, auch wenn sie ihnen selber ferne liegt. Und ihre Öffnung zur Ökumene droht vielfach ebenfalls i. S. einer Säkularisierung mißverstanden zu werden, die die überkommen Bekenntnisbindungen der Theologie nicht zu erweitern und in neuer Gemeinsamkeit zu vertiefen, sondern abzuschütteln sucht. So haben die theologischen Fakultäten trotz einer gewissen Beruhigung der kulturpolitischen Gewässer ihren Weg zwischen Skylla und Charybdis zu finden, um ihr Wesen und ihr Recht nicht zu verlieren.

---

[13] Dazu unten S. 197 ff., 201 ff., 270 ff.

III. Die Notwendigkeit der institutionellen Gesamtsicht

Die Vielfalt und Zersplitterung der Normen, aus denen sich die Rechtsgestalt der theologischen Fakultäten insgesamt ergibt, zwingt also zu ihrer juristischen Zusammenschau und Gesamtwürdigung. Nur wenn sich die Lehre und Praxis die isolierte, herausgegriffene Einzelargumentation aus einzelnen Normaspekten der Spezialgesetze wie der Verfassung versagen, werden sie diese Normen in ihrer »praktischen Konkordanz« begreifen, nur so die innere Sinneinheit und Sachgesetzlichkeit der theologischen Fakultäten norm- und sachgerecht erfassen. Wie in vielen anderen Bereichen des Kulturverfassungsrechts sind auch hier die Rechtsformen in behutsamer geisteswissenschaftlicher Differenziertheit auf die empfindlichen geistigen Phänomene und Institutionen abgestimmt, die das Recht schützen, pflegen, fördern und begrenzen soll, aber nicht selbst schaffen kann und nicht verfremden darf. Nur in dieser »institutionellen« Interpretation lassen sich ihre Einzelheiten sinnvoll als Einheit verstehen. Diese Frage nach dem »Gesamtstatus« der theologischen Fakultäten hat sich zunehmend als das Kernproblem und Fundament bei vielen Einzelfragen herausgeschält[14].

Erst der Blick auf die Eigenart der Theologie als Wissenschaft und auf den Gesamtstatus ihrer Fakultäten läßt erkennen: Im Verhältnis von Bund und Land hat das GG anders als die WRV (Art. 149 III) zwar selbst auf eine ausdrückliche Garantie der theologischen Fakultäten verzichtet. Aber dies folgt aus der stärkeren föderalistischen Kompetenzbeschränkung des Bundes und aus seiner asketischen Zurückhaltung im Grundrechtsteil. Damit wird das Existenzrecht und die normative Besonderheit der theologischen Fakultäten keineswegs bestritten bzw. zur freien Disposition der Länder gestellt. Ebensowenig läßt sich hieraus eine säkularisierende Interpretation des unitarischen Wissenschaftsbegriffs in Art. 5 III GG für die theologischen Fakultäten ableiten: Die Gewährleistung der konkordatsgesicherten theologischen Fakultäten ergibt sich (mittelbar und abgeschwächt) aus dem GG selbst, und zwar aus Art. 123 II GG über die Fortgeltung des – verfassungsgerichtlich bestätigten – Reichskonkordates. Aus Art. 3 III GG folgt ferner das religiöse Diskriminierungsverbot, das die Theologie gegen die Benachteiligung aus weltanschaulichen Gründen schützt. Aus Art. 5 III GG ergibt sich ein offener, nicht ideologisch-verengter Wissenschafts- und Freiheitsbegriff. Art. 4 I GG gebietet die Respektierung des religiösen Bekenntnisses und enthält eine in Artt. 140 GG/137 I WRV bekräftigte Kompetenzbeschränkung des Staates in den spezifisch religiösen Fragen. Artt. 140 GG/137 III WRV sichert die Freiheit zur eigenständigen Lehrentscheidung durch die Religionsgesellschaften, gerade auch in den »res mixtae«.

---

[14] So auch *Alexander Hollerbach*, Die Theologischen Fakultäten und ihr Lehrpersonal im Beziehungsgefüge von Staat und Kirche, in: Essener Gespräche zum Thema Staat und Kirche, Bd. 16, hrsg. v. Heiner Marré und Johannes Stüting, Münster 1982 S. 70 ff., 78 ff. und insbes. S. 139; auch daselbst i. d. Diskussion *Ernst-Wolfgang Böckenförde* S. 151 und *Ernst-Lüder Solte* S. 161. – Zum methodischen Vorgehen in einem parallelen Problemkreis vgl. etwa *Ulrich Scheuner*, Pressefreiheit, Veröffentlichungen der Vereinigung der Deutschen Staatsrechtslehrer (VVDStRL), Heft 22, Berlin 1965 S. 32 ff., bes. S. 45 ff., 53 ff., 56–60.

Im Verhältnis von Verfassungs- und Vertragsrecht zeigt sich analog: Mitwirkungsrechte der Kirchen nach Konkordaten und Kirchenverträgen erscheinen bei ihrer Einordnung in den verfassungsrechtlichen Gesamtzusammenhang nicht als Ingerenzrechte wissenschaftsfremder gesellschaftlicher Größen, sondern als Konsequenz von Verfassungsentscheidungen, welche einerseits die Zulässigkeit, andererseits jedoch auch die Grenzen kirchlicher Mitwirkung bestimmen. – Im Verhältnis von Verfassung und Gesetzgebung gilt ähnlich: Nur durch eine Gesamtbetrachtung des Grundstatus der theologischen Fakultäten läßt sich der gesetzgeberische Kompetenzspielraum zu dessen näherer Ausgestaltung bestimmen und begrenzen. Nur so wird dieser gegen eine quasilegislatorische Usurpation durch die Gerichte und die Verwaltung gesichert, die die Gewaltenteilung nicht durch eigenmächtige »Grundrechtskonkretisierungen« überspielen dürfen. – Und im Verhältnis des Gesetzes zur Satzungsgewalt zeigt sich: Erst die institutionelle Erfassung des Gesamtstatus läßt in den Fakultätssatzungen die sachlich notwendige und rechtlich gebotene Berücksichtigung jener spezifisch religiösen Besonderheiten realisieren, wo diese etwa im Recht der Prüfungen, der akademischen Grade u. a. m. abweichend von den allgemeinen Regelungen für die anderen Fakultäten zu ordnen sind.

IV. Die verschiedene historische Entwicklung im katholischen und evangelischen Fakultätenrecht

1. Der Status der theologischen Fakultäten bis zur Aufklärung

Der epochale Wandel der Staatsziele und Staatsstruktur in der geistigen Entwicklung der Neuzeit hat den legitimierenden Grund für die staatliche Trägerschaft der theologischen Fakultäten zutiefst verändert.

Längst verklungen ist die kirchliche Suprematie über die mittelalterlichen Universitäten, die vielfach als päpstliche Gründungen bzw. kraft päpstlicher Approbation entstanden, als Korporationen auf kirchliche Stiftungen angewiesen waren, in kirchlicher Prägung auf der Grundlage des kirchlichen Rechts unter kirchlicher Aufsicht fungierten, so daß die weltliche Gewalt hier als weltlicher Arm der Kirche dienstbar wurde.

Lange verklungen ist auch das Universitätssystem im protestantischen Territorialstaat der Reformation und der Orthodoxie[15]. Die cura religionis des

---

[15] *Johannes Heckel*, Cura religionis, ius in sacra, ius circa sacra, in: Festschrift Ulrich Stutz, Stuttgart 1938 S. 224 ff.; *ders.*, Lex charitatis, 2. A., Köln Wien 1973 S. 307 ff.; *Martin Heckel*, Staat und Kirche nach den Lehren der evangelischen Juristen Deutschlands in der ersten Hälfte des 17. Jahrhunderts, München 1968 S. 77 ff., 109 ff.; *ders.*, Deutschland im Konfessionellen Zeitalter, Göttingen 1983 S. 9 ff., 222 ff.; *Gustav Adolf Benrath*, Die Universität der Reformationszeit, Archiv f. Reformationsgeschichte 57 (1966) S. 32 ff. – Wenn die reformatorische Lehre auch die »Welt« kraft des allgemeinen Priestertums von der Hierarchie »befreite«, so verstand sie doch diese Weltlichkeit der irdischen Berufe und ihre Berufsethik als zutiefst bekenntnisbestimmt und theologisch gebunden im Sinne der evangelischen Theologumena von der Schöpfung und Erlösung der Welt, gemäß der staatlich verpflichtenden Territorialkonfession. Durch sie war der Bekenntnis-

christlichen Staates war ihr Fundament. Staat und Kirche waren verschmolzen im protestantischen Staatskirchentum mit seinem »episkopalistischen« bzw. »territorialistischen« landesherrlichen Kirchenregiment. Das Bekenntnis erschien als Staatsdoktrin, die kirchliche Wirksamkeit als oberster Staatszweck, die Kirchendiener als Staatsdiener, ihre Ausbildung als staatliche Kompetenz und Pflicht. Die theologischen Fakultäten waren in einer kardinalen Spitzenstellung voll in dieses System integriert: Sie waren auf das lutherische bzw. reformierte Landesbekenntnis verpflichtet, das ihnen zur Entfaltung, apologetischen Verteidigung und Fortbildung, Verbreitung und Überwachung anvertraut war. Die Reformation – selbst von Theologieprofessoren ins Werk gesetzt und geistlich-wissenschaftlich geleitet – hat die theologischen Fakultäten in eine dominierende Position erhoben. Die Ausbildung und Examinierung der Geistlichen wurde nun akademisch vollzogen; das Bekenntnis und die Bekenntnisbindung wurden wissenschaftlich minutiös entfaltet; sie ergriffen das ganze geistige und soziale Leben, die gesamte Welt.

Auch auf der katholischen Seite kam in der Gegenreformation der wissenschaftlichen Theologie eine Schlüsselrolle zu. Das Tridentinum hat die theologische Lehre und die Theologenausbildung ebenfalls verwissenschaftlicht, abgeklärt und festgelegt. Die rechte, einheitliche Lehre trat ins Zentrum der Kirche; dahinter trat die frühere Ausrichtung der Kirche auf die Liturgie zurück. Die theologischen Fakultäten blieben weiterhin an den staatlichen Universitäten der katholischen Territorien in der Gegenreformation erhalten; sie standen also neben den bischöflichen Diözesanseminaren und den Ordenskollegien besonders der Jesuiten. Das – bis heute in Deutschland bestehende – dualistische System staatlicher und kirchlicher Einrichtungen der Theologie aber war überhöht durch die feste Bindung an die katholische Lehre. Ab 1564 wurde diese durch die professio fidei Tridentini vor Übernahme des theologischen Lehramtes garantiert.

In der Aufklärung löste sich bekanntlich die Universität insgesamt aus der alten orthodoxen Bindung. Die Theologie wurde zur Spezialwissenschaft und gab gewissermaßen ihre Leitrolle an die Philosophie ab. Aber ihre Zugehörigkeit zur staatlichen Universität und ihre innere Bindung an das Kirchenwesen mitsamt ihrer Ausbildungsfunktion für dieses blieb erhalten, freilich mit charakteristischen Verschiedenheiten zwischen den katholischen und evangelischen Staaten. – Das Thema des 19. Jahrhunderts war nun – nach manchen aufklärerischen Vorarbeiten im 18. Jahrhundert – die langsame Lösung der alten Verbundenheit von Staat und Kirche. Entscheidend wurde der große histori-

---

stand des Landes bestimmt, der ja auch durch das Reichsrecht im IPO 1648 nach dem Normaljahrssystem des Jahres 1624 abgesichert und fixiert worden war.

sche Doppelprozeß: Der inneren Säkularisierung des Staates in seinen Staatsaufgaben und seiner Staatsstruktur entsprach dabei die Vergeistlichung und Enttemporalisierung der Kirche. Letztere hat sich vor allem in der großen Säkularisation von 1803 in Deutschland und im Ende des Kirchenstaates 1870 in Italien manifestiert.

2. Der neue Grundtyp des katholischen Fakultätenrechts seit dem 19. Jahrhundert

Zukunftsweisend wurde in diesem Rahmen die Entwicklung des theologischen Fakultätenrechts im katholischen Raum. Dies entspricht durchaus der allgemeinen staatskirchenrechtlichen Entwicklung. Das klassische deutsche Staatskirchenrecht hat seine wichtigsten Impulse im 19. Jahrhundert vom Bündnis des politischen Katholizismus mit dem gemäßigten Liberalismus empfangen[16]. Aus ihm sind auch die Staatskirchenartikel der Paulskirche erwachsen, die im Kern weithin Pate für die Formulierungen der Weimarer Reichsverfassung und des Grundgesetzes standen. Das war kein Zufall. Der epochale Prozeß der Ablösung und Verselbständigung zwischen Staat und Kirche vollzog sich ja mit einem gewissen Phasenvorsprung auf der katholischen Seite, weil die katholische Kirche nach jenem Schlag der großen Säkularisation von 1803 und der Zertrümmerung des ancien regime seit 1789 frühzeitiger die innere und äußere Distanz und Selbständigkeit gegenüber dem modernen weltlichen Staat fand: Als Weltkirche war sie selbständig organisiert mit ihrer päpstlichen Spitze in Rom. Ihre sakramental begründete, auf das ius divinum gestützte Rechtsordnung unterschied sich tief von der pointiert säkularen Prägung der demokratischen Volkssouveränität und des Liberalismus, ebenso auch von der preußisch-protestantischen Ausrichtung des kleindeutschen Reichs nach 1870. Gegen dessen Regierung und Volksvertretung konnte sie sich im Kulturkampf behaupten, weil sie den katholischen Volksteil einerseits in der kirchlichen Autorität der Hierarchie zu halten, andererseits in den Formen des modernen demokratischen und liberalen Partei-, Vereins- und Pressewesens aufzubieten verstand. So hat die katholische Kirche – wie sie den Kampf um ihre Freiheit im allgemeinen gewonnen hat – auch das Ringen um die Wahrung ihrer Lehre und ihres Einflusses auf die Theologenausbildung in den Fakultäten des 19. Jahrhunderts letztendlich erfolgreich durchgestanden.

---

[16] Vgl. das bedeutsame Amendment *Nagel* in den Verhandlungen der Paulskirche, das richtungsweisend für die Entwicklung des deutschen Staatskirchenrechts wurde, und seine Begründung durch die katholischen Abgeordneten der deutschen Nationalversammlung, Stenographischer Bericht über die Verhandlungen der deutschen constituirenden Nationalversammlung in Frankfurt am Main, hrsg. v. Franz Wigard, 3. Bd. S. 1635, 1651 ff., 1673 ff., 1679 ff., 1690 ff., 1695 ff., 1729 ff., 1750 ff., 1779 ff.

Der weltliche Staat, der sich selbst fortschreitend weiter säkularisierte, hat sich im religiösen Bereich – wenn er Konflikte aufnahm – erstaunlich schwach erwiesen, sich jedoch überwiegend aus den religiösen Entscheidungen herausgehalten, wie es ihm eine negativ distanzierte Toleranz bzw. die positive Respektierung geistlicher Freiheit gleichermaßen empfahl.

Schon auf der Höhe des Absolutismus in Preußen hat sich die bis heute maßgebliche liberale Linie herausgeschält: Das moderne Modell der nihil-obstat-Regelung mit seinem Zustimmungserfordernis des Diözesanbischofs in puncto Lehre und Lebenswandel des theologischen Lehrkörpers ist bekanntlich von Friedrich dem Großen, dem Aufklärer und Freigeist auf dem Königsthron, i. J. 1776 für Schlesien entwickelt worden[17]. Es hat dann über die Statuten der Breslauer (1811) und Bonner (1818)[18] gemischtkonfessionellen Universitätsgründungen seine gemeindeutsche Pilotfunktion entfaltet, zumal das Reich nach 1870 zu zwei Dritteln aus Preußen bestand: Der weltliche Staat hat sein staatliches Universitätsmonopol behalten, sich aber auf die weltlichen Aspekte der Geistlichenausbildung beschränkt; deren spezifisch geistliche Maßstäbe und Entscheidungen hat er jedoch der Kirche überlassen und sich mit ihr hierüber in Freiheit und Verständigung verglichen. Die negativen Erfahrungen des weltlichen Staates aus seinen Lehreingriffen besonders im Kulturkampf – etwa bei seiner gescheiterten Parteinahme für die Altkatholiken – und im Kirchenkampf nach 1933 haben ihn immer wieder auf diese Linie zurückkehren lassen.

3. Verbleib des evangelischen Fakultätenrechts in der staatskirchlichen Verklammerung

Die Entwicklung der evangelisch-theologischen Fakultäten blieb demgegenüber auf einem älteren Stande stehen. Die Folgen der inneren Auflösung des überkommenen Staatskirchentums und der Säkularisierung des Staates sind hier noch über ein Jahrhundert lang verdeckt geblieben. Dadurch wurde die Anpassung des theologischen Fakultätenrechts an den gewandelten Verfassungs- und Sinnzusammenhang – bis heute – versäumt, d. h. positivrechtlich nicht oder nur unvollständig ausgeformt. Bis in das späte 19. Jahrhundert hinein blieb die evangelische Kirche in den meisten deutschen Ländern noch als Staatsanstalt unter der staatlichen Kirchengewalt nach dem Richtmaß des Territorialismus

---

[17] *Heinz Mussinghoff*, Theologische Fakultäten im Spannungsfeld von Staat und Kirche, Veröffentl. d. Komm. f. Zeitgesch., Reihe B, Bd. 27, Mainz 1979 S. 17 ff., 31 ff.; *Ernst-Lüder Solte*, Theologie an der Universität, Jus Ecclesiasticum Bd. 13, München 1971 S. 142.

[18] Vgl. die Statuten der katholisch-theologischen Fakultäten Bonn v. 18. 10. 1834 (§ 3) und Breslau v. 13. 9. 1840 (§ 48) in der Quellensammlung von *Ernst Rudolf Huber–Wolfgang Huber*, Staat und Kirche im 19. und 20. Jahrhundert, 1. Bd. Berlin 1973 S. 445 ff., 450 ff.

bestehen[19]. Sie wurde regiert und verwaltet von staatlichen Behörden. Sie bezog ihre Rechtsnormen von ihnen als staatliches Recht. Erst allmählich wurde das territorialistische Staatskirchentum überwunden; es wich dem liberalen System der kirchlichen Autonomie unter dem Vorrang der allgemeinen (auf weltliche Zwecke und Maßstäbe beschränkten) staatlichen Schrankengesetze. Damit setzte sich das Leitbild der Kollegialtheorie des 18. Jahrhunderts in der Praxis durch[20]. Die bisher ungetrennte Staats- und Kirchengewalt der territorialistischen Obrigkeit spaltete sich nun auf in die weltliche Staatsgewalt einerseits und in das eigentliche Kirchenregiment andererseits: Die erstere wurde ausgeübt durch den Monarchen als Staatshaupt und durch seine Staatsregierung und -behörden, konstitutionell beschränkt durch die ministerielle Gegenzeichnungspflicht, den Vorrang und Vorbehalt des Gesetzes und das Budgetrecht der Parlamente. Das Kirchenregiment hingegen exerzierte der Landesherr als Kirchenhaupt (als »Summepiscopus«) durch seine Kirchenbehörden, besonders durch die Konsistorien und leitenden Geistlichen im Zusammenwirken mit den Synoden.

Bei dieser Aufgliederung und Absonderung fielen nun die Konsistorien auf die kirchliche Seite, die theologischen Fakultäten aber (kraft ihrer weiterbestehenden Stellung in der Staatsuniversität) auf die staatliche Seite. Ihr äußerer Rechtsstatus wurde nun verschieden, ja letztendlich getrennt, während beide in der Vergangenheit den gleichen Status als Staatsbehörden des christlichen Staates besaßen und beide auch in der Zukunft gleichermaßen den geistlichen Aufgaben im Dienste ihres Kirchenwesens gewidmet waren, die weiterhin in seiner Bekenntnispflege und bekenntnismäßig bestimmten Ausbildung bestanden.

Daraus ergab sich die rechtliche Notwendigkeit von neuen inneren Verbindungen zwischen den Kirchenbehörden und Theologenfakultäten trotz und inmitten der äußeren Abschichtung zwischen Staat und Kirche, drohte doch die geistliche Widmung und kirchliche Wirkung der theologischen Fakultäten Schaden zu nehmen im Falle ihrer rein staatlichen Behandlung in den säkularisierten Rechtsformen der Universitätsautonomie und Kultusverwaltung. Diese Verbindungen wurden auf lange Frist um so nötiger, als der Prozeß der Tren-

---

[19] *Ernst Rudolf Huber*, Deutsche Verfassungsgeschichte seit 1789, Bd. 4, Stuttgart u. a. 1969 S. 832 ff., 868 ff.; *Emil Friedberg*, Das geltende Verfassungsrecht der evangelischen Landeskirchen, Leipzig 1888 S. 102 ff., 144 ff.; *Paul Hinschius*, Staat und Kirche, in: Marquardsens Handbuch des Oeffentlichen Rechts, Freiburg i. Br. 1887 S. 336 ff.; *Paul Schoen*, Das evangelische Kirchenrecht in Preußen, 1. Bd., Berlin 1903 S. 223 ff.
[20] *Klaus Schlaich*, Kollegialtheorie. Kirche, Recht und Staat in der Aufklärung, Jus Ecclesiasticum Bd. 8, München 1969 S. 133 ff., 235 ff., 298 ff.

nung und der Säkularisierung auf Seiten des Staates weiterging. Zunächst freilich wurde das noch wenig aktuell.

Bis 1919 vereinigten sich in der gleichen Person des Monarchen weiterhin sowohl das innerkirchliche Kirchenregiment (das »ius in sacra«) als auch die staatliche Kirchenhoheit (»ius circa sacra«), die einen Teil der weltlichen Staatsgewalt bildete. Äußere Reibungen und Konflikte zwischen der konstitutionell beschränkten Monarchie und dem synodal beschränkten Summepiscopat wurden durch zahlreiche placet-artige Eingriffs- und Mitwirkungsrechte der staatlichen Kultusverwaltung prophylaktisch vermieden. Überdies war ja die Kirche selbst durch das landesherrliche Kirchenregiment zur kooperativen Rücksichtnahme auf den Monarchen und seine Kirchen- und Kulturpolitik bewogen, welcher sich seinerseits die Pflege der christlichen Staatsidee, den Schutz und die Förderung der Kirche angelegen sein ließ. Die rechtliche Absonderung zwischen Staat und Kirche, die schon im 19. Jahrhundert weit voranschritt und 1918/19 nur ihre Vollendung durch die äußere Trennung erfuhr, wurde so durch die politische Praxis und zahlreiche rechtliche Verklammerungen überspielt. Kurz: Die staatliche Erhaltung der Theologenfakultäten in ihrem besonderen theologischen Profil und ihrer konfessionellen Bindung und Verbindung mit der Kirche fügte sich reibungslos ein in dieses System der positiven Religionspflege der konstitutionellen Monarchie, das auch im Rahmen des liberalen, paritätischen Verfassungsstaates des 19. Jahrhunderts erstaunlich reibungslos weiter gepflegt wurde, ohne auf größere prinzipielle oder praktische Schwierigkeiten zu stoßen.

Die innere Nähe des Staates zur evangelischen Kirche im 19. Jahrhundert und seine selbstverständliche Respektierung und Unterstützung des Religiösen ließ so im evangelischen theologischen Fakultätenrecht nähere Mitwirkungs- und Sicherungsrechte überflüssig erscheinen, wie sie die katholische Kirche nach dem Breslauer und Bonner Modell besaß und konsequenterweise schließlich auch in den Konkordaten des 20. Jahrhunderts anerkannt erhielt. So waren die theologischen Fakultäten zwar ein Herzstück des kirchlichen Wesens – die wissenschaftliche Forschungsarbeit an dem Bekenntnis, die Auseinandersetzung mit der modernen Welt und Weltanschauung und die Ausbildung der Geistlichen war ja für die Wirksamkeit der Kirche fundamental und schlechthin zukunftsentscheidend –, blieben aber weiterhin der Hand des Staates anvertraut, der sie zu hoher Blüte brachte. Die theologischen Fakultäten gediehen zur Zierde des deutschen Kulturstaates und zu Nutz und Frommen der Wissenschaft wie der Kirche. Die lange Reihe ihrer begnadeten und ihrer wackeren Gottesmänner erwarb sich unbestritten einen führenden wissenschaftlichen Rang in der christlichen Welt.

Auch in der Weimarer Republik liefen die Dinge zunächst noch in den bewährten Bahnen weiter, ohne daß ein Bedürfnis nach einer normativen Abklärung empfunden wurde. In den Kultusministerien saß noch die christlich gesinnte, kirchlich gestimmte alte Beamtenschaft. Sie übte ja auch im übrigen die altüberkommenen Kuratel- und Aufsichtsrechte der verklungenen staatlichen Kirchenhoheit in der sorglich-pfleglichen Verantwortung für das zeitliche

Wohl der Kirche weiter aus. Und die Theorie gab ihr durch die Konstruktion der »Korrelatenlehre«[21] das Paßwort, um den präkonstitutionellen Zustand noch eine Zeitlang in die neue Verfassungsperiode der säkularen Republik und ihr neues Staatskirchenrecht hinüberzuretten.

Das kulturverfassungsrechtliche und das staatskirchenrechtliche Umfeld hatte sich freilich zutiefst geändert, wie der Blick auf das moderne freiheitlich-demokratische Verfassungssystem zeigt.

---

[21] *Hinschius*, aaO, S. 267; *Wilhelm Kahl*, Lehrsystem des Kirchenrechts und der Kirchenpolitik, Freiburg und Leipzig 1894 S. 349; *ders.*, in: Berichte und Protokolle des Verfassungsausschusses über den Entwurf einer Verfassung des Deutschen Reiches, Nr. 391, Berlin 1920 S. 195; *Gerhard Anschütz*, Die Verfassung des Deutschen Reiches v. 11. 8. 1919, ein Kommentar, 14. A., Berlin 1933 S. 637; *Paul Schoen*, Das neue Verfassungsrecht der evangelischen Landeskirchen in Preußen, Berlin 1929 S. 33 f.; *Friedrich Giese*, Das kirchenpolitische System der Weimarer Verfassung, in: AöR, N.F. Bd. 7 1924 S. 16 f. A.A. *Godehard Josef Ebers*, Staat und Kirche im neuen Deutschland, München 1930 S. 229 ff. – Dazu *Ernst Rudolf Huber*, Verfassungsgeschichte, Bd. 6 S. 878.

Zweiter Teil

Verfassungsrechtliche Grundlagen der theologischen Fakultäten

I. Der umfassende Kulturstaatsauftrag

1. Freiheit und Förderung der Kultur in Respektierung ihrer Eigengesetzlichkeit

Der moderne weltliche Kulturstaat[22] hat sich die umfassende Förderung der Wissenschaften zum Ziel gesetzt. Die Wissenschaften bilden in ihrer ganzen Vielseitigkeit, Vielgestaltigkeit und Breite einen Kernbereich der tradierten, sich dynamisch weiterentwickelnden Kultur; entsprechend gehört die staatliche Wissenschaftspflege zum Kernstück der deutschen Kulturstaatlichkeit in ihrer traditionell überkommenen, zukunftsgerichteten rechtlichen Gestalt. Schon seit alters hat sich die staatliche Obhut – besonders durch das staatliche Universitätsmonopol – um die Förderung und Freiheit der Wissenschaften angenommen. Freiheit der Kultur bedeutet hier bekanntlich nicht ihre Freigabe in den Bereich der staatsfreien Gesellschaft und ihre Sicherung durch Ausgrenzungs- und Abwehrfreiheiten gegen die Staatsgewalt, wie dies auf vielen anderen Lebensgebieten bei der Umwandlung des absolutistischen Kultur- und Wohlfahrtsstaates in den modernen Verfassungsstaat geschah. Noch heute ist das

---

[22] Vgl. dazu allgemein mit Literaturhinweisen die Verhandlungen der Vereinigung der Deutschen Staatsrechtslehrer 1983 über den »Kulturauftrag im staatlichen Gemeinwesen« mit den Referaten von *Udo Steiner* und *Dieter Grimm* und der Aussprache, VVDStRL Heft 42, Berlin New York 1984 S. 7 ff.; *Peter Häberle*, Kulturverfassungsrecht im Bundesstaat, Wien 1980; *ders.* (Hrsg.), Kulturstaatlichkeit und Kulturverfassungsrecht, Darmstadt 1982; *ders.*, Die Wesensgehaltsgarantie des Art. 19 Abs. 2 Grundgesetz, 3. A. Heidelberg 1983 S. 385 ff.; *Werner Maihofer*, Kulturelle Aufgaben des modernen Staates, in: Handbuch des Verfassungsrechts, hrsg. v. E. Benda, W. Maihofer, H. J. Vogel, Berlin 1983 S. 953 ff., 973; *Günter Reuhl*, Kulturstaatlichkeit im Grundgesetz, JZ 1981 S. 321 ff.; *Ulrich Scheuner*, Die Bundesrepublik als Kulturstaat, in: Bitburger Gespräche, Jahrbuch 1977/78, Trier o. J. S. 113 ff.; *Thomas Oppermann*, Kulturverwaltungsrecht, Tübingen 1969; *Rupert Scholz*, in: Maunz-Dürig, Grundgesetz, Kommentar, München, Art. 5 Abs. III (1977) Rdnr. 7 ff., 16 ff.; *E. R. Huber*, Verfassungsgeschichte Bd. 4 S. 637 ff.; Bd. 6 S. 855 ff.

System der Staatsuniversitäten durchaus bestimmend, auch wenn das Universitätsmonopol des Staates gerade auf unserem Felde jüngst durch die Zulassung zahlreicher kirchlicher Hochschulen bedeutsam – und noch fast unbemerkt – aufgegeben worden ist; die theologischen Fakultäten der Staatsuniversitäten haben jedoch den kirchlichen Hochschulen gegenüber ihren alten Vorrang in der Forschung und Lehre nach Qualität und Quantität unbestritten gehalten. Freiheit der Kultur wird hier dadurch erstrebt und erreicht, daß der Staat einerseits die Kultur in seine umfassende Verantwortung, gestaltende Aktivität und Förderung aufnimmt, also Staat und Kultur als Kulturstaat in bisher ungeahnter Weise zur Verbindung bringt – andererseits sich jedoch hierbei selbst beschränkt durch die Respektierung der Eigenart und Eigengesetzlichkeit der Kulturbereiche[23]: Sie werden durch Institutionen der Autonomie und der Distanzierung vor dem wissenschaftsfremden Zugriff der Staatsgewalt wie auch der politischen und weltanschaulichen Kräfte der Gesellschaft gesichert. So wird der wissenschaftlichen Forschung und Lehre eine Freistatt gegenüber den Auseinandersetzungen und den Willensbildungsprozessen des politischen Verfassungsgefüges und ebenso der pluralistischen Gesellschaft eingeräumt. Ohne umfassende staatliche Förderung würde die höchst aufwendig gewordene Wissenschaft als nicht lebensfähig verkümmern, ohne Achtung ihrer Eigengesetzlichkeit und Freiheit würde sie verfälscht werden. Durch den Gedanken des Dienstes an der Kultur löst sich die Antinomie zwischen der Staatsfreiheit der Wissenschaft und ihrer Staatsabhängigkeit. Dies unterscheidet den freiheitlichen Staat von der gleichschaltenden Kulturzensur und Kulturdiktatur der modernen totalitären ideologischen Systeme, wie auch des früheren Zwangs-Staatskirchentums, das sich bei ihnen säkularisiert gleichsam in konstantinischer Dimension fortsetzt.

2. Pluralistische Vielfalt und Offenheit der staatlichen Kulturförderung und Wissenschaftsdefinition

Der moderne freiheitliche Kulturstaat fördert die verschiedenen Wissenschaften, Kunstrichtungen, sonstigen Kulturphänome pluralistisch und frei jeweils in der Verschiedenheit und Vielfalt ihres geistigen – auch religiösen und weltanschaulichen – Profils. Er hat es sich verfassungsrechtlich versagt, sie auf den nivellierenden Leisten eines autoritativen staatlichen Wissenschafts- bzw. Kunstbegriffs zu schlagen[24].

---

[23] *E. R. Huber*, Zur Problematik des Kulturstaates, Tübingen 1958 S. 7 ff.; vgl. auch BVerfGE 35 S. 79, 114 ff.; 43 S. 242, 267 ff.

[24] *Huber*, aaO, S. 8, 21 ff.; *Martin Heckel*, Staat Kirche Kunst, Rechtsfragen kirchlicher Kulturdenkmäler, Tübingen 1968 S. 97 ff., 102 Anm. 330; *Klaus Schlaich*, Neutralität als verfassungsrecht-

Die Garantie der Wissenschaftsfreiheit in Art. 5 III GG ist nach so gut wie unbestrittener Auffassung i. S. pluralistischer Offenheit und Enthaltsamkeit des Staates von einer materialen Selektion und Präklusion des Wissenschaftsbegriffs der Verfassung zu verstehen.

3. Der Schutz der Theologie in ihrer Besonderheit

So schützt sie auch die Theologie als eigenen überkommenen Wissenschaftszweig von kaum bestreitbarem, in der Breite anerkanntem Rang in der deutschen Wissenschaftstradition[25]. Dies gilt zumal im Vergleich mit manchen anderen, jungen Disziplinen der Sozial- und Geisteswissenschaften, die noch um ihren Gegenstand, ihre Methode und ihre wissenschaftlichen Konturen zu ringen haben. Als eigene Wissenschaft wurde die Theologie faktisch wie rechtlich von den Verfassungen vorgefunden und normativ weiter anerkannt und garantiert.

---

liches Prinzip, Tübingen 1972 S. 104 ff., 236 ff., 256 ff.; *Ernst-Lüder Solte*, aaO, S. 8 ff., 30; *Scheuner*, aaO, S. 121; *Scholz*, aaO, Rdnr. 8, 32 ff., 87 ff.; *Dieter Lorenz*, Wissenschaftsfreiheit zwischen Kirche und Staat, Konstanz 1976 S. 25 und *Wolfgang Knies*, Schranken der Kunstfreiheit als verfassungsrechtliches Problem, München 1967 S. 128 ff., 189 ff. – BVerfGE 35, 113: »Damit ist zugleich gesagt, daß Art. 5 Abs. 3 GG nicht eine bestimmte Wissenschaftstheorie schützen will. Seine Freiheitsgarantie erstreckt sich vielmehr auf jede wissenschaftliche Tätigkeit, d. h. auf alles, was nach Inhalt und Form als ernsthafter planmäßiger Versuch zur Ermittlung der Wahrheit anzusehen ist.«

[25] Vgl. Art. 1 des neuen Vertrages zwischen Nordrhein-Westfalen und dem Heiligen Stuhl vom 18. 9. 1984, GVBl 1984 S. 584: »Pflege und Entwicklung der katholischen Theologie durch Forschung, Lehre und Studium gehören zum Auftrag wissenschaftlicher Hochschulen des Landes.« Ebenso Art. 1 des neuen Nordrh.-Westf. Kirchenvertrages vom 18. 9. 1984, GVBl 1984 S. 594: »Pflege und Entwicklung der Evangelischen Theologie durch Forschung, Lehre und Studium gehören zum Auftrag wissenschaftlicher Hochschulen des Landes.«
Zur Anerkennung der Theologie als Wissenschaft im Verfassungs- und Verwaltungsrecht, *Solte*, aaO, S. 19 ff. Ebenso die h. M.: *Werner Weber*, Staat und Kirche in der Gegenwart. Rechtswissenschaftliche Beiträge aus vier Jahrzehnten, Jus Ecclesiasticum Bd. 25, Tübingen 1978 S. 93 ff., 325 ff., 373 ff.; *Huber*, Verfassungsgeschichte Bd. 6 S. 985; *Schlaich*, aaO, S. 131, 198 ff.; *M. Heckel*, Staat Kirche Kunst S. 101 ff.; *Hollerbach*, aaO, S. 74; *Jörg Müller-Volbehr*, Staat und Kirche – Universität und Theologie, ZevKR 24, 1979 S. 2 ff.; *Axel von Campenhausen*, Theologische Fakultäten, in: Handbuch des Wissenschaftsrechts, hrsg. v. Ch. Flämig u. a., Berlin Heidelberg New York 1982 S. 1022; *Lorenz*, aaO, S. 26 f.; *Scholz*, aaO, Rdnr. 181; *Oppermann*, aaO, S. 91 ff., 332 ff. – Einschränkend *Arnold Köttgen*, Freiheit der Wissenschaft, in: Grundrechte, hrsg. v. Neumann-Nipperdey-Scheuner Bd. 2 S. 307 f. – Zum historischen und wissenschaftstheoretischen Zusammenhang vgl. auch *Theologie als Wissenschaft*, Aufsätze und Thesen, hrsg. u. eingel. v. *Gerhard Sauter*, München 1971, mit Beiträgen u. a. von *Ernst Troeltsch, Paul Tillich, Erik Peterson, Karl Barth, Friedrich Gogarten, Heinrich Scholz, Hans Joachim Iwand*; *Wolfhardt Pannenberg*, Wissenschaftstheorie und Theologie, Frankfurt 1973; *Wolfgang Huber*, Kirche und Öffentlichkeit, Stuttgart 1973; *Eberhard Jüngel*, Glauben und Verstehen. Zum Theologiebegriff Rudolf Bultmanns, SB Heid. Akad. d. W., Heidelberg 1985 S. 19 ff. – Ferner VGH Mannheim, NVwZ 1985, 126 ff., 128, ZevKR 30, 1985, 106 ff., 110 ff.

Der Zusammenhang der allgemeinen Garantie der Wissenschaftsfreiheit (Artt. 142 WRV, 5 III GG) und der besonderen Garantie der theologischen Fakultäten in Art. 149 III WRV bzw. heute in den Landesverfassungen[5], sowie in den Kirchenverträgen[6] und in deren Bestätigung durch Art. 123 II GG läßt dies unmißverständlich erkennen. Dem Grundgesetz kann eine laizistische »anti-theologische« Beschränkung seiner allgemeinen Wissenschaftsfreiheitsgarantie des Art. 5 III GG nicht unterstellt werden, weil sich sein Verzicht auf eine unitarische Fakultätsgarantie nach Art des Art. 149 III WRV aus seiner föderalistischen Kompetenzverteilung erklärt. Die Besonderheiten der Theologie gegenüber den anderen Wissenschaften sind deshalb nach dem kerygmatischen Selbstverständnis der theologischen Wissenschaften zu respektieren. Sie ergeben sich bekanntlich aus ihrem Gegenstand und ihrer Methode, weil sie der Erforschung der göttlichen Offenbarung in der Welt und für die Welt, ihrem Verständnis und ihren Folgen in Geschichte und Gegenwart gewidmet sind – mit ihren Implikationen der Pneumatologie und Ekklesiologie, ihren Konkretionen der Lehre, Lehrgewalt und Bekenntnisbildung der Kirche, einschließlich ihrer Konsequenzen für deren dogmatische Verbindlichkeit, wie dies seit den Zeiten der Kirchenväter durch anderthalb Jahrtausende das große Thema der Kirchengeschichte bildet. Sie werden in der evangelischen und der katholischen Theologie verschieden interpretiert und in verschiedenem rechtlichem Verdichtungsgrad realisiert, sind deshalb auch in dieser religiösen Verschiedenheit von der staatlichen Kulturverwaltung zu respektieren, wie es dem weltlichen Rahmen- und Verweisungscharakter der staatskirchenrechtlichen Freiheitsgarantien und Normbegriffe entspricht. Indem sie die geistlichen Diener am Wort und Sakrament Gottes durch ihre theologische Forschung und Lehre für ihren geistlichen Beruf zurüstet, hat die Theologie stärkere »gesellschaftsbezogene« Momente als viele andere Wissenschaften.

4. Wahrung ihrer interdisziplinären Verbindungen

Die Erhaltung der Theologie an der Universität geschieht auch um der anderen Wissenschaften willen, mit denen sie in befruchtenden Querverbindungen steht – ist sie doch in der aufgefächerten Gliederung ihrer exegetischen, historischen, systematischen und praktischen Disziplinen in einzigartiger Vielseitigkeit verzahnt mit den Altertumswissenschaften und mit der klassischen Philologie, mit der Geistesgeschichte und Kunstgeschichte, mit der Philosophie und auch mit der Soziologie, für die sie z. T. einst die Mutterdisziplin bildete, z. T. heute als Hilfswissenschaft unentbehrlich ist. So ist es auch die vielfältig geäußerte Forderung der wissenschaftlichen Welt im Jahre 1919 gewesen, die den Verfassungsgeber zur universitären Garantie der theologischen Fakultäten bewogen hat[26]. Schon in den Beratungen der Weimarer Nationalversammlung wurde deshalb die Pflege der Theologie an der Universität als Staatsaufgabe im breiten, überparteilichen Konsens begrüßt und festgeschrieben, wie es auch von den deutschen Universitäten wiederholt als Forderung erhoben worden war. Damals wie auch später wurde das eigene staatliche Interesse hieran immer wieder stark betont. Dabei haben die interdisziplinäre Bereicherung in der universitas litterarum oder die Ausstrahlung der Theologie auf das Geistesleben, die Sicherung des Niveaus und der geistigen Freiheit der Religionsdiener oder ihre Integration in die Gesamtkultur des Volkes, die Wahrung der Tradition oder des Fortschritts, die kulturstaatlichen oder die sozialstaatlichen Aspekte wechselnd im Vordergrund gestanden.

Auch für die Theologie selbst würde das Ausscheiden aus dem Konzert der universitären Nachbardisziplinen einen schweren Verlust bedeuten, ihre fachliche Kommunikation beeinträchtigen, ihren wissenschaftlichen Horizont beengen, die Offenheit ihrer Auseinandersetzung mit der modernen Welt und damit ihre Wirkung und Vermittlungsfähigkeit ebenso gefährden wie ihr wissenschaftliches Niveau. Im organisatorischen Gefüge der Universität wird sie auch eher die Luft geistiger Freiheit und Konkurrenz finden als unter der Obhut der kirchlichen Hierarchie bzw. synodaler und konsistorialer, proporzmäßig besetzter Gremien, die sich die – für die Wissenschaft lebensnotwendige – Tradition der Autonomie wissenschaftlichen Forschens und Lehrens erst zu eigen machen müssen.

5. Nationale Einheitlichkeit und Sozialstaatlichkeit staatlicher Kulturförderung

Neben diesen spezifisch wissenschaftlichen Gründen treten andere zurück: Etwa das Interesse an der nationalen geistigen Einheit und die Scheu vor einer Segmentierung und »Versäulung« des Geisteslebens, das den jungen deutschen Nationalstaat noch im Kulturkampf zur Forderung nach der Universitätsausbil-

---

[26] Vgl. die Beratungen des Verfassungsausschusses, Protokolle (Anm. 21) S. 209, 211, 226, 537 und die Verhandlungen der verfassungsgebenden Nationalversammlung, Bd. 336, Berlin 1920 S. 192 ff., in denen die Voten der Konferenz der Universitätsrektoren Preußens und der Senate der Universitäten Heidelberg und Tübingen sowie der juristischen, medizinischen und philosophischen Fakultäten der Universitäten Marburg und Berlin für eine Beibehaltung der theologischen Fakultäten an der Universität gegen die radikalen Trennungsabsichten des preußischen Kultusministers Adolph Hoffmann (unabh. Sozialist) großen Eindruck gemacht hatten, ferner ein Aufsatz von *Adolf von Harnack*, »Die Bedeutung der theologischen Fakultäten«, der im März 1919 in den Preußischen Jahrbüchern erschien, vgl. *ders.*, Erforschtes und Erlebtes, Gießen 1923 S. 199 ff. Vgl. auch *W. Huber* aaO S. 301. Zu den staatlichen Motiven der Geistlichenausbildung ferner *Christoph Link*, Staatskirchenrechtliche Probleme der nichtakademisch vorgebildeten Geistlichen, ZevKR 17 (1973) S. 257 ff.

dung der Geistlichkeit (im »Triennium« der Kulturkampfgesetze) trieb. Ebenso treten hier die modernen Sozialstaats-Aspekte in den Hintergrund. Die theologischen Fakultäten als Erscheinungen der Daseinsvorsorge[27] zu rubrizieren, mag als weniger angemessene Materialisierung dieser Materie der Kulturstaatlichkeit erscheinen. Kurz: Die Entfernung der theologischen Fakultäten von der staatlichen Universität oder ihre Veränderung in weltliche »Humanwissenschaften« würde eine Verstümmelung der staatlichen Kulturverantwortung bedeuten.

6. Übereinstimmung zwischen Staatskirchenrecht und Kulturverfassungsrecht

Das Kulturverfassungsrecht stimmt hier in seinen Grundpositionen mit dem Staatskirchenrecht überein, wie im einzelnen zu zeigen ist: Das Staatskirchenrecht kann keineswegs als eine freiheitsfremde, äußere Beschränkung der kulturellen Institutionen und Garantien des Staates mißdeutet werden. Aus dem Zusammenhang mit Art. 5 III GG ergibt sich mithin kein Einwand, sondern eine verfassungsrechtliche Bekräftigung der Erhaltung der Theologie an der staatlichen Universität, und zwar gerade in ihrer unverfremdeten inneren Besonderheit als theologische Disziplin.

Freilich auch ihre rechtliche Begrenzung: Die Theologie hat nur eine Rolle der Gleichberechtigung neben, nicht der Überordnung über den anderen Wissenschaften. Von daher ergeben sich verfassungsrechtliche Fragen zu den sog. »Konkordatsprofessuren« für allgemeine Geschichte und auch für Philosophie mit ihrer theologisch-kirchlichen Einbindung (z. B. an eine bischöfliche Nihilobstat-Regelung), soweit diese Professuren nicht auch – wie etwa das Kirchenrecht und die Kirchengeschichte – als theologische Teildisziplinen innerlich und äußerlich in den Wissenschaftszusammenhang der Forschung und Lehre der Theologenfakultäten selbst eingefügt worden sind, sondern außerhalb derselben etwa zur Pflege des »katholisch-kirchlichen« Standpunktes für die Allgemeinheit eingerichtet wurden – wobei es zur Definitionsfrage wird, ob darin eine Privilegierung oder Diskriminierung der Richtung und ihrer Vertreter liegen mag.

Ferner folgt aus Art. 5 III GG, daß die individuelle Wissenschaftsfreiheit des einzelnen Wissenschaftlers (hier des Theologen) durch die institutionelle Gewährleistung der Theologie als besonderer Disziplin nicht verletzt werden darf: Nur in der Respektierung seiner individuellen Wissenschaftsfreiheit ist seine

---

[27] Vgl. etwa die Erlanger Dissertation von *Claus Tetzel*, Staat – Kirche – Hochschule, Erlangen 1982 S. 30, 130. Dagegen zu Recht das Urteil des VGH Mannheim v. 19. 7. 84, NVwZ 1985 S. 126 ff, auch in ZevKR 30, 1985 S. 106 ff., 111 und in JZ 1985 S. 943 ff. m. Anm. d. Verf.

Eingliederung und Wirksamkeit im institutionellen Rahmen der theologischen Fakultäten rechtlich möglich.

7. Kein diskriminierender Ausschluß der Theologie von der Universität

Würde die Theologie als eine in der geistigen Tradition und Wirksamkeit der deutschen Universität anerkannte Wissenschaft jedoch wegen ihres besonderen geistig-geistlichen Gehaltes – also aus weltanschaulichen Gründen – von der Universität verwiesen, so wäre dies seinerseits als ein Verstoß sowohl gegen die Wissenschaftsfreiheit des Art. 5 III GG als auch gegen den speziellen Gleichheitsgrundsatz des Art. 3 III GG zu werten[28]. Art. 3 III GG verlangt nach Wortlaut und Sinn keineswegs die Ignorierung und Ausschaltung der religiösen Momente, wie oft zu hören ist; speziell im Staatskirchenrecht, das ja gerade mit religiösen Dingen zu tun hat, ist dies weithin gar nicht möglich.

II. Die Weltlichkeit des Staates und ihre Folgen für die theologischen Fakultäten

1. Kulturstaatlichkeit als Legitimation

Der moderne weltliche Verfassungsstaat betreibt also die theologischen Fakultäten seit 1919 weiter aus Gründen seiner umfassenden Kulturstaatlichkeit, jedoch nicht mehr aus jener cura religionis[29], kraft deren früher der christliche Staat hier primär seine alte Sorge für die Kirche und die Wahrheit ihres Bekenntnisses wahrgenommen hatte, mit ihr zugleich den Wissenschaften dienend. Die Verweltlichung des Staates hat sich auf das Staatskirchenrecht im allgemeinen, besonders aber auf die staatlichen Theologenfakultäten tiefgreifend ausgewirkt.

---

[28] *Martin Heckel*, Die religionsrechtliche Parität, in: Handbuch des Staatskirchenrechts der Bundesrepublik Deutschland, hrsg. v. Ernst Friesenhahn und Ulrich Scheuner (HdbStKirchR), Bd. 1, Berlin 1974 S. 521 f. Ihre gleichmäßige (!) Differenzierung nach dem Bekenntnis, ja wegen des Bekenntnisses ist keineswegs verwehrt, sondern geboten. So ist die differenzierte Erteilung des katholischen und evangelischen Religionsunterrichts durch die Staatsschule an die katholischen und die evangelischen Kinder im Grundgesetz selbst beiläufig vorgeschrieben (Art. 7 III GG). Die Denkmalpflege, das Friedhofsrecht, die Anstalts- und Militärseelsorge und eben auch die theologischen Fakultäten zeigen insoweit den gleichen rechtlichen Befund.

[29] Oben Anm. 15. Sofern man heute noch von »positiver Religionspflege« (*Johannes Heckel*, Das blinde, undeutliche Wort »Kirche«, Köln Graz 1964 S. 324, 332) des modernen weltlichen Staates sprechen kann und will, ist dies in einem gewandelten Sinne geboten; Religionsförderung ist zwanglos zulässig und angebracht im Rahmen der offenen pluralistischen Kulturförderung, auf der Grundlage der weltanschaulichen Neutralität, Liberalität, Parität des modernen Verfassungsstaates. Vgl. auch *Martin Heckel*, Die Kirchen unter dem Grundgesetz, VVDStRL 26, 1968 S. 30 ff.; *Schlaich*, Neutralität S. 215 f.

2. Das Ende des »Christlichen Staates«

Die Weimarer Reichsverfassung vom 11. 8. 1919 bedeutet in der Geschichte des deutschen Staatskirchenrechts einen Einschnitt von säkularem Rang: Die Epoche des »Christlichen Staates«, der sich nach Staatsziel und Staatsstruktur durch den Dienst an dem konfessionellen Christentum und die Verbundenheit mit der christlichen Kirche bestimmte, ging mit ihr zu Ende[30]. Seit der Christianisierung Europas war dieses »Konstantinische System« des Römischen Reiches überall dominierend geworden, hatte sich im Staatskirchentum der Reformation und Gegenreformation nochmals intensiviert und prägte in den Ausläufern noch die liberale Verfassungsordnung des 19. Jahrhunderts; in deren Kompromiß zwischen Volkssouveränität und Monarchie hatte sich die Krone noch entscheidend auf die konservativ-christlichen Kräfte gestützt. Nun aber löste sich der Staat rechtlich aus der tausendjährigen Verschmelzung mit den Kirchen und wandelte sich zum weltlichen Staat. Er versagte sich verfassungsmäßig die Kompetenz zu einer aktiven Konfessions- und Religionspolitik nach eigener religiöser bzw. weltanschaulicher Zielsetzung, wie aus dem Gesamtkonzept der staatskirchenrechtlichen Normen seit der WRV, insbes. aus Art. 137 I/III WRV und dann aus Artt. 4, 140 GG zweifelsfrei ersichtlich ist. Er gab den Religionsgesellschaften Freiheit, vor allem was ihren geistlichen Grund im Bekenntnis und ihre bekenntnismäßige Rechtsgestalt und Wirksamkeit betraf, ebenso wie er sich seinerseits Freiheit von kirchlicher Leitung und Bindung nahm und normierte. Die Staatszwecke und der Staatsaufbau, das öffentliche Ämterrecht,

---

[30] *Hans Erich Feine*, Kirchliche Rechtsgeschichte, Bd. 1, Die katholische Kirche, 4. A., Weimar 1964 S. 68 ff. und passim. – Die allmähliche innere Auflösung jener tiefen institutionellen Christlichkeit des Staates, die seit 379/381 durch staatliche Zwangsgesetze begründet wurde und unter neutestamentlichen Maßstäben stets fragwürdig blieb, ist ein langer Prozeß der neuzeitlichen Geistes- und Rechtsgeschichte seit den paritätischen Koexistenzstrukturen des konfessionellen Zeitalters und insbesondere seit der Aufklärung, die sich in der Verfassungsbewegung des 19. Jahrhunderts weithin ausgeformt hat. – Als Gegenposition vgl. etwa *Friedrich Julius Stahl*, Der christliche Staat, (1. A. 1847) 2. A. Berlin 1858, bes. S. XVI, 3 ff., 21, 29, 82 ff. und der »Syllabus« Papst Pius IX., Enzyklika Quanta cura v. 8. 12. 1864, in: *Carl Mirbt*, Quellen zur Geschichte des Papsttums, 4. A., Tübingen 1924 S. 450 ff. – Zum ganzen (mit Lit.) *M. Heckel*, Säkularisierung S. 1 ff., 40 ff., 54 ff., 74 ff.; *ders.*, Das Säkularisierungsproblem in der Entwicklung des deutschen Staatskirchenrechts, in: Christentum und modernes Recht, hrsg. v. Gerhard Dilcher und Ilse Staff, (Suhrkamp) Frankfurt 1984 S. 35 ff.; *Christoph Link*, Christentum und moderner Staat, zur Grundlegung eines freiheitlichen Staatskirchenrechts in der Aufklärung, ebenda S. 110 ff.; und *ders.*, Herrschaftsordnung und bürgerliche Freiheit, Wien Köln Graz 1979 S. 19 ff., 132 ff., 203 ff., 253 ff. und die Rez. d. Verf., ZRG 100 Kan. Abt. 69, 1983 S. 460 ff., 463; auch *Scheuner*, Schriften zum Staatskirchenrecht S. 133, 142, 223 ff. Ferner BVerfGE 42, 330: »Der Staat wird ›säkularisierter Staat‹, später ›weltanschaulich neutraler Staat‹, die Kirche besinnt sich verstärkt, insbesondere nach 1945, auf ihre Eigenständigkeit. Der Staat beschränkt sich auf die Ordnung des ›Weltlichen‹, nimmt keine Kompetenz mehr in Anspruch zur Entscheidung in Angelegenheiten der Religion und der Seelen, entläßt am Ende die Kirchen prinzipiell aus seiner Aufsicht und anerkennt zugleich die besondere Bedeutung der Kirchen für das Leben in Staat und Gesellschaft.«

die bürgerlichen und die staatsbürgerlichen Rechte wurden jetzt entkonfessionalisiert[31]. So ist das neue System des Staatskirchenrechts seit der WRV als ein Verhältnis umfassender gegenseitiger Freiheit des Staates von der Kirche, aber auch der Kirche vom Staat und im Staat bezeichnet worden[32]. Dadurch wurde nunmehr die eigenständige Entfaltung aller Religionsgesellschaften in der Gesellschaft und in einigen tragenden öffentlichen Institutionen ohne die Einschränkungen der alten Staatskirchenstruktur und Staatskirchenhoheit ermöglicht.

3. Konsequenzen für die theologischen Fakultäten. Die Grundtypik der staatskirchenrechtlichen Parallelfiguren

Für die theologischen Fakultäten bedeutete diese Wende des Verfassungsrechts: Der weltliche Staat konnte hinfort konstitutionell nur mehr die weltliche Seite der theologischen Fakultäten betreuen, während ihre geistliche Seite seinem direkten und indirekten Eingriff entzogen war und der geistlichen Selbstbestimmung der betreffenden Konfessionen überlassen blieb.

Man trifft hier auf einen allgemeinen und typischen Grundbefund des Staatskirchenrechts, der in vielen Parallelfiguren (besonders der gemeinsamen Angelegenheiten) wiederkehrt, in denen das Trennungssystem nicht »strikt«, d. h. durch äußerliche Abscheidung getrennter Bereiche durchgeführt ist[33]. Denn nur in den »reinen« Fällen der Trennung, die seit 1919 ja weithin in dieser Weise verwirklicht wurde, kann sich der Staat schlichtweg der religiösen Phänomene und Probleme entschlagen: Indem er sie aus der staatlichen Ordnung abtrennt, sie in die staatsfreie Gesellschaft ausgrenzt, sie dort den Bürgern und ihren Religionsgesellschaften zur »eigenen«, staatsfreien Regelung auf dem Boden liberaler Freiwilligkeit überläßt und dies durch die liberalen Garantien der Religionsfreiheit und Religionsgesellschaftsfreiheit von staatlichen Interventionen abschirmt, freilich auch durch staatliche Konkurrenzformen u. U. emp-

---

[31] Der Verzicht auf eine institutionell verbürgte »Christlichkeit« des Staates und der staatlichen Rechtsordnung und der Übergang zur konfessionellen Neutralität beschränkt sich auf die staatlichen Strukturen. Ihre prinzipielle Liberalität und Offenheit erlaubt den Bürgern und ihren gesellschaftlichen Organisationen jedoch, ihre christliche Überzeugung und Verantwortung im öffentlichen Leben zu entfalten und zu verwirklichen, etwa auch durch Parteibildung mit besonderer christlicher Zielsetzung. Die säkularen Rechtsformen des staatlichen Rechts enthalten keinen Zwang zur Säkularisierung des Religiösen selbst, wie unten S. 40ff., 239f. und passim in dieser Studie zu zeigen ist.

[32] Statt anderer *Ebers*, aaO, S. 119; *M. Heckel*, Die Kirchen unter dem GG S. 28.

[33] Dazu *Scheuner*, Schriften zum Staatskirchenrecht S. 141; *E. R. Huber*, Verfassungsgeschichte, Bd. 6 S. 867 f., 873. – Vgl. auch *Axel von Campenhausen*, Staatskirchenrecht, 2. A., München 1983 S. 67 ff., 113 ff.; *Franz-Georg von Busse*, Gemeinsame Angelegenheiten von Staat und Kirche, München 1978 S. 15 ff., 40 ff., 153 ff., 232 ff., 256 ff., 310 ff.; VGH Mannheim (Anm. 27) S. 128.

findlich beschränkt. Dieses strikte (d. h. äußere) »Trennungsmodell« der beziehungslosen Scheidung und Konkurrenz findet sich bekanntlich zwischen staatlichem und kirchlichem Eherecht, zwischen weltlicher Staatsschule (außerhalb des Religionsunterrichts) und kirchlicher Unterweisung im Firm- und Konfirmandenunterricht, zwischen staatlicher Sozialverwaltung und kirchlicher Liebestätigkeit, auch zwischen den staatlichen Hochschulen (außerhalb der theologischen Fakultäten) und den Hochschulen in eigener kirchlicher Trägerschaft.

Ganz anders ist die Rechtslage in jenen Bereichen, in denen der weltliche Staat im Rahmen seiner umfassenden Kultur- und Sozialstaatlichkeit selbst religiöse Aktivitäten betreibt bzw. in seinen öffentlichen Institutionen entfalten läßt. Hier kann er sich der religiösen Problematik nicht einfach durch jene altliberalen »staatsfreien« Ausgrenzungen (und Ausgrenzungsfreiheiten) entziehen und sie dahingestellt sein lassen. Im Religionsunterricht, bei der Anstalts- und Militärseelsorge, im Denkmalrecht an den Sakraldenkmälern und nicht zuletzt bei den theologischen Fakultäten erhebt sich prinzipiell das gleiche Problem:

4. Fehlende Kompetenz des weltlichen Staates für religiöse Entscheidungen und Maßstäbe

Zum Ersten: Der moderne, weltliche Staat kann die religiöse Seite dieser Phänomene nicht mehr selbständig und eigenmächtig regeln, sie insbesondere nicht gegen die eigenständige Selbstbestimmung der betreffenden Religionsgemeinschaft entscheiden. Er ist nicht mehr der »christliche Staat«, der sich kraft eigener göttlicher Berufung und Verantwortung die Kompetenz zulegte, einer geistlich versagenden geistlichen Gewalt durch christliche Korrekturen (wie placet, recursus ab abusu, Visitations- und Ingerenzrechte) zum Wohl der Christenheit aufzuhelfen. Das sakrale Königskirchentum der Karolinger, Ottonen, Salier ging schon im Investiturstreit unter; das ius reformandi der protestantischen Obrigkeit, das sich aus notbischöflicher Wurzel zum machtvollen Recht des Bekenntnisbanns und des Kirchenregiments entwickelte und der Staatsgewalt die Entscheidung über die theologische Wahrheitsfrage zumaß, ist innerlich im 18., äußerlich im 19. und vollends im 20. Jahrhundert überwunden worden[34]. Historisch wie juristisch bedeutet es eine grotesk retrospektive, ja reaktionäre Fehleinschätzung der modernen Verfassungsordnung wie der Moderne überhaupt, dem säkular gewordenen Staate in Glaubensfragen die Kom-

---

[34] *Feine*, aaO, S. 236 ff., 573 ff., 669 ff.; *Hinschius*, aaO, S. 200 ff., 266 ff., 336 ff.; *M. Heckel*, Säkularisierung S. 137 ff.; vgl. auch die Anm. 15 zit. Werke. – *Paul Mikat*, Kirchen und Religionsgemeinschaften, in: Die Grundrechte, hrsg. v. Bettermann, Nipperdey, Scheuner, Bd. IV, 1, Berlin 1960 S. 128; *Ernst-Wolfgang Böckenförde*, Staat-Gesellschaft-Kirche, in: Christlicher Glaube in moderner Gesellschaft, Teilb. 15, Freiburg Basel Wien 1982 S. 42 ff.

petenz zu zwangsweisen »Reformationen« bzw. »Reformen« gegenüber den Religionsgemeinschaften zuzuerkennen, denen sich der Staat zur Achtung ihrer religiösen Selbstbestimmung verpflichtet hat.

5. Keine Eliminierung des religiösen Gehaltes religiöser Phänomene durch den freiheitlichen Staat

Zum Zweiten: Der säkulare Staat kann die spezifisch religiöse Seite der religiösen Phänomene – mit denen er in seinen Institutionen noch zu tun hat – nicht schlankweg ignorieren. Hier versagt die äußere Abtrennung und Verbannung der religiösen Momente und Aspekte aus dem staatlichen Recht, weil sie dadurch die religiösen Phänomene inhaltlich verändern bzw. zerstören würde: Theologie würde so in säkulare Religionskritik bzw. Religionswissenschaft, christlicher Religionsunterricht in säkulare Religionskunde, Sakraldenkmäler mit lebendiger liturgischer Funktion in museale historische Objekte (»Kirchenmuseen«) verwandelt. Bei allen religiösen Einrichtungen handelt es sich um geistlich-geistige Sinneinheiten in der unlösbaren Verbundenheit ihrer Momente. Ihr geistliches Fundament und Wesen läßt sich von der »weltlichen« Seite des Phänomens nicht durch ein »salomonisches« Urteil abschneiden und getrennt auf staatliche und kirchliche Instanzen verteilen, wenn seine Zerstörung und Wesensveränderung vermieden werden soll[35]. Für die »gemeinsamen Angelegenheiten« hat das klassische deutsche Staatskirchenrecht deshalb rechtliche Formen zu ihrer ganzheitlichen juristischen Behandlung entwickelt. Und speziell die theologischen Fakultäten sind als Sinneinheit in ihrer theologischen Eigenart garantiert worden: Die Reichsverfassung (Art. 149 III WRV) und die späteren Verträge und Landesverfassungen sichern sie dadurch in ihrem äußeren und inneren Bestande, um dem Landesgesetzgeber und seinen wechselnden politischen Mehrheiten ihre Beseitigung oder ihre Umwandlung zu verwehren. Geschützt war damit fraglos (1.) ihre theologische Besonderheit gegenüber den anderen Fakultäten (2.) ihre spezielle Ausprägung als katholische und evangelische Theologie.

6. Keine Verfügbarkeit für den staatlichen Amtsträger

Zum Dritten: Dem freiheitlichen weltlichen Staate ist aber auch verwehrt, den katholischen bzw. evangelischen Status der betreffenden Einrichtung dadurch aufzubrechen, daß er ihn den dort tätigen Personen zur diffusen, indivi-

---

[35] *M. Heckel*, Die Kirchen unter dem GG S. 30; *ders.*, Staat Kirche Kunst S. 129 ff.; *Schlaich*, Neutralität S. 159 ff., 257; *Solte*, aaO, S. 33 ff., 40 ff.; *Christoph Link*, Religionsunterricht, in: HdbStKirchR Bd. 2, Berlin 1975 S. 501 ff., 511 ff., 535 ff.

duellen Verfügung überantwortet – so lautstark sich dieselben auch bisweilen in diesem Sinne auf Grundrechte zu berufen pflegen. Primär geht es hier ja um das staatliche Amt und dessen Kompetenzen und öffentliche Funktionen, nicht jedoch um »private« Grundrechtsausübung. Der Religionslehrer, der Anstalts- und Militärseelsorger, der Denkmalpfleger und auch der forschende und lehrende Theologe üben in ihren staatlichen Amtsfunktionen Staatsgewalt aus, die in der Verfassungs- und Gesetzesgebundenheit steht. Die Amtsträger dürfen die ihnen anvertrauten öffentlichen Institutionen nicht nach Belieben individuell verfremden, auch nicht in fremde Rechte, etwa der Religionsgemeinschaften, eingreifen.

Sie betätigen sich insoweit keineswegs als staatsfreie Individuen im individuellen Grundrechtsstatus, der durch das Abwehrrecht der negativen Religionsfreiheit auch jeden Agnostiker und religiösen Dissidenten gegen Staatseingriffe sichert. Die verfassungs- und vertragsgesicherte religiöse Prägung der Institution selbst kann nicht auf die Grundrechtspositionen ihrer Amtswalter reduziert und ihrer individuellen Entscheidung ausgeliefert werden. Mit der Übernahme des öffentlichen Amtes tritt auch der Theologe an der Staatsuniversität in die Bindungen und Begrenzungen seiner Amtsfunktionen ein, die ihm andererseits erhebliche amtliche Wirkungsmöglichkeiten und Eingriffsmöglichkeiten in den Rechtskreis Dritter verleihen. Die Grundrechte sichern die Freiwilligkeit der Übernahme solcher besonderen Amtsverpflichtungen, auch die Möglichkeit des freiwilligen Ausscheidens aus ihnen (freilich dann mit allen Statusveränderungen), aber sie stellen den Inhalt des Amtes nicht zur Disposition seines Trägers.

Auch durch Gremienbeschlüsse können Amtsbindungen und Amtsrechte nicht kompetenzwidrig »umfunktioniert« werden, wie das Exempel der Gruppenuniversität auch in anderen Fällen lehrt. So kann die besondere verfassungsrechtliche Prägung als »katholische« bzw. »evangelische« Fakultät weder vom einfachen Gesetzgeber noch von der Universitäts- und Kultusministerialadministration noch von den Gerichten den wechselnden Gremienbeschlüssen der derzeitigen Fakultätsmitglieder zur majorisierenden Veränderung anheim gestellt werden; die Fakultätsautonomie ist begrenzt durch den verfassungsmäßigen und vertragsgesetzlich festgelegten Charakter und Kompetenzkreis der Fakultät[36].

---

[36] Vgl. unten S. 63, 254 f., 274. Eine Aufhebung oder wesentliche Statusveränderung der theologischen Fakultäten (z. B. auch ihre Umwandlung in religionswissenschaftliche oder konfessionsneutrale »ökumenische« Einheiten) ist nur durch Änderung der Verfassungs-, Gesetzes- und Vertragsbestimmungen im dafür erforderlichen Verfahren möglich.

7. Respektierung des religiösen Selbstverständnisses
bei der staatlichen Kulturpflege religiöser Kultur

Zum Vierten ist somit zu resümieren: Wo der moderne weltliche Staat Einrichtungen von besonderer konfessioneller Prägung fortführt, ist er darauf verwiesen, das Selbstverständnis der betreffenden Konfession über Inhalt und Grenzen des »Katholischen« bzw. »Evangelischen« zu respektieren, das die betreffende Religionsgemeinschaft in Freiheit als eigene Angelegenheit zu bestimmen hat[37]. Die staatliche (d. h. »staatskirchliche«) Bestimmung der »wahren« Katholizität bzw. der »echten« evangelischen Bekenntnisinhalte ist ihm ebenso verwehrt wie ihre Ignorierung (und d. h. säkularisierende Verfremdung) und ihre Auslieferung an die gerade dort tätigen Amtswalter bzw. Gremien.

Die religionsrechtlichen Begriffe und Normen des freiheitlichen weltlichen Staates haben deshalb weithin einen weltlichen Rahmencharakter und eine religiöse Verweisungsfunktion[38]: Sie beschränken sich auf die weltlichen Rahmenbedingungen, geben jedoch den besonderen geistlichen Gehalt den betreffenden Religionsgemeinschaften zur geistlichen Selbstbestimmung frei. Der staatliche Rahmen ist gleich, so verschieden ihn auch die Religionsgemeinschaften jeweils nach ihren differierenden Bekenntnismaximen ausfüllen mögen. Dadurch löst sich in zwangloser Liberalität auch das schwierige Paritätsproblem: Der Staat wahrt so die Gleichheit im staatlichen Recht und ermöglicht doch – ohne Nivellierung – die liberale Entfaltung der Vielfalt und Unterschiedlichkeit der Religionsgemeinschaften in ihren noch so heftig divergierenden religiösen Positionen, die dann wieder den gleichen rechtlichen Schutz und die gleiche Förderung des Staates ohne Privilegierung und Diskriminierung aus religiösen bzw. weltanschaulichen Gründen genießen. Auch die Garantie der theologischen Fakultäten hat diesen weltlichen Rahmen- und Verweisungscharakter: Der weltliche Staat verbürgt sich für die äußere Erhaltung und Ausstattung der theologischen Wissenschaft in der Form von Fakultäten (bzw. Fachbereichen) im Gesamtaufbau der staatlichen Universitäten; er sorgt auch für ihr wissenschaftliches Niveau in Forschung und Lehre, für den Standard ihrer Prüfungen und Grade, die Ordnung ihrer Funktionen und was dergleichen weltliche Rahmenbedingungen insgesamt betrifft. Aber über den besonderen geistlichen Charakter der theologischen Fakultäten, über Gehalt und Grenzen des – verfassungsrechtlich verbürgten – »Katholischen« bzw. »Evangelischen« verfügt er nicht in säkularer Eigenmacht, sondern respektiert insoweit die freie Selbstbestimmung der Konfessionen selbst, auf die seine Verfassungsbestimmungen verweisen. Die Bezugnahme des Reichskonkordates auf die kirchlichen Vorschriften in dessen Art. 19.2 und Schlußprotokoll fügt sich in diese

---

[37] So der Leitgedanke der Werke von *Solte* über die theologischen Fakultäten (Anm. 17), bes. S. 44, 91 f., 174 ff. und *M. Heckel* über den staatlichen Denkmalschutz an den kirchlichen Kunstdenkmälern (Anm. 24) S. 129, 138 ff.; vgl. auch allgemein über die Respektierung des kirchlichen Selbstverständnisses in »ihren Angelegenheiten« *Konrad Hesse*, Das Selbstbestimmungsrecht der Kirchen, in: HdbStKirchR Bd. 1 S. 429.

[38] *M. Heckel*, Die religionsrechtliche Parität S. 503 ff., 506; *Klaus G. Meyer-Teschendorf*, Staat und Kirche im pluralistischen Gemeinwesen, Jus Ecclesiasticum Bd. 26, Tübingen 1979 S. 103 ff., 107; *Müller-Volbehr*, Die sog. Jugendreligionen und die Grenzen der Religionsfreiheit, Essener Gespräche, hrsg. v. H. Marré und J. Stüting, 19, Münster 1985 S. 114.

allgemeinen Strukturen ein. Bei anderen Normen und Normbegriffen des geltenden
freiheitlichen Staatskirchenrechts liegt es analog: Die Garantie des Religionsunterrichts
an den öffentlichen Schulen umgreift die weltliche Verantwortung und Gestaltung des
weltlich-schulischen Rahmens im staatlichen Anstalts-, Prüfungs-, Aufsichts-, Diszipli-
nar-, Beamtenrecht u. a. m. Sie umschließt jedoch nicht die inhaltliche Entscheidung des
Staates über das spezifisch Religiöse am Religionsunterricht, der deshalb in der typischen
Verweisungsfunktion »in Übereinstimmung mit den Grundsätzen der betreffenden
Religionsgesellschaft« zu erteilen ist (Artt. 149 I S. 3 WRV, 7 III GG). Die Kirchenguts-
garantie etwa (Art. 138 II WRV/140 GG) umgreift als weltlicher Rahmenbegriff nur das
als Kirchengut, was die betreffende Religionsgemeinschaft nach ihren liturgischen und
kirchenrechtlichen Prinzipien und Akten als res sacra oder Verwaltungsvermögen zum
Kirchengut gewidmet hat. Bei allen anderen religionsrechtlichen Begriffen des säkularen
Staates zeigt sich der gleiche Befund der staatlichen Bezugnahme auf die freie religiöse
Selbstbestimmung der betroffenen Religionsgemeinschaften bzw. Individuen.

III. Die Trennung von Staat und Kirche
im theologischen Fakultätenrecht

1. Trennung als Instrument der Freiheit

Auch die »Trennung von Staat und Kirche« in ihrer gegenwärtigen Ausprägung – als Verbot der Staatskirche – bestätigt dieses Bild. Sie ist bekanntlich
nicht als ein ideologisches (»laizistisches«) Kampfprinzip im deutschen Verfassungsrecht normiert worden, sondern als Instrument liberaler gegenseitiger
Freigabe aus der früheren staatskirchlichen Verklammerung. Eine partielle und
begrenzte Verbindung und Zusammenarbeit von Staat und Kirche ist dadurch
keineswegs ausgeschlossen, sofern ihre gegenseitige Unabhängigkeit und Freiheit erhalten bleibt und die frühere Identifikation bzw. Verschmelzung in
staatskirchlichen Strukturen vermieden wird[39]. In dieser Weise betreibt der

---

[39] In dieser abgemilderten Form der »hinkenden«, »positiven«, »gemilderten« Trennung ist das
Trennungsprinzip in der Weimarer Verfassung 1919 normiert und im Grundgesetz 1949 rezipiert
worden; entsprechend liegt es auch den staatskirchenrechtlichen Bestimmungen der Landesverfas-
sung mit normativem Vorrang zugrunde. Vgl. *Ulrich Stutz*, Die päpstliche Diplomatie unter Leo
XIII., Berlin 1925 S. 54; *Ebers*, aaO, S. 119 ff., 132 f.; *E. R. Huber*, Verfassungsgeschichte Bd. 6
S. 867 ff.; *Scheuner*, Schriften zum Staatskirchenrecht S. 134 ff., 141, 184 f., 259, 305; *W. Weber*,
Staat und Kirche in der Gegenwart S. 164, 321; *Paul Mikat*, aaO, S. 125 ff.; *ders.*, Staat, Kirchen,
Religionsgemeinschaften, in: Handbuch des Verfassungsrechts (Anm. 22) S. 1068, 1077 ff.; *Alexan-
der Hollerbach*, Verfassungsrechtliche Grundlagen des Staatskirchenrechts, in: HdbStKirchR Bd. 1
S. 252 ff.; *M. Heckel*, Die Kirchen unter dem GG S. 9, 26 ff.; *ders.*, Staat Kirche Kunst S. 195 ff.;
Schlaich, Neutralität S. 182 ff.; *Solte*, Theologie an der Universität S. 72 ff. Abweichend *Erwin
Fischer*, Trennung von Staat und Kirche, 2. A. S. 177 ff. – Vgl. auch BVerfGE 19, 216 und 42, 330:
»Nach einer jahrhundertelangen Periode enger Verbindung von Staat und Kirche beginnt in
Deutschland im 19. Jahrhundert ein Prozeß zunehmender Lockerung dieses Verhältnisses, – trotz
mancher heftiger Auseinandersetzungen zwischen Staat und Kirche nicht in der Tendenz feind-
schaftlicher Trennung, sondern wechselseitiger Zugewandtheit und Kooperation. ›Das sog. Tren-

Staat die theologischen Fakultäten ungeachtet ihrer tiefen Unterschiede und Gegensätze in durchaus weltlicher Distanz und Neutralität, ohne sich mit dem katholischen noch mit dem evangelischen Bekenntnis als offizieller Staatsdoktrin »staatskirchlich« zu identifizieren.

2. Keine Bereichstrennung

Wegen ihres religiösen Momentes und ihrer Zweckbestimmung zur Ausbildung der Diener der Kirche läßt sich das Trennungsprinzip hier – wie auch bei den anderen »gemeinsamen Angelegenheiten« des deutschen Staatskirchenrechts – nicht in äußerer Bereichs-Trennung[40] und -Aufteilung durchführen, weil dies die geistlich-weltliche, untrennbare Ganzheit der Materie nicht erlaubt.

3. Trennung der Zielsetzung und Maßstäbe

Das Trennungsprinzip ist deshalb jedoch in diesen Materien keineswegs obsolet, sondern in tieferer und sublimerer Weise zu realisieren: Wo sich Staat und Kirche – jeweils von ihrer verschiedenen Zielsetzung und Kompetenz ausgehend – zur gemeinsamen Pflege und Sicherung einer solchen geistlich-weltlichen Sinneinheit begegnen, hat sich der weltliche Staat auf den weltlichen, die Kirche auf den geistlichen Aspekt und Maßstab zu beschränken[41].

4. Kooperation und Koordinierung in den »gemeinsamen Angelegenheiten«

Und wegen dieser Selbstbeschränkung sind beide notwendig auf Kooperation in gegenseitiger Koordinierung angewiesen, die in der Tat insoweit zu einer begrenzten Koordinationsbeziehung führt[42]. Sie ist in das sonstige Subordina-

---

nungsprinzip wird in Deutschland nicht als Kampfbegriff entwickelt, sondern als Baustein des Ausgleichs‹... Im Grunde ist das auch gemeint, wenn das Grundverhältnis zwischen Staat und Kirche in der Bundesrepublik Deutschland als Verhältnis einer ›hinkenden Trennung‹, als wechselseitige Selbständigkeit innerhalb eines Koordinationssystems oder als Partnerschaft zwischen Staat und Kirche charakterisiert wird.«

[40] *M. Heckel*, Die Kirchen unter dem GG S. 31 ff., 40 ff.; *Schlaich*, Neutralität S. 176 ff.; *Hesse*, Selbstbestimmungsrecht, in: HdbStKirchR Bd. 1 S. 436.

[41] Diese Maßstab- und Kompetenzabgrenzung ist für alle sog. »Gemeinsamen Angelegenheiten« des Staatskirchenrechts grundlegend. Vgl. *M. Heckel*, Staat Kirche Kunst S. 10, 138 ff., 173 ff., 204, 232. Sie zieht sich als roter Faden insbes. auch durch das Recht der theologischen Fakultäten. Vgl. die »Maßstabklausel« in den verschiedenen Sachzusammenhängen etwa auf S. 29, 47, 51 f., 114 ff., 203, 227, 300 ff., 329, 343, 380. Zur gleichen Frage auch *Solte*, aaO, S. 80, 91 f., 154 Anm. 144, 186 ff., 191 und *Hesse*, aaO, S. 441.

[42] Sie ist bei den »Gemeinsamen Angelegenheiten« in vielfältigen Spezialbestimmungen ausgeformt. Vgl. *v. Busse*, aaO, S. 1 ff., 20 ff.; *v. Campenhausen*, Staatskirchenrecht S. 113 ff.

tionsgefüge des weltlich-demokratischen Verfassungsrechts gleichsam als fremdes Gestein eingesprengt. Zwar kann die sog. Koordinationstheorie nicht als das allgemeine Grundprinzip des Staatskirchenrechts akzeptiert werden, so sehr sie auch von manchen Richtungen der traditionellen Kanonistik und der modernen Integrationstheorie (nicht auch von Rudolf Smend) vertreten worden ist. Sie verträgt sich nicht mit dem Axiom der demokratischen Volkssouveränität in den allgemeinen (»weltlichen«) Beziehungen zwischen Staat und Kirche; sie entspricht auch nicht dem Akt der einseitig-hoheitlichen Konstituierung (nicht aber konkordatären Paktierung) der fundamentalen Staatskirchenartikel durch den Verfassungsgeber[43]. Aber an der Außenseite des weltlichen Verfassungsgefüges ist die Koordinationsbeziehung heute unumgänglich aus prinzipiellen Gründen, die in der Säkularisierung des modernen Staates und seiner gleichzeitigen Liberalisierung liegen: Weil die weltliche Volkssouveränität sich in der Verfassung die (»staatskirchliche«) Entscheidung der Religionsfragen ausdrücklich versagt und sie den Religionsgesellschaften als eigene Angelegenheiten zur freien Selbstbestimmung überlassen hat, muß der Staat hier die religiöse Entscheidung der betreffenden Religionsgesellschaft in freier Koordination respektieren. Der säkulare Staat kann eben die eigentlichen Religionsangelegenheiten nur entweder (durch die »strikte« Trennung) ausgrenzen bzw. ignorieren oder sie (in den »res mixtae«) nach der Definition der betreffenden Konfession anerkennen, d.h. sich insoweit auf die Basis der Koordination begeben.

Darum hat die Garantie der Fakultäten für die Religionsgesellschaften weniger den Charakter eines Gebotes, das auch gegen ihren geistlich begründeten Widerstand rechtsgültig und vollziehbar wäre, als eines Angebots, dessen Annahme ihrer eigenen Entscheidung in geistlicher Freiheit und Selbstverantwortung unterliegt[44]. Sollten die Verhältnisse dahin kommen, daß die Kirchen eine Ausbildung ihres theologischen Nachwuchses an der staatlichen Universität als geistlich untragbar ansehen müßten, so könnte diese Universitätsausbildung ihnen vom säkularen Staat weder rechtlich noch faktisch aufgenötigt werden. Das gleiche gilt etwa auch zum öffentlichen Körperschaftsstatus oder Besteuerungsrecht der »altkorporierten« Religionsgesellschaften, denen diese Rechte auch ohne Antrag weiter verbürgt worden sind (Art. 137 V, VI WRV).

5. Folgen und Wandlungen des Trennungsprinzips

Nur vordergründig mutet es paradox an, daß das Trennungsprinzip zu einer Stärkung der Kirchengewalt und Minderung der staatlichen Entscheidungs-

---

[43] *Helmut Quaritsch*, Kirchen und Staat, in: Der Staat, Bd. 1 1962 S. 175 ff., 187 ff., 289; *M. Heckel*, Kirchen unter dem GG S. 23; *ders.*, Staat und Kirchen in der Bundesrepublik, Staatskirchenrechtliche Aufsätze 1950–67, ZevKR 18, 1973 S. 22, 48 ff.; *Weber*, aaO, S. 322 f.
[44] *Solte*, aaO, S. 102, 118; *Hollerbach*, Essener Gespräche 16, 1982 S. 155. Vgl. auch unten S. 334, 370.

kompetenz führt. Doch ist dies ein folgerichtiges Ergebnis der Ablösung des traditionellen Staatskirchentums (und seiner Ausläufer in der Staatskirchenhoheit). Vormals entschied der »Christliche« Staat auch die religiösen Fragen nach eigenem Maß und Ziel selbst in eigener Regie – durch die Trennung sind sie der Kirchengewalt anheim gegeben worden.

Und weiter ist nicht zu verkennen: Jene »klassische« Trennung zwischen Staat und Kirche nach säuberlich aufgeteilten äußeren Bereichen war einstmals nur als ein Teilsektor des viel umfassenderen altliberalen Trennungsmodells zwischen dem Staat und der Gesellschaft, Wirtschaft, Kultur gedacht; sie war im Rückschlag gegen den absoluten Staat konzipiert, der alle Lebensbereiche tendenziell absorbiert hatte. Mit der Erstreckung des modernen Sozial-, Wirtschafts- und Kulturstaates in die Bereiche der vormals staatsfreien Gesellschaft (einschließlich ihrer weiten Wirkungsfelder der Religionsgesellschaften) sind zahlreiche neue Kontakte entstanden, in denen sich der Staat mit den Religionsgesellschaften auseinandersetzen muß[45]. Da er sie weder säkular verfremden noch diskriminierend aus dem Bereich seiner Kultur- und Sozialstaatlichkeit ausschließen darf, ist heute der liberale Trennungsgedanke in weitem Maße nicht mehr durch eine »äußere« Trennung der staatlichen und kirchlichen Bereiche, sondern durch die »innere« Trennung der staatlichen und kirchlichen Kompetenzen, Maßstäbe und Kooperationsformen zu verwirklichen: Diese sind in jenen neuen äußeren Verbundenheiten um so gewissenhafter auseinanderzuhalten und vor neuen staatskirchenartigen (religiösen wie ideologischen) Überwucherungen der Staatsgewalt zu schützen.

IV. Die Garantie der Selbstbestimmung der Religionsgesellschaften und das theologische Fakultätenrecht

1. Ihre Relevanz für die theologischen Fakultäten als Staatseinrichtungen

Das Selbstbestimmungsrecht der Religionsgesellschaften[46] (Artt. 137 III WRV/140 GG) und ebenso die Garantie der Religionsfreiheit (Art. 4 I, II GG) sind relevant im gleichen Sinne.

---

[45] Vgl. unten S. 351; *M. Heckel*, ZevKR 20, 1975 S. 333.

[46] *Hesse*, Das Selbstbestimmungsrecht der Kirchen, HdbStKirchR Bd. 1 S. 409 ff.; *Ulrich Scheuner*, Begründung, Gestaltung und Grenzen kirchlicher Autonomie, in: Symposion für Armin Füllkrug, Neuwied und Darmstadt 1979 S. 1 ff.; *Mikat*, Staat, Kirchen und Religionsgemeinschaften, in: Hdb des Verfassungsrechts S. 1080 ff.; *v. Campenhausen*, Staatskirchenrecht S. 77 ff.; *M. Heckel*, Die Kirchen unter dem GG S. 40 ff.; *Alexander Hollerbach*, Das Staatskirchenrecht in der Rechtsprechung des Bundesverfassungsgerichts (I) AöR 92, 1967 S. 108 f., (II) AöR 106, 1981 S. 236 ff.; *Schlaich*, Neutralität S. 173 ff., 199 ff.; *Meyer-Teschendorf*, aaO, S. 187 ff.; BVerfGE 42, 312 ff.; 46, 73 ff.; 53, 366 ff.; 57, 220 ff.

Gegen die Anwendbarkeit dieser Normen wird zu Unrecht eingewandt, daß die Fakultäten keine kirchlichen, sondern staatliche Einrichtungen seien, die kraft staatlicher Kompetenz staatliche Funktionen ausüben[47]. So richtig dies ist, so deutlich ist zu unterscheiden: Nicht die Fakultäten als Institutionen sind »eigene Angelegenheiten« der Kirchen, wohl aber sind dies die kirchliche Lehre, d. h. das kirchliche Bekenntnis und Ethos, welche die Fakultäten in der Forschung, Ausbildung und Prüfung den Dienern der Kirche und durch diese den Gemeinden vermitteln. Und in diese »eigenen Angelegenheiten« wird staatlicherseits »eingegriffen«, wenn die staatlichen Fakultäten die Lehrgrundlagen und Grenzen des »Katholischen« bzw. »Evangelischen« verlassen, aber dennoch durch verfälschende Fortführung ihrer »katholischen« bzw. »evangelischen« Forschungs-, Lehr- und Prüfungsfunktionen in das kirchliche Leben einwirken. Hier ist das typische Verhältnis der Artt. 137 III WRV/140 GG gegeben: Staatliche Tätigkeit entfaltet Eingriffswirkungen in den verfassungsrechtlich geschützten Bereich der kirchlichen Selbstbestimmung. Dem steht auch nicht entgegen, daß es sich bei den theologischen Fakultäten um »gemeinsame« Angelegenheiten handelt. Auch bei den »res mixtae« ist die geistliche Seite durch die Selbstbestimmungsgarantie der Artt. 137 III WRV/140 GG zweifellos geschützt[48]. Die Überlassung der theologischen Forschung, Lehre, Prüfung an das staatliche Universitätssystem durch die Konkordate und Kirchenverträge enthält keinen rechtlichen Verzicht der Kirchen auf deren bekenntnismäßige Ausrichtung und theologischen Wahrheitsanspruch; noch weniger wurde dem Staat dadurch vertraglich ein Verfügungsrecht zur säkularisierenden Ignorierung der theologischen Lehrgrundlagen eingeräumt.

---

[47] *Helmut Quaritsch*, Hans Küng, Tübingen und das Reichskonkordat, in: Baden-Württembergische Verwaltungspraxis, 8. Jg. 1981 S. 87, 89; *Ernst Thomas Emde*, Die theologischen Fakultäten zwischen wissenschaftlicher Freiheit und kirchlicher Bindung, AöR Bd. 106, 1981 S. 371 ff. – Ferner unten S. 327.

[48] *Hesse*, aaO, S. 441: »Einzelne Elemente eines Rechtsverhältnisses können dem Selbstbestimmungsrecht der Kirchen und Religionsgemeinschaften unterliegen, während andere Sache der allgemeinen Rechtsordnung oder ›staatliche Angelegenheit‹ sind. Das ist namentlich der Fall bei den ›gemeinsamen Angelegenheiten‹, etwa der Verwaltung kirchlicher Friedhöfe oder der Einrichtung und dem Wirken theologischer Fakultäten. Hier beschränkt sich die Unabhängigkeit der Kirchen und Religionsgemeinschaften auf die spezifisch kirchlichen Bezüge und bedarf es zur Begrenzung dieser Unabhängigkeit gegebenenfalls eines ›für alle geltenden Gesetzes‹. Im übrigen ist das staatliche Recht uneingeschränkt verbindlich.« Ebenso VGH Mannheim, Urteil v. 19. 7. 1984, NVwZ 1985 S. 126 ff., 128 ff., auch ZevKR 30, 1985 S. 106 ff., 113 f.; BVerfGE 46, 73 ff., 85; 53, 366 ff., 390; 57, 220 ff., 243 und dazu *Axel v. Campenhausen*, Kirchliches Selbstbestimmungsrecht und theologische Fakultäten, ZevKR 30, 1985 S. 71 ff., 75.

2. Die staatlichen Schrankengesetze in der Wechselwirkung
mit der Selbstbestimmungsgarantie der Kirchen

Ein solches etatistisches Verfügungsrecht wird auch nicht durch die »für alle geltenden« staatlichen Schrankengesetze gegenüber der kirchlichen Selbstbestimmung nach Artt. 137 III WRV/140 GG begründet.

Zunächst: Wie man die Schrankenformel auch im einzelnen definieren mag[49], um durch sie die verfassungsrechtlich gebotene und sachgerechte Zuordnung von Freiheit und Schrankenbindung zu bestimmen, es dürfte unbestritten sein: Die Schrankengesetze des weltlichen Staates müssen sich auf weltliche Ziele, Maßstäbe und Maßnahmen beschränken, ohne zu religions- und kirchenpolitischen Vorhaben mißbraucht zu werden. Staatliche Einwirkungen auf den »geistlichen Kern« können hier niemals als »notwendig« und »verhältnismäßig« gelten[50].

Sodann: Als staatliche Schrankengesetze gelten für die Theologenfakultäten natürlich auch die allgemeinen Normen des »weltlichen Rahmens« der Universität hinsichtlich der wissenschaftlichen Kompetenz und Standards, Verfahrensnormen, Statusbeziehungen ihrer Mitglieder usw., soweit sie den spezifisch religiösen Charakter der theologischen Fakultäten *nicht* betreffen. Soweit jedoch die modernen Universitätsgesetze – im Blick auf die nichttheologischen Fakultäten – insgesamt streng säkular und konfessionell neutralisiert geordnet sind, können diese allgemeinen säkularen Normen keineswegs pauschal und uneingeschränkt (»positivistisch«) auch auf die theologischen Fakultäten Anwendung finden. Sonst würde die gebotene Abwägung der Grundrechtsgarantie der Artt. 137 III WRV/140 GG und der Schrankengesetze unterbleiben, der besondere Sinn und Charakter der theologischen Fakultäten verloren gehen und ihre Bestandsgarantie »leerlaufen«. Die staatlichen Schrankengesetze müssen vielmehr in der Art und Intensität ihrer Beschränkung »dem besonderen Wertgehalt« dieser religiösen Freiheitsgarantie Rechnung tragen; sie sind »im Lichte ihrer Bedeutung« zu interpretieren, deshalb in ihrer die Freiheitsgarantie »be-

---

[49] *Hesse*, aaO, S. 416 ff., 430 mit Betonung der Zuordnung von Freiheit und Schranke; *Scheuner*, aaO, S. 20 ff.; *Mikat*, aaO, S. 1081 f.; *W. Weber*, »Allgemeines Gesetz« und »für alle geltendes Gesetz«, in: Staat und Kirche in der Gegenwart S. 340, 347 ff., bes. S. 358 f.; *Heckel*, aaO, S. 42 ff.; *ders.*, Staat Kirche Kunst S. 225 ff., 229 ff.; *Hollerbach*, AöR Bd. 106, 1981 S. 236, 245 über den Unterschied der »Jedermann-Formel« im Bremer-Mandats-Fall, BVerfGE 42, 334 und der Krankenhaus-Entscheidung BVerfGE 53, 401. – Kritisch zur Jedermann-Formel *Armin Pahlke*, Kirche und Koalitionsrecht, Jus Ecclesiasticum Bd. 29, Tübingen 1983 S. 80 ff.; *Joseph Listl*, Die neuere Rechtsprechung des Bundesverfassungsgerichts zur Religions- und Kirchenfreiheit, in: Festschrift f. H. R. Klecatsky, Wien 1980 S. 571 ff., 586 ff.; *Ernst Friesenhahn*, Kirchliche Wohlfahrtpflege, ebenda S. 247 ff., 265; dagegen *Willi Geiger*, Die Rechtsprechung des Bundesverfassungsgerichts zum kirchlichen Selbstbestimmungsrecht, ZevKR 26, 1981 S. 156 ff., 165 ff.

[50] *Hesse*, aaO, S. 440.

grenzenden Wirkung selbst wieder eingeschränkt«[51]. So haben auch die organisatorischen Bestimmungen des Universitätsrechts über die Fakultätenzugehörigkeit, über den Anspruch auf Prüfungen und akademische Grade, auf Erteilung der venia docendi usw. einen komplexen instrumentalen Sinn: Sie ermöglichen die besonderen Funktionen der theologischen Fakultäten. Dabei beschränken sie die einschlägigen Freiheitsgarantien der Kirche und der betroffenen Theologen, aber sie sichern diese auch in ihrem unbeschränkbaren geistlichen Kerngehalt. So ist das säkulare Hochschulrecht hier aus der rechtlichen »Wechselwirkung« zur geistlichen Aufgabe der theologischen Fakultät und zu den religiösen Freiheitsgarantien zu begrenzen. Nicht nur im Baurecht und Versammlungsrecht, sondern vor allem auch im Bildungsrecht dienen die Schrankengesetze ja nicht primär dazu, die beschränkten Grundrechte abzuschnüren, sondern ihre geordnete Freiheitsentfaltung zu erreichen, und dabei einen umfassenden Ausgleich zwischen den verschiedenen Freiheitsrechten verschiedener Rechtsträger zu erzielen.

Das Verhältnis von Grundrechtsgarantien und Schrankengesetzen wird deshalb in einer Interpretation verfehlt, welche den besonderen geistlichen Kern der theologischen Fakultäten durch die vordergründige, undifferenzierte Handhabung der weltlichen Universitätsgesetze als »allgemeiner« Schrankengesetze minimalisiert bzw. eliminiert und die verfassungs- und vertragsmäßige Garantie der Theologenfakultäten nur als Fassade zur säkularisierenden Sanierung stehen läßt.

3. Keine Verweisung der Kirchen auf den Rückzug aus den Staatsuniversitäten bzw. auf kirchliche Kampfmaßnahmen

Ebenso widerspricht es den Garantien der theologischen Fakultäten und der gebotenen Abwägung bei der Schrankenproblematik, die Kirchen auf den »Rückzug aus den staatlich-theologischen Fakultäten« zu verweisen[52], wenn eine derartige, schematisch säkularisierende Rechtsauslegung und Handhabung für sie praktisch unerträglich wirkt. Das gleiche gilt von der Empfehlung, solche staatlichen Eingriffe in die geistliche Selbstbestimmung dann eben durch interne kirchliche Gegenmaßnahmen wettzumachen, etwa Hörverbote des Episkopats an die Theologiestudenten zu erlassen (!), die

---

[51] Richtungweisend BVerfGE 7, 198 ff., 208. – Hesse, aaO, S. 437 ff., 440; Scheuner, Pressefreiheit, VVDStRL 22, 1965 S. 53; von Campenhausen, aaO, S. 114; M. Heckel, Zum Recht der akademischen Abschlußprüfung im Fachbereich Evangelische Theologie, ZevKR 20, 1975 S. 401; Lorenz, Wissenschaftsfreiheit S. 19; auch VGH Mannheim, NVwZ 1985 S. 129, auch ZevKR 30, 1985 S. 106 ff., 114: »Zur selbständigen Ordnung der eigenen Angelegenheiten i. S. des Art. 137 III WRV ... ist auch die geistliche Seite der gemeinsamen Angelegenheiten von Kirche und Staat zu rechnen. Soweit bei diesen Angelegenheiten die staatliche Rechtsetzung den der Selbstbestimmung unterliegenden bekenntnisbezogenen Bereich berührt, muß sie bei der Festlegung des Rechtsinhalts dieser Rechtsnormen auf den geistlich-kirchlichen Selbstordnungswillen Rücksicht nehmen.«

[52] Emde, aaO, S. 398.

staatlichen Prüfungen und akademischen Grade in den innerkirchlichen Rechtsbeziehungen nicht mehr anzuerkennen, die Schrauben der bischöflichen Aufsicht über die Fakultätsmitglieder anzuziehen, überhaupt den kirchlichen Einfluß auf die Besetzung der Prüfungsausschüsse, Lehrpläne, Studienordnungen rigoroser auszugestalten. Verfassungswidrige staatliche Beeinträchtigungen des theologischen Profils lassen sich nicht dadurch rechtlich ausgleichen bzw. bagatellisieren, daß man auch die Kirche zu praktisch und rechtlich suspekten Funktionsstörungen der vertraglich vereinbarten »gemeinsamen Angelegenheiten« der theologischen Fakultät ermuntert. Die notwendige Kooperation würde dadurch weiter verdorben, die gemeinsame Einrichtung erst recht gefährdet. Auch sind jene kirchlichen Mitwirkungs- und Zustimmungsvorbehalte[53] im Universitätsbereich nicht beliebig zu Kampfzwecken einzusetzen, sondern inhaltlich begrenzt: Sie sollen die geistlichen Gesichtspunkte, die der weltlichen Staatsverwaltung entzogen sind, wahren helfen. Sie dürfen jedoch nicht zur Obstruktion und zu beliebigen Ingerenzen der Kirchen als wissenschaftsfremder Macht benützt werden. So widerspricht etwa die Selektion theologisch nicht zu beanstandender Lehrer aus den Prüfungsgremien der Fakultäten sinngemäß dem Prinzip der Einheit von Forschung, Lehre und Prüfung. Auch die kirchlichen Mitwirkungsrechte sind eben verfassungsrechtlich differenziert auszulegen: Sie gelten nur im Rahmen der Verfassungsentscheidungen für die Verselbständigung (»die Trennung«) von Staat und Kirche, für die Garantie der Religionsfreiheit in Art. 4 GG und der religiösen Selbstbestimmung in Artt. 137 III WRV/140 GG. Sie müssen vor allem auch die Freiheit der Wissenschaften und die Autonomie der universitären Gremien gem. Art. 5 III GG respektieren und überhaupt die demokratisch-rechtsstaatliche Letztverantwortung des weltlichen Kulturstaats im allgemeinen (»weltlichen«) Kulturbereich unangetastet lassen, worauf noch zurückzukommen ist.

4. Die Religionsfreiheitsgarantie des Art. 4 GG und das Fakultätsrecht

Die Schrankenproblematik zum kirchlichen Selbstbestimmungsrecht wird freilich überlagert und ergänzt durch die Religionsfreiheitsgarantie des Art. 4 GG[54]. Auch ihre Anwendbarkeit auf die Kirchen wird überwiegend und m. E. zu Recht bejaht; sie folgt aus den gleichen Gründen, die insoweit zum Selbstbestimmungsrecht des Art. 137 III WRV angeführt wurden. Die Tätigkeit der theologischen Fakultäten »tangiert« sehr wohl – und zwar fundamental – das Bekenntnis und das Glaubensleben der betreffenden Kirche, die sich nach ganz herrschender Meinung und Rechtsprechung als Korporation auf diese Freiheitsgarantie berufen kann. Durch die Ausbildungsfunktion speziell für ihre Kirche wirkt die staatliche Forschung und Lehre final und unmittelbar in diese ein. Durch Art. 4 I GG gesichert ist auch in diesem Zusammenhang »der Schutz der Integrität des eigenen Bekenntnisses gegenüber staatlichen Eingriffen, die dadurch entstehen, daß durch einen staatlich bestellten wissenschaftlichen Theo-

---

[53] Vgl. unten S. 48 ff., 87 ff., 220 ff., 331 f.
[54] *Joseph Listl*, Das Grundrecht der Religionsfreiheit in der Rechtsprechung der Gerichte der Bundesrepublik Deutschland, Berlin 1971 S. 54 ff., S. 358 ff.; *Hesse*, aaO, S. 411 ff.; BVerfGE 24, 236, 245.

logen bzw. eine staatliche theologische Fakultät Anschauungen und Lehren als Theologie des kirchlichen Bekenntnisses vertreten und vorgetragen werden«[55]. Zu Unrecht wird deshalb die Relevanz des – ohne gesetzlichen Schrankenvorbehalts stehenden – Art. 4 GG für die Fakultäten gelegentlich bestritten, um einer säkularisierenden, undifferenzierten Anwendung der Hochschulgesetze als allgemeiner Schrankengesetze im Rahmen des Art. 137 III WRV freie Bahn zu schaffen[56].

Art. 4 GG schützt die Kirchen wiederum nur in ihren geistlichen Belangen. Art. 4 GG steht deshalb der Anwendung des staatlichen Hochschulrechts in den »weltlichen«, nicht spezifisch religionsrechtlichen Beziehungen nicht entgegen. Dies korrespondiert durchaus mit der Schrankenregelung im Rahmen der Artt. 137 III WRV/140 GG. Aber andererseits gibt das staatliche Kulturverfassungsrecht durch seine Respektierung des theologischen Charakters der theologischen Fakultäten hier Zeugnis von der wertsetzenden Bedeutung und der »Ausstrahlungswirkung« des Grundrechts der Religionsfreiheit in Art. 4 GG, das sich nicht auf die Rolle eines staatsfreien Ausgrenzungs- und Abwehrrechts beschränkt, sondern in den res mixtae des modernen Kultur- und Sozialstaates heute noch einen bedeutsamen institutionellen Richtwert besitzt.

5. Grenzen der kirchlichen Mitwirkung

Indessen ist ebenso zu betonen: Im modernen weltlichen Staate ist eine solche institutionelle Entfaltung religiöser Freiheit innerhalb der staatlichen Institutionen nur in jenen Grenzen möglich, die durch die Verfassungsentscheidungen für die Grundrechtspositionen anderer, für die Weltlichkeit des Staates und für die freie demokratische Letztentscheidung der staatlichen Gewalten in den Dingen des säkularen öffentlichen Wohls gezogen sind[57]. Nur in diesem Rahmen sind kirchliche Mitwirkungsrechte in den res mixtae des deutschen Staatskirchenrechts zulässig. Sie können nicht als Titel für eine »Klerikalisierung« der öffentlichen Einrichtungen und Statusrechte dienen.

---

[55] So *Ernst-Wolfgang Böckenförde*, Der Fall Küng und das Staatskirchenrecht, NJW 1981 S. 2101 ff.
[56] Z. B. *Emde*, aaO, S. 392 ff.
[57] Unten S. 115 f., 329 f.

V. Die staatskirchenrechtlichen Grundprinzipien im Status der theologischen Fakultäten

Der Status der theologischen Fakultäten an der deutschen staatlichen Universität entspricht den Grundprinzipien des modernen deutschen Staatskirchenrechts, wie sie die neuere Lehre zur hermeneutischen Gesamtreflexion der zersplitterten überkommenen Normen entwickelt hat, um ihre Gegenwartsbedeutung im gewandelten verfassungsrechtlichen Zusammenhang zu umreißen: Partnerschaft, Neutralität, Säkularität, Parität.

1. »Partnerschaft« bzw. Ausgleich

Die theologischen Fakultäten sind im System der Trennung von Staat und Kirche der Ausdruck ihres beiderseitigen Interessenausgleichs geworden: Einseitige Kampf- und Herrschaftsstrukturen suchte das Staatskirchenrecht in Deutschland seit alters und zumal seit der Verfassungsbewegung des 19. Jahrhunderts zu vermeiden[58]; insgesamt trachtete es danach, einerseits den Bürger (»simul civis et christianus«) durch liberale Lösungen vor geistlich-weltlichen Loyalitätskonflikten und Zerreißproben zu schützen, andererseits das geistige Erbe auch in seinen geistlichen Momenten unverfälscht und unverstümmelt zu bewahren. Man mag den Begriff »Partnerschaft« (Rudolf Smend[59]) hierfür als allzu harmonisch-integrationsgestimmt empfinden, weil er die tiefen Unterschiede und Nöte zwischen dem säkularen Staat und der Kirche nicht erkennen läßt – das Bedürfnis nach behutsamen Ausgleichslösungen bzw. Konfliktsregelungen im Dienst umfassend und differenziert gewährter Freiheit wird in ernüchterter Betrachtung umso stärker wirken.

Gerade in den res mixtae des Staatskirchenrechts sind beide Teile auf gegenseitige Rücksichtnahme und auf loyale Kooperationsbereitschaft angewiesen, wenn ihre eigenen Interessen und die Sachgesetzlichkeit der gemeinsam betreuten Materie nicht leiden sollen. Soweit es sich um Auslegungsschwierigkeiten hinsichtlich der Konkordate und Kirchenverträge handelt, gilt die Bemühung um eine einverständliche Beilegung auch als spezielle Rechtspflicht kraft der sog. »Freundschaftsklausel«[60]. Sie hat die Nachfolge der alten »amicabilis com-

---

[58] *M. Heckel*, Kirchen unter dem GG S. 9 ff., 27, 32, 37; *ders.*, Deutschland im Konfessionellen Zeitalter S. 39 ff., 45 ff., 114, 198 ff.; *Paul Mikat*, Zur rechtlichen Bedeutung religiöser Interessen, Düsseldorf 1973 S. 32, 37; schon *Wilhelm Kahl* im Verfassungsausschuß der WRV (Anm. 21) S. 189.

[59] *Rudolf Smend*, Staat und Kirche nach dem Bonner Grundgesetz, ZevKR 1, 1951 S. 4 ff., auch in: Staatsrechtliche Abhandlungen, 2. A., Berlin 1968 S. 411 ff., 416, 421.

[60] *Alexander Hollerbach*, Verträge zwischen Staat und Kirche, Frankfurt a. M. 1965 S. 249 ff.; *M. Heckel*, Itio in partes, ZRG 95 Kan.Abt. 64, 1978 S. 180 ff., 265 ff.; *ders.*, Konfessionelles Zeitalter S. 204 f.

positio« angetreten, welche die staatskirchenrechtlichen Verträge des konfessionellen Zeitalters als zentrales Institut trotz der tiefen Gegensätzlichkeit der Partner damals lebensfähig erhielt. Auch die allgemeine Pflicht des Staates, die Ausstrahlungswirkung[61] der Grundrechte in seinen Institutionen und Normen zu berücksichtigen und eine möglichst effektive Ausübung der Grundrechte auch seinerseits zu ermöglichen, führt heute in den »gemeinsamen Angelegenheiten« zu gewissen Pflichten der Abstimmung und Zusammenarbeit des Staates mit der Kirche. Sie sind nicht trotz, sondern gerade wegen der Trennung von Staat und Kirche vonnöten, die beide Teile zur Beschränkung der eigenen und zur Respektierung der fremden Kompetenzen bzw. Rechte zwingt.

2. Neutralität

Das Prinzip der religiös-weltanschaulichen, speziell der konfessionellen Neutralität[62] des Staates wird hier bedeutsam realisiert. Es folgt aus dem Zusammenhang der staatskirchenrechtlichen Freiheits- und Gleichheitsgarantien, besonders aus Artt. 4, 3 III, 33 III, 140 GG/136 I, II, 137 I, III WRV. Es verpflichtet die öffentliche Hand zu Unabhängigkeit und Enthaltsamkeit von Eingriff und Parteinahme. Es äußert sich verschieden – einerseits negativ in neutraler Distanzierung und Abwehr, andererseits positiv in neutraler, gleichmäßiger Respektierung und Rücksichtnahme gegenüber den verschiedenen Weltanschauungen, Religionen und Religionsgemeinschaften.

Im ersten Sinne schließt das Neutralitätsgebot eine konfessionelle Bemächtigung des Staates und des staatlich geordneten öffentlichen Kultur- und Sozialgefüges aus, worin sich die liberale Abkehr von der Tradition des Konfessionsstaates und des privilegierten Zwangsstaatskirchentums manifestiert. Der Staat wird zur unparteilichen »Heimstatt aller Bürger«[63], der ihre Rechte, Pflichten, Freiheiten und Bedürfnisse neutral nach gleichem Maße mißt und durch seine Institutionen schützt und fördert. Die säkulare Einheit der Nation, die demokratische Gleichheit des Staatsbürgerstatus und die liberalen Freiheitsgarantien

---

[61] Vgl. BVerfGE 24, 245.

[62] Grundlegend *Klaus Schlaich*, Neutralität als verfassungsrechtliches Prinzip (Anm. 24) bes. S. 131 ff., 177 ff., 198 ff., 244 ff.; *M. Heckel*, Staat Kirche Kunst S. 97 ff., 138, bes. 207 ff.; *ders.*, Die religionsrechtliche Parität S. 511 f.; *Solte*, aaO, S. 47 ff., 132, 134, 166, 174, 192; *Paul Mikat*, Die religionsrechtliche Ordnungsproblematik, in: HdbStKirchR Bd. 1 S. 112, 115 f., 119, 123 f.; *Meyer-Teschendorf*, aaO, S. 145 ff.; *Hollerbach* AöR 92, 1967 S. 104, AöR 106, 1981 S. 233 ff.; *Herbert Krüger*, Allgemeine Staatslehre, 2. A., Stuttgart 1966 S. 92, 178 ff., 760; *Scheuner*, Schriften zum Staatskirchenrecht S. 42, 142, bes. 179, 221, 227, 280; *ders.*, System der Beziehungen von Staat und Kirche im GG, in: HdbStKirchR Bd. 1 S. 61 ff.; *Klaus Obermayer*, Bonner Kommentar, Art. 140 (Zweitbearb. 1971) Rdnr. 76 ff.; BVerfGE 18, 386; 19, 8, 216; 24, 246 ff.; 30, 422; 32, 106; 33, 28; 35, 375; 46, 266.

[63] BVerfGE 19, 216.

sind auf diese Form der Neutralität und »Nichtidentifikation« (H. Krüger) mit einer Staatskonfession bzw. Staatsideologie unverzichtbar angewiesen.

Eben diese liberale Unvoreingenommenheit verwehrt auch die Identifizierung des Staates mit einer Staatsideologie des Indifferentismus und Agnostizismus: Konfessionelle Neutralität bedeutet keineswegs die Neutralisierung und Nivellierung der religiösen und weltanschaulichen Verschiedenheiten; staatliche Nichtidentifikation heißt nicht Oktroi des Nihilismus. Die Artt. 4 und 3 I, III GG stimmen hierin überein. Jene neutrale Basisgleichheit wurde ja als Instrument der geistigen Freiheit und Entfaltung gegen staatliche Nötigung und Bevormundung, Privilegierung und Zurücksetzung statuiert.

Wo deshalb der moderne Kulturstaat mit religiös geprägten Kulturphänomenen – wie den »res mixtae« der theologischen Wissenschaft, des Religionsunterrichts oder der Sakraldenkmäler – zu tun hat, versagt jene Neutralität des Abstrahierens vom Religiösen, weil sie zur staatlichen Intervention und zur ideologischen Verfälschung führen würde; dadurch würde die gebotene Neutralität des Staates in religiösen und weltanschaulichen Fragen gerade verletzt.

Hier äußert sich das Neutralitätsprinzip in einer höheren, differenzierteren Form: Die neutrale Enthaltsamkeit des weltlichen Staates von eigenen religiösen Entscheidungen und Eingriffen führt ihn jeweils zur Achtung der religiösen Eigenart und Selbstbestimmung der betreffenden Konfession und zur verweisenden Bezugnahme auf deren Maßstäbe – soweit eben der spezifisch religiöse Charakter der Materie im Rahmen des staatlichen Rechts relevant ist[64]. Eine neue staatskirchliche Verklammerung wird dadurch keineswegs begründet: Die Selbständigkeit der staatlichen Instanzen und Maßstäbe für die weltlichen Aspekte, der kirchlichen Instanzen für die geistlichen Gesichtspunkte bleibt in dieser Bezugnahme und freien Kooperation erhalten; in ihrer pluralistischen Offenheit und Gleichheit, Relativiertheit und Differenziertheit gegenüber den verschiedensten Religionsgemeinschaften vermeidet dies die staatliche Identifikation mit einer »Staatsreligion«.

3. Säkularisierung

Die Säkularisierung des Staates führt zu einer analogen Lösung. Für die theologischen Fakultäten liegt hier das Hauptproblem ihrer rechtlichen Existenz und Ausgestaltung, so schmal und zögernd die juristische Lehre und

---

[64] BVerfGE 24, 247 f.; auch 42, 331, 334 f.; 46, 95 mit dem Rücksichtnahmegebot auf das kirchliche Selbstverständnis hins. der spezifisch religiösen Aspekte und Maßstäbe; auch 52, 240; 53, 393, 399–407. – Diese zweite Form der Neutralität wird im Schrifttum bisweilen in laizistischer Verabsolutierung verkannt. Vgl. etwa *Erwin Fischer*, Trennung, S. 36, 53 ff., 178 ff., 181; *Friedrich von Zezschwitz*, Staatliche Neutralitätspflicht und Schulgebet, JZ 66, 337 ff.

Praxis bisher das Säkularisierungsproblem behandelt hat[65]. Die Säkularisierungsdebatte leidet an Mängeln der Unterscheidung und Definition:

Der allgemeinhistorische[66] Säkularisierungsprozeß und -begriff, der die Kultur- und Sozialgeschichte und insbesondere die Geistesgeschichte bestimmt, darf nicht gleichgesetzt werden mit dem besonderen juristischen Vorgang und Begriff der Säkularisierung des Rechts. Beides hängt eng zusammen, hat aber auch tiefe Verschiedenheiten, die gerade für das Recht und seine besonderen Funktionen von entscheidender Bedeutung sind. Die Entstehung des modernen Staates und seines Rechts läßt sich zwar insgesamt nur als Folge des allgemeinen geistesgeschichtlichen Säkularisierungsprozesses begreifen, der die Neuzeit in vielen faszinierenden Fazetten und ambivalenten Auswirkungen geprägt hat.

Aber zu Unrecht wird dieser allgemeine geisteswissenschaftliche Säkularisierungsbegriff in den tonangebenden kulturphilosophischen Analysen nach dem suggestiven Zufallsmaß der historischen Kirchenguts-Säkularisationen (vorab des Jahres 1803!) bestimmt[67], die jedoch in ihrer speziellen Zielsetzung und Funktion nicht einmal für den juristischen Säkularisierungsvorgang und -begriff insgesamt typisch sind: Die Säkularisierung des Rechts als Gesamterscheinung läßt sich keineswegs auf den äußeren kampfweisen Herrschaftserwerb kirchlicher Materien durch den Staat reduzieren (wofür die Kirchengutssäkularisation prototypisch erscheint). Vielmehr vollzieht sie sich primär in der bruchlosen inneren Wandlung und Sinnverschiebung des Staates und seines Rechts, die seit der Aufklärung allmählich und mit vielen Übergängen den Staatszweck, die Staatsfunktionen, die Staatsstruktur aus der früheren transzendent-religiösen Begründung und Bindung gelöst und immanent-weltlich ausgestaltet hat. Dabei wurden die alten religiösen Gehalte teils bekämpft und ausgeschieden, teils aber in neuen weltlichen Formen und Freiheiten fortgeführt und zur liberalen Entfaltung anheimgestellt. Säkularisierung geschieht ja überall, wo sich Religiöses weltlich auswirkt, verändert und verflüchtigt, und wo sich andererseits das Weltliche aus religiösen Bindungen löst[68].

Säkularisierung als Rechtsvorgang und Rechtsbegriff unterscheidet sich tief von den

---

[65] Vgl. *Scheuner*, aaO, S. 142, 213 ff., 223 ff., 239; ders., System der Beziehungen, in: HdbStKirchR Bd. 1 S. 22, 37, 53 ff., 76; *Mikat*, ebenda S. 137 ff.; *Krüger*, aaO, S. 32 ff., 51 ff., 312 ff., 656; *M. Heckel*, Säkularisierung (Anm. 12) S. 7 ff., 22 ff., 127 ff.; ders., Staat Kirche Kunst S. 100 f., 173 ff., 197 ff. und Kirchen unter dem GG S. 30 f.; *Ernst Wolfgang Böckenförde*, Die Entstehung des Staates als Vorgang der Säkularisation, in: Säkularisation und Utopie, E. Forsthoff zum 65. Geburtstag, Stuttgart u. a. 1967 S. 75 ff.; *Link*, Herrschaftsordnung S. 81 ff., 216, 223, 260, 296 ff., 348; *Schlaich*, aaO, S. 22, 37, 105, 152, 188 ff., 199, 213, 221, 232; *Meyer-Teschendorf*, aaO, S. 100 ff., 163 ff. – BVerfGE 42, 330 (»säkularisierter Staat«); 46, 92 (»Laizismus«); 41, 57 (»Säkularisationsprozeß«); 33, 40 (Säkularismus«); ferner passim die Eid-Entscheidung BVerfGE 33, 23 ff., 30: »Dem Staat ist es verwehrt, derartige Glaubensüberzeugungen seiner Bürger zu bewerten und als ›richtig‹ oder ›falsch‹ zu bezeichnen«; und die Schul-Entscheidungen BVerfGE 41, 29 ff., 49/50, 60, 65 ff., 78, 84, 87, 88 ff., 107 f., 109 f.

[66] Dazu *M. Heckel*, Das Säkularisierungsproblem in der Entwicklung des deutschen Staatskirchenrechts (Anm. 30) S. 35 ff.

[67] *Martin Stallmann*, Was ist Säkularisierung?, Tübingen 1960 S. 5 ff.; *Hermann Lübbe*, Säkularisierung, 2. A., Freiburg München 1975 S. 23 ff., 34 ff.; *Hans Blumenberg*, Säkularisierung und Selbstbehauptung, 2. A., Frankfurt 1979 S. 27 ff.; *Wilhelm Dantine*, Säkularisierung, in: Recht aus Rechtfertigung, Jus Ecclesiasticum Bd. 27, Tübingen 1982 S. 120 ff. – Dazu *M. Heckel*, Säkularisierung S. 27 ff., 60 ff., 64 ff., 77 ff.

[68] *M. Heckel*, aaO, S. 106 ff.

diversen geistesgeschichtlichen und kulturpolitischen Säkularisierungsvorstellungen, wie sie in bunter Gegensätzlichkeit von den Konfessionen, Weltanschauungen, Parteien, Individuen, auch von den verschiedenen anderen Wissenschaftsdisziplinen vorgetragen bzw. gefordert werden[69]. Sie alle sind rechtlich nur insoweit relevant, als sie in Verfassung und Gesetz ihren Niederschlag (und d. h. ihre verbindliche Geltung für jedermann) gefunden haben; im übrigen kommt ihnen in ihrer pluralistischen Vielfalt und Divergenz nur rechtspolitische Bedeutung zu.

Auch der juristische Säkularisierungsbegriff des geltenden freiheitlich-demokratischen Rechtsstaats hat seine verschiedenen Seiten, in denen sich manche Züge der allgemeingeschichtlichen Säkularisierung widerspiegeln[70]. Bestimmend sind: (1.) Die säkulare Abwehr kirchlich-konfessioneller Absolutheits- und Superioritätsansprüche (und ihrer Sinnbemächtigung des weltlichen Staates und Rechts) durch Rechtsgarantien weltlicher Emanzipation und Autonomie; (2.) die tiefe Verschiedenheit des Staates von der Kirche in seiner immanent-säkularen Legitimierung und Rechtsstruktur; (3.) die inhaltliche Relativierung und Entleerung tradierter theologischer Gehalte; (4.) die Selbstbeschränkung des Staates auf die weltlichen Rahmenstrukturen des gesamten Staatskirchenrechts, das die inhaltliche Bestimmung seiner Begriffe von Glaube, Religion und Kirche dem Bürger und den religiösen Gemeinschaften zur freien Selbstbestimmung überläßt und sich auf die Einhaltung weltlich (nicht religiös) motivierter und qualifizierter Grenzen zurückgezogen hat; (5.) deshalb die »Ausfüllungsbedürftigkeit« der religionsrechtlichen Begriffe und Institute durch die beteiligten Religionsgemeinschaften und Individuen; und folglich (6.) die äußere – insoweit säkular begrenzte – Rezeption (nicht laizistische Ausschaltung und Verfremdung) der religiösen Phänomene und Maßstäbe in der weltlich-staatlichen Rechtsordnung, wo sie ihnen Freiheit und Förderung gewährt.

Kurz: Die Säkularisierung des Rechts im modernen freiheitlichen Staat heißt Rahmensäkularisierung[71]. Deshalb kann auch das Religiöse sich in ihrem säkularen Freiheitsrahmen geistlich entfalten. Die (freiheitliche!) Säkularisierung des weltlichen Staates und Rechts bedeutet gerade nicht den Rechtszwang zur Säkularisierung des Religiösen selbst. Der Gang durch die Geschichte des deutschen Staatskirchenrechts seit den Koexistenzstrukturen des Konfessionellen Zeitalters und den Verfassungskämpfen um Liberalität und Trennung im 19. Jahrhundert lehrt: Der Sinn der Säkularisierung des Rechts im konfessionell gemischten, weltanschaulich pluralistischen modernen Staat lag und liegt gerade darin, den kulturpolitischen Streit um die Säkularisierung »der Religion« rechtlich durch Freiheitsnormen zu neutralisieren und ihn den Bürgern und den

---

[69] AaO, S. 127 ff., 130, 132.
[70] AaO, S. 106 ff., 137 ff., 142.
[71] AaO, S. 139 ff., 142.

Religionsgesellschaften ohne Glaubensnötigung zur freien Selbstbestimmung
zu überlassen. Genauer noch: Die Pointe der juristischen Säkularisierung läuft
darauf hinaus, die weltanschaulichen Säkularisierungstendenzen gegenüber den
Religionsgemeinschaften abzuwehren, ebenso wie sie die frühere »Verchristli-
chung« bzw. Konfessionalisierung des öffentlichen Wesens und Rechts beseitigt hat[72].

Schon die Paulskirche hat 1848/49 zukunftsweisend diese Linie des säkularen Ausgleichs und der Freiheit des Religiösen normiert, auf der das Staatskirchenrecht der WRV
und des GG seither weiterschritt. Sie hat mit überwältigender Mehrheit in rigoroser
Deutlichkeit die Säkularisierungsprogramme der radikalen Linken von damals verworfen, die eine etatistisch-verweltlichende Zwangsemanzipation, Zwangsliberalisierung,
Zwangsdemokratisierung den Religionen und Religionsgemeinschaften aufoktroyieren
wollten und dafür die staatliche Schule und Hochschule als »Cardinalpunkt« einzusetzen
dachten: Damit »die Religion des Geistes« anbreche, werde die Kirche »sterben müssen,
... um verklärt wieder zu erstehen«, die Religion werde »nicht mehr der Kirche
bedürfen«, die »Menschenreligion dem Staate übrig« bleiben usw.; zu diesem Zweck
sollte das genuin theologische Selbstverständnis der Kirche und Kirchengewalt mit ihrer
Gründung auf das Sakrament und ius divinum durch weltlichen Zwang ausgeschaltet
werden[73]. – Manche kirchenpolitische Säkularisierungsversuche der NS-Kirchenpolitik,
die vor den theologischen Fakultäten nicht halt machten, geben eine sinistre Parallele
hierzu im 20. Jahrhundert[74]. – Der freiheitliche Rechtsstaat hingegen hat – gerade in
seiner säkularen Rechtsstruktur und Aufgabenbestimmung – konstitutionell auf eine
Säkularisierung der Theologie auch dort verzichtet, wo er sie in der staatlichen universitas litterarum selbst unterhält und weltlich pflegt.

4. Parität

Der Rechtsstatus der theologischen Fakultäten entspricht schließlich der
allgemeinen Regelung der Parität im Staatskirchenrecht des GG, wie sie sich aus
Art. 3 I GG i. V. m. Artt. 137 V WRV/140 GG und 7 III GG ergibt[75].
Auch der spezielle Gleichheitssatz des Art. 3 III GG enthält – wie schon in

---

[72] AaO, S. 132 f.; historisch: S. 77 ff., 147 ff., auch S. 40 ff., 54 ff.

[73] AaO, S. 77 ff., 85 ff. – Vgl. insbes. die Äußerungen der radikalen Linken in der Paulskirche, in:
Stenographischer Bericht (Anm. 16) Bd. III S. 1703, 2176, 1668 ff., 1693 f.

[74] AaO, S. 95 ff.

[75] *Johannes Heckel*, Kirchengut und Staatsgewalt, Festschrift für Rudolf Smend, Göttingen 1952
S. 109 ff., 127 f., 132; *Scheuner*, aaO, S. 165, 183, 204, 252, 335, 338; *Konrad Hesse*, Schematische
Parität?, ZevKR 3, 1953/54 S. 189 ff., 193; *W. Weber*, Staat und Kirche in der Gegenwart S. 182;
Hermann Weber, Die Religionsgesellschaften als Körperschaften des öffentlichen Rechts, Berlin
1966 S. 40 ff.; *Hollerbach*, AöR 92, 1967 S. 111 f.; 106, 1981 S. 228 f.; *Hansjosef Mayer-Scheu*,
Grundgesetz und Parität von Religionsgesellschaften, Mainz 1970, bespr. v. K. Schlaich ZevKR 19,
1974 S. 195; *Schlaich*, Neutralität S. 37 ff., 208 f., 229; *Solte*, Theologie an der Universität S. 54 f.,
92 ff., 187; *Martin Heckel*, Parität, ZRG 80 Kan.Abt. 49, 1963 S. 261 ff.; *ders.*, Die religionsrechtliche Parität, in: HdbStKirchR Bd. 1 S. 445 ff., bes. S. 472 ff., 491 ff., 496 ff., 521. BVerfGE 19, 1,
129 ff., 134; 24, 236 ff., 246; 32, 106; 33, 28.

anderem Zusammenhang berührt – keineswegs ein generelles Differenzierungsverbot »in religiösen Dingen« bzw. »zwischen Religionsgesellschaften«; ein spezielles Nivellierungs- und Ignorierungsgebot für Religiöses wird fälschlich aus ihm abgeleitet. Art. 3 III GG verbietet vielmehr nur eine »Benachteiligung« bzw. »Bevorzugung« aus religiösen Gründen. Eine gleichmäßige Differenzierung ist auch nach religiösem Grund und Maßstab durchaus erlaubt, ja geboten[76]. Der Religionsunterricht, die Anstaltsseelsorge, die Pflege der Sakraldenkmäler und ebenso die theologische Lehre und Forschung wird nicht in einer »undifferenzierten« staatlichen Religions- bzw. Antireligions-Mixtur erteilt, sondern für Katholiken und Protestanten gleichwertig, aber differenzierend je nach ihren verschiedenen geistlichen Prinzipien (soweit sie für die geistliche Seite der staatlichen Einrichtung einschlägig sind) dargeboten. Das Gegenteil würde der Freiheitsgarantie des Art. 4 GG und der Gleichheitsgarantie des Art. 3 III GG selbst widersprechen.

Und ferner: Sogar eine abstufende Differenzierung (»Bevorzugung« bzw. »Benachteiligung«) zwischen Religionen bzw. Religionsgemeinschaften ist gem. Art. 3 III GG dann nicht ausgeschlossen, wenn sie aus anderen als »religiösen Gründen«, z. B. aus kulturellen, organisatorischen oder technischen Gründen geschieht[77], wie sie z. B. in den Schülermindestzahlen für den Religionsunterricht anderer Bekenntnisse liegen. Die Bevorzugung der beiden Großkirchen vor den anderen Religionsgemeinschaften geschieht hier bei den theologischen Fakultäten im säkularen, religionsneutralen Staate nicht wegen des dogmatischen Wahrheitsgehaltes und kerygmatischen Charakters der katholischen bzw. evangelischen Theologie, sondern einerseits wegen ihres Kulturgehaltes und andererseits wegen des zahlenmäßigen Umfangs ihrer Wirkung: Sie erfolgt kraft ihres anerkannten Ranges in der wissenschaftlichen Welt, ihrer wissenschaftlichen Querverbindungen, der Zahl ihrer Bekenntnisanhänger im Volke und der daraus resultierenden, auch weltlich vertretbaren Größe der Ausbildungsbedürfnisse und -einrichtungen, aus dem weltlichen Interesse an der Vielfalt und zugleich an der Einheit des akademischen Wissenschaftssystems im konfessionell geteilten Volke u. a. m. Eine Benachteiligung der anderen Religionsgemeinschaften kann darin – nach Lage der Dinge in der Gegenwart – nicht gesehen werden, da diese entweder eine wissenschaftliche Theologie von Universitäts-Niveau gar nicht besitzen, ja z. T. verwerfen, oder – wie die Freikirchen – die Geistlichen-Ausbildung nicht aus dem internen kirchlichen Betrieb an die weltliche Universität abgeben wollen, oder aber die zahlenmäßigen und organisatorischen Mindestvoraussetzungen nicht erfüllen. Z. B. bilden

---

[76] *M. Heckel*, Die religionsrechtliche Parität S. 512 ff., 515 ff.
[77] AaO, S. 519 ff.; *Solte*, aaO, S. 93 ff.

die Moslime in der Zersplitterung nach ihren Herkunftsländern keine gemeinsame Religionsgemeinschaft, auf deren theologisches Selbstverständnis und repräsentative Selbstbestimmung durch gemeinsam gebildete und anerkannte Organe der Staat Bezug nehmen könnte, ohne eine verfassungswidrige Zwangsintegration ihrer Glieder vorzunehmen. Vorauszusetzen wäre ferner die Bejahung der deutschen Verfassungswerte – wie der Grundrechtsfreiheiten, der Volkssouveränität, der Gleichstellung der Frau. Sollten aber diese – weltlichen – Voraussetzungen vorliegen, so ergibt sich aus Art. 3 III GG die Pflicht nicht zur generellen Kassierung, sondern zur weiteren Errichtung theologischer Forschungs- und Ausbildungseinrichtungen zugunsten der entsprechenden Religionsgemeinschaften, und zwar mit vergleichbarem Standard wie ihn die theologischen Fakultäten besitzen, die ja durch die Verfassungen und die Verträge gesichert sind.

Und auch was das Verhältnis zwischen den katholischen und evangelischen (eventuell auch weiteren) Fakultäten betrifft, ist durch Art. 3 III GG den staatlichen Organen die sachgerechte Differenzierung zwischen den Konfessionen (ohne Bevorzugung und Benachteiligung) je nach ihren theologischen und kirchenrechtlichen Verschiedenheiten keineswegs verwehrt, sondern geboten; eine undifferenzierte »Gleichbehandlung« der evangelischen Fakultäten nach dem für sie fremden konfessionellen Konkordats-Modell (und den »katholischen« Bindungen der hierarchischen Lehrgewalt) wäre ebenso sach- und rechtswidrig wie die Anwendung evangelischer Grundsätze auf die katholischen Fakultäten[78]. –

Diese staatskirchenrechtlichen und kulturverfassungsrechtlichen Grundpositionen konkretisieren sich in allen aktuellen Einzelfragen.

---

[78] Vgl. unten S. 125, 194 Anm. 416.

Dritter Teil

Die Mitwirkung der katholischen Kirche in Personalangelegenheiten der katholisch-theologischen Fakultäten

I. Zur Bedeutung der Personalstruktur und des Berufungsverfahrens

Die Mitbeteiligung der Kirchen an der staatlichen Personalhoheit hinsichtlich des theologischen Lehrkörpers ist das wichtigste Institut, in dem sich der spezifisch theologische Charakter dieser Fakultäten, aber auch seine Grenze ausformt.

Wissenschaft in Forschung, Lehre und Prüfung ist – verglichen mit anderen »Verwaltungsfunktionen« – vornehmlich ein personales Geschehen, beruhend auf der unverwechselbaren Kreativität, Wahrheitssuche, Überzeugungstreue und Inspiriertheit der Personen, die in ihren Institutionen tätig sind. Die Wirksamkeit von Sachprogrammen, von Richtlinien, Normen und institutionellen Verbürgungen tritt dahinter zurück; sie können nur äußere Hilfsfunktionen und allenfalls äußerliche Korrekturen zeitigen. Entscheidend für das theologische Eigenprofil und die Glaubwürdigkeit einer theologischen Fakultät ist deshalb die Personalauswahl: Am Berufungswesen hängt die Gewähr ihres bekenntnismäßigen Charakters, der sich vorab in der sachgerechten Verfahrensgestaltung der theologischen Berufungen realisieren muß.

Nur eine funktionsgerechte und differenzierte Verfahrensregelung kann den verschiedenen geistlichen und weltlichen Aspekten und Maßstäben gerecht werden, die bei jeder theologischen Berufung hinsichtlich der Bekenntnisfragen und der wissenschaftlichen Qualifikation auftreten. Die exakte Aufgliederung des Verfahrens und der Kompetenzen ist dabei unverzichtbar und entscheidend – sie ist viel wichtiger als inhaltliche Umschreibungen von Normzielen und gesetzlichen Tatbestandsvoraussetzungen, die in vager Allgemeinheit bleiben und konfliktsträchtig wirken, wenn die verfahrensmäßige Ausgestaltung fehlt.

Deshalb ist die Beteiligung der kirchlichen Instanzen zur Wahrung der bekenntnismäßigen Grundlagen und Grenzen in einem säkularen Staate, der die

Theologie nicht säkularisiert, unumgänglich: Sie ist – wie ausgeführt[79] – die Konsequenz einerseits der Freiheit der Theologie als besonderer Wissenschaft, andererseits der Weltlichkeit des Staates und der kirchlichen Selbstbestimmungsgarantie. Die Wahrung der Bekenntnisgrenzen kann der Staat eben auch nicht den Gremien der theologischen Fakultät selbst überlassen[80], so selbstverständlich im normalen Berufungsverfahren eine bekenntnismäßig loyale Aufstellung der Berufungsvorschläge von der Fakultät erwartet werden darf. Aber die Fakultät ist selbst Staatsbehörde, die insoweit Staatsgewalt ausübt und sich nach Artt. 137 III WRV/140 GG nicht über ein abweichendes Selbstverständnis der betroffenen Religionsgemeinschaft hinwegsetzen darf. Auch hat die theologische Fakultät – wie alle anderen Fakultäten – aus guten Gründen des allgemeinen Hochschulrechts kein freies Selbstergänzungsrecht durch Kooptation, geschweige denn ein Selbstbereinigungsrecht gegenüber »untragbaren« Kollegen, sondern sie ist auf ein Vorschlagsrecht im Berufungswesen beschränkt. Ins Leere greift deshalb der Vorschlag, die Wahrung der Bekenntnisgrenzen – als theologische »Selbstreinigung« tituliert – den Gremien der theologischen Fakultäten selbst anzuvertrauen[81], ganz abgesehen von ihrer praktischen Realisierungsmöglichkeit in der derzeitigen Gruppenuniversität.

II. Das vorbeugende Mitwirkungsrecht im »nihil obstat«

Für die katholisch-theologischen Fakultäten ist das einschlägige Verfahren in den Konkordaten[82] konkretisiert. Es erscheint durch eine recht breite communis opinio der Lehre und der Praxis in seinen Grundzügen abgeklärt[83], in der jedoch Einzelpunkte von unterschiedlichem Gewicht umstritten sind[84].

---

[79] S. 19, 25 ff., 34.

[80] S. 27 f. und unten S. 152 ff. zur Stellung der Fakultät als »kirchlicher Autorität«.

[81] Z. B. *Schlaich*, Essener Gespräche 16, Aussprache S. 114, mit der Entgegnung *Friesenhahns*, daß die Berufungen allein vom Minister entschieden werden. Diesem steht das Recht des Oktrois zu (S. 77 Anm. 142 und S. 167 Anm. 336), die kirchliche Mitwirkung vorausgesetzt.

[82] Vgl. Art. 3 § 1 Bay.Konk; Schlußprotokoll zu Art. 12 Abs. 1 Satz 2 Preuß.Konk; Art. X Bad.Konk; Art. 19 Reichskonk; Art. 2 der Verträge zwischen dem Heiligen Stuhl und dem Freistaat Bayern über die kathol.-theol. Fakultät in Regensburg v. 3. 11. 1966 und über den kathol.-theol. Fachbereich in Augsburg v. 12. 11. 1970; Notenwechsel des nordrh.-westf. Ministerpräsidenten und des Apostol. Nuntius v. 20./29. 12. 1967 über die kathol.-theol. Abteilung der Ruhr-Universität Bochum. Vgl. *W. Weber*, Die deutschen Konkordate und Kirchenverträge Bd. 1 S. 41, 77, 107, 22 f., Bd. 2 S. 26, 42, 126.

[83] Aus dem umfangreichen Schrifttum vgl. *Werner Weber*, Theologische Fakultäten, in: HdbStKirchR Bd. 2 S. 569–96; *ders.*, Das Nihil obstat, in: Staat und Kirche in der Gegenwart, S. 28 ff.; *v. Campenhausen*, Theologische Fakultäten, in: HdbWissR S. 1018–1045; *Georg May*, Die Hochschulen, in: Grundriß des nachkonziliaren Kirchenrechts, hrsg. v. Joseph Listl u. a., Regensburg 1979 S. 654–669; *ders.*, Die Hochschulen, in: Handbuch des katholischen Kirchen-

1. Lehre und Wandel als Beanstandungsgrund

Die notwendige Mitwirkung des Bischofs durch das »nihil obstat« gemäß Art. 19 RKonk[85] bezieht sich auf Lehre und Wandel, also auf die besonderen geistlichen Gesichtspunkte. Hingegen sind die allgemeinen (»weltlichen«) Fragen der wissenschaftlichen Qualifikation, der persönlichen Eignung zum Beam-

rechts, hrsg. v. Joseph Listl u. a., Regensburg 1983 S. 605 ff., 620 ff.; *Hollerbach*, Die theologischen Fakultäten, in: Essener Gespräche 16 S. 69 ff.; *Hans Peters*, Die Besonderheiten der beamtenrechtlichen Stellung der katholischen Theologieprofessoren an den deutschen Universitäten, in: Festschrift für E. Eichmann, Paderborn 1940 S. 401 ff.; *Eugen Heinrich Fischer*, Theologieprofessor, Theologische Fakultät und Kirche, in: Festschrift für J. R. Geiselmann, Freiburg i. Br. 1960 S. 330 ff.; *Heinrich Flatten*, Das bischöfliche Nihil obstat, in: Festschrift für F. Arnold, Wien 1963 S. 197 ff.; *Werner Thieme*, Deutsches Hochschulrecht, Berlin Köln 1956 S. 133 ff., 141 ff.; *Johannes Neumann*, Theologische Fakultäten, in: Festschrift f. K. Mörsdorf, München u. a. 1969 S. 853 ff.; *Solte*, Theologie an der Universität S. 142 ff.; *Lorenz*, Wissenschaftsfreiheit S. 11 ff.; *Ulrich Scheuner*, Rechtsfolgen der konkordatsrechtlichen Beanstandung eines katholischen Theologen, Berlin 1980; *Heinz Mussinghoff*, Theologische Fakultäten S. 389 ff., 403 ff.; *Paul Mikat*, Staatskirchenrechtliche Bemerkungen zur Nihil-obstat-Problematik, Archiv f. kath. Kirchenrecht 148, 1979 S. 93 ff.; *Quaritsch*, aaO, S. 82 ff.; *E.-W. Böckenförde*, Der Fall Küng und das Staatskirchenrecht, NJW 1981 S. 2101 ff.

84   Das Reichskonkordat verweist in Art. 19 S. 2 auf die »Beachtung der einschlägigen kirchlichen Vorschriften«. Maßgeblich ist dafür heute statt der im Schlußprotokoll angezogenen Konstitution »Deus scientiarum Dominus« vom 24. 5. 1931 die Apostolische Konstitution »Sapientia Christiana« vom 15. 4. 1979 mit den Durchführungsverordnungen (Ordinationes) vom 29. 4. 1979, in: Acta Apostolicae Sedis (AAS) 71, 1979 S. 469 ff., auch in: Verlautbarungen des Apostolischen Stuhls Heft 9, hrsg. v. Sekretariat der Deutschen Bischofskonferenz, Bonn 1979 S. 4 ff., 31 ff., ferner die detaillierten hochschulrechtlichen Bestimmungen des neuen Codex Iuris Canonici vom 27. 11. 1983, cc. 807–821, der den Codex von 1918 abgelöst hat. Diese haben die kirchliche Präsenz im Hochschulbereich und die Wahrung der Identität der kirchlichen Lehre in besonderer Weise zum Rechtsgebot erhoben und sind in der konkordatsrechtlichen und hochschulrechtlichen Praxis maßgeblich zu beachten.

85   Ob Art. 19 S. 3 Reichskonk ein einheitliches Fakultätenrecht mit unmittelbarer Rechtswirkung geschaffen oder nur eine Handlungspflicht der Reichsregierung begründet hat, die durch die Veränderung der Kulturkompetenzen zugunsten der Länder im GG obsolet geworden sei, ist strittig. Für ersteres: *W. Weber*, aaO, S. 48, 384; *Peters*, aaO, S. 408; *Thieme*, aaO, S. 144; *Fischer*, aaO, S. 342. Für letzteres: *Klaus Reppel*, Der Staat und die Vorschriften über die Vorbildung der Geistlichen, Diss. Bonn 1966 S. 93; *Manfred Baldus*, Die philosophisch-theologischen Hochschulen in der Bundesrepublik Deutschland, Berlin 1965 S. 72; *Solte*, aaO, S. 146; *Scheuner*, aaO, S. 13. – M. E. ist ersterer Ansicht zuzustimmen, da die Handlungspflicht der Regierung nicht nur im Vertrag, sondern auch im (»transformierenden«) Konkordatsgesetz enthalten ist, die Vereinheitlichungswirkung dadurch materiell bereits vollzogen und i. S. einer gesetzesgebundenen Vollzugspflicht der Verwaltung ausgesprochen wurde. Diese materielle Norm gilt heute nach Artt. 124, 125 GG nicht als Bundes-, sondern als Landesrecht fort und ist von der zuständigen Landesverwaltung nach Art. 129 GG zu vollziehen. Von Bedeutung ist die Frage hinsichtlich abweichender Einzelfragen (Lehrbefähigung, Anm. 86), der Geltung von Art. 19 S. 3 Reichskonk für konkordatsfreie Gebiete (Württemberg) und für spätere Verträge, soweit diese nicht ohnehin auf das bisherige Konkordatssystem Bezug nehmen. Die Landesverwaltung ist deshalb auch im Hochschulrecht an Art. 19 Reichskonk als Spezialgesetz gebunden, das dem allgemeinen Hochschulrecht vorgeht. – Zur Fortgeltung des Reichskonk vgl. BVerfGE 6, 309, 338; sie ist in der staatskirchenrechtlichen Lehre so gut wie unbestritten. Vgl. auch Art. 8 Bad.-Württ.Verf.

ten (einschließlich der Verfassungstreue) usw. ausschließlich von der Universität und von der staatlichen Kultusverwaltung zu entscheiden. Letzteres ist auch für die Frage der Lehrbefähigung[86] festzuhalten: Sie ist als Angelegenheit der Fakultäts- und Universitätsautonomie anzusehen und unterfällt der staatlichen Letztverantwortung für die weltlichen Belange; deshalb darf sie im parlamentarisch-demokratischen Rechtsstaat nicht von der staatlichen Verwaltung an die Kirche als (wissenschaftsfremde) gesellschaftliche Macht überlassen werden.

Ebenso ist m. E. das allgemeine nihil-obstat-Erfordernis gem. Art. 7 RKonk[87], das jede Übernahme eines öffentlichen Amtes durch einen Geistlichen vom freien Ermessen seines Ortsbischofs abhängig macht, heute durch Artt. 3 III, 20 I, II, 33 III und 38 GG im staatlichen Recht unvollziehbar geworden, da es eine verfassungswidrige Beschneidung des allgemeinen Staatsbürgerstatus und der demokratischen Gleichheit enthält[88]. Die

---

[86] W. *Weber*, Staat und Kirche in der Gegenwart S. 49; M. *Heckel*, Staat Kirche Kunst S. 103 Anm. 330; *Solte*, aaO, S. 155; *Hollerbach*, aaO, S. 83; *ders.*, Das Badische Konkordat vom 12. 10. 1932, in: Beiträge zur Rechtsgeschichte, Gedächtnisschrift f. H. Conrad, Paderborn u. a. 1979 S. 299 f.

[87] Dieses allgemeine nihil obstat nach Art. 7 Reichskonk bei Übernahme öffentlicher Ämter ist also nicht zu verwechseln mit dem hier interessierenden nihil obstat des theologischen Fakultätenrechts nach Art. 19 Reichskonk, das tatbestandlich auf Lehr- und Wandelbeanstandungen beschränkt ist.

Abzulehnen ist die Auslegung W. *Webers*, aaO, S. 40 ff.; *Flattens*, aaO, S. 213: Art. 7 Reichskonk habe gar nicht die Verpflichtung des Staates begründen wollen, die Übertragung des öffentlichen Amtes bei Verweigerung des nihil obstat zu unterlassen, sondern nur den Geistlichen verpflichtet, sich intern beim Bischof um das nihil obstat zu bemühen. Das entspricht jedoch kaum dem erkennbaren Willen der Vertragsschließenden von 1933, die die Auflösung des politischen Katholizismus und die parteipolitische Neutralisierung der katholischen Kirche um den Preis der Wahrung ihrer inneren Einheit und integralen hierarchischen Struktur durch diese Klausel sichern wollten. Ein für den Staat belangloses kirchliches Internum, wie es W. Weber in Art. 7 Reichskonk sieht, hätte gar nicht in den Vertrag aufgenommen werden müssen. – Eine andere Frage ist es, ob Art. 7 Reichskonk heute noch in diesem Sinne im staatlichen Recht angewendet werden kann.

[88] Der Staat kann – im staatlichen Rechtskreise – nicht eine Zugangssperre zu den öffentlichen Ämtern für eine Gruppe von Bürgern (vertrags-)gesetzlich erlassen und die Dispensation davon in das Ermessen Dritter stellen, da dies gegen Artt. 3 III, 33 III und gegen das Demokratieprinzip der Artt. 20 I, II, 38 GG verstößt, das sich auf die demokratische Gleichheit als grundlegendes Organisationsprinzip der Verfassung gründet. – Unberührt davon bleibt die Zulässigkeit entsprechender Genehmigungspflichten (bzw. ihrer amtsrechtlichen Folgeregelungen) im kirchlichen Rechtskreise: Die Kirche kann ihre Geistlichen kraft kirchlicher Rechtsgewalt vor der Übernahme weltlicher Ämter an die Erlaubnis des Bischofs binden. Auch staatskirchenrechtlich sind den Kirchen solche Regelungen als »eigene Angelegenheiten« der Religionsgemeinschaften im Rahmen ihrer Ämterfreiheit nach Artt. 137 III WRV/140 GG freigestellt; freilich stehen sie im Staat unter dem Vorrang der staatlichen Schrankengesetze, zu denen Art. 33 III GG zu rechnen ist und der m. E. in der Abwägung vorgeht: Deshalb sind – im innerkirchlichen Rechtskreise – diese bischöflichen Genehmigungsvorbehalte vor der Übernahme öffentlicher Ämter durch Geistliche zwar (kirchen-)rechtlich gültig, können aber im staatlichen Recht nicht mehr durchgesetzt werden: Der Geistliche hat folglich einerseits das Recht, sich wirksam in das öffentliche Amt des weltlichen Staates wählen bzw. ernennen zu lassen, muß dann aber andererseits die innerkirchlichen Regelungen bzw. Sanktionen (Entzug der missio canonica, Versetzung in den Wartestand bzw. Ruhestand als Kirchenbeamter usw.) hinnehmen. Der Staat gewährt ihm zwar die (negative) Religionsfreiheit, kraft deren er sich im weltlichen Bereich und Recht aus den kirchlichen Bindungen lösen kann; aber

damit verfolgte politische Neutralisierung der Kirche läßt sich nur durch den freiwilligen Verzicht ihrer Glieder, nicht durch die Staatsgewalt erreichen. Überdies kann die Beschränkung der Kirche auf die spezifisch geistlichen Beanstandungsgründe der Lehre und des Wandels in dem nihil obstat gemäß Art. 19 RKonk nicht durch die zusätzliche Inanspruchnahme eines weiteren nihil obstat nach freiem kirchlichen Ermessen gem. Art. 7 RKonk aus den Angeln gehoben werden; das nihil obstat nach Art. 19 RKonk ist deshalb jedenfalls im theologischen Fakultätenrecht als lex spezialis gegenüber dem nihil obstat nach Art. 7 RKonk anzusehen.

2. Bei Lehrfunktionen aller Art

Das nihil obstat des Art. 19 RKonk ist für alle Arten der Betrauung mit theologischen Lehrfunktionen einzuholen[89], da es sinngemäß auf die Funktionen, nicht auf den Status der Lehrenden als Beamter u. s. w. abgestellt ist. Bei der Lehre in unselbständigen Funktionen (Assistenten) bzw. bei begrenzten Lehraufträgen mag eine pauschalierte gewohnheitsmäßige Erteilung des nihil obstat angenommen werden können. Weil es eine fortdauernde Funktionsvoraussetzung ist, kann das nihil obstat wieder entzogen werden.

3. Die Beurteilungs- und Entscheidungskompetenz

Den Grundnormen des Staatskirchenrechts entsprechend ist allgemein anerkannt[90]: Nur die Kirche hat die Entscheidung über die geistlichen Maßstäbe der Lehre und des Wandels und deren Anwendung im Einzelfall zu treffen; die

---

er greift nicht in den freien kirchlichen Rechtskreis durch (staatskirchliche!) Kontroll- und Korrekturrechte ein, wie es früher vor der Trennung von Kirche und Staat durch das placet, den recursus ab abusu, die Ämterkontrollen geschah. – Das Verhältnis entspricht der gegenseitigen Unabhängigkeit des staatlichen und kirchlichen Eherechts: Auch dort wird das innerkirchliche Eherecht (mit seinen strengen Regeln der Ehevorausetzungen und der Scheidung) vom Staat der Kirche freigestellt (und nicht durch Plazet und Kirchenaufsichtsrechte innerkirchlich unterbunden), im staatlichen Rechtskreise jedoch nicht übernommen, sondern ignoriert, – ohne den kirchlich dissentierenden Bürger freilich zu schützen vor innerkirchlichen Sanktionen, welche die Kirche auf die Verletzung des kanonischen Eherechts setzt. – Vgl. auch die interessanten Fragen zum Bremer Pastoren-Abgeordneten-Fall BVerfGE 42, 312. Im ganzen vgl. *Solte,* aaO, S. 136, 156.

[89] W. *Weber,* aaO, S. 52 f.; *Peters,* aaO, S. 410 f.; *Eugen Heinrich Fischer,* Das kirchliche Mitwirkungsrecht bei Ergänzung des Lehrkörpers im katholisch-theologischen Fachbereich, in: Festgabe für H. Flatten, München 1973 S. 361 ff.; *Solte,* aaO, S. 156 f.; *Hollerbach,* aaO, S. 84 f.; vgl. auch unten S. 104, 332 f. Im gleichen Sinn die verdeutlichende Regelung in Art. 3 § 2 Bay.Konk i. d. F. v. 4. 9. 1974 (Archiv f. kathol. Kirchenrecht 143, 1974 S. 548 und die Regierungsbegründung ebenda 147, 1978 S. 571 f.).

[90] W. *Weber,* aaO, S. 56 ff.; *Peters,* aaO, S. 408 f.; *Reppel,* aaO, S. 97; *M. Heckel,* aaO, S. 176 ff.; *Solte,* aaO, S. 152 ff., 160 ff.; *Scheuner,* aaO, S. 18 f.; *Hollerbach,* aaO, S. 87; *Mikat,* aaO, S. 102 ff.; *Quaritsch,* aaO, S. 84, 87; *Böckenförde,* aaO, S. 2102. – BayVGHE 7, 41, 45: »Die inhaltliche Übereinstimmung der Lehre des Kl. mit der katholischen Doktrin nachzuprüfen, ist weder Aufgabe des Ministeriums noch des Verwaltungsgerichtshofs. Es liegt auf der Hand, daß die Frage der Beanstandung den zuständigen kirchlichen Stellen überlassen bleiben muß.«

geistliche Bewertung ist dem Staat entzogen, ihre Kontrolle ist ihm auch nicht unter dem Verhältnismäßigkeits-Aspekt erlaubt. Aber die geistliche Entscheidung muß den dogmatischen bzw. ethischen Topos der Beanstandung substantiiert bezeichnen und mit den dafür erforderlichen Tatsachen belegen. Sie muß erkennen lassen, daß ein vertragsgemäßer geistlicher nihil-obstat-Fall vorliegt und nicht ein sonstiger »weltlicher« Beanstandungsgrund geltend gemacht wurde, der einen verfassungs- und vertragswidrigen kirchlichen Übergriff in die staatliche Kompetenz und in die staatliche Verantwortung für die Fakultäten als Staatsinstitutionen bedeuten würde. Beanstandungen persönlicher oder »rein« politischer bzw. weltanschaulicher Art ohne Bezug zum kirchlichen Dogma und Ethos reichen keineswegs aus. Deshalb genügt eine floskelhafte Pauschal-Begründung nicht, wie andererseits die detaillierte Ausbreitung eines skandalons vom Bischof nicht gefordert werden kann.

4. Grenzen kirchlicher Mitwirkung

Desgleichen ist hervorzuheben: Die Mitwirkung der Kirche ist auf die Wahrung der Grenzen des kirchlichen Bekenntnisses abgestellt! Durch den Abschluß des Konkordates hat sich die Kirche verpflichtet, ihre Kirchengewalt über die Lehre nur in den Formen und in den Beschränkungen des Konkordates auszuüben[91]. Dem Konkordat muß auch die Vertragsverpflichtung des kirchlichen Partners entnommen werden, den universitären, wissenschaftlichen Charakter der theologischen Fakultäten an der Staatsuniversität zu achten und nicht einer (indirekten) Verschulung und Instrumentalisierung zu unterwerfen. Wissenschaft braucht Freiheit zum Atmen in der Forschung und in der Lehre; sie braucht Freiheit auch für die wissenschaftliche Hypothese, für den möglichen Fehlgriff, der im Wissenschaftsprozeß überwunden werden soll. Die Regelung des Konkordates ist auch zum Schutz der Freiheit des Theologen getroffen. Auch dies ist mit der Formalisierung des nihil-obstat-Verfahrens zwischen dem staatlichen und kirchlichen Partner bezweckt. So schließt sie anerkannterweise den beliebigen innerkirchlichen Entzug der missio canonica durch den Bischof aus, wenn nicht zugleich das konkordatäre Beanstandungsverfahren gegenüber dem Staate begründet ist und durchgeführt wird[91]. Desgleichen würde es dem Konkordate widersprechen, d. h. seiner kirchlichen Überlassung der theologischen Forschung und Lehre an die Universität als eine Stätte verbürgter Freiheit der Wissenschaft zuwiderlaufen, wenn die Kirchengewalt durch interne Direk-

---

[91] *W. Weber*, aaO, S. 48, 62; *Peters*, aaO, S. 409 f.; *Heinrich Flatten*, Missio canonica, Festgabe für F. X. Arnold, Freiburg i. Br. 1958 S. 129; *Fischer*, Theologieprofessor S. 349, 353; *Solte*, aaO, S. 151; *Heribert Schmitz*, Kirchliche Hochschulen nach der Apostolischen Konstitution Sapientia Christiana von 1979, Archiv f. kath. Kirchenrecht 150, 1981 S. 484, 487.

tiven, Pflichtprogramme, Verbote, besondere Zensuren und Berichterstat-
tungspflichten die Freiheit der theologischen Wissenschaft hier in den geistlichen Seiten ihrer theologischen Gegenstände und Methode beschneiden würde.
Das nihil-obstat-Verfahren soll vielmehr die Einhaltung der Grenzen des Katholischen durch den akademischen Theologen sichern; wenn (und solange) dies
von der Kirche bejaht werden kann, ist die Gesamtregelung auf Freiheit und
Vertrauen in wissenschaftlicher, d. h. selbständiger und selbstverantwortlicher
Forschungs- und Lehrtätigkeit abgestellt[92]. Die Fakultät darf nicht gleichsam
als Außenstelle der kirchlichen Hierarchie zum Fremdkörper an der Universität
gemacht werden. Zur Amtsverantwortung und Fürsorgepflicht der staatlichen
Kultusverwaltung gehört es, darüber zu wachen, sofern sich hier eine reale
Gefährdung zeigen sollte.

5. Die Zuständigkeit des Ortsbischofs und dessen innerkirchliche Weisungsgebundenheit

Zuständig für die nihil-obstat-Entscheidung gegenüber dem Staat ist nach der
Konkordatsregelung der Ortsbischof. Hingegen ist es Sache des kirchlichen
Selbstbestimmungsrechts, das innerkirchliche Vorbereitungs- und Entschlie-
ßungsverfahren näher zu regeln und im Einzelfall abzuwickeln, kraft dessen
Direktiven der Ortsbischof dann letztlich zu seiner staatskirchenrechtlichen
Entscheidung im Außenverhältnis gelangt. Die Zuständigkeitsregelungen nach
außen sprengen weder im staatlichen, noch im kirchlichen Recht die innere
Organisationsstruktur; sie befreien nicht von internen Weisungsbefugnissen
vorgesetzter Instanzen[93].

Die interne Einschaltung der Kurie kann deshalb keineswegs als Konkordats-
verletzung und unzulässige Ingerenz »auswärtiger Mächte« in die Freiheit der
deutschen Universität angesehen werden, wie behauptet worden ist. Daß die
katholische Kirche ihren theologisch-kirchenrechtlichen Grundprinzipien gemäß hierarchisch aufgebaut ist, war staatlicherseits bei den Konkordatsab-
schlüssen bekannt. Auch ist dies durch das kirchliche Selbstbestimmungsrecht
der Artt. 4, 140 GG/137 III WRV verfassungsrechtlich garantiert. Dem Kon-
kordatsabschluß durch den Heiligen Stuhl kann nicht im Ernst der Verzicht auf
die umfassende Jurisdiktionsgewalt des Papstes unterschoben werden, die die-

---

[92] Zur innerkirchlichen Bejahung und Begrenzung der Fakultätsautonomie und Forschungs-
und Lehrfreiheit nach Sapientia Christiana vgl. *Schmitz*, aaO, S. 66, 498 ff.
[93] Anerkannt vom Wissenschaftsminister Nordrhein-Westfalens mit Schreiben vom 23. 3. 1979,
Archiv f. kath. Kirchenrecht 148, 1979 S. 570; ebenso *Peters*, aaO, S. 409 f.; *Hollerbach*, aaO, S. 88;
Mikat, aaO, S. 102; *Manfred Baldus*, Die Reform des Hochschulrechts in der katholischen Kirche,
in: Wissenschaftsrecht, Sonderheft (Beiheft 8) 1983 S. 72 Anm. 181. A. A. *W. Weber*, aaO, S. 50.

sem kraft ius divinum kirchenverfassungsrechtlich zugeschrieben wird. Auch
die Regelung und Durchführung eines vorgeschalteten innerkirchlichen Lehrbeanstandungsverfahrens[94], wie es die Deutsche Bischofskonferenz eingerichtet hat, ist ausschließlich die Angelegenheit der Kirche und unterliegt keineswegs der staatlichen Zensur und Überprüfung; von seiner korrekten innerkirchlichen Einhaltung hängt die staatskirchenrechtliche Wirksamkeit und Verbindlichkeit der nachfolgenden bischöflichen nihil-obstat-Entscheidung keineswegs
ab. Ebensowenig kann die nihil-obstat-Entscheidung deshalb angegriffen werden, weil das innerkirchliche Verfahren Grundrechte des Betroffenen (etwa der
Glaubens- und Wissenschaftsfreiheit, der Gleichheit, des rechtlichen Gehörs)
verletzt habe. Die Grundrechte gelten im staatlichen Rechtskreis und gegenüber
der Staatsgewalt[95]. Sie gelten gerade nicht von Staats wegen auch in der Kirche,
die der Staat ja aus den Bindungen der früheren Staatskirche freigegeben hat und
deren ganz anders geartete Kirchenverfassung er deshalb nicht zur Gleichschaltung auf das liberal-pluralistisch-relativierte Verfassungsmodell des säkularen,
demokratischen Rechtsstaates und seines Grundrechtskataloges zwingt. Eine
staatliche Grundrechtsbindung der Kirche wird zu Recht abgelehnt; es ist Sache
der innerkirchlichen Reform, für eine sachgerechte Willensbildung und Verfahrensregelung in der Kirche zu sorgen, die der geistlichen Freiheit und Bindung
im göttlichen Auftrag und Amt der Kirche gerecht wird.

III. Das nachträgliche Beanstandungsrecht und seine Folgen

Das Ausscheiden aus seiner bisherigen Fakultät[96] ist die notwendige Folge
der ordnungsgemäßen Beanstandung eines katholisch-theologischen Lehrers

---

[94] Vgl. die Ordnung über das Lehrbeanstandungsverfahren v. 1972 i. d. F. v. 4. 5. 1981, ABl der
Diözese Freiburg 1981 S. 144 ff. – *Heribert Heinemann*, Lehrbeanstandung in der Katholischen
Kirche, Trier 1981; *Schmitz*, aaO, S. 492.

[95] *Konrad Hesse*, Grundrechtsbindung der Kirche? Festschrift W. Weber, Berlin 1974 S. 447 ff.;
Wolfgang Rüfner, Die Geltung von Grundrechten im kirchlichen Bereich, in: Essener Gespräche 7,
1972 S. 9 ff.; *Roman Herzog*, in: Maunz-Dürig, Grundgesetz, Kommentar, Art. 4 (1971)
Rdnr. 48 ff.

[96] Diese Rechtsfolge ist in der Lehre umstrittener. Wie hier: *Scheuner*, aaO, S. 20 ff. (mit
Übersicht über den Meinungsstand S. 22); *Peters*, aaO, S. 413 f.; *E. H. Fischer*, Theologieprofessor
S. 357 f.; *Solte*, aaO, S. 128 ff., 166 ff.; *M. Heckel*, Die religionsrechtliche Parität S. 536 f.; *Lorenz*,
aaO, S. 28; *Mikat*, aaO, S. 105; *Reinhard Lettmann*, Das bischöfliche Nihil obstat, in: Investigatio-
nes Theologico-Canonicae, Roma 1978 S. 287 f.; *Mussinghoff*, aaO, S. 435 ff.; *May*, aaO, Grundriß
S. 660; *v. Campenhausen*, Theol. Fakultäten S. 1026; *ders.*, Staatskirchenrecht S. 124. – Dagegen
verneinen eine Rechtspflicht zum Ausscheiden *W. Weber*, aaO, S. 60 ff.; *Flatten*, Nihil obstat
S. 217; *Reppel*, aaO, S. 96; *Baldus*, Hochschulen S. 188; *Quaritsch*, aaO, S. 85 ff., 89; *Emde*, aaO,
S. 400. –
Eine Pflicht zum Ausscheiden ist z. B. anerkannt in der Stellungnahme des Ministers für Wissen-

durch den Ortsbischof. Nur diese Rechtsfolge wird der Konkordatsregelung im Gesamtzusammenhang des Staatskirchen- und Kulturverfassungsrechts gerecht.

---

schaft und Forschung des Landes Nordrhein-Westfalen für das Kommissariat der Bischöfe von NW v. 23. 3. 79:

»Betr. Verfahren bei der Beanstandung eines Lehrenden an der katholisch-theologischen Fakultät (Abteilung) der Universitäten Bochum, Bonn oder Münster beziehungsweise eines Lehrenden der katholischen Theologie an einer Pädagogischen Hochschule (Gesamthochschule) durch den zuständigen Bischof nach dem geltenden Konkordatsrecht.

Bei der Anwendung dieser Vorschriften sind Zweifel über die Rechte und Pflichten der Beteiligten aufgetreten. Eine kirchlich-staatliche Arbeitsgruppe hat die Rechtslage geprüft und das Ergebnis in einem Bericht vom 21. Dezember 1977 niedergelegt, der diesem Schreiben beigefügt ist.

Ich beabsichtige, das Ergebnis der Arbeitsgruppe bei der Anwendung der Vorschriften über die kirchliche Beanstandung von Lehrenden der katholischen Theologie zugrunde zu legen und fasse die bisherigen Ergebnisse der Arbeitsgruppe wie folgt zusammen:

1. Der Bischof erstattet eine substantiierte Anzeige. Er muß erklären, ob die Anzeige erhoben wird
a) wegen eines Verstoßes gegen die Lehre,
b) wegen eines Verstoßes gegen die Erfordernisse des priesterlichen Lebenswandels bzw. – bei Laien – gegen die Pflichten, die nach kirchlicher Auffassung einem Laien hinsichtlich des Lebenswandels obliegen,
c) wegen eines Verstoßes nach a) und b).

Er gibt mindestens soviel an Tatsachen an, daß seine Darlegungen die Anzeige für die staatliche Seite schlüssig machen.

2. Ich übernehme in der Frage, ob ein bestimmtes feststehendes Verhalten einen konkordatsrechtlichen Beanstandungstatbestand erfüllt, die Beurteilung des Bischofs. Nach kirchlicher Auffassung ist die Beantragung der Laisierung ein schwerer und ärgerlicher Verstoß gegen die Erfordernisse des priesterlichen Lebenswandels. Diese Auffassung ist nach der Rechtslage für die staatliche Seite als verbindlich anzusehen.

3. Durch die Anzeige wird die Abhilfeverpflichtung des Staates ausgelöst, wenn die Anzeige schlüssig ist und die Tatsachen, auf welche die Anzeige gestützt wird, feststehen.

4. Etwaige Zweifel bezüglich des Beanstandungsgrundes in tatsächlicher Hinsicht werde ich im Benehmen mit dem Bischof klären. Ich teile in solchen Fällen dem Bischof die tatsächlichen Bedenken mit der Bitte um Aufklärung mit. Es entspricht der Rechtslage, daß Kirche und Staat auf eine Klärung hinwirken.

5. Wenn bei einer Beanstandung wegen der Lehre ein Lehrbeanstandungsverfahren anhängig ist oder ein solches Verfahren nach kirchlichem Recht möglich ist, wird das Ergreifen von Abhilfemaßnahmen nicht von dem Ausgang des Lehrbeanstandungsverfahrens abhängig gemacht werden. Ich gehe dabei davon aus, daß die kirchliche Seite auf meine Bitte hin prüfen wird, ob zunächst vorläufige Maßnahmen ausreichend sind.

6. Bei einer Anzeige wegen eines Verstoßes gegen die Erfordernisse des priesterlichen Lebenswandels durch einen Antrag auf Laisierung darf das Ergreifen der Abhilfemaßnahmen nicht von der Entscheidung des Laisierungsantrages durch die betreffende kirchliche Stelle abhängig gemacht werden.

7. Auf die Anzeige des Bischofs, daß ein Lehrender der katholischen Theologie an einer katholisch-theologischen Fakultät (Fachbereich) durch seine Lehrtätigkeit oder durch seine Schriften der Lehre der Katholischen Kirche zu nahe getreten ist oder einen schweren oder ärgerlichen Verstoß gegen die Erfordernisse des priesterlichen Lebenswandels bzw. – bei einem Laien – gegen die Pflichten, die nach kirchlicher Auffassung einem Laien hinsichtlich des Lebenswandels obliegen, begangen hat, obliegt es mir
1) wenn es nicht zu einer Einigung zwischen dem Minister für Wissenschaft und Forschung und dem Beanstandeten über eine neue Lehrtätigkeit auf einem anderen als dem mit der Berufung

1. Die Konkordatsverpflichtung zum Ausscheiden des Beanstandeten

Das Reichskonkordat verweist in Art. 19.2 hinsichtlich des nihil obstat und der Beanstandungsfolgen auf die Länderkonkordate. Für die Tübinger theologische Fakultät, die als einzige nicht durch ein Landeskonkordat geregelt war, ist der übereinstimmende Gehalt der Länderkonkordate durch Art. 19.2 RKonk selbst unmittelbar geltendes Recht geworden.

Der Wortlaut der Länderkonkordate ist hier relativ unbestimmt. Immerhin deutet der Terminus »Ersatz« auf ein »Ersetzen« des beanstandeten Lehrers, nicht auf eine Zusatzbesetzung. Zumal das Preußenkonkordat zielt durch seine weitere Formulierung (»Abhilfe leisten, insbesondere für Ersatz sorgen«) auf eine umfassendere Beseitigung der abträglichen Folgen des Anstoßgrundes hin. Dem Preußenkonkordat, das sich seinerzeit auf Zweidrittel des Reichsgebiets und eine Mehrzahl der theologischen Fakultäten erstreckte, mag bei der Vereinheitlichung der Konkordatsregelung durch Art. 19.2 RKonk eine besondere Verdeutlichungsbedeutung zugemessen werden[97].

Die Entstehungsgeschichte des Preußenkonkordats spricht für dasselbe Interpretationsergebnis: Sowohl bei den Konkordatsverhandlungen zwischen der preußischen Regierung und dem Hl. Stuhl als auch bei der parlamentarischen Verhandlung im Landtag ging man vom Ausscheiden eines Lehrers im Beanstandungsfalle aus[98].

Auch spätere Übereinkünfte zwischen den Konkordatspartnern gehen in diese Richtung: Eine verdeutlichende Konkretisierung brachte die bayerische

---

übertragenen Lehr- und Forschungsgebiet kommt, das Lehrgebiet neu zu bezeichnen und dabei eine Bezeichnung zu wählen, durch die der Anschein vermieden wird, daß der Betreffende Inhaber eines kirchlich autorisierten Lehramtes für katholische Theologie ist, und dabei die Bezeichnung »Katholische Theologie« nicht zu verwenden;
2) zu veranlassen, daß der Beanstandete aus der katholisch-theologischen Fakultät (Fachbereich) ausscheidet;
3) dafür zu sorgen, daß der Beanstandete keine Lehrtätigkeit im Rahmen der katholisch-theologischen Fakultät (Fachbereich) ausübt;
4) sicherzustellen, daß der Beanstandete, wenn er weiterhin Theologie zu lehren beabsichtigt, die Lehrveranstaltung nicht unter einer Bezeichnung ankündigt, die den Anschein erweckt, es handele sich um kirchlich autorisierte Lehre der katholischen Theologie;
5) dafür zu sorgen, daß der Beanstandete nicht bei akademischen Prüfungen im Fach Katholische Theologie mitwirkt;
6) der Fakultät in der Regel umgehend im Rahmen des allgemeinen Haushaltsrechts eine Planstelle gleicher Art, wie sie der Beanstandete innehatte, zur Verfügung zu stellen, es sei denn, die durch die Beanstandung entstandene Lücke ist – unter Wahrung des Standards einer katholisch-theologischen Fakultät und unter Berücksichtigung etwaiger besonderer fachlicher Schwerpunkte der betreffenden Fakultät – auf andere Weise zu schließen.«
Abdruck im Archiv f. kath. Kirchenrecht 148, 1979 S. 568 ff.
[97] *Scheuner*, aaO, S. 15 Anm. 12; *W. Weber*, aaO, S. 48. *A. A. Quaritsch*, aaO, S. 83.
[98] *Scheuner*, aaO, S. 39 ff.; *Mussinghoff*, aaO, S. 167 ff., 216, 319 f., 322 f.

Konkordatsergänzung vom 29. 3. 1974[99], deren Schlußprotokoll zum unveränderten Art. 3 § 3 des Konkordates von 1924 das Ausscheiden des beanstandeten Lehrers aus dem theologischen Fachbereich klarstellt. Die spätere Übereinkunft und die spätere Übung haben auch Interpretationsrelevanz für Art. 19 RKonk, wie es den allgemeinen Maximen der Vertragsauslegung gemäß Artt. 31 und 32 der Wiener Vertragskonvention entspricht[100]. Weder als (quasi-) völkerrechtlicher Vertrag noch als innerstaatliches Gesetz ließe sich der Konkordatsinhalt gleichsam durch Versteinerung auf einen abweichenden Meinungsstand zum Zeitpunkt des Konkordatsabschlusses fixieren.

Auch die spätere Übung hat seit 1949 zum Ausscheiden der Beanstandeten geführt. Die Verpflichtung hierzu aus dem Konkordat wurde von den Staatsbehörden wiederholt und unmißverständlich anerkannt[101]. Sie läßt sich nicht deshalb bestreiten und als unverbindlich-freiwilliges Entgegenkommen uminterpretieren, weil die staatliche Seite von sich aus ihre Erfüllung versprach und weil die Behörden bei ihrer Erfüllung zumeist um ein einvernehmliches Ausscheiden ohne Zwangsentfernung des Beanstandeten bemüht waren und sind.

Hingegen ist die ältere Praxis aus der Zeit des Staatskirchentums und der Staatskirchenhoheit des christlichen Staates nur begrenzt verwertbar, da sich inzwischen das staatskirchenrechtliche System wesentlich gewandelt hat. Diese ältere Praxis war nicht einheitlich[102]. Sie kannte neben Fällen des »freiwilligen« Ausscheidens auch die Zwangsversetzung in die philosophische Fakultät, ferner die Reduzierung des Mitgliedschaftsverhältnisses in der theologischen Fakultät auf ein nudum ius durch das Verbot der Beteiligung an den Fakultätsgeschäften und der Vorlesungstätigkeit; daneben gab es als Kulturkampfmaßnahme zeitweise auch den staatlichen Einsatz von kirchlich beanstandeten Altkatholiken gegen »Rom« im Rahmen der katholisch-theologischen Fakultäten.

Der systematische Kontext spricht ebenfalls für die staatliche Pflicht zur Entfernung: Die nachträgliche Beanstandung ist der korrespondierende Akt zur ursprünglichen nihil-obstat-Entscheidung des Bischofs; durch diese wird die Mitgliedschaft verhindert, durch jene beendet, wenn die Versagungsgründe vorliegen. Durch die beiden korrespondierenden Institute soll das Auseinan-

---

[99] *Scheuner*, aaO, S. 43; vgl. Archiv f. kath. Kirchenrecht 143, 1974 S. 563, Bay.GVBl 1974 S. 541 ff.

[100] *Rudolf Bernhardt*, Die Auslegung völkerrechtlicher Verträge, Köln Berlin 1963 S. 88 ff., 109 f., 124 ff.; *Scheuner*, aaO, S. 21, 44; *Emde*, aaO, S. 361. Das gilt insbes. für das Verständnis der staatskirchenrechtlichen Verfassungsgrundlagen. Auch wenn in den Kirchenverträgen der Zwanziger Jahre der Sinn der Weimarer Reichsverfassung noch weithin nach dem Leitbild der präkonstitutionellen Staatskirchenhoheit und Korrelatentheorie von den Vertragspartnern mißdeutet wurde, ist durch den Vertragsschluß dieses überholte Verfassungsverständnis nicht für alle Zeiten festgeschrieben worden.

[101] Vgl. Anm. 96.

[102] *Mussinghoff*, aaO, S. 56 ff., 61 ff., 104 ff., 160; *Solte*, aaO, S. 167; *Scheuner*, aaO, S. 37 ff.; *Emde*, aaO, S. 362 f.

derfallen des innerkirchlichen Verhältnisses (hinsichtlich der missio canonica) und des staatskirchenrechtlichen Status in der theologischen Fakultät verhindert werden[103], um daraus drohende Störungen und Konflikte zu vermeiden.

Der Sinn und Zweck des Beanstandungsrechts erhärten dies Ergebnis. Maßgeblicher Richtpunkt ist hier die Funktion der theologischen Fakultäten: Ihr unverfremdeter Dienst an der theologischen Forschung und Lehre, der zur Geistlichenausbildung in der bekenntnisgemäßen Predigt, Seelsorge und Sakramentsverwaltung ihrer Kirche geschieht.

Das Rechtsinstitut der Lehrbeanstandung und Ersatzgestellung dient primär zur Wahrung der Reinheit des katholischen Bekenntnisses und seiner ungestörten Wirkung auf die Kirche. Die kulturstaatliche Integration der Theologie in die Universität des säkularen, liberal-pluralistischen Staates hat diese rechtliche Sicherung des geistig-geistlichen Eigenprofils der theologischen Fakultäten unverzichtbar notwendig gemacht. Wenn der weltliche Staat (ohne Verweltlichung) diese geistlichen Ausbildungsfunktionen gewährleistet und in seinen staatlichen Institutionen selbst wahrnimmt, muß er dafür sorgen, daß der Kirche nicht durch Staatseingriffe in ihre religiöse Selbstbestimmung[104] Personen zugemutet und Positionen aufgenötigt werden, die mit ihrem status confessionis unvereinbar sind.

Dahinter tritt als sekundäres Ziel die Vervollständigung des Lehrangebots, die den Ausfall der Lehrfunktionen des Beanstandeten kompensiert, bei der Ersatzgestellung zurück[105]. Das Verbleiben von beanstandeten Lehrern (bzw. ganzer Seilschaften solcher) in der Fakultät würde deren katholisch-theologischen Charakter, der auf dem übereinstimmenden Zusammenspiel der theologischen Einzeldisziplinen beruht, aufsprengen und umkehren. Sie würde nicht lediglich eine begrüßenswerte Vermehrung der Lehrstühle bewirken, wie eine irrige »technische« Beurteilung nach säkularem, relativistischem Maße meint. Die Lehrbeanstandung läßt sich nicht auf eine Lehrangebotsergänzung reduzieren.

Das Beanstandungsrecht dient ferner dem Ziel der Konfliktslösung[106]. In dieser Hinsicht stellt es eine besondere Ausprägung der konkordatären Freundschaftsklausel zur Konfliktsbereinigung dar. Der Konflikt zwischen der katholischen Kirche und dem theologischen Lehrer über die Katholizität bestimmter Lehren und ethischer Anforderungen soll rechtlich so »gelöst« werden, daß er sich nicht zum großen Dauerkonflikt innerhalb der Fakultät, zwischen Kirche

---

[103] Vgl. S. 52 Anm. 91.
[104] Vgl. oben S. 33 ff.; auch BVerfGE 24, 248; 42, 334; *Scheuner*, aaO, S. 30.
[105] Verkannt in der Gewichtung z. B. bei *Quaritsch*, aaO, S. 84. – Vgl. auch unten S. 99, 127 ff.
[106] Vgl. oben S. 31 f., 39. Treffend *Solte*, aaO, S. 166 f.; ebenso *Scheuner*, aaO, S. 35; *v. Campenhausen*, Theologische Fakultäten S. 1027.

und Fakultät sowie zwischen Kirche und Staat ausweitet und verfestigt. Die theologische Forschung und Lehre an der Universität und das gesamte Staat-Kirche-Verhältnis würde sonst schwer belastet werden. Die Beanstandungsfolgen sind deshalb so auszulegen und anzuwenden, daß sie nicht konfliktverschärfend und antagonistisch-trennend, sondern ausgleichsfördernd und verbindend wirken, wie es der Kooperationsstruktur der res mixtae entspricht.

Nach Sinn und Zweck ist das nachträgliche Beanstandungsrecht viel wichtiger als die ursprüngliche nihil-obstat-Entscheidung des Bischofs. Die Mitwirkung der Kirche stellt nach dem Konkordat wie nach den einschlägigen Verfassungsnormen eine dauernde Funktionsvoraussetzung für die Amtsausübung des staatlichen Theologen mit kirchlichen Funktionen dar. Als solche Funktionsvoraussetzung des theologischen Lehramts gilt sie unverkürzt für beide Formen des kirchlichen Mitwirkungs- und Mitverantwortungsrechtes: Sinngerecht kann dieses nicht auf eine bloße Einstellungsvoraussetzung reduziert werden, deren späterer Fortfall unschädlich sein soll. Das ursprüngliche nihil obstat bezieht sich ja nur auf den ursprünglichen Zeitpunkt der Prüfung, deckt nicht die späteren, oft wandlungsreichen Stadien eines Gelehrtenlebens. Zumal der Erstberufene mag oft als relativ »unbeschriebenes Blatt« nur durch Spezialuntersuchungen ausgewiesen sein und sich dann erst im Amt in der Breite seiner Disziplin entwickeln. Deshalb ist es system- und sinnwidrig, beide Fälle verschiedenen Rechtsfolgen zu unterwerfen.

Diese geistliche Funktionsfähigkeit der Fakultäten ist durch eine verwaltungstechnische Ausgestaltung des Hochschulrechts so zu sichern, daß die Verfassungsnormen sachgerecht konkretisiert werden und die Kirche ihre wissenschaftliche Geistlichenausbildung diesen staatlichen Einrichtungen ohne Selbstverleugnung ihres Glaubens anvertrauen kann. Andernfalls wird das gleichgewichtige Synallagma der Konkordatsverpflichtungen empfindlich gestört, aber auch die verfassungsrechtliche Fakultätsgarantie ausgehöhlt und das staatskirchenrechtliche Verfassungssystem im Kern verletzt:

2. Die Konkordatsverpflichtung und die Schranken der religiösen Selbstbestimmungsgarantie

Das konkordatsrechtliche Ergebnis wird bestätigt durch die Selbstbestimmungsgarantie der Artt. 137 III WRV/140 GG und ihre Schrankenregelung[107]:
Wie ausgeführt, greift der Staat in schwerer Weise in die Freiheit und die Selbstbestimmung einer Religionsgemeinschaft ein, wenn er ihr gegen ihren erklärten Willen einen für sie untragbaren theologischen Lehrer für die Geistlichenausbildung und die wissenschaftliche Entfaltung ihrer Bekenntnisgrundlagen aufzwingt, bzw. weiter in Positionen wirken läßt, deren rechtliche Voraussetzungen entfallen sind. Damit wird vom Staat durch eine verfassungs- und vertragswidrige Ausübung seiner Organisationsgewalt eine Kampfstellung gegen die Kirche installiert, die ihr geistliches Zentrum trifft – und dies in einer

---

[107] S. 33 ff. Auch *Solte*, aaO, S. 166; *Scheuner*, aaO, S. 21 ff., 30 ff.; *Hollerbach*, aaO, S. 90 ff.; *v. Campenhausen*, aaO, S. 1027. – Anders die S. 54 Anm. 96 als zweite Gruppe aufgeführten Autoren.

staatlichen Institution, die zur geistlichen Entfaltung ihrer Freiheit vom Staat geschaffen und garantiert worden ist. Da ein staatlicher Eingriff in den »geistlichen Kern« der kirchlichen Selbstbestimmung für schlechterdings unzulässig anzusehen[108] ist und da zugleich die Religionsfreiheit der Kirche nach Art. 4 GG verletzt würde, könnte an sich hier jede weitere Prüfung der Notwendigkeit, Verhältnismäßigkeit und Zumutbarkeit der Beschränkung der kirchlichen Freiheit überflüssig erscheinen. Aber selbst wenn man dieser Ansicht nicht folgen will, weil es sich hier bei den res mixtae der Theologenfakultäten nicht um ein einfaches Eingriffsverhältnis, sondern um ein Dreiecksgefüge zwischen dem Staat, der Kirche und dem Theologen mit jeweils verschränkten Rechten (bzw. Grundrechten), Pflichten und Förderungen handelt, ist die Verpflichtung zum Ausscheiden des Beanstandeten im Rahmen der Schrankenprüfung nach Artt. 137 III WRV/140 GG zu bejahen.

Fraglich ist hier zunächst, um welches Schrankengesetz es sich präzise handelt. Vielfach wird pauschal und apodiktisch die Garantie der Wissenschaftsfreiheit des beanstandeten Theologen nach Art. 5 III GG als Schranke der kirchlichen Selbstbestimmung nach Artt. 137 III WRV/140 GG angeführt[109]. In der Tat kann es für diesen einen empfindlichen Nachteil bedeuten, seine angestammte Fakultät und Wirkungsstätte, den Kreis seiner Kollegen und Schüler, die enge Fachkommunikation mit den Parallellehrstühlen und den einfachen Zugang zur Seminarbibliothek zu entbehren, von der persönlichen Belastung eines solchen Falles ganz abgesehen. Aber dabei handelt es sich nicht eigentlich um seine Freiheit der Forschung und der Lehre – die ihm an seiner Universität, wenn auch außerhalb seiner alten Fakultät, ungeschmälert erhalten bleibt – sondern um die Geltendmachung eines speziellen Anspruchs auf Zugehörigkeit und Einflußnahme (bzw. »Umfunktionierung«) in der theologischen Fakultät, ohne die verfassungsrechtlich gebotenen und (vertrags-)gesetzlich konkretisierten Vorbedingungen hierfür zu erfüllen. Schon allgemein läßt sich aus Art. 5 III GG nicht ein organisationsrechtlicher Anspruch des Wissenschaftlers auf die Zugehörigkeit zu einer bestimmten Fakultät seiner Wahl ableiten[110]. Viel weniger ist dies bei den theologischen Fakultäten möglich, da hier ein solcher Anspruch an der kirchlichen Selbstbestimmung scheitern müßte, die in der gebotenen »Wechselwirkung« das Schrankengesetz insoweit selbst wiederum beschränkt. Im Grunde geht es doch darum, ob für den weltlichen, auf konfessionelle Neutralität verpflichteten Staat das Urteil des Bischofs (als des dafür kirchenrechtlich und staatskirchenrechtlich kompetenten Repräsentanten der katholischen Kirche) oder das des beanstandeten Theologen selbst

---

[108] *Hesse*, Selbstbestimmungsrecht S. 440; oben S. 35, 37.
[109] Zur Diskussion: *Scheuner*, aaO, S. 28 ff.; *Emde*, aaO, S. 382 ff.
[110] *Hollerbach*, aaO, S. 95 f.; *Scheuner*, aaO, S. 52 ff., 57; verzeichnet bei *Emde*, aaO, S. 389 f.

(also eines Staatsbeamten) über die »wahre Katholizität« und die kirchliche Untragbarkeit der beanstandeten Lehren und Sitten maßgebend sein soll. Würde sich der Staat auf die Seite des Beanstandeten stellen und ließe er ihn weiter offiziell als »katholischen« Theologen »katholische Theologie« lehren, so nähme er damit rechtswidrig ein ius reformandi in Anspruch. In ähnlicher Weise wurde das staatliche Bekenntnisänderungsrecht ja auch im Konfessionellen Zeitalter weithin durch die staatliche Lehrentwicklung und Geistlichenausbildung mittels der Universitäten realisiert.

Ist Art. 5 III GG als Schrankengesetz zu Artt. 137 III WRV/140 GG unergiebig, so gilt dies erst recht für einige einfachgesetzlichen Bestimmungen, die den Status des Universitätslehrers z. B. gegen seine Versetzung und gegen die Umbenennung seines »Lehrstuhls« bzw. Fachgebietes ohne sein Einverständnis sichern[111]. Diesen Bestimmungen der Universitätsgesetze geht die Konkordatspflicht über das Ausscheiden des Beanstandeten rechtstechnisch als lex specialis vor, da die Universitätsgesetze bzw. das Hochschulrahmengesetz die Verträge mit den Kirchen »unberührt« ließen, d. h. ihnen vorrangige Geltung einräumten. Weil jene Normen also schon durch das Konkordatsgesetz verdrängt sind, können sie insoweit gar nicht als Schrankengesetze nach Artt. 137 III WRV/140 GG dienen. Überdies ist es strittig, ob sie tatbestandsmäßig relevant wären, d. h. ob die bloße »Umsetzung« innerhalb der gleichen Universität überhaupt als »Versetzung« im Sinn des Gesetzes angesehen werden könnte[111]. Das mag indes auf sich beruhen, da ein allgemeines hochschulrechtliches »Versetzungsverbot« nicht als staatliches Schrankengesetz das geistliche Selbstbestimmungsrecht der Kirchen in den Sonderverhältnissen der theologischen Fakultäten ausschalten könnte, sondern in der Abwägung und »Wechselwirkung« zurücktreten müßte. Jeder katholische Theologe weiß, daß er für seine kirchlichen Funktionen in diesem Staatsamt der kirchlichen Approbation bedarf; die allgemeinen Gründe des Hochschulrechts für die Unversetzbarkeit eines akademischen Lehrers betreffen nicht diese theologischen Sonderbeziehungen und ihre eminenten Auswirkungen auf das gesamte Verhältnis zwischen Staat und Kirche.

Auch unter dem Aspekt der Notwendigkeit, Verhältnismäßigkeit und Zumutbarkeit ist ein Ausscheiden des Beanstandeten aus der Fakultät als das gebotene und geringst-mögliche (»mildeste«) Mittel im Rahmen der Schrankenproblematik der Artt. 137 III WRV/140 GG anzusehen:

---

[111] Z. B. § 61 Abs. 5 Bad.-Württ.UG. – *Scheuner*, aaO, S. 46; schon *Peters*, aaO, S. 413 f.; a. A. *Emde*, aaO, S. 395, der das Zuordnungs- und Wechselwirkungsverhältnis zwischen religiöser Selbstbestimmungsgarantie und säkularem Schrankengesetz unzutreffend bestimmt und den Spezialitätsvorrang des Staatskirchenrechts vor dem allgemeinen Hochschulrecht außer Acht läßt. Vgl. auch den Kirchenvertragsvorbehalt in den Hochschulgesetzen oben S. 6 Anm. 7.

IV. Die Notwendigkeit und Verhältnismäßigkeit des Ausscheidens wegen der Unzulänglichkeit »milderer« Alternativen

1. Ungenügen kircheneigener Abhilfemaßnahmen

Unhaltbar ist die These, daß die Kirche sich durch »freiwilligen Rückzug« der Theologenausbildung von der Universität allen Mißlichkeiten entziehen könne, deshalb das Ausscheiden eines für sie untragbaren Theologen aus der theologischen Fakultät weder nötig noch verhältnismäßig sei[112]. Diese Argumentation wird weder den besonderen Verfassungsgarantien für diese Fakultäten noch der konkordatären Rechtslage, weder der umfassenden Kulturstaatsverantwortung noch der staatlichen Neutralitätsverpflichtung gerecht.

Juristisch unhaltbar ist auch, die Kirche auf interne kirchenrechtliche Kampfmaßnahmen (Hörverbote, Nichtanerkennung von Prüfungen usw.) gegen den beanstandeten Theologen zu verweisen, um damit staatlicherseits dessen weitere Verwendung in der Geistlichenausbildung als für die Kirche tragbar und zumutbar zu rechtfertigen[112]. Mit einer solchen Schranken-Interpretation würden die Behörden und Gerichte schwere Konflikte und Funktionsstörungen förmlich organisieren. Sie würden so die erklärte Ausgleichslösung des Gesetzgebers in den Konkordatsgesetzen zunichte machen, auf die in den res mixtae die Sachgesetzlichkeit und die Rechtsverhältnisse angewiesen und gegründet sind[113]. Als Zentralanliegen will das Konkordat ja gerade den internen kirchenrechtlichen Status (hinsichtlich der innerkirchlichen Lehrbefähigung durch die missio canonica, der innerkirchlichen Anerkennung der Universitätsstudien, -prüfungen, akademischen Grade usw.) koordinieren mit dem staatskirchenrechtlichen und universitätsrechtlichen Status[91]. Die gegenseitige Abstimmung und Kooperation im Berufungswesen usw. soll die Konflikte zugunsten aller Betroffenen vermeiden und die einseitige Handhabung der Rechtsgewalt beider Partner ausschließen.

Man darf sich nicht darüber täuschen: In dem heiklen Spannungsfeld zwischen dem säkularen Staat und der geistlich bestimmten Kirche hängt die Wirkungsfähigkeit der theologischen Fakultäten entscheidend von den rechtlichen Rahmenbedingungen einer freiheitlichen Ausgleichsordnung und Koope-

---

[112] Etwa *Emde*, aaO, S. 398. Zur Verfassungsentscheidung über die Erhaltung der Theologie an der Universität auch aus staatlichen und wissenschaftlichen Gründen s. oben S. 20 f., unten S. 326 f. – Überdies würde eine Reihe von Problemen bei dem dann notwendigen Ausbau kircheneigener Hochschulen wiederkehren: S. 349 ff., 374 ff.

[113] Oben S. 31 f., 39, unten S. 335 f., 339, 369 f. Schon bei den Beratungen der WRV i. J. 1919 und in dem Auslegungsstreit um die Rechtsbedeutung des Art. 149 Abs. 3 WRV hat sich dessen dreifacher Sinn als Kompetenznorm, Garantienorm und Kooperationsnorm herausgeschält. *E. R. Huber*, Verfassungsgeschichte Bd. 6 S. 985.

rationsbereitschaft ab; Konflikte können sie nur in begrenztem Umfang ver-
kraften. Wird die Verfassungs- und Konkordatsrechtslage von einer rechtlich
und sachlich inadäquaten, konfliktfördernden Verwaltungs- und Gerichtspraxis unterspült, so fällt ihr Normgehäuse durch Erosion der »faktischen« Funda-
mente in sich zusammen. Natürlich sind die theologischen Fakultäten nicht
gegen eine Aufhebung gefeit. Aber es widerspricht dem Verfassungsgefüge, die
dazu erforderlichen Verfassungs- und Gesetzesänderungen in »kleinen Schrit-
ten« durch die faktische Zerstörung der Institution zu ersetzen und die parlamentarischen Mehrheitserfordernisse durch eine demokratisch unverantworte-
te sukzessive Systemveränderung zu unterlaufen[114]. Auch das Rechtsstaatsprinzip und seine Forderung nach Klarheit, Vorhersehbarkeit, Berechenbarkeit
staatlicher Rechtsverhältnisse wäre wesentlich gefährdet, wenn die Administra-
tiv- und Justizpraxis im stillen Linienwechsel ihrer Kasuistik die gesetzliche
Ausgleichslösung in eine Konfliktslösung verwandeln würde.

Die mangelnde Verhältnismäßigkeit[115] solcher Kampfkonzepte liegt auf der
Hand: Hörverbote für Studenten sind der deutschen Universität fremd und in
der geistigen Situation der Gegenwart gleich anachronistisch wie unangemessen; sie desavouieren den, der sie erläßt, befolgt und vorschlägt. Die Intensivierung einer kirchlichen Aufsicht über die Forschungs- und Lehrtätigkeit (mit
dem Aufbau eines entsprechenden Überwachungs- und Übermittlungswesens)
würde die Freiheit der Wissenschaft verkürzen, Mißtrauen säen und die akademischen Funktionen erschweren. Die Nichtanerkennung von akademischen
Graden[116], welche auch innerkirchliche Wirkung besitzen, die Verhinderung
von Promotionen und Habilitationen kraft kirchlicher Zustimmungsvorbehalte, die Nichtanerkennung von Prüfungen, an denen ein Beanstandeter konkor-
datswidrig mitwirkte, vor allem auch die anschließende Nichteinstellung der
Kandidaten in den Kirchendienst bzw. die Verweigerung der missio canonica
für die staatlichen Religionslehrer – all dies würde zu einer Erschütterung
rechtsstaatlicher Verläßlichkeit und Kalkulierbarkeit führen. Der Staat darf sie
nicht selbst dadurch mitverursachen, daß er die Kirche durch Verweigerung der
konkordatsmäßigen Abhilfemaßnahmen im Beanstandungsfalle zu derartigen
inadäquaten und überschießenden Gegenschritten zwingt. Die Kollegen, Mitarbeiter und Studenten der theologischen Fakultät würden dadurch künstlich in
die Auseinandersetzungen des Beanstandeten hineingezogen, in bedrängende
Loyalitätskonflikte und wissenschaftsfremde Polarisierungen getrieben. Die
universitäre Arbeit würde schwer belastet, die Wegberufung der Wissenschaftler von Rang an fremde Universitäten provoziert, die Studenten von der Fakul-

---

[114] S. auch S. 27 f., 254.
[115] Dies zu *Quaritsch*, aaO, S. 87 und *Emde*, aaO, S. 398.
[116] Vgl. unten S. 337 ff.

tät vertrieben. Die Fürsorgepflicht des Staates für seine Beamten und Studenten würde verletzt, die Ausstrahlungswirkungen der Berufsfreiheit gem. Art. 12 GG durch eine berufserschwerende bzw. -gefährdende staatliche Verwaltungsübung mißachtet.

Eine rechtliche Verlagerung der staatlichen Abhilfepflicht auf die Selbsthilfe der Kirche wäre von einem Trennungsmodell inspiriert, das für die res mixtae der Sache nach unvollziehbar und rechtlich nicht vertretbar ist. Ohne »unverhältnismäßige« Verluste an Freiheitlichkeit, Rechtsstaatlichkeit und Kulturstaatlichkeit wäre sie nicht zu realisieren. Sie würde im Ergebnis dazu führen, den Beanstandungsfall als Dauerkonflikt in der Fakultät zu installieren und zu perpetuieren, ihn zum großen kultur- und kirchenpolitischen »Fall« aufzubauschen, den Betroffenen zum »Märtyrer« zu stilisieren und ihm eine publizistische Resonanz zu verleihen, die dem konkreten Anlaß an Bedeutung zumeist nicht entspräche, aber prädestiniert wäre, in der gestörten Fakultät eine Kettenreaktion auszulösen.

Die Erwartung, daß ein Beanstandeter ja durch die »kirchentreuen« Gremienmitglieder überstimmt werden könne[117], läßt sich in der Verhältnismäßigkeitsprüfung bei Artt. 137 III WRV/140 GG nicht verwerten. Hat doch die Gruppenuniversität – was die Mehrheitsverhältnisse betrifft – konkordatsrechtlich eine offene Flanke, weil die Studenten und wissenschaftlichen Mitarbeiter, da sie nicht zu den theologischen »Lehrern« zählen, nicht unter deren nihil obstat bzw. Beanstandungsverfahren fallen. Und um der rechtsstaatlichen Vorhersehbarkeit und Verläßlichkeit willen kann der Staat die Erfüllung seiner Abhilfepflicht nicht im Einzelfall (als »unverhältnismäßig«) davon abhängig machen, ob die Mehrheitsverhältnisse i. S. der beanstandeten Richtung zu »kippen« drohen, bzw. ob dies von den Aufsichtsbehörden und Gerichten für ausgeschlossen gehalten wird, weil sich ihr Urteil angesichts des Beratungs- und Abstimmungsgeheimnisses auf unkalkulierbare Motiv-Mutmaßungen stützen müßte.

2. Ungenügen des teilweisen Ausschlusses

Ein teilweiser Ausschluß von gewissen Fakultätsfunktionen[118] – anstelle des völligen Ausscheidens aus der Fakultät – kann nach dem Verhältnismäßigkeitsprinzip nicht als ausreichend bzw. geboten angesehen werden.

So genügt es nicht, den Beanstandeten lediglich von den Pflichtvorlesungen und Prüfungen auszuschließen. Gewiß darf die Staatsgewalt keinesfalls die Theologiestudenten zur Vorbereitung auf das geistliche Amt in kirchlicherseits untragbare und abgelehnte Ausbildungsgänge zwingen und sie nicht mit unzumutbaren Prüfungssituationen belasten. Die rechtliche Unmöglichkeit, einen kirchlich beanstandeten Theologen im Pflichtausbildungsprogramm und im

---

[117] *Emde*, aaO, S. 400.
[118] *Quaritsch*, aaO, S. 85; *Böckenförde*, aaO, S. 2102.

Prüfungswesen weiterzuverwenden, wird deshalb nahezu einhellig anerkannt[119].

Aber auch viele andere Funktionen in der Fakultät sind für die Reinheit und
Glaubwürdigkeit des katholischen Bekenntnisses nicht minder bedeutsam; in
ihnen lassen sich die beanstandeten Gravamenspunkte u. U. noch weniger
eingrenzen und neutralisieren als dies in einer ausgewogenen Vorlesung und
fairen Prüfung der Fall sein kann. So muß mit Recht auch die Betreuung von
Habilitationen und Promotionen (vielleicht gerade über die Beanstandungs-
komplexe), ja überhaupt die Mitwirkung an der Verleihung akademischer Grade ausgeschlossen sein. Das gleiche hat zu gelten für die Wählbarkeit zum
Dekan, der den Konflikt um die Beanstandung für die Fakultät nach innen und
außen »auszutragen« hat, für die Mitwirkung in den Fakultäts-Gremien und
-Kommissionen, für das Berufungswesen, von dem das Schicksal jeder Fakultät
abhängt, für die Entscheidung über das Vorlesungsprogramm, für die Mitwirkung an den Studien-, Prüfungs- und sonstigen Satzungen der Fakultät, für die
Einstellung der Mitarbeiter, für die Verteilung der theologischen Bibliotheks-
mittel usw. Alle diese Administrativfunktionen der akademischen Selbstverwaltung stehen in strenger instrumentaler Zuordnung zur theologischen Forschung
und Lehre selbst. Die theologischen Aspekte sind in ihnen untrennbar einver-
woben. Sie lassen sich nicht in bereichsmäßiger Abgrenzung ausgliedern.

Impraktikabel, ja unvollziehbar wäre deshalb eine generalklauselartige Negativbe-
stimmung, welche die Mitwirkung des Beanstandeten in den Fakultätsgeschäften dort
ausschließen soll, »wo Lehrinhalte eine Rolle spielen«, weil er insoweit »durch die bischöfliche Beanstandung an der Wahrnehmung seiner Rechte gehindert« sei[120]. Dies
könnte der Konkordatsverpflichtung und der religiösen Freiheitsgarantie nicht genügen.
Damit würde ein ständiger Zankapfel in die Fakultät geworfen und eine verhängnisvolle
Rechtsunsicherheit und Funktionserschwerung für sie heraufbeschworen. Selbst nach
den entnervenden Geschäftsordnungsdebatten, die dann vor allen anstehenden Sachfra-
ben unumgänglich wären, bliebe innerhalb wie außerhalb der Fakultät weiterhin bestritten, ob die Mitwirkung des Beanstandeten im konkreten Punkte zulässig war und die
Verwaltungsentscheidung rechtmäßig ist – mit allen verwickelten Rechtsunsicherheiten,
die sich daraus im gegenseitigen Verhältnis der Fakultät, der Universität, der staatlichen
Kultusadministration, der Kirche und der betroffenen Personen ergeben.

Der Status des Beanstandeten würde sich nach diesen Vermittlungslösungen wesentlich auf eine leere Hülse, auf ein »nudum ius« reduzieren. Auch hochschulrechtlich hätte
diese Anomalie ihre großen Mißlichkeiten: Die korporationsrechtliche Zugehörigkeit
eines akademischen Lehrers in einer Fakultät ist ja nicht als Selbstzweck und Formsache
anzusehen, sie ist zum Zweck der körperschaftlichen Mitwirkung, Mitverantwortung
und gemeinsamen Interessenwahrung an den Lehr-, Forschungs- und Verwaltungsaufgaben der Fakultät gegeben. Wer nun in einer Fakultät von all dem ausgeschlossen ist,
kann in ihr die Erfüllung seiner Belange nicht erwarten, wie es normativ vorgesehen ist

---

[119] Auch von *Quaritsch*, aaO, S. 85, 89; *Böckenförde*, aaO, S. 2102.
[120] *Quaritsch*, aaO, S. 88.

und wie es die Umsetzung in eine andere Fakultät (bzw. die direkte Unterstellung unter die Zentralorgane der Universität extra facultates) möglich machen würde. Aber selbst wenn der Staat einen solchen »Leer-Status« als »katholischer Theologe« nur für dessen Wahlvorlesungen einräumen würde, würde dies dem rechtlich verbürgten katholisch-theologischen Gesamtcharakter dieser Fakultät widersprechen und als religiöse Entscheidung der Kultusverwaltung mit dem Trennungsprinzip und der Weltlichkeit des säkularen Staates nicht in Einklang stehen.

V. Die Zumutbarkeit des Ausscheidens bei Fortbestand der Statusrechte

Das Ausscheiden aus der theologischen Fakultät ist dem Beanstandeten zumutbar, weil das staatliche Recht ein singuläres Entgegenkommen in der Abwicklung der Beanstandungsfolgen zeigt. Die Nachteile für den Ausscheidenden wiegen leichter als der tiefe Eingriff in die geistliche Selbstbestimmung der Kirche, der mit dem Verbleiben des Beanstandeten in der katholisch-theologischen Fakultät verbunden wäre.

1. Die Erhaltung der »staatsdienerlichen Rechte«

Auch hier müssen Konkordatsrecht und Verfassungsrecht im Zusammenwirken gesehen werden. Das Konkordatsrecht schreibt vor, daß die Abhilfe unbeschadet der »staatsdienerlichen Rechte« des Beanstandeten geschehen muß[121]. Der unscheinbare Vorbehalt der »staatsdienerlichen Rechte« enthält keine nebensächliche Zufälligkeit des Konkordatsrechts; er zieht die Konsequenzen aus den einschlägigen Grundnormen des Verfassungsrechts im Sinne einer ausgewogenen, fein differenzierten Freiheits- und Ausgleichslösung: Sie löst die latenten Konflikte zwischen der Weltlichkeit des Staates im konfessionell neutralisierten Beamtenrecht und pluralistisch relativierten Bildungs- und Kulturverfassungsrecht einerseits und der geistlichen Freiheit der Religionsgemeinschaften zur bekenntnistreuen Selbstbestimmung andererseits. Sie ist geboten durch die Kirchenfreiheit und Trennung zwischen Staat und Kirche nach

---

[121] Diese Bestimmung des bayrischen und preußischen Konkordates, die im badischen Konkordat fehlt, gilt jedenfalls auch für die Tübinger katholisch-theologische Fakultät; diese wurde gem. Art. 19 S. 2 Reichskonk vom gemeinsamen Regelungsgehalt der Länderkonkordate ergriffen, nachdem sie vorher konkordatsfrei geblieben war. Zur gesetzlichen Vereinheitlichungswirkung des Art. 19 S. 3 Reichskonk siehe oben S. 49 Anm. 85: Durch die gesetzliche Transformation ist die reichs-(bzw. bundes-)einheitliche Erhaltung der staatsdienerlichen Rechte der Reichsregierung bzw. Landesverwaltung (Art. 129 GG) zum einheitlichen Gesetzesvollzug vorgeschrieben. Das Gebot rechtsstaatlicher Detailliertheit des Gesetzes, bes. die »Wesentlichkeitstheorie« nach der Rspr. des BVerfG galt damals noch nicht. Die konkordatsrechtlichen Ergebnisse sind jedoch auch aus verfassungsrechtlichen Gründen, insbes. Artt. 3 III, 33 III, 5 III GG, bundesweit geboten.

Artt. 137 I/III WRV/140 GG, durch die konfessionelle Unabhängigkeit des Staates (Art. 33 III, IV GG), die Gleichheit und individuelle Religionsfreiheit der Bürger (Artt. 3 III, 4 GG).

Die Lösung, die die Praxis und die Lehre[122] aus leidvollen Erfahrungen tastend entwickelt haben, bedient sich einer Unterscheidung zwischen dem Amt des Theologen und dem persönlichen Rechtsstatus des Amtsträgers: (1.) Das Amt des Theologen dient der religiösen Aufgabe und der kirchlichen Funktion; es unterliegt als besonderes »konfessionsgebundenes Staatsamt«[123] deshalb einer besonderen kirchlich-religiösen Bindung. (2.) Der persönliche Rechtsstatus des Amtsträgers aber ist im säkularen, konfessionell-neutralen Verfassungsstaat konfessionell neutral und säkular ausgestaltet, soweit dies irgend möglich ist. (3.) Das religiös geprägte und gebundene Amt kann deshalb in einem weltlichen, aber freiheitlichen Rechtssystem, das den religiösen Zwang (sowohl des alten Zwangsstaatskirchentums wie der neuen Zwangsweltanschauungssysteme) konstitutionell ablehnt, nur in freiwilliger Übernahme und Fortführung durch den Amtsträger erfüllt werden; desgleichen darf ihm das freie Ausscheiden aus der religiösen Amtsfunktion nicht verwehrt werden. (4.) Im Falle des erzwungenen Ausscheidens aber ist sein persönlicher Rechtsstatus in konfessionell unabhängiger Ausgestaltung tunlichst ungeschmälert zu erhalten und einer anderen, zumutbaren und religiös neutralen Amtsfunktion zuzuordnen. (5.) Hingegen kann aus der religiösen Unabhängigkeit des persönlichen Rechtsstatus nicht die Kompetenz des Amtswalters abgeleitet werden, das anvertraute Amt seines konfessionsgebundenen Charakters zu entkleiden und gleichsam weltanschaulich bzw. religiös zu »privatisieren«. Die Abschaffung dieser Ämter ist einer Entscheidung des Verfassungsgebers (bzw. des Gesetzgebers), nicht des individuellen Amtsträgers vorbehalten. Des näheren:

2. Die Konfessionsgebundenheit des Amtes

Die verfassungsrechtliche Zulässigkeit (und Grenze) konfessionsgebundener Staatsämter ist im Schrifttum und in der Rechtspraxis in der Breite diskutiert und anerkannt[123]. Sie ergibt sich aus den speziellen Verfassungsgarantien für die

---

[122] Grundlegend *W. Weber*, Das Nihil obstat, aaO, S. 60 ff.; ferner *Peters*, S. 412 f.; *Fischer*, Theologieprofessor S. 355 f.; *Flatten*, Nihil obstat S. 217; *May*, Grundriß S. 66; *Solte*, aaO, S. 171; *M. Heckel*, Die religionsrechtliche Parität S. 537; *Lorenz*, aaO, S. 29; *Mussinghoff*, aaO, S. 443 f.; *v. Campenhausen*, Theologische Fakultäten S. 1027; *Hollerbach*, aaO, S. 94 f.; *Scheuner*, aaO, S. 51 ff.

[123] *Anschütz*, Kommentar zur WRV S. 588; *W. Weber*, aaO, S. 97; *Solte*, aaO, S. 128 ff., 166 ff.; *M. Heckel*, aaO, S. 536; *Scheuner*, aaO, S. 26 ff., bes. S. 33, 34 Anm. 44; *Axel v. Campenhausen*, Das konfessionsgebundene Staatsamt, in: Festgabe f. Theodor Maunz, München 1971; *Müller-Volbehr*, aaO, S. 24; BVerwGE 17, 270; 19, 252, 260. – Art. 33 III GG ist zwar für die sonstigen

(begrenzte) Erhaltung der tradierten konfessionsgebundenen Staatsämter im Recht der theologischen Fakultäten, des Religionsunterrichts und der Religionslehrerausbildung, der Anstalts-, Polizei- und Militärseelsorge u. a. m.; daneben folgt sie auch aus dem Zusammenhang der Grundentscheidungen des Staatskirchenrechts. Die konfessionell gebundenen Staatsämter sind keineswegs als traditioneller, systemfremder Überhang (von »Privilegien«) aus den Zeiten des »christlichen Obrigkeitsstaates« zu verstehen: Sie sind heute eine Folge der modernen, umfassend realisierten Kultur- und Sozialstaatlichkeit[124], die – wie angeführt – weite Bereiche der vormals staatsfreien Gesellschaft in die staatliche Verantwortung, Förderung, Bedürfnisbefriedigung einbezog und so den res mixtae des Staatskirchenrechts eine neue Aktualität und Ausdehnung beschied. Die liberalen Freiheitsgarantien der Verfassung bedingen hierbei eine liberale Form dieser Kultur- und Sozialstaats-Expansion, die den geistigen und religiösen Richtungen im Volke ohne staatliche Wesensverfremdung und ohne Diskriminierung bzw. Privilegierung pluralistisch Rechnung trägt. So stehen den verschiedenen Konfessionen im Staate die verschiedenen konfessionsgebundenen Staatsämter zur Pflege ihres je eigenen konfessionellen Profils in der pluralistischen Buntheit der Gesamt-Kulturlandschaft zur Verfügung. Wer die persönlichen Voraussetzungen für die Übernahme bzw. Fortführung eines konfessionsgebundenen Staatsamtes nicht erfüllt, ist an der Wahrnehmung des Amtes gehindert. Diese Frage der Eignung für diese besonderen Ämter entscheidet unter allgemeinen (»weltlichen«) Gesichtspunkten die zuständige Staatsbehörde, unter Bekenntnisaspekten die betreffende Religionsgemeinschaft, wie es der Trennung, Kirchenfreiheit und staatlichen Neutralität entspricht[125]. Ihr Zusammenwirken ist an dieser Nahtstelle weltlicher und geistlicher Kompetenz und Verantwortung zur Koordinierung unumgänglich.

3. Die Konfessionsneutralität des persönlichen Status

Der persönliche Status des Amtsträgers ist konfessionell neutral ausgestaltet, bleibt deshalb bei einem Wechsel aus dem konfessionellen Staatsamt unberührt,

---

öffentlichen Ämter als Anknüpfungsverbot an die Konfession zu verstehen. *Maunz*, in: Maunz-Dürig, Grundgesetz, Kommentar Rdnr. 28 zu Art. 33. Dies ist eine Folge der sog. »bürgerlichen Parität«, durch die im 19. Jh. die Diskriminierung konfessioneller Minderheiten ausgeschlossen werden sollte. Dieses Ziel richtet sich jedoch nicht gegen die differenzierende (aber gleichmäßige, jede Diskriminierung bzw. Privilegierung vermeidende) Berücksichtigung der religiösen Freiheit (und deshalb Verschiedenheiten) der Bürger im Bildungswesen, wie sie im konfessionsgebundenen Staatsamt ihrerseits eine rechtliche Ausprägung und Folge der verfassungsrechtlichen Gleichheits- und Freiheitsrechte in religiöser Beziehung darstellt, vgl. *M. Heckel*, aaO, S. 457 f., 537; *Solte*, aaO, S. 133 f.

[124] Vgl. auch S. 17, 33, 351.
[125] Vgl. die Kompetenz- und Maßstab-Abgrenzung oben S. 31 Anm. 41.

so daß – soweit es irgend möglich ist – die Überführung in ein entsprechendes
(»weltliches«) Staatsamt geboten ist. Zunächst:

a) Der Beamtenstatus des Beanstandeten bleibt erhalten, mag er auch seiner-
zeit vom Staat – in nun enttäuschter Erwartung – für das konfessionsgebundene
Amt begründet worden sein. Das gilt für den Lebenszeitbeamten wie für den
Zeit- und für den Widerrufsbeamten[126].

b) Der Status des beanstandeten Theologen als Wissenschaftler in der Universität bleibt erhalten, was das Recht auf Forschung und Lehre in der Universität
betrifft.

Die »staatsdienerlichen Rechte« sind nicht allein und nicht primär auf den
Beamtenstatus bezogen[127]. Sie stehen vor allem im Zusammenhang mit der
Garantie der Wissenschaftsfreiheit nach Art. 5 III GG, aus der sich nicht
unerhebliche verwaltungsrechtliche Konsequenzen ergeben. Der Beanstandete
kann deshalb nach deutschem Verfassungsrecht nicht von der Universität an
eine Schule oder andere Behörde versetzt und auch nicht in den Ruhestand
versetzt werden, wie es z. B. nach dem österreichischen Konkordat vorgesehen
ist: Sein Amt als Hochschullehrer seiner Universität (als »Amt im abstrakten
Sinne«) ist unberührt[128]. Er wird von seinem Lehrstuhl in eine andere Fakultät
(bzw. in direkte Unterstellung unter die Zentralorgane der Universität) umge-

---

[126] Die Erhaltung der »staatsdienerlichen Rechte« ist zwar in den Konkordaten sichtlich primär
auf den Lebenszeitbeamten gemünzt. Bei Zeit- und Widerrufsbeamten hingegen sind Zeitablauf
und Widerruf als Beendigungsgründe des Beamtenverhältnisses an sich nicht ausgeschlossen, zumal
das Ende des Beamtenverhältnisses dann ja aus anderen als religiösen Gründen eintritt bzw.
eintreten kann. Jedoch ist fraglich, ob eine bischöfliche Beanstandung bei Zeit- und Widerrufsbeamten als ausschlaggebender Grund für die Beendigung des staatlichen Beamtenverhältnisses verwendet werden darf. Wenn die Lösung dieser konfessionsbedingten Konfliktsfälle gerade darin
liegt, daß der persönliche Status des beanstandeten Theologen von den bekenntnismäßigen Erfordernissen des bisher wahrgenommenen Amtes verselbständigt und in konfessionell neutralisierter
Form erhalten werden soll, dann kann der Widerruf bzw. die Nichtverlängerung hier schwerlich
mit der fehlenden Eignung für dieses Amt begründet werden. Deshalb ist es insoweit nicht
systemgerecht, wenn der Widerruf beim Widerrufsbeamten lediglich darauf gestützt wird, daß eine
kirchliche Beanstandung aus Lehr- und Wandelgründen erfolgt sei; das gleiche gilt, wenn eine an
sich vorgesehene (und in den Parallelfällen von kirchlich unbeanstandeten Theologen ohne weiteres
praktizierte) Verlängerung des Zeitverhältnisses mit dieser Begründung verweigert wird. Eine
Ungleichbehandlung zwischen den Lebenszeitbeamten und den Zeit- bzw. Widerrufsbeamten
dürfte hier kaum überzeugen, wenn man bei der Erhaltung der staatsdienerlichen Rechte den
Schutzzweck der konfessionellen Neutralisierung und Sicherung des persönlichen Status des Beamten für ausschlaggebend hält. Die berechtigte kirchliche Entscheidung bezieht sich nur auf die
geistliche Reinheit und Wirksamkeit des Theologenamtes; ihr sollen gerade nicht auch die persönlichen Rechtsverhältnisse der Staatsbeamten unterworfen sein. A. A. *Thieme*, aaO, S. 146 und
Hollerbach, aaO, S. 94; wie hier *Solte*, aaO, S. 172. – In der Praxis ist dann z. B. die Gelegenheit zur
Habilitation in einem nichttheologischen Fach zu geben; Widerruf oder Beendigung (durch Nichtverlängerung) sind dann nur bei Versagen aus (konfessionsneutralen) wissenschaftlichen Gründen
dieser Disziplin vorzunehmen.

[127] Zu Recht wird diese Verengung kritisiert von *Solte*, aaO, S. 171.

[128] *Solte*, aaO, S. 171, auch S. 45; *Scheuner*, aaO, S. 51 f.; *Hollerbach*, aaO, S. 94, 96.

gliedert, während für die theologische Fakultät i. d. R. eine neue Planstelle im Haushalt eingestellt und errichtet wird.

Als Professor hat der Beanstandete nach wie vor das Recht, in eigener Verantwortung Forschungsaufgaben und Lehrveranstaltungen nach seiner freien Wahl abzuhalten, Vorlesungen und Seminare über beliebige Gegenstände in der ihm richtig scheinenden Methode und Zielsetzung zu veranstalten. Er kann dies als Religionswissenschaftler, Religionssoziologe, Religionshistoriker, aber auch als Theologe ankündigen und betreiben. Er ist von theologischen Materien und Methoden durch die Beanstandung des Bischofs keineswegs ausgesperrt, auch die wissenschaftliche Polemik gegen die katholische Konfession und Kirche ist ihm unbenommen. Die katholische Kirche und die »offizielle«, kirchlicherseits anerkannte katholische Theologie hat kein Monopol in Sachen und Methoden der Katholizität an der deutschen Universität, wie ein Blick auf das Vorlesungsprogramm der Evangelisch-theologischen Fakultäten und der Religionssoziologie lehrt. Als Wissenschaftler des freien, pluralistischen Wissenschaftssystems der Staatsuniversität hat der Beanstandete das Recht der wissenschaftlichen Selbstbestimmung und eigenen Definition von Wissenschaft, darf sich sogar persönlich als »katholischen« »Theologen« bezeichnen, der durch eine theologische Fehlentscheidung in einem »unkatholischen« bischöflichen Lehrirrtum beanstandet worden sei.

Aber dieses Selbstverständnis geht auf seine »eigene Faust«; es gründet sich auf seine persönliche wissenschaftliche Kompetenz, nicht aber auf die Anerkennung durch die katholische Kirche, nach deren ekklesiologischem Selbstverständnis und kirchlichem Verfassungsrecht dem Papst, der Kurie und dem Episkopat kraft ius divinum die Lehrgewalt und damit die Entscheidung über Gehalt und Grenze des »Katholischen« zukommt. Er darf über die, aber nicht für die und nicht namens der katholischen Kirche und Lehre lehren. Der neutrale weltliche Staat muß die verfassungsmäßig garantierte geistliche Selbstbestimmung der katholischen Kirche respektieren und darauf achten, daß sein kirchlich beanstandeter Wissenschaftler nicht mit falschem Anspruch und Anschein als kirchlich anerkannter und autorisierter Theologe im staatlichen Lehramt auftritt und dadurch die Kirchenfreiheit, die wissenschaftliche Firmenwahrheit und die rechtsstaatliche Klarheit verletzt[128]. Die Ausgliederung des Lehrstuhls aus der katholisch-theologischen Fakultät ist deshalb auf Verlangen der katholischen Kirche unumgänglich. Auch wird der amtliche öffentliche Zusatz »katholisch« bei seinen Lehrankündigungen unterbleiben müssen, wenn der Beanstandete weiter in seinem alten Fache »christliche« bzw. »ökumenische« Dogmatik, Kirchengeschichte, Kirchenrechtswissenschaft betreibt. Ein bloßer Zusatz über die erfolgte kirchliche Beanstandung unter Beibehaltung der Bezeichnung »katholisch« würde hingegen nicht genügen. Ein Anspruch auf

Eingliederung in die katholisch-theologische Fakultät (bzw. auf offizielle Approbation als »katholischer« Theologe) gegen den Willen der katholischen Kirche ist eben – wie aufgeführt – aus Art. 5 III GG keineswegs abzuleiten: Die Wissenschaftsfreiheit umfaßt das Recht, das eigene, nicht das fremde Wissenschaftsverständnis (und zwar für dieses maßgeblich!) zu definieren, zumal wenn es sich dabei um eine Weltreligion mit einer Tradition von zweitausend Jahren handelt.

c) Auch in korporationsrechtlicher Hinsicht wird das Grundrecht aus Art. 5 III GG durch das Ausscheiden des Beanstandeten aus der katholisch-theologischen Fakultät nicht verletzt.

Zwar ist der Korporationsstatus im allgemeinen vom Schutz des Art. 5 III GG erfaßt. Zu Recht wird die Wissenschaftsfreiheit nicht auf die individuelle Tätigkeit des Wissenschaftlers im unmittelbaren Akt des Forschens und Lehrens beschränkt. Sie schützt neben diesen personalen Kernfunktionen auch die transpersonalen Beziehungen, in die das wissenschaftliche Leben einbezogen ist – also den Gesamtbereich und Gesamtprozeß der wissenschaftlichen Kommunikation, mit seinen vielfältigen Interdependenzen des freien Zugangs zum tradierten Forschungsstand, der einsamen und gemeinsamen wissenschaftlichen Schöpfung, Veröffentlichung und Verbreitung, sowie der Unversehrtheit und Wirksamkeit des objektivierten wissenschaftlichen Werkes[129]. Deshalb erstreckt sich der Schutzbereich des Art. 5 III GG auf den institutionellen Rahmen der Produktions-, Publikations- und Rezeptionsmöglichkeiten in den Korporationen und Instituten der wissenschaftlichen Hochschulen des Staates. Diese objektive Seite der Wissenschaftsfreiheit als »institutionelle Garantie« bzw. »Sachbereichsgarantie«[130] hat ihre Auswirkungen auf das subjektive Recht der Wissenschaftsfreiheit; der einzelne Universitätslehrer – auch der Theologe – ist infolgedessen in seinem korporativen Mitgliedschaftsstatus in der Universität geschützt.

Dieser Status ist – wie skizziert – konfessionell neutralisiert i. S. der pluralistischen Liberalität der Freiheitsrechte der säkularen Staatsverfassung, die Glaube und Abfall zu und von jedweder Religion und Weltanschauung (und Wissenschaftsrichtung) je nach der freien Überzeugung der Bürger und ihrer Vereinigungen schützt.

Auf Universitätsebene gilt: Die bischöfliche Rücknahme des nihil obstat für den katholischen Theologen läßt dessen korporationsrechtlichen Mitgliedschaftsstatus in der Gesamtuniversität unberührt; sie bringt ihn weder zum Erlöschen noch löst sie eine staatliche Pflicht oder Möglichkeit zu seiner Beseiti-

---

[129] Statt anderer: *Scholz*, Art. 5 Abs. 3, in: Maunz-Dürig, Grundgesetz, Rdnr. 83 ff., 101, 110 ff., 116, 128 ff., 142 f.; *Scheuner*, aaO, S. 57. – BVerfGE 35, 114 ff.
[130] *Scholz*, aaO, Rdnr. 3, 82.

gung von der Universität aus: Der Theologe ist weiter in den gesamtuniversitären Ämtern und Gremien repräsentiert und aktiv wie passiv voll wahlberechtigt. Im System der Gruppenuniversität wählt er direkt seine Vertreter im Senat bzw. Großen Senat wie alle anderen Professoren bzw. sonstigen Gruppenmitglieder; die Vertretung in den Zentralgremien ist nicht mehr nur durch die Fakultät vermittelt bzw. »mediatisiert«, wie dies durch den Dekan in den früheren Kleinen Senaten geschah[131]. Der katholische Theologe bleibt somit korporationsrechtlich volles Mitglied der Universität, auch wenn er nicht mehr in der katholisch-theologischen Fakultät arbeitet.

Auf Fakultätsebene ist der korporationsrechtliche Status ebenfalls – allgemein und prinzipiell gesehen – konfessionell neutral verfaßt; realisiert werden kann er jedoch von einem Theologen nach dessen kirchlicher Beanstandung nicht mehr in der theologischen, sondern nur in einer der konfessionell neutralen Nachbarfakultäten. Diese rechtliche Änderung mag für den Betroffenen innerlich und äußerlich sehr schmerzlich sein. Eine Verletzung des Grundrechts der Wissenschaftsfreiheit kann darin jedoch nicht erblickt werden: Der einzelne Wissenschaftler besitzt – wie angeführt – aus Art. 5 III GG allgemein kein Recht auf Zuteilung zu einer bestimmten Fakultät[110]; er hat kein Recht auf ein bestimmtes Amt im »konkret-funktionalen Sinne« der Fakultätszugehörigkeit. Die Zuteilung der Lehrstühle obliegt den zuständigen Gremien der akademischen Selbstverwaltung und der staatlichen Kultusverwaltung bzw. dem Parlament durch seine Zuweisung im Haushaltsgesetz, steht aber nicht in der freien Wahl des Amtsinhabers. Erst recht existiert kein Anspruch auf Zugehörigkeit zu der theologischen Fakultät nach Fortfall der einschlägigen geistlichen Voraussetzungen, weil eben aus Gründen der Wissenschaftsfreiheit und des Staatskirchenrechts die besonderen Konturen der katholischen Theologie i. S. der katholischen Lehre und Lehrgewalt staatlicherseits zu respektieren sind[132]. Die generelle konfessionelle Neutralität des persönlichen Korporationsstatus in der deutschen Universität kann sich in diesem Falle konsequenterweise nur in den konfessionell neutralen, d. h. außertheologischen Fakultäten verwirklichen, weshalb ja die Überführung dorthin zur ungeschmälerten Wahrung des korporativen Fakultätsstatus angezeigt ist: Der Beanstandete nimmt deshalb seinen Lehrstuhl mitsamt seinem korporationsrechtlichen Mitgliedschaftsstatus dorthin mit.

d) Auch dem Privatdozenten bleibt im Falle seiner bischöflichen Beanstandung sein Status als Wissenschaftler aus Art. 5 III GG in konfessionell neutraler Weise erhalten[133];

---

[131] *Hollerbach*, aaO, S. 95. Vgl. auch unten S. 79.
[132] Vgl. oben S. 19, 33 ff., 56 ff. Auch *Scheuner*, aaO, S. 56 f.; *Scholz*, aaO, Rdnr. 181; *Solte*, aaO, S. 171.
[133] *Solte*, aaO, S. 172; *Mussinghoff*, aaO, S. 446. – Abw. z. T. *Thieme*, aaO, S. 146. Die Bestim-

auch dieser gehört im Lichte der Verfassung zu den »staatsdienerlichen Rechten« i. S. des Konkordates. Deshalb kann die kirchliche Beanstandung kein Grund für die Entziehung der venia legendi sein. Universitäts- und Fakultätssatzungen dieses Inhalts verstoßen gegen die Verfassung (Artt. 3 III, 5 III, 33 III GG) und gegen das (Konkordats-) Gesetz[133].

Aber der Privatdozent muß ebenso wie ein Professor nach der Beanstandung aus der theologischen Fakultät ausscheiden und seine Umhabilitation in einen Fachbereich der ehemaligen philosophischen Fakultät betreiben. Aus der Konkordatsregelung und aus der korporativen Mitgliedschaft in der Gesamtuniversität ist eine gewisse Fürsorge-pflicht der Universität und des Staates zu entnehmen, die sich in einem Anspruch auf verfahrensmäßiges Entgegenkommen durch die fachlich nächste Fakultät konkretisiert. Notfalls bleibt seine wissenschaftliche Position extra facultates unter den universitären Zentralorganen mit der vollen Forschungs- und Lehrfreiheit garantiert[133].

VI. Die Zumutbarkeit des Ausscheidens infolge der Abwicklungsregelung

1. Neuumschreibung des Aufgabenbereichs

Eine Änderung seines Forschungs- und Lehrgebietes und der entsprechenden Lehrstuhlbezeichnung, mindestens in deren Akzentverlagerung, wird ein bean-standeter Theologe beim Wechsel aus der theologischen Fakultät vielfach von sich aus begrüßen und betreiben: Sei es, daß er – wie meist in den früheren Fällen – die innere Berufung zu seinem theologischen Berufe nicht mehr verspürt und in die philosophische Fakultät strebt, um in ihr ein neues (»freies«) wissen-schaftliches Leben als (Religions-)Philosoph, Historiker, Soziologe zu begin-nen, – oder daß es ihm nicht liegt, eine separierte Gegenposition gegen die lehramtliche katholische Theologie aufzubauen, zumal ihm dann die »gesell-schaftsbezogenen« Funktionen der Priester- und Lehrerausbildung fehlen. Bei der fachlichen Ausrichtung und Bezeichnung des Lehrstuhls und bei der even-tuellen Zuordnung zu einer neuen Fakultät haben die staatlichen und universitä-ren Instanzen darauf zu achten, daß die wissenschaftliche Kompetenz gewahrt bleibt, auch wenn jeder Professor der deutschen Universität nach freier Wahl Lehrveranstaltungen außerhalb seines speziellen, in Lehrstuhlbezeichnung und Berufungsvereinbarung umrissenen Fachgebietes abhalten darf.

---

mungen der Habilitationsordnungen der kath.-theol. Fakultäten von Bonn (§ 14 I) und Bochum (§ 11 II), die eine Pflicht der Fakultät zur Zurücknahme der venia im Falle einer kirchlichen Beanstandung vorsehen, sind nichtig, da sie mit dem Konkordat und dem Verfassungsrecht nicht vereinbar sind.

2. Ausstattungsfragen

Der Beanstandete hat auch die Verpflichtung, im Rahmen des Zumutbaren sein Einverständnis zur Anpassung seiner Berufungsvereinbarung zu erteilen, was die Neuformulierung seines Tätigkeitsbereichs, die Lehrstuhlausstattung mit Bibliotheksmitteln und Mitarbeiterstellen und die bisherige Leitung der Fakultätsinstitute betrifft[134]. Das ergibt sich aus seinem Treueverhältnis als Beamter und insbesondere aus dem Fortfall der Geschäftsgrundlage mit Entzug des nihil obstat. Die Lehrstuhlausstattung und Institutsleitung diente wesentlich den Lehr- und Ausbildungsfunktionen der Geistlichenheranbildung, die mit dem konfessionsgebundenen Staatsamt verbunden war und nun rechtlich entfallen ist. Aus der Verfassungsgarantie des Art. 5 III GG folgt keine Besitzstandsgarantie hinsichtlich der für andere Aufgaben und Pflichten zugesagten staatlichen Mittel und Räume. Ebensowenig ergibt sich derartiges aus der Erhaltung der »staatsdienerlichen Rechte« durch die Konkordate.

Aber auch der kirchlich beanstandete Wissenschaftler hat aus Art. 5 III GG einen Anspruch auf angemessene Ausstattung, die sich nach dem Umfang und Inhalt seiner gewandelten Forschungs- und Lehrbedürfnisse richtet. Sie ist in konfessionell neutraler Würdigung seines wissenschaftlichen Rufes in der Gleichheitsrelation zu anderen vergleichbaren Lehrstühlen, etwa der philosophischen Fakultät, zu bemessen. Die Abwicklung eines konkreten Beanstandungsfalls kann deshalb nicht Präzedenzwirkung für andere Nachfolgefälle entfalten, zumal sie ganz von der individuellen Richtung und Wirkung des Betroffenen und vom Zuschnitt und der situationsbedingten finanziellen Leistungsfähigkeit der Universität abhängt. Die Mitnahme eines bedeutsamen theologischen Institutes beim Ausscheiden aus der Fakultät entspricht keineswegs der konkordatären Verpflichtung zur Wahrung der »staatsdienerlichen Rechte« des Ausscheidenden; sie widerspricht jedoch der Konkordatspflicht zur – gleichwertigen – »Ersatzgestellung« für die Fakultät, deren Plünderung aus Anlaß eines leidigen nihil-obstat-Falles gerade nicht erfolgen soll. Eine Zwangsausgliederung von Instituten durch Zentralorgane der Universität über den Kopf der theologischen Fakultät hinweg würde deren Fakultätsautonomie gemäß Art. 5 III GG verletzen.

Mit dem Ausscheiden aus der theologischen Fakultät verliert der Beanstandete die Leitungsfunktionen an den Instituten bzw. dem Seminar der theologischen Fakultät. Staat und Universität sind nicht verpflichtet zur Neugründung bzw. Verdopplung von Instituten, zumal die Abwicklung dieser Fälle ohnehin erhebliche Finanzaufwendungen des Staates bedingt.

Zur Erleichterung der Abwicklungsprobleme kann gegebenenfalls ein Kooperations-Abkommen[135] zwischen der ausgegliederten Professur und der bisherigen (bzw. einer

---

[134] Vgl. *Quaritsch*, aaO, S. 89 (abw. hinsichtlich der Pflicht zur Aufgabe der Institutsleitung); *Scheuner*, aaO, S. 49 f.; *Mussinghoff*, aaO, S. 446; vgl. auch § 60 I Bad.-Württ.VwVfG über die Anpassung öffentlich-rechtlicher Verträge an die gewandelten Verhältnisse; ferner BVerwGE 52, 339 ff.; BVerfGE 35, 114 ff.

[135] Sonst würde die Rechtswirkung des Konkordats unterlaufen. Auch die beratende Mitwirkung gesetzlich ausgeschlossener Amtswalter und Gremienmitglieder ist nach allgemeinen Verwal-

anderen) Fakultät abgeschlossen werden. In ihm kann z. B. der Zugang zu bestimmten Forschungseinrichtungen, die Koordinierung der bibliothekarischen Anschaffungen vereinbart werden. Desgleichen mag darin vorgesehen werden, daß die Mitarbeiter des ausgegliederten Lehrstuhls in Sonderfunktionen, etwa durch Lehraufträge, mit der katholisch-theologischen Fakultät verbunden bleiben.

3. Mitwirkung in der katholisch-theologischen Fakultät?

An der Grenze des konkordatsmäßig Zulässigen sind Vereinbarungen bzw. Satzungsbestimmungen, welche die partielle Partizipation des ausgeschiedenen Theologen an den Geschäften seiner alten theologischen Fakultät ermöglichen: In Promotionen und Habilitationen ist allenfalls seine Zuziehung mit beratender Stimme zulässig, sofern der Bischof sich damit einverstanden erklärt[135]. Die Bestellung als Prüfer und als Gutachter hingegen ist ausgeschlossen, da die kirchliche Beanstandung gemäß Art. 19 RKonk nach allgemeiner und zutreffender Ansicht die Betrauung mit den – kirchlich zentral bedeutsamen – Prüfungsfunktionen[119] der katholisch-theologischen Fakultät strikt verwehrt. Das Konkordatsgesetz kann hier keineswegs durch rangniedrigeres Satzungsrecht bzw. durch Verwaltungsabsprachen unterlaufen werden.

Dies gilt auch dann, wenn die Habilitations- bzw. Promotionsordnungen der theologischen Fakultät – wie auch der anderen Fakultäten – an sich die Mitwirkung fakultätsfremder Wissenschaftler als Gutachter und Prüfer mit beschließender Stimme vorsehen. Eine solche Bestimmung ist für die theologische Fakultät ohnehin problematisch, weil diese ad-hoc Zugezogenen nicht durch ein nihil obstat des Bischofs autorisiert worden sind. Ihre Mitwirkung mag dennoch zugelassen werden, weil die interdisziplinäre Befruchtung durch okkasionell beteiligte außertheologische Fachleute, die sich nach akademischem Comment in den spezifisch katholisch-theologischen Fragen von eigener Stellungnahme zurückzuhalten pflegen[136], den katholischen Bekenntnisstandpunkt erfahrungsgemäß nicht gefährdet. Demgegenüber stellt die konkordatäre Beanstandungsregelung eine lex specialis[137] dar, die den beanstandeten Theologen von der Beschlußfassung in diesen Angelegenheiten ausschließt. Die allgemeinen Hochschulgesetze und -satzungen treten infolge der Kirchenvertragsklauseln der Universitätsgesetze hinter der Regelung des Konkordates zurück. Überdies dürfen diese säkularen Normen als Schrankengesetze hier nicht den geistlichen Kern der Kirchenfreiheit nach Artt. 137 III WRV/140 GG (und nach Art. 4 GG) in der Abwägung beeinträchtigen. Die Berufung auf die allgemeinen Promotions- und Habilitationsordnungen wie auf den Gleichheitssatz kann

---

tungsgrundsätzen unzulässig. – Es muß dringend vermieden werden, daß die staatliche und kirchliche Beurteilung der Zulässigkeit und der Verfahrensregeln bei den kathol.-theol. akademischen Graden auseinandergehen, damit die von der Fakultät verliehenen Grade auch als kanonische Grade des Kirchenrechts Anerkennung finden, woran den Kandidaten als Theologen mit kirchlichem Berufsziel vordringlich gelegen ist. Vgl. über die Doppelnatur z. B. der kathol.-theol. Promotion im staatlichen und kirchlichen Rechtskreis unten S. 338f., auch S. 319f.

[136] Unten S. 268.
[137] S. 3 Anm. 7, 35 ff.

eine partielle Re-Integration des ausgeschiedenen Theologen nicht rechtswirksam begründen.

Diese Fragen können insbesondere dann bedeutsam werden, wenn der beanstandete Theologe sich nicht innerlich von seinem Fach entfernt hat und in die philosophische Fakultät strebt, sondern als Theologe weiter auf einsamem Posten extra facultates in eigenem Verständnis theologisch forscht und lehrt. Lehnt er es ab, in die philosophische Fakultät überzuwechseln, ist ihm die Promotion und Habilitation seiner Schüler dort (für Religionsphilosophie etc.) nicht eröffnet. Als singulärer Wissenschaftler außerhalb des Fakultätenverbandes aber kann er ihnen akademische Grade auch nicht alleine verleihen[138]. Hierin kann eine nicht unempfindliche Schmälerung seines Status als Wissenschaftler gesehen werden. Eine Verletzung des Grundrechts aus Art. 5 III GG ist jedoch darin nicht enthalten, da das Promotionsrecht den Fakultäten als Teilkorporationen der Universität, nicht aber dem einzelnen Wissenschaftler zusteht. Wer es ablehnt, seine Aufnahme in eine Fakultät zu betreiben, nimmt diese rechtliche Einbuße in Kauf; sie läßt sich angesichts der oft genannten Grundentscheidungen des Staatskirchenrechts, aber auch des Wissenschaftsrechts, das die katholisch-theologische Wissenschaft in ihren inneren und äußeren Konturen schützt, durch keine Aushilfskonstruktion vermeiden. Für seine Schüler, die als Katholiken den akademischen Grad in der katholischen Theologie erwerben wollen, bleibt deshalb nur das normale Promotions- bzw. Habilitationsverfahren in der katholisch-theologischen Fakultät übrig, unter der lediglich beratenden Mitbetreuung durch den ansonsten ausgeschlossenen Lehrer. Es ziert die Kollegialität der Kollegen (wie die Toleranz des Bischofs), hinsichtlich der beratenden Mitwirkungsmöglichkeit einen rechtlich zulässigen, sachlich praktikablen Weg zu öffnen. Ohnehin ist ja die Zulassung zur Promotion wie auch zur Habilitation nicht an einen »Doktor-Vater« etc. geknüpft, und die Bestellung der Berichterstatter und dann der Prüfer im Verfahren geschieht auch ohne einen solchen durch die Fakultät. Die von einem kirchlich beanstandeten (sich weiterhin als »katholisch« definierenden) Theologen zur Promotion angeregten katholischen Doktoranden in katholischer Theologie sind also keineswegs von der Promotion ausgeschlossen, wie behauptet worden ist. Sie können dies freilich nur in der derzeit bestehenden katholisch-theologischen Fakultät erreichen, die mit der derzeitigen katholischen Kirche und ihrem derzeitigen freien Selbstverständnis von »katholischer« Lehre und Lehrgewalt zusammenhängt – solange nicht eine andere »neukatholische« Religionsgemeinschaft entstanden ist und für sie wegen ihres Umfangs und kulturellen Ranges vom liberalen, pluralistischen Staat eine eigene theologische Fakultät mit alternativer katholischer Promotionsmöglichkeit errichtet worden ist[139].

---

[138] S. 252, 257.

[139] Aus Art. 3 III GG, der eine Bevorzugung und Benachteiligung aus konfessionellen Gründen verbietet, ergibt sich kein Forderungsrecht für jeden Bürger auf Schaffung eigener theologischer Ausbildungsstätten für religiöse (Splitter-)Gruppen, die die vergleichbaren Voraussetzungen der Zahlenstärke und des kulturellen Ranges nicht erfüllen, worüber die kulturpolitisch kompetenten Verfassungsorgane im Rahmen ihrer Organisationsgewalt und Haushaltsgestaltung zu befinden haben; *Herzog*, aaO, Art. 4, Rdnr. 69, 86.

VII. Die Eingliederung des beanstandeten Theologen in eine andere Fakultät

1. Die Organisationsgewalt

Ob eine Überführung in eine der philosophischen »Nachfolge«-Fakultäten auch gegen deren Willen verfügt werden kann, ist umstritten[140]. Diese Frage läßt sich nicht durch den Hinweis auf das (seinerseits nicht unangefochtene) Recht des Kultusministers zum Oktroi bei einer Lehrstuhlbesetzung lösen, da es sich hier nicht um die Besetzung einer offenen Stelle, sondern um den Organisationsakt der Umgliederung einer besetzten Stelle, wenn auch ebenfalls gegen den Willen der Fakultät, handelt.

Die Zuständigkeit und das Verfahren ergeben sich aus den einschlägigen hochschulrechtlichen Bestimmungen[141]. Aus Art. 5 III GG folgt eine Verfahrenspflicht des Kultusministeriums bzw. der Universitätszentralorgane, um eine einvernehmliche Lösung mit der betroffenen Fakultät in eingehender sachlicher Verhandlung bemüht zu sein. Scheitern diese, so steht die Eingliederung des beanstandeten Theologen in eine andere Fakultät trotz deren Widerspruchs im Ermessen der zuständigen staatlichen (bzw. universitären) Organe[142]. Zwar ist die Fakultätsautonomie in ihrem Kernbestand als Teilbereich der Wissenschaftsfreiheitsgarantie des Art. 5 III GG verfassungsrechtlich geschützt. Doch gibt sie den Fakultäten keineswegs die Entscheidungskompetenz für alle Organisationsakte, die von allgemeiner, über die engeren Fakultätsbelange hinausrei-

---

[140] Dafür *Solte*, aaO, S. 143, dagegen *Scheuner*, aaO, S. 48.

[141] Vgl. etwa § 22 III Bad.-Württ.UG, wonach der Senat im Rahmen der Funktionsbeschreibung der Planstellen oder der Lehrbefugnis die Zugehörigkeit zu einem Fach, der Präsident die Zugehörigkeit zu einer Fakultät bestimmt. Vgl. auch oben S. 61 Anm. 111. Entsprechendes gilt zu der – auf den Normalfall abgestellten – Notwendigkeit des Einvernehmens eines Professors in eine Änderung seiner Lehrstuhlbezeichnung; im Spezialfall der Veränderung infolge einer konkordatsrechtlichen Beanstandung geht der Konkordatsvorbehalt der Universitätsgesetze (S. 3 Anm. 7) und die Konkordatspflicht als lex spezialis vor.

[142] Auch dies ist als notwendige Folge und Abwicklungsregelung der konkordatären Beanstandung vom Konkordatsvorbehalt der Universitätsgesetze gedeckt. – Im übrigen wird auch ein Oktroi richtigerweise für zulässig gehalten, weil die demokratisch verantwortliche Spitze der Kultusverwaltung nicht an sachlich nicht überzeugende Personalvorschläge einer abgesunkenen oder zerstrittenen Fakultät gebunden sein darf. Die Fakultäten haben kein Kooptations- sondern ein Vorschlagsrecht über ihre personelle Zusammensetzung und ihren institutionellen Ausbau. – In den Hochschulgesetzen der Bundesländer ist ein Oktroi z. T. an erschwerte Sach- und Verfahrensvoraussetzungen gebunden, z. T. auch durch qualifizierte Mehrheiten einer Fakultät auszuschließen. Vgl. § 49 VI, VII Bad.-Württ.UG; § 47 II, III, IV Bay.HSchG; § 135 VII, VIII Berl.HSchG; § 13 II, IV, 14 VI Hamb.HSchG; § 40 VI, VII Hess.HSchG; § 58 I, II Nieders.HSchG; § 50 I Nordrh.-Westf.WissHSchG; § 47 III Rhld.-Pfälz. HSchG; § 61 II Saarl.UG; § 98 I–III Schl.-Holst.HSchG. – Bei der Umsetzung nach einer konkordatären Beanstandung ist analog zu verfahren. – Zur Zulässigkeit des Oktrois BVerfGE 15, 256, 264.

chender hochschulpolitischer Bedeutung sind[143]. Die Fakultätsautonomie dient den im Wissenschaftsbetrieb anfallenden Koordinierungs- und Administrativ-funktionen, die die Forschung und Lehre der Fakultät für ihre Tagesarbeit benötigt; ferner gehört dazu ihr sachkundiges beratendes Votum bei Hoch-schulplanungs- und Organisationsmaßnahmen. Aber die derzeitigen Korpora-tionsmitglieder haben kein Vetorecht gegen die Eingliederung neuer Stellen und gegen die Einziehung erledigter Stellen, die etwa im Zuge des Hochschulaus-baus oder notwendiger Einsparungsmaßnahmen von den Regierungen und Parlamenten kraft ihrer Verfassungskompetenz und demokratischen Verant-wortlichkeit zu beschließen sind.

2. Die Zuordnungsfragen

Bei der Umsetzung von Lehrstühlen (Planstellen) sind von den zuständigen Organen die Grenzen des Ermessens einzuhalten – sei es, daß die Zuweisung der Planstelle vom Parlament im Haushaltsgesetz festgelegt wird, oder daß eine Umsetzungsverfügung des Ministers ergeht, oder daß die Zentralorgane der Universität die Umgliederung beschließen bzw. die Rechtsaufsicht in Ersatz-vornahme für sie tätig wird[144]. Bei der Eingliederung in die neue Fakultät muß eine fachlich vertretbare Zuordnung gewahrt werden, die den theologischen Lehrstuhl nicht als erratischen Block zwischen völlig fachfremde Disziplinen abschiebt; ohne wissenschaftliche Kompetenz wäre seine korporative Mitver-antwortung und Mitbetreuung nicht sachgerecht erfüllbar.

Eine sinnvolle Zuordnung wird jedoch fast immer möglich sein, meist ungleich leichter, als es bei Lehrstuhlumgliederungen zwischen anderen Fakultäten der Fall ist. Angesichts der weiten Fächerspannung in der (früheren) philosophischen Fakultät bzw. ihren Nachfolgefakultäten und angesichts des bunten Spektrums und der zahlreichen Querverbindungen der theologischen Einzeldisziplinen mit ihren dortigen Schwester-wissenschaften kann dies nicht verwundern. Auch gegen deren Widerstand kann ein beanstandeter Kirchenhistoriker in die geschichtswissenschaftliche Fakultät, ein »christ-licher Archäologe« zu den anderen Archäologen in die kulturwissenschaftliche Fakultät, ein Religionspädagoge zu den Pädagogen in die Fakultät für Sozialwissenschaften, ein Neutestamentler zur klassischen Philologie, der Dogmatiker zu den Religionsphiloso-phen in die philosophische Fakultät umgegliedert werden. Die Wissenschaftsfreiheit des Art. 5 III GG wird dadurch nicht verletzt. Ihr Sinn liegt gerade darin, die weite und freie interdisziplinäre Kooperation der Wissenschaften im Konzert der Einzeldisziplinen zu

---

[143] *Scheuner*, aaO, S. 60.

[144] Das Ministerium kann eine Umsetzung nur im Wege der rechtsaufsichtlichen Ersatzvornah-me verfügen, wenn die universitären Instanzen die – auch für sie geltenden – Rechtsverpflichtungen in Abwicklung des Konkordatsgesetzes nicht erfüllen. Deshalb bestehen gegen eine unmittelbar auf das Konkordat gestützte (ungeschriebene) Sondereingriffskompetenz des Kultusministeriums, wie sie *Scheuner*, aaO, S. 60 annimmt, Bedenken.

ermöglichen, ohne sie aus wissenschaftsfremden Motiven voneinander abzuschotten bzw. die Fakultätsautonomie zu kulturkämpferischen Demonstrationen zu gebrauchen. Für die betreffende Fakultät mögen auch gewisse Kooperationspflichten zur »Vertriebenen-Aufnahme« aus dem gesamtuniversitären Korporationsverhältnis resultieren.

3. Die Ausnahmestellung extra facultates

Wenn freilich beide Teile – sowohl die neuen Fakultäten als auch der beanstandete Theologe – die Umgliederung ablehnen, ist dessen Verbleib extra facultates wissenschaftlich und verwaltungsmäßig angezeigt, um unnötige Belastungen und Reibungsverluste allerseits zu vermeiden. Die Zwangseingliederung kann nach den Umständen des Falles sogar die Ermessensgrenze überschreiten.

Bleibt der umgegliederte Lehrstuhl extra facultates, so untersteht der Lehrstuhlinhaber dann unmittelbar der Universitätsspitze und den zentralen Beschlußgremien. In diesen hat er zwar nicht Sitz und Stimme wie die Dekane, da er als Solitär nicht ganzen Fakultäten gleichzuachten ist[145]. Aber er ist zu unterrichten von den Dingen, die über die Dekane den Fakultäten übermittelt werden, und er hat Anspruch darauf, seine sachlichen und persönlichen Angelegenheiten in dem zentralen Gremium vorzutragen und zum Beschluß zu bringen. Dadurch wird ihm neben seinem allgemeinen und gleichen Korporationsstatus als Mitglied der Gesamtuniversität zusätzlich ein besonderer, spezieller Korporationsstatus des »Fakultäts-Ersatz-Verhältnisses« eingeräumt, der praktische und rechtliche Freiheits- und Gleichheitseinbußen aus Artt. 3 I, III, 5 III GG ausräumt[146].

VIII. Gesamtwürdigung

1. Ausgleich der institutionellen und individuellen Rechtsmomente

In seiner vorsichtig differenzierten Ausgleichslösung versucht das deutsche Staatskirchen- und Universitätsrecht, das individuelle Grundrecht der Wissenschaftsfreiheit und deren objektive Momente als (»institutionelle«) Sachbereichsgarantie in ihrer gegenseitigen Bezogenheit und Ergänzung unverkürzt

---

[145] Dies würde einen Gleichheitsverstoß gegenüber den »normalen« Kollegen bedeuten.
[146] Rechtlich ist eine solche Stellung extra facultates durch die sogenannten Konkordats- und Grundrechtsbestimmungen als Sonderregelung des Staatskirchenrechts abgesichert. Die allgemeinen Bestimmungen der Hochschulgesetze, die für jeden Universitätslehrer zwingend die Zugehörigkeit zu einer Fakultät vorschreiben, haben insoweit keine Geltungskraft. Sie sind durch die Kirchenvertragsklausel der Hochschulgesetze selbst verdrängt und überdies durch den Spezialitätsgrundsatz, der sich durch den Vorrang des Verfassungsrechts in den staatskirchenrechtlichen Sonderbeziehungen verstärkt, ausgeschlossen, weshalb sie auch als Schrankengesetze des Artt. 137 III WRV/140 GG bei richtiger Abwägung nicht den Verbleib in der theologischen Fakultät erzwingen könnten.

zur Geltung zu bringen[147]. Einerseits darf das Individualrecht des Forschers und Lehrers in seiner höchstpersönlich gewährleisteten säkularen und liberal-pluralistischen Offenheit nicht durch institutionelle Fremdbindungen des Staates oder der Kirche abgeschnürt werden. Die institutionellen Formen und Garantien der Wissenschaft sind personal fundiert und final auf die personale Kreativität des Forschers und Lehrers ausgerichtet. Andererseits aber ist dessen personale Existenz und Wirksamkeit an der staatlichen Universität nicht isoliert durch staatsfreie Ausgrenzungsrechte und Abwehrfreiheiten verfaßt, sondern sinnvoll in korporativ-institutionelle Arbeitsformen eingeordnet, die sie erst arbeitsfähig und fruchtbar werden lassen. Das Sinnverständnis des individuellen Wissenschaftsfreiheitsrechts darf nicht in künstlicher Abstraktion diese Zusammenhänge ignorieren und die tragenden Institutionen aufbrechen, die auch den Freiheiten anderer dienen und pluralistische Liberalität durch religiöse Selbstbestimmungsgarantien vermitteln. Freiheitsrechte dürfen nicht als staatlich installierte Zwangszugriffe auf die Freiheitspositionen anderer mißverstanden werden.

2. Keine Verletzung der Fakultätsautonomie

Die Fakultätsautonomie der theologischen Fakultäten und die Universitätsautonomie wird durch diese verfassungsrechtlich gebotene Lösung theologischer Lehrkonflikte in der Universität nicht verletzt[148]. Die Autonomie der universitären Korporationen ist kein rechtsfreier Raum, sondern gibt ein begrenztes Selbstverwaltungsrecht im Rahmen der Gesetze, insbesondere der Verfassungsgesetze. Sie enthält keine Ermächtigung für die Universitäten und ihre Fakultäten, sich durch staatskirchenrechtliche Experimente über das Verfassungs-, Gesetzes- und Vertragssystem des deutschen Staatskirchenrechts hinwegzusetzen.

---

[147] Diese Aufgabe beschäftigt die Staatsrechtslehre bekanntlich seit der Methodendiskussion der Zwanziger Jahre, die auf den Staatsrechtslehrertagungen von Münster 1926 und München 1927 durch die Referate von *E. Kaufmann*, Gleichheit vor dem Gesetz, und *R. Smend*, Das Recht der freien Meinungsäußerung, nachhaltige Anstöße empfing. Vgl. VVDStRL 3, 1927 S. 2 ff., 43 ff.; 4, 1928 S. 44 ff., 74 ff.; *Rudolf Smend*, Verfassung und Verfassungsrecht (1928), in: Staatsrechtliche Abhandlungen, 2. A., Berlin 1955 S. 119 ff., 161 ff., 262 ff.; *Carl Schmitt*, Freiheitsrechte und institutionelle Garantien der Reichsverfassung (1931); *ders.*, Grundrechte und Grundpflichten (1932), in: *ders.*, Verfassungsrechtliche Aufsätze, Berlin 1958 S. 140 ff., 181 ff.; *Ulrich Scheuner*, Die institutionellen Garantien des Grundgesetzes (1953); *ders.*, Zur Systematik und Auslegung der Grundrechte (aus: Pressefreiheit, VVDStRL 22, 1965 S. 33 ff.), in: *ders.*, Staatstheorie und Staatsrecht, Gesammelte Schriften, Berlin 1978 S. 665 ff., 709 ff.; *ders.*, (Anm. 83) S. 57; *Scholz*, in: Maunz-Dürig, Art. 5 Abs. 3 Rdnr. 2 ff., 17 ff., 82 ff.; *M. Heckel*, Staat Kirche Kunst S. 71 ff., 80 ff.
[148] So auch *Scheuner*, Rechtsfolgen der konkordatären Beanstandung S. 60 ff.

3. Keine Verletzung der Glaubensfreiheit

Und schließlich: Die individuelle Glaubensfreiheit[149] des beanstandeten Theologen nach Art. 4 GG ist durch die Regelung der Beanstandungsfolgen keineswegs verletzt: Er kann denken, glauben, äußern, was er will, dies auch öffentlich verbreiten, ja sogar ex cathedra an der Universität lehren, behält seine Bezüge und Universitäts-Korporationsrechte – obwohl er nach dem Urteil seiner Kirche nicht mehr in jenen theologischen Funktionen eingesetzt werden kann, zu denen er einstmal auf eigenen Wunsch berufen worden war, wohl wissend, daß dafür das kirchliche Einverständnis nötig ist. Eine Verletzung seiner Glaubensfreiheit kann nicht darin gesehen werden, daß er seine Lehren nicht offiziell im Staatsamt als katholische Lehre namens und für die katholische Kirche den künftigen katholischen Geistlichen dozierend und examinierend vermitteln darf[150].

Die Großzügigkeit, mit der der Staat dem kirchlich beanstandeten Theologen den Übergang in andere Fächer und Fakultäten erleichtert, für die er ja nicht habilitiert und berufen worden ist, befreit jeden Universitätstheologen von weltlichen Versorgungs- und Statusrücksichten, wenn es um seine höchstpersönliche Glaubensentscheidung geht. Dem, der sich von seiner Kirche losringt, ja sie im Haß des Renegaten hinfort bekämpfen will, wird dafür – neutral und distanziert von all dem Theologenstreit – sogar eine Plattform der öffentlich-rechtlichen Sicherheit und öffentlichen Wirksamkeit geschaffen, zu der das Konkordat selbst die Brücke schlägt. Dem aber, der seine Kirche in der inneren Not der dissentierenden Treue liebt und für sie in seinem eigenen Sinn als Diener am Wort weiter wirken möchte, wird wenigstens von außen her eine weltliche Klause der Beharrung und Mahnung geboten. Von all den vielen aber, die sich ihrer Kirche und Lehre in ernsthafter innerer Gewissensprüfung mit Glaubenszuversicht gewidmet haben, wird auch der Schatten jedes Verdachts genommen, der auf die Glaubwürdigkeit ihrer theologischen Entscheidung geworfen werden könnte. Was kann ein liberaler, weltlicher Staat eigentlich noch mehr tun, um die religiöse Freiheit, die er obenan im Katalog seiner Grundrechte garantiert, in ihrer Dignität zu respektieren?

4. Keine Diskriminierung und Privilegierung

Rechtliche Bedenken gegen die gegenwärtige Konkordatslösung lassen sich nicht aus der angeblichen Unfreiheit und Ungleichbehandlung des katholischen Theologen folgern – der deutsche säkulare Verfassungsstaat läßt sich das kostbare Gut der Glaubensfreiheit seiner Theologen im Staatsamt etwas kosten. Statt ihrer Benachteiligung ist eher ihre Bevorzugung ein rechtliches Problem: Welcher Kollege anderer Fakultäten, der aus eigenem Entschluß kraft innerer Nötigung die Eignung für sein Amt fortfallen läßt –

---

[149] Allgemein dazu *Roman Herzog*, in: Maunz-Dürig, Art. 4 (1971) Rdnr. 1 ff., 24, 69, 86.

[150] Es bedarf keines Kommentars, wenn diese liberale Lösung als »unmoralisches Verhältnis« bezeichnet und ein andermal ausgerechnet in die Nähe der nationalsozialistischen Freiheitsunterdrückung gerückt worden ist. Ihre Liberalität wirkt doch gerade zugunsten der religiösen Freiheit. Vgl. etwa *Horst Herrmann*, Ein unmoralisches Verhältnis, Düsseldorf 1974 S. 9 ff., 126 ff.

wenn er z.B. als Chirurg nicht mehr operieren oder als Verfassungsrechtler das Grundgesetz nicht mehr vermitteln mag – bekommt dafür unter Erhaltung seiner Bezüge und Korporationsrechte statt seiner disziplinarischen Entfernung einen anderen Lehrstuhl bei den Soziologen bzw. bei den Internisten oder Anatomen angeboten, für den er nicht habilitiert wurde und der ihm im ordentlichen Berufungsverfahren ohne seinen »Fall« vermutlich nie übertragen, ja gar nicht in dieser Fakultät errichtet worden wäre? Indessen steht der allgemeine Gleichheitssatz nach Art. 3 I GG dem nicht im Wege, da diese Konkordatslösung jedenfalls nicht gegen das »Willkürverbot« verstößt, das nach der Lehre und nach der Praxis des Bundesverfassungsgerichts den allgemeinen Gleichheitssatz ausmacht. Und der spezielle Gleichheitssatz des Art. 3 III GG ist deshalb nicht verletzt[151], weil hier der umgesetzte Theologe (nach seinem geistlich bedingten Eignungsverlust) den weltlichen Kollegen gegenüber in seinen weltlichen Statusbeziehungen nicht bevorzugt, sondern gleichgestellt wird, um jede religiös bedingte (durch Art. 3 III GG inkriminierte) Benachteiligung auszuschließen: Indem man – wie gezeigt – das konfessionell gebundene Staatsamt von ihm nimmt, den konfessionell neutralen persönlichen Status seines beanstandeten Trägers davon trennt und diesen in andere konfessionsneutrale Amtsfunktionen überführt.

5. Rechtspolitische Bedenken

Rechtspolitische – nicht rechtliche – Bedenken ergeben sich, sofern sich solche Fälle massieren sollten. Die liberale Ausgleichslösung der Konkordate ist auf den tragischen, exzeptionellen Einzelfall gemünzt; nichts anderes war damals in Sicht. Sie wird jedoch nicht mehr zu halten sein, wenn sie durch einen »faktischen« Masseneinbruch quantitativ und qualitativ zu etwas anderem werden sollte. Es ist dem Staate politisch nicht zuzumuten, und es wird in einer lebhaften, pluralistisch-kontrovers gelagerten Gesellschaft und Parteienstruktur nicht auf die Dauer währen, wenn – landesweit oder gar bundesweit gesehen – die Überführungsfälle unverwendbarer Theologen sich in der Stärke ganzer Fakultätsneugründungen häufen sollten. Es würde kaum Verständnis finden, wenn in der angespannten Finanzsituation des Kultur- und Sozialstaates die wenigen neuen Lehrstühle, die für den Ausbau der überfüllten Universitäten und für die Innovationsbedürfnisse der technisierten Industriegesellschaft dringend benötigt werden, vorweg zur säkularen Verpfründung der abgesprungenen bzw. abgehängten Theologen verwendet werden müßten, um jenen Rechtsverpflichtungen aus den Kirchenverträgen zu genügen. Die demokratische Entscheidungskompetenz und Verantwortung des Parlaments bei der Gestaltung

---

[151] Art. 3 III GG gilt bei den konfessionsgebundenen Staatsämtern nicht ohne Einschränkung. Vgl. S. 46, 303 ff. Im Unterschied zu den genannten Parallelbeispielen wird ferner der Eignungsfortfall für das Amt hier nicht allein durch den eigenen Entschluß des Wissenschaftlers, sondern auch durch die kirchliche Beanstandung, also gewissermaßen »von außen« her begründet, d.h. aus dem Bereich des Religiösen, das jenseits der Kompetenz und Verantwortung des auf das Weltliche beschränkten weltlichen Staates liegt, das aber gleichwohl in den konfessionell gebundenen Staatsämtern nicht auszuklammern ist.

des Staatshaushalts würde dadurch politisch schwer erträglich beschnitten. Ebenso würde dadurch die kulturpolitische und hochschulpolitische Gestaltungsfreiheit der Regierung und speziell der Kultusminister unhaltbar eingeengt. Auch der Autonomiebereich der Universitäten würde weiter schrumpfen, wenn ihre eigenen Vorschläge zum Ausbau der vorrangig benötigten Lehr- und Forschungskapazitäten durch die konkordatsgesetzlichen Umgliederungspflichten weithin unrealisierbar würden. In Ergänzungsverhandlungen zum Konkordat mag u. U. eine billige Übernahme der extraordinären Staatsaufwendungen für Theologen durch die Kirchen erwogen werden[152].

Sollten sich aber gelegentliche Unmutsüberlegungen mancher Theologen verwirklichen, durch einen gemeinsam provozierten Exodus ein kirchenpolitisches »Zeichen« zu setzen, um auf der säkularen Basis des Staates eine »freie« katholische Theologie in Konkurrenz zu den kirchlich gebundenen Theologenfakultäten zu installieren, so würde dies das absehbare Ende der staatlichen Theologenfakultäten bedeuten. Mit ihnen wird dann auch die Umgliederungsmöglichkeit mit der Erhaltung aller »staatsdienerlichen Rechte« auf immer entschwunden sein. Die theologischen Fakultäten lassen sich nicht in kultur- und kirchenpolitischer Veränderungsstrategie als eine Art Durchlauferhitzer gebrauchen, um ohne Habilitation und Berufungsverfahren in der philosophischen Fakultät auf philosophische Lehrstühle zu gelangen und dort eine (quasi)theologische Anti-Fakultät des professoralen Widerspruchs ohne staatliche Gründung und ohne staatskirchenrechtliche Legitimation zu organisieren[153]. Sollte es dazu kommen, daß das fein abgestimmte und störungsanfällige System der Theologenfakultäten an der Staatsuniversität seine Funktionsfähigkeit verliert, dann wird es durchweg von kirchlichen Ausbildungsstätten abgelöst werden[154]. Dem weiten interdisziplinären Horizont der Universität und ihrer großen Freiheit wird man dann nachtrauern.

---

[152] Zu dieser Ausgestaltung in Basel vgl. *Johannes Georg Fuchs*, Essener Gespräche 16 S. 132.

[153] Das Umsetzungsverfahren nach dem Konkordat setzt die kirchliche Beanstandung durch den Bischof voraus. Wenn ein Theologe hingegen von sich aus seine in der Berufungsverhandlung und -vereinbarung freiwillig übernommenen Pflichten »aufkündigt« (etwa seine missio canonica »dem Bischof zurückgibt«) und seine Amtsverpflichtungen nicht mehr wahrnimmt, dann ist eine disziplinarische Entfernung aus dem Amt mit dem Verlust aller beamten- und korporationsrechtlichen Statusrechte die notwendige Rechtsfolge, wie dies bei jedem Universitätslehrer anderer Fakultäten ebenso der Fall ist. Der Bischof kann dies abwarten, ohne von sich aus einzuschreiten. Es ist ein Akt christlichen Beistandes, wenn der Bischof ungeachtet seiner möglichen Enttäuschung und Beschimpfung dem Abtrünnigen aus der Patsche hilft und ihm die Erhaltung seiner Statusrechte mit dem Einstieg in ein Amt an einer fremden Fakultät ermöglicht, indem er dem Minister gegenüber das kirchliche Beanstandungsverfahren in Gang setzt.

[154] Nach einer nachhaltigen Störung des Staat-Kirche-Verhältnisses im Wissenschaftsbereich durch gezielte Konfliktstrategien und Institutionenzerstörungen würde auch die gegenseitige Abstimmung und Kooperation mit den kircheneigenen Hochschulen nicht mehr in der Weise funktionieren, wie sie gegenwärtig das Verhältnis der staatlichen und kirchlichen Ausbildungsstätten charakterisiert. Dazu unten S. 349 ff., 354 ff., 358, 376 ff.

Vierter Teil

Die Mitwirkung der evangelischen Kirchen in Personalangelegenheiten der evangelisch-theologischen Fakultäten

I. Traditionelle Aspekte

Die evangelisch-theologischen Fakultäten zeigen im Vergleich mit ihren katholischen Schwesterfakultäten ein erstaunlich abweichendes äußeres Erscheinungsbild[155], das freilich zum Teil täuscht: Ihr Rechtsstatus läßt sich – mehr noch als bei jenen – nur aus einer (»institutionellen«) Gesamtinterpretation der personalen wie transpersonalen Rechtsbeziehungen erfassen, die den Zusammenhang der Verfassungsentscheidungen, Verträge, Gesetze, Satzungen und Gewohnhcitsrechtsverhältnisse nicht verkürzt. So ist ihr Regelungsgehalt nur partiell, ja nur torsohaft in den evangelischen Kirchenverträgen und Fakultätssatzungen ausformuliert worden.

Bei deren juristischer Würdigung ist überdies ein buntes Durcheinander theologischer und juristischer, staatsrechtlicher wie kirchenrechtlicher Argumente anzutreffen, deren spezifischer Sinn und Stellenwert im Verfassungssystem moderner Weltlichkeit, Trennung und Liberalität durch ihre unhaltbare Verortung und Vermischung verdunkelt wird, ja sich verkehrt[156]. Diese Schwierigkeiten haben zum Teil ihre tieferen theologischen Gründe in der Besonderheit der evangelischen Theologie- und Kirchengeschichte; zum Teil sind sie jedoch – theologisch zufällig – durch die äußere politische und verfassungsrechtliche Entwicklung bedingt, die hier viel stärker nachwirkt, als gemeinhin bewußt erscheint. Vieles fließt hier zusammen zu der für evangelische Theologen typischen Scheu vor einer präziseren Verrechtlichung – wobei man übersieht, daß sachgerechte, differenzierte Normen die Freiheit in ihren diver-

---

[155] Vgl. den Überblick von *W. Weber*, aaO, S. 373 ff., auch in: HdbStKirchR Bd. 2 S. 569 ff.; *v. Campenhausen*, Theologische Fakultäten, in: HdbWissR S. 1028 ff.

[156] Anschauungsmaterial ist gesammelt bei *Wolfgang Huber*, Kirche und Öffentlichkeit S. 295 ff.

sen Dimensionen besser wahren als Normdefizite, zumal hier angesichts der neuen Zwänge und Verfälschungen einer säkularisierten Welt.

Aber ein großes Erbe der Reformation – das unter vielen anderen theologischen Substanzverlusten im evangelischen Raum stets lebendig blieb – war eben der Kampf gegen die grandiose, ungeistliche Verrechtlichung des spätmittelalterlichen Kirchenwesens, kulminierend im Ruf nach Befreiung von der gewissensverstrickenden, dogmatisch erstarrten Lehrgewalt und Lehrgesetzlichkeit der römisch-katholischen Hierarchie. Und es kann kaum verwundern, daß diese zeitgebundene Konstellation vielfach ins Übergeschichtliche idealisiert erscheint, so unhistorisch dies im kirchen- und rechtshistorischen Rückblick wirkt[157]. Daraus ist eine prinzipielle Rechtsfremdheit und Dogmenaversion erwachsen, die sich vor allem in der Aufklärung und im politischen und theologischen Liberalismus des 19. Jahrhunderts herauskristallisierte, aber bis heute zählebig hielt, mag auch die moderne Lutherforschung das Zerrbild Luthers als eines Herkules' des Aufbruchs zur Säkularisierung der Moderne längst zu den Mythen verwiesen haben. Alles klingt hier nach: Die Verbrennung der Dekretalen vor dem Elsterntor in Wittemberg, das Ringen gegen die Vergesetzlichung des Evangeliums und um die Freiheit des Christenmenschen, die reformatorische Neubesinnung über »Gesetz und Evangelium« als Kernstück des christlichen Glaubens, das allgemeine Priestertum und die Verwerfung der Jurisdiktionsgewalt einer Hierarchie, die sich auf göttliches Recht zurückführt und die verbindliche Definition von Glaubensgesetzen für sich vindiziert, an ihrer päpstlichen Spitze sogar mit dem Anspruch auf Unfehlbarkeit. Diese historische Frontstellung der reformatorischen Bewegung gegen das spätmittelalterliche kanonische Recht und das verweltlichte Renaissance-Papsttum wird von manchen geschichtsbewußten evangelischen Theologen mit protestantischem Protest-Pathos gegen ihre eigenen Kirchenleitungen gewendet, mögen diese auch seit vierhundert Jahren evangelisch geworden sein und in ihrer noblen (manchmal allzu timiden) Zurückhaltung in den Lehr- und Bekenntnisfragen diesem Feindbild noch so schlecht entsprechen[158]. Mag auch die theologische Liberalität und der innerkirchliche Lehrpluralismus heute seitens der evangelischen Kirchenleitungen noch so weit erstreckt werden und noch so weit vom Wahrheitsernst und Einheitsbegehren der reformatorischen Väter abgerückt

---

[157] Und so schlecht dies zur tiefen historischen Grundprägung gerade der evangelischen Theologie seit dem 19. Jahrhundert paßt.

[158] Wird hier nicht gleichsam Rudolph Sohms, des juristischen Außenseiters, spiritualistische (ganz unreformatorische) These, das Wesen des Kirchenrechts stehe mit dem Wesen der Kirche in Widerspruch, pro domo auf das Verhältnis zur Kirchenleitung appliziert – und im kühnen Haken für die (staatlich und säkular verstandene) Freiheit der Theologenfakultäten von ihren Kirchen und von ihren Bekenntnisgrundlagen ins Feld geführt?. – Vgl. zu den Zuordnungsproblemen unten S. 122 f., 124 ff. sowie zur schillernden Freiheitsargumentation S. 168 ff.

sein: Man glaubt sich unangefochten in der protestantischen Tradition des Kampfes gegen die kirchliche Hierarchie und sucht seine Sicherung bei der weltlichen Obrigkeit wie vor vierhundertfünzig Jahren.

Den traditionellen Verzicht auf die eigene kirchenrechtliche Normierung ihrer theologischen Forschungs- und Bildungsstätten konnte sich die evangelische Kirche ja auch jahrhundertelang leisten, weil sie ihr äußeres Kirchenwesen seit den Anfängen im 16. Jahrhundert vom christlichen Staat als Staatskirche unter dem landesherrlichen Kirchenregiment ordnen ließ[159]. So ließ sich bona fide das Kontrastbild zur katholischen Kirche im evangelischen Bewußtsein pflegen und doch in praxi der paritätische Nebennutzen aus der katholischen Konkordatslösung ziehen. Vor allem aber waren die evangelischen Theologen absorbiert von den zentralen theologischen Auseinandersetzungen des Jahrhunderts: Vom Ringen um den theologischen Liberalismus, die existentielle und dialektische Theologie, die moderne Exegese und Hermeneutik, die Luther-Renaissance und die reformatorische Erneuerung von Theologie und Kirche, die Zuwendung zu den Problemen der Welt und die ökumenische Bewegung. In der Konzentration hierauf wurde der epochale Wandel des äußeren Verfassungsrahmens vom »christlichen« Staat (in seiner Schwachform der ausgehenden konstitutionellen Monarchie des 19. Jahrhunderts) hin zur weltlich-pluralistischen Demokratie weithin nicht eigentlich erfaßt. Man ist sich der konkreten Konsequenzen nicht bewußt geworden, die das System der Trennung von Staat und Kirche, der Weltlichkeit des Staates und der religiösen Selbstbestimmungsgarantie für die verwaltungsrechtliche Ausgestaltung der theologischen Fakultäten mit sich bringt[160]. Die alte, vordem vielleicht einigermaßen systemgemäße Lösung, welche die spezifisch religionsrechtliche Seite der evangelischen Theologenfakultäten – die natürlich niemals »rechtsfrei« war und sein wird – den Staatsbehörden anvertraute, war nun historisch wie juristisch unwiederbringlich von der Entwicklung überholt. Aus dieser Zeit und ihren Norm- und Denkstrukturen stammt jedoch die äußere Ausgestaltung der evangelischen Kirchenverträge. Man wird deshalb kaum sagen können, daß hinsichtlich der evangelischen Fakultäten »die Lage einfacher« sei als für die katholischen[161]. Die verfassungskonforme Interpretation im Zusammenhang der staatskirchenrechtlichen Grundentscheidungen stellt hier besondere Aufgaben.

---

[159] Oben S. 13 ff.
[160] Oben S. 23 ff., 30 ff.
[161] So *W. Weber*, aaO, S. 386. Zutreffend die Einschätzung von *Solte*, aaO, S. 182 ff.

II. Die Regelung der Kirchenverträge

1. Ihr Grundtyp

Die evangelischen Kirchenverträge sehen in ihren Textformulierungen ebenfalls eine Beteiligung der evangelischen Kirchenleitungen an den Personalentscheidungen der staatlichen Kultusverwaltung hinsichtlich der evangelisch-theologischen Fakultäten vor, jedoch mit folgenden Unterschieden gegenüber der katholischen Regelung in den Konkordaten:

1. Die kirchliche Mitwirkung ist fast durchweg nur als »gutachtliche Stellungnahme« formuliert[162], nicht als förmliches Vetorecht wie im nihil obstat des katholischen Bischofs.

2. Sie ist nur für die »Anstellung«[163]« des akademischen Lehrers der Theologie vorgesehen. Ein nachträgliches Beanstandungs- und Abhilfeverfahren mit Ersatzgestellung ist in den evangelischen Kirchenverträgen nicht geregelt.

3. Der Kreis der betroffenen Personen ist weithin ausdrücklich auf die Professoren beschränkt[164].

4. Detaillierte Verfahrensregelungen ordnen die Koordinierung zwischen Kultusverwaltungen, Kirchenleitungen und Fakultäten[165]. Sie zeigen die Tendenz zur Vorverlegung der kirchlichen Beteiligung in ein frühes Verfahrensstadium.

5. Die kirchliche Mitwirkung ist überwiegend »in bezug auf Bekenntnis und Lehre«, z. T. auch allgemein ohne gegenständliche Präzisierung eingeräumt[166]. Der Lebenswandel wird nicht als Ablehnungsgrund aufgeführt.

2. Ihre Sonderformen

Im einzelnen finden sich manche Abweichungen bzw. Präzisierungen in Sonderformen. Das Grundmodell ist im preußischen Kirchenvertrag vom 11. 5. 1931, vor allem in den Präzisierungen seines Schlußprotokolls, entwickelt worden und hat dann den nachfolgenden Kirchenverträgen und Ergänzungsvereinbarungen als Vorbild gedient: So 1955 dem Niedersächsischen, 1957 dem Schleswig-Holsteinischen, 1958 dem Lippischen, 1960 dem Hessischen Kirchenvertrag. Der Bayrische und der Pfälzische Kirchenvertrag von 1924 sowie der Badische Kirchenvertrag von 1932 folgten einem anderen,

---

[162] Art. 2 Abs. 1 Bay.KV von 1924; Art. 11 Abs. 2 Preuß.KV von 1931; Art. VII Abs. 2 Bad.KV von 1932; Art. 3 Abs. 2 Nieders.KV von 1955; Art. 4 Abs. 2 Schl.-Holst.KV von 1957; Art. 11 Abs. 2 Lipp.KV von 1958; Art. 13 Abs. 2 Hess.KV von 1960; Art. 14 Abs. 2 Rhld.-Pfälz.KV von 1962; vgl. *W. Weber*, Die deutschen Konkordate und Kirchenverträge Bd. 1 S. 152, 171, 192, 213, 235, 263, 276; Bd. 2 S. 199.
[163] So im Preuß.KV und seinen Nachfolgeverträgen seit dem Niedersachsenvertrag von 1955. Formulierungsverschiedenheiten finden sich z. B. im Bay.KV (»Ernennung«), Bad.KV (»Berufung und Anstellung«), Rhld.-Pfälz.KV (»Besetzung«).
[164] Unten S. 103 ff.   [165] Unten S. 105 ff.   [166] Unten S. 113 ff.

aber ähnlichen Typ. Aus dem Rahmen fiel die Mainzer Vereinbarung von 1947; der Rheinland-Pfälzische Kirchenvertrag hat sie 1962 abgelöst und sich dem allgemeinen System wieder angenähert. Für die kirchenvertragsfreie Tübinger evangelisch-theologische Fakultät wird das Badener Muster praktiziert[186]. Die – kircheneigene – kirchliche Hochschule Berlin hat einen singulären Sonderstatus mit gewissen Annäherungen an den Status einer evangelisch-theologischen Fakultät kraft der Berliner Vereinbarung von 1970[167].

3. Ihre Bewertung

Die Gesamtbeurteilung dieses Vertragssystems in der Fachwelt und interessierten Öffentlichkeit schwankt. Bis Anfang der 70er Jahre gab es dazu nur vereinzelte kritische Äußerungen, die hinter der breiten positiven Würdigung ganz im Hintergrund blieben. Auch die Gefährdungen der Kirche während der Diktatur nach 1933, in denen der Kirchenkampf auch in die theologischen Fakultäten hineingeschlagen hatte, wurden in der folgenden Zeit weithin verdrängt, teilweise auch im »nachgeholten Widerstand« verklärt. Man war zufrieden mit dem Überkommenen, Unzerstörten. Man fühlte sich im freiheitlichen Verfassungsstaat wieder sicher genug, um den Verzicht auf rechtliche Sicherungen als protestantisches Prinzip zu proklamieren. Man war – neben den bösen Zeiterinnerungen – stolz auf die lange deutsche Tradition der Geistesfreiheit in der deutschen Universität, die man in diesen Verträgen verkörpert sah, stolz insbesondere auf die wissenschaftliche wie auf die geistliche Autorität der theologischen Staatsfakultäten, die auch in Zukunft nicht durch kirchenamtliche Beschränkungen und wissenschaftsferne Fremdeinflüsse leiden sollten. Die Sorge vor einer Veränderung der Verhältnisse im Geistesleben war damals ja weithin Gemeingut, auch in den sich fortschrittlich fühlenden Kreisen, während das konservative Geschichtsempfinden die evangelischen Kirchenverträge als altes Erbe der positiven Religionspflege des konstitutionell-monarchischen Staates bewahren wollte.

4. Ihre historischen Wurzeln

Historisches Erbe sind sie in der Tat: Das Gutachtenrecht der evangelischen Kirchenbehörden wurde in Preußen durch die Kabinettsorder vom 5. Februar 1855 ausgeformt[168], nachdem schon Friedrich der Große ein ähnliches Gutachtenrecht dem 1750 geschaffenen lutherischen Oberkonsistorium eingeräumt hatte und es in anderen deutschen Ländern ähnlich gehandhabt wurde. Auf diese Kabinettsorder von 1855 beruft sich die Regierungs-Begründung zum Preußischen Kirchenvertrag noch im Jahre 1931 als

---

[167] *W. Weber*, aaO, Bd. 2 S. 158, 162f.
[168] Preuß. Staatsanzeiger Nr. 125 v. 1. 7. 1855; *Hinschius*, Das Preußische Kirchenrecht im Gebiete des ALR, Berlin Leipzig 1884 S. 159 Anm. 60.

historisches Vorbild und Leitprinzip[169]. Die Vorgeschichte dieser Rechtsfigur liegt freilich schon im Religionsverfassungssystem des Westfälischen Friedens. Durch dessen Normaljahrsgarantie wurde bekanntlich überall der Bekenntnisstand des Jahres 1624 garantiert und das ius reformandi des Landesherrn segensreich beschränkt[170]: War letzterer nicht selbst dem Landesbekenntnis zugehörig, dann war das landesherrliche Kirchenregiment selbständig von den Konsistorien der Landeskirche auszuüben. So sprachen diese auch bei der Besetzung der theologischen Professuren an den theologischen Fakultäten mit, deren Bekenntnisstand ebenfalls nach dem Landesbekenntnis im Normaljahr 1624 garantiert war. Und als sich dann im Laufe des 19. Jahrhunderts Staat und Kirche als eigene Organisationen aus der alten Staatskircheneinheit absonderten und nun die Kirchenbehörden an die kirchliche Seite, die Theologenfakultäten an die staatliche Seite fielen, da wurde den Kirchenleitungen weithin die gutachtliche Mitsprache bei der Besetzung der protestantischen Theologenprofessuren garantiert. Friedrich Wilhelm IV. von Preußen hat dieses gutachtliche Mitspracherecht durch die Kabinettsorder vom 5. 2. 1855 dem Evangelischen Oberkirchenrat anvertraut, der 1850 als oberste kirchliche Behörde unabhängig vom preußischen Kultusministerium errichtet worden war[171].

III. Die Sinnverkehrung des Begutachtungrechts in der äußeren Rechtskontinuität

1. Der Umbruch des normativen Umfelds

Die pietätvolle Fortführung dieses Rechtsinstituts durch die Kirchenverträge beim Verfassungsumbruch in die parlamentarische Demokratie und ihr pluralistisch-liberales Verfassungssystem führte in der isolierten Verwaltungskontinuität zu einer abenteuerlichen Verfremdung, ja Sinn-Umkehrung der Rechtsfigur: Sie hatte ihren Norm- und Funktionszusammenhang sowohl in der Staatsverfassung als auch der Kirchenverfassung verloren.

Das Wesentliche war dabei nicht so sehr der Fortfall des landesherrlichen Kirchenregiments (des »monarchischen Summepiskopates«)[172] in der evangelischen Kirche, so bedeutsam das in diesem Zusammenhang auch war. Entscheidend war das Ende des »christlichen Staates«[30], wie er bis dahin im Selbstverständnis der Monarchie und der monarchischen Verwaltung allenthalben exi-

---

[169] Regierungsbegründung zum Preuß.KV von 1931, Text bei *W. Weber*, aaO, S. 181.

[170] Instrumentum Pacis Osnabrugense, Art. V §§ 31, 25, ferner die interprotestantische Normaljahrsregelung zwischen Lutheranern und Reformierten in Art. VII § 2. *Karl Zeumer*, Quellensammlung zur Geschichte der Deutschen Reichsverfassung, Tübingen 1913 S. 407, 409, 415. Zum Normaljahrssystem *M. Heckel*, Deutschland im Konfessionellen Zeitalter S. 177, 200, 207. Zu Vorläufern der KabO vom 5. 2. 1855 s. *Solte*, aaO, S. 183.

[171] *Johannes Heckel*, Der Vertrag des Freistaates Preußen mit den evangelischen Landeskirchen vom 11. 5. 1931, in: Theologische Blätter 11, 1932 Sp. 193 ff., 202 (auch in: Das blinde, undeutliche Wort »Kirche«, Gesammelte Aufsätze, hrsg. v. S. Grundmann, Köln Graz 1964 S. 573 ff., 586); *W. Weber*, Staat und Kirche in der Gegenwart S. 98, 334; *Solte*, aaO, S. 183 ff.; *W. Huber*, aaO, S. 310.

[172] Darauf beruft sich *Solte*, aaO, S. 186 zur Begründung seiner Argumentation.

stiert hatte und exerziert worden war. Das monarchische Element gründete sich bis 1918 im dualistischen, monarchisch-demokratischen Verfassungskompromiß auf seine religiös verstandene, erbdynastische Legitimität; die christliche Begründung und Bindung des Herrscheramtes wurzelte in einer langen theologischen Tradition, die trotz der zunehmenden konstitutionellen Beschränkung des Monarchen durch die Verfassungen des 19. Jahrhunderts durchaus lebenskräftig blieb. Die Christlichkeit gewisser öffentlicher Einrichtungen wurde in den Verfassungen teilweise ausdrücklich garantiert, von der juristischen Interpretation freilich im Zeitalter des liberalen Rechtspositivismus bis zur Fassadenhaftigkeit minimalisiert[173]. In dieser christlichen Verpflichtung und Verantwortung des Staatshauptes und seiner Kultusverwaltung war bis zur Revolution von 1918 auch der spezifisch theologische Charakter der evangelisch-theologischen Fakultäten systementsprechend aufgehoben. Das galt selbst für katholische Staatshäupter, die wie in Bayern trotz ihres fremden Bekenntnisses kirchenrechtlich jeweils als Summepiskopus ihrer evangelischen Landeskirche walteten, diese aber in traditioneller Liberalität selbständig durch ihre evangelischen Konsistorien verwalten ließen.

Das landesherrliche Kirchenregiment wirkte im gleichen Sinn: Bei der Besetzung der theologischen Professuren an der staatlichen Universität handelte zwar der Monarch nicht als Summepiskopus durch seine Kirchenbehörden, sondern als gegenzeichnungspflichtiges Staatshaupt bzw. durch seinen Kultusminister. Aber er tat dies in der Nachwirkung der alten cura religionis des Staates nicht nur für den Staat und die Wissenschaft, sondern zugleich für die Kirche, deren Kirchenregiment in seiner Hand lag. So wurden die kirchlichen Interessen verwaltungstechnisch durch die christlich bestimmte Kultusverwaltung wahrgenommen. Auch wenn die Kirchenbehörden dabei auf eine bloß gutachtliche – der Form nach rechtlich unverbindliche – Mitwirkung beschränkt blieben, konnten damals die kirchlichen Belange als gewahrt gelten, weil der Gesamtzusammenhang von Staat, Kirche und theologischer Fakultät dies verbürgte[174].

2. Paritätsverzerrungen

Der katholischen Kirche gegenüber war die Parität i. S. der Gleichwertigkeit damit zunächst durchaus gewahrt, eine sinnwidrige Gleichschaltung jedoch

---

[173] Beispielhaft in diesem Sinn etwa die Anschütz'sche Kommentierung von Art. 14 der Preußischen Verfassung von 1850, aaO, S. 260 ff. – Vgl. auch oben S. 24 Anm. 30.

[174] Zu den mannigfaltigen Verklammerungen der staatlichen und kirchlichen Verwaltungsorganisation und -tätigkeit im System des monarchisch-konstitutionellen Verfassungsstaates und des landesherrlichen Kirchenregiments vgl. *Friedberg*, Verfassungsrecht der evangelischen Landeskirchen S. 43 ff., 50 ff., 55 ff., 63 ff., 67 ff., 71 ff., 102 ff.; *Hinschius*, Staat und Kirche S. 336 ff., 339 ff.

vermieden. Der Staat behandelte bis 1918 die Religionsgemeinschaften gleichwertig i. S. ihrer Verschiedenheiten[175]: Die katholische Kirche war – seit der
großen Säkularisation von 1803 und seit ihrer inneren Sammlung und Reorgani-
sation im frühen 19. Jahrhundert, erst recht seit dem Ersten Vatikanischen
Konzil und dem Kulturkampf – stärker vom (zumeist protestantischen) Staat
geschieden und suchte ihre freie geistliche Selbstbestimmung; diese wurde ihr
vom Staat hier im nihil obstat und im nachträglichen Beanstandungsrecht als
dezisivem Veto in den Glaubensfragen liberal gewährt. Die protestantischen
Kirchen aber behielten als Kirchenverfassung das landesherrliche Kirchenregiment und strebten nach der Verbindung mit dem Staate, dessen »Christlichkeit«
sie erhalten wollten und dessen staatlicher Kirchenkuratel und Kirchenhoheit
sie ihre evangelischen Belange weiter anvertrauten. So fiel ihnen der Verzicht auf
förmliche (Selbst-)Bestimmungsrechte in den gemeinsamen Angelegenheiten
nicht schwer, zumal sie damit der drohenden Trennung von Staat und Kirche
und der befürchteten Verdrängung der Großkirchen aus dem öffentlichen Recht
und Leben vorbeugen wollten.

Seit der Weimarer Verfassung ist dieser Differenzierung zwischen dem verbindlichen katholischen Vetorecht und der unverbindlichen evangelischen Begutachtung der verfassungsrechtliche Boden entzogen. Beide Großkirchen sind
seither gleichgestellt[176] in ihrem verfassungs- und verwaltungsrechtlichen Status, dessen Kernbestand sie sogar mit den Freikirchen und den anderen kleineren Religionsgemeinschaften teilen: Die besonderen staatskirchenartigen Verbindungen mit der evangelischen Kirche sind gefallen, das Trennungsprinzip,
die Garantie der Religionsfreiheit und Religionsgesellschaftsfreiheit gelten für
sie beide gleich. Auch von den Möglichkeiten der institutionellen Förderungen
des Staates (öffentlicher Körperschaftsstatus, Kirchensteuer, Religionsunterricht, Fakultätenrecht, Anstalts- und Militärseelsorge) machen beide Großkirchen vermöge ihrer Mitgliederzahl, Tradition und volkskirchlichen Zuwendung zu den Aufgaben der Gesellschaft gleichberechtigten Gebrauch. Der Staat
ist ihnen gegenüber nach ihrer soziokulturellen Vergleichbarkeit zu verfas-
sungsrechtlicher Gleichheit verpflichtet; er hat deshalb auch im theologischen
Fakultätenrecht die gleiche Distanz (bzw. Nähe) und Achtung gegenüber ihren
Glaubenspositionen und ihrer religiösen Selbstbestimmung zu bewahren.

3. Freiheitsgefährdungen

Die noble, freilich nicht ganz freiwillige kirchliche Bescheidung auf ein
unverbindliches Gutachten in den Existenzproblemen des status confessionis

---

[175] Vgl. *M. Heckel*, Die religionsrechtliche Parität S. 462–466.
[176] AaO, S. 472, 491 ff., 501 f.

ließ sich nach dem Abtreten des alten Systems im Jahre 1918 nicht mehr rechtfertigen. Ein liberales, säkularisiertes Staatsverfassungssystem ist vielmehr darauf abgestellt und angewiesen, daß alle gesellschaftlichen (und besonders die religionsgesellschaftlichen) Größen ihre »Interessen« (und erst recht ihre höheren Belange) ohne traditionalistisches Hoffen und Harren auf fromme obrigkeitsstaatliche Bevormundung (selbst-)bestimmt zur Geltung bringen. Vor allem in den religiösen Fragen ist dies für Staat und Gesellschaft gleichermaßen unumgänglich geworden.

Die »sehr freie« Stellung[177] der theologischen Fakultäten gegenüber den evangelischen Kirchen drohte in theologicis zur Vogelfreiheit zu werden, wenn man das umfassende etatistische Entscheidungsrecht unverändert beibehielt. Was bisher als scholastisches Schulbeispiel rechtspositivistischen Theoretisierens gelten konnte, gewann nun eine realistische Perspektive: De iure sollte der theologische Charakter der theologischen Fakultäten nach der damals herrschenden Theorie ganz dem Ermessen der Staatsbehörden ausgeliefert sein, die also rechtlich unbeschränkt die evangelischen Theologenfakultäten mit Atheisten, Dissidenten, Katholiken und Anhängern anderer Weltreligionen auffüllen könnten[178].

Bei solchen Äußerungen evangelischer Verfassungsrechtler, Kirchenrechtler und auch Theologen war freilich vorausgesetzt, daß eine liberale Verwaltungspraxis diesen rechtlichen Freiraum faktisch doch nicht ausschöpfen werde. Sie dürfen gewiß nicht kulturpolitisch mißverstanden werden, wie dies nach den späteren kirchenpolitischen Experimenten der totalitären Diktatur naheliegt. Aus ihnen spricht die Sorge um die Freiheit der Wissenschaft, die man nur in den allgemeinen Strukturen der Universität gut aufgehoben glaubte. Um die Wissenschaftlichkeit der Theologie nicht zu gefährden, glaubte man die Verleugnung ihres theologischen Charakters und die rechtliche Ausschaltung ihrer

---

[177] So *Weber*, aaO, S. 376.
[178] *Anschütz*, aaO, S. 271; *ders.*, Die Verfassung des Deutschen Reichs v. 1919, Anm. 3 zu Art. 136 S. 625; *Joh. Viktor Bredt*, Neues evangelisches Kirchenrecht für Preußen, Bd. 2 Berlin 1922 S. 133 Anm. 3; *Hermann Mirbt*, Art. 135, 136, Glaubens- und Gewissensfreiheit, in: Nipperdey (Hrsg.), Die Grundrechte und Grundpflichten der Reichsverfassung, Bd. 2, Berlin 1930 S. 336. – Äußerungen dieser Art sind u. a. bedingt: (1.) Durch die Vorstellung einer impermeablen inneren Geschlossenheit des Staates, die eine Mitwirkung fremder Mächte in der staatlichen Organisationsgewalt und Personalhoheit verbiete; sie übersieht, daß die Eignungsfrage für Staatsämter mit religionsspezifischen Funktionen (Anstalts-, Militärgeistliche, Religionslehrer, Theologieprofessoren) in religiöser Hinsicht vom Staat nicht mehr zu entscheiden ist infolge der Trennung, Kirchenfreiheitsgarantie und Weltlichkeit der Staatsaufgaben und -organisation. (2.) Durch ein Mißverständnis der »bürgerlichen Parität« und ihrer rechtlich gebotenen Folgewirkungen: Aus einem Mittel zur liberalen Freiheitssicherung gegen religiöse Diskriminierung der Minderheiten im Konfessionsstaat wird sie zu einem illiberalen Zwangsinstrument zur Verfälschung und diskriminierenden Nivellierung religiöser Freiheit durch fremdkonfessionelle bzw. säkularisierende Staatseingriffe. Vgl. oben S. 67 Anm. 123.

religiösen Garantien in Kauf nehmen zu müssen, wie dies die weltliche Verfassung indessen nicht verlangt, sondern verwirft[179].

4. Die doppelte Aufgabe der religiösen und der wissenschaftlichen Freiheitssicherung

Die Theologie bedarf jedoch der rechtlichen Sicherung sowohl ihrer religiösen als auch ihrer wissenschaftlichen Integrität.

Einerseits gilt es zu erkennen: Freiheit und Rang der Theologie als Wissenschaft sind nicht durch jene rein säkularen Freiheitsrechte und Verfügungsmöglichkeiten zu gewährleisten, die der Abkehr und Abwehr von religiösen Momenten im weltlichen Recht dienstbar sind: Die liberale Freiheit des Abfalls vom Glauben ist nicht die dem Amt des Theologen gemäße Freiheitsform, auch wenn der weltliche Staat dem Theologen als Individuum diese Spielart der (»negativen«) Religionsfreiheit gleichsam als weltliches Netz unter dem hohen Seil seiner geistlichen Wissenschaftsbetätigung aufgespannt hält. Die Problematik und Ambivalenz der Freiheit und der Säkularisierung des Rechts läßt sich eben nicht ohne Schaden übersehen: Die Freiheit der Theologie an der Universität muß sich an der Freiheit des Evangeliums[180] orientieren und aus ihr beurteilt werden, soweit es die sachgerechte institutionelle Ordnung des theologischen Amtes betrifft. Diese Ausrichtung des Amtes an der (»positiven«) Religionsfreiheit zur Pflege des betreffenden Bekenntnisses hat gerade ein liberaler Staat zu respektieren, wenn er die Theologie als Kulturstaat frei und unverfälscht betreiben läßt.

Andererseits ist ebenso hervorzuheben: Die – konstituierende – religiöse Seite der Freiheit der evangelischen Theologenfakultäten darf nicht durch den Verlust ihrer Wissenschaftlichkeit und Wissenschaftsfreiheit erkauft werden und nicht zu ihrer wissenschaftlichen Fremdbestimmung durch die Kirchenbehörden führen, wie es von manchen Theologen gefürchtet wird.

Für den nötigen Ausgleich dieses – unvermeidbaren – Spannungsverhältnisses kann das Recht nur die äußeren Rahmenbedingungen schaffen, welche die Freiheit in beider Hinsicht nicht verkürzen. Beide Momente sind in sinngerechter institutioneller Zuordnung und Differenziertheit zu verbinden, wie im Grundsatz oben entwickelt worden ist[181].

---

[179] S. oben S. 30 ff., 33 ff., 40 ff. und die verwaltungsrechtlichen Konkretionen etwa S. 51 f., 227 ff., 238 ff. u. a. m.

[180] Vgl. unten S. 129, 168 f.

[181] S. 19, 26–46. Über entsprechende Argumentationen bei anderen gemeinsamen Angelegenheiten des Staatskirchenrechts vgl. *M. Heckel*, Staat Kirche Kunst S. 97 ff., 138 ff., 173 ff.

5. Verfassungskonforme Interpretation bzw. Korrektur der Kirchenverträge

Das Verfassungsrecht entfaltet dabei verschiedene rechtliche Wirkungen:

Soweit es um die Abwehr von staatlichen Eingriffen in die Freiheitsrechte geht, gibt die Verfassung – als unmittelbar geltendes Recht – die Grundlage für ein entsprechendes Vollzugshandeln der Exekutive und Judikative; eine weitere gesetzliche Grundlage ist rechtsstaatlich nicht erforderlich. Soweit hier die Kirchenverträge (als Gesetz »transformiert«) hinter den Freiheitsgarantien der Verfassung zurückbleiben, sind die Vertragsregelungen durch die unmittelbare Anwendung der Verfassungsnormen zu ergänzen. Die Kirche kann verlangen, daß sich Kultusverwaltung und Universität verfassungsmäßig verhalten und solche Eingriffe in religiöse Freiheitspositionen unterlassen bzw. beseitigen.

Soweit es jedoch nicht um den Schutz der Freiheitsrechte vor Staatseingriffen geht, sondern aus der Verfassung Regelungspflichten für den Gesetzgeber folgen, können diese ohne gesetzgeberisches Tätigwerden nicht unmittelbar von den Behörden und Gerichten erfüllt werden. Ein subjektives Recht der Kirche auf eine bestimmte konkrete Normgestaltung kann hier nur in Ausnahmefällen verfassungsrechtlich begründet werden. Dem Gesetzgeber obliegt insbesondere die Ordnung komplizierter Rechtsverhältnisse, wie es die staatskirchenrechtlichen »res mixtae« sind: Bei ihnen hängen Rechte und Pflichten, rechtliche Beschränkungen und Förderungen verschiedener Rechtssubjekte in einem austarierten Synallagma zusammen. Ferner ergeben sich dort aus den staatskirchenrechtlichen Grundentscheidungen bestimmte Kooperations-, Berücksichtigungs- und Verfahrenspflichten, die nur vom Gesetzgeber durch Normerlaß, eventuell auch nur durch Vertragsschluß näher ausgestaltet werden können.

An Einzelfragen ist hervorzuheben:

IV. Die bindende Wirkung der kirchlichen Bedenken

Die Stellungnahme der Kirchenleitung hat für die staatliche Kultusverwaltung rechtlich bindende Bedeutung, wenn sie in der vertragsmäßig geforderten Form Bedenken gegen Bekenntnis und Lehre des »Anzustellenden« erhebt und sich damit seiner Verwendung im Lehramt der evangelischen Theologie aus theologischen Gründen widersetzt[182]. Sie ist als votum decisivum, nicht als votum consultativum anzusehen.

---

[182] *M. Heckel*, aaO, S. 103 Anm. 330; *Solte*, aaO, S. 187; *v. Campenhausen*, aaO, S. 1030; *Hartmut Gänger*, Staat und Kirche in ihrem Verhältnis zu den evangelisch-theologischen Fakultäten nach den deutschen evangelischen Kirchenverträgen, Diss. Heidelberg 1966 S. 67. – A. A., im

1. Die verfassungsrechtlichen Gründe

Diese rechtliche Verbindlichkeit folgt – wie entwickelt – zwingend (1.) aus dem staatskirchenrechtlichen Gebot der Trennung von Staat und Kirche gemäß Artt. 137 I WRV/140 GG, das dem Staat die staatskirchliche Entscheidung von Glaubensfragen verwehrt, (2.) aus der Garantie der Kirchenfreiheit in Artt. 137 III WRV/140 GG und Art. 4 GG, ferner aus den Prinzipien (3.) der Neutralität und (4.) der Säkularität des Staates, schließlich auch (5.) aus dem Paritätsgebot, für dessen Gleichheitsschluß hier die allgemeinen Verfassungsbestimmungen, nicht aber die Besonderheiten der katholischen Konkordatsregelungen (soweit sie auf die katholische Konfession gemünzt sind) den Ansatzpunkt (»Aufhänger«) bilden.

Da die Wertung des kirchlichen Votums i. S. der Unverbindlichkeit und die Inanspruchnahme eines freien staatlichen Ermessens »in Bezug auf Bekenntnis

---

Sinne der Unverbindlichkeit des kirchlichen Votums für den Staat, noch die verbreitete ältere Auffassung. *W. Weber*, aaO, S. 99, 368, 387; *Thieme*, aaO, S. 138; *Hans Christhard Mahrenholz*, Die Mitwirkung der evangelischen Kirche bei der Besetzung der Lehrstühle in den evangelisch-theologischen Fakultäten, ZevKR 5, 1956 S. 219 ff., 271 (»ganz in das Ermessen des Staates gestellt«), etwas einschränkend S. 240, 264; *Müller-Volbehr*, aaO, S. 19. – In der Praxis war die Existenz eines kirchlichen Genehmigungsrechts bei Berufungen sowie eines nachträglichen Beanstandungsrechts (letzteres »wegen seiner Lehre oder seines Wandels«) z. B. anerkannt in der Vereinbarung über die Berufung von Hochschullehrern der evangelisch-theologischen Fakultät der Johannes-Gutenberg-Universität in Mainz vom 22. 4. 1947 zwischen der Universität und den evangelischen Landeskirchen von Hessen, Nassau, Pfalz und Rheinland, die von der Landesregierung mit unterzeichnet wurde. *W. Weber*, Konkordate und Kirchenverträge Bd. 1 S. 291 f. Es wurde durch den Rhld.-Pfälz.KV von 1962 in der Form nicht übernommen, aber in der Sache durch verschleierte Verfahrensregelungen beibehalten. Vgl. S. 108 f. – Im übrigen ist in den Kirchenverträgen die Verbindlichkeit des kirchlichen Votums förmlich vorgesehen, wo es um die Besetzung eines Lehrstuhls mit kirchlichen Sonderfunktionen (Universitätspredigeramt, Leitung des Predigerseminars) geht. Vgl. Art. XI Abs. 3 Preuß.KV; Art. VII Abs. 3 Bad.KV. –

Schon Mitte des 19. Jahrhunderts ist die Forderung nach Verbindlichkeit des kirchlichen Votums für den Staat vertreten und gelegentlich auch amtlich anerkannt worden, so z. B. vom preußischen Kultusminister *von Ladenberg* durch Erlaß v. 12. 5. 1850, Nr. 7490 an die Abteilung des Ministeriums für die inneren evangelischen Kirchensachen. Er entsprach damit der Forderung des Gutachtens der Bonner evangelisch-theologischen Fakultät betreffend die Angelegenheiten der Kirchenverfassung vom 11. 3. 1849: »Die Professoren können in Zukunft nicht ohne ihre (d. h. der evangelischen Landeskirche, d. Verf.) Mitwirkung ernannt, und es muß ihr jedenfalls ein Veto hierin zuerkannt werden, ja es wird das Richtige sein, daß die Staatsregierung, oder die betreffende Fakultät mit ihr zum voraus darüber Beratung pflegt, und ihre wohl begründeten, auf die Substanz des kirchlichen Glaubens und Wandels sich beziehenden Wünsche und Anträge berücksichtigt, ... damit nicht die evangelische Kirche zum Nachteil für den Staat und für die Wissenschaft, wie für sie selbst, genöthigt sei, eigene Anstalten hierfür zu errichten.« Vgl. den Text bei *Johannes Heckel*, Evangelisch-theologische Fakultät über Kirchenverfassung und Bildungswesen, in: Theologische Blätter 11, 1932 Sp. 65 ff.

In der Weimarer Zeit forderten ein votum decisivum der evangelischen Kirche z. B. *Karl Ludwig Schmidt*, Evangelisch-theologische Fakultät und Kirche, Theol. Blätter 9, 1930 Sp. 235 ff.; 10, 1931 Sp. 74 ff.; *Otto Friedrich*, Der evangelische Kirchenvertrag mit dem Freistaat Baden, Lahr 1933 S. 129.

und Lehre« einen Eingriff in die Freiheitsgarantien der Kirche enthalten, muß dieser Eingriff an der unmittelbaren Geltung der Verfassung scheitern, ohne daß eine anpassende Änderung des Kirchenvertrages zur Herstellung des verfassungsmäßigen Zustandes abgewartet werden muß.

2. Kein Verzicht der Kirchen

Die verfassungskonforme Verbindlichkeit des negativen kirchlichen Bekenntnis- und Lehrurteils ist nicht vertraglich ausgeschlossen worden: Ein förmlicher Verzicht der evangelischen Kirchen auf ihre Verfassungsrechte zur eigenständigen Entscheidung ihrer zentralen Glaubensfragen ist beim Abschluß des Kirchenvertrages nicht ausgesprochen worden und ihnen nicht zu unterstellen, auch wenn sie auf der Linie der monarchischen Tradition damals die förmliche Verbürgung ihres dezisiven Vetorechts im Kirchenvertrag selbst nicht erhoffen und erreichen konnten[183]. Abgesehen davon ist die durch Artt. 137 III

---

[183] Gegen die Mitwirkung der Kirche im Berufungswesen (auch in der bloß gutachtlichen Form) wurden von manchen evangelischen Theologen besonders beim Abschluß des Preuß.KV von 1931 eine Reihe heterogener, zeit- und situationsbedingter Einwände geltend gemacht, die z. T. bis heute immer wieder vorgebracht werden: (1.) Der Widerstand der 1866 einverleibten neupreußischen Gebiete gegen die preußische Zentralverwaltung formierte sich in der scharfen Opposition der evang.-theol. Fakultäten Marburg und Göttingen gegen ihre Einbeziehung in die Kabinettsordre vom 5. 2. 1855 und die Administrativkompetenz des Berliner Evang. Oberkirchenrats, die bisher nur für die altpreußischen und 1815 erworbenen Landesteile galt. (2.) Man dachte gegen die Übertragung des katholischen Konkordatsmodells auf die evangelische Kirche und Theologie kämpfen zu müssen. (3.) Man bestritt die Rechtsbedeutung und Rechtsverbindlichkeit evangelischer Lehrentscheidung in der evangelischen Kirche. (4.) Man nahm jedoch inkonsequenterweise eine solche Lehrentscheidung für die Fakultät – als eigene »Autorität der Kirche« – selbst in Anspruch (indem sie über die evangelisch-theologische Haltung und Tragbarkeit des zu Berufenden für die Kirche in ihrem Berufungsvorschlag selbst befand) und überließ deren Letztentscheidung dem Kultusminister des konfessionell neutralen Staates (der selbst der evangelischen Kirche nicht angehören mußte) zur etatistischen Entscheidung wie in den Zeiten des Staatskirchentums. (5.) Man unterschied im rechtlichen Ergebnis nicht hinreichend zwischen dem theologischen Freiheitsverständnis (und seinen innerkirchlichen Folgerungen für die Kirchenverfassung, für das Verhältnis zwischen Fakultät und Kirchenleitung und für die innerevangelischen Konsensbildungsaufgaben) und den relativierten weltlichen Freiheitsgarantien der Glaubens- und Wissenschaftsfreiheit im säkularen, religiös neutralen Verfassungsrecht. (6.) Man leitete – in Verkennung der Trennung und kirchlichen Selbstbestimmungsgarantie – innerkirchliche Rechtsbeziehungen bzw. -forderungen über das Verhältnis zur Kirchenleitung aus staatsrechtlichen Rechtsgrundlagen des weltlichen Verfassungs- und Hochschulrechts ab. (7.) Man widerstrebte der Rechtsvereinheitlichung des preußischen Staatskirchenrechts durch den Preuß.KV von 1931, weil die westlichen Landeskirchen Preußens mit freiheitlich-synodaler Tradition anders zu behandeln seien als die obrigkeitsgeprägten östlichen. (8.) Man berief sich auf Fehlentscheidungen des Evangelischen Oberkirchenrats wie im Fall seines Einspruchs gegen die Berufung Adolf von Harnacks nach Berlin, bei der sich der König über das kirchliche *votum negativum* hinweggesetzt hatte. – Vgl. die Äußerungen des Marburger Theologen *Martin Rade*, Missio canonica für die evangelischen Fakultäten?, in: Christliche Welt 44, 1930 Sp. 170 ff., *ders.*, Foerster und Kübel, Zum Fakultätsartikel des evangelischen Konkordats, ebenda 1930 Sp. 927 ff.; *ders.*, Der Marburger Vorschlag, ebenda 45, 1931 Sp. 231 ff., und das

WRV/140 GG geschützte religionsgesellschaftliche Selbstbestimmung in ihrem geistlichen Kern staatskirchenrechtlich wie kirchenrechtlich als unverzichtbar anzusehen[184]. Andererseits darf auch der Staat das Verfassungsverbot der Staatskirche in Artt. 137 I WRV/140 GG nicht durch Paktieren überschreiten; eine konfessionelle Lehrentscheidung kann er sich von Verfassungs wegen auch nicht freiwillig von der Kirche übertragen lassen[185].

3. Grenzen der verfassungskonformen Interpretation

Die Annahme der rechtlichen Verbindlichkeit des kirchlichen Votums überschreitet nicht die Grenzen der verfassungskonformen Interpretation.

Die Frage, welche Rechtsfolge der »gutachtlichen Äußerung« bzw. Einvernahme der Kirche zukommen solle – Verbindlichkeit oder Unverbindlichkeit? – ist im Text und in den Schlußprotokollen des Preußischen Kirchenvertrages und seiner Nachfolgeverträge sowie im Bayrischen Kirchenvertrag offen gelassen[162]. Die systematische und teleologische Auslegung aus dem Verfassungszusammenhang des Staatskirchenrechts spricht für die Annahme der Verbindlichkeit. Demgegenüber muß die historische und genetische Auslegung zurücktreten, die sich z. B. auf die amtliche Regierungsbegründung[169] von 1931 mit deren Bezugnahme auf die Kabinettsorder vom 5. 2. 1855 (!) stützen könnte: Das historische Argument ist hier entwertet bzw. entgegengesetzt zu ziehen, da der Verfassungsumbruch die historische Kontinuität bewußt abgebrochen hat. Zudem ist der Wille der Regierung nicht mit dem historischen Willen des Gesetzgebers identisch; und dieser wäre nur insoweit maßgeblich, als er im objektiven Gehalt der Norm verkörpert wäre und ihm teleologisch und systematisch Geltungskraft zukommen könnte.

Beim Badischen Kirchenvertrag[186] liegt es etwas anders: Hier spricht der

---

Gutachten *Rudolf Bultmanns* vom 18. 1. 1931, in: K. Barth/R. Bultmann, Briefwechsel 1922–1966, hrsg. v. B. Jaspert, Zürich 1971 S. 240 ff., 243. – Die Marburger Theologieprofessoren Bultmann, Balla, Frick, Hermelink, von Soden erklärten ihrer hessischen Kirchenleitung und dem preußischen Kultusminister, aus Gewissensgründen nicht länger »Glieder eines derart unevangelisch gewordenen Kirchenkörpers und Inhaber von in ihrer wesentlichen Verantwortlichkeit geschwächten Lehrstühlen« bleiben zu können, arrangierten sich aber ein halbes Jahr später im Blick auf die Verfahrensmodalitäten bei Berufungen (s. unten S. 106 ff.). – Die Gegenansicht verteidigte den Kirchenvertrag: Z. B. *Karl Ludwig Schmidt*, Evangelisch-theologische Fakultät und Kirche, Theol. Blätter 9, 1930 Sp. 235 ff.; 10, 1931 Sp. 74 (mit Lit.) und *Johannes Heckel*, Der Vertrag des Freistaates Preußen mit den evangelischen Landeskirchen, Theol. Blätter 11, 1932 Sp. 202 ff., der auch als Berater des Kultusministers am Abschluß des Kirchenvertrages mitgewirkt hatte. – Vgl. auch *W. Huber*, aaO, S. 308 ff.; *E. R. Huber*, Verfassungsgeschichte Bd. 6 S. 927.

[184] Vgl. die Bekenntnisartikel der Kirchenverfassungen unten S. 137.

[185] *Solte*, aaO, S. 194.

[186] Für Tübingen gilt das zur badischen Regelung Gesagte sinngemäß, da Art. 10 der Landesverfassung die badische Benehmens-Regelung auf das kirchenvertragsfreie Württemberg erstreckte und in seiner staatskirchenrechtlichen Grundgesetzmäßigkeit ebenso zu beurteilen ist.

Text[162] und das Schlußprotokoll ausdrücklich nur von der Berufung »im Benehmen« mit der Landeskirche[187]. Aber die badische »Benehmens«-Lösung ist aus den genannten staatskirchenrechtlichen Gründen als verfassungswidrig und somit nichtig anzusehen. Die Lücke ist durch Rückgriff auf die Verfassungsnormen, bes. der Artt. 137 I, III WRV/140 GG, 4 GG zu schließen: Die staatliche Kultusverwaltung darf die kirchliche Selbstbestimmungsgarantie nicht dadurch verletzen und sich die Bekenntnisentscheidung anmaßen, daß sie der evangelischen Kirche gegen deren erklärten Willen einen theologisch untragbaren Lehrer aufzwingt; die theologische Beurteilung durch die Kirche ist als rechtsverbindlich zu respektieren[188].

Der Rheinland-Pfälzische Kirchenvertrag[162] für die evangelisch-theologische Fakultät Mainz ist verfassungskonform i. S. der rechtlichen Verbindlichkeit der »kirchlichen Äußerungen« von »Bedenken in bezug auf Lehre und Bekenntnis« zu interpretieren: Der Wortlaut ist offen, die begleitenden Verhandlungen sind nicht eindeutig, sprechen aber eher für Annahme der Verbindlichkeit[189]. So ist insbesondere der übereinstimmende Briefwechsel zwischen der Regierungsspitze und den Kirchenleitungen vom 31. 3. 1962[190] zu verstehen, der allgemein als Vertragsbestandteil mit Vertragsrang gilt[191]. Auch hier ist freilich die systematische und teleologische Interpretation aus dem Ganzen des Verfassungsrahmens entscheidend.

---

[187] Daß diesem nach der üblichen Terminologie keine Verbindlichkeit zukommen soll, wird im Umkehrschluß erhärtet durch das »Einvernehmen« der Kirche speziell bei der Besetzung des Lehrstuhls für praktische Theologie, solange mit ihm die Leitung des Praktisch-theologischen Seminars und dessen Funktion als Predigerseminar der Vikare verbunden ist; im Schlußprotokoll ist ferner klargestellt, daß der Landeskirche nur insoweit ausnahmsweise ein Vetorecht zusteht. Angesichts dieser klaren Regelung ist eine verfassungskonforme Interpretation nicht möglich, da diese nur zweifelhafte Normen i. S. der verfassungsmäßigen Auslegungsvariante präzisieren, nicht aber die Norm gegen deren objektiven Gehalt (quasilegislatorisch) verändern darf.

[188] Da es sich bei der badischen Benehmens-Regelung um eine präkonstitutionelle Norm handelt, ist ihre Nichtigkeit von der Verwaltung und den Gerichten incidenter in eigener Entscheidung zugrunde zu legen, ohne daß es der förmlichen Nichtigkeitserklärung im Verfahren der konkreten Normenkontrolle oder einer Verfassungsbeschwerde der Kirche aus Art. 4 GG bedürfte.

[189] *W. Weber*, Konkordate und Kirchenverträge Bd. 2 S. 199, 205, 207, 211.

[190] In ihm findet sich die förmliche Versicherung ausgetauscht, daß der Minister bei Bedenken der Kirchen gegen Lehre und Bekenntnis des Vorgeschlagenen »das theologische Gutachten der Kirchen nicht durch Einholung anderer theologischer Gutachten – sei es von Seiten der Fakultät, sei es von Seiten anderer theologischer oder kirchlicher Stellen – in Zweifel ziehen, sondern danach seine Entscheidung ohne weitere Stellungnahme treffen« werde. Davon rückt auch das Ratifikationsprotokoll vom 22. 11. 1962 nicht ab, das zur Beschwichtigung der Mainzer Fakultät auf die Vereinbarung dieser Fakultät mit den Kirchenleitungen vom 20. 7. 1962 (über deren interne Koordinierung und die Begründung des kirchlichen Votums) Bezug nimmt und versichert, daß der Minister nach Eingang des – unbezweifelten – kirchlichen Gutachtens »im Rahmen seines Ermessens« entscheiden werde.

[191] *Erich Grauheding*, Der Mainzer Staatsvertrag, in: ZevRK 10, 1964 S. 143 ff.; *Gänger*, aaO, S. 123; *Solte*, aaO, S. 211.

V. Das kirchliche Beanstandungsrecht

Aus den genannten Grundentscheidungen des Staatskirchenrechts für die Trennung, Kirchenfreiheitsgarantie, Neutralität, Säkularität und Parität des Staates ergibt sich auch für die evangelischen Kirchen das Recht zur nachträglichen Beanstandung eines theologisch untragbaren akademischen Lehrers der evangelisch-theologischen Fakultät[192]. Es löst die Pflicht des Staates aus, den Beanstandeten aus seinen dortigen Lehr-, Prüfungs- und Verwaltungsfunktionen zu entfernen und sein Ausscheiden aus der Korporation der Fakultät zu bewirken.

1. Die Lücke in den Kirchenverträgen

Die evangelischen Kirchenverträge sehen dies zwar nicht vor, weil sie noch wesentlich im Banne der Tradition der christlich-monarchischen Kultusverwaltung bleiben, die mit der alten staatlichen Kirchenhoheit und dem Landesherrlichen Kirchenregiment zusammenhing[193]. Diese – damals z. T. bewußt gelassene – »Lücke« ist durch die unmittelbare Anwendung der Verfassungsnormen seitens der Verwaltung und der Gerichte zu schließen. Dies ist auch hier zulässig, weil es um den Schutz vor Eingriffen in verfassungsrechtliche Freiheitsrechte geht[194]: Der Staat verletzt den geistlichen Kern der kirchlichen Selbstbestimmungsgarantie sowie der Religionsfreiheit der evangelischen Kirchen, wenn er durch seine organisatorischen und institutionellen Wirkungsmöglichkeiten einen staatlichen Amtsträger weiterhin autoritativ als »evangelischen« Forscher und Lehrer mit dem Anspruch des »evangelischen« Bekenntnisses einsetzt und dabei mit Ausbildungs- und Prüfungsfunktionen für den Geistlichen-Nachwuchs betraut, obwohl ihn die evangelische Kirche selbst nicht als solchen anerkennen kann. Die theologische Wahrheitsfrage über den Sinn des Evangeliums und die Grenzen des evangelischen Bekenntnisses kann der weltliche Staat im System der Trennung und Kirchenfreiheitsgarantie bei der Frage der Weiterverwendung des Theologen ebensowenig ausschalten oder selbst entscheiden wie bei dessen Einstellung. Unter dem Maßstab des Staatskirchenrechts der Verfassung ist das theologische Mitwirkungsrecht der Kirchen in beiden Fällen gleich und d. h. für den Staat verbindlich anzusehen.

---

[192] *Solte,* aaO, S. 187 f.; *Gänger,* aaO, S. 70; *v. Campenhausen,* aaO, S. 1030. – Auch Autoren, die ein votum decisivum bei Berufungen ablehnen, bejahen das nachträgliche Beanstandungsrecht bei Atheisten, Dissidenten, Nichtmitgliedern der evangelischen Kirche, vgl. etwa *Mahrenholz,* aaO, S. 264, andererseits S. 271, freilich mit falscher Paritätsableitung aus den Konkordaten statt mit unmittelbarer Begründung aus Artt. 137 I, III WRV/140 GG. Vgl. unten S. 125 f.
[193] Vgl. oben S. 13 ff., 89 f.
[194] S. 35 f., 94, auch S. 26 ff.

Der Neuabschluß eines Kirchenvertrages dieses Inhalts ist überflüssig, weil sich dieses rechtliche Ergebnis aus den Verfassungsnormen ohne gesetzliche bzw. vertragliche Abweichungsmöglichkeit ergibt. Verfahrensrechtliche Abwicklungsmodalitäten mag der Gesetzgeber zur gegebenen Zeit regeln, wenn dies notwendig werden sollte.

2. Die Bedeutung des Beanstandungsrechts

Das nachträgliche Beanstandungsrecht ist auch für die evangelische Kirche im Konfliktsfall praktisch erheblich wichtiger und unverzichtbarer als das ursprüngliche Vetorecht. Demgegenüber fällt nicht ins Gewicht, daß den kirchlichen Bekenntnisbelangen und -freiheiten bei der erstmaligen Berufung nur eine Chance des zu Berufenden gegenübersteht, bei der Beanstandung jedoch sein Status als Beamter, Wissenschaftler und Korporationsmitglied der Universität bereits rechtlich verfestigt existiert. Diese beamten- und hochschulrechtlichen Gesichtspunkte mögen für die Abwicklung des Konflikts bedeutsam sein und dort besondere Ausgleichslösungen erzwingen[195]. Hier jedoch haben »Verpfründungs«-Probleme hinter den Verfassungsgeboten der Trennung, Neutralität und Weltlichkeit des Staates und der geistlichen Selbstbestimmung der Kirche in Bekenntnisfragen zurückzustehen.

3. Verfahrensfragen

Aus den Freiheitsgarantien in Artt. 5 III, 4/140 GG i. V. m. Art. 137 I, III WRV ergibt sich für die staatliche Kultusverwaltung und die Universität im Beanstandungsfalle die Verfahrenspflicht, sich zunächst gütlich um eine Konsenslösung zu bemühen[196]. Wird die Überleitung des theologisch untragbaren Wissenschaftlers in eine andere Fakultät unumgänglich, dann entspricht ein allseitiges Einvernehmen am besten der inneren Sachgesetzlichkeit der Universität, die auf Verantwortungsbewußtsein, Freiwilligkeit des Einsatzes und kollegiale Kooperation angewiesen ist. Auch der betroffene Theologe selbst mag diese Lösung aus verschiedensten Motiven gutheißen. Sollte sie nicht erreichbar sein, dann sind die zuständigen Stellen auch gegen den Willen des Betroffenen und der aufnehmenden Fakultät zur Umsetzung berechtigt, können sich aber auch für einen Status extra facultates entscheiden[196].

4. Verfassungsrechtliche Auswirkungen

Im einzelnen kann dazu auf die obigen Darlegungen verwiesen werden, deren Ergebnisse hier ebenfalls maßgeblich sind[197]:

---

[195] S. 66 ff., 101.   [196] S. 77 ff.   [197] S. 30 ff., 59 ff.

Die Freiheit der evangelischen Kirche zur religiösen Selbstbestimmung kann hier im Rahmen der Artt. 4, 140 GG/137 III WRV – in richtiger Abwägung und Zuordnung der Normen und Rechtsgüter – nicht durch staatliche »Schrankengesetze« zugunsten des beanstandeten Theologen beschränkt werden. Aus Art. 5 III GG ergibt sich kein Anspruch auf Zugehörigkeit zu einer bestimmten Fakultät nach der individuellen Wahl des Gelehrten, besonders wenn die spezifischen (theologischen) Eignungsvoraussetzungen dafür fortgefallen sind; das Recht, an der Universität zu forschen und zu lehren, wird durch die Umgliederung in die andere Fakultät nicht verletzt. Die hochschulrechtlichen Bestimmungen über Lehrstuhlbezeichnung, Unversetzbarkeit, Berufungsvereinbarungen usw. sind – soweit sie überhaupt einschlägig sind – nicht als Schrankengesetze zur Verletzung der religiösen Freiheitsgarantie der Kirche durch den Staat verwendbar, um einem dissentierenden Theologen religiöse Einwirkungsmöglichkeiten in eine ihm entfremdete Religionsgemeinschaft zu verschaffen. Dies wird bekräftigt durch die Verfassungsgarantie der theologischen Fakultäten, die diese in ihrem besonderen »evangelisch«-theologischen Charakter schützt.

5. Die Abwicklung

Die Notwendigkeit und Verhältnismäßigkeit des Ausscheidens ist zu bejahen[198]: Als »milderes« Mittel genügen weder der »freiwillige Rückzug« der Kirche aus den theologischen Staatsfakultäten, noch interne kirchenrechtliche Selbsthilfemaßnahmen der Kirche zur Ausschaltung eines untragbaren Theologen, noch eine teilweise Ausschließung von einzelnen Funktionen. All dies würde die Funktionsfähigkeit und Rechtssicherheit der theologischen Fakultät vor allem in ihren kirchlichen Ausbildungsaufgaben schwer beeinträchtigen.

Die Zumutbarkeit des Ausscheidens folgt aus der Erhaltung der Statusrechte des Beanstandeten bei dessen Umgliederung. Das ergibt sich hier zwar nicht aus einer besonderen Kirchenvertragsbestimmung über die Erhaltung der »staatsdienerlichen Rechte«, wie sie die katholischen Konkordate klarstellend enthalten, weil die evangelischen Kirchenverträge die nachträgliche Beanstandung insgesamt ausgespart haben. Aber zum gleichen Ergebnis führt die Verfassung selbst: Der persönliche Beamtenstatus ist nach Artt. 33 III, IV, 3 III GG konfessionell neutral ausgestaltet; er ist vom konfessionell gebundenen Staatsamt deshalb zu unterscheiden und geht beim Ausscheiden des Universitätstheologen aus dem Amt in der theologischen Fakultät nicht verloren. Auch der persönliche Status als Wissenschaftler nach Art. 5 III GG bleibt konfessionell neutral zur Freiheit der Forschung und Lehre an der Universität erhalten, desgleichen das korporative Mitgliedschaftsrecht in der Universität. Sogar das persönliche Korporationsverhältnis auf der Fakultätsebene ist – generell gesehen – konfessionell neutralisiert und deshalb kirchlicherseits nicht entziehbar; aber eben wegen dieser konfessionellen Neutralität ist es nur in einer konfessionell neutralen (außertheologischen) Fakultät realisierbar, wenn die Bekenntnismäßigkeit beanstandet worden ist.

Die Zumutbarkeit des Ausscheidens ergibt sich ferner aus der gebotenen, ermessensfehlerfrei durchzuführenden Abwicklungsregelung, was die Einzelheiten der Umgliederungs- und Ausstattungsprobleme betrifft.

---

[198] S. 62 ff., 66 ff., 73 ff.

6. Probleme der Ersatzgestellung

Differenzierter ist die Frage der Ersatzgestellung für die evangelisch-theologische Fakultät zu entscheiden. Der Beanstandete wird ja mit seinem Lehrstuhl in die andere Fakultät überführt, sofern er nicht dort auf eine neue bzw. vakante Stelle (u. U. mit dem Vermerk »künftig wegfallend«) gesetzt werden konnte[199]. Daß dann der evangelisch-theologischen Fakultät vom Staat entsprechender Ersatz geleistet werden müsse, mag wissenschaftspolitisch wie kirchenpolitisch wünschenswert erscheinen. Eine Rechtspflicht dieses Inhalts aber läßt sich m. E. nicht begründen[200], da keine entsprechende gesetzliche und vertragliche Verpflichtung, geschweige denn ein Verfassungsauftrag dieses Inhalts besteht und auch das Paritätsgebot hier kaum in dieser Weise »zieht«. Für die evangelische Kirche stellt es sich hier als Mißlichkeit heraus, daß sie in ihrer Traditionsverbundenheit die kirchenvertragliche Sicherung ihres verfassungsmäßigen Lehr-Beanstandungsrechts einschließlich dieser Folgewirkung nicht begehrt hat bzw. nicht erreichen konnte; manche evangelische Theologen aber mag es überraschen und ernüchtern, daß der vielbesungene Verzicht auf das Recht und seine Sicherungen (vor allem nach dem »katholischen« Konkordatsmuster) im freien demokratischen Rechtsstaat gelegentlich beschwerlich wirkt, ja den Dienst am Evangelium wie an der Wissenschaft beeinträchtigt[201]. Hier ist eben zu unterscheiden: Die Pflicht zum Ausscheiden des Beanstandeten aus der theologischen Fakultät ergibt sich unmittelbar aus der Verfassung, weil sonst durch Staatseingriff die verfassungsrechtlichen Freiheiten der Kirche verletzt würden. Die Ersatzgestellung eines neuen Lehrstuhls und seines Zubehörs hingegen ist eine Förderungsmaßnahme im Kulturbereich, die von dem Parlament und der Regierung im Rahmen ihres freien kultur- und haushaltspolitischen Handlungsspielraums zu entscheiden ist. Nur die Mindestausstattung einer theologischen Fakultät mit Lehrstühlen und -mitteln darf nicht unterschritten werden, soweit sie durch eine kirchenvertragliche oder landesverfassungsrechtliche Bestandsgarantie für diese Fakultät gesichert ist[202]. Eine Ersatzgestellung durch einen neuen Lehrstuhl ist hier dann geboten, wenn sonst der ordnungsgemäße Lehrbetrieb und die Forschungstätigkeit, vor allem in den Kernfächern, nicht mehr gewährleistet erscheint. Hingegen lassen sich auch

---

[199] Je nach der landesgesetzlichen Regelung des Hochschulrechts.
[200] Für eine solche Rechtsverpflichtung aber *Mahrenholz*, aaO, S. 264 unter Berufung auf *Hans Liermann*, Deutsches evangelisches Kirchenrecht, Stuttgart 1933 S. 333.
[201] Vgl. die realistische, resignierende Stellungnahme des Evangelischen Oberkirchenrats der Württembergischen Landeskirche zu den Beratungen des Art. 10 Landesverfssung, s. *Mahrenholz*, aaO, S. 241 f.
[202] Vgl. etwa das Schlußprotokoll zu Art. 14 Abs. 1 des Rhld.-Pfälz.KV von 1962, *W. Weber*, Konkordate und Kirchenverträge Bd. 2 S. 205.

über das Paritätsgebot der Verfassung nicht einzelne Ansprüche der evangelischen Kirche aus den katholischen Konkordaten ableiten, da die Einzelabreden der Konkordate und Kirchenverträge speziell im Synallagma ausgehandelt wurden und weithin auf die Besonderheiten der Partner und der Situation abgestellt sind[203]. Aus dem Paritätsgebot ist nur ein Anspruch der anderen Kirche zum insgesamt gleichwertigen Vertragsschluß abzuleiten. Verwaltung und Gerichte haben dem nicht vorzugreifen[204].

VI. Der Kreis der betroffenen Personen

Auch hier ist zu differenzieren zwischen der Regelung der Kirchenverträge und den Anforderungen des Verfassungsrechts.

1. Die Regelung der Kirchenverträge

Der Preußische Kirchenvertrag und seine Nachfolgeverträge[162] beziehen die kirchliche Mitwirkung nur auf die »Anstellung eines ordentlichen oder außerordentlichen Professors«, nicht aber auf außerplanmäßige Professoren, Honorarprofessoren, Privatdozenten, Lehrbeauftragte[205]. Angesichts der Veränderung der Personalstruktur an den deutschen Hochschulen sind auch der wissenschaftliche Rat und Professor bzw. Abteilungsvorsteher und Professor neueren Datums den ordentlichen und außerordentlichen Professoren gleichzustellen, da sie wie diese hauptamtlich planmäßig eingestellt sind[205]. – Der Bayrische Kirchenvertrag hingegen hat neben den »Professoren« auch die Privatdozenten, neuerdings auch die Lehrbeauftragten und die anderen zu selbständiger Lehre Berechtigten in die kirchliche Mitwirkungsregelung einbezogen[206]. – Der Badische Kirchenvertrag spricht in sehr allgemeiner Formulierung von »der Berufung oder Anstellung als akademischer Lehrer«, das Schlußprotokoll nur von

---

[203] *Solte*, aaO, S. 188; *M. Heckel*, Die religionsrechtliche Parität S. 522 ff.

[204] Auch hinsichtlich der evangelischen Kirche stellt sich die Frage, ob die Kosten der Beanstandung nicht vertraglich auf die Kirche überbürdet werden sollten, vgl. oben S. 83 Anm. 152. Dies würde freilich eine unbestrittene Geltung des votum decisivum und des nachträglichen Beanstandungsrechts auch für die evangelische Kirche voraussetzen, da ihr nicht die finanziellen Lasten von theologischen Fehlentscheidungen des Staates zugemutet werden können, die u. U. gegen ihren Einspruch durchgesetzt worden sind. Die Regelung von Kompetenz, Risiko und Folgelasten muß sich entsprechen.

[205] *W. Weber*, Staat und Kirche in der Gegenwart S. 387, 389; *v. Campenhausen*, aaO, S. 1030; *Mahrenholz*, aaO, S. 231 ff.

[206] Vgl. Art. 2 Abs. 2 S. 2 des Bay.KV i. d. F. des Änderungsvertrages v. 12. 9. 1974, BayGVBl S. 798; *W. Weber*, aaO, S. 388.

»dem Berufungsverfahren«[207]. Die – an sich nicht maßgebliche – Regierungsbegründung will darunter den Privatdozenten, der nicht »berufen«, sondern
»zugelassen« wird, nicht verstanden wissen, und die Praxis und h.L. ist ihr
darin gefolgt und auf der preußischen Linie geblieben. – Sie wird auch für
Tübingen[186] eingehalten, wo sich nach Art. 10 der Landesverfassung die Mitwirkung der Kirche auf die »Besetzung von Lehrstühlen« beschränkt, sich also
nicht auf Privatdozenten, Honorarprofessoren, Lehrbeauftragte erstreckt.
Ebenso spricht der Rheinland-Pfälzische Kirchenvertrag nur von »der Besetzung eines Lehrstuhls«[162].

2. Verfassungsrechtliche Bedenken

Der Verfassungslage wird jedoch diese vertragsrechtliche Beschränkung der
kirchlichen Mitwirkung auf einen Teil der theologischen Lehrer – wenn auch
den wichtigsten – nicht gerecht. Entscheidend für die Kirche (besonders bei
einer möglichen Verletzung ihrer Freiheitsrechte) ist die Funktion der theologischen Lehre und Prüfung, nicht der beamtenrechtliche oder hochschulrechtliche Status der Lehrpersonen, in dem sich diese Funktion vollzieht. Dennoch
stößt hier die Forderung nach »extensiver Interpretation«[208] auf verfassungsrechtliche Grenzen. Die These, daß jeder, der ein Lehramt in der evangelisch-
theologischen Fakultät ausübe[208], als Inhaber eines konfessionellen Staatsamts
der kirchlichen Mitwirkung unterfalle, ist ohne Differenzierung und Einschränkung nicht vertretbar:

3. Umfassendes Beanstandungsrecht

Das nachträgliche Beanstandungsrecht der Kirchen muß sich – wie dargelegt
– auf alle Arten theologischer Lehrer erstrecken, wenn sie für die Kirche aus
Gründen des Bekenntnisses und der Lehre untragbar geworden sind; die staatliche Verletzung des geistlichen Kerns der kirchlichen Selbstbestimmung muß
unterbleiben, gleichgültig von welcher beamten- und etatmäßigen Position aus
sie geschieht.

4. Begrenztes Begutachtungsrecht

Hingegen ist das prophylaktische Begutachtungsverfahren in dieser Weite
von der Verfassung nicht zwingend gefordert. Es läuft ja in den allermeisten

---

[207] *W. Weber*, Konkordate und Kirchenverträge Bd. 1 S. 192, 194.
[208] So *v. Campenhausen*, aaO, S. 1029 f.

Fällen völlig unproblematisch und rein vorsorglich ab und führt zur Bestätigung des theologisch unbedenklichen Listenvorschlags der Fakultät, ohne daß die staatskirchenrechtlichen Grundfreiheiten der Kirche tangiert, geschweige denn verletzt würden. Die Abgrenzung des Kreises der Personen und die Ausgestaltung des Verfahrens, auf die sich diese anfängliche vorbeugende Stellungnahme der Kirche bezieht, ist deshalb wesentlich eine Frage des legislatorischen Ermessens; sie darf nicht von der Kultusverwaltung und den Gerichten in (»verfassungskonformen«) Interpretationsübergriffen an sich gezogen werden[209]. Die Kirche kann deshalb die Erstreckung ihres (anfänglichen!) Mitwirkungsrechtes im Einstellungsverfahren auf alle theologischen Lehrpersonen nicht verfassungsrechtlich fordern.

Rechtspolitisch müßte dem Staat jedoch selbst daran gelegen sein, in allen Fällen das unauffällige vorsorgliche kirchliche Begutachtungsverfahren durchzuführen, um sich das Risiko von theologischen Beanstandungsfällen mit ihren komplizierten und höchst verdrießlichen Abwicklungsproblemen zu ersparen. Eine Kirchenvertragsergänzung nach bayrischem Muster erscheint deshalb angezeigt. Solange sie nicht erfolgt ist, muß die Einholung eines kirchlichen Votums vor Habilitationen, Lehraufträgen usw. von Universität und Kultusverwaltung nicht veranlaßt werden. Ein entsprechendes Verlangen von Kirchenleitungen wäre rechtlich unbegründet; es würde auch vermutlich weithin auf Unverständnis stoßen und unrealistische Befürchtungen auslösen. Hingegen wird es eine breite Öffentlichkeit in Kirche, Staat, Gesellschaft und Universität kaum verstehen, wenn in einem spektakulären, geistlich begründeten Beanstandungsfalle (etwa beim Abfall eines evangelischen Theologen zum Atheismus[210] oder beim Übertritt zu einer anderen Weltreligion, ja auch zur katholischen Kirche) die evangelische Kirche ihr Bekenntnis zum Evangelium – so wie sie es versteht, in ihren Bekenntnisschriften bezeugt und in ihren Kirchenverfassungen bekräftigt hat – an »ihrer« evangelisch-theologischen Fakultät verleugnen lassen würde.

VII. Verfahrensregelungen

1. Ihre Verschiedenheiten und Verschiebungen

Die einzelnen Kirchenverträge und Schlußprotokolle enthalten nur kurze und bei aller Ähnlichkeit des Grundtyps doch unterschiedliche Bestimmungen über das Verfahren bei der Berufung des theologischen Lehrkörpers. Durch Zusatzvereinbarungen[211] zwischen

---

[209] Dabei ist freilich vorausgesetzt, daß der Kirche ihr Beanstandungsrecht im Falle der theologischen Untragbarkeit nicht vorenthalten wird und ihre Mitwirkung nicht auf ein verfassungsrechtlich ungenügendes Einstellungs-Begutachtungsrecht reduziert wird, wie es nach den Kirchenvertragstexten scheint.

[210] Vgl. den Fall des Hamburger Pastor Schulz, s. *Albert Stein*, Ein Lehrgesetz auf dem Prüfstand, in: Wissenschaft und Praxis in Kirche und Gesellschaft 68, 1979 S. 505 ff.

[211] Für Niedersachsen vom 19. 3. 1955, Schleswig-Holstein vom 23. 4. 1957, s. *W. Weber*, aaO, S. 227, 244. Diese Zusatzvereinbarungen haben als Verwaltungsabkommen keine Gesetzeskraft und stehen deshalb zur Disposition der Verwaltungsspitze und der Kirchen; sie nehmen aber das

den Landesregierungen und Landeskirchen sind sie näher präzisiert worden. Diese Bestimmungen sind nach Inhalt und Formulierung stark durch das frühere enge Verbundsverhältnis zwischen dem (christlichen) Staat und den Landeskirchen geprägt.

Ihre Weiterentwicklung spiegelt jedoch in charakteristischer Weise wider, wie sehr sich das normative Umfeld der Staatsverfassung seit 1919 gewandelt hat. So zeigt sich (1.) eine verhaltene Tendenz des Staates zum Rückzug aus der ererbten, traditionellen staatlichen Entscheidungskompetenz (und Entscheidungsnot) bei den innerevangelischen Bekenntniskonflikten, (2.) ein verstärktes Streben nach vorgezogener innerkirchlicher Verständigung zwischen den evangelischen Landeskirchen[212] untereinander sowie zwischen den Landeskirchen und den theologischen Fakultäten[213].

Zu unterscheiden sind in den Verfahrensfragen (1.) die Beziehungen der evangelischen Kirchen zu der staatlichen Kultusverwaltung, (2.) die der betroffenen evangelischen Kirchen untereinander und (3.) die der Kirchen zu den theologischen Fakultäten.

2. Das Verhältnis zwischen Kirche und Kultusverwaltung

Der Preußische Kirchenvertrag von 1931[214] sah vor, daß zuerst der Ruf des Kultusministers an den Theologen ergehen, nachfolgend erst das Votum der zuständigen Kirchenleitung über »Bekenntnis und Lehre des Anzustellenden« eingeholt werden sollte. Der Zeitpunkt, d. h. die Reihenfolge dieser Akte war dabei für die Praxis von entscheidendem Gewicht: Der Staat, der sich früher als »christlicher« Staat verstanden[215] und deshalb sowohl die wissenschaftliche als auch die bekenntnismäßige Qualifikation der evangelischen Theologen entschieden hatte, wollte auch jetzt noch – trotz der Trennung von Staat und Kirche und der Garantie kirchlicher Selbstbestimmung in Bekenntnisdingen – das theologische Berufungswesen möglichst ungeschmälert in der Hand behalten. Die Kirche wurde erst nachträglich und unverbindlich gefragt, nachdem der säkulare Staat die Bekenntnisvoraussetzungen der Berufung selbst vorläufig

Schlußprotokoll des Preußischen Kirchenvertrages, das an dessen Gesetzeskraft teilhat, als Bestandteil in die Vereinbarung auf, z. T. freilich mit Modifikationen hinsichtlich des Zeitpunktes der kirchlichen Mitwirkung. *Mahrenholz*, aaO, S. 223.

[212] Verschiedene der nach 1945 neugegründeten Bundesländer erstrecken sich auf mehrere Landeskirchen, so Hessen, Niedersachsen, Nordrhein-Westfalen, Rheinland-Pfalz, wodurch zwischenkirchliche Koordinierungsaufgaben hinsichtlich der gemeinsamen theologischen Fakultät entstehen.

[213] Beides ist symptomatisch für das geistliche Zusammenwachsen des Protestantismus seit der Gründung des »Deutschen Evangelischen Kirchenbundes« im Jahre 1922 und dann der EKD in den Jahren 1945–1948. Die starke territoriale Zersplitterung und Staatsanlehnung der bisher unverbundenen deutschen Landeskirchen wurde nun zunehmend überwunden. Und diese traten nun auch rechtlich mit »ihren« theologischen Fakultäten in neue unmittelbare Verbindungen über die gemeinsamen Bekenntnisprobleme, statt diesen als Staatseinrichtungen in rechtlicher Distanziertheit zu begegnen und ihre Bekenntnisbedenken bloß dem Kultusminister auf dem Dienstwege zu übermitteln.

[214] Art. 11 Abs. 2, präzisiert durch das Schlußprotokoll, *W. Weber*, aaO, S. 171, 175, 181.

[215] Und dessen Monarch als Summepiscopus zugleich an der Spitze der Landeskirche gestanden hatte, s. S. 90.

bejaht hatte[216]. So wurde der Kirche der Schwarze Peter einer illiberalen Wissenschaftszensur und inquisitorischen Bekenntniskontrolle zugeschoben; zugleich wurden von der weltlichen Kultusverwaltung in diesem geistlichen Zentralproblem die Theologen der Fakultät gegen die Theologen der Kirchenleitung ausgespielt. Da sich die Staatsgewalt in ihrer Willensbildung bereits festgelegt hatte und überdies auf die Stellungnahme der theologischen Fakultät stützen konnte, ein negatives Votum der Kirche aber den großen Konflikt heraufbeschwören mußte und in der Öffentlichkeit leicht als Übergriff in den Bereich des Staates und der Universitätsautonomie anzuprangern war, war die kirchliche Mitverantwortung durch diese Verfahrensgestaltung seitens der weltlichen Kultusverwaltung weitgehend ausmanövriert. Die Bitten der evangelischen Kirche um eine Vorverlegung des Zeitpunktes der kirchlichen Anhörung fanden bei den Verhandlungen damals kein Gehör[217].

Der Badische Kirchenvertrag von 1932, der Niedersächsische Kirchenvertrag von 1955 und der Rheinland-Pfälzische Kirchenvertrag von 1962 haben die Reihenfolge umgekehrt: Das kirchliche Votum wird vor der Ruferteilung eingeholt[218,219]. Auch in Bayern, wo der Kirchenvertrag keine ausdrückliche Bestimmung über den Zeitpunkt bzw. die Reihenfolge getroffen hat, wird in der Praxis das kirchliche Votum vor der Ruferteilung eingeholt[220].

Hingegen sind der Schleswig-Holsteinische, Hessische und Lippische Kirchenvertrag auf der Regelung des Preußischen Kirchenvertrags von 1931 stehengeblieben[221]. Es ist die Frage, ob diese alte Bestimmung der Reihenfolge angesichts des staatskirchenrechtlichen Gesamtzusammenhangs noch als sachlich angemessen und rechtlich verbindlich angesehen werden kann. Die Ausstrahlungswirkung[222] der (korporativen) Religionsfreiheit und des kirchlichen Selbstbestimmungsrechts gemäß Artt. 4, 140 GG/137 III WRV darf nicht durch eine Verfahrensregelung verkürzt werden, die in den Bekenntnisfragen nicht den Kirchen, sondern der staatlichen Ministerialverwaltung und den staatlichen Selbstverwaltungsbehörden der Universität (und dazu gehören auch die theologischen Fakultäten[223]) den zeitlichen Vorrang und damit den maßgeblichen Einfluß ihrer Entscheidung sichert.

[216] Wenn dies auch nach Abs. 2 des Schlußprotokolls zu Art. 11 Abs. 2 in »vertraulicher Form« und mit dem »Vorbehalt« der kirchlichen Anhörung zu geschehen hatte, was freilich die Publizität im akademischen Milieu gewährleistete.
[217] *Mahrenholz*, aaO, S. 245.
[218] *Friedrich*, aaO, S. 125 f.; dagegen *Mahrenholz*, aaO, S. 247. – Vgl. *W. Weber*, aaO, Bd. 1 S. 194, 227; Bd. 2 S. 205, 207, 211.
[219] Ebenso wird in Tübingen verfahren, wo Art. 10 LV keine Bestimmungen über den Zeitpunkt trifft.
[220] *Mahrenholz*, aaO, S. 248.
[221] *W. Weber*, aaO, Bd. 1 S. 235, 244, 276, 288, 263.
[222] Vgl. BVerfGE 24, 245; 32, 106; 41, 49; 42, 334.   [223] Vgl. S. 28, 152 f.

Inhaltlich muß die kirchliche Stellungnahme substantiiert erkennen lassen, daß es um die – in den Kirchenverträgen aufgeführten – Bedenken über Bekenntnis und Lehre geht und welcher Art dieselben sind[224]. Auch müssen die Kirchen in diesem Rahmen die erforderlichen Tatsachen darlegen. Sie haben jedoch nicht in spezifizierte theologische Erörterungen über die beanstandeten, vielleicht wissenschaftlich umstrittenen Lehren einzutreten, da dem Staat insoweit ein eigenes theologisches Urteil, geschweige denn die theologische Kontrolle und Korrektur der Kirchen angesichts der Trennung und Kirchenfreiheitsgarantie nicht mehr zusteht – das ius reformandi existiert nicht mehr, auch nicht beschränkt auf den Bereich der staatlichen Theologenfakultäten. – Die Stellungnahme darf von den Kirchen ergänzt werden[225]; die staatliche Kultusverwaltung kann notfalls eine Ergänzung, bzw. nachfolgende Verhandlungen anfordern. Daß dies (als »Nachschieben von Gründen«) unzulässig sei, kann aus den Kirchenverträgen nach dem Sinn und verfassungsrechtlichen Systemzusammenhang des Verfahrens nicht gefolgert werden, da es ihm wesentlich um den Schutz der religiösen Selbstbestimmung sowie des theologischen Charakters der Fakultäten in der notwendigen Kooperation zwischen Staat und Kirche geht.

Im Rahmen des Rheinland-Pfälzischen Kirchenvertrages von 1962 wurde die einschlägige Verfahrensproblematik am deutlichsten angesprochen. Der Staat hat in einer sehr diplomatischen Formulierung des Verfahrensgangs dort klar und unmißverständlich seinen Rückzug von der staatlichen Bekenntnisprüfung kundgetan: Zwar hat er nicht förmlich auf diese theologische Entscheidung verzichtet und sie den Kirchen überlassen, wie dies die Verfassungslage erfordert und wie es bereits in der Mainzer Vereinbarung vom 22. 4. 1947 vertragsrechtlich konkretisiert worden war[226]. Der Kirchenvertrag von 1962 hob vielmehr diese klare Regelung von 1947 auf, beschränkte die Kirche auf das Recht der »Stellungnahme« zu Lehre und Bekenntnis, ließ offen, ob dieselbe für den Staat verbindlich sei, und verlangte, daß die Kirchen diese Stellungnahme »in einem

---

[224] *Mahrenholz*, aaO, S. 235. – S. auch oben S. 51 f. Die Ausbreitung eines Scandalons ist ihr nicht zuzumuten, die Pflicht zur Tatsachenbenennung ist darauf begrenzt, das Vorliegen spezifisch geistlicher Beanstandungsgründe erkennbar zu machen. – Vgl. auch das Schlußprotokoll zu Art. VII Abs. 2 und 3 Bad. KV, *W. Weber*, aaO, S. 194.

[225] A. A. *Mahrenholz*, aaO, S. 238, 241 zur preußischen und badischen Regelung.

[226] Darin war (1.) ein dezisives votum (»Genehmigung«) der evangelischen Kirche (2.) ihr nachträgliches Beanstandungsrecht (3.) hinsichtlich Lehre und Wandel zugestanden. Vgl. oben S. 95 Anm. 182; Text bei *W. Weber*, aaO, Bd. 1 S. 291 f. – Sie wurde unter m. E. überholten Kriterien gelegentlich kritisiert; vgl. *Mahrenholz*, aaO, S. 253 ff., im übrigen aber wenig beachtet. Erst bei den Verhandlungen zum Kirchenvertrag von 1962 wurde die kirchliche Mitwirkung wieder als bloße Begutachtung formuliert – infolge des verbündeten Widerstandes evangelischer Universitätstheologen (z. B. *Friedrich Baumgärtel*, Entmündigung der evangelisch-theologischen Fakultäten?, in: Frankfurter Allgemeine Zeitung v. 26. 3. 1963) und radikalliberaler antikirchlicher Kreise (*Szczesny*, FAZ v. 5. 4. 1963, s. auch die Stellungnahmen in: »Vorgänge« 1963 S. 136 ff.; *Solte*, aaO, S. 185). Aber über die Verfahrensgestaltung wurde doch den verfassungsrechtlichen Anforderungen zur Achtung des Selbstbestimmungsrechts der Kirche und des Trennungsprinzips (s. oben S. 30 ff.) Rechnung getragen.

theologischen Gutachten begründen«[227]. Aber bei der Vertragsunterzeichnung verzichtete[228] der Staat diesbezüglich auf eine theologische Begründung »im einzelnen« und versprach, das theologische Gutachten, wenn es ihm von den Kirchen »als Ablehnung« mitgeteilt werde, »nicht durch Einholung anderer theologischer Gutachten – sei es von Seiten der Fakultät, sei es von Seiten anderer theologischer oder kirchlicher Stellen – in Zweifel (zu) ziehen, sondern danach seine Entscheidung ohne weitere Stellungnahme (zu) treffen«[228]. Dieses Verfahren ist sachlich und rechtlich unbedenklich[229]. Es soll dem Staat lediglich erkennbar machen, ob und inwiefern kirchliche Bekenntnis- und Lehrbedenken gegeben sind, da nur diese kirchenvertraglich und verfassungsrechtlich zu berücksichtigen sind. Deshalb ist es für den Zweck und Rahmen des Kirchenvertrages »angemessen«, wenn dies theologische Gutachten der Kirche nicht »ins einzelne« geht. –

---

[227] Art. 14 Abs. 2 und Schlußprotokoll dazu, *W. Weber*, aaO, Bd. 2 S. 199, 205.

[228] Durch den begleitenden Briefwechsel vom 31. 3. 1962 zwischen dem Staat und den Kirchen des Landes, der als gemeinsame, verbindliche Interpretation des Schlußprotokolls ausgetauscht wurde und der unbestritten als Vertragsbestandteil gilt. Text bei *W. Weber*, aaO, Bd. 2 S. 207–210; *Grauheding*, aaO, S. 151; *Gänger*, aaO, S. 123; *Georg May*, Der Vertrag des Landes Rheinland-Pfalz mit den evangelischen Landeskirchen vom 31. 3. 1962, in: Archiv f. kath. Kirchenrecht 132, 1962 S. 61 ff., 434 ff., 452 ff.; *Solte*, aaO, S. 211. – Ein Widerspruch zwischen dieser Vereinbarung vom 31. 3. 1962 und dem Schlußprotokoll besteht m. E. nicht (a. A. *Solte*, aaO, S. 210): Die im Schlußprotokoll vorgesehene theologische Begründung muß nicht »ins einzelne« gehen, wie die Vereinbarung vom 31. 3. 62 richtig konkretisiert und präzisiert; sie muß nur deutlich machen, ob der Beanstandete diese Äußerung getan hat und daraus theologische Bekenntnisbedenken resultieren. Das »Gutachten« der Kirche hat eben nicht den Sinn, dem säkularen Staat eine eigene theologische Kontrolle und Korrektur der kirchlichen Bekenntnisäußerung zu ermöglichen. Der Minister ist ja aus den übergeordneten Gründen des Staatskirchenrechts ohnehin nicht in der Lage und nicht berechtigt, die theologische Wahrheitsfrage für die evangelische Kirche (d. h. deren Geistlichenausbildung und theologische Arbeit) anders zu entscheiden als diese Kirche sie in freier geistlicher Selbstbestimmung versteht. Vgl. oben S. 34, 114 f.

[229] Die Kritik an der Verfahrensweise scheint mir nicht berechtigt. Der Kirchenvertrag läßt offen, ob das Votum der Kirche verbindlich sei oder nicht, er hat dessen Verbindlichkeit nur nicht (wie 1947) förmlich festgeschrieben; dies ist dann in der präzisierenden, das Verfahren regelnden Vereinbarung zwischen dem Ministerpräsidenten und den Kirchenleitungen vom 31. 3. 62 mittelbar geschehen. Im Rechtsausschuß und Plenum des Landtages wurde im Herbst 1962 die Rechtsverbindlichkeit dieser Vereinbarung zugrunde gelegt; *May*, aaO, S. 458. Ein Widerspruch zum Kirchenvertrag, wie ihn *Baumgärtel* und *Solte*, aaO, annehmen wollen, wurde damit verneint.

Ebenso liegt auch kein Widerspruch dieses Briefwechsels vom 31. 3. 62 mit der nachfolgenden, weiteren »Vereinbarung« vom 20. 7. 62 vor, die vom Ratifikationsprotokoll v. 22. 11. 1962 vollinhaltlich aufgenommen worden ist. Vgl. den Text bei *W. Weber*, aaO, S. 211. Zur Beruhigung der evang.-theol. Fakultät wurde darin vorgesehen, die Kirchen »können« eventuelle Lehr- und Bekenntnisbedenken gegen einen Theologen dem Minister »in einem angemessen begründeten Gutachten zur Kenntnis bringen« und »der Minister entscheidet darauf im Rahmen seines Ermessens«. Es kann dahingestellt bleiben, ob diese »Vereinbarung« vom 20. 7. 62 (die zwischen Kirche und Fakultät mit der Bestätigung des Ministers, danach zu verfahren, abgeschlossen wurde) und ihre Aufnahme in das Ratifikationsprotokoll vom 22. 11. 62 verfahrensmäßig korrekt erscheint. Bejahend *Grauheding*, aaO, S. 151. A. A. *May*, aaO, S. 457; *Reppel*, aaO, S. 109; *Hollerbach*, Verträge zwischen Staat und Kirche in der Bundesrepublik Deutschland, Frankfurt a. M. 1965 S. 218; *Solte*, aaO, S. 212. – Als verwaltungsinterne Verfahrensregelung ist sie jedenfalls für die Praxis von Bedeutung, auch wenn ihr der Rang eines Staatsvertrages nicht zukommen sollte, weil der Landtag ihr bei den parlamentarischen Verhandlungen nur inhaltlich zustimmte, aber dies nicht in der Form eines Zustimmungsgesetzes erklärte und die Vereinbarung nur im Staatsanzeiger, nicht im Gesetzblatt publiziert wurde.

Auch für den Geltungsbereich der anderen deutschen Kirchenverträge wird sich die Praxis – das darf als höchst wahrscheinlich angenommen werden – auf einen derartigen Verfahrensgang einspielen.

3. Das Verhältnis der Kirchen untereinander

Der säkulare Staat kann im System der Trennung und der kirchlichen Selbstbestimmung des Bekenntnisses also heute nicht mehr als rechtlicher Garant für die theologische Richtigkeit der kirchlichen Bekenntnisäußerungen fungieren[230].

Aber der Staat ist auch als weltlicher Kulturstaat, der die Theologie als Wissenschaft im Bukett der anderen wissenschaftlichen Disziplinen freiheitlich-pluralistisch fördert, gleichsam von außen her stark daran interessiert, daß Störungen dieser theologischen Wissenschaftsarbeit aus kirchlichen Konfessionskonflikten unterbleiben. Gerade aus seiner freiheitlich-säkularen Distanziertheit und Enthaltsamkeit in religiösen Fragen muß er durch sinngerechte äußere Verfahrensregeln zu erreichen suchen, daß die kirchliche Stellungnahme wenigstens einheitlich, widerspruchsfrei, glaubwürdig (und tunlichst theologisch richtig i. S. des evangelischen Selbstverständnisses) erfolgt.

Der weltliche Staat hat deshalb schon im Preußischen Kirchenvertrag von 1931 vertraglich ausbedungen[231], daß ein Koordinierungsverfahren zwischen den beteiligten Landeskirchen vor Abgabe ihres Votums an die staatliche Kultusverwaltung abgewickelt werden muß: Es ist als innerkirchliches Vorverfahren dem staatskirchenrechtlichen Mitwirkungsverfahren der Kirchen bei den Berufungen vorgeschaltet. Der Staat gewährt so organisatorisch äußere weltliche Hilfe ohne innere geistliche Einmischung. An einer solchen innerkirchlichen Abklärung war dem Staat besonders dort dringend gelegen, wo sich – wie einst in Preußen nach 1866 und heute in zahlreichen Bundesländern – das Staatsgebiet auf mehrere Landeskirchen erstreckt und die staatlichen Theologenfakultäten deshalb mehrere Landeskirchen mit ihrem geistlichen Nach-

---

[230] Die diesbezüglichen Aufsichts- und Ingerenzrechte des Staatskirchentums und der Staatskirchenhoheit sind durch die freiheitliche Verfassungsordnung des Staatskirchenrechts kassiert. S. oben S. 35 ff.

[231] Abs. 3 des Schlußprotokolls zu Art. 11 Abs. 2 Preuß.Konk, W. *Weber*, aaO, Bd. 1 S. 175. Dazu die Vereinbarung der kirchlichen Verwaltungsbehörden zu Abs. 3 Schlußprotok. vom 11. 5. 1931, ebenda S. 182; ferner § 2 Abs. 3 Zusatzvereinbarung vom 19. 3. 1955 zum Nieders.KV, § 3 Abs. 2 Zusatzvereinbarung vom 23. 4. 1957 zum Schl.-Holst.KV, sowie Art. 11 Abs. 4 Lipp.KV, ebenda S. 227, 244, 263. – Im Schlußprotokoll zum Rhld.-Pfälz.KV heißt es allgemein: »Der Minister ... holt vor jeder Anfrage (d. h. Ruf, d. Verf.) die Stellungnahme der Landeskirchen zu der Vorschlagsliste ein«; ein besonderes zwischenkirchliches Koordinierungsverfahren ist im Rhld.-Pfälz.KV nicht ausbedungen, doch gilt im ehem. preußischen Landesteil das durch die Präambel des KV aufrechterhaltene Schlußprotokoll des Preuß.KV, dessen Regelung sinngemäß auf das ganze Land zu erstrecken ist.

wuchs versorgen. Bevor die Landeskirche, in deren Gebiet die theologische
Fakultät liegt, Lehr- und Bekenntnisbedenken gegen den zu Berufenden erhebt,
muß sie sich bei den übrigen Landeskirchen vergewissern, »ob ihre Bedenken
überwiegend geteilt werden«. Das Ergebnis der gemeinsamen Beratung und
Feststellung muß in dem Votum für den Kultusminister angegeben werden. In
der Tat wird die theologische Auseinandersetzung dadurch heilsam »verbreitert
und vertieft«[232], auch wenn die Rechtsfolgen des Koordinierungsverfahrens
etwas schwebend-unklar bleiben[233]. Dieses Verfahren ist in den späteren preußischen Nachfolge-Kirchenverträgen beibehalten worden[234].

4. Das Verhältnis zwischen Kirche und Fakultät

In den Kirchenverträgen und ihren Zusatzvereinbarungen zeichnet sich ferner das Bestreben des Staates ab, theologische Lehrkonflikte durch eine staatlich

---

[232] *Mahrenholz*, aaO, S. 251.

[233] Nach dem Wortlaut der Verträge ist es der zuständigen Landeskirche, in deren Amtsbereich
die Fakultät liegt, nicht verwehrt, ihre Lehrbedenken auch dann dem Minister vorzubringen, wenn
sie nicht überwiegend von den anderen Landeskirchen geteilt werden. (Unzutreffend insoweit
Solte, aaO, S. 206). Ein solcher Verzicht ist weder von der Landeskirche vertraglich ausgesprochen
worden, noch nach deren innerkirchlichem Recht zulässig, weil die Bekenntnisartikel ihrer Kirchenverfassung (vgl. unten S. 137) einen Verzicht auf ihre Lehrverantwortung durch einfaches
Kirchengesetz und Kirchenvertragsschluß ausschließen. – Auch die innerkirchliche Vereinbarung
der Landeskirchen Niedersachsens v. 10. 11. 1959 über die gutachtliche Äußerung der Landeskirchen zur Berufung von Professoren, vgl. *W. Weber*, Bd. 2 S. 187 ff. enthält nur die Pflicht zur
gemeinsamen Beratung, Feststellung und Mitteilung des Ergebnisses, schließt jedoch ein negatives
Votum nicht aus, auch wenn es nicht überwiegend von den anderen Kirchen geteilt wird. Angesichts
des teilweise verschiedenen Bekenntnisstandes und der geistlichen und rechtlichen Selbstbestimmung und Selbständigkeit jeder Landeskirche darf sich der Staat gemäß Artt. 137 III WRV/140 GG
auch nicht über das votum negativum einzelner von ihnen hinwegsetzen.

[234] *Mahrenholz*, aaO, S. 252 vertritt die Ansicht, daß die Auflösung des preußischen Staates
keinen Einfluß auf diese zwischenkirchliche Koordinierungspflicht nach Art. 11 Abs. 2 Schlußprotokoll Preuß.KV habe und diese »im gesamten Geltungsbereich des Vertrages uneingeschränkt zu
bejahen sei«. Jedoch: (1.) Eine Beteiligung der Kirchen der DDR bei der Besetzung der theologischen Lehrstühle in der Bundesrepublik ist als Vertragspflicht des Preuß.KV hinfällig geworden
durch die Teilung Deutschlands und ihre Veränderung der verfassungsrechtlichen und staatskirchenrechtlichen Rahmenbedingungen. (2.) Die Auflösung Preußens und Neugliederung des Bun-
desgebietes hat die staatskirchenrechtliche Folge, daß das Koordinierungsverfahren nur auf die
Landeskirchen des einzelnen Bundeslandes beschränkt ist (nicht aber auf alle Landeskirchen des
preußischen Staates). In diesem Sinn die Zusatzvereinbarungen (Anm. 231) in den Nachfolgeverträgen des Preuß.KV; aus deren Bestätigung des Preuß.KV und seines Schlußprotokolls kann nicht der
alte weite Geltungsbereich des kirchlichen Koordinierungsverfahrens abgeleitet werden. (3.) Die
Vertragspflicht zum innerkirchlichen Koordinierungsverfahren aus dem Preuß.KV ist sinnvollerweise auf die neuhinzugetretenen Landeskirchen aus den außerpreußischen Landesteilen dieser
Bundesländer zu erstrecken, ohne daß es einer förmlichen Vertragsergänzung bedürfte. – Dieses
zwischenkirchliche Koordinierungsverfahren nach Art. 11 Abs. 2 Schlußprotokoll Preuß.KV sollte
in diesem Sinne reaktiviert werden bzw. nicht einschlafen, da es für das Funktionieren der evang.-
theol. Fakultäten wesentlich ist.

vermittelte theologische Verständigung zwischen Kirche und Fakultät zu lösen bzw. zu vermeiden. Das zeigt sich in zwei Stadien.

Schon der Preußische Kirchenvertrag von 1931 hatte die Vermittlungsdienste des Kultusministers angeboten, um durch »vertrauliche mündliche Fühlungnahme« zwischen Kirche und Fakultät aufziehende kirchliche Lehrbedenken gegen einen theologischen Lehrer möglichst sogleich auszuräumen; auf Wunsch der Kirche oder Fakultät sollte diese Begegnung »unter Beteiligung eines der evangelischen Kirche angehörenden Vertreters des Ministeriums« stattfinden[235]. Damit wurde ein weiteres innerevangelisches Vorverfahren vorangestellt: Der staatsvermittelte Verständigungsversuch zwischen Kirche und Fakultät muß zuerst abgewickelt werden, bevor sich – nach seinem Scheitern – die Kirche mit den »übrigen Kirchen« in das genannte innerkirchliche Koordinierungsverfahren begibt, das (auf Veranlassung, aber ohne Vermittlung des Staates) durch Beratung und Feststellung förmlich abzuschließen ist. Erst danach darf im staatskirchenrechtlichen Außenverhältnis gegenüber dem Minister das entscheidende (ablehnende) kirchliche Votum über Bekenntnis und Lehre des betroffenen Theologen geäußert werden.

Die Praxis und z. T. auch das neuere Vertragsrecht hat diese Verständigung zwischen Kirche und Fakultät noch weiter vorverlegt: Schon bei der Aufstellung der Berufungsliste, also vor deren Vorlage an die zentralen Universitätsinstanzen und vor ihrer Einreichung an den Minister, also längst vor der faktisch doch präjudizierenden Erteilung des Rufes, haben manche evangelischen Theologenfakultäten vertrauliche Verhandlungen mit den Kirchenleitungen über ihre Berufungsvorschläge aufgenommen und sich vergewissert, daß diese keine Bedenken erheben werden[236]. Der Rheinland-Pfälzische Kirchenvertrag hat diese Praxis nunmehr vertragsrechtlich vorgeschrieben: »Bevor die Fakultät die Vorschlagsliste an den Minister für Unterricht und Kultus weiterleitet, soll sie mit den Kirchen in Verbindung treten«[237].

An diesen verfahrensrechtlichen Einzelheiten wird die allgemeine Entwicklung des gesamten Staatskirchenrechts hin zur Säkularisierung und religiösen Enthaltsamkeit des Staates deutlich; ihr entspricht die freiheitlich-pluralistische Respektierung der Konfession nach der religiösen Selbstbestimmung der (Religions-)Gesellschaft. Der Staat sucht die Bekenntnisfragen nicht mehr selbst zu entscheiden, sondern möglichst früh auszu-

---

[235] Abs. 3 S. 3 Schlußprotokoll zu Art. 11 Abs. 2 Preuß.KV, *W. Weber*, aaO, S. 175.

[236] So ist die Praxis in Heidelberg und Tübingen, *G. Wendt*, Essener Gespräche 16, 1982 S. 125; *Mahrenholz*, aaO, S. 249 f., dort auch für Münster. Diese Verfahrensweise hatte die Marburger Fakultät schon bei den Beratungen des Preuß.KV von 1931 – erfolglos – angeregt. *Martin Rade*, »Der Marburger Vorschlag«, in: Christliche Welt 45, 1931 Sp. 231 ff.; *W. Huber*, aaO, S. 312.

[237] Abs. 1 S. 2 Schlußprotokoll zu Art. 14 Abs. 2 Rhld.-Pfälz.KV. In der Vereinbarung vom 20. 7. 62 zwischen Kirchen und Fakultät (mit Bestätigung des Ministerpräsidenten) und im Ratifikationsprotokoll des Rhld.-Pfälz.KV vom 22. 11. 62 ist diese Pflicht bekräftigt worden. *W. Weber*, aaO, Bd. 2 S. 205, 211.

grenzen und den Theologen der Kirche und der Fakultät zur internen Einigung zuzuschieben. So wird die Kirche hier nicht mehr am Schluß, sondern ganz am Anfang des Berufungsverfahrens eingeschaltet. Dieses Streben nach Koordinierung und Einigung im religiösen Bereich entlastet den Staat von Religionsquerelen, die säkular ohnehin nicht lösbar sind; es wird freilich auch auf Seiten der Kirche dem Wesen des Bekenntnisses besser gerecht. Denn das Bekenntnis ist nicht auf Herrschaft und Konflikt, sondern auf den Konsens der Väter und Brüder abgestellt und angewiesen.

Gegen diese Praxis und gegen diese Vertragsregelung ist verfassungs- und vertragsrechtlich dann nichts einzuwenden, wenn durch diese weit vorgezogene Einschaltung der Kirchen lediglich gewährleistet wird, daß die Grenzen des Bekenntnisses der Kirche im staatlichen Berufungsverfahren nicht mißachtet werden. Die Versuchung zu kirchlichem Mißbrauch und Übergriff in die Kompetenz der staatlichen Kultusverwaltung und der Universitätsautonomie mag größer sein, wenn die Kirchen statt mit dem Kultusminister formlos und »kurzgeschlossen« direkt mit »ihrer« Fakultät verkehren. Der Kultusverwaltung obliegt hier der Schutz und die Fürsorge für die wissenschaftliche Freiheit und Selbstverantwortung der Fakultät, die ihrer Obhut und Aufsicht im weltlichen Kulturstaat anvertraut ist.

So münden die Verfahrensfragen aus in die Frage nach Gegenstand und Maßstab der staatlichen bzw. kirchlichen Entscheidung.

VIII. Der Gegenstand und Maßstab der kirchlichen Mitwirkung

Die Kirchenverträge sind auch hier nicht einheitlich, z. T. auch nicht eindeutig. Sie sind gegebenenfalls durch verfassungskonforme Interpretation zu präzisieren.

1. Die Kirchenvertragsregelung[238]

Der *Bayrische* Kirchenvertrag von 1924 verzichtet auf eine tatbestandsmäßige Eingrenzung: Er spricht ganz allgemein von der gutachtlichen Einvernahme des Landeskirchenrats bei der Ernennung bzw. Zulassung der akademischen Lehrer. – Der *Badische* Kirchenvertrag kennt ebenfalls keine eingrenzende Umschreibung; das Schlußprotokoll überläßt es dem »pflichtgemäßen Ermessen« der Kirche, wie weit sie in der Darlegung »der bestehenden Bedenken« »zu gehen vermag«, und auch die Regierungsbegründung schweigt sich zu dieser Frage aus. Die Landesverfassung (Art. 10) läßt sie ebenfalls offen. – Die badische Regelung wird durch die Landesverfassung auch auf die evangelisch-theologische Fakultät in Tübingen erstreckt. – Auch der Text des *Preußischen* Kirchenvertrags und seine Nachfolgeverträge sehen keine Beschränkung nach Gegenstand und Maßstab des kirchlichen Votums vor, liefern sie aber im

---

[238] Die Texte: *W. Weber*, aaO, Bd. 1 S. 152; 192; 194; 171; 175; 213; 227; 235; 244; 263; 276; 281; 291; Bd. 2 S. 199, 207, 211.

Schlußprotokoll nach: »In bezug auf Bekenntnis und Lehre.« – Der *Rheinland-Pfälzische* Kirchenvertrag enthält ebenfalls keine tatbestandsmäßige Eingrenzung der kirchlichen Äußerung. Aber der begleitende, inhaltlich übereinstimmende Briefwechsel vom 31. 3. 1962 zwischen dem Ministerpräsidenten und den drei Landeskirchen von Pfalz, Rheinland und Hessen-Nassau, dem ebenfalls von der h. M. Vertragscharakter und Vertragsrang zugeschrieben wird, spricht vom Gutachten der Kirchen »im Blick auf Bekenntnis und Lehre«; ebenso tituliert das Ratifikationsprotokoll vom 22. 11. 1962 die »nicht ausgeräumten Bedenken gegen Bekenntnis und Lehre des zu Berufenden« und nimmt dabei Bezug auf die Vereinbarung gleichen Inhalts zwischen den Kirchen mit der Mainzer Universität vom 20. 7. 1967. – Auch die alte, durch den Rheinland-Pfälzischen Kirchenvertrag von 1962 abgelöste *Mainzer* Vereinbarung vom 22. 4. 47 sah ganz allgemein die »Genehmigung« der Kirchen ohne nähere tatbestandliche Einschränkung vor.

2. Notwendige Differenzierungen

Verfassungsrechtlich ist eine exakte, einschränkende Differenzierung geboten: Die Kirche hat die theologischen und speziell kirchlich relevanten Fragen und Maßstäbe zu entscheiden. Der Staat hat alle anderen (»weltlichen«) institutionellen und personalen Fragen und Maßstäbe zu entscheiden[239]. Beide sind bei der Berufung bzw. Zulassung theologischer Lehrer an der theologischen Fakultät zu gegenseitiger Anerkennung und Kooperation verpflichtet.

3. Die Kompetenz der Kirchen hinsichtlich der geistlichen Aspekte

Die gutachtlichen Stellungnahmen und Bedenken der Kirchen können nur zu den geistlichen Fragen Berücksichtigung beanspruchen, wie sie paradigmatisch mit den Worten »Bekenntnis und Lehre« auf den Begriff gebracht worden sind. Nur dies ist von den staatskirchenrechtlichen Garantien der Religions- und Kirchenfreiheit, Neutralität, Säkularität und Parität geboten[240]; nur insofern ist die Kultusverwaltung bzw. die Universität zu kooperativem Verhandeln und zur maßgeblichen Beachtung der kirchlichen Entscheidung gebunden. Zu ande-

---

[239] *Solte,* aaO, S. 192, auch S. 154. Vgl. allgemein zur Maßstabsproblematik oben S. 26 ff. und S. 31 Anm. 41 mit Verweisung auf die Wiederkehr in den anderen »Nachbar«-Fragen des theologischen Fakultätenrechts.

[240] S. 30–46. – Es ist unrichtig, auf die äußere Kirchenmitgliedschaft abzustellen, so *Mahrenholz,* aaO, S. 263 ff., und den Kirchenaustritt als maßgebliches Kriterium der kirchlichen Tragbarkeit als theologischer Lehrer anzusehen. Es geht nicht um deren äußeren Mitgliedsstatus, sondern um die Funktion und Freiheit der Kirche, die vor Verfälschung zu schützen ist und nicht zur Disposition einzelner steht.

ren Fragen (»weltlicher« Art), etwa der wissenschaftlichen Qualifikation des Gelehrten als Forscher und Lehrer, seinen didaktischen und organisatorischen Fähigkeiten, seiner weltanschaulichen (auch politischen) Haltung, seiner persönlichen Wesensart, Verträglichkeit oder Konfliktsfreude, familiären Situation und dgl. haben sie sich nicht verbindlich zu äußern. Es ist ihnen jedoch nicht verwehrt, ohne Rechtsverbindlichkeit auch auf Punkte aus diesem »weltlichen Bereich« hinzuweisen, die für die Kirche und die Theologenausbildung zumindest mittelbar belangvoll sind: Dies betrifft z. B. die Verwendbarkeit in kirchlichen Nebenämtern (nicht nur als Universitätsprediger, wovon die Kirchenverträge ausdrücklich handeln), etwa im nebenamtlichen landeskirchlichen Predigtdienst oder als Fakultätsvertreter in der Landessynode oder in der Kirchenleitung, in kirchlichen Organisationen oder Akademien. Desgleichen mag auch seine Rolle als Vorbild für die Studierenden in Amt und Lebenshaltung, seine christliche Dienstbereitschaft, etwaige Verdienste in der kirchlichen Sozialarbeit, auch ein herausragendes kirchen- oder staatspolitisches Engagement von den Kirchen im Rahmen ihrer gutachtlichen Äußerung vorgebracht werden – die Weite der Kirchenvertragsformulierungen[237] und der Sinn des gedeihlichen Zusammenwirkens deuten darauf hin. Aber die Kirchen werden gut tun, Zurückhaltung bei solchen Zugaben zum eigentlichen – für den Staat verbindlichen – theologischen Urteil über Bekenntnis und Lehre zu üben, um auch den Anschein des Übergriffs in den Verantwortungsbereich und in die Entscheidungskompetenz der Staatsverwaltung zu vermeiden und die wissenschaftliche Kompetenz und Autonomie der universitären Gremien auch nicht indirekt zu beeinträchtigen. Der Vorrang der wissenschaftlichen Qualifikation im engeren Sinne, d. h. für die Kernfunktionen der Forschung und Lehre, darf durch Nebenaspekte nicht leiden.

4. Die Kompetenz des Staates hinsichtlich der weltlichen Aspekte

Der Staat darf als demokratischer Kulturstaat die eigene Kulturverantwortung und Garantenstellung für die Freiheit der Wissenschaft auch bei den theologischen Fakultäten nicht an eine gesellschaftliche Macht – und dies ist die Kirche in den »weltlichen« Rechtsbeziehungen der Theologenfakultäten – überantworten. Die Staatsgewalt geht nach Art. 20 II GG vom Volke, nicht von den Kirchen aus. Das demokratische Prinzip verwirklicht sich verfassungsmäßig im geschlossenen Zyklus des Willensbildungs- und Verantwortungszusammenhangs, der kein Dazwischengreifen dritter Mächte duldet[241]: Die demokrati-

[241] *Hans Peters*, Art. Demokratie, in: Staatslexikon, 6. A., Freiburg 1958 Sp. 560 ff.; *Konrad Hesse*, Grundzüge des Verfassungsrechts, 12. A., Karlsruhe 1980 S. 52 ff., 59 ff., 63 ff.; *Roman Herzog* in: Maunz-Dürig, Grundgesetz, Kommentar, Art. 20 (1980), Abschnitt II Rdnr. 1 ff.,

sche Konstituierung des Staatswillens durch das Volk geschieht durch die Wahlen zum Parlament und dann durch die parlamentarische Bildung und Gesetzesbindung der Regierung, die ihrerseits die Verwaltung (z.T. unter Mitwirkung der Legislative) organisiert und leitet. Der demokratische Verantwortungszusammenhang hingegen bedingt die hierarchische Unterordnung der Verwaltungsbehörde unter die Regierung, sodann deren Verantwortlichkeit vor dem Parlament und dessen Rechenschaft vor dem Volk in periodischen Wahlen. Gesetzgeber und Regierung können diesen Verfassungszusammenhang nicht unterbrechen, bzw. blockieren. Sie können sich deshalb ihrer Kompetenzen (und der darin liegenden Verantwortlichkeiten) nicht dadurch entäußern, daß sie die staatlichen Funktionen an das Veto gesellschaftlicher Gruppen binden, die ihnen nahestehen, auch wenn dies in bestimmter parlamentarischer Situation parteipolitisch verführerisch erscheinen mag.

Diese aus dem Demokratiegebot resultierenden Bedenken gegen eine kirchliche Veto-Beteiligung beziehen sich jedoch nur auf den umfassenden weltlichen Kompetenzbereich des weltlichen Staates. Die Volkssouveränität des Art. 20 II GG hat sich – in bewußter Abkehr von einer langen Tradition – die souveräne Gestaltung der Religion des Volkes und der Kirche de constitutione lata versagt. Die Religionsverhältnisse sind durch eine negative Kompetenzentscheidung aus der demokratischen Verantwortung der Staatsorgane ausgegrenzt (Artt. 4, 140 GG/137 I, III WRV, auch Artt. 3 III, 33 III, IV GG)[242]. Das weltlich beschränkte Demokratiegebot wird deshalb keineswegs verletzt, wenn die jeweils betroffene Kirche die maßgebliche Entscheidung der spezifisch religiösen Fragen der res mixtae trifft – soweit eben deren geistliche Seite betroffen ist, die den weltlichen Kompetenzbereich der Staatsbehörden überschreitet. Das Demokratiegebot verlangt andererseits eine entsprechende tatbestandsmäßige Beschränkung der kirchlichen Mitwirkungsrechte auf die geistlichen Fragen. Die Kirchenvertragsbestimmungen des Bayrischen und Badischen sowie des Rheinland-Pfälzischen Vertrages sind deshalb in verfassungskonformer Interpretation mit entsprechender Beschränkung zu praktizieren.

Die kirchlichen Maßstäbe sind also in den geistlichen Fragen auch für die staatliche Verwaltung und Universität maßgeblich. Sie müssen von der Kirche aber auch als solche geäußert werden, d. h. gegenständlich bestimmt und umgrenzt werden, um der verwaltungsmäßigen Vollziehbarkeit und dem Rechtsstaatsprinzip zu genügen.

---

33 ff.; *Walter Schmitt Glaeser*, Partizipation an Verwaltungsentscheidungen, in: VVDStRL 31, 1973 S. 180 ff., 209 ff.; BVerfGE 9, 268, 281. – Vgl. auch unten S. 344 f.
[242] S. 24, 31 f.

5. Lehre und Lebenswandel als Beanstandungsgrund

Bekenntnis und Lehre, die als Gegenstand der kirchlichen Mitwirkung in der Gruppe der preußischen Nachfolge-Kirchenverträge ausdrücklich ausgesprochen sind, sind erst recht von den allgemein formulierten bayrischen und badischen Verträgen gegenständlich mitumfaßt[237]. Ihre staatskirchenrechtliche Relevanz ist unbestritten. Von ihrer innerkirchlichen Rechtsbedeutung wird gleich in anderem Zusammenhang die Rede sein[243].

Ob auch der Lebenswandel eines evangelischen Theologen ein kirchlicher Ablehnungsgrund sein kann, ist fraglich. Die Argumente dafür[244] sind m. E. in der Sache überzeugend; rechtspolitisch wäre eine Klarstellung durch eine Kirchenvertragsergänzung erwünscht. Doch ist auch hier die Frage, ob die rechtliche Interpretation der Kirchenverträge nicht ihre Grenzen in Richtung einer eigenmächtigen Vertragsabänderung überschreitet, sich damit über den erklärten Willen der hohen Vertragsschließenden hinwegsetzt und okkasionell das Gewaltenteilungsprinzip verletzt.

Selbst bei den (im Text gegenständlich nicht beschränkten) Bayrischen und Badischen Verträgen ist nach dem soeben Ausgeführten zu verlangen, daß sich ein kirchliches Bedenken auf Anstöße von spezifisch geistlicher bzw. kirchlicher Relevanz beschränkt, nicht aber auf rein weltliche Gründe stützt, wie es z. B. die Verletzung der beamtenrechtlichen Präsenzverpflichtung oder der staatlichen Verfassungstreue sind.

Andererseits bietet auch beim Preußischen bzw. Rheinland-Pfälzischen Vertragstyp (der lediglich Bekenntnis- und Lehrbedenken der Kirchen vorgesehen hat) auch der Lebenswandel des Theologen dann einen den Staat bindenden kirchlichen Beanstandungsgrund, wenn sein Ärgernis die theologische Lehre um ihre Glaubwürdigkeit bringt. Dies kann die Kirche geltend machen, wenn die christlichen Lebensregeln des Neuen Testaments gröblich und provozierend verletzt werden. Leben und Lehre lassen sich in der christlichen Paränese nicht trennen. Für die Kirche ist dies unaufgebbar, gerade wenn ihre Verkündigung das evangeliumswidrige Absinken in Gesetzlichkeit und äußerlichen Moralismus vermeiden soll. Die Reinhaltung der Gemeinde durch das Vorbild ihrer Lehrer und Leiter ist ein durchgängiges Thema der christlichen Botschaft[245], besonders aber der paulinischen Theologie, an der sich die Rechtfertigungslehre, das Kirchendenken und die Bekenntnisbildung der reformatorischen Tradi-

---

[243] S. 127 ff.

[244] *Solte*, aaO, S. 197; *v. Campenhausen*, Theologische Fakultäten S. 1029; schief *Mahrenholz*, aaO, S. 257.

[245] Statt anderer: *Rudolf Bultmann*, Theologie des Neuen Testaments, 6. A., Tübingen 1968 S. 102 ff., 120 ff., 552 ff., 566 ff., 579 ff. – Lehre und Wandel sind in der Christenheit nicht zu trennen, seit die Apostel lehrend wandelten und wandelnd lehrten.

tion besonders orientiert hat. Untragbar ist für die Kirche z. B. die Teilnahme von Theologen an Aktionen bzw. Organisationen, die die Offenbarung Gottes in Jesus Christus verächtlich machen, die zentralen christlichen Lehren bekämpfen, ihre Verkündigung behindern. Auch die persönliche Lebensführung – etwa hinsichtlich der Ehe, in der die Kirche Gottes Stiftung und Gebot erblickt – kann ein Ärgernis im Glauben mit sich bringen, das eine glaubwürdige Betätigung als theologischer Lehrer der evangelischen Geistlichen unmöglich macht. Von der Kirche muß und kann derartiges auch staatskirchenrechtlich ausgeschlossen werden. Auch wenn der Theologe an der Universität als solcher nicht der Disziplinargewalt der Landeskirchen unterliegt, bringt sein Amt im Dienst der Geistlichenausbildung gewisse geistliche Status-Bindungen mit sich, deren Einhaltung die Kirche vom Staat verlangen kann. Der Staat verletzt das geistliche Selbstbestimmungsrecht der Religionsgesellschaften, wenn er durch die Verwendung solcher staatlich bestellten theologischen Lehrer »amtlich« die göttlichen Gebote als unbeachtlich-unverbindlich demonstrieren würde, obwohl das GG dem säkularen Staat die Definition des Bekenntnisses und bekenntnisbestimmten Ethos entzogen und der betreffenden Kirche vorbehalten hat.

Hierbei kann es sich jedoch nur um Extremfälle handeln, welche die Lehre und die Amtsfunktion schwer diskreditieren. Die evangelischen Kirchenverträge haben ja den Wandel nicht als eigenen Beanstandungsgrund verselbständigt und rechtlich gleichgewichtig neben Lehre und Bekenntnis aufgeführt. Aber auch der evangelische Theologe an der Universität steht unter anderen Anforderungen seines Amtes als sie das Disziplinarrecht des säkularen Staates heute für seine Staatsdiener jedweder religiösen wie agnostizistischen Couleur verlangt. Nachdem das Amtsethos und die Amtszucht des christlichen Staates und des landesherrlichen Kirchenregiments längst entschwunden sind, kann die Wahrung der besonderen christlichen Lebensführungspflichten nicht mehr von dem konfessionell neutralen Staat erwartet werden. Auch die evangelische Kirche wird sich also für die Einhaltung der christlichen Lebensführungspflichten durch ihre Theologen im Staatsamt heute selbst verwenden müssen, wie dies die katholische Kirche schon viel länger auf sich genommen hat. Auch in der Frage des Lebenswandels seiner Theologen ist der moderne säkulare Staat ohne die Mitwirkung der betreffenden Religionsgemeinschaft überfordert, da er den theologischen »Charakter« der Theologen und Theologenfakultäten nicht eigenmächtig definieren, aber auch nicht ignorieren darf, sondern so respektieren muß, wie es die Religionsgemeinschaft nach ihrem Selbstverständnis in der verfassungsrechtlich verbürgten Freiheit und Trennung deklariert.

6. Der Schutz vor Einseitigkeiten

Die Wissenschaft bedarf der Freiheit und Vielfalt zum ungehinderten Erkenntnisprozeß; ideologische Gleichschaltung und Verfremdung widerstreitet ihrem Wesen. Sie darf ihr auch nicht indirekt durch eine ideologisierte Wissen-

schaftspolitik aufgenötigt werden, wie es bei manchen jüngeren Hochschulgründungen durch eine einseitige Berufungspraxis der Kultusverwaltung geschah. Begünstigt wurde dics durch manche organisatorische Strukturveränderungen der Gruppenuniversität[246], die ihre hochfliegenden Hoffnungen auf
mehr Emanzipation und Partizipation weithin enttäuschten und im Ergebnis
oftmals erhebliche Einbußen an wissenschaftlicher Freiheit und Effizienz be-
wirkten. Das kompetente wissenschaftliche Urteil des Lehrkörpers sah sich
vielfältigen wissenschaftsfremden Einwirkungsmöglichkeiten von Studenten-
und Mitarbeiterfunktionären ausgesetzt, die, vielfach als radikale Minderheit
mit verschwindend geringer Wahlbeteiligung gewählt, in bizarrer Verzerrung
der »demokratischen« Repräsentationsverhältnisse die Universitätsautonomie
für außeruniversitäre Ziele ihrer weltanschaulichen Veränderungsstrategien zu
mißbrauchen suchten.

Speziell die Theologie wird durch derartige Entwicklungen doppelt betroffen[247]: Nicht nur ihr wissenschaftlicher Charakter, sondern vor allem ihr religiöses (»theonomes«) Grundmoment steht auf dem Spiel, wenn die theologische Entfaltung der Offenbarung Gottes einer menschlichen Weltanschauung
nachgeordnet wird. So sehr die Theologie zur Auseinandersetzung mit den
modernen Ideologien herausgefordert und berufen ist, so krass steht eine ideologische Fremdbestimmung mit ihrem Grund und Wesen im Widerspruch. Zu
ihrem Schutze wirkt hier die Verfassungsgarantie der Wissenschaftsfreiheit und
der Religionsfreiheit zusammen.

Auf der Ebene des Verwaltungsrechts gelangt man hier freilich an die Grenzen der
Justiziabilität, weil sich die Ziele und Wirkungen schwer greifen lassen. Immerhin gibt es
Schranken des verwaltungsrechtlichen Ermessens bei den Personalentscheidungen; zum
Schutz der Wissenschafts- und Religionsfreiheit steht notfalls die verwaltungsgerichtliche Klage und die Verfassungsbeschwerde offen. Auch in dieser Frage, in der die
allgemeinen »weltlichen« und die spezifisch geistlichen, theologischen Momente sich in
intrikater Weise begegnen und verknüpfen, ist auf eine sorgfältige Unterscheidung der
Kompetenzen der staatlichen und kirchlichen Instanzen zu achten, um staatskirchenarti-
ge Übergriffe und Vermischungen zu vermeiden, die die Verfassung in Artt. 137 I WRV/
140 GG verbietet[248].

Sache der Staatsbehörden und -gerichte ist es, die weltanschauliche Überfremdung der Wissenschaft durch eine verantwortungsvolle Personalpolitik zu
verhindern, Verzerrungen und Einseitigkeiten des wissenschaftlichen Gesamtspektrums auszugleichen, die Herrschaftsansprüche bzw. die Schulen-Domi-

---

[246] Vgl. *Scholz* in: Maunz-Dürig, Art. 5 Rdnr. 151 ff.

[247] Als Beispiel bemerkenswerter Einseitigkeit vgl. etwa das Schriftstück der Planungskommis-
sion »Religionswissenschaft/Religionspädagogik« der Universität Bremen vom 18. 5. 1974 zur
Einrichtung eines Studienganges Religionswissenschaft/Religionspädagogik (Mskr.).

[248] S. 30 ff.

nanz einzelner Wissenschaftsrichtungen zu neutralisieren. Dem Sinn des Pluralismus der Wissenschaft steht freilich die vertiefte Pflege bestimmter wissenschaftlicher Richtungen an bestimmten Fakultäten mit besonderer wissenschaftlicher Tradition nicht entgegen, da die wissenschaftliche Entfaltung auf Vielfalt und Besonderung beruht. Diese Freiheit, Vielfalt und offene Konkurrenz der wissenschaftlichen Richtungen ist durch das Zusammenwirken der staatlichen Wissenschaftsverwaltung und der Universitäts- bzw. Fakultätsautonomie zu wahren, wobei letztere nicht als Mittel exklusiver Gruppenherrschaft und -immunität verfremdet werden darf.

Sache der Kirche kann es nicht sein, sich in diesen allgemeinen »weltlichen« Wissenschaftsbeziehungen (und ihren Krisen) gleichsam als Zensor der Staatsbehörden zu gerieren, die der Staatsaufsicht und Gerichtskontrolle, auch der politischen Kontrolle durch demokratische Wahlen unterliegen. Aber die Kirche ist staatskirchenrechtlich nicht verpflichtet, die theologische Verzerrung und ideologische Verfremdung ihrer Bekenntnisgrundlagen zu dulden, wenn eine einseitige Kultur- und Kirchenpolitik der staatlichen Wissenschaftsverwaltung die personelle Ausrichtung der Theologenfakultäten als Hebel für Staatseingriffe und geistliche Veränderungen in der Kirche benützen sollte. In solchen Ausnahmesituationen, die aus dem hergebrachten »normalen« Erscheinungsbild der theologischen Wissenschaft und der staatlichen Hochschulverwaltung herausfallen, sind die evangelischen Landeskirchen nicht darauf angewiesen, den Besuch dieser Landesfakultäten zu unterbinden, indem sie deren Ausbildungsleistungen und Examina nicht mehr anerkennen, ihre Absolventen nicht für den Gemeindedienst und Religionsunterricht übernehmen, ihre Studenten aus der Liste der kirchlichen Dienstanwärter streichen und sie so zum Besuch auswärtiger Theologenfakultäten veranlassen. Aus der »Freundschaftsklausel« bzw. Kooperationsverpflichtung, die die Kirchenverträge als Nebenpflicht zur Konfliktsbereinigung enthalten, folgt für die Kirche zunächst die Pflicht zur Geltendmachung der geistlichen Bedenken und für den Staat die Pflicht zu deren Berücksichtigung[249]. Die Kirche ist jedoch nicht auf die Anmeldung von Allgemeinbedenken mit fraglichen Erfolgsaussichten beschränkt, sondern kann dann auch in der konkreten Berufungspraxis Abhilfe verlangen.

In solchen Sonderfällen wächst dem kirchlichen Mitwirkungsrecht eine gesteigerte Bedeutung zu: Die kirchlichen Bedenken gegen Lehre und Bekenntnis

---

[249] Artt. 31 Bay.KV, 12 Preuß.KV, IX Bad.KV, 22 Nieders.KV; 28 Schl.-Holst.KV, 23 Hess.KV, 29 Rhld.-Pfälz.KV, *W. Weber*, aaO, Bd. 1 S. 158, 171, 193, 219, 243, 279, Bd. 2 S. 202; *Hollerbach*, aaO, S. 249 ff. – Die faktische Unterbindung der Ausbildungsfunktion im kirchlichen Gegenzug gegen deren staatlichen Mißbrauch widerstreitet in der Sache und im Verfahren dem Ziel und Gefüge des Kirchenvertrages; wird sie als letztes Mittel unvermeidlich, dann ist das System der theologischen Fakultäten selbst in seinen rechtlichen Grundlagen getroffen und sein Ende nicht auszuschließen. Vgl. oben S. 36, 62 f.

beziehen sich dann nicht so sehr auf den einzelnen theologischen Lehrer, wie auf den Gesamtzuschnitt der Fakultät und der staatlichen Berufungspolitik. Die Untragbarkeit im Einzelfall resultiert dann nicht daraus, daß einzelne Lehren da oder dort die Grenzen des evangelischen Bekenntnisses überschritten hätten, sondern daß die Bekenntnisgrundlagen der Kirche insgesamt verschoben werden, weil eine konzertierte Einseitigkeit bei der Auswahl des Lehrkörpers die Breite und Tiefe der christlichen Botschaft verkürzt und verfälscht. »Hairesis« heißt ja seit der frühen Christenheit das Auswählen und Weglassen, das die Gesamtheit und Fülle des göttlichen Evangeliums menschlich auf Teilmomente verkürzt und diese verabsolutiert; sie lassen sich um so verführerischer den zeitbeherrschenden Ideologien des 20. Jahrhunderts assoziativ inkorporieren. Einseitigkeit und Gleichschaltung – zumal wenn sie in ideologischen Machtergreifungsstrategien programmiert und praktiziert werden – bedrohen die Wissenschaftsfreiheit und die evangelische Bekenntnisreinheit stärker als einzelne Lehrabweichungen, die in einer ausgewogenen Fakultätszusammensetzung durch den wissenschaftlichen Widerspruch pluralistisch aufgefangen werden können. Der wissenschaftliche Pluralismus gehört zur Tradition gerade der evangelischen Theologie, viel stärker als dies in der katholischen Wissenschafts- und Kirchengeschichte zu beobachten ist. Die Vielfalt der theologischen Richtungen müht sich im ergänzenden und korrigierenden Zusammenwirken um die lebendige Entfaltung der gemeinsamen Glaubensgrundlagen, die schon im Neuen Testament durch die Verschiedenheit der theologischen Linien bei den Synoptikern, Johannes und sogar innerhalb der paulinischen Briefe gekennzeichnet sind[250]. Zur Aufgabe und Kompetenz der Kirche (Artt. 137 III WRV/ 140 GG) gehört deshalb nicht nur die isolierte Wertung der einzelnen Lehren bzw. Gelehrten, sondern auch die Wahrung des theologischen Gesamtspektrums, das die theologische Fülle und Vielfalt erkennen läßt und säkularisierende Verzerrungen vermeidet. Die theologische Fakultät ist eben keine zusammenhangslose Häufung von Einzeleinrichtungen und -Personen, sondern ein Team von hoher Differenziertheit und wechselseitiger Bezogenheit der Fächer und Richtungen[251]; ihre staatskirchenrechtliche Amtsfunktion in Forschung, Lehre und Geistlichenausbildung kommt erst im Zusammenwirken zustande. Auch die kirchliche Mitwirkung ist stets auf diese Gesamtfunktion der Fakultät

---

[250] Vgl. *Ernst Käsemann*, Exegetische Versuche und Besinnungen, 4. A., Göttingen 1965 Bd. 1 S. 214 ff., Bd. 2 S. 82 ff., 239 ff., 262 ff.; *Leonhard Goppelt*, Die Pluralität der Theologie im Neuen Testament und die Einheit des Evangeliums als ökumenisches Problem, in: Evangelium und Einheit, hrsg. v. V. Vaitja, Göttingen 1971 S. 103 ff.; *Jörg Baur*, Lehre, Irrlehre, Lehrzucht, ZevKR 19, 1974/75 S. 235; ferner die Beiträge von *Gerhard Gloege, Oskar Cullmann, Hans von Campenhausen, Kurt Aland, Hermann Diem, Gerhard Ebeling* in dem Sammelband: Das Neue Testament als Kanon, hrsg. v. Ernst Käsemann, Göttingen 1970.

[251] Das ist für andere hochschulrechtliche Fragen ebenfalls entscheidend; S. 252 ff., 333 f., 343.

bezogen. So muß sie jeweils den einzelnen Berufungsfall in die Gesamtheit der Fakultät eingegliedert prüfen. Unter besonderen Umständen kann deshalb eine theologische Berufung wegen der einseitigen Ausrichtung der sonstigen ganzen Fakultät für die Kirche aus Gründen ihrer Lehre und ihres Bekenntnisses untragbar sein, auch wenn Person und Werk des Berufenen selbst – isoliert gesehen – theologische Lehr- und Bekenntnisbedenken (noch) nicht rechtfertigen würden und die Verwendung dieses Theologen in einer anderen Fakultät nicht ausgeschlossen wäre. In einem solchen Falle muß freilich ein Einspruch der Kirche eingehender substantiiert werden. Eine pauschale floskelhafte Begründung ohne die detaillierte Würdigung der anderen theologischen Positionen und der maßgeblichen Relation zu ihnen würde den Kirchenverträgen nicht gerecht[252].

7. Fehldeutungen

Besondere Schwierigkeiten bereitet der Lehre wie der Praxis offenbar die Frage, ob und mit welcher Wirkung sie sich hier im Rahmen des Staatskirchenrechts auf Rechtsgründe des inneren Kirchenrechts der Konfessionen stützen kann bzw. muß. So wird in fragwürdiger Argumentation die – staatskirchenrechtliche – Verweigerung eines bindenden kirchlichen Ablehnungs- bzw. Beanstandungsrechts seitens des Staates meist aus dem fremden Rechtskreis – nämlich kirchenrechtlich – abgeleitet:

Die evangelische Kirche könne nur ein unverbindliches Gutachten abgeben, da ihre Kirchenbehörden keine »Lehrautorität« bzw. »kein über den Fakultäten stehendes dezisives Lehramt der Kirchenleitung« besäßen[253], während dem katholischen Bischof und über ihm dem Papst nach dem katholischen Kirchenrecht mit der potestas iurisdictionis auch die Lehrgewalt zustehe. Die Textverschiedenheit des katholischen und evangelischen Konkordats- bzw. Kirchenvertragssystems im Fakultätenrecht ziehe hier nur die sachgerechten staatskirchenrechtlichen Konsequenzen aus dem innerkirchlichen Rechtsbefund. Sodann: Die »kirchlich-evangelische Lehrfreiheit« in der evangelischen Kirche sei sonst bedroht bzw. erschüttert[254]. Dieses spezifisch evangelisch-theologische

---

[252] Die kirchliche Darlegungspflicht muß dem Staat erkennbar werden lassen, ob es sich um die genannten geistlichen Gesichtspunkte handelt. Eine theologische Erörterung, Begründung, Überwachung, Korrektur fällt nicht in die Kompetenz der Staatsbehörden, auch nicht mit Hilfe eingeholter theologischer Expertisen der Kultusverwaltung. Zu analogen Fragen vgl. auch S. 51 ff., 108 ff., 194, 203 ff., 227 ff., 328 ff.

[253] Vgl. S. 96 Anm. 183; etwa auch *Honecker*, Essener Gespräche 16, 1982 Aussprache S. 109; *Mahrenholz*, aaO, S. 240, 258; dagegen mit Recht *Solte*, aaO, S. 193. Dazu unten S. 132, 150 ff.

[254] S. 96 Anm. 183. Das Argument ist gängig. Vgl. statt anderer *Wolfgang Trillhaas*, Die Theologie in der Universität, Göttinger Universitätsreden, Göttingen 1964 S. 91 f.; *Mahrenholz*,

Argument verschmilzt vielfach mit der säkular-staatsrechtlichen These, die verfassungsrechtlich verbürgte Wissenschaftsfreiheit (Art. 5 III GG) würde durch ein votum decisivum der evangelischen Kirche (warum nicht auch der katholischen?) verletzt[254]. Und ferner: Die theologische Richtigkeit einer kirchenregimentlichen Lehrbeanstandung sei nicht gewährleistet, bestehe doch »kein Grund, daß das Kirchenregiment auf dem Glauben der Kirche fester stehe als die Fakultät«[255]. Vielmehr besäßen die evangelischen theologischen Fakultäten nach alter Tradition eine »eigene kirchliche Autorität«[256] »in Fragen der evangelischen Theologie«; sie übertreffe seit alters die der Kirchenregimentsbehörden. Die Fakultätstheologen gehörten in der evangelischen Kirche ja selbst zum ministerium verbi divini. Die Fakultäten seien ja auch sonst in das innere Leben der Landeskirche vielfältig integriert, etwa durch ihre Mitwirkung in Kirchenleitung, Synoden, Prüfungswesen, Einrichtungen und Ausschüssen verschiedenster Art[257].

Andere innerkirchliche Rechtserwägungen fließen mit ein: Das Lehrzuchtsrecht und das Disziplinarrecht der evangelischen Kirche beziehe sich nur auf ordinierte Geistliche und nur auf ihre Rolle im Kirchendienst[258], nicht aber auf den Theologen als Staatsbeamten und Mitglied der wissenschaftlichen Korporation. Und überdies entscheide ein solches Lehrbeanstandungsverfahren der evangelischen Kirche gar »nicht verbindlich über die Lehre des Irrlehrers«, sondern nur über die Amtsausübung in der Gemeinde, denn seine »Rechtswirkungen zielen nicht auf die Lehre, sondern auf das Amt«[259]. – Wenn man in Zukunft die schärfere Trennung von Staat und Kirche und die Abschaffung der theologischen Fakultäten verhindern wolle, müsse dem Kultusminister die theologische Entscheidung der Bekenntnisfragen im Streit um die Berufung eines Theologieprofessors auch gegen die Stellungnahme der Kirchenleitung belassen werden. Aus diesen (und wohl auch aus anderen) Gründen sei es wünschenswert, »daß dem Staat, auch dem heutigen Staat, nicht völlig verwehrt sein sollte, auch in diesem Bereich Politik zu treiben«[260].

Hinter diesen staats- und kirchenrechtlichen Argumentationen schimmern weitere, höchst disparate theologische Verlegenheiten hervor, ohne meist recht

aaO, S. 270; *Hans-Ulrich Klose*, Die Rechtsbeziehungen zwischen dem Staat und den evangelischen Landeskirchen in Hessen, Berlin 1966 S. 125; *Müller-Volbehr*, aaO, S. 22; dazu *Solte*, aaO, S. 189; unten S. 168 ff.

[255] *Emil Friedberg*, Kirchenrecht, 6. A., Leipzig 1909 S. 548.

[256] So besonders die Marburger Theologen im Streit um den Preuß. Kirchenvertrag v. 1931, oben S. 96 Anm. 183; *Mahrenholz*, aaO, S. 259, 270; *W. Weber*, aaO, S. 100; *Müller-Volbehr*, aaO, S. 22. – Dazu unten S. 152 ff.

[257] S. 158 ff.

[258] S. 179 ff., 183 ff.

[259] *Schlaich*, Essener Gespräche 16 S. 112 ff.

[260] *Engelhardt*, ebenda S. 137.

thematisiert und reflektiert zu werden: Ist in der evangelischen Kirche das Bekenntnis und »die Lehre« seit dem Ausklang der Orthodoxie überhaupt noch als einheitliche, gemeinsame Größe zu erfassen und wissenschaftlich-rational zu formulieren, d. h. auch dem Staat gegenüber »auf den Begriff« zu bringen[261]? Muß hier die Wahrheitsfrage nicht »im Grunde offen« bleiben[262]? Kann folglich nicht der Staat – nach empfohlenem Schweizer Muster – mit Fug und Recht von der Kirche verlangen, daß sie eine bekenntnismäßig relativierte »Offenheit« und den »Verzicht auf Bekenntniszwang« in Fragen der Lehre und der kirchlichen Mitgliedschaft praktiziert, damit Kirchenspaltungen verhindert und die tradierten volkskirchlichen Strukturen äußerlich ungestört erhalten bleiben[263]? Muß nicht der Staat deshalb die Kirchenleitungen bei den theologischen Fakultäten auf ein unverbindliches Anhörungsrecht beschränken? Und selbst wenn das Bekenntnis mit allen methodischen und substantiellen Vorbehalten auch für die evangelische Kirche noch als theologische Größe Existenz und Relevanz besitzt, ist es dann nicht von schlechthin außer- und überrechtlicher Bedeutung? In welchem Verfahren könnte es ohne Verletzung der evangelischen Freiheit und des allgemeinen Priestertums kirchenrechtliche und staatskirchenrechtliche Geltung erlangen[264]?

8. Die Zuordnung des staatlichen und kirchlichen Rechts

Die herkömmliche staatliche Verwendung dieser innerkirchlichen Rechtsargumente greift einerseits zu weit, andererseits zu kurz und fehl.

Der Staat kann und darf die Fülle der aufgeworfenen geistlichen bzw. kirchlichen Fragen durch sein Staatskirchenrecht keineswegs lösen: Er wäre mit seinem rohen, auf die weltlichen Staatsziele und Rechtsformen beschränkten Instrumentarium dazu gar nicht in der Lage, und er besitzt verfassungsrechtlich (Artt. 137 I, III WRV/140 GG, 4, 3 III, 33 III GG) nicht die Kompetenz, geschweige denn den Maßstab dafür. Statt dessen hat die staatliche Kultusverwaltung und die universitäre Selbstverwaltung den Gesamtkomplex zu differenzieren und sich auf die »weltlichen«, außertheologischen Fragen und Maßstäbe zu beschränken[265].

Die staatliche Verantwortung hat dabei die Freiheit und Gleichheit der kirchlichen Partner zu achten. Im Ergebnis dürfen die evangelischen theologischen Fakultäten vom Staat weder nach dem fremden Maßstab der katholischen Prinzipien über Lehre und Lehrgewalt behandelt, noch in verfremdende säkula-

---

[261] Vgl. die quälenden Äußerungen über die Frage der Lehrentscheidungen in den Essener Gesprächen 16, 1982 S. 109 ff.

[262] So die Frage *E.-W. Böckenfördes*, ebenda S. 120.

[263] *Johannes G. Fuchs*, ebenda S. 130.

[264] S. 135 ff., 186 ff., 194.   [265] S. 24 ff., 31 Anm. 41.

re Strukturen gepreßt werden, auch wenn dies durch eine fehlgegriffene und überholte staatliche Berufung auf angeblich »evangelische« Prinzipien geschieht. In der hier aufgeworfenen Maßstab- und Bezugnahmeproblematik zwischen kirchlichem und staatlichem Recht ist zu unterscheiden:

a) Die evangelischen theologischen Fakultäten sind keineswegs rein säkularisierend-etatistisch normiert.

Die Festlegung der staatlichen Wissenschaftspflege auf einen antitheologischen Wissenschaftsbegriff, und dies gerade bei den theologischen Fakultäten, widerstreitet der Weite der Wissenschaftsfreiheit (Art. 5 III GG), dem weltanschaulichen Diskriminierungsverbot (Art. 3 III GG) und dem Gebot der weltanschaulichen Neutralität des Staates; diese Ansicht ist deshalb heute in der Lehre und Praxis überwunden[266].

b) Die maßgebliche Definition des Bekenntnisses ist – in den eine Religionsgesellschaft betreffenden Angelegenheiten – jeweils deren Selbstverständnis überlassen.

Das gilt auch für die religiöse Seite der res mixtae. Soweit der Staat in den res mixtae mit dem religiösen Bekenntnis zu tun hat, kann er nur auf das Selbstverständnis dieser Religionsgemeinschaften Bezug nehmen, es jedoch nicht eigenmächtig anders definieren[267].

c) Die Bezugnahme des staatlichen Rechts auf das kirchliche Bekenntnis muß dem Gleichheitsgebot genügen, d. h. paritätisch sein (Art. 3 III GG).

Parität verlangt Gleichbehandlung des Verschiedenen unter Achtung seiner Verschiedenheit; die katholisch-theologischen Fakultäten sind deshalb gemäß den katholischen, die evangelisch-theologischen Fakultäten gemäß den evangelischen theologischen Prinzipien zu behandeln[268].

d) Die katholische Lösung aus den Konkordaten kann folglich nicht in kurzem Schluß auf die evangelischen Fakultäten erstreckt werden.

Die Konkordate sind inhaltlich allein auf die katholische Kirche und Theologie gemünzt und nur für diese in einem vertraglichen Synallagma ausgehandelt worden, das

---

[266] S. 18 f., 27–46.

[267] S. 31 f., 34 Anm. 48.

[268] *M. Heckel*, Die religionsrechtliche Parität S. 496, 505 ff., 515 ff.; mißverständlich die Formulierung *Soltes*, aaO, S. 186 Mitte. – Da sich die katholische und die evangelische Kirche in ihrem Bekenntnis und ihrer Lehre (nach deren Begriff, Inhalt und Geltungsweise) tief unterscheiden, wird auch die staatliche Anknüpfung hieran zu verschiedenen Ergebnissen führen: Gerade wenn der Staat in weltlicher Gleichheit und Freiheit die theologischen Verschiedenheiten der Kirchen aus der Distanz des säkularen, »getrennten« Partners heraus von außen respektiert und realisiert, vermeidet er die Gleichschaltung im säkularisierenden wie im fremdkonfessionellen Sinn. Die Rechtsgleichheit führt hier – wie auch sonst im liberalen Verfassungssystem – gerade nicht zur Nivellierung, sondern zur Differenzierung, weil die gleichen Rechtsnormen bei verschiedenen »faktischen« Voraussetzungen (je nach Ursprung und Ziel, Wirkungsfeld und Vermögen des Betroffenen) jeweils verschiedene Rechtswirkungen ergeben. Ohne diese Differenzierung wird der richtige Ansatz des Paritätsarguments verfehlt.

vom Vertragstyp der evangelischen Kirchenverträge nicht unbeträchtlich abweicht. Die normative Grundlage des Gleichheitsschlusses liegt ja nicht im Konkordat (das für die Evangelischen nicht gilt), sondern in den Verfassungsnormen über die Gleichbehandlung der Religionsgesellschaften (Artt. 137 III, V WRV/140 GG, 3 III, 4 GG)[269].

e) Ob nun die evangelische Kirche eine »Lehre« und »Lehrautorität« besitzt und welche Art und Verbindlichkeit diese in ihrer inneren kirchlichen Rechtsordnung hat – das zu entscheiden fällt nicht in die Kompetenz der staatlichen Behörden und Gerichte und nicht der Wissenschaft des staatlichen Rechts, sondern das hat die evangelische Kirche als »ihre eigene Angelegenheit« selbst zu bestimmen und dann den staatlichen Stellen – für diese verbindlich – mitzuteilen.

Fehlgegriffen sind deshalb alle theologischen und kirchenrechtlichen Argumente staatlicher Instanzen und staatsrechtlicher Interpreten, die die Lehrautorität evangelischer Kirchenleitungen im innerkirchlichen Rechtskreise bestreiten, um daraus dann im Rechtskreise des Staatskirchenrechts die Unverbindlichkeit der Lehrentscheidung der Kirche abzuleiten. Im Ergebnis würde dies dazu führen, die kritischsten Bekenntnisprobleme der Kirche dem Kultusminister des konfessionell neutralen Staates zur freien Entscheidung zu überlassen, obgleich er dafür weder verfassungsrechtliche Kompetenzen, noch verbindliche Maßstäbe kirchlichen oder weltlichen Rechts besitzt. Es ist der Überhang des blanken Traditionalismus, der diese Relikte des christlichen Staates und landesherrlichen Kirchenregiments fortführt und neuartige Ingerenzen einer parteipolitisch und ideologisch bestimmten Kultur- und Kirchenpolitik des Staates im Raum der Kirche heraufbeschwört.

---

[269] S. 44 ff., 103; *Solte*, aaO, S. 188 ff., auch im Ausgangspunkt *Mahrenholz*, aaO, S. 269, wenn auch mit unhaltbaren Konsequenzen im innerkirchlichen Bereich.

Fünfter Teil

Exkurs in das evangelische Kirchenrecht:
Bekenntnis, Bekenntnisrelevanz, Bekenntniswahrung

I. Die Lösung der Zuordnungsfragen: Das evangelische Bekenntnis als theologisches Wahrheitszeugnis der evangelischen Kirche

Unter Bekenntnis versteht die evangelische Kirche gemeinhin das menschliche Zeugnis der Gemeinde Jesu Christi von der Wahrheit des Evangeliums, durch welches die Offenbarung Gottes in Jesus Christus geschehen ist und wirkt. Bei aller Vielfalt der theologischen Definitionen und Kontroversen dürfte innerhalb der evangelischen Kirche über folgende Grundzüge im wesentlichen Einigkeit[270] bestehen.

---

[270] Aus der systematisch-theol. und dogmenhist. Lit. vgl. (als Auswahl): *Edmund Schlink*, Theologie der lutherischen Bekenntnisschriften, 3. A., München 1948 S. 23 ff., 35 ff., 43 ff.; *Friedrich Brunstäd*, Theologie der lutherischen Bekenntnisschriften, Gütersloh 1951 S. 10 ff., 15 ff., 18 ff.; *Holsten Fagerberg*, Die Theologie der lutherischen Bekenntnisschriften von 1529–1537, Göttingen 1965 S. 14 ff., 45 ff.; ferner auch *Leif Grane*, Die Confessio Augustana, Göttingen 1970 und *Wilhelm Maurer*, Historischer Kommentar zur Confessio Augustana, Gütersloh, Bd. 1 1976, Bd. 2 1978, sowie der Sammelband: *Bekenntnis und Einheit der Kirche*, Studien zum Konkordienbuch, hrsg. v. M. Brecht und R. Schwarz, Stuttgart 1980, insbes. die Beiträge von *Gottfried Seebaß*, »Apologia« und »Confessio«, ein Beitrag zum Selbstverständnis des Augsburgischen Bekenntnisses, ebenda S. 9 ff.; *Gerhard Müller*, Bündnis und Bekenntnis, S. 23 ff.; *Martin Brecht*, Bekenntnis und Gemeinde, S. 45 ff.; *Martin Heckel*, Die reichsrechtliche Bedeutung des Bekenntnisses, S. 57 ff.; *Oswald Bayer*, Gesetz und Evangelium, S. 155 ff.; *Jörg Baur*, Abendmahlslehre und Christologie der Konkordienformel als Bekenntnis zum menschlichen Gott, S. 195 ff.; *Wolf-Dieter Hauschild*, Corpus Doctrinae und Bekenntnisschriften, S. 235 ff.; *Reinhard Schwarz*, Lehrnorm und Lehrkontinuität; *Ulrich Kühn*, Das Bekenntnis als Grundlage der Kirche, . . . Aspekte der Rückbesinnung auf das Bekenntnis in der luth. Theologie des 19. Jh., S. 393 ff. – Vgl. ferner die in Anm. 284 zitierten Sammelbände zum 450-jährigen Jubiläum der Confessio Augustana.

Paul Althaus, Die christliche Wahrheit, 8. A., Gütersloh 1969 S. 213 ff., 228 ff.; *ders.*, Die Theologie Martin Luthers, Gütersloh 1962 S. 73 ff., 287 ff.; *ders.*, Die ökumenische Bedeutung des lutherischen Bekenntnisses (1954), in: *ders.*, Um die Wahrheit des Evangeliums, Aufsätze und Vorträge, Stuttgart 1962 S. 76 ff.; *Karl Barth*, »Erklärung über das rechte Verständnis der reformatorischen Bekenntnisse in der Deutschen Evangelischen Kirche der Gegenwart« auf der ersten freien reformierten Synode von Barmen am 3./4. 1. 1934 (Text bei *Joachim Beckmann*, Rheinische Bekenntnissynoden im Kirchenkampf, Neunkirchen 1975 S. 34–46); *ders.*, Das Bekenntnis der

1. Bekenntnis als Akt der Kirche

Das Bekenntnis gründet sich auf den magnus consensus der Väter und der Brüder; es ist ein Akt der Kirche, nicht der Staatsgewalt und nicht des isolierten Individuums. Der rohe weltliche Bekenntnisbann, der auch in vielen evangeli-

---

Reformation und unser Bekennen (1935), in: *ders.*, Theologische Fragen und Antworten, Gesammelte Vorträge, Zürich 1957 S. 257 ff.; *ders.*, Die Schrift und die Kirche, Zürich 1947 S. 9 ff., 18 ff.; *ders.*, Kirchliche Dogmatik I, 2, 4. A., Zürich 1948 S. 523, 551 ff., 598 ff.; *Jörg Baur*, Lehre, Irrlehre, Lehrzucht, ZevKR 19, 1974/75 S. 227 ff., 234 ff., 243 ff., auch in: *ders.*, Einsicht und Glaube, Aufsätze, Göttingen 1978 S. 221 ff.; *ders.*, Freiheit und Bindung, Zur Frage der Verbindlichkeit kirchlicher Lehre, ebenda S. 249 ff., 259 ff.; *ders.*, Kirchliches Bekenntnis und neuzeitliches Bewußtsein, ebenda S. 269 ff., 283 ff.; *Karlmann Beyschlag*, Grundriß der Dogmengeschichte, Bd. 1, Darmstadt 1982 S. 17 ff.; *Heinrich Bornkamm*, Die Bedeutung der Bekenntnisschriften im Luthertum (1947), in: Das Jahrhundert der Reformation, Göttingen 1961 S. 219 ff.; *ders.*, Bindung und Freiheit in der Ordnung der Kirche (1959), ebenda S. 185 ff.; *ders.*, Das Wort Gottes bei Luther (1930), in: *ders.*, Luther, Gestalt und Wirkungen, Gesammelte Aufsätze, Gütersloh 1975 S. 147 ff.; *ders.*, Die religiöse und politische Problematik im Verhältnis der Konfessionen im Reich (1965), ebenda S. 267 ff.; *ders.*, Martin Luther in der Mitte seines Lebens, Göttingen 1979 S. 558 ff., 586 ff., 598 ff.; *Peter Brunner*, Gebundenheit und Freiheit der theologischen Wissenschaft (1947), in: *ders.*, Pro Ecclesia, Berlin Hamburg, Bd. 1, 1962 S. 13 ff.; *ders.*, Schrift und Tradition (1951), ebenda S. 23 ff.; *ders.*, Was bedeutet Bindung an das lutherische Bekenntnis heute? (1957), ebenda S. 46 ff.; *ders.*, Wahrheit und Überlieferung (1958), ebenda S. 56 ff.; *ders.*, Das Geheimnis der Trennung und die Einheit der Kirche (1961), ebenda Bd. 2, 1966 S. 253 ff.; *ders.*, Bekenntnisstand und Bekenntnisbindung, ebenda S. 295 ff., 303, auch in: ZevKR 9, 1963 S. 142 ff.; *Hans von Campenhausen*, Die Begründung kirchlicher Entscheidungen beim Apostel Paulus, Heidelberg 1957 S. 29 ff., 32; *ders.*, Die Entstehung der christlichen Bibel, Tübingen 1968 S. 173 ff., 379 ff.; *Wilhelm Dantine*, Gedanken über Sinn und Funktion der Leuenberger Konkordie, in: Ökumenische Rundschau 21, 1972 S. 202 ff.; *ders.*, Bekennendes Bekenntnis (zur CA), in: Bekennendes Bekenntnis, Form und Formulierung christlichen Glaubens, hrsg. v. E. Hultsch u. K. Lüthi, Gütersloh 1982 S. 15 ff.; *Hermann Diem*, Dogmatik Bd. 2, München 1955 S. 145 ff., 171 ff., 297 ff., 308 ff.; *ders.*, Glaube und Überlieferung als Problem, in: Evang. Kirchenzeitung 8, 1964 S. 351 ff.; *Gerhard Ebeling*, Die kirchentrennende Bedeutung von Lehrdifferenzen (1956/57), in: *ders.*, Wort und Glaube, Tübingen 1960 S. 161 ff., bes. 168 ff., 175 ff., 185, 187; *ders.*, Zur Geschichte des konfessionellen Problems (1952), in: *ders.*, Wort Gottes und Tradition, Studien zu einer Hermeneutik der Konfessionen, 2. A. Göttingen 1966 S. 41 ff.; *ders.*, »Sola scriptura« und das Problem der Tradition (1963), ebenda S. 91 ff., 112, 119 ff., 140 ff.; *ders.*, Das Neue Testament und die Vielzahl der Konfessionen (1962), ebenda S. 144 ff., 151; *ders.*, Wort Gottes und kirchliche Lehre (1962), ebenda S. 155 ff., 159, 164 ff., 169 (confessio), 170 ff. (Autorität); *ders.*, Dogmatik des christlichen Glaubens, Bd. 1, Tübingen 1979 S. 24 ff., 31 ff.; *ders.*, Memorandum zur Verständigung in Kirche und Theologie, in: Zeitschrift f. Theologie und Kirche, 66, 1969 S. 493 ff., 503 ff.; *Werner Elert*, Der christliche Glaube, 3. A., Hamburg 1956 S. 38 ff.; *Holsten Fagerberg*, Bekenntnis, Kirche und Amt in der deutschen konfessionellen Theologie des 19. Jh., Uppsala 1952 S. 137 ff., 165 ff., 183 ff.; *Hans-Georg Fritsche*, Lehrbuch der Dogmatik, Teil 1, 2. A., Göttingen 1982 S. 42 ff., 93 ff., 212 f.; *Hans-Werner Gensichen*, Damnamus. Die Verwerfung von Irrlehre bei Luther und im Luthertum des 16. Jh., Berlin 1955 S. 29 ff., 38 ff., 51 ff., 65 ff., 118 ff.; *Gerhard Gloege*, Bekenntnis, V. Dogmatisch, in: Religion in Geschichte und Gegenwart, Bd. 1, Tübingen 1957 Sp. 994 ff.; *Helmut Gollwitzer*, Die Bedeutung des Bekenntnisses für die Kirche, in: Hören und Handeln, Festschrift für Ernst Wolf, München 1962 S. 153 ff., 156 f., 159, 161, 166 ff., 174, 176; *Friedrich Hübner*, Consensus und dissensus de doctrina in Union und Ökumene, in: Schr. d. Theol. Konvents Augsb. Bek., 8, Berlin 1955 S. 55 ff.; *Wilfried Joest*, Fundamentaltheologie, Stuttgart 1974 S. 189 f., 205 f.; *ders.*, Dogmatik, Bd. 1, Göttingen 1984 S. 57 ff., 81 ff., 87 ff.; *Eberhard Jüngel*, Bekennen und Bekenntnis, in:

schen Ländern einst die Reformation rechtlich-politisch zur Geltung brachte, widerstreitet diametral den reformatorischen Grundlagen des Schriftverständnisses, der Rechtfertigungstheologie, des Kirchenbegriffs, der Unterscheidung der beiden Reiche und Regimente, der Freiheit des Christenmenschen, durch die die Reformatoren einst aus geistlicher Not und Sorge zum Kampf gegen die Gesetzlichkeit und die Verweltlichung des Glaubens und Kirchenrechts getrie-

Theologie in Geschichte und Kunst. Walter Elliger zum 65. Geburtstag, Witten 1968 S. 94 ff. ; *Hans-Joachim Kraus*, Systematische Theologie, Neukirchen 1983 S. 62 f., 119 ff., 342 f.; *Walter Kreck*, Grundfragen der Dogmatik, 2. A., München 1977 S. 66 ff., 268 ff.; *Wilhelm Maurer*, Bekenntnis und Sakrament, Berlin 1939 S. 3 ff., 13 ff., 100, 119 ff.; *ders.*, Bekenntnis und Kirchenrecht (1963), in: *ders.*, Die Kirche und ihr Recht, Jus Ecclesiasticum Bd. 23, Tübingen 1976 S. 1 ff., 9 ff.; *ders.*, Geistliche Leitung der Kirche (1966), ebenda S. 99 ff., 117 ff., 224 ff.; *ders.*, Art. Bekenntnis, VII. Rechtlich, in: Religion in Gesch. u. Gegenw., Bd. 1 Sp. 1003 ff.; *Otto Michel*, ὁμολογέω, in: Theol. Wörterbuch zum Neuen Testament, begr. v. G. Kittel, Bd. 5, Stuttgart 1954 S. 199 ff.; *Hanfried Müller*, Evangelische Dogmatik im Überblick, Teil 1, Berlin 1978 S. 47 f.; *Hanns Rückert*, Schrift, Tradition und Kirche (1951), in: *ders.*, Vorträge und Aufsätze zur historischen Theologie, Tübingen 1972 S. 310 ff.; *Edmund Schlink*, Zum Problem der Tradition (1959), in: *ders.*, Der kommende Christus und die kirchlichen Traditionen, Göttingen 1961 S. 196 ff.; *ders.*, Die Bedeutung der östlichen und westlichen Traditionen für die Christenheit (1959), ebenda S. 232 ff.; *ders.*, Ökumenische Dogmatik, Göttingen 1983 S. 38 ff., 634 ff., 646 ff., 755; *Helmut Thielicke*, Der evangelische Glaube, Grundzüge der Dogmatik, Bd. 1, Tübingen 1968 S. 150 f.; *Wolfgang Trillhaas*, Dogmatik, 4. A., Berlin New York 1980 S. 46 ff., 68 ff.; *Otto Weber*, Grundlagen der Dogmatik, 5. A., Neukirchen 1977, Bd. 1 S. 38 ff., 46, 49; *Johannes Wirsching*, Bekenntnisschriften, in: Theol. Realenzyklopädie Bd. V, hrsg. v. G. Krause und G. Müller, Berlin New York 1980 S. 487 ff.; *Ernst Wolf*, Die Bindung an das Bekenntnis, in: Wort und Welt, Festgabe für E. Hertzsch, Berlin 1968 S. 323 f.; *Helmut Zeddies*, Bekenntnis als Einigungsprinzip, Berlin 1980. – Zur Bekenntnissynode von Barmen 29.–31. 5. 1934 vgl. jüngst den Sammelband: *Die lutherischen Kirchen und die Bekenntnissynode von Barmen*, hrsg. v. W.-D. Hauschild, G. Kretschmar, C. Nicolaisen, Göttingen 1984, insbes.: Georg Kretschmar, Barmen 1934, Bekenntnis als Widerstand, ebenda S. 135 ff.; *Wolf Krötke*, Der christologische Ansatz der Barmer Theologischen Erklärung und die Konsequenzen für Lehre und Handeln der Kirche, S. 169 ff.; *Albert Stein*, Der Stellenwert von »Barmen« und »Dahlem« für die Entwicklung von Theorie und Praxis der evangelischen Kirchenverfassung, S. 187 ff.; *Hans-Joachim Birkner*, Der Beitrag Emanuel Hirschs zur Debatte über das kirchliche Bekenntnis, S. 224 ff.; *Kurt Meier*, Barmen und die Universitätstheologie, S. 251 ff.; *Wolf-Dieter Hauschild*, Die Relevanz von »Barmen 1934« für die Konstituierung der Evangelischen Kirche in Deutschland 1945–48, S. 363 ff.; *Olaf Lingner*, »Barmen« in der Grundordnung der EKD, S. 399 ff.; *Hans Christian Knuth*, Die Bedeutung der Barmer theologischen Erklärung für die theologische Arbeit der VELKD, S. 407 ff.; *Wilhelm Hüffmeier*, Zur Bedeutung der theologischen Erklärung von Barmen für die EKU, S. 425 ff.; ferner den Vortragsband aus dem Theol. Ausschuß der EKU: *Kirche als »Gemeinde von Brüdern«, Barmen III*, hrsg. v. A. Burgsmüller, Gütersloh 1980, insbes. dort *Axel v. Campenhausen*, Das Problem der Rechtsgestalt in ihrer Spannung zwischen Empirie und Anspruch; Rechtsgestalt und Ekklesiologie, S. 47 ff.; *Rudolf Weth*, Theologische Ekklesiologie nach 1945 im kritischen Horizont des »Barmer Bekenntnisses« (Barmen III), S. 170 ff.; *Wolfgang Huber*, Die wirkliche Kirche. Das Verhältnis zwischen Botschaft und Ordnung als Grundproblem evangelischen Kirchenverständnisses im Anschluß an die III. Barmer These, S. 249 ff. – Sowie *Ernst Wolf*, Barmen, Kirche zwischen Versuchung und Gnade, 2. A., München 1970 bes. S. 74 ff., 92 ff.; und *Klaus Scholder*, Die Bedeutung des Barmer Bekenntnisses für die Evangelische Theologie und Kirche, in: Evang. Theologie, 27, 1967 S. 435 ff., 442 ff., 359; *ders.*, Die theologische Grundlage des Kirchenkampfes, Zur Entstehung und Bedeutung der Barmer Erklärung, ebenda 44, 1984 S. 505 ff., 520 ff.

ben worden waren. All dem zuwider errang die Obrigkeit die Verfügungsgewalt über die Konfession bereits im 16. und 17. Jahrhundert. Das war vor allem das Ergebnis der politischen und rechtlichen Situation im Alten Reiche nach der Glaubensspaltung, nicht die Verwirklichung der evangelischen Glaubensprinzipien. Auch die Maxime »cuius regio eius religio« war ja eine Erfindung der Juristen, nicht der Theologen[271]. Politische und juristische Zwänge haben auch das ius reformandi aus einer Pflicht der Obrigkeit im Dienst der evangelischen Freiheit und Wahrheit zum weltlichen Wahlrecht zwischen beiden Konfessionen und zum Recht des Landesbekenntniszwangs fortgebildet, das in seiner Säkularisierung und bikonfessionellen Relativierung der religiösen Wahrheits- und Absolutheitsforderung beider Konfessionen strikt zuwiderlief[271]. Die weltliche Entscheidung von Bekenntnisfragen durch Staatsorgane widerspricht auch heute dem Selbstverständnis der evangelischen Kirche. Ihr hat die endgültige Aufhebung des Staatskirchentums seit 1919 (Artt. 137 I WRV/140 GG) auch äußerlich den Weg zur Rückbesinnung auf ihre unverfälschten evangelischen Bekenntnisgrundlagen freigeräumt.

2. Die theologische, nicht soziologische oder juristische Bestimmung des Bekenntnisbegriffs

Als Zeugnis von der Wahrheit des Evangeliums ist das Bekenntnis zwar Menschenwort, will aber Antwort sein auf Gottes Wort, das es in dienender Zusammenfassung unverfälscht in der Sprache seiner Zeit der Kirche und der Welt zur Aneignung weiterreichen will. Von seiner theologischen Wahrheitsverpflichtung sind alle rechtlichen Konsequenzen des evangelischen Bekenntnisses in strenger Ausschließlichkeit bestimmt: Der Bekenntnisbegriff und Bekenntnisstand, die Bekenntnisbildung und Bekenntnisbindung werden in der evangelischen Theologie und Kirche durch die zentralen theologischen Positionen begründet und begrenzt.

Das Bekenntnis ist also nicht nur und nicht primär ein sozio-kulturelles Phänomen der Geistes- und der Rechtsgeschichte. Die genuine, bestimmende theologische Auffassung des Bekenntnisses läßt sich deshalb nicht auf seine rein geistesgeschichtliche oder soziologische Sicht reduzieren, so mächtig auch in diesem Sinne seine historischen Wirkungen gewesen sind. – Ebenso lehnt die

---

[271] Vgl. *J. Heckel*, Cura religionis (Anm. 15) S. 232, 271 ff.; *ders.*, Lex charitatis S. 307 ff.; *ders.*, Initia iuris ecclesiastici Protestantium, München 1950 S. 61, auch in: Das blinde . . . Wort Kirche S. 182; *ders.*, ebenda S. 371 ff., 387 ff. über Summepiscopat und Episcopalsystem; *M. Heckel*, Staat und Kirche nach den Lehren der evang. Juristen S. 77 ff. zu Episcopal- und Territorialsystem; *ders.*, Art. Reformation, Rechtstheologie Luthers, ius reformandi, in: Evangelisches Staatslexikon, hrsg. v. H. Kunst, S. Grundmann u. a., 2. A., Stuttgart 1975 Sp. 2130–2159, 2052–2083, 1053 ff.; *ders.*, Konfessionelles Zeitalter S. 9 ff., 47, 65, 73, 199 ff.

evangelische Kirche heute einmütig die Verselbständigung eines besonderen »juristischen« Bekenntnisbegriffs vom theologischen Bekenntnis ab. Dergleichen juristische Bekenntnisfiktionen dienten zwar im 16.–18. Jahrhundert bedeutsam zur Neutralisierung der innerevangelischen Konfessionsstreitigkeiten und zur politischen Sammlung der Protestanten gegenüber der katholischen Gegenfront. Der Westfälische Friede benützte so einen besonderen, säkularisiert verballhornten »juristischen« Bekenntnisbegriff von der lutherischen Augsburgischen Confession des Jahres 1530; mit seiner Hilfe rechnete er »sensu politico« die Reformierten als Untergruppe den Lutheranern zu, was deren orthodoxe Theologen »sensu theologico« vehement und mit Recht bestritten[272]. Im modernen freiheitlich-pluralistischen Staatskirchenrecht sind solche politisch bedingten obrigkeitlichen Verfremdungen des Bekenntnisses im Zuge der Trennung von Staat und Kirche und der kirchlichen Selbstbestimmungsgarantie funktionslos geworden und verklungen. Juristisch verselbständigte Bekenntnisentscheidungen der Staatsbehörden (und die entsprechende Beschränkung der Kirche auf ein rechtlich unverbindliches theologisches Begutachtungsrecht in Bekenntniskrisen) sind als historischer Anachronismus und als flagranter Widerspruch zum Wesen des Bekenntnisses im evangelischen Verständnis anzusehen[273].

---

[272] Instrumentum Pacis Osnabrugense Art. VII § 1; *Zeumer*, aaO, S. 415. – Nachweise bei *M. Heckel*, Konfessionelles Zeitalter S. 77 ff., 207; ders., Itio in partes, ZRG 95, Kan.Abt. 64, 1978 S. 180 ff.; ders., Die reichsrechtliche Bedeutung des Bekenntnisses S. 72 ff. – Der säkularisierte und politisierte Bekenntnisbegriff hatte im Reichsverfassungssystem des Konfessionellen Zeitalters eine Schlüsselrolle. Er bildete die rechtliche und politische Voraussetzung für das Koexistenzsystem und Paritätsgefüge des Reichs. Die Protestanten wurden dadurch ungeachtet ihrer internen orthodoxen Lehrstreitigkeiten zu einer einheitlichen »Religionspartei« als einer festen juristisch-politischen Größe zusammengefaßt, die nach außen handlungsfähig blieb. Die Reichsgewalt wurde paritätisch auf die evangelische und katholische Religionspartei abgestützt, denen bedeutsame Verfassungsfunktionen übertragen werden (itio in partes, Konfessionsproporz u. a. m.). Während in Europa die Religionskriege wüteten, gelang es dem Reiche so den Religionszwiespalt durch eine politische Religionsfriedensordnung 1555/1648 zu neutralisieren, freilich um den Preis der juristischen Veräußerlichung des Bekenntnisses im ius reformandi und Normaljahrssystem und der dauernden juristischen Verfestigung der Bekenntnisspaltung im institutionalisierten Gegenüber zweier politisierter Konfessionsblöcke. So hatten der Bekenntnisbegriff und Bekenntnisstand gerade in ihrer juristischen Verballhornung bis 1806 eine eminente verfassungsrechtliche Funktion, die von der Kirchengeschichtsschreibung merkwürdigerweise bisher ausgeblendet wird.

[273] Ein analoger juristisch verselbständigter Bekenntnisbegriff wird heute verwendet, wo »Bekenntnis und Lehre« eines theologischen Lehrers nach dessen äußerer, juristischer Konfessionszugehörigkeit, d. h. dem (taktischen?) Nichtaustritt aus der Kirche, statt seiner Bekenntnishaltung und bekenntnisgemäßen Funktion beurteilt wird. Vgl. oben S. 114 Anm. 240.

3. Unterschiede zur katholischen Lehrgewalt

Die strikte theologische Wahrheitsbindung an das Evangelium hat ein besonderes evangelisches Verständnis von Lehrautorität und Bekenntnisgeltung entstehen lassen, das die evangelische Theologie und Kirche tief von der katholischen Lehrgewalt der Hierarchie und ihrer lehrgesetzlichen Verbindlichkeit der
katholischen Dogmen scheidet. Ob sie mit ihren pointierten Unterscheidungs-
formeln der katholischen Schwesterkirche damit gerecht geworden ist, mag hier
dahinstehen[274]. Jedenfalls hat die reformatorische Lehre seit ihrem Anbeginn
im frühen 16. Jahrhundert mit tiefem Ernst und Selbstzweifel der Versuchung
widerstehen wollen, statt des Herrn sich selbst zu dienen und sich zu verabsolutieren. Sie suchte und sucht im Bekenntnis nicht ihre eigenen Überzeugungen
und Traditionen, sondern allein die Botschaft ihres Herrn; sie hielt und hält sich
für »evangelisch« nur solange sie dienend ihn und nicht sich selbst verkündigt,
Gottes Wort und nicht ihr Menschenwort als ihren Auftrag sprechen läßt. Im
Eifer um die alleinige Geltung des Wortes Gottes und der geistlichen Gewalt
Christi (als des einzigen Herrn der Kirche) hat das evangelische Bekenntnis das
»solus Christus« im »sola scriptura«, »sola fide«, »sola gratia« stets scharf
hervorgekehrt. Darum hat es die Geltung der traditio humana neben der Heiligen Schrift verworfen; desgleichen wurde die hierarchische Ausgestaltung der
Kirchenverfassung als gewissensverstrickende Gesetzlichkeit zurückgewiesen,
weil sie in evangelischen Augen nicht auf göttlicher Stiftung, sondern (als
angemaßtes ius divinum) nur auf der menschlichen Tradition der Kirche beruhte. Darum durfte das evangelische Bekenntnis auch nicht sich selbst – gleichsam
als Fortsetzung jener Tradition – absolut setzen und mit (theologischer wie
juristischer) »Gesetzlichkeit« zur Geltung bringen:

4. Die theologische Selbstbegrenzung des Bekenntnisses

Gerade die Wahrheitsbindung an das Evangelium hat im evangelischen Kirchenwesen und Kirchenrecht dazu geführt, die (theologische und juristische)
Geltung des Bekenntnisses zu begrenzen und in Frage zu stellen bzw. – besser
gesagt – als stets neue Aufgabe lebendiger und vertiefter theologischer Erforschung, Vergewisserung, Konsensbildung der Gemeinde über die göttliche
Offenbarung zu verstehen. Die Wahrheitsfrage bildete die Voraussetzung und
die Grenze des Bekenntnisses, und zwar sowohl was seinen Inhalt, als auch was
seine Geltungskraft betraf. Als Auslegung der Schrift in der Bezeugung des
Evangeliums erkannte das Bekenntnis die Schrift als Norm und Richterin über

---

[274] Vgl. dazu insbes. die vertiefenden Erwägungen von *Ebeling*, aaO, zum Verhältnis von Schrift
und Tradition.

sich an; allein das »quia« und »quatenus« seiner Übereinstimmung mit dem Worte Gottes entschied darüber, was als evangelisches Bekenntnis gelten und Verbindlichkeit beanspruchen durfte.

»Lehrautorität«? Ja und nein zugleich! Aber eben anders als bei den anderen Autoritäten:

5. Seine Verbindlichkeit

Als Zeugnis von dem verpflichtenden und befreienden Worte Gottes wollte und will das evangelische Bekenntnis nicht seine eigene, sondern die Lehre wie die Autorität des Herrn zur Geltung bringen, an ihn, nicht an sich binden, nicht selbst etwas »vorschreiben«, sondern nachschreiben, was ihm im hörenden Gehorsam zuteil wurde und weiterzugeben aufgetragen ist. So sieht die evangelische Kirche das evangelische Bekenntnis keineswegs als unverbindlich an. Die Kirche ist auf das Evangelium und nicht auf die Pilatusfrage gegründet. Die Wahrheitsverpflichtung der christlichen Botschaft ist nicht in das Belieben menschlicher Verfügung über Gesetz und Evangelium gestellt.

Aber die Verbindlichkeit des Bekenntnisses liegt nur in der Verbindlichkeit des – recht bezeugten – Wortes Gottes selbst, nicht in der verselbständigten Kirchengewalt der Hierarchie oder demokratisierter Kirchengremien. »Christokratie«, nicht »Demokratie« oder »Hierarchie« – mit diesem Schlagwort hat die neuere Lehre das Grundprinzip des evangelischen Kirchenwesens, Bekenntnisses und Kirchenrechts recht plakativ umschrieben. Das evangelische Bekenntnis will auf den Herrn hinführen und auf sein Wort verweisen. Deshalb erhebt es nicht den Anspruch, in seinen zeitgebundenen menschlichen Formulierungen Gottes Wort und Wahrheit endgültig und abschließend zu enthalten. Deshalb kann es nicht den Durchgriff auf die Heilige Schrift und seine Überprüfung an ihr verwehren, nicht deren unmittelbare Wirkung und Geltung hindern, nicht den Herrn selbst aus der Kirche drängen und durch sein menschlich zeitbedingtes Bild von ihm ersetzen, das Fortwirken des Heiligen Geistes und das Fortschreiten der theologischen Erkenntnis nicht negieren. Auch die recht verstandene Bibelkritik seit dem 17. Jahrhundert wollte durch den Panzer der orthodoxen evangelischen Tradition zum wahren Worte Gottes durchstoßen, das wirkliche Handeln und Reden Jesu Christi im historischen Geschehen freilegen und neu zur Wirkung bringen.

6. Bekenntnis als Bekenntnisgeschehen

Das evangelische Bekenntnis ist nicht primär als objektivierte »Lehre« zu verstehen, sondern nur im Gesamtvorgang des lebendigen Bekennens der Kirche Christi zu begreifen: Es erwächst aus der Verkündigung und ist dieser wiederum dienend zugeordnet. Das Entscheidende am Bekenntnis ist nicht die Formel, sondern das Glaubensgeschehen. Das Bekenntnis will nicht nur lehrhaft historische Kunde geben und Lehrsätze der Theologie zusammenfassen, sondern es will das Heilsgeschehen des Gekreuzigten und Auferstandenen bezeugen und bewirken, in dem der Christus praedicatus als Christus praesens seiner Gemeinde durch die Verkündigung bekenntnistreuer Diener Vergebung und Erlösung schenkt.

7. Grenzen der Juridifizierbarkeit

Für die juristische Behandlung des Bekenntnisses hat dies entscheidendes Gewicht. Sein Wesen verbietet es, das Bekenntnis als objektivierten Lehrsatz äußerlich-normativ – d. h. »gesetzlich« im theologischen und juristischen Sinne – durchsetzen zu wollen. Es gilt nicht einfach »juristisch« als »Glaubensgesetz«, sondern gründet sich auf die Verkündigung, die den Konsens der Kirche über das rechte Verständnis des Evangeliums zustande kommen läßt. Konstituierend für die Kirche ist die reine, glaubenswirkende Verkündigung des Evangeliums und die rechte Sakramentsverwaltung, in der die einzigen »notae Ecclesiae« im evangelischen Sinn gesehen werden[275]. Der Vorgang der Bekenntniswahrung und auch der Entscheidung von Bekenntniskonflikten muß deshalb von der Kirche im geistlichen Verfahren des mutuum colloquium fratrum errungen werden. Er läßt sich nicht schlicht und forsch durch juristische Subsumtionen und Dezisionen praktizieren. Und er kann von der Kirche erst recht nicht der Staatsgewalt überantwortet werden, deren Amtswalter im konfessionell neutralen, säkularen Verfassungsstaat weder selbst evangelische Christen sein müssen, noch auch als solche die Kompetenz dafür besäßen, die ihnen weder staatsrechtlich noch kirchenrechtlich übertragen wurde noch werden kann.

II. Die Rechtsbedeutung des Bekenntnisses innerhalb der Kirche

Die rechtliche Relevanz des evangelischen Bekenntnisses ist danach einerseits nicht zu bestreiten, andererseits aber differenzierter zu bestimmen, als es vielfach geschieht.

---

[275] Augsburgische Konfession Art. VII, Apologie der Konfession Art. VII, in: Die Bekenntnisschriften der evangelisch-lutherischen Kirche, 2. A., Göttingen 1952 S. 61, 241.

1. Konsequenzen im Kirchenrecht

Das evangelische Bekenntnis als Zeugnis von der Wahrheit des Wortes Gottes gilt also nicht als menschliches »Lehrgesetz«, aber es hat rechtliche Konsequenzen: Die Kirche hat dafür zu sorgen, daß die Reinheit ihrer Verkündigung erhalten bleibt und die Gemeinden vor Irrlehren durch das Amt der Kirche bewahrt bleiben. Deshalb ist auch die evangelische Kirche darauf angewiesen, daß die Geistlichenausbildung dem evangelischen Bekenntnis nicht widerspricht. Das kirchliche Bekenntnis und Amt sind nicht einfach »rechtsfrei«, auch wenn sie nicht beliebiger lehrgesetzlicher Normierung und äußerlich-juristischer Vollziehung unterworfen sind.

Die Rechtsbedeutung des Bekenntnisses ergibt sich einerseits aus den evangelischen Bekenntnisschriften selbst, andererseits aus den Fundamentalnormen des evangelischen Kirchenrechts, insbesondere der Kirchenverfassungen. Keine kirchliche Instanz und kein Kirchenglied, auch keine Staatsbehörde ist berechtigt, diese innerkirchliche Rechtswirkung des Bekenntnisses prinzipiell zu bestreiten und praktisch zu ignorieren. Nicht das »Ob«, sondern nur das »Wie« dieser Rechtswirkung steht hier in Frage. Das Bekenntnis kann nicht als »rein theologisches«, d. h. »außerrechtliches« Dokument mißverstanden und in den kritischen Fragen und Fällen aus dem Leben der Gemeinde ausgeschaltet werden, in denen die Bekenntniswahrung schließlich in einen Rechtsstreit um Grund und Grenze des kirchlichen Amtes und Auftrages mündet.

2. Nach den Bekenntnisschriften

Das reformatorische »sine vi, sed verbo« wird säkularisierend-aufklärerisch mißdeutet, wenn man aus ihm den prinzipiellen theologischen Verzicht auf die Geltung des Bekenntnisses in Ordnung und Leben der Gemeinde ableitet; es stellt keineswegs die evangeliumsgemäße Wahrheitsbindung der Kirche zur Disposition, sondern kämpft gegen die Verwechslung und Vermischung der geistlichen und weltlichen Gewalt im kanonischen Recht des 16. Jahrhunderts, besonders gegen den obrigkeitlichen Glaubenszwang, die weltliche Ketzerverfolgung und die Verweltlichung der Kirchengewalt. Die Reformatoren hätten sich sonst vieles leichter machen können. Aber sie haben ihrem evangelischen Kirchenwesen eingeschärft: »Derhalben ist das bischoflich Ambt nach gottlichen Rechten, das Evangelium predigen, Sunde vergeben, Lahr urteilen und die Lehre, so dem Evangelio entgegen, verwerfen und die Gottlosen, deren gottlos Wesen offenbar ist, aus christlicher Gemein ausschließen, ohn menschlichen Gewalt, sonder allein durch Gottes Wort. Und desfalls seind die Pfarrleut und

Kirchen schuldig, den Bischofen gehorsam zu sein, lauts dieses Spruchs Christi, Lucä am 10.: ›Wer euch höret, der höret mich‹.«[276]

Auch das moderne evangelische Bischofsamt[277] umfaßt in seinem Kern eben diese geistliche Verantwortung für die unverfälschte Verkündigung des Evangeliums durch das geistliche Amt in der gesamten Kirche. Insoweit sind die göttlich-rechtlichen Elemente des Bischofsamts betroffen, die im ministerium verbi divini, in dem göttlichen Amtsauftrag des Predigtamtes wurzeln. Der Bischof hat danach das Recht und die Pflicht, durch seine bischöfliche Wortverkündigung und Seelsorge gegenüber den Geistlichen seiner Kirche den öffentlichen Fehldeutungen des Evangeliums entgegenzutreten, wie es ihm durch keine anderen Organe in und außerhalb der Kirche entzogen und begrenzt werden kann. Daneben aber ist das evangelische Bischofsamt mit zahlreichen (inhaltlich recht verschiedenen) äußeren Leitungsbefugnissen ausgestattet. In ihnen ist der Bischof als äußeres Leitungsorgan der Kirche mit anderen Leitungsorganen synodalen und konsistorialen Charakters verbunden bzw. in diese inkorporiert. Insoweit handelt es sich um Leitungsfunktionen menschlichen Rechts, die nach menschlicher Vernünftigkeit und Erfahrung je nach der Organisationsstruktur der Landeskirchenverfassung in ihren Kompetenzen und Verfahrensweisen geordnet sind. Nach ihnen bemißt sich die Art und Weise, wie auch die Bekenntniskonflikte innerhalb der Kirche im einzelnen verfahrensmäßig zu behandeln und dann im Außenverhältnis dem Staate gegenüber abzuwickeln sind, etwa wenn es um den Entzug der kirchlichen Vokation für einen staatlichen Religionslehrer oder hier um die kirchliche Lehrbeanstandung eines staatlichen Universitätstheologen geht. Je nach der allgemeinen Regelung der Kirchenverfassung ist der Bischof insoweit in das Kollegialorgan der Kirchenleitung (Oberkirchenrat, Kirchensenat usw.), bei einigen Landeskirchen auch in die Synode integriert. Dieses Kirchenleitungsorgan ist seinerseits in manchen Landeskirchen gegenüber der Synode verselbständigt und auf ein dualistisches Zusammenwirken mit ihr angelegt; in anderen Kirchen aber ist die kollegiale Kirchenleitung in die Synode (als das oberste Kirchenleitungsorgan dieser Landeskirchen) organisatorisch eingegliedert, als deren Präses dann der Bischof

---

[276] Augsburgische Konfession Art. XXVIII, aaO, S. 123. – Vgl. auch *J. Heckel*, Lex charitatis S. 207, 214 A. 1139, 322 ff.; *ders.*, Initia S. 22 ff., 48 ff.; *M. Heckel*, Art. Reformation, Rechtstheologie Luthers, in: Evangelisches Staatslexikon Sp. 2056, 2061, 2134 ff.

[277] *Wilhelm Maurer*, Das synodale evangelische Bischofsamt, Berlin 1955 S. 6 ff., auch in: *ders.*, Die Kirche und ihr Recht, Jus Ecclesiasticum 23, Tübingen 1976 S. 388 ff.; *Peter Brunner*, Vom Amt des Bischofs, Schr. d. Theol. Konvents Augsb. Bek., Berlin 1955 S. 5 ff., auch in: *ders.*, Pro Ecclesia Bd. 1 S. 235 ff.; *Gerhard Tröger*, Das Bischofsamt in der evangelisch-lutherischen Kirche. Jus Ecclesiasticum 2, München 1966; *Siegfried Grundmann*, Verfassungsrecht in der Kirche des Evangeliums, ZevKR 11, 1964/65 S. 51 ff., 57 ff., auch in: *ders.*, Abhandlungen zum Kirchenrecht, Köln Wien 1969 S. 112 ff., 118 ff.; *Solte*, aaO, S. 280; *Martin Heckel*, Zur zeitlichen Begrenzung des Bischofsamts, ZevKR 27, 1982 S. 138 ff., 145 ff.

fungiert. Dem Bischof aber steht überall die Vertretung der Kirche nach außen, d. h. auch dem Staat gegenüber, zu.

3. Nach den Kirchenverfassungen

Die evangelischen Landeskirchen, die EKD und die gliedkirchlichen Zusammenschlüsse heben die spezifische Rechtsbedeutung des evangelischen Bekenntnisses – altkirchlicher und reformatorischer Herkunft – in den einleitenden Grundartikeln hervor: Unantastbare Grundlage der Kirche ist das Evangelium von Jesus Christus selbst, das in den Bekenntnissen »bezeugt« wird und für dessen Verständnis die Bekenntnisse »maßgebend« bzw. »verpflichtend« sind[278].

Über den Sinn dieser Bekenntnisbindung hat die neuere Lehre und Praxis in verschiedenen Anläufen und mit verschiedener Akzentuierung einen gewissen Konsens errungen[279]. Er trifft sich in der Abkehr: (1.) Von einem juristischen

---

[278] Vgl. Vorspruch und Artt. 1, 2 GrundO der Evangelischen Kirche in Deutschland v. 13. 7. 1948; Vorspruch und Grundartikel der Ordnung der Evangelischen Kirche der Union v. 20. 2. 1951/12. 12. 1953; Vorspruch und Artt. 1–3 Verfassung der Vereinigten Evangelisch-Lutherischen Kirche Deutschlands v. 8. 7. 1948; ebenso mit Formulierungsvariationen die grundlegenden Bekenntnisartikel am Anfang sämtlicher Landeskirchenverfassungen. Vgl. die Übersicht bei *Erik Wolf*, Ordnung der Kirche, Frankfurt 1961 S. 506 f.; auch *Günther Wendt* und *Albert Stein*, »Inwieweit sind Schrift und Bekenntnis höherrangige Normen gegenüber dem positiven Recht?« Veröff. der Tagung der Arnoldshainer Konferenz und VELKD, Evang. Akademie Bad Herrenalb v. 23.–25. 4. 1982 (ohne Ort u. Jahr).

[279] In Auswahl seien zur neueren Grundlagendiskussion des evangelischen Kirchenrechts genannt: *Karl Barth*, Rechtfertigung und Recht, Zollikon-Zürich 1948; *ders.*, Die Ordnung der Gemeinde, Zur dogmatischen Grundlegung des Kirchenrechts, München 1955 S. 10 ff.; *Erik Wolf*, Zur Entstehung der Grundordnung der EKD (1955); *ders.*, Entwicklung und Krisen des Kirchenrechts (1961); *ders.*, Kirche und Recht (1936); *ders.*, Das Problem und die Leitgedanken für eine Grundordnung der EKD (1948); *ders.*, Zur Rechtsgestalt der Kirche (1952), jetzt in: *ders.*, Rechtstheologische Studien, Frankfurt 1972 S. 47 ff., 76 ff., 264 ff., 293 ff., 312 ff., dazu die Rez. d. Verf. in ZRG 92 Kan.Abt. 61, 1975 S. 448 ff.; *Erik Wolf*, Ordnung der Kirche S. 17 ff., 61 ff., 502 ff.; *J. Heckel*, Lex charitatis, sowie dessen Aufsatzband, Das blinde, undeutliche Wort »Kirche«; *Hans Dombois*, Das Recht der Gnade. Ökumenisches Kirchenrecht, Bd. III: Verfassung und Verantwortung, Bielefeld 1983; und die Aufsatzbände von *Wilhelm Maurer*, Die Kirche und ihr Recht, bes. S. 1 ff., 22 ff., 44 ff., 99 ff., 328 ff., 364 ff.; und von *Wilhelm Dantine*, Recht aus Rechtfertigung, Jus Ecclesiasticum 27, 1982 bes. S..290 ff., 299 ff., 347 ff.; auch *Ernst Wolf*, Zum protestantischen Rechtsdenken, in: *ders.*, Peregrinatio II, München 1965 S. 191 ff.; *ders.*, Der christliche Glaube und das Recht, Zu J. Heckels Lex charitatis, ZevKR 4, 1955 S. 225 ff. Ferner die Übersichten von *Axel v. Campenhausen*, Literaturbericht zum Kirchenrecht, in: Theologische Rundschau 38, 1973 S. 123 ff.; *ders.*, Das Problem der Rechtsgestalt . . . und Ekklesiologie, in: Kirche als Gemeinde von Brüdern, Barmen III S. 47 ff. und von *Klaus Schlaich*, Die Grundlagendiskussion zum evangelischen Kirchenrecht, Pastoraltheologie 72, 1983 S. 240 ff. und *ders.*, Kirchenrecht und Kirche, ZevKR 28, 1983 S. 337 ff. sowie *Albert Stein*, Zum Stand der Grundlagendiskussion im deutschen evangelischen Kirchenrecht, NJW 36, 1983 S. 2527. Ferner vgl. das Votum des Theologischen Ausschusses der *Arnoldshainer Konferenz* »Was gilt in der Kirche?« Die Verantwortung für Verkündigung und verbindliche Lehre in der Evangelischen Kirche, Veröffentlichungen aus der

Positivismus, der überhaupt auf eine tiefere Begründung wie Infragestellung des gesetzten kirchlichen Rechts verzichtet. (2.) Von einem theologischen Fundamentalismus, der die Weisungen der Heiligen Schrift in bibel-positivistischer Gesetzlichkeit mißversteht und das »Evangelium« über dem »Gesetz« verkürzt. (3.) Von einem theologischen Spiritualismus, der die Kirche prinzipiell entweltlicht und rechtsfrei halten möchte, etwa Rudolph Sohms Thesen vom grundsätzlichen Widerspruch des Kirchenrechts zum geistlichen Wesen der Kirche nachhängt. (4.) Von einem bloßen Historismus, der gerade in den sensibelsten geistlichen Grundlagenfragen die überkommenen Bekenntnis- und Rechtsformen juristisch in Erstarrung und Restauration, theologisch in einen selbstgenügsamen Konfessionalismus gleiten läßt und so Gottes Wort der traditio humana unterzuordnen droht. (5.) Von einer Überfremdung durch weltliche Sozialphilosophien und Verfassungsstrukturen, die das geistliche Wesen der

---

Arnoldshainer Konferenz, Neukirchen 1985 S. 13 ff., 44 ff., 59 ff. – Nach den großen Anstößen durch den Kirchenkampf und den kirchlichen Wiederaufbau nach 1945 ist in den letzten drei Jahrzehnten diese Prinzipiendiskussion abgeebbt. Nachdem die Grundlagen im wesentlichen erarbeitet waren und neue politische und kirchenpolitische Herausforderungen fehlten, hat die theologische und kirchenrechtliche Forschung nicht mehr die innere und äußere Nötigung zur intensiven Weiterführung des rechtstheologischen Gesprächs empfunden, sondern sich der positivrechtlichen Ausformung der kirchlichen Ordnung gewidmet, vor allem aber um die schwierigen und aktuellen Probleme des Staatskirchenrechts bemüht, die das Verhältnis der bekenntnisbestimmten geistlichen Ordnung der Kirche zur konfessionell neutralen, säkularen Ordnung des pluralistischen Kultur- und Sozialstaatssystems heute aufwirft. Die geistliche Freiheit der Kirchen von der Welt zum Dienst in (und an) der Welt realisiert sich hier konkret in der Ordnungsproblematik der kirchlichen Selbstbestimmungsgarantie, Religionsfreiheit, Parität, des Arbeits- und Steuerrechts, Erziehungswesens, der Daseinsvorsorge. In vergleichbarer Weise sucht die kirchenrechtshistorische Forschung die Verbindung und gegenseitige Befruchtung mit der allgemeinen Geschichtswissenschaft, Verfassungs- und Sozialgeschichtsschreibung. Auch hier geht es nicht um den Verlust, sondern um die Entfaltung der rechtstheologischen Grundlagenpositionen in der konkreten Sacharbeit, die von den modischen Genitivtheologien vielfach vernachlässigt zu werden pflegt. Zur Notwendigkeit der Kooperation mit den anderen Disziplinen bei kompetenter Beschränkung auf die juristischen Aspekte und gleichzeitiger interdisziplinärer Öffnung zur Theologie und Historie, vgl. die Bemerkungen des Verf., Die Situation des Kirchenrechts an den deutschen Universitäten, ZevKR 18, 1973 S. 330 ff. – Den notwendigen Zusammenhang zwischen den theologischen Grundlagen und der äußeren kirchlichen Ordnung hat *K. Schlaich*, ZevKR 28, 1983 S. 353 jüngst mit dem »antwortenden« Charakter des Kirchenrechts auf die Theologie charakterisiert. Der Begriff der »Antwort« scheint freilich nicht glücklich und unmißverständlich zu sein, weil er das strenge Abhängigkeits- und (Nach-)Folgeverhältnis der äußeren Ordnung von der Verkündigung und vom Bekenntnis des Wortes Gottes im evangelischen Kirchenrecht gleichsam in die Beliebigkeit des »ewigen Gespräches« der Romantik aufzulösen und die Autorität des göttlichen Gesetzes und Evangeliums damit der menschlichen Verfügung unterzuordnen droht. »Antworten« können zustimmend, ablehnend, distanzierend sein. So läßt sich modellartig eher das Verhältnis des modernen, säkularen Staates zur christlichen Verkündigung umschreiben, der sich von ihrer Bindung konstitutionell »emanzipiert«, sich aber in seiner Kompetenzregelung die Antwort offenhält und diese auch durch seine säkularen, religiös relativierten Grundrechtsgarantien den Bürgern zur Disposition zwischen geistlicher Treue und Abfall stellt, wie die Regelung der negativen Religionsfreiheit, Kirchenaustrittsmöglichkeit u. a. m. erweist.

Kirche als göttliche Stiftung und Gemeinde des Herrn durch Anthropologismen und Soziologismen verfälschen – mag sich dies nun in Säkularisierung, Ideologisierung, Politisierung oder Demokratisierung äußern. Das evangelische Kirchenrecht ist sich aus seiner historischen Erfahrung heute der Versuchungen bewußt geworden, die die allzu enge Verschwisterung mit den weltlichen Mächten für seinen Auftrag mit sich bringt, wenn es sich nicht auf die begrenzte, zeitgerechte Rezeption und Adaption bewährter weltlicher Formen im kirchlichen Dienst beschränkt.

4. Bekenntnisbindung, nicht Bekenntnisausgrenzung

In verhältnismäßig breiter Übereinstimmung wird heute angenommen: Die Vorordnung der Bekenntnisgrundlagen vor den Organisationsbestimmungen, die in den einführenden Grundartikeln der Kirchenverfassungen zum Ausdruck kommt, bedeutet zunächst die Unantastbarkeit des Bekenntnisses für alle Kirchenorgane. Deshalb ist das Bekenntnis z. B. nicht als Gegenstand der Gesetzgebung den wechselnden Majoritätsbeschlüssen der kirchlichen Legislative unterworfen; selbst mit qualifizierten Mehrheiten kann es nicht einfach im Verfassungsänderungsverfahren »juristisch« abgeschafft, verändert, authentisch deklariert werden. Aber jener Vorrang der Bekenntnisartikel hat nicht den negativen Sinn einer Ausgrenzung des Bekenntnisses aus dem Recht, sondern der – positiven – Konstituierung, Inhaltsbestimmung und Begrenzung des Rechts durch seine Bekenntnisfundamente: Das Kirchenrecht hat das Bekenntnis nicht nur (als etwas Rechtsfremdes?) zu achten, sondern lebendig zu entfalten und im kirchlichen Wirken zu verwirklichen. Das evangelische Kirchenrecht muß bekenntnisgemäß sein, und das Bekenntnis muß in einer entsprechenden Rechtsordnung der Kirche Gestalt gewinnen. So ist das evangelische Kirchenrecht als Folge und Funktion des Bekenntnisses bezeichnet worden[280]. Es muß aus dem Wesen und Wirken der Kirche, aus der Verkündigung ihrer Botschaft erwachsen und es ist material als Lebensordnung der Glaubens-(Bekenntnis-)Gemeinschaft zu verstehen. Nach Gehalt und Methode hat das evangelische Kirchenrecht den juristischen Positivismus mit seiner substantiellen Relativierung und Reduzierung des Rechts auf eine äußerliche Zwangsordnung beliebigen Inhalts längst überwunden.

Die großen Fortschritte des evangelischen Kirchenrechts seit Ausbruch des Kirchenkampfes i. J. 1933 und der Neuordnung nach 1945 beruhen auf eben dieser interdisziplinären Zusammenschau seiner theologischen und juristischen Grundlagen und Bezüge, die die Lehre und die Praxis aus innerer Notwendig-

---

[280] *Erik Wolf*, Ordnung der Kirche S. 502 ff.

keit und äußerer Nötigung mannigfach erfuhr. In kritischer Rückbesinnung auf die theologischen Grundpositionen der reformatorischen Theologie geht es dem modernen evangelischen Kirchenrecht um den unlösbaren Zusammenhang von Verkündigung und Ordnung, Rechtfertigung und Recht, Geistkirche und Rechtskirche, deshalb um den Zusammenhang von Bekenntnis und Rechtsgestalt der Kirche: Die geistlichen Funktionen der Kirche sind bestimmend für ihre juristischen Organisationsstrukturen, Kompetenz- und Verfahrensnormen. Die reformatorische Freiheit von der Welt erfüllt und verwirklicht sich in der Bindung an Gottes Wort zum Dienst am Herrn und an den Brüdern. Der Rechtscharakter des evangelischen Kirchenrechts als Dienstrecht ist dadurch geprägt. Darin ist der tiefe Unterschied zwischen dem bekenntnisgebundenen, bekenntnisbestimmten Recht der Kirche und dem bekenntnisneutralen Recht des säkularen, weltanschaulich-religiös neutralen und pluralistischen Verfassungsstaates begründet. Deren Vermischung widerstreitet den geistigen und normativen Grundlagen des Staates wie der Kirche.

Das Kirchenrecht ist mithin Recht eigener Art, vom weltlichen Recht z. T. beträchtlich unterschieden hinsichtlich seines Geltungsgrundes und Gehaltes, seiner Geltungsweise und Grenzen. Es darf dem Wesen der Kirche nicht widersprechen. Evangeliumswidriges Kirchenrecht ist für die Kirche nichtig. Das Bekenntnis – als das gemeinsame Zeugnis der Kirche vom rechten Verständnis des Evangeliums – ist verpflichtend für die Interpretation des kirchlichen Rechts.

5. Fehlentwicklungen

All dies ist zum Ausgangspunkt der Reformation und ihrer Absage an das kanonische Recht geworden. Das reformatorische Verständnis des Evangeliums hat so im 16. Jahrhundert ein neues Verständnis des kirchlichen (und auch des weltlichen) Rechts herbeigeführt und den als evangeliumswidrig verworfenen Rechtsaufbau der katholischen Kirche aufgesprengt. Dann freilich ist es im evangelischen Partikularkirchenwesen nur bruchstückhaft zu einer kirchenrechtlichen Entfaltung der reformatorischen Rechtstheologie gekommen, da schon im 16. Jahrhundert die Kirche allenthalben unter die verweltlichte Kirchenherrschaft des Territorialstaates und der paritätischen Religionsverfassung des Alten Reiches geriet, deshalb von einem (weltlich begründeten und ausgeübten) ius reformandi und vom Summepiskopat der Territorialherrschaften rechtlich überfremdet wurde[271].

Auch nach dem Ende des Staatskirchentums muß heute das evangelische Kirchenrecht in dieser Rückbesinnung auf seine evangelischen Bekenntnisgrundlagen den zweifachen Irrweg einer falschen Säkularisierung und einer falschen Spiritualisierung vermeiden: Der erste wird betreten, wenn die Entscheidung der Bekenntnisfragen durch die Staatsorgane, wie man sie am christlich-konservativen Obrigkeitsstaat vielfach heftig kritisiert, geradlinig fortgesetzt wird mit dessen demokratischem Erben, der sich zudem offiziell von der Kirche getrennt und den »christlichen« Staatscharakter liberal und pluralistisch aufgegeben hat. – Der andere Irrweg einer illegitimen Spiritualisierung des evangelischen Kirchenrechts wird dann beschritten, wenn Formen des äußeren menschlichen Kirchenrechts theologisch überhöht und dadurch geistlich überfrachtet werden.

III. Die Verschiedenartigkeit der Bekenntnisrelevanz und des Bekenntniskonsens

Die Verschiedenartigkeit der Bekenntnisse und auch der rechtlichen Bekenntnisgebundenheit erscheint oft unterschätzt.

1. Nach den Rechtsgebieten

So haben die verschiedenen Materien des evangelischen Kirchenrechts einen recht verschiedenen Grad der Bekenntnisrelevanz. Das theologische Fakultätenrecht ist in entscheidender und zentraler Weise als bekenntnisbedingt anzusehen, da hier die wissenschaftliche Arbeit an der Entfaltung des Evangeliums, am fortschreitenden Bekenntniskonsens und an der Zurüstung der künftigen Geistlichen für ihren Dienst am Worte Gottes geschieht. Auch manche anderen Materien reichen ähnlich tief in das Zentrum des Bekennens und Bekenntnisses der Kirche hinein: Das Sakramentsrecht, die Ausgestaltung des ministerium verbi divini im Recht des Pfarramts und im Pfarrerdienstrecht, das Recht der Kirchenmitgliedschaft u. a. m. – Andere Bereiche sind zwar in den Grundlagen wesentlich bekenntnisbedingt; das Kirchenverfassungsrecht, das Kirchengemeinderecht, die Ordnung der Diakonie, das kirchliche Amts- und Dienstrecht, das kirchliche Arbeits- und Mitarbeitervertretungsrecht sind hier zu nennen. So hat sich die evangelische Kirche als Dienstgemeinschaft ihres Herrn gehindert gesehen, das weltliche Arbeitsrecht mit seinen auf eigenmächtige, weltliche Interessenbefriedigung abgestellten Konfliktstrukturen in den Bereich der Kirche zu übernehmen; sie hat einen »Dritten Weg« des kircheneigenen, bekenntnisgemäßen Ausgleiches gesucht[281]. Aber die Ausgestaltung dieser

---

[281] Z. B. *Albert Janssen*, Das Streikrecht der Angestellten und Arbeiter im öffentlichen Dienst und der »Dritte Weg« der Kirchen, Heidelberg 1982; *Armin Pahlke*, Kirche und Koalitionsrecht, Jus Ecclesiasticum Bd. 29, Tübingen 1983; ferner *Klaus Schlaich*, Der »Dritte Weg«, JZ 1980

Bekenntnisgrundlagen wird dem Bereich der »Adiaphora«, d. h. des peripheren weltlichen Rahmens zugerechnet, in dem die Gemeinde Christi nach evangelischem Verständnis eine große Freiheit besitzt, nach dem Maß christlicher Bruderliebe und irdischer Vernunft die zeitgerechten Formen zum geistlichen Dienst zu finden und bewährte Rechtsinstitute des weltlichen Rechts modifiziert zu übernehmen. Auch im Organisationsrecht und Wahlrecht der evangelischen Kirchenverfassungen ist dies ja vielfältig geschehen. – Andere Materien – wie das kirchliche Finanz-, Haushalts- und Vermögensrecht – sind von dem geistlichen Kern der Kirche so weit entrückt und so der technischen Effizienz bestimmter weltlich-sozialer Rahmenbedingungen der kirchlichen Organisation gewidmet, daß sie sich nicht zutreffend als »bekennendes Kirchenrecht« charakterisieren lassen, auch wenn die dienende Bestimmung aller kirchlichen Funktionen für den geistlichen Zweck der Kirche nicht verkannt wird. Doch kann der Hinweis auf solche relativ »bekenntnisneutralen« Materien des Kirchenrechts nicht die Bekenntnisbedingtheit anderer Rechtsbereiche (wie eben des Fakultätsrechts) erschüttern.

2. Nach den Bekenntnisformen

Die Verschiedenartigkeit der rechtlichen Bekenntniswirkungen folgt ferner auch aus der Verschiedenartigkeit der Bekenntnisse selbst: Die Bekenntnisse enthalten keine Abstraktionen von zeitloser, universaler Gültigkeit. Sie suchen vielmehr eine menschlich-zeitgebundene Antwort auf bestimmte geschichtlich-konkrete Herausforderungen und Nöte in der Denkform und Sprache ihrer Zeit zu geben, ohne deren Kenntnis sich die Bekenntnisaussage und Bekenntnisbindung nicht präzise ermitteln läßt[282]. Demgegenüber gerät ein rein theologisch-dogmatisches Verständnis der Bekenntnisse leicht in Gefahr, die historischen und juristischen Umstände zu verkennen, unter denen eine Bekenntnisschrift entstand und die ihre Thematik und ihre Argumentation maßgeblich bestimmten. Aber der besondere zeitbedingte Anlaß, das politische Umfeld, die kirchliche Situation, die Überzeugungen der Adressaten, die Ziele und die Erwartungen haben bei allen Bekenntnissen die Auswahl der Gegenstände, die Offenheit oder Verhaltenheit der Sprache, die Geltung und Wirkung im kirchlichen und im politischen Raum erheblich mitgeprägt. Es kommt doch darauf an: Ob ein

---

S. 209 ff. – Auf die verschiedene Bedeutung des Bekenntnisses für die einzelnen Materien des Kirchenrechts hat der Verf. in seiner Rez. zu Erik Wolfs rechtstheologischen Studien hingewiesen, aaO, S. 452; differenzierend auch *Schlaich*, ZevKR 28, 1983 S. 363 ff., 368.

[282] Vgl. etwa *Schlink*, Theologie der luth. Bekenntnisschriften S. 47 ff.; *Brunstäd*, Theologie der luth. Bekenntnisschriften S. 8, 15; *M. Heckel*, Die reichsrechtliche Bedeutung des Bekenntnisses S. 58 ff.

Bekenntnis – wie die Confessio Augustana 1530 – sich primär nach außen, an den katholischen Kaiser und Reichstag richtete und im politischen Entscheidungsprozeß die reichsrechtliche Legalität und kirchenrechtliche Katholizität der evangelischen Bewegung erweisen sollte (und auch deshalb manche Lehrdifferenz vorsichtig auszuklammern und herunterzuspielen suchte), – oder ob das Bekenntnis scharf die äußere Abgrenzung vom katholischen Dogma und Jurisdiktionsanspruch betrieb wie die Schmalkaldischen Artikel, – oder ob es wie die Konkordienformel von 1577 der brüderlichen innerevangelischen Vermittlung von Lehrstreitigkeiten gewidmet war, – oder wie die Katechismen schlicht dem evangelischen Amt und Haus zur Glaubensunterweisung dienen sollte. Nur mittels der historisch-juristischen Aspekte ist zu erkennen, was und in welcher Weise damals in der Lage und dem Konsens von einst gegen die Irrlehre von damals entschieden worden ist. Und nur so ist die – theologisch wichtigere – Antwort zu finden, was diese alten Bekenntnisaussagen nach ihrer weiterhin gültigen Bekenntnisintention in einer neuen Bekenntnissituation gegenüber neuen Herausforderungen durch neue Irrlehren heute im fortdauernden, erneuerten Konsens bedeuten. Die Bekenntnistreue gilt ja nicht »historisch« der versteinerten Bekenntnisformel, sondern dem Evangelium im lebendigen Bekenntnisvorgang, durch den die Kirche die göttliche Wahrheit weiterhin bezeugt. Dies ist auch von neueren Versuchen einer evangelischen Bekenntnisabklärung zu sagen. Die Barmer theologische Erklärung von 1934, der weithin im evangelischen Raum der Charakter eines kirchlichen Bekenntnisses zuerkannt wird[283], ist aus ihrer historischen Situation zu interpretieren; ihr Bekenntnisanliegen muß deshalb in die neue Bekenntnissituation übersetzt, nicht nur äußerlich nachgesprochen werden, wenn ihr Sinn bewahrt werden will.

3. Nach dem Konsensgrade

Die rechtliche Bekenntnisrelevanz in der evangelischen Kirche ist weiterhin durch die Verschiedenartigkeit und Wandlung des Konsensgrades in Bekenntnisfragen charakterisiert und kompliziert.

Der »Bekenntnisstand« existiert eben nicht statisch in einer Art Versteinerung – weshalb er sich auch nicht als objektiviertes Lehrgesetz (vom Bekennen der Gemeinde Christi abgezogen) »gesetzlich« auferlegen und subsumierend vollstrecken läßt. Das evangelische Bekenntnis existiert im Bekenntnisgeschehen, das sich in der lebendigen geistlichen Konsensbildung durch die ständige Auslegung, Aneignung, Sinndeutung, theologische Hinterfragung und Über-

---

[283] Etwa im Grundartikel I Abs. VI der Kirchenordnung der Evangelischen Kirche im Rheinland v. 2. 5. 1952 und im Grundartikel II Abs. VI der Kirchenordnung der Evangelischen Kirche von Westfalen v. 1. 12. 1953.

prüfung der objektivierten Bekenntnissätze an der Heiligen Schrift im Spiegel der kirchlichen Traditionen und im Blick auf die Zukunftsaufgaben der Kirche vollzieht. Gerade in den letzten Jahrzehnten hat eine verstärkte Bewegung zur theologischen Selbstkritik und zu neuem Einigwerden unter den historischen Bekenntniskirchen eingesetzt, die das quälende Nebeneinander und Gegeneinander der christlichen Bekenntnisse nicht mehr als historisches Faktum im Sinne des überkommenen »Konfessionalismus« hinnimmt. Sie müht sich, die Einheit der Kirche und die Wahrheit des Evangeliums, die jede der Konfessionen jeweils für sich verschieden versteht und verbindlich hält, in vertiefter und übergreifender Gemeinsamkeit zu erkennen und zu bezeugen[284].

4. Interprotestantische Gemeinsamkeiten

So haben die reformatorischen Kirchen in Europa durch die »Leuenberger Konkordie« vom 16. März 1973[285] ein »gemeinsames Verständnis des Evange-

---

[284] Dies wird auch an den verschiedenen Kolloquien und Vortragsreihen zum 450-jährigen Jubiläum der Confessio Augustana deutlich, in denen sich evangelische und katholische Theologen in Aufgeschlossenheit, Selbstkritik und theologischer Treue vielfältig neu begegnet sind. Vgl. die Sammelbände: Confessio Augustana und Confutatio. Der Augsburger Reichstag 1530 und die Einheit der Kirche. Internationales Symposion d. Ges. z. Hrsg. d. Corpus Catholicorum v. Sept. 1979 in Augsburg, hrsg. v. *Erwin Iserloh*, Münster 1980; Das Augsburger Bekenntnis von 1530 – damals und heute, hrsg. v. *Bernhard Lohse* und *Otto Hermann Pesch*, München Mainz 1980; Confessio Augustana – Bekenntnis des einen Glaubens. Gemeinsame Untersuchung lutherischer und katholischer Theologen, hrsg. v. *Harding Meyer* und *Heinz Schütte*, Paderborn Frankfurt 1980; Kirche und Bekenntnis. Historische und theologische Aspekte zur Frage der gegenseitigen Anerkennung der lutherischen und der katholischen Kirche auf der Grundlage der Confessio Augustana, hrsg. v. *Peter Meinhold*, Wiesbaden 1980; La Confession d'Augsbourg. 450ᵉ anniversaire. Autour d'un colloque oecumenique international (Ed. Beauchesne) Paris 1980; Confessio Augustana – Den Glauben bekennen. 450-Jahr-Feier des Augsburger Bekenntnisses, hrsg. v. *R. Kolb* i. Z. m. *W. Wunderer*, Gütersloh 1980; Bekenntnis und Geschichte. Die Confessio Augustana im historischen Zusammenhang, hrsg. v. *Wolfgang Reinhard*, München 1981; La Confesion de Fe de Augsburgo ayer y hoy. Congreso internacional luterano-católico, Salamanca, Ed. *Miguel M. Garijo Guembe*, Salamanca 1981; Das Augsburger Bekenntnis in drei Jahrhunderten 1530–1630– 1730, hrsg. v. *Horst Jesse; Peter Gauly*, Katholisches Ja zum Augsburger Bekenntnis? Ein Bericht über die neuere Anerkenntnisdiskussion. Freiburg Basel Wien 1980; *Gerhard Ebeling*, Der Lauf des Evangeliums und der Lauf der Welt. Die Confessio Augustana einst und jetzt, Lutherische Beiträge 1980, H. 3 S. 2 ff. *Ernst Koch, Lothar Ullrich, Ernst Kühn*, Der wissenschaftliche Ertrag des Confessio-Augustana-Gedenkjahres 1980, Theol. Literaturzeitung 1981 S. 706 ff.

[285] Vgl. die Textausgabe von *Wenzel Lohff*, Die Konkordie reformatorischer Kirchen in Europa, Frankfurt a. M. 1985, mit Einl. S. 3 ff. Zur Vorgeschichte und Rezeptionsgeschichte der Leuenberger Lehrgespräche vgl. *Lukas Vischer* (Hg.), Auf dem Weg, Zürich 1967; *Marc Lienhard* (Hg.), Lutherisch-Reformierte Kirchengemeinschaft heute, Frankfurt 1972; *v. Allmen* (Hg.), Zeugnis und Dienst, Frankfurt 1977; *André Birmele* (Hg.), Konkordie und Kirchengemeinschaft. – Aus der umfangreichen Lit. vgl. insbes. *Hans Martin Müller*, Vom Umgang mit dem theologischen Pluralismus, in: Theologie und Wirklichkeit, Festschrift f. W. Trillhaas, Göttingen 1973 S. 91 ff.; *ders.*, Der Lehrbegriff der Leuenberger Konkordie und die Frage der Kirchengemeinschaft, Kerygma und Dogma Heft 1, 1979 S. 2 ff.; *Horst Lahr*, Chancen und Problematik einer Konkordie für die

lium« unter sich festgestellt, das »ihnen Kirchengemeinschaft zu erklären und zu verwirklichen« ermöglicht hat[286]. Das gemeinsame Verständnis der Rechtfertigungsbotschaft, der Taufe, des Abendmahls wurde betont[287]. Die gegenseitigen Verwerfungsurteile der reformatorischen Kirchen in der Abendmahls-, Christologie- und Prädestinationslehre wurden zwar »ernst« genommen, aber in gemeinsamen Aussagen soweit überwunden, daß sie heute »kein Hindernis mehr für die Kirchengemeinschaft« bilden, sondern die gemeinsame Weiterarbeit in und zwischen den beteiligten Kirchen an den alten Lehrunterschieden der Tradition und den neuen Polarisierungen der Gegenwart zur Pflicht werden lassen[288]. Auch wenn sich die Leuenberger Konkordie offiziell »nicht als ein neues Bekenntnis« versteht und »die verpflichtende Geltung der Bekenntnisse in den beteiligten Kirchen bestehen« ließ[289], ist ihre Bedeutung als Bekenntnis(fort)bildung nicht zu verkennen: Die Kirchen »gewähren einander Kanzel- und Abendmahlgemeinschaft« mit »gegenseitiger Anerkennung der Ordination« und Interzelebration; damit »ist Kirchengemeinschaft erklärt«, die »seit dem 16. Jahrhundert entgegenstehenden Trennungen sind aufgehoben«[290].

Das so errungene gemeinsame Bekenntnisverständnis wird also nicht als rechtsfrei aus dem Recht ausgegrenzt, sondern hat eine konstituierende, inhaltlich bestimmende und begrenzende Funktion für die kirchliche Rechtsordnung und Rechtsauslegung: Diese beteiligten Kirchen »lassen sich bei der gemeinsamen Ausrichtung von Zeugnis und Dienst von dieser Übereinstimmung leiten«; bei der »kirchenrechtlichen Regelung von Einzelfragen« werden die Kirchen »die Konkordie berücksichtigen«[291]. Konsequenzen aus der Lehrkonkordie für

---

Einigung von Kirchen, ebenda S. 17 ff.; *Helmut Zeddies*, »Zur Kirche verdichtete Gemeinschaft«, ebenda S. 44 ff., sowie die gründliche (kathol.) Dissertation von *Elisabeth Schieffer*, Von Schauenburg nach Leuenberg, Paderborn 1983.

Der Konkordie stimmten eine Vielzahl der lutherischen und reformierten Kirchen zu. Nach dem Vorgang der Landeskirchen wurde sie auch von der Evangelischen Kirche in Deutschland rezipiert; durch Verfassungsänderung vom 14. Juni 1984 wurde dem Grundordnungsartikel über die Bekenntnisgrundlagen der Absatz 4 angefügt: »Zwischen den Gliedkirchen besteht Kirchengemeinschaft im Sinne der Konkordie reformatorischer Kirchen in Europa (Leuenberger Konkordie). Die Evangelische Kirche in Deutschland weiß sich mit ihren Gliedkirchen verpflichtet, die in ihr bestehende Gemeinschaft auch im Sinne dieser Konkordie zu stärken und die Gemeinsamkeit im Verständnis des Evangeliums zu vertiefen.«

[286] Leuenberger Konkordie Ziff. 1, 2. Ziff. 5 »Veränderte Voraussetzungen heutiger kirchlicher Situation. . . All dies veranlaßte die Kirchen in neuer Weise, das biblische Zeugnis wie die reformatorischen Bekenntnisse, vor allem seit den Erweckungsbewegungen, für die Gegenwart zu aktualisieren. Auf diesen Wegen haben sie gelernt, das grundlegende Zeugnis der reformatorischen Bekenntnisse von ihren geschichtlich bedingten Denkformen zu unterscheiden. Weil die Bekenntnisse das Evangelium als das lebendige Wort Gottes in Jesus Christus bezeugen, schließen sie den Weg zu dessen verbindlicher Weiterbezeugung nicht ab, sondern eröffnen ihn und fordern auf, ihn in der Freiheit des Glaubens zu gehen.«

[287] Ziff. 7–16. [288] Ziff. 17, 27, 32, 39. [289] Ziff. 37.
[290] Ziff. 33, 34. [291] Ziff. 37, 42.

einen organisatorischen Zusammenschluß evangelischer Partikularkirchen werden vorsichtig erwogen, aber der situationsgerechten Entscheidung der betroffenen Kirchen anheimgestellt[292]. Auch hier achtet diese Lehrkonkordie eben
peinlich auf die Grenzen des evangelischen Bekenntnisses. Dessen Lehrautorität hat nur das Evangelium zu bezeugen, insoweit auch den Vorrang des
Evangeliums vor dem menschlichen Kirchenrecht (als dessen Dienstordnung)
geltend zu machen; aber es greift nicht darüber hinaus und beansprucht keinesfalls eine geistlich überhöhte Jurisdiktionsgewalt (nach katholischem Muster) in
jenen äußeren Kirchenleitungs- und Ordnungsfunktionen, die sich in Schrift
und Bekenntnis nicht festgelegt finden, sondern dem freien menschlichen Ermessen der kirchlichen Organe anheim gegeben sind. – In der zentralen Wahrheitsfrage aber kennt auch die Leuenberger Konkordie von 1973 keine Kompro-
misse: »Es wird Aufgabe der gemeinsamen theologischen Arbeit sein, die
Wahrheit des Evangeliums gegenüber Entstellungen zu bezeugen und abzugrenzen«[293]. Jahrelang haben die großen evangelischen Kirchen Europas sich in
allen ihren vielfältigen Beratungs- und Entscheidungsgremien um diese neue
Gemeinsamkeit in der reformatorischen Lehre bemüht, und dies hat dem evangelischen Bekenntnis und der Bekenntnisverantwortung der Kirche verstärkte
Aufmerksamkeit und Aktualität verschafft.

Niemand kann heute für das Hochschulrecht behaupten, daß die evangelische Kirche
gemäß ihren Bekenntnis- und Rechtsgrundlagen keine »Lehrautorität« besitze, sich kraft
Kirchenrechts (!) mit unverbindlichen Stellungnahmen bescheide und ihre heikelsten
Bekenntnisfragen dem konfessionell neutralen Staate zur Entscheidung überlassen müsse, der sie durch die Kulturpolitiker des pluralistischen Parteienspektrums der Gegenwart im Staatsamt ausüben läßt.

5. Ökumenische Einigungsprozesse

In einem viel lockereren Konsensgrade geht das Streben nach Bekenntnis-
Gemeinsamkeit über diese innerevangelische Bekenntnisverständigung Europas hinaus und richtet sich auf die »ökumenische Gemeinschaft aller christlichen
Kirchen« in aller Welt[294]. Die Leuenberger Konkordie von 1973 bedeutet
keineswegs einen regionalen, konfessionalistischen Zusammenschluß der Evangelischen zur Frontbegradigung und Defensive. Sie versteht ihre Kirchengemeinschaft als einen Beitrag, der auf dieses Ziel der Ökumene hinführt; sie
erklärt ihre Bereitschaft zum Zusammenwirken und zu Lehrgesprächen mit
Kirchen anderer Konfessionen[294]. Die evangelischen Kirchen Europas haben
dementsprechend im Ökumenischen Rat der Kirchen in Genf an der Bekenntnis-Annäherung im neuen Hören auf das Evangelium mitgearbeitet: Im Januar
1982 hat die Kommission für Glauben und Kirchenverfassung des Ökumeni-

---

[292] Ziff. 44 f.   [293] Ziff. 41.   [294] Ziff. 46 ff.

schen Rates die sog. »Lima-Texte« über Amt, Taufe und Eucharistie vorgelegt[295]. Sie suchen ein übergreifendes Verständnis der Berufung des Volkes Gottes, der Ordination, der Amtsautorität, des Priestertums, der apostolischen Tradition und Sukzession, sodann der Taufe und Taufpraxis, sowie der Eucharistie als Danksagung, Anamnese oder Gedächtnis Christi, Anrufung des Geistes und Gemeinschaft der Gläubigen. Die ökumenische Gemeinschaft wird schrittweise auf dem langen Wege zur gegenseitigen Anerkennung der ordinierten Ämter, der Taufe, der eucharistischen Gemeinschaft zu verwirklichen gesucht. Der Lehr- und Bekenntnisverständigung soll die kirchenrechtliche Anerkennung und Angleichung folgen, wie es dem Grundverhältnis und Ranggefälle zwischen Glaube und Werken, Verkündigung und Ordnung, Bekenntnis und Rechtsgestalt im Kirchenrecht entspricht[296].

---

[295] Taufe, Eucharistie und Amt. Konvergenzerklärung der Kommission für Glauben und Kirchenverfassung des Ökumenischen Rates der Kirchen, Frankfurt Paderborn 1982. – Dazu die beiden Kommentare: *Max Thurian* (Hg.), Ökumenische Perspektive von Taufe, Eucharistie und Amt, Paderborn Frankfurt 1983 (überwiegend von Mitgliedern der Faith and Order-Commission des Ökumenischen Rates, die das Lima-Papier ausgearbeitet hat); Kommentar zu den Lima-Erklärungen über Taufe, Eucharistie und Amt, hrsg. v. Konfessionskundlichen Institut (Bensheimer Hefte 59), Göttingen 1983; *Christoph Hinz*, Kommentare zu den Lima-Erklärungen, Theol. Literaturzeitung 1984 S. 173 ff.; *Hans Martin Müller*, Kirchengemeinschaft, Abendmahl und Amt. Die evangelische Sicht und das Lima-Papier, in: Theologische Beiträge, hrsg. v. *Kl. Haacker* und *Theo Sorg*, Heft 5, 1984 S. 219 ff. – Über die innere Entwicklung der Ökumenischen Bewegung vgl. auch die Tübinger ev.-theol. Diss. von *Gerhard Karl Schäfer*, Eucharistie im ökumenischen Kontext. Zur Diskussion um das Herrenmahl in Glauben und Kirchenverfassung von Lausanne 1927 bis Lima 1982 (1985). – Die ersten Weltkonferenzen von Lausanne 1927 und Edinburgh 1937 waren noch bestimmt von der »komparativen Methode« der vergleichenden Kirchenkunde, die schon zu einer gewissen Annäherung und Relativierung der historisch bedingten Lehrgegensätze führte. Seit der Weltkonferenz von Lund 1952 (bes. dem Einführungsreferat von Edmund Schlink, Heidelberg) wurde sie wesentlich durch die »christologische Methode« abgelöst, die nicht nur dem Kennenlernen der Lehrdifferenzen, sondern ihrer Überwindung im gemeinsamen Glauben an die Realpräsenz Christi in der Eucharistie dient und die Einheit der Christen mit Christus und untereinander im gemeinsamen liturgischen Geschehen sucht. Ihre Erweiterung in eine umfassende »trinitarische Methode« ist neuerdings bemüht, den Schöpfungs- und Weltbezug der christlichen Botschaft in neuer, geistlich verantworteter Gemeinsamkeit der Ökumene deutlich werden zu lassen.
[296] Auch das Verhältnis der im Genfer Ökumenischen Rat kristallisierten Ökumenischen Bewegung zur römisch-katholischen Kirche wird vielfältig theologisch diskutiert. Vgl. die herausfordernde Bestandsaufnahme und Programmatik von *Karl Rahner* und *Heinrich Fries*, Einigung der Kirchen – reale Möglichkeit, Freiburg i. Br. 1983, die freilich vom Vatikan in einem offiziösen Artikel des Osservatore Romano v. 25. 2. 85 als »gefährliche Illusion« und »schwerer Fehler« kritisiert worden ist (FAZ 26. 2. 85) und auch in der evangelischen Theologie teilweise entschiedenen Widerspruch fand. Vgl. *Eilert Herms*, Die Einheit der Christen in der Gemeinschaft der Kirchen, Göttingen 1984; *ders.*, Ökumene im Zeichen der Glaubensfreiheit, Una Sancta, Zeitschr. f. ökumenische Begegnung, 1984 S. 178 ff.; *ders.*, Ökumene wohin?, Materialdienst des Konfessionskundlichen Instituts Bensheim, H. 6, 1984 S. 107 ff. –
Eine Zwischenbilanz des lutherisch-katholischen Verhältnisses hat die Bilaterale Arbeitsgruppe der Deutschen Bischofskonferenz und der Kirchenleitung der Vereinigten Ev.-Luth. Kirche Deutschlands (VELKD) mit ihrem Dokument »Kirchengemeinschaft in Wort und Sakrament«,

6. Innerkirchliche Konsensunterschiede

Die Verschiedenartigkeit des Konsensgrades und -umfangs ist freilich nicht nur im interkonfessionellen bzw. ökumenischen Außenverhältnis einer Partikularkirche von Bedeutung, sondern vor allem auch in ihrem inneren Bereich. Je nach der theologischen Situation, die einer Zeitepoche und einer Kirche aufgegeben ist, mag es sehr verschiedene Arten und Stufen der Klarheit und der Einheit im Bekenntnis geben, wie es der Mächtigkeit des Konsenses oder der Offenheit und Vielgestalt des geistlichen Suchens entspricht. Dem eben angesprochenen Grundverhältnis und Ranggefälle des evangelischen Kirchenrechts gemäß kann eine normativ ausformbare Bekenntnisbindung nur dort juristisch »greifen«, wo ein theologischer Konsens von entsprechender Breite und Überzeugungskraft existiert. Die Kirche muß den Bekenntniskonsens erst im Glauben erringen bzw. klären, bevor sie ihn durch Werke rechtlich realisiert; das Bekenntnis des »Evangeliums« wird sonst pervertiert zum »Gesetz«, das die evangelische Freiheit aus dem Glauben knechtet. Für die rechtliche Bekenntnisverpflichtung eines kirchlichen Amtsträgers bzw. theologischen Lehrers kommt es deshalb entscheidend darauf an, in welchen Stücken und wieweit die einheits- und normbegründende Bekenntnisgrundlage der Kirche bereits besteht, und welche Fragen noch offen sind bzw. bleiben können. Sonst zieht die Bekenntnisgebundenheit des Kirchenrechts beide, das Bekenntnis wie das Recht, dort in Zweifel, Zwiespalt und Zerrüttung, wo die Kirche Bekenntnisbindung praktiziert ohne zuvor zur Gemeinsamkeit des Bekennens in den Grundfragen gefunden zu haben – wo also die Kirche ihre theologische Einheit und Freiheit erst im gemeinsamen Bekenntnis zu erringen und zu bewähren hat. Die Gemeinsamkeit des Bekenntnisses mag in einer Epoche geistlicher Vielfalt und theologischer Vielseitigkeit auch in der gegenseitigen Freigabe und Aner-

---

Paderborn Hannover 1984, zu ziehen versucht, die manche Fragen klärt, aber auch neu aufwirft. Dazu *Reinhard Frieling*, Kirchengemeinschaft, Materialdienst des Konfessionskundlichen Instituts Bensheim H. 3, 1984 S. 41 f. – Vgl. auch die gemeinsame katholisch-lutherische Studie »Das geistliche Amt in der Kirche«, Paderborn Frankfurt 1981, der Gemeinsamen Kommission des Lutherischen Weltbundes und des vatikanischen Einheitssekretariats, die ebenfalls als hilfreich und entspannend, aber auch als problematisch und nicht durchweg ausgereift empfunden worden ist. Vgl. statt anderer *R. Frieling*, aaO, H. 6, 1981 S. 101 ff. –

Charakteristisch für die derzeitige ökumenische Situation sind die Untersuchungen einer Gemeinsamen Ökumenischen Kommission von Wissenschaftlern beider Kirchen, inwieweit ihre seit der Reformation ausgesprochenen gegenseitigen Verwerfungen für die Christen heute nicht mehr gelten. Sie wurde auf Anregung des Ratsvorsitzenden der EKD, Bischof Eduard Lohse, anläßlich des Deutschlandbesuches des Papstes von 1980 eingesetzt. – Zu den Gemeinsamkeiten und Differenzen s. allgemein *Eduard Lohse*, Die ökumenischen Beziehungen zwischen der Römisch-Katholischen und der Evangelischen Kirche in Deutschland, Georgia Augusta, Nachrichten aus der Universität Göttingen, Mai 1981 S. 17 ff., und den Brief Bischof Lohses an Papst Johannes Paul II. v. Febr. 1984 zur ökumenischen Situation, FAZ 15. 2. 1984.

kennung bestehen, die ihren vielberufenen, nicht unbegrenzten Pluralismus konvergierend auf den Herrn gerichtet hält.

7. Grenzen der Bekenntnisbindung

Und gerade um seines Dienstes am Bekenntnis willen wird auch die Bekenntnisgebundenheit des Kirchenrechts auf den bestehenden Bekenntniskonsens begrenzt sein müssen, damit sie nicht zum juristisch-theologischen Gruppenkampf und Bekenntnisdiktat verkommt[297]. In Zeiten theologischer Bekenntnisspannungen und -unsicherheiten muß ferner auch in evangelischen Breiten der geistliche Wert »des Rechts« höher geachtet werden, als gemeinhin konzediert: Gerade das Formale, die »weltlich« korrekte Respektierung von Kompetenz, Institution, Verfahrensregel und Partizipation[298] mag dazu dienen, materielle theologische Differenzen nicht nur zu neutralisieren, sondern im brüderlichen Miteinander zu tragen und zu überwinden, damit die Arbeit der Kirche in Verkündigung und Diakonie nicht leidet. Die allzu enge Amalgamierung des Kirchenrechts mit einer speziellen theologischen Position bzw. Gesamtkonzeption sollte vermieden werden, auch wenn sie vielleicht einen breiten, suggestiven Augenblickskonsens erzielt. Das Bekenntnis soll nicht hektisch auf alle Aufregungen der Kirche und der Welt reagieren; es soll nicht ständig wechseln, sondern beständig währen. Als Glaubenszeugnis ist es auf Verläßlichkeit und Vertrauen angelegt und auf den Konsens nicht nur dieser Brüder unter sich, sondern mit ihren Vätern und Kindern gegründet. Die Erfahrung mit manchen neueren Kirchenverfassungen und Lebensordnungen seither hat gelehrt, daß situationsbedingte theologische Fixierungen, die ohne Abstand und Weitsicht erfolgen, die Bekenntnisbindung nicht stärken, sondern in Frage stellen und

---

[297] Diese Einschränkung bedeutet keine Lösung von der prinzipiellen Bekenntnisbestimmtheit des Rechts in der Kirche. Gerade die Bekenntnisfundierung des evangelischen Kirchenrechts erfordert, daß es sich auf die gemeinsamen Bekenntnisaussagen der Kirche gründet, nicht auf bestrittene theologische Positionen einzelner. Da das Bekenntnis als lebendiger magnus consensus über die Wahrheit des Evangeliums zu verstehen ist, können sich einzelne Amtsträger oder theologische Gruppierungen der Kirche nicht die geistliche und rechtliche Kompetenz zur partikularen Bekenntnisfeststellung anmaßen und eine entsprechende Prüfungs- und Verwerfungskompetenz (»bekenntniswidrigen«) Kirchenrechts in Anspruch nehmen.

[298] Auch diese »technischen« Rechtsformen, die an sich als »adiaphora« (und nicht als Inhalt bzw. Konsequenz neutestamentlicher Weisungen) zu charakterisieren sind, haben in Zeiten der Bekenntnisdifferenzen und Bekenntniserschütterungen eine besondere geistliche Bedeutung, wenn sie den Prozeß einer fairen, umfassenden Bekenntnisbildung ermöglichen und so der gottgewollten Einheit der Kirche im übergreifenden Einigwerden der zersplitterten (»pluralistischen«) Positionen des verschiedenen Herrenzeugnisses dienen. Auch diese äußeren rechtlichen Verfahrensregeln sind ja auf die gemeinsame Bekenntnisgrundlage, Bekenntnisübung und Bekenntnisfortentwicklung gegründet und ausgerichtet, nicht aber in säkularer, bekenntnisneutraler Funktionalität zu verstehen.

relativieren; sie werden von der raschen theologischen Weiterentwicklung bald geistlich ausgezehrt und dann »gesetzlich« veräußerlicht und »juridifiziert«. Die Kirchenverfassungen haben sich in ihren Bekenntnisartikeln deshalb zurecht auf einen Rechtstyp der Allgemeinheit und »Ausfüllungsbedürftigkeit« beschränkt, die den theologischen Konsens, wenn und soweit er gereift ist, durch ihre offene Bezugnahmenormen behutsam aufnehmen, ohne ihn unevangelisch zu erzwingen und dadurch zu verkehren.

IV. Die Bekenntniswahrung der Kirche und die theologischen Fakultäten

Die Wahrung des Bekenntnisses betrifft unterschiedliche institutionelle Seiten und Aspekte.

1. Das staatskirchenrechtliche Außenverhältnis

Dem Staate gegenüber steht die Vertretung der Landeskirche dem Bischof zu, der die gesamte Landeskirche »nach außen« repräsentiert und ihren Willen rechtsverbindlich zur Geltung bringt.

Der Staat hat gemäß den geltenden staatskirchenrechtlichen Grundentscheidungen für die Trennung, Eigenständigkeit und Freiheit der Kirche (Artt. 137 I, III WRV/140 GG) kein Recht zur Mitgestaltung, Überprüfung und Korrektur der kirchlichen Entscheidung über Fragen des Bekenntnisses und des kirchlichen Amtes, zu denen die geistliche Seite der Amtsausbildung der Geistlichen zählt. Staatliche Kontroll- und Ingerenzrechte, wie sie das frühere System des Staatskirchentums und der Staatskirchenhoheit in weitem Umfang kannte, sind durch die Staatsverfassung ersatzlos aufgehoben[299]. Die Staatsbehörden sind

---

[299] Vgl. oben S. 13 ff. Anm. 19, S. 16 Anm. 21, S. 23 ff., 33 ff. und unten S. 193, 194. – Dies gilt insbesondere auch für die Gerichte. – Einzuschränken ist die These *Albert Steins*, Evangelische Lehrordnung als Frage kirchenrechtlicher Verfahrensgestaltung, ZevKR 19, 1974/75 S. 273, die staatlichen Gerichte seien zwar nicht berechtigt zur Nachprüfung der kirchlichen Bekenntnisentscheidung über die Lehre (als Kernbereich kirchlicher Eigenständigkeit), wohl aber zur »Überprüfung des . . . innerkirchlichen Verfahrens auf die Einhaltung der Grundprinzipien aller Rechtsordnung durch die angewendeten innerkirchlichen Rechtssätze und das anhand ihrer angewandte innerkirchliche Rechtsverfahren«. – Hier ist zu differenzieren: Nicht nur die Bekenntnissätze selbst, sondern auch die (aus dem Bekenntnis folgenden) geistlichen Anforderungen hinsichtlich der Ausgestaltung und Handhabung des kirchlichen Lehrordnungsrechts und -verfahrens (vgl. unten S. 170 ff., 186 ff.) gehören zum Kernbereich des kirchlichen Selbstbestimmungsrechts gemäß Artt. 137 III WRV/140 GG. Sie sind von der Beschränkung und Kontrolle der staatlichen Gesetzgebung, Kultusverwaltung und Gerichte frei; auch den Gerichten ist die Verfremdung der evangelischen Bekenntnisangelegenheiten i. S. einer unevangelischen »Gesetzlichkeit«, Juridifizierung und

deshalb nicht befugt, der evangelischen Kirche vorzuschreiben, in welchem Verfahren und durch welche Organe sie ihre Bekenntnisfragen entscheiden soll. Sie besitzen keine staatliche Definitions-, Kontroll- und Dezisionskompetenz über die innerkirchliche Lehrautorität, Gesetzgebung und Vollziehung. Sie sind darum auch nicht berufen, innerkirchliche Bekenntnis-Streitigkeiten zu entscheiden, wenn das Verfahren und die Entschließungen der kirchlichen Organe in der Kirche auf Zweifel oder Widerstand stoßen. Der Staat hat de constitutione lata keine Verantwortung und keine Entscheidungsmaßstäbe hierfür. So ist er auch nicht kompetent zur Abgrenzung der göttlich-rechtlichen und der menschlich-rechtlichen Elemente im evangelischen Bischofsamt[300], das sich ja aus verschiedenen Bestandteilen des göttlichen ministerium verbi divini und der äußeren menschlichen Kirchenleitungsgewalt zusammensetzt. Auf dieser besonderen Grenzbestimmung beruht bekanntlich die entscheidende Abkehr des evangelischen Kirchenrechts vom kanonischen Recht und seiner Jurisdiktionshierarchie.

Für die Staatsbehörden ist also nur maßgeblich, ob eine als rechtsverbindlich erklärte kirchliche Stellungnahme vom Bischof als dem ordnungsgemäß bestellten kirchlichen Vertretungsorgan abgegeben wurde, nicht aber, wie diese innerkirchlich zustande kam: Ob sie den innerkirchlichen Normen und Bekenntnisgrundsätzen entsprach, bzw. ob diese Normen selbst den Bekenntnisgrundsätzen gerecht werden, ob die Bekenntnisgrundsätze die geltendgemachten Inhalte und Wirkungen besitzen, welche kirchlichen Organe zuständig waren – das alles ist im innerkirchlichen Rechtskreise zu klären und zu entscheiden. Vom Staat sind diese innerkirchlichen Probleme und Auseinandersetzungen als eige-

Veräußerlichung verwehrt, wie sie durch die Kontrolle nach den »Grundprinzipien aller Rechtsordnung« (im säkularen Verständnis des weltlichen Rechts und seiner weltlichen Religionsfreiheit) naheliegt. Das Lehrordnungsrecht ist nicht nur in seinen materialen Maßstäben, sondern auch gerade in seiner Verfahrensgestaltung zentral bekenntnisbestimmt. Es unterscheidet sich tief von anderen, vergleichsweise bekenntnisneutralen Materien, etwa des kirchlichen Finanz- und Vermögensrechts, in denen eine »weltliche« Kontrolle nach allgemeinen säkularen Maßstäben und Schrankennormen durch weltliche Gerichte möglich und angemessen ist. (Vgl. oben S. 141). Den staatlichen Gerichten steht eine Bekenntniskontrolle über die Kirche nicht zu, weder was den Bekenntnisinhalt, noch was dessen Bekenntnisrelevanz für das kirchliche Recht (insbes. des Geistlichen Amtes) betrifft; die Fragen der Bekenntnisbindung, -bildung, -mäßigkeit, -klärung, -verwirklichung unterliegen allein der kirchlichen Entscheidung. Sie ist für die staatlichen Gerichte auch dann maßgeblich, wenn diese anschließend an ein kirchliches Lehrordnungsverfahren z.B. in einer Räumungs-, Schlüsselherausgabe- bzw. Gehaltsklage mit den Vorfragen der kirchenrechtlichen Bekenntnisrelevanz zu tun haben. Ob etwa bei der Beanstandung eines untragbaren Theologen der Bischof und die Kirchenleitung allein oder (in gravierenden Fällen!) mit Einschaltung der Synode vorzugehen haben (vgl. unten S. 191 ff., auch S. 53 f.) hat nur die Kirche zu entscheiden. – Wie hier das BVerfG in seiner Entscheidung v. 6. 4. 1979 zum Lehrordnungsverfahren des früheren Pastors Schulz, ZevKR 24, 1979 S. 391 f., vgl. unten S. 179 Anm. 379.
    300 Vgl. oben S. 136 Anm. 277.

ne Angelegenheit der evangelischen Kirche frei deren Selbstverständnis und
Selbstbestimmung zu überlassen.

2. Die Fakultäten als »Autorität der Kirche« nach staatlichem oder kirchlichem Recht?

Auch hier ist sorgfältig zu differenzieren, um den gewandelten Rechtszusammenhang der Theologenfakultäten im säkularen, konfessionsneutralen Verfassungsstaat nicht zu verfehlen.

So ist die große Tradition der evangelischen Theologenfakultäten als kirchliche Einrichtung und Autorität in der Vergangenheit unbestritten. Als Einrichtungen ihres heimischen evangelischen Landeskirchenwesens wurden diese Fakultäten einst von ihren frommen Landesobrigkeiten gegründet, die hiermit
ihre cura religionis (als obersten Staatszweck und Rechtstitel der Territorialstaatsgewalt des christlichen Staates) erfüllten, dadurch auch ihrer evangelischen
Landeskirche dienten und ihr damit ein Organ von hohem kirchen- und wissenschaftspolitischem Rang zur Verfügung stellten[301]. Die Fakultäten waren – den
Konsistorien vergleichbar – Kirchenbehörden und Staatsbehörden zugleich,
wie es der innigen Verschmelzung (und Verfilzung) von Staat und Kirche im
protestantischen Staatskirchentum und im landesherrlichen Kirchenregiment
entsprach (so schlecht dies auch zu der Lehre Luthers von der Kirche und von
den beiden Reichen und Regimenten paßte). Jahrhunderte lang haben die theologischen Fakultäten als landes(staats)kirchliche Institutionen ihre bedeutenden
Funktionen des kirchlichen Dienstes erfüllt, vor allem durch ihre stete Lehrfortbildung, Heranbildung der Pfarrergenerationen, ihre rege theologisch-kirchliche Gutachtenpraxis und Beratungstätigkeit, die engstens mit den (geistlich
bestimmten) Kirchenleitungsgeschäften verbunden war und allenthalben nachhaltig auf die kirchliche Praxis wirkte. Die theologischen Fakultäten waren voll
in die evangelischen Landeskirchen integriert, besaßen als kirchliche Organe
umfassende kirchliche Kompetenzen, besonders in Sachen der Lehre und des
Lehrurteils. Auch nach der Trennung und trotz der Säkularisierung des Staates
haben diese Fakultäten heute weiterhin einige wichtige kirchliche Funktionen
behalten, wie es ihre Rolle als res mixtae des Staatskirchenrechts bezweckt.

Aber ihr Rechtsstatus hat sich geändert: Die theologischen Fakultäten sind
heute kollegiale Staatsbehörden der Staatsuniversität, nicht Kirchenbehörden.
Als Staatsbehörden haben sie fest umrissene Kompetenzen, die sie nicht überschreiten dürfen; insoweit stehen sie den anderen Staatsbehörden gleich, sind
keineswegs »privilegiert«, sondern gesetzesgebunden, wie es der Rechtsstaat

---

[301] S. 10 ff., 14.

verlangt. Deshalb kann eine Kompetenz-Kompetenz zur eigenmächtigen Kompetenzerweiterung von ihnen nicht beansprucht werden. Die Kompetenzen der Fakultäten aber sind nach dem Hochschulrecht auf Forschung und Lehre beschränkt[302], ergänzt durch die Aufgaben der Selbstverwaltung, Prüfung und Nachwuchsförderung. Innerkirchliche Kompetenzen und Funktionen stehen ihnen nach staatlichem Hochschulrecht nicht zu; sie könnten ihnen auch nach staatlichem Verfassungsrecht durch staatlichen Rechtsakt gar nicht verliehen werden (Artt. 137 I, III WRV/140 GG). Entgegenstehende Rechtsverhältnisse, soweit sie etwa aus altem Gewohnheitsrecht oder Satzungsrecht abgeleitet

---

[302] In den Hochschulgesetzen ist dies heute überall positivrechtlich normiert. – Die theologischen Fakultäten haben deshalb weder ein allgemeinpolitisches noch ein spezielles kirchenpolitisches Mandat zu öffentlichen Erklärungen, die über ihre akademischen Selbstverwaltungsaufgaben (einschließlich der hochschulpolitischen Stellungnahmen zu den Bedürfnissen ihres Wissenschaftsbetriebs) hinausgehen. Vgl. BVerwGE 34, 69 = JZ 1970, 578 mit Anm. von Thieme; BVerwGE 59, 231 = DÖV 1980, 605 ff. mit Anm. von Bachof; OVG Hamburg DVBl 1972, 399; DVBl 1977, 642; VGH Baden-Württemberg NJW 1972, 2102; NJW 1976, 590, 643; HessVGHE 24, 217, 219; 25, 140; OVG Berlin WissR 1969, 84; *Wolff-Bachof*, Verwaltungsrecht Bd. II, 4. A., München 1976 § 93 VII c 4 S. 322; *Oppermann/Dittmann*, JZ 1977, 593; *H. H. Rupp*, Die Stellung der Studenten in der Universität, VVDStRL 27, 1969 S. 137; *von Mutius*, in: Bonner Kommentar, Zweitbearbeitung Art. 19 III (1975) Rdnr. 111 ff. Entsprechende Anträge, wie sie von Studentenvertretern in den Fakultätsgremien der theologischen Fakultäten vielfach gestellt worden sind, sind als unzulässig zurückzuweisen. Kein Mitglied einer Fakultät (aus dem Lehrkörper, den wissenschaftlichen Mitarbeitern und Studenten, die heute allesamt durch die Fakultätsgremien repräsentiert werden) muß Akte »der Fakultät« hinnehmen und für sich gelten lassen, zu denen sie nicht berechtigt ist und die ihm (als gesetzlich »zwangs«-integriertem Mitglied der Korporation) zugerechnet werden, ohne ihnen ausweichen zu können; die Fakultäten dürfen nicht als eine Art Zwangsparteien, denen ihre Glieder nicht beigetreten sind, fungieren. Der Staat hat darauf zu achten, daß seine Kollegialbehörden, auch die der akademischen Selbstverwaltungsgremien, ihre amtlichen Kompetenzen nicht überschreiten und insbesondere nicht gegen die Trennung von Kirche und Staat und die kirchliche Selbstbestimmungsgarantie gem. Artt. 137 I, III WRV/140 GG durch amtliche kirchenpolitische Ingerenzen verstoßen.

Eine andere Frage ist es, ob die Mitglieder des Lehrkörpers einer theologischen Fakultät auf Bitten einer Kirche ein theologisches Gutachten bzw. eine entsprechende Stellungnahme abgeben können. Dies ist zu bejahen. Aber sie handeln dann nicht in ihrer Rolle als staatliches Fakultätsgremium kraft staatlichen Hochschulrechts, sondern als ad hoc kraft kirchlichen Rechts und Auftrags gebildete besondere kirchliche Instanz. Deshalb steht die Entscheidung über die Verwertung (und Veröffentlichung) i. Zw. den auftraggebenden Kirchenstellen zu, wie dies auch sonst bei der Einholung von Gutachten, Denkschriften, Expertisen allgemein für einen Auftraggeber rechtens ist. Vgl. über analoge kirchliche Sonderfunktionen von Mitgliedern der Theologenfakultäten S. 158 ff.

Natürlich können sich die Mitglieder einer Theologenfakultät (wie jeder andere Bürger und Universitätsangehörige) auch einzeln oder gemeinsam in einer persönlichen Meinungskundgabe öffentlich äußern. Jedoch üben sie dann ihre persönlichen Grundrechte (bzw. ihren persönlichen Status als Kirchenglied), nicht ihre amtlichen Kompetenzen als Amtsträger der Fakultät aus, können deshalb dann nicht in der Fakultätssitzung hierüber beschließen, nicht Widersprechende majorisieren, nicht als »Fakultät« firmieren; ein widerstreitendes Verhalten ist rechtsaufsichtlich zu unterbinden, ggf. aufzuheben. Vgl. auch unten S. 167 Anm. 336 über die Grenzen und Konflikte hinsichtlich der Doppelfunktion (bzw. des »Doppelcharakters«) der Theologenfakultäten im staatlichen und kirchlichen Sinn; auch S. 327 ff.

werden sollten, sind durch die Trennung von Staat und Kirche, die Kirchenfrei-heitsgarantie und die Beschränkung der staatlichen Kompetenzen in religiösen Dingen aufgehoben[303]. Alle derartigen Argumente aus der präkonstitutionellen Tradition des deutschen Staatskirchentums und des alten theologischen Fakul-tätenrechts sind durch den Verfassungsumbruch seit 1919 überholt.

Auf diese historische Stellung als eigene Autorität der evangelischen Kirche[304] pflegen sich die Evangelischen Theologenfakultäten auch heute noch voll Stolz zu berufen, besonders wo es um ihr Verhältnis zu den Repräsentanten der evangelischen »Amtskir-che« geht. Um Mißverständnissen vorzubeugen: Die Wahrung und Stärkung dieser evangelisch-theologischen Fachautorität erscheint gleichermaßen geboten um der evan-gelischen Glaubenswahrheit, der evangelischen Kirche und der evangelischen Theologie willen. Die theologischen Gelehrten sollten aus dem theologischen Erkenntnis- und Entscheidungsprozeß der Kirche nicht verdrängt, sondern verantwortlich in ihn einbe-zogen werden. Gerade deshalb wird es der juristischen Analyse und Gestaltung darum gehen müssen, sie in zeitgerechte und systemgemäße Formen des innerkirchlichen Rechts einzubringen und abzusichern, statt auf traditionalistische Rechtspositionen staatlicher Herkunft zu pochen, deren verfassungsrechtliche Rechtsgrundlage und histo-rische Legitimation entfallen ist. Die theologische Autorität der Fakultäten in der Kirche kann sich heute nur auf die Sache, d. h. nur auf Wert und Wirkung ihrer theologischen Sacharbeit gründen, und auf die Anerkennung, die diese in der evangelischen Kirche findet. Der weltliche Staat vermittelt der Theologie zwar gleiche Entfaltungsmöglichkei-ten im pluralistischen Wissenschaftssystem, garantiert jedoch nicht deren Richtigkeit (bzw. akademische Infallibilität) für die Kirche und verleiht ihr keinerlei kirchliche Autorität. Um Autorität in der Kirche zu erringen, ist sie auf die Rezeption innerhalb der evangelischen Kirche angewiesen. Deshalb sollte ihre Stellung innerhalb der evangeli-schen Kirchen durch stärkere Integration der Fakultätsmitglieder in den kirchlichen Organismus gestärkt werden, was jedoch nur durch innerkirchliche Bemühungen bzw. Rechtsformen geschehen kann[305].

3. Die Fakultäten sind keine staatlichen Bekenntniskommissare und keine kirchlichen Bekenntniskammern

Kraft staatlichen Rechts haben die theologischen Fakultäten keine Kompe-tenzen als staatliche Bekenntniskommissare, deren Lehrentscheidungen im Konflikt mit der Kirche Vorrang vor der kirchlichen Selbstbestimmung hätten und für die Staatsbehörden maßgeblich wären.

Eine eigene »Lehrautorität« in Bekenntnisfragen kann heute rechtlich ver-bindlich nur durch einen Rechtsakt der Kirche selbst begründet werden, zu deren »eigenen Angelegenheiten« das Bekenntnis und die Bekenntniswahrung zählt. Jedoch:

---

[303] Oben S. 23 ff., 30 ff., 33 ff.
[304] Vgl. S. 96 Anm. 183, S. 123 Anm. 256. – Kritisch dazu *J. Heckel*, Theol. Blätter 11, 1932 Sp. 203 und *Solte*, aaO, S. 195.
[305] Unten S. 162 ff.

Auch nach dem kirchlichen Recht haben die theologischen Fakultäten keineswegs die Kompetenzen einer kirchlichen Bekenntniskammer. Die Landeskirchen haben ihnen die Bestimmung der Bekenntnisinhalte und -grenzen weder ausdrücklich übertragen, noch konkludenterweise dadurch überlassen, daß sie die normalen Forschungs- und Ausbildungsfunktionen der Fakultäten anerkennen.

Für die Landeskirchen ist auch die theologische Arbeit durch die Bekenntnisartikel ihrer Kirchenverfassungen bestimmt und begrenzt. Die Mitglieder der Fakultäten sind nicht deshalb durch Exemtionen bzw. Immunitäten von der Bekenntnisbindung ihrer Kirche befreit, weil sie neben ihrer Kirchenmitgliedsrolle ein Staatsamt an der Universität ausüben, das vielmehr seinerseits konfessionsgebunden ist. Und diese materielle Bekenntnisbindung ist durch die Kirchenverfassungen den zuständigen Kirchenorganen (Bischof, Kirchenleitung, Synode) zur Bekenntnisverantwortung übertragen, wie es die formelle Organisations- und Kompetenzstruktur der Landeskirche geregelt hat[306].

Mithin: Die maßgebliche Letztentscheidung in Fragen der Bekenntniswahrung ist nach dem evangelischen Kirchenrecht den theologischen Fakultäten weder als Korporationen zur internalisierten Kollektiv-Kontrolle noch ihren einzelnen Mitgliedern zur individuellen Verfügbarkeit übertragen worden.

4. Das theologische Lehramt als Teil des ministerium verbi

Die Teilhabe der theologischen Fakultäten am ministerium verbi divini publicum steht dem nicht entgegen.

a) Lehre als Funktion des ministerium verbi

Das theologische Lehramt der evangelisch-theologischen Fakultäten übt in der Tat nach gemein-evangelischem Verständnis bedeutsame Teilfunktionen des ministerium verbi divini publicum der Kirche aus[307]. Aus eben diesem Grunde wird von der evangelischen Kirche und von der theologischen Wissenschaft selbst die Tätigkeit der theologischen Staatsfakultäten nicht lediglich als

---

[306] Deshalb kann auch keine Rede davon sein, daß ein kirchliches Gewohnheitsrecht widersprechenden Inhalts bestehe; dies kann auch nicht begrenzt für den universitären Rahmen angenommen werden, der zudem wegen der Ausstrahlungswirkung des Ausbildungswesens vom sonstigen Bereich der Landeskirche nicht abzugrenzen ist.

[307] Darüber besteht ein breiter Konsens. Vgl. etwa die Ordnung des kirchlichen Lebens der VELKD, Abschnitt IX: Vom Amt, ABl VELKD 1955, I S. 18; *Brunstäd*, Theologie der luth. Bekenntnisschriften S. 205; *Siegfried Grundmann*, Sacerdotium – Ministerium – Ecclesia Particularis, in: Abhandlungen zum Kirchenrecht, Köln Wien 1969; *Heinz Brunotte*, Grundlagen des lutherischen Kirchenverfassungsrechts, o. J. S. 21; *Solte*, aaO, S. 42, 255 ff. mit Lit.

Funktion des Staates und der weltlich-autonomen Wissenschaft, sondern zugleich als »kirchliche« Funktion verstanden, die nicht nur für die Kirche geschieht, sondern mit der die Kirche selbst ihren göttlichen Auftrag erfüllt und die sie folglich auch personell und institutionell mitzuverantworten hat. Das ministerium verbi divini publicum besitzt ja beherrschenden Rang für das Recht des Amtes und für die gesamte Verfassungsstruktur der evangelischen Kirche, die letztlich der geistlichen Wirksamkeit des geistlichen Amtes dient.

b) Sein Inhalt und seine Ausübung im Staatsamt

Inhaltlich umfaßt das ministerium verbi den göttlichen Amtsauftrag der Kirche zur öffentlichen Wortverkündigung und Sakramentsverwaltung. Es wird von den reformatorischen Bekenntnissen zum unverfügbaren ius divinum der Kirche gerechnet; alle kirchlichen Ämter, die sich mit der Verkündigung des göttlichen Wortes und der Verwaltung der Sakramente befassen, nehmen seine Funktionen wahr. Es wird durch das menschliche Kirchenrecht näher ausgeformt, vor allem durch das Pfarramt und durch »weitere Ämter«, die »in Entfaltung oder in Zuordnung zu ihm ... wirksam werden«[308]. Hierzu gehört auch das Amt des theologischen Forschers und Lehrers; unter diesen »weiteren Ämtern« hat es überragende Bedeutung, da es den Gegenstand und Inhalt der pfarramtlichen Verkündigung zu erforschen, zu entfalten, zeitgerecht aufzubereiten, vor allem aber kritisch am Evangelium zu überprüfen hat und die künftigen Träger des öffentlichen Predigtamts ausbildet. Auch wenn die akademische Tätigkeit nicht selbst unmittelbare Verkündigung ausübt, ist sie doch als Dienst an der Verkündigung des Wortes Gottes und damit als gesamtkirchlicher Dienst an der Gemeinde anzusehen[309].

Für die Kirche wird diese Teilhabe des theologischen Lehramts am ministerium verbi (und seine Charakterisierung als »kirchliche Funktion«) nicht dadurch aufgehoben, daß es an der Staatsuniversität und in der Rechtsform des staatlichen Amtes und Beamtenverhältnisses ausgeübt wird. Staatskirchenrechtlich steht der Kirche diese geistliche Charakterisierung und Inpflichtnahme »ihrer« Theologen als »eigene Angelegenheit« i. S. der Artt. 137 III WRV/ 140 GG frei; auch im staatlichen Rechtsgewande bleibt sie zugleich »kirchliche« Funktion[310].

---

[308] Ordnung des kirchlichen Lebens der VELKD Abschnitt IX.

[309] Statt anderer: *Gerhard Ebeling*, Theologie und Verkündigung, Tübingen 1962 S. 9; *Hermann Diem*, Theologie als kirchliche Wissenschaft, München 1951 S. 25.

[310] Weder der Staat, noch der Amtsträger wird dadurch in seinen Rechten verletzt. Der Staat hat diese Ämter für kirchliche Funktionen der Kirche zur Verfügung gestellt, der Amtsträger sie freiwillig übernommen und kann sie freiwillig ohne Verlust seiner Statusrechte aufgeben. Vgl. S. 101.

c) Erfordernis und Rücknehmbarkeit kirchlicher Vokation

Die Ausübung des ministerium verbi divini publicum aber setzt nach dem gemein-evangelischen Bekenntnis und dem bekenntnisgebundenen Kirchenverfassungsrecht voraus, daß sein Träger »rite vocatus« ist[311]. Beim Pfarrer geschieht dies durch die Ordination und Vokation, bei anderen kirchlichen Ämtern mit Teilfunktionen des ministerium verbi (Religionslehrer, Militär-, Anstaltsgeistliche usw.) durch andere Akte ausdrücklicher kirchlicher Berufung, die der Vokation in das Pfarramt rechtlich gleichstehen[312]. Auch in das theologische Lehramt an der Universität darf nach kirchlichem Bekenntnis und Verfassungsrecht niemand gelangen (bzw. darin kirchlich anerkannt werden), »nisi rite vocatus«.

Die kirchenrechtliche Vokation des Universitätstheologen erfolgt hier freilich nicht durch einen besonderen Rechtsakt, sondern konkludent durch das zustimmende kirchliche Votum im staatlichen Berufungsverfahren. Weil dieses Votum einen kirchlichen Vokationsakt darstellt, ist auch nach dem evangelischen Kirchenrecht hierbei die eigenverantwortliche Mitwirkung der Kirchen unverzichtbar geboten, d. h. die rechtliche Bindung des Staates an das theologische Votum der evangelischen Kirche unabdingbar zu verlangen[313].

Dies gilt nicht nur für das (vorhergehende) kirchliche Begutachtungsverfahren bei der Berufung, sondern vor allem auch für den nachträglichen Lehrbeanstandungsfall. Die kirchliche Vokation zur Ausübung des ministerium verbi divini publicum ist ja nicht unwiderruflich (kein »Freibrief« für evangeliumswidrige Lehren) und verleiht keinen »charakter indelebilis« nach der Art des kanonistischen Sakraments der Priesterweihe; sie ist von der Kirche zurückzunehmen, wenn die evangeliumsgemäße Verkündigung durch einen Amtsträger der Kirche nicht mehr gewährleistet erscheint.

d) Keine Exemtion und Privilegierung der Universitätstheologie

Die Teilhabe der Theologenfakultäten am ministerium verbi publicum begründet mithin keineswegs die Exemtion von der kirchenverfassungsgemäßen evangelischen Bekenntnisbindung und von der Selbstbestimmung der evangeli-

---

[311] Confessio Augustana Art. XIV.

[312] Vgl. auch *Solte*, aaO, S. 259 f., 283. Die Vokation ist landeskirchlich z. T. durch eigene Vokationsordnungen geregelt. – Vgl. auch die Studie »Gemeinde – Amt – Ordination. Votum des Ausschusses der Evangelischen Kirche der Union«, hrsg. v. F. Viering, Gütersloh 1970 S. 20.

[313] Vgl. oben S. 94 ff. – Auch innerkirchlich bilden die Kirchenverträge, als Kirchengesetz »transformiert«, eine spezielle Kompetenz- und Verfahrensregelung hierfür. – Bei Privatdozenten, die von den Kirchenverträgen nicht erfaßt werden (vgl. S. 103 f.), ist eine konkludente Betrauung der Fakultät seitens der Landeskirche mit der Erteilung der kirchlichen Vokation im Habilitationsverfahren anzunehmen.

schen Kirche im kritischen Bekenntnisfall, so oft man sich auch in Kreisen der Universitätstheologen auf diese Argumentation beruft. Im Gegenteil: Gerade die Ausübung des ministerium verbi durch die universitäre Forschung läßt sie unter die Lehrverantwortung der Kirche fallen. Der Theologe im Staatsamt an der Universität hat hier sachlich keine Sonderrolle und rechtlich keine Privilegien gegenüber anderen Trägern des ministerium verbi im Staatsamt (Religionslehrer, Anstalts-, Militärgeistliche usw.). Auch bei ihnen gibt ja die Ausübung von Teilfunktionen des ministerium verbi im (konfessionsgebundenen) Staatsamt kein Argument für ihre Exemtion, sondern für ihre Bindung an das Bekenntnis ihrer Kirche und an die Notwendigkeit der kirchlichen Vokation, die in Kooperation mit der staatlichen Ernennung zu erfolgen hat und wiederum zurückzunehmen ist, wenn ihre geistlichen Voraussetzungen entfallen. Die größere wissenschaftliche Kompetenz und kirchenpolitische Tragweite, die bei einem Bekenntniskonflikt in einer theologischen Fakultät auftreten mögen, erfordern besondere Sorgfalt in der Sachprüfung und im Verfahren, rechtfertigen aber keine Abweichung von den theologischen und kirchenrechtlichen Grundlagen der Kirche.

Diese Bindung des Staates an die eigenverantwortliche Lehrentscheidung auch der evangelischen Kirche ist also das übereinstimmende Ergebnis des inneren Kirchenrechts wie des Staatskirchenrechts: Die Bekenntnisbindung und geistliche Verantwortung der Kirche für ihre Lehre und ihr ministerium verbi verwehrt ihr die Überlassung der Bekenntnisentscheidungen an die Staatsbehörden. Die Trennung und die säkulare Konfessionsneutralität der Staatsverfassung schließt dies ebenso aus, weil sie die Konfessionsentscheidungen und das Kirchenregiment des früheren christlichen Staates verbietet.

5. Kirchliche Sonderfunktionen

Auch die mancherlei Einzelfunktionen, in denen die Fakultätsmitglieder bzw. -gremien mit besonderen kirchlichen Rechten in die innerkirchliche Ordnung der Landeskirche integriert sind, können eine derartige Exemtion bzw. Bekenntniskompetenz der Fakultäten keineswegs begründen.

Jene begrüßenswerten Einzelverbindungen haben meist gewisse Teilfunktionen des ministerium verbi divini näher ausgestaltet; auch sie sind eine Bekräftigung der »kirchlichen Funktion« der Universitätstheologie.

Aber sie sind präzise durch kirchengesetzliche Einzelregelungen normiert, die jeweils besonderen Zwecken in besonderen Formen dienen und sich nicht zu einer – qualitativ anderen – Kompetenz in Bekenntnissachen kumulieren bzw. generalisieren lassen. Sie unterliegen streng dem Spezialitätsgrundsatz. In solchen kirchlichen Sonderfunktionen wirken die Fakultätsmitglieder z. B. bei den kirchlichen Prüfungen[314] mit, die scharf von den akademischen Prüfungen zu unterscheiden sind. Andere institutionelle Verbindungen suchen den theologischen Sachverstand der Fakultäten für die kirchliche Arbeit nutzbar zu machen, um Theorie und Praxis gegenseitig zu befruchten und um die besonderen Bedürfnisse der Fakultät in der Kirche zu vertreten. Einzelne Fakultätsmitglieder wirken mit in allen Landessynoden[315], in den Spruchkollegien der Lehrzuchtsordnungen[316], in theologischen Beiräten[317], gelegentlich auch in Kirchenleitungsorganen[318], vor allem auch im Universitätspredigeramt[319]. Manchen Fakultäten kommt noch das Ordinationsrecht aus alten Verleihungsakten bzw. Satzungen zu[320].

Jedoch: Die institutionalisierte Kompetenz als Spruchkollegien der Kirche zur Entscheidung bzw. maßgeblichen Begutachtung von kontroversen Bekenntnisfragen, die die Theologenfakultäten kraft der evangelischen Kirchenordnungen des 16. Jahrhunderts besaßen und nach ihren Fakultätsstatuten z. T. noch im 19. Jahrhundert ausübten[321], haben sie alle verloren. Sie ist ihnen heute

---

[314] Unten S. 233 ff. Bei den kircheneigenen Prüfungen, die i. d. R. als Eingangsprüfungen für den landeskirchlichen Vorbereitungsdienst bzw. Pfarrdienst ausgestaltet sind und auf kirchengesetzlicher Grundlage durch kirchliche Prüfungsordnungen von den Kirchenbehörden geregelt wurden, handeln die Prüfer nicht als Mitglieder der theologischen Fakultäten in deren staatlich-akademischen Funktionen, sondern als Mitglieder eigener kirchlicher Prüfungskommissionen kraft besonderer kirchlicher Berufung auf Grund kirchlichen Rechts; ihre Entscheidungen sind Verwaltungsakte der Kirche und unterliegen den dafür geltenden Rechtsschutzregelungen.

[315] Z. B. § 4 Abs. 2 Kirchenverfassungsgesetz der Württembergischen Landeskirche. Entsprechende Regelungen bestehen z. B. für die Landessynoden der Landeskirchen in Baden, Bayern, Hamburg, Kurhessen-Waldeck, Rheinland, Schleswig-Holstein, Westfalen.

[316] § 20 Abs. 1 Ziff. 2 Lehrzuchtordnung der Evang. Landeskirche in Württemberg v. 10. 4. 1959; § 7 Abs. 1 d, § 9 Abs. 1 c Kirchengesetz der VELKD über das Verfahren bei Lehrbeanstandungen v. 16. 6. 1956; § 13 Abs. 1 c Lehrbeanstandungsordnung der EKU; § 17 Abs. 1 c Kirchliches Gesetz Ordnung für Lehrverfahren der Evang. Landeskirche Badens v. 19. 10. 1976; § 6 Abs. 1 c Kirchengesetz über das Kollegium für theologische Lehrgespräche der Evang. Kirche in Hessen und Nassau v. 27. 11. 1979.

[317] Im theologischen Beirat nach § 100 ff. der Kirchenverfassung der Nordelbischen Kirche.

[318] Z. B. als Mitglied der Wahlkommission gem. § 2 Abs. 1 e Kirchliches Gesetz über die Wahl des Landesbischofs v. 23. 4. 1963 der Evang. Kirche in Baden.

[319] Art. 11 Abs. 3 Preuß.KV; Art. 3 Abs. 3 Nieders.KV; Art. 4 Abs. 3 Schl.-Holst.KV; Art. 13 Abs. 3 Hess.KV; auch die Verbindung des Lehrstuhls für Praktische Theologie der evang.-theol. Fakultät Heidelberg mit der Leitung des Praktischen-theologischen Seminars der Badischen Landeskirche nach Art. VII Abs. 3 Bad.KV. – Vgl. *Ulrich Stutz*, Das Bonner evangelische Universitätspredigeramt, Berlin 1920; *Gänger*, Staat und Kirche S. 105; *Solte*, aaO, S. 290.

[320] *Solte*, aaO, S. 289, 282 Anm. 127.

[321] Z. B. Art. VI der Statuten der Wittenberger theol. Fakultät v. 1533 (*Walter Friedensburg*, Urkundenbuch der Univ. Wittenberg, Teil 1, Magdeburg 1926 S. 154 ff.), cap. V der Statuten der Leipziger theol. Fakultät v. 1534 (*Friedrich Zarncke*, Die Statutenbücher der Universität Leipzig, Leipzig 1861 S. 568 ff.). Im 19. Jh. wurden noch wiederholt von evangelischen Theologenfakultäten theologische Gutachten eingeholt, insbes. über die Rechtgläubigkeit einzelner Universitätstheologen, so i. J. 1841 über den Bonner Privatdozenten Bruno Bauer, was zum Entzug seiner venia

auch nicht für den Hausgebrauch zum Lehrurteil über ihre Mitglieder von den Kirchen aufgetragen.

In allen diesen kirchlichen Sonderfunktionen handeln die Fakultätsmitglieder nicht als solche, d. h. in ihrer allgemeinen Amtsfunktion an der Staatsuniversität kraft staatlichen Rechts, sondern in spezieller Sonderfunktion als Mitglieder kirchlicher Gremien durch kirchliche Berufung kraft kirchlichen Rechts, auch wenn die gesamte Fakultät in ihrem vollen Mitgliederbestand von der Kirche in Anspruch genommen werden sollte[322].

6. Probleme der Gruppenuniversität

Das freilich ist kaum noch der Fall. Wo die Kirchen theologischen Rats bedürfen und die Lehrer der Theologie in die kirchliche Arbeit zu integrieren suchen, ist ihnen die traditionelle Anknüpfung an die Fakultätsstruktur durch den Umbruch zur Gruppenuniversität erschwert. Die traditionsreiche Lehrautorität der evangelischen Fakultäten – als Korporationen – fand dadurch ihr Ende. Auf die Zusammensetzung des Akademischen Mittelbaus und erst recht der studentischen Vertreter haben die Kirchen keinerlei Einfluß, daher auch keinerlei Gewähr in Punkto Lehre und Bekenntnis. Diese anderen Gruppen wurden zudem ja nicht aus Gründen der theologischen Sachkompetenz (ge-

---

docendi führte, i.J. 1858 über den Rostocker Alttestamentler Michael Baumgarten, der daraufhin seine Professur verlor. Vgl. *Karl v. Hase*, Kirchengeschichte auf der Grundlage akadem. Vorlesungen, III. Theil, 2. Abt., 2. Hälfte, hrsg. v. G. Krüger, Leipzig 1893 S. 475 ff., 512 ff., 626 ff.; Gutachten der Evangelisch-theologischen Fakultäten über . . . Bruno Bauer, Berlin 1842; über weitere Fälle *Karl Gerhard Steck*, Evangelische Lehrzucht? Theol. Existenz heute H. 124, München 1965 S. 13 ff.; auch *Solte*, aaO, S. 281 f. – Auch die Juristenfakultäten haben jahrhundertelang durch ihre Gutachten- und Spruchtätigkeit bedeutsame Funktionen in der Gerichtsbarkeit ausgeübt, die ebenfalls sämtlich durch die Änderungen des Hochschulrechts und Gerichtsverfassungsrechts entfallen sind.

[322] Dies gilt insbes. auch von theologischen Gutachten, die von einer evangelischen Kirche kraft kirchlichen Auftrages von den habilitierten Mitgliedern einer evangelisch-theologischen Fakultät eingeholt werden, vgl. Anm. 302. Sie bilden in diesem Falle heute ein eigenes kirchliches Gremium kraft kirchlichen Rechts; dies setzt die freiwillige Beteiligung des einzelnen hieran voraus, da die Kirche niemanden zu diesem Dienst zwingen kann, erlaubt aber andererseits eine Mehrheitsabstimmung, wie sie bei rein persönlicher (auch gemeinsamer) Meinungsäußerung (auf Grund des Grundrechts aus Art. 5 I GG bzw. des Status als einzelnen Kirchengliedes) nicht hingenommen werden muß. – Solche theologischen Gutachten sind z. B. von der Tübinger evang.-theol. Fakultät am 15. 2. 1947 für den Evang. Oberkirchenrat über die Äußerungen Pfr. Richard Baumanns und im Jahre 1952 über die Theologie Rudolf Bultmanns erstattet worden (Für und wider die Theologie Bultmanns, Denkschrift der Evang.-theol. Fakultät der Universität, ersch. i. d. Sammlung gemeinverständlicher Vorträge Nr. 198/199, Tübingen 1952). Diese Gutachten sollten nach Beseitigung der Ordinarien-Universität nicht mehr als Gutachten »der Evang.-theologischen Fakultät« (denn zu ihr gehören auch die Assistenten bzw. wiss. Mitarbeiter, Studenten, deren Mitwirkung i. Zw. von der den Auftrag erteilenden kirchlichen Stelle nicht erbeten worden ist), sondern »der habilitierten Mitglieder« bzw. »der Professoren« der Evang.-theol. Fakultät erteilt und firmiert werden.

schweige denn der Bekenntnistreue), sondern der Demokratisierung bzw. Partizipation, des (»ständestaatlichen«) Gruppenausgleichs (bzw. -kampfes), der gesellschaftspolitischen Veränderungsstrategien in die akademischen Entscheidungsgremien gebracht[323]. Die Grundvoraussetzungen der Demokratie – die Wahrung des Repräsentationsverhältnisses nach Zahl und Gehalt – wurde bei dieser (auf die Sachstrukturen der Wissenschaft ohnehin nicht passenden) Übertragung heterogener demokratischer Formen auf die Universität schwer verzerrt[324].

---

[323] Diese hochschulrechtlichen Strukturveränderungen der Theologenfakultäten resultieren ausschließlich aus bestimmten hochschulinternen und allgemeinpolitischen Gründen und Motiven, welche die Kirche nicht speziell betreffen. Für die Kirche kommt es allein auf die geistlich verantwortete theologische Forschungsarbeit und Bekenntnisentfaltung an, wo sie die wissenschaftliche Mitarbeit der Universitätstheologie in den kirchlichen Gremien und Sonderfunktionen benötigt. Diese ist deshalb auf die wissenschaftlich kompetenten, d. h. auf die Mitglieder des Lehrkörpers beschränkt, die (durch Berufung oder Habilitation) kraft ihres theologischen Sachverstandes zur theologischen Wissenschaftspflege, nicht aber kraft Gruppenwahl zur Vertretung von studentischen etc. Gruppeninteressen in die Fakultätsgremien gelangten.

Wo *kirchliche Gesetze* wie seit alters für bestimmte kirchliche Funktionen auf »die theologische Fakultät« verweisen, ist hierunter nach Genesis, Sinn und Systemzusammenhang auch in Zukunft ganz in der Regel nur *der theologische Lehrkörper* zu verstehen, dessen wissenschaftliche Kompetenz und Mitverantwortung für kirchliche Aufgaben dadurch gewonnen werden soll. Dem Sinn dieser Kirchengesetze würde die gedankenlose Selbstgleichschaltung des Kirchenrechts mit den ganz anders gearteten Zielen und Strukturen der staatlichen Hochschulpolitik zuwiderlaufen. Das kirchliche Recht ist – seinen Verfassungsgrundlagen in den Bekenntnisartikeln gemäß – allein aus den geistlichen Grundlagen und Aufgaben zu interpretieren; es ist allein der Wahrheit und Reinheit der Verkündigung in der geistlichen Freiheit und Eigenverantwortung der Kirche zu dienen bestimmt. – Da es sich nicht um Angelegenheiten der akademischen Selbstverwaltung nach staatlichem Recht, sondern um kirchliche Sonderverhältnisse handelt, sind sie nicht auf der Tagesordnung der Fakultätsgremien, sondern außerhalb derselben im Kreise der Hochschullehrer zu behandeln.

[324] Es dürfte eine breite, resignierte Übereinstimmung darüber bestehen, daß die Hochschulreformen seit 1968 ihre hochgespannten Erwartungen weithin enttäuscht haben. Die studentische Wahlbeteiligung bei den akademischen Wahlen hat sich bundesweit auf ein knappes Zehntel eingependelt; die neuen Formen werden also durch die überwältigende Mehrheit der studierwilligen und durch das Studium voll beanspruchten Studenten in einem täglichen Plebiszit abgelehnt bzw. ignoriert. Das gibt den radikalen (vielfach marxistisch orientierten) Minderheiten undemokratische (weil unrepräsentative) Machtprämien und Möglichkeiten der Politisierung und Polarisierung, die auch den Lehrkörper vielfach belastet und in undurchsichtiger Weise (der offiziell proklamierten »Transparenz« entgegen) den verschiedensten wissenschafts- und bekenntnisfremden Motiven Einfluß eingeräumt haben. – Aus der fast uferlosen kritischen Literatur vgl. nur *Scholz*, in Maunz-Dürig, Art. 5 Abs. III Rdnr. 151 ff.; *Müller-Volbehr*, aaO, S. 12 ff.; *Otto Bachof*, VVDStRL 31, 1973 (Aussprache) S. 300: »In der Universität sind es fast allein die aktivistischen Minderheiten, die sich politisch betätigen. Die Hochschulgesetze, deren Verfasser diese Gegebenheiten nicht erkannt haben, haben die Hochschulen geradezu solchen Minderheiten ausgeliefert. Diese Minderheiten benutzen die ihnen eröffneten Möglichkeiten ja auch nicht in erster Linie dazu, um Universitätspolitik zu betreiben (und wenn, dann nur als Mittel zum Zweck), sondern weil sie an den Hochschulen die weiche Stelle entdeckt zu haben glauben, an der sie den Hebel zur Umfunktionierung der Gesellschaft ansetzen können.« – Eine kompetenz- und funktionsspezifische Mitwirkung der Studenten- und Mitarbeitervertreter in den akademischen Gremien ist natürlich sinnvoll und u. U. auch integrativ effizient in den Fragen des Studien- und Lehrbetriebs, der Seminarbenützung,

Die Kirchen haben etwa die Wahl der »Fakultätsvertreter« zu den Landessynoden von der theologischen Fakultät auf ein besonderes Gremium übertragen, das sich z. B. aus den der Universität angehörenden ständigen (habilitierten) Mitgliedern des Prüfungsausschusses für die erste evangelische Dienstprüfung zusammensetzt[325]. In anderen Landeskirchen erhalten kirchliche Bekenntnisvorbehalte bzw. Einwirkungsmöglichkeiten bei der Personalauswahl ein gesteigertes Gewicht[326]. Das selbständige Entsendungsrecht der Fakultätsgremien in kirchliche Institutionen ist allgemein zurückgegangen, hingegen die Auswahl der theologischen Lehrer durch die kirchlichen Gremien bzw. Kirchenleitungen im Vordringen[327]. So begreiflich dies ist, so tief ist der Verlust an Freiheit und Vertrauen, an Selbstbestimmung und fruchtbarer Spannung zwischen Theologie und Kirche zu bedauern.

Die Kirchen sollten sich verstärkt um die Einbeziehung ihrer habilitierten Universitätstheologen in die Verantwortung des kirchlichen Dienstes bemühen und dafür neue Formen finden, die ihre Theologen im Lehramt nicht nur individuell und isoliert, sondern im Team und in der fruchtbaren Vielfalt (»Pluralität«) des lebendigen theologischen Zeugnisses vom Worte Gottes zur Mitarbeit im ministerium verbi divini der evangelischen Kirche gewinnen lassen[328]. Der Rückblick auf die Tradition und der Ausblick auf die Zukunftsaufgaben läßt dies allein juristisch systemgerecht und rechtspolitisch geboten erscheinen:

7. Das Bedürfnis nach institutionellen Verbindungen von Kirche und Theologie

Seit ihren Anfängen im frühen 16. Jahrhundert haben beide, die evangelische Kirche und die evangelische wissenschaftliche Theologie, ihren Dienst am

---

Sozialeinrichtungen und anderen studentischen Angelegenheiten. Sie haben aber fast durchweg mit den besonderen Beziehungen der Theologie zur Kirche nichts zu tun und können einen Einfluß der studentischen Funktionäre auf die Landeskirche nicht rechtlich begründen.

[325] Z. B. Kirchliches Gesetz zur Änderung des Kirchenverfassungsgesetzes v. 10. 7. 1971 und Kirchliches Gesetz zur Änderung der Lehrzuchtordnung der Württembergischen Landeskirche ABl 1971 S. 626.

[326] Art. 174 Abs. 2 d KO der Evang. Kirche im Rheinland; Art. 119 Abs. 2 d KO der Evang. Kirche von Westfalen.

[327] Wie bereits früher gem. § 92 Abs. 1 b der Grundordnung der Landeskirche Badens. – Vgl. allgemein *G. Wendt*, Essener Gespräche 16, S. 123 ff. – Auch wird in Württemberg der Stellvertreter des Abgeordneten der Tübinger theologischen Fakultät im Spruchkollegium der Lehrzuchtordnung nicht von der Fakultät (bzw. dem Lehrkörper) gewählt, sondern vom Landesbischof berufen. Ges. v. 10. 7. 1971 ABl 71 S. 627.

[328] In vielen Landeskirchen finden regelmäßige Begegnungen zwischen den Kirchenleitungen und den theologischen Universitätslehrern ihrer Landesuniversität(en) statt. Diese Kontakte sollten intensiviert und institutionalisiert werden.

göttlichen Wort aus der großen Gemeinsamkeit versehen, die sie in wechselseitiger Zuordnung und Freiheit, Spannung und Befruchtung verbunden hielt. Die
Trennung von Staat und Kirche seit 1919 (Artt. 137 I WRV/140 GG) hat
durchaus ambivalente Zukunftsperspektiven aufgetan:

Einerseits droht beiden, der evangelischen Theologie wie der evangelischen
Kirche, innerer Schaden, wenn sie sich nach der äußeren Trennung der Kirche
vom Staat (und damit von »ihrer« Staatsfakultät) auch innerlich entfremden und
einander fahren lassen, statt ihre Wesensverbundenheit im beiderseitigen Dienst
am ministerium verbi divini publicum durch neue institutionelle Gemeinsamkeiten zu entfalten. Andererseits aber hat die Trennung der evangelischen
Kirche neue Möglichkeiten zur Zusammenarbeit und gegenseitigen Verantwortung zwischen Theologie und Kirche erschlossen, die sie durch neue, erweiterte
Kooperations- und Integrationsformen auf innerkirchlicher Rechtsgrundlage
realisieren kann. Dabei ist sie kraft der staatskirchenrechtlichen Freiheits- und
Selbstbestimmungsgarantie (Artt. 137 III WRV/140 GG) befreit von den Ingerenzen der staatlichen Instanzen und von den Zwängen zur (Selbst-)Gleich-
schaltung mit säkularen Verfassungsmodellen und Hochschulstrukturen, die
ihrem Wesen fremd und ihrem Wirken abträglich sind; sie ist freier geworden als
jemals in den Jahrhunderten zuvor.

Solche rechtlichen Verbindungen und Verantwortlichkeiten sind jedoch – das
sei für die Theologen wiederholt – nur im Rechtskreise des evangelischen
Kirchenrechts[329], nicht in dem des Staats(kirchen)rechts zu realisieren, da letzteres sich eben von Bekenntnis und Kirche trennte und säkularisierte; das
Pochen auf eine staatlich vermittelte eigene theologische Autorität der Theologenfakultäten (d. h. als Staatseinrichtungen[304]) gegenüber der evangelischen
Kirche ist rechtlich sinn- und fruchtlos und ganz anachronistisch, auch wenn es
sich in progressivem Rückschritt eingenebelt hat.

Diese Formen des innerkirchlichen Rechts sollten die habilitierten Theologen als
sinnvolles Team aus den verschiedenen theologischen Disziplinen organisieren. Auf

---

[329] So wurde in der Evang. Landeskirche Württembergs auf Anregung des Verf. ein theologisch-
kirchlicher Konvent aus den Mitgliedern des Oberkirchenrats und den habilitierten Universitätslehrern der Tübinger theologischen Fakultät gebildet, der der gegenseitigen Information, Beratung,
Abstimmung in den gemeinsamen theologischen Grundfragen der kirchlichen Lehre und des
kirchlichen Lebens dient, regelmäßig gemeinsam tagt, in einer kirchlichen und einer akademischen
Sektion auch zu gesonderter Beratung und Gutachtertätigkeit zusammentreten kann, zu Empfeh-
lungen und Gutachten der Mitverantwortung des Konvents wie beider Sektionen bedarf. Als
kirchliche Einrichtung beruht er auf kirchlicher Rechtsgrundlage in Form einer vom Landesbischof
erlassenen Geschäftsordnung (die inhaltlich mit den Mitgliedern des Lehrkörpers in voller Übereinkunft abgesprochen wurde), jedoch nicht auf einer akademischen Satzung bzw. Vereinbarung der
theologischen Fakultät als universitärer Korporation, da es sich nicht um deren akademische
Kompetenzen und Statusrechte, sondern um davon getrennte kirchliche Sonderbeziehungen der
Mitglieder ihres Lehrkörpers handelt.

deren Gesamtheit kommt es an! Nur das Zusammenwirken in der gegenseitigen Ergänzung und Korrektur der Fächer sichert der evangelischen Theologie die Fülle ihrer unverkürzten exegetischen, systematischen, historischen und praktischen Dimensionen. Nur dies wehrt dem Zerfall ihrer Einheit und Wahrheit und der Verfremdung ihrer Teildisziplinen. Nur dies wahrt auch verantwortlich ihren Weltbezug im geistigen Gegenwartsverständnis und ihre Weltwirkung als Weltdienst aus dem Glauben. Und dies begegnet am besten einer Reduzierung der Kirchengeschichte in einen Zweig der allgemeinen Ideengeschichte, der Exegese in die reine Philologie, der systematischen Theologie in Fundamentalismus oder Ideologisierung, der praktischen Theologie in Quietismus oder Aktionismus.

Es erscheint als ein Mangel der heute praktizierten individuellen Beiziehung einzelner Universitätstheologen durch die Kirchenleitungen, daß dieser theologische Gesamtzusammenhang nicht optimal zum Tragen kommen kann. Der einzelne Theologe wird vielfach auch nicht fachspezifisch nach seiner besonderen wissenschaftlichen Qualifikation ausgewählt und eingesetzt. Die theologische Mitarbeit einzelner Fakultätsvertreter z. B. in den Synoden entspricht deshalb häufig keineswegs dem spezifischen wissenschaftlichen Diskussionsstand etwa der Dogmatik, Exegese, Liturgik, Pädagogik, wie dies für die kirchlichen Stellungnahmen zu Ökumene, Amtsbegriff, Weltverantwortung, Jugenderziehung, Verfassungs- und Wirtschaftsfragen u. a. m. wünschenswert wäre. Das bisher praktizierte selektive Beiziehungsverfahren ist auch ein Grund dafür, daß sich im Lehrkörper Teamgeist und Teamverantwortung für die theologische Entwicklung ihrer evangelischen Kirche schwer bildet. Die mangelnde Integration der Theologie in die Kirche hat ihre negativen Rückwirkungen, insbesondere in einer gewissen Trennung von Wissenschaft und Praxisbezug, Glaube und Leben – von Unstimmigkeiten und Unausgewogenheiten in den kollegialen Beziehungen der Fakultäten ganz abgesehen.

Durch solche innerkirchlichen Vorkehrungen sollte insbesondere gewährleistet sein, daß ein staatskirchenrechtliches Beanstandungsverfahren über Bekenntnis und Lehre eines Fakultätstheologen im Außenverhältnis zur staatlichen Kultusverwaltung nicht durchgeführt wird, ohne zuvor im Innenverhältnis zwischen Kirche und Fakultät eine sorgfältige theologische Würdigung erfahren zu haben. Dies gilt für die Versagung der kirchlichen Zustimmung bei der Berufung von Professoren, aber insbesondere auch für einen nachträglichen Beanstandungsfall[330]. Zwar ist eine solche innerkirchliche Abklärung im staatskirchenrechtlichen Außenverhältnis keine Zulässigkeits- bzw. Verfahrensvor-

---

[330] Bei dieser innerkirchlichen Klärung der Bekenntnisfragen und Lehrdifferenzen ist peinlich darauf zu achten, daß die evangelische Freiheit als kostbares theologisches Gut der evangelischen Kirche und Theologie bewahrt wird und nicht durch unevangelische Gesetzlichkeit einer kirchlichen Hierarchie, Bürokratie, Majorisierung verlorengeht. Diese zentrale geistliche Aufgabe aber muß die Kirche selbst leisten. Sie kann sie sich nicht vom säkularen Staate abnehmen lassen, der nicht die innerkirchlichen Bekenntnisgehalte der theologischen Lehrfreiheit und -grenzen festsetzen und gegen die kirchliche Selbstbestimmung zugunsten seines Universitätstheologen durchsetzen darf, sondern diesem nur säkulare Ausweichmöglichkeiten (S. 66 ff., 101) bereitstellen kann. Die säkulare Religions- und Wissenschaftsfreiheit der Artt. 4 und 5 GG sind nicht das passende Instrument, um die evangelische Freiheit (und Bindung!) aus Gottes Wort in der Kirche zu gewährleisten, dazu sogleich S. 168 ff.

aussetzung für ein negatives votum decisivum der Kirche[331]. Aber im innerkirchlichen Bereich sollte dies nicht versäumt werden, da dies dem Charakter des Lehramtes als Teilfunktion des ministerium verbi divini entspricht und sich die evangelische Kirche in ihren inneren Beziehungen zur evangelischen Theologie nicht auf die äußere Trennung von Kirche und Staat(sfakultät) nach der weltlichen Staatsverfassung zurückziehen darf.

Auch im Blick auf diese Fragen sollten sich die Universitätstheologen wie die Kirchen rechtspolitisch den nötigen institutionellen Verbindungen zwischen Kirche und Theologie nicht verschließen.

8. Die Notwendigkeit der innerkirchlichen Lösung von Bekenntniskonflikten

Es kann ja manchmal durchaus sein, daß der evangelische Christ im theologischen Lehramt an der Universität in einer Bekenntnisdifferenz mit seiner Landeskirche theologisch »im Recht« sein mag[332]. Sich dann in seiner Kirche theologisch durchzusetzen, kann ihm jedoch niemand abnehmen, vor allem nicht der moderne Verfassungsstaat, der die von seinen Theologen im Staatsamt entwickelten Lehren schließlich der Kirche nicht durch ein ius reformandi[34] aufzwingen kann. Der liberale, religiös neutrale Staat kann heute nicht mehr Hüter der reinen Lehre für die Kirche, in der Kirche, statt der Kirche sein. Weder das evangelische Kirchenrecht, noch das Staatskirchenrecht nimmt für sich in Anspruch, daß ihre behutsam differenzierten Freiheits- und Ausgleichslösungen notwendig zu Infallibilitäts-Effekten führen; der menschliche Irrtum, vor allem in geistlichen Heikeldingen, läßt sich durch keine Norm (und keine Fiktion) des Rechts ausschließen.

Hier spielen gewisse Schwierigkeiten des evangelischen Kirchenbegriffs mit herein, deren rechtliche Verortung besonders manchen Theologen Not bereitet. Der Theologe, dem durch ein irrendes Lehrurteil seiner evangelischen Partikularkirche Unrecht geschehen sein sollte, .verbleibt doch nach evangelischem Kirchenverständnis mit dieser seiner Lehre in der ecclesia spiritualis, d. h. in der wahren, geistlichen Kirche der »congregatio sanctorum, in qua evangelium pure docetur et recte administrantur sacramenta«[333]. Das irrende Lehrurteil muß dann überwunden werden, damit die äußere Partikularkirchengestalt dem wah-

---

[331] Vgl. S. 150, 186, 193, auch S. 54.

[332] Vgl. die Diskussion um die Ablehnung der Berufung Adolf v. Harnacks nach Berlin durch den Evangelischen Oberkirchenrat, die durch Intervention Wilhelms II. zustande kam. Dazu S. 96 Anm. 183 und *E. R. Huber*, Verfassungsgeschichte Bd. 4, Stuttgart u. a. 1969 S. 869.

[333] Confessio Augustana Art. VII, VIII, Apologie der CA Art. VII, VIII, Bekenntnisschriften S. 61 ff., 233 ff.

ren geistlichen Wesen der Kirche (als ecclesia vera et spiritualis) entspricht[334]. Aber das kann nur durch den innerkirchlichen Bekenntnisvorgang geschehen, nicht durch den Staat. Der konfessionell neutrale säkulare Staat hat nicht die Aufgabe und die Kompetenz, die Übereinstimmung der Partikularkirchengestalt mit dem wahren Wesen der Kirche im evangelischen Verständnis zu bewirken, wozu er weder imstande noch – staatlich wie kirchlich – berufen ist. Für den weltlichen Staat stellt sich nicht die Aufgabe der Erkenntnis und Unterscheidung dessen, was und wo unter den Kirchen die wahre Kirche sei. Er hat seine leidigen Erfahrungen mit der staatlichen Entscheidung der religiösen Wahrheitsfrage im Zeitalter der Religionskriege gemacht: Seither sind die Kirchen für ihn allzumal nur »Religionsgesellschaften«[335]. Ihr ekklesiologisches göttliches Wesen wird zwar in seinem weltlichen Recht durchaus nicht negiert, aber offengelassen und den Gläubigen zur freien Selbstbestimmung freigegeben.

Auch die Fürsorgepflicht für seinen Universitätstheologen berechtigt (bzw. verpflichtet) den Staat keineswegs, das – irrige oder richtige – Votum der Kirche im Lehrkonflikt zu übergehen und den Beanstandeten weiterhin dieser Kirche als Geistlichenausbilder aufzunötigen. Die Fürsorgepflicht erfüllt der weltliche Staat ohne geistlichen Übergriff auf weltliche Weise bis zum Übersoll, indem er dem Universitätslehrer ein anderes Lehramt mit ungeschmälertem Beamten- und Korporationsstatus außerhalb der theologischen Fakultät zur Verfügung stellt.

Rechtspolitisch und kirchenpolitisch ist zu resümieren: Die evangelische Theologie sollte – da sie notwendig auf ihre innerkirchliche Wirkung und Rezeption angewiesen ist – auch von sich aus bereit sein zur intensivierten Mitwirkung und Mitverantwortung in den theologischen Beiräten der Kirchenleitungen, den Ausschüssen der Landessynoden für Lehre und Kultus, den Spruchkollegien, dem Predigt- und Vortragsdienst der Kirche, um die vorhandenen, lediglich sporadischen institutionellen Ansätze zu verbreitern und zu vertiefen. Jedenfalls ist als Ergebnis festzuhalten:

Bekenntniskonflikte können nur im innerkirchlichen Bereich geistlich und rechtlich ausgetragen werden. Dorthin sind sie vom freiheitlich-neutralen Staatskirchenrecht verwiesen. Andernfalls bleiben sie ungelöst als politisches

---

[334] Aus dieser Frage der irrenden Lehrgewalt in der causa Lutheri haben sich die Anfänge des evangelischen Kirchenrechts mit einer tiefen Neubesinnung zur Kirchengewalt und zum Kirchenbegriff entwickelt. *J. Heckel*, Initia iuris ecclesiastici Protestantium S. 71 ff., 114.

[335] Zu dieser entscheidenden juristischen Neudefinition des Kirchenbegriffs durch die rationale Korporationslehre seit Samuel Pufendorf s. *Scheuner*, Schriften zum Staatskirchenrecht S. 130; *Schlaich*, Kollegialtheorie S. 49 ff., 133 ff.; *Link*, Herrschaftsordnung und bürgerliche Freiheit S. 248, 322 ff., 342; *M. Heckel*, Säkularisierung, ZRG 97, Kan.Abt. 66, 1980 S. 135 (Anm. 359), 163.

und geistliches Ärgernis und als rechtswidriger Staatseingriff in die kirchliche Selbstbestimmung bestehen[336].

---

[336] Ein naheliegender Einwand sei vorweg angesprochen: Wird nicht der »Doppelcharakter« der theologischen Fakultäten und ihr »kirchlicher Status« (den sie nach h. M., S. 217, 220, 265, 327, neben ihrem »primär staatlichen« Status auch haben, *W. Weber*, HdbStKirchR Bd. 2 S. 571; *ders.*, Staat und Kirche S. 375, auch S. 97, 367; *Scheuner*, Rechtsfolgen der konkordatsrechtlichen Beanstandung S. 28; *Hollerbach*, Die theologischen Fakultäten, Essener Gespräche 16, S. 78, 139; *v. Campenhausen*, Kirchl. Selbstbestimmungsrecht und theol. Fakultäten, ZevKR 30, 1985 S. 73; VGH Mannheim NVwZ 1985, 126 ff., 129, ZevKR 30, 1985 S. 110 f.) geleugnet oder gefährdet, wenn sie – wie hier (S. 154 ff.) ausgeführt – kein letztverbindliches Entscheidungsrecht über Inhalt und Grenzen des evangelischen Bekenntnisses besitzen, sondern insoweit an das votum decisivum der evangelischen Kirche gebunden sein sollen? Werden sie damit nicht ihrer kirchlichen Funktionen entkleidet und (ungewollt vielleicht) selbst auf die Spur staatlicher Säkularisierung geschoben?

Im Gegenteil: (1.) Die These vom »Doppelcharakter« (jedenfalls der »Doppelaufgabe« und »Doppelfunktion« dieser besonderen Staatseinrichtungen, vgl. S. 327) will zutreffend zum Ausdruck bringen, daß die theologischen Fakultäten auch bedeutsame kirchliche Aufgaben wahrnehmen, deshalb besondere Rechtsbeziehungen zu den Kirchen bestehen und eine lediglich etatistische bzw. säkularisierende Fehldeutung und Fehlbehandlung durch den säkularen Staat sachwidrig und freiheitsverkürzend wäre. (2.) Der kirchliche Charakter bzw. Status ist begrenzt auf die kompetenzmäßigen Funktionen der theologischen Fakultäten zur theologischen Forschung, Lehre, Prüfung und akademischen Selbstverwaltung, die sich jeweils in den Grenzen des verfassungsmäßig und vertragsmäßig garantierten evangelischen bzw. katholischen Charakters der Fakultät zu halten haben. Dieser »kirchliche Charakter« gibt den Theologenfakultäten nicht von Staats wegen die Kompetenz (bzw. das Mandat) zu weiteren kirchlichen Aktivitäten (S. 153 Anm. 302): Weder zu den kirchlichen Sonderfunktionen (S. 158), die ihnen deshalb durch kirchliches Recht jeweils besonders übertragen werden müssen, noch zu verbindlichen Lehr- und Bekenntnisentscheidungen als eine Art kirchlicher Bekenntniskammer, die ihnen durch kirchliches Recht auch nicht für den Kreis der Fakultätsmitglieder zur maßgeblichen Letztentscheidung übertragen worden ist. (3.) Der »kirchliche Charakter« der Theologenfakultäten darf nicht dazu benützt werden, im Sinne des früheren Staatskirchentums staatliche Ingerenzrechte in den Kernbereich der religiösen Selbstbestimmung für die staatliche Kultusverwaltung und Universität zu konstruieren. (Vgl. auch S. 48 Anm. 81, S. 94 ff.). (4.) Der »kirchliche Status« der Theologenfakultät wird gerade zerstört bzw. in einen »gegenkirchlichen Status« umgekehrt, wenn ihn der Staat zur Bestellung theologischer Lehrer gegen das theologische Selbstverständnis der Kirche in Anspruch nimmt und so durch Staatseingriff in der Kirche bekenntnismäßige Gegenpositionen aufbaut. Aus den Erfahrungen des Kulturkampfes und des Kirchenkampfes hat das freiheitliche Staatskirchenrecht dies durch die Trennung und kirchliche Selbstbestimmungsgarantie ausgeschlossen. (5.) Der »kirchliche Charakter« bzw. »Status« der Theologenfakultäten ist hier – im Kontext des Staatskirchenrechts – nach dem »Kirchenbegriff« des Staatskirchenrechts zu bestimmen: Für den weltlichen Staat erscheint die evangelische Kirche nur als »Religionsgesellschaft« (Artt. 137 III WRV/140 GG) in der maßgeblichen Repräsentanz und Selbstbestimmung durch ihre Organe. Er kann die theologische Fakultät nicht als eine Art Nebenkirche bzw. Gegenkirche organisieren, soweit die Kirche nicht selbst die Lehrentscheidung der theologischen Fakultäten als kirchlich maßgeblich rezipiert. Die staatlichen Instanzen haben kein ius reformandi in Bekenntnisfragen mehr, können deshalb der theologischen Fakultät im Konflikt mit ihrer Kirche keine innerkirchliche Legitimation und Autorität (als »kirchliche Autorität«) verleihen. (6.) Ob die evangelische Partikularkirche – im Kontext der evangelischen Theologie – die Wahrheit des Evangeliums erkennt und vertritt, oder ob die widerstreitende Fakultät als die wahre, geistliche Kirche handelt, dies darf und kann der weltliche Staat nicht entscheiden, sondern dies ist dem innerkirchlichen Prozeß der Bekenntnisklärung und Konsensbildung zu überlassen – weshalb eben die stärkere Integration der Theologie in den kirchlichen Organismus als kirchenrechtliche Notwendigkeit erscheint. – Parallelen existieren im Bereich der Diakonie; freie

V. Keine Verletzung der »evangelischen Lehrfreiheit« und der Wissenschaftsfreiheit

Auch in dieser Frage ist – wie bereits oft berührt – zu unterscheiden, andererseits richtig zuzuordnen[337].

1. Ihr Unterschied

Die Garantie der Wissenschaftsfreiheit wie der Religionsfreiheit (in Artt. 5 III, 4 I, II GG) in der Verfassungsordnung des säkularen, religionsneutralen Staates ist säkular und religiös relativiert bestimmt. Ihre Freiheit umfaßt die (»liberale«) weltliche Freiheit – zu und von – jedweder Religion, Wissenschaft, Religionswissenschaft, Theologie, also die Freiheit des Glaubens wie des Abfalls und der Glaubenslosigkeit, je nach der freien (individuellen bzw. korporativen) Entscheidung des bzw. der Grundrechtsträger, ohne staatliche Festlegung auf einen material bestimmten, als »wahr« deklarierten Freiheits-, Religions-, Wissenschaftsbegriff. Hingegen ist die Lehrfreiheit des evangelischen Theologen als Teil des ministerium verbi divini publicum i. S. der evangelischen Bekenntnisse inhaltlich exklusiv bestimmt durch die Beziehung auf das Evangelium: Sie meint die Freiheit aus der Wahrheit und dem Erlösungshandeln Gottes, die aus dem sola scriptura, sola gratia, sola fide erwächst und von Sünde, Irrtum und vom Zorne Gottes zum Glauben und zum Heil befreit, sich also im paulinischen und reformatorischen Sinne nur christologisch und soteriologisch begreifen läßt und sich zutiefst von einem immanent-säkularen menschlichen Freiheitsverständnis unterscheidet.

Einrichtungen der Diakonie (eingetragene Vereine, Stiftungen usw.) werden im Verfassungs- und Verwaltungsrecht des Staates nur dann als Teil der Kirche (etwa gem. Artt. 137 III WRV/140 GG) behandelt, wenn sie von der Kirche als solcher anerkannt sind.

[337] Als Überblick *Eberhard Jüngel*, Die Freiheit der Theologie, Theologische Studien H. 88, Zürich 1967; *Martin Heckel*, Glaubensfreiheit und Freiheit der Kirche, in: Kirche und Glaubensfreiheit, hrsg. v. G. Lanzenstiel, München 1968 S. 23 ff.; *ders.*, Zum Sinn und Wandel der Freiheitsidee im Kirchenrecht der Neuzeit, ZRG 86, Kan.Abt. 55, 1969 S. 395 ff.; *Ernst Wolf*, Botschafter des Evangeliums, Freiheit und Bindung kirchlichen Handelns, in: Der Glaube der Gemeinde und die mündige Welt, Festschrift f. O. Hammelsbeck, München 1969 S. 233 ff.; *Hans Martin Müller*, Bindung und Freiheit kirchlicher Lehre, Zeitschrift für Theologie und Kirche 77, 1980 S. 479 ff.; *ders.*, Lehrverpflichtung und Gewissensfreiheit. Zur Frage der Bekenntnisbindung in der deutschen evangelischen Kirche, Kerygma und Dogma 26, 1980 S. 230 ff.; *Gerhard Ebeling*, Frei aus Glauben, Tübingen 1968; *ders.*, Die Toleranz Gottes und die Toleranz der Vernunft, Zeitschrift für Theologie und Kirche 78, 1981 S. 442 ff.; *Oswald Bayer*, Umstrittene Freiheit, Tübingen 1981 S. 9 ff., 13 ff., 63 f.; *Martin Honecker*, Religionsfreiheit und evangelische Glaubensüberzeugung, Der Staat 1984 S. 481 ff.; auch *Solte*, aaO, S. 189, 276. Aus der älteren Literatur vgl. *Wilhelm Kahl*, Bekenntnisgebundenheit und Lehrfreiheit, Berlin 1897; *Hermann Mulert*, Die Lehrverpflichtung in der evangelischen Kirche Deutschlands, 2. A., Tübingen 1906; *ders.*, Wahrhaftigkeit und Lehrverpflichtung, Tübingen 1911; *ders.*, Evangelische Kirche und theologische Fakultäten, Tübingen 1930.

2. Religiöse Offenheit der weltlichen Freiheitsrechte

Jedoch: Die »offenen« Rechtsbegriffe des staatlichen Rechts wären fundamental mißverstanden, wenn ihnen die weltanschaulich-doktrinäre Begriffsfixierung und administrative Vollziehung eines Staats-Agnostizismus (gleichsam als Fortsetzung des durch die Verfassung aufgehobenen Staatskirchentums) unterschoben würden. Die (liberal relativierten) Grundrechte geben vielmehr die rechtliche Freiheit gerade auch um der höheren Bindungen und absoluten Ziele willen, in denen der freie Grundrechtsträger die Erfüllung seines Glaubens, seiner Überzeugung und wissenschaftlichen Wahrheitssuche, seiner Ehe und Erziehung, seines Berufs und seiner Berufung sucht. Die weltlichen Freiheitsrechte beschränken sich in dieser ihrer »Offenheit« und Selbstbescheidung hier auf das Vorläufige und Vorletzte einer äußeren Gemeinschaftsordnung, welche die metaphysischen Vergewaltigungen meidet, jedoch die religiöse Sinnerfüllung menschlicher Existenz in den Bindungen ihres Glaubens, ihrer Kirche, ihrer Ehe keineswegs verwehrt.

Die weltliche Religions- und Wissenschaftsfreiheit des Staates steht deshalb nicht in Widerspruch zum Glauben und zur theologischen Wissenschaft, sondern schützt sie als jener weitere, äußere, weltliche Rahmen des Rechts, der in Freiheit und Gleichheit auch anderen Bekenntnissen, Kirchen, theologischen Wissenschaften das Lebensrecht und die freie Entfaltung im pluralistischen Verfassungsstaat gewährleistet. Der Sinn der Religionsfreiheit und Religionsgesellschaftsfreiheit liegt gerade im Verbot ihrer etatistischen Gleichschaltung nach säkularisierendem oder fremdkonfessionellem Maße.

3. Das Bezugnahme- und Garantieverhältnis ohne inhaltlichen Widerspruch

Die Bekenntnisbindung der Theologie an das Evangelium und die Bekenntniswahrung der evangelischen Kirche durch ihr verbindliches Votum bei theologischen Berufungen verletzen also nicht die Grundrechte der Religions- und Wissenschaftsfreiheit, sondern sind durch sie verfassungsrechtlich garantiert. Und ein Lehrer der Theologie hat zwar die liberale Freiheit, aus den theologischen Bindungen seines Amtes zu entweichen, die er in voller Kenntnis freiwillig zu erfüllen versprach – aber er hat keineswegs die »Freiheit« (d. h. Eingriffsbefugnis), die Glaubenslehren seiner Kirche gegen deren Willen durch sein staatliches Lehramt zu verkehren.

Die weltliche Wissenschaftsfreiheit und die evangelische Lehrfreiheit sind nicht – wie es oft in der Argumentation geschieht – zu vermengen oder zu vertauschen. Nach Sinn und Wirkung besteht zwischen ihnen zwar ein tiefer Unterschied, aber kein rechtlicher Widerspruch, sondern ein fein abgestimm-

tes, rechtliches Bezugnahme- und Garantieverhältnis, das die geistliche Selbstbestimmung der Kirche in der weltlichen Rechtsform respektiert und schützt.

VI. Die Lehrordnung der Kirche
und die Universitätstheologie im besonderen

1. Die Regelung der Lehrordnungen

a) Die Problematik

Zur Wahrnehmung ihrer Lehrverantwortung haben die evangelischen Kirchen bekanntlich besondere Lehrordnungen erlassen[338].

Wegen der besonderen theologischen Struktur des evangelischen Bekenntnisses, die auch die Eigenart seiner theologischen Lehrautorität und rechtlichen
Bekenntnisgeltung bestimmt, unterscheidet sich die Bekenntnisbindung we-
sensmäßig tief von sonstigen kirchlichen Amtspflichten und deren disziplinar-
rechtlichen Sanktionen. Die evangelischen Kirchen haben es deshalb als quälend
unbefriedigend empfunden, die Bekenntnistreue kirchlicher Amtsträger im
Wege des kirchlichen Disziplinarverfahrens wahren zu sollen. Steht hier doch
Gewissen gegen Gewissen und ist es doch gerade die vornehmste Amts- und
Gewissenspflicht des evangelischen Geistlichen, das Evangelium so, wie es ihm
erkennbar ist, in Freiheit und Wahrhaftigkeit zu verkündigen und im Gottes-
dienste zu vollziehen.

Einerseits kann also die Kirche ihre Bindung an die göttliche Wahrheit nicht
aufgeben bzw. der individuellen Verfügung ihrer Amtsträger überlassen, son-

---

[338] Vgl. die Präambel der Württembergischen Lehrzuchtordnung v. 1. 2. 1951 i. d. F. v. 10. 7.
1971 (ABl 44 S. 411): »Die Evang. Landeskirche in Württemberg trägt die Verantwortung dafür,
daß in ihrer Arbeit und Gemeinschaft das Evangelium lauter und rein bezeugt werde. Daraus
erwächst ihr die Verpflichtung, falscher Verkündigung und Lehre zu wehren. Diesem Anliegen
dient auch die nachstehende Ordnung.« – Im gleichen Sinne die umfangreichen Grundsatzartikel
aller anderen Lehrordnungen, die den mißverständlichen Ausdruck »Lehrzucht« vermeiden.

Zur Lit. vgl. *Albert Stein*, Probleme evangelischer Lehrbeanstandung, Bonn 1967; *ders.*, Evangelische Lehrordnung als Frage kirchenrechtlicher Verfahrensgestaltung, ZevKR 19, 1974 S. 253 ff.;
ders., Neue Entwicklungen im Lehrrecht, ZevKR 22, 1977 S. 413 ff.; *ders.*, Weitere Entwicklungen
im Lehrrecht, ZevKR 26, 1981 S. 77 ff.; *Karl Gerhard Steck*, Evangelische Lehrzucht?, München
1965; *Heinrich Gehring*, Das Lehrzuchtverfahren in der evang. Kirche, Göttinger jur. Diss. 1968;
Dietrich Keller, Verantwortung der Kirche für rechte Verkündigung, ein Vergleich dreier Lehrzuchtordnungen, Düsseldorf 1972 (Rezens. v. A. Stein in ZevKR 18, 1973 S. 307 ff.); *Jörg Baur*,
Lehre, Irrlehre, Lehrzucht, ZevKR 19, 1974 S. 225 ff.; *Ekkehard Kaufmann*, Glaube, Irrtum,
Recht, Stuttgart 1961; *Georg Hoffmann*, Lehrgewalt und Lehrzucht, ZevKR 9, 1963 S. 337 ff.;
Rudolf Weeber, Lehrgewalt und Lehrzucht, ebenda S. 384 ff.; *Gerhard Ebeling*, Kirchenzucht,
Stuttgart 1947; ferner *Wilhelm Kahl*, Das neue preußische »Irrlehregesetz«, in: Deutsch-Evange-
lisch, Berlin 1910 S. 21 ff.

dern muß ihre Lehrverantwortung wahrnehmen und die Gemeinden vor Irrlehre schützen. Andererseits kann sie das Bekenntnis des »Evangeliums« nicht als »Gesetz« äußerlich erzwingen, sondern muß ein Verfahren des theologischen Wahrheitserweises und der gemeinsamen Klärung der umstrittenen Bekenntnisgrundlagen aufnehmen, wenn diese durch eine ernsthafte, vielleicht aus tiefer geistlicher Not erwachsene Lehrabweichung eines Amtsträgers in Frage gestellt worden sind.

Diese Lehranfrage kann ja auch für die Kirche eine berechtigte und notwendige Herausforderung sein, ihre tradierten Bekenntnisaussagen theologisch zu überprüfen, zu klären, zu vertiefen und zeitgemäßer auszudrücken. Das evangelische Bekenntnis will ja den Zugang zum Evangelium öffnen und weisen, nicht versperren. Es beansprucht Beachtung und Bindung nur, wenn und soweit es dem Anruf des Wortes Gottes richtig antwortet und seiner Wahrheit inhaltlich entspricht; es läßt sich deshalb durch dieselbe prüfen und korrigieren. Das Bekenntnis lebt von seiner Unterordnung unter die Heilige Schrift, über deren Wahrheit die Kirche nicht durch Gesetz und Tradition verfügt[339]. Die Lehrordnungen und Lehrentscheidungen der evangelischen Kirchen hängen deshalb theologisch wie rechtlich davon ab, daß das Bekenntnis der Kirche »mit der apostolischen Verkündigung des Evangeliums übereinstimmt«[340], und daß die beanstandete Lehre »mit dem entscheidenden Inhalt der biblischen Botschaft nach reformatorischem Verständnis unvereinbar« ist[341] bzw. sie »preisgibt oder menschlichen Ansprüchen und Gedanken unterstellt«[342]. Zwar weiß die Kirche, »daß das Evangelium selbst für den Erweis seiner Wahrheit« »sorgt«[343]; aber gerade aus der Erkenntnis dieser göttlichen Wahrheit und aus der Treue zu ihr ist die Kirche verpflichtet, »das Evangelium von Jesus Christus gemäß der Heiligen Schrift Alten und Neuen Testaments lauter und rein zu bezeugen«[344] und »achtet auf die rechte Erfüllung ihres Auftrages«[345]. Als

---

[339] Vgl. Grundlegung Abs. 7 des Badischen Kirchengesetzes über die Ordnung für Lehrverfahren v. 19. 10. 1976, ABl der EKD 1977 S. 122; Grundlegung Abs. 6 des Hessen-Nassauischen Kirchengesetzes über das Kollegium für theologische Lehrgespräche v. 27. 11. 1979, ABl der EKD 1980 S. 92; Grundlegung § 1 Abs. 7 des Lippischen Kirchengesetzes über die Ordnung für Lehrverfahren v. 23. 11. 1976, ABl der EKD 1977 S. 144; Abs. 7 der Grundlegung der Musterordnung der Arnoldshainer Konferenz der EKU v. 17. 12. 1975, ABl der EKD 1976 S. 85.

[340] Lehrordnung der Vereinigten Evangelisch-Lutherischen Kirche Deutschlands v. 16. 6. 1956, ABl der EKD 1956 S. 376, Erklärung zur Lehrverpflichtung II Abs. 1.

[341] Grundlegung Abs. 6 und § 1 der Bad., § 1 Abs. 6 der Lipp., auch Grundlegung Abs. 4, 2 und § 2 der Hess.LehrO.

[342] § 2 Württ.LehrzuchtO.

[343] Grundlegung Abs. 1 der Hess.LehrO; dazu auch *Ernst Wolf*, ZevKR 9, 1963 S. 261 sowie *Steck*, aaO, S. 40.

[344] Grundlegung I Abs. 1 der LehrbeanstandungsO der Evangelischen Kirche der Union v. 27. 6. 1963, ABl d. EKD 1963 S. 476.

[345] Grundlegung Abs. 1 der Hess.LehrO.

Kirche der Reformation muß sie dabei der Versuchung widerstehen, die Heilige Schrift der kirchlichen Tradition unterzuordnen, sich selbst (praktisch doch) infallibel zu gerieren und jene geistlichen Versäumnisse und Verfehlungen zu begehen, die sie in dem historischen Prozeß gegen Luther an der katholischen Lehrgewalt über die Jahrhunderte hinweg paradigmatisch kritisiert[346].

Weder ein förmliches Disziplinarverfahren noch die einfache verwaltungsmäßige Versetzung in eine andere Gemeinde bzw. in ein anderes Amt kann den entscheidenden Lehrkonflikt lösen: Jede rechtliche Lösung setzt hier die theologische Bereinigung des Lehrdissenses voraus. Das evangelische Kirchenrecht als bekenntnisbestimmtes Recht beruht insoweit auf dem Bekenntniskonsens, und das Grundverhältnis und Ranggefälle zwischen Verkündigung und Ordnung verwehrt es, die entscheidende theologische Vorfrage des Bekenntnisses im Disziplinar- bzw. Verwaltungswege auszuschalten oder zu vergewaltigen. Das Ziel des Lehrverfahrens[347] ist deshalb die nötige Hilfe für die Gemeinde, Antwort für den Amtsträger, Verhinderung innerer und äußerer Kirchenspaltungen, vor allem aber die Klärung und Verlebendigung des Bekennens der ganzen Kirche, nicht jedoch die Bestrafung (»Züchtigung«) oder Ausstoßung von Abtrünnigen und Verrätern[348]. Der Begriff »Lehrzucht« wurde deshalb von den neueren Gesetzen durch den neutralen Ausdruck »Lehrordnung« ersetzt. Folgerichtig wurde ein Disziplinarverfahren sowie die Versetzung bzw. Wartestandsversetzung ausgeschlossen, wenn ein Lehrverfahren tatbestandsmäßig anwendbar (bzw. noch nicht abgewickelt) ist[349].

b) Die Anfänge des Lehrordnungsrechts

Als erstes erging das Lehrbeanstandungsgesetz der Kirche der Altpreußischen Union vom 16. 3. 1910[350], nach dessen Vorbild verschiedene andere Landeskirchen entsprechende Regelungen erließen[351]. Die Lehrkonflikte wurden so in einem besonderen Rechtsverfahren entschieden und aus dem kirchlichen Disziplinarrecht gelöst. Die Resonanz der Öffentlichkeit und der Wissenschaft auf diese verstärkte kirchenregimentale Wahrnehmung der Lehrverantwortung und ihre Ausgestaltung als Rechtsinstitut war erstaunlich positiv – man konnte von einem »nahezu vollständigen Konsensus in deren Bejahung«[352] sprechen, der sich keineswegs auf die prononciert kirchlich oder konserva-

---

[346] S. 166 Anm. 334. Auch *Stein*, ZevKR 19, 1974 S. 274.
[347] Grundlegung Abs. 5, 6 der Bad. und Lipp.LehrO; Grundlegung Abs. 4 der Hess.LehrO.
[348] *Stein*, aaO, S. 266.
[349] §§ 42 der Musterordnung der Arnoldshainer Konferenz, 42 der Bad., 41 der Lipp., 27 der Hess.LehrO; anders noch § 18 Württ.LehrzuchtO.
[350] Kirchengesetz betr. das Verfahren bei Beanstandung der Lehre von Geistlichen v. 16. 3. 1910, KGBl S. 7 ff. Es geht auf die maßgebliche Mitwirkung Wilhelm Kahls zurück. *Stein*, Probleme evang. Lehrbeanstandung S. 43 ff.; *E. R. Huber*, Verfassungsgeschichte Bd. 4 S. 854 ff.
[351] *Stein*, aaO, S. 60.
[352] *Steck*, aaO, S. 21.

tiv gesinnten Kreise beschränkte; in ihn haben auch die führenden Köpfe der vor dem ersten Weltkrieg tonangebenden »liberalen« Theologie eingestimmt. Adolf v. Harnack, der führende Berliner Kirchen- und Dogmenhistoriker seiner Zeit, der einst dem wegen seiner Glaubenszweifel am altkirchlichen Bekenntnis disziplinarisch entlassenen württembergischen Pfarrer Christoph Schrempf öffentlich zur Seite getreten war und dadurch den »Apostolikumsstreit« des Jahres 1892 entzündet hatte, äußerte die Überzeugung, daß das Lehrbeanstandungsverfahren eine »notwendige und heilsame Einrichtung« sei, daß »ein evangelisches Herz« an der Formulierung des entscheidenden § 1 des Lehrbeanstandungsgesetzes »seine Freude haben« müsse und verteidigte seine Anwendung im Fall Jatho: »Aber die Freiheit der Geistlichen? Nun, auf die Gefahr hin, für einen Reaktionär zu gelten: – es gibt noch etwas Wichtigeres als die Freiheit, das ist die Wahrheit . . .«; »aber die Kirchen haben nicht nur das Recht, sondern sie haben die Pflicht, die Eigenart und Kraft der christlichen Religion aufrecht zu erhalten . . . und sie werden dabei von der echten geschichtlichen Wissenschaft unterstützt.«[353]

Im ganzen erschienen freilich die vereinzelten, förmlich aufgebrochenen und abgehandelten Lehrkonflikte des 19. und frühen 20. Jahrhunderts . . . »an sich wenig bedeutend«; so konnten sie als »halb gelehrte, halb volksmäßige Zänkereien« bezeichnet werden, die das Publikum nur kurzfristig beschäftigten und dann »scheinbar spurlos vorbeigegangen sind«[354]. Das Lehrverfahren blieb auf exorbitante Grenzfälle beschränkt. Die tiefen Erschütterungen und Spannungen in der theologischen Entwicklung des Jahrhunderts spiegeln sich in ihnen, die eben nur äußerste Grenzmarken setzten, kaum andeutungsweise wider. Und der Staat hat in ihnen eher vermittelnd und beschwichtigend, nicht aber verschärfend gewirkt, wie es sein Interesse am konfessionellen Frieden und an der Integration der evangelischen und katholischen Bevölkerung in den neuen christlich-paritätischen Staatsverband gebot, zumal ihm auch die ungestörte Erhaltung der etatistischen Kirchenhoheitsrechte und insbesondere des landesherrlichen Kirchenregiments am Herzen lag. An theologischen Richtungskämpfen in der Kirche und der daraus folgenden Erschütterung des geistigen und politischen Grundkonsens war der Staat in den Krisen des 19. Jahrhunderts am allerletzten interessiert. Abgrenzungen des kirchlichen Bekenntnisses von einer in Pantheismus übergehenden Kulturreligiosität brachte der Fall des Pfarrers Jatho aus Köln im Jahre 1911. Ein Verfließen in Strömungen der Anthroposophie Rudolf Steiners verwehrte der Fall des Nürnberger Pfarrers Friedrich Rittelmeyer, der freiwillig aus dem Pfarramt schied, seine »Christengemeinschaft« gründete und es nicht erst zum förmlichen Lehrverfahren kommen ließ[355].

c) Neuere Lehrordnungen

Nach 1945 ist das Lehrbeanstandungsrecht bei der Neuordnung des evangelischen Kirchenwesens keineswegs versandet. Der Einbruch der Irrlehre im Gefolge der säkularen Ideologie in weite Teile der evangelischen Kirche während des Kirchenkampfes hatte

---

[353] *Adolf v. Harnack*, Das neue kirchliche Spruchkollegium, in: Preußische Jahrbücher 138, 1909 S. 385 ff., 393; *Martin Rade*, Jatho und Harnack, ihr Briefwechsel, Tübingen 1911 S. 18 f.; *E. R. Huber*, aaO, S. 870 ff.; *Stein*, aaO, S. 52 ff.; *Jörg Baur*, ZevKR 19 S. 240; besonders *D. Keller*, aaO, S. 38 ff. mit Material.

[354] *K. Hase*, aaO, S. 472; *Steck*, aaO, S. 13.

[355] *Stein*, ZevKR 19, 1974 S. 263 f.

den Sinn für Wesen und Notwendigkeit des evangelischen Bekennens und Bekenntnisses neu geschärft und damit auch die Sensibilität für die Wahrnehmung der rechtlichen Lehrverantwortung durch die evangelische Kirche. Die theologische Durcharbeitung des Lehrordnungsverfahrens schritt fort und vertiefte sich. Die Württembergische Landeskirche erließ als erste im Raum der EKD am 1. 2. 1951 ihre neue Lehrordnung[338]. Die Vereinigte Evangelisch-Lutherische Kirche Deutschlands (VELKD) folgte mit der Lehrordnung vom 16. 6. 1956[340]. Die Evangelische Kirche der Union (EKU) erließ die Lehrbeanstandungsordnung vom 27. 6. 1963[344], die das Lehrbeanstandungsgesetz der altpreußischen Union vom 16. 3. 1910 ablöste. Die Arnoldshainer Konferenz schuf eine Musterordnung für Lehrverfahren vom 17. 12. 1975[339]. Auf dieser Grundlage ergingen nach gewissen Anpassungen bzw. Modifikationen neuerdings i. J. 1976 die Lehrordnungen der Badischen[339] und Lippischen[339] Landeskirche und i. J. 1979 der Evangelischen Kirche in Hessen und Nassau[339]. Vereinzelt und fruchtlos blieben mithin literarische Proteststimmen, die nach der Bewegung des Jahres 1968 in eigenartiger Verkennung der theologischen, kirchlichen und politischen Situation in der Lehrbeanstandung »ein Musterbeispiel autoritärer Unterdrückung durch bürokratisch-administrative Maßnahmen« bzw. »die kirchliche Notstandsgesetzgebung« erblicken wollten[356] – gründlicher konnten die Ursprünge wie die Ziele evangelischer Lehrverantwortung und Lehrordnung nicht mißdeutet werden. Auch synodale Bedenken, die z. B. in Baden zunächst gegen eine Regelung der Lehrbeanstandung bestanden, wurden in wiederholter, reiflicher Überlegung überwunden[357]. Wie in Deutschland kam es auch in Österreich zu Ansätzen und vor allem in den Niederlanden zu einer einfallsreichen Ausgestaltung des Lehrbeanstandungsrechts[358].

d) Ihre theologische Prägung

In all diesen neueren Ordnungen wurde die theologische Eigenart des Lehrordnungsverfahrens im Dienste der fortschreitenden Klärung und Konsensbildung der Bekenntnisgrundlagen verstärkt und seine Sonderung vom kirchlichen Disziplinar- bzw. Amtszuchtsrecht verschärft.

Diese Zielsetzung wird in einleitenden Grundlegungsartikeln verdeutlicht. Sodann ist vielfach dem Lehrverfahren vor dem Spruchkollegium ein besonderes Vorverfahren des »Theologischen Lehrgesprächs« vor einer besonderen Kommission vorgeschaltet, das »im gemeinsamen theologischen Bemühen« »das Anliegen des Betroffenen zu erkennen« und »die notwendige Übereinstimmung in den Lehraussagen wiederzugewinnen« versuchen soll[359]. Diese Züge eines *mutuum colloquium fratrum* mit seinen Beiständen, Gesprächszeugen, theologischen Gutachten für den Betroffenen prägen auch wesentlich das nachfolgende eigentliche Lehrverfahren vor dem Spruchkollegium[360]. Dieses ist in

---

[356] Belege bei *Stein*, aaO, S. 255.

[357] *Stein*, aaO, S. 254 Anm. 10, 257 Anm. 22; *ders.*, ZevKR 22, 1977 S. 413 Anm. 4.

[358] *D. Keller*, aaO, S. 137 ff., 163, 181.

[359] §§ 2 ff. Württ.LehrzuchtO; 2 ff. LehrO der VELKD; 2 ff. Lehrbeanstandungsgesetz der EKU; 3 ff. der Bad., 2 ff. der Lipp., 1 ff. der Hess.LehrO.

[360] Nur die Hess.LehrO kennt kein eigenes Spruchkollegium; hier entscheidet nach § 18 der

seiner Zusammensetzung betont theologisch ausgestaltet, umfaßt meist Mitglieder aller »Stände« der Kirche, Ordinierte, darunter mehrere Pfarrer, mehrere Gemeindeglieder, einen Universitätstheologen und meist einen Juristen mit der Befähigung zum Richteramt, zu denen auch der Betroffene einen von ihm selbst Vorgeschlagenen hinzuwählen lassen kann[361]. Das Verfahren ist ebenfalls ganz theologisch bestimmt, was die Anträge, Stellungnahmen, Verhandlungen, Feststellungen und Begründungen betrifft[362]. Auch die Entscheidungen des Spruchkollegiums sind nicht unabänderlich bzw. unverbesserbar, können vielmehr von der Landessynode aufgrund neuer theologischer Gutachten mit Zweidrittel-Mehrheit aufgehoben und einem anderen Spruchkollegium zur erneuten Entscheidung zugewiesen werden[363]. Die Rechtsstellung des Betroffenen ist in den neueren Ordnungen entscheidend verbessert worden[364], sowohl in seinen Verteidigungs- und Anfechtungsmöglichkeiten als auch in seinen Versorgungsansprüchen; sie sichern ihm ein Ruhegehalt, wenn der Spruch gegen ihn ergeht, ja auch wenn er zur Vermeidung eines Lehrverfahrens freiwillig auf seine Rechte aus der Ordination verzichtet.

e) Die Ausgestaltung als Lehrklärungsverfahren

Entscheidend für Sinn und Wesen des gesamten Lehrverfahrens ist der Gegenstand und Tenor des Spruches: Die Entscheidung ergeht in Form einer deklaratorischen Feststellung über die beanstandete Lehre (bzw. Verkündigung) des Betroffenen: Es wird festgestellt, ob der Betroffene das Evangelium von Jesus Christus »in entscheidenden Grundzügen preisgibt oder menschlichen Ansprüchen und Gedanken unterstellt«[365] bzw. »in entscheidenden Punkten in Widerspruch zum Bekenntnis der evangelisch-lutherischen Kirche tritt und daran beharrlich festhält«[366], bzw. seine »Verkündigung und Lehre . . . bei dem unverzichtbaren Bemühen um den Gegenwartsbezug des Evangeliums mit dem entscheidenden Inhalt der biblischen Botschaft nach reformatori-

---

LehrO die Kirchenleitung nach Abschluß des theologischen Vorgesprächs durch das Kollegium für Lehrgespräche. Vgl. *Stein*, ZevKR 26, 1981 S. 78.

[361] §§ 9 I d, 13 LehrO der VELKD; 17 IV Bad.LehrO.

[362] Z. B. §§ 21 ff., 25, 29, 31 f. Bad., 11 ff., 15, 17, 18 Hess.LehrO; 9 ff. Württ.LehrzuchtO; 16 ff. LehrO der VELKD; 20 ff., 25, 28 LehrbeanstO der EKU.

[363] §§ 34 Bad., 33 Lipp., 34 Hess.LehrO. Entsprechendes gilt nach Sinn und Grenze des Lehrzuchtverfahrens in Württemberg, wenn sich die theologische Unhaltbarkeit der Lehrentscheidung später herausstellen sollte; so der Verf. als Berichterstatter des Rechtsausschusses der 6. Württ. Landessynode im Abschlußbericht zum Lehrzuchtsfall Richard Baumann, Protokolle der 6. Evang. Landessynode, 40. Sitzung v. 19. 10. 1965 S. 1017 ff.

[364] §§ 25, 33 37 Bad., 24, 32, 36 f. Lipp., 25, 33, 37 f. Hess.LehrO; 5, 12 II, III Württ.LehrzuchtO.

[365] § 11 Württ.LehrzuchtO.

[366] §§ 1, 18 LehrO der VELKD; 27 LehrbeanstO der EKU.

schem Verständnis unvereinbar sind« und deshalb »zu beanstanden« bzw. »nicht zu beanstanden« sind[367]. Mit der Rechtskraft dieser Feststellungsentscheidung tritt dann als (»automatische«) gesetzliche Folge der Verlust der in der Ordination begründeten Rechte und das Ende des kirchlichen Dienstverhältnisses und »aller kirchlichen Beauftragungen« ein, ohne daß es eines eigenen rechtsgestaltenden Urteils oder Verwaltungsaktes dieses Inhalts seitens des Spruchkollegiums bzw. der Kirchenleitung bedürfte[368]. Der Spruch ist zu begründen und die beanstandete Lehre dabei zu bezeichnen[368].

Angesichts dieser klaren, in allen Lehrordnungen übereinstimmenden Gesetzeslage erscheint die These unhaltbar, »der Gegenstand« und »die Rechtswirkungen« des evangelischen Lehrbeanstandungsverfahrens »zielen nicht auf die Lehre, sondern auf das Amt«[369]. Nach der eindeutigen Regelung der Lehrordnungen ist vielmehr die Lehrentscheidung selbst »Gegenstand«, nicht lediglich eine rechtlich unverbindliche Vorfrage und Beurteilungsgrundlage der Amtsenthebung. Dem tieferen Sinn und Grund des evangelischen Lehrverfahrens – das gerade zur gemeinsamen, übergreifenden Klärung von Bekenntniszweifeln aus dem Disziplinarrecht und Amtsrecht der Kirche ausgegliedert und als förmliches Konsensbildungs- und Feststellungsverfahren des Bekenntnisses verselbständigt worden ist – widerspricht es diametral, wenn die Lehrbeanstandungsentscheidung juristisch in das Amtsrecht zurückkonstruiert wird: Die theologische Autorität und die rechtliche Gültigkeit der Lehrentscheidung droht dadurch verkürzt zu werden. Die Reduzierung auf den individuellen Amtsrechtsfall des Betroffenen schwächt die erstrebte breite Vergewisserung und Verlebendigung des Bekennens in der ganzen Kirche, welche einen solchen Fall als Lehranfrage und Herausforderung geistlich ernst zu nehmen und zu verarbeiten hat; sie wird auch der inneren, unlösbaren Verbundenheit der Verkündigung und Ordnung, des geistlichen Auftrags und Amtes im evangelischen Kirchenrecht kaum gerecht.

f) Die Lehre, nicht das Amt als Grund und Ziel

Grund und Ziel des Lehrverfahrens liegen also primär in der Lehre und nicht im Amt oder in der Gemeinde. Das Amt und die Gemeinde ist davon freilich – konsekutiv, doch konsequent – insofern mitbetroffen, als das Amt zur »reinen« Verkündigung des Evangeliums in der Gemeinde iure divino gestiftet und iure humano näher ausgestaltet worden ist. In einer reformatorischen Kirche, die

---

[367] §§ 1, 31 Bad., 1 VI, 10, 30 Lipp., 2, 15 II, 18 Hess.LehrO; 1, 31 MusterO der Arnoldshainer Konferenz.

[368] §§ 12 Württ.LehrzuchtO; 29 LehrbeanstO der EKU; 21 LehrO der VELKD; 36, 32 Bad., 35, 31 Lipp., 22, 15 III Hess.LehrO.

[369] So *Schlaich*, Essener Gespräche 16 S. 112. Das Amt verliere der Ordinierte zum Schutze der Gemeinde; aber es werde »letztlich auch nicht verbindlich über die Lehre des Irrlehrers« entschieden, der sich nicht »in der Verbreitung seiner Irrlehre zurückzuhalten« habe, weshalb den Kirchengemeinden freistehe, ihn weiter »zu hören« und »einzuladen«. Die Lehrbeanstandung sei nicht Gegenstand, sondern nur ein unverbindlicher inzidenter Begründungspunkt der amtsrechtlichen Entscheidung.

sich auf die »reine und lautere« Verkündigung des Evangeliums und auf das allgemeine Priestertum der Gläubigen gegründet weiß, erscheint jedoch die Verdrängung der allgemeinen, die ganze Kirche betreffenden Bekenntnisproblematik und Lehrverantwortung in den Spezialbereich des Amtsrechts wenig angemessen. Ebensowenig können die rein gemeindebezogenen oder gar die vereinsmäßigen Argumentationen überzeugen.

In den speziellen theologischen Begründungslinien, die zur Rechtfertigung evangelischer Lehrbeanstandung mit manchen Varianten und Überschneidungen vorgebracht werden, kommt meist der entscheidende Zusammenhang zu kurz, in dem sich hier fast alle Grundprobleme des evangelischen Kirchenrechts verknüpfen – des Bekenntnisbegriffs und der Bekenntnisbindung, der Kirchengewalt und Kirchenverfassung, des Pfarramts und der Ordination, der Gesamtkirche und der Ortsgemeinde. Die Theorie sollte davon Abstand nehmen, einen dieser Spezialaspekte zu isolieren bzw. zu verabsolutieren: Lehrverantwortung und Lehrbeanstandung ist (1.) nicht eine spezielle Frage menschlicher Verbandsgewalt bzw. des Vereinsrechts[370], (2.) auch nicht des »protestantischen« Gemeindeprinzips[371], (3.) nicht eine Spezialform kirchlicher Amtszucht[372], (4.) nicht des Pfarrerrechts im Kanzel- und Kasualiengebrauch[373], (5.) auch nicht eine Folge der Ordination[374] allein.

Bei all dem geht es letztlich nur um die Einheit und Reinheit der Kirche in Gottes Wort. Und dieses Doppelziel darf nicht auseinandergerissen werden, da gerade seine Verbundenheit die Kirche im evangelischen Verständnis konstituiert und ihr zur nota ecclesiae geworden ist[375]: Gewiß dient erstens das Lehrverfahren der Erhaltung der Einheit und Einigkeit der Kirche gegen drohende Spaltungen und Abspaltungen; insoweit hilft die Lehrbeanstandung der evangelischen Partikularkirche zur Bewahrung ihrer konfessionellen Identität. Dieser Aspekt wird zumal bei den älteren Lehrordnungen stark herausgehoben; in der Tat bildet die Lehrbeanstandung insofern ein Gegenstück zur Ordination, die auch von der Kirche als Akt der Einheit und gemeinsamen Lehrverantwortung und damit als gesamtkirchliche Klammer der Einzelgemeinden erteilt und u. U.

---

370 So *Ekkehard Kaufmann*, Grundlagenprobleme des Lehrzuchtverfahrens, JZ 60 S. 50 ff., 52; *ders.*, Glaube, Irrtum, Recht S. 170 f.

371 Anklingend bei *G. Hoffmann*, ZevKR 9, 1963 S. 351: »Die Gemeinde hat ein Anrecht darauf, daß ihr das Evangelium schriftgemäß verkündigt wird.«

372 *Wolfgang Trillhaas*, Der Dienst der Kirche am Menschen, 2. A., München 1958 S. 41.

373 *A. Stein*, Probleme der Evangelischen Lehrbeanstandung S. 198 ff., 208, 218.

374 Darauf stellen die Lehrordnungen der EKU und der Arnoldshainer Konferenz m. E. zu einseitig ab.

375 Confessio Augustana Art. VII. Bekenntnisschriften S. 61. Beides, die Einheit und Reinheit, läßt sich deshalb auch nicht »auf verschiedenen Ebenen anstreben« bzw. auch »in einem gesonderten Verfahren« erreichen (so *Stein*, ZevKR 19, 1974 S. 264 f.), sondern ist notwendig zusammen im Lehrbeanstandungsverfahren impliziert.

zurückgenommen werden muß. – Aber zum Zweiten (und Entscheidenden) ist
hierbei auf die Reinheit der Verkündigung abzustellen: Die Einheit der evangelischen Kirche liegt legitimerweise nur in der Reinheit ihrer Evangeliumsverkündigung begründet, nicht in der äußerlichen Einheit der kirchlichen Hierarchie, Organisation, Zeremonien, (Bekenntnis-)Traditionen. Auf diese ekklesiologische Grundposition der Reformatoren nehmen die evangelischen Bekenntnisschriften und Lehrordnungen selbst zentral Bezug[376]: Die Einheit der
evangelischen Kirche ruht auf der Reinheit der rechten Verkündigung, wie die
Reinheit dieser Verkündigung zur Einheit der Kirche im Evangelium genügt.
Dadurch sucht das Lehrordnungsverfahren einer konfessionalistischen Erstarrung und menschlichen Überordnung der Bekenntnistradition über Gottes
Wort in der evangelischen Partikularkirche zu wehren.

g) Anwendungsfälle

Die praktische Anwendung der Lehrordnungen blieb auch in der Nachkriegszeit auf
exorbitante Grenzfälle – jedoch von paradigmatischem Rang – beschränkt: Im Lehrordnungsfall des württembergischen Pfarrers Richard Baumann ging es um die Abgrenzung
des evangelischen Bekenntnisses von dem Anspruch auf Unterwerfung unter den Primat
und die infallible Lehrautorität des Papstes, im Lehrordnungsfall des Hamburger Pastors
Dr. Paul Schulz um die Abgrenzung von gewissen atheistischen Lehren über Gott, Jesus
Christus, Auferstehung, Kirche und Bekenntnis. Der Fall Baumann führte nach sieben-
jährigem Verfahren zur Entscheidung des Spruchkollegiums der Württembergischen
Landeskirche vom 4. 8. 1953[377], der Fall Schulz nach ebenfalls langjährigem Vor- und
Spruchverfahren zur Entscheidung des Spruchkollegiums der VELKD vom 21. 2.
1979[378]. In beiden Fällen wurde förmlich festgestellt, daß die Lehren der Betroffenen »in
entscheidenden Punkten in Widerspruch zu Schrift und Bekenntnis« stehen[378], bzw.
»sich von der biblischen Wahrheit abgekehrt« haben[377]. In beiden Fällen handelt es sich

---

[376] Vgl. LehrO der VELKD, Erklärung zur Lehrverpflichtung und Handhabung der Lehrgewalt
I, Begründung.

[377] ABl der Evang. Landeskirche in Württemberg, 1953 S. 445 ff.; vgl. auch den bestätigenden
Abschlußbericht des Rechtsausschusses der 6. Landessynode (oben S. 175 Anm. 363), der bei einer
Gegenstimme und vier Enthaltungen von der Synode angenommen wurde. Bemerkenswert aus der
Debatte Prof. Dr. *Hermann Diem*, der Fakultätsvertreter in der Synode (S. 1020): »Es fällt uns
wahrscheinlich allen schwer, dieses Urteil aufrecht zu erhalten, wie auch Dr. H. schon gesagt hat.
Es sind in unserer Kirche ja nun allmählich allerlei Irrlehren eingerissen. Warum greifen wir gerade
den heraus, der – wenn ich so sagen darf – nach rechts abgerutscht ist, während der allgemeine Trend
die Linksabweichung ist? Jene nach links Abweichenden bekommen wir nicht unter die Flinte des
Lehrzuchtgesetzes, aber diesen nach rechts abweichenden Baumann, der ja nun im übrigen wesentlich orthodoxer ist als die anderen, den haben wir gefaßt... Ich halte die Entscheidung gegen
Baumann trotzdem für richtig, weil es sich hier nun nicht um eine einzelne Irrlehre handelt, sondern
– wie es ja das Gutachten der Fakultät ausdrücklich bezeichnet hat – um die Grundlage der
Lehrbildung und Verkündigung. Wenn, wie es im Lehrzuchturteil ausgedrückt ist, die Auslegung
der Heiligen Schrift menschlichen Maßstäben unterstellt wird, indem man sich der Jurisdiktionsgewalt des Papstes unterwirft, dann verstößt man gegen die oberste Voraussetzung der reformatori-

um amtliche und öffentliche Äußerungen dieser Pfarrer, die zu zentralen Bekenntnisfragen ergingen und an denen die Betroffenen auch nach langen intensiven, auf verschiedenen Ebenen und Stadien brüderlich geführten theologischen Auseinandersetzungen beharrlich festhielten. Die schließlich unumgänglichen Entscheidungen wurden in der Kirche, der Wissenschaft und der Öffentlichkeit nach lebhafter publizistischer Begleitung mit breiter Zustimmung akzeptiert. Eine Verfassungsbeschwerde des ehemaligen Pastors Dr. Schulz wurde vom Bundesverfassungsgericht rasch und in lakonischer Kürze als unzulässig verworfen[379], was nicht verwundern konnte angesichts der klaren staatskirchenrechtlichen Rechtslage zur kirchlichen Eigenständigkeit und Ämterhoheit und zur Beschränkung der »öffentlichen Gewalt« auf säkulare Fragen außerhalb des zentralen innerkirchlichen Bereichs.

2. Keine Anwendbarkeit der Lehrordnungen auf die Universitätstheologen

Die rechtliche Geltung dieser evangelischen Lehrordnungen wird für die evangelischen Universitätstheologen fast durchweg abgelehnt[380]. Im Ergebnis ist dem zuzustimmen, obgleich hier verschiedene Begründungslinien durcheinanderlaufen und die Rechtslage nach Textgestaltung, Geschichte, System und Sinn keineswegs eindeutig ist.

a) Im Bereich der EKU und der Arnoldshainer Konferenz

Relativ unproblematisch sind die Ordnungen der Evangelischen Kirche der Union und der ihr in der Arnoldshainer Konferenz eng verbundenen Badischen, Lippischen und Hessen-Nassauischen Landeskirche. Ihr Anwendungsbereich beschränkt sich nach dem Wortlaut der Gesetze auf die »ordinierten Diener am Wort« (bzw. kurz »die Ordinierten«)[381]; andere Träger »kirchlicher« Funktionen, die nicht ordiniert sind, fallen nicht hierunter. Dem Anwendungsbereich entsprechen die Rechtsfolgen: Verlust der Ordina-

---

schen Schriftauslegung, daß die Schrift sich selbst interpretiert. . . .: hier wird die Grundvoraussetzung der evangelischen Lehrbildung verleugnet.«

[378] ABl der VELKD Bd. V 1979 S. 159, ABl der EKD 1979 S. 338.

[379] BVerfGE v. 6. 4. 1979, ZevKR 24, 1979 S. 389 ff., auch ABl der EKD 1979 S. 357 ff.: »Zu den innerkirchlichen Angelegenheiten gehört insbesondere der eigentliche Aufgabenkreis der Religionsgemeinschaften wie Gottesdienst, Glaubenslehre und Sakramentenlehre. Die angegriffene Entscheidung des Spruchkollegiums der VELKD betrifft die für die christlichen Kirchen nach ihrem Selbstverständnis zentralen Fragen ihres Glaubensbekenntnisses. Der staatliche Zuständigkeitsbereich wird insoweit nicht berührt.

Die in dem Bereich der innerkirchlichen Angelegenheiten zu treffenden Entscheidungen einschließlich der Ausgestaltung und Durchführung des Verfahrens sind nicht Sache des Staates. Ihre Vereinbarkeit mit dem Grundgesetz kann deshalb im vorliegenden Fall nicht geprüft werden.«

[380] Vgl. *Solte*, aaO, S. 261; *Stein*, Probleme evangelischer Lehrbeanstandung S. 124, 220.

[381] §§ 1 I LehrO EKU; 1 Bad., 1 VI, VIII Lipp.LehrO; 1 LehrO der Arnoldshainer Konferenz. – Hingegen gilt die Hess.LehrO in § 1 II »in gleicher Weise für kirchliche Mitarbeiter in einem dauernden Dienstverhältnis, die, ohne ordiniert zu sein, zu Verkündigung oder Lehre besonders beauftragt sind. Als besonders beauftragt gelten Personen, die kraft Dienstvertrages oder Dienstanweisung mit Verkündigung oder Lehre beauftragt sind (z. B. Professoren der Theologischen Seminare, Fachhochschullehrer der Evangelischen Fachhochschule, Pfarrdiakone . . .)«.

tion und Ausscheiden aus dem Kirchendienst[382]. Diese Lehrordnungen der EKU bzw. des Arnoldshainer Musters sind eben technisch stark auf die Ordination hin ausgerichtet. Da der evangelische Universitätstheologe aber gar nicht ordiniert sein muß und (wenn er es doch ist) jedenfalls nicht vermöge seiner Ordination in das Lehramt der Universität gelangt, dieses auch nicht durch den bloßen Verlust der Ordination verliert, ist er in seiner akademischen Lehrfunktion durch diese allgemeinen Bestimmungen der Lehrordnungen nicht erfaßt. Und auch verschiedene Sondernormen, die den Anwendungsbereich erweitern, erstrecken sich in ihrem Wortlaut zumindest nicht eindeutig auf ihn: Sie beziehen sich (z. B. in der LehrO der EKU) ebenfalls nur auf die Ordination[383] (als Tatbestandsvoraussetzung und Rechtsfolge), nicht auf das akademische Lehramt. Wo sie darüber hinausgehen[381], setzen sie u. U. einen besonderen kirchlichen Auftrag »kraft Dienstvertrages bzw. Dienstanweisung« voraus (so in Hessen-Nassau), der in dieser besonderen juristischen Form dem Universitätslehrer der Staatsuniversität von der Kirche nicht erteilt wird. Oder die erweiternde Regelung (z. B. in Baden)[384] bezieht sich ausdrücklich nur auf kirchliche Religionslehrer im Beamtenverhältnis auf Lebenszeit, was den Umkehrschluß ihrer Unanwendbarkeit auf die Universitätstheologen jedenfalls nahelegt.

Nun sehen freilich manche dieser Lehrordnungen vor, daß als Nebenfolge neben dem Verlust des Ordinations-Status auch »die kirchlichen Bevollmächtigungen« bzw. »alle kirchlichen Beauftragungen erlöschen«[385]. Dem Wortlaut nach erschiene es nicht ausgeschlossen, diese Bestimmungen wenigstens auf die Ordinierten unter den Universitätslehrern anzuwenden – mit der Folge, daß ihre Lehrverurteilung durch das Spruchkollegium nicht nur ihre Ordinationsrechte, sondern auch ihre Funktionen in der theologischen Fakultät in Wegfall brächte[386], weil die Kirche dem Kultusministerium gegenüber dann ihre Lehrbedenken gegen die Berufung bzw. ihr nachträgliches Beanstandungsrecht geltend machen müßte.

Aber der Systemzusammenhang, die Genesis und auch der Sinn und Zweck dieser Lehrbeanstandungsnormen sprechen doch eher dagegen. Es wäre system- und zweckwidrig, nur die ordinierten, nicht aber alle theologischen Lehrer in die Lehrverantwortung einzubeziehen. Bei der Lehrverantwortung der Kirche kommt es eben entscheidend auf die Tragbarkeit der Lehre (d. h. der Funktion) des Universitätslehrers an, nicht aber auf dessen persönlichen Status, der für die Reinheit der Lehre im Einzelfall irrelevant erscheint[387]. Und aus der Entstehungsgeschichte der Lehrordnungen während der Syn-

---

[382] §§ 29 LehrO der EKU; 36 Bad., 35 Lipp., 22 Hess.LehrO.

[383] § 33 LehrO der EKU: S. 1 betrifft den Ordinierten im Dienst einer anderen öff. Körperschaft usw., S. 2 ergänzt: »Soweit er« (d. h. der Ordinierte) »seinen Dienst auf Grund einer kirchlichen Bevollmächtigung versieht, erlischt diese Bevollmächtigung.« Gedacht ist an die Vokation der Religionslehrer.

[384] § 40 II Bad.LehrO.

[385] §§ 33 S. 2 LehrO der EKU; 36 I 2, 39 I 2 Bad., 35 I 2, 38 I 2 Lipp.LehrO. – Hingegen beziehen sich §§ 22 I 2, 25 Hess.LehrO tatbestandlich nicht auf Univ.Professoren, vgl. Anm. 381.

[386] Das (staatskirchenrechtlich geregelte, S. 94 ff.) Einverständnis der Kirchen könnte innerkirchlich als »kirchliche Beauftragung« im Sinne der LehrO angesehen werden. Vgl. S. 157. Würde diese Beauftragung durch das Lehrurteil innerkirchlich erloschen sein, so müßte dies im staatskirchenrechtlichen Außenverhältnis dem Kultusministerium gegenüber durch die entsprechende kirchliche Erklärung vollzogen werden. – Dieser Automatismus ist jedoch abzulehnen, da von der Selbständigkeit und Unabhängigkeit der beiden Verfahren nach der LehrO und dem Theolog. Fakultätenrecht auszugehen ist. Vgl. S. 193 ff.

[387] Vgl. das Parallelproblem auf S. 51, 104 ff., auch S. 248 ff., 332 ff.

odalberatungen[388] ist keineswegs eine einigermaßen deutliche, breitere Einigkeit über die Einbeziehung der Universitätstheologie in das Lehrordnungsrecht der Landeskirche zu entnehmen. Die heiklen staatskirchenrechtlichen Probleme in diesem Spannungsfeld zwischen Kirche, Staat, weltlicher Wissenschaftsfreiheit, theologischer Freiheit und kirchlicher Bekenntniswahrung wurden vielmehr kaum in den Ansätzen aufgegriffen, geschweige denn geklärt und entschieden. Man ging dabei ja noch von der traditionellen Meinung aus, daß die evangelische Kirche im Unterschied zur katholischen Kirche in Bekenntnis- und Lehrfragen auf ein unverbindliches Votum bei der Berufung ihrer Theologen beschränkt sei und ein nachträgliches Beanstandungsrecht nicht geltend machen könne. Dieses Argument kann zwar nicht überzeugen, weil es die Voraussetzungen der Staatsverfassung wie der Kirchenverfassungen verkennt[389]. Aber ohne den Willen der Synoden dürfte die Universitätstheologie nicht den Lehrordnungen unterworfen werden. In der Kirche sollte überhaupt – aus staatsrechtlichen wie aus kirchenrechtlichen Gründen – dem Willen des historischen Gesetzgebers eine verstärkte Bedeutung zuerkannt werden, damit die kirchliche Selbstbestimmung nicht im Gewande der Rechtsauslegung dem Willen außenstehender Interpreten und Instanzen unterworfen wird. Zumal wenn die Synode eine weitergehende Reglementierung scheute, darf ihr nicht die juristische Interpretation konterkarieren mit dem Perfektionismus und Automatismus einer Gesetzlichkeit, die dem geistlichen Wesen der Kirche weithin nicht förderlich ist[390]. Und speziell bei der hier anstehenden, diffizilen Problematik – mit ihren diversen, höchst komplexen Freiheitsrelationen und Auswirkungen auf das Gesamtverhältnis von Kirche, Staat und Wissenschaft – hätten die Synoden den Tatbestand, das Verfahren, die Zusammensetzung des Spruchkollegiums wohl anders und besonders geregelt, wenn sie gewußt und gewollt hätten, daß ihre (auf das Kaliber der landeskirchlichen Pfarrer gegossenen) Lehrordnungen doch auch auf die theologischen Universitätslehrer Anwendung finden sollten[391]. Auch dem Sinn der Lehrordnungen wird diese (partielle) Einbeziehung der Universitätstheologen nicht in der wünschenswerten Weise gerecht, wie unten darzulegen ist.

b) Im Bereich der VELKD und der Kirche Württembergs

Für die Lehrordnungen der Württembergischen Landeskirche und der Vereinigten Lutherischen Kirche Deutschlands gelten ähnliche Bedenken. Zwar vermeiden diese die (engführende) Anlehnung des Lehrordnungsrechts an die Ordination, die sich am Status des Lehrenden statt an seiner Funktion orientiert. So ist der Anwendungsbereich dieser lutherischen Lehrordnungen weiter gezogen. Neben den Pfarrern und anderen kirchlichen Amtsträgern erstreckt sich die Württembergische Regelung »sinngemäß« auf alle »Amtsträger, die von der Landeskirche zur Wortverkündigung, Sakramentsverwaltung oder zu christlicher Unterweisung ermächtigt sind, aber im Staatsdienst, im Dienst einer Körperschaft, einer Anstalt oder eines Vereines stehen«[392]. Ebenso gilt die Lehrordnung der VELKD umfassend für alle »ordinierten Geistlichen oder sonstigen Inhaber eines kirchlichen Amtes oder Auftrages«[393]. Dem Wortlaut nach könnten auch die Universitätslehrer der Theologie hierunter zu verstehen sein. Das kirchliche Einverständnis in die

---

[388] Verhandlungen der 2. ord. Synode der EKU v. 24.–27. 6. 1963 in Berlin, Protokolle Berlin 1965 S. 71, 73; *Solte*, aaO, S. 266.

[389] Oben S. 94 ff. [390] Oben S. 134 ff. [391] Unten S. 187 ff.

[392] §§ 2, 17 II–V Württ.LehrzuchtO. [393] §§ 1, 2 LehrO der VELKD.

Berufung der theologischen Universitätslehrer stellt ja eine Sonderform der Vokation zur Ausübung des ministerium verbi divini publicum dar; so könnte es wohl auch i. S. dieser Lehrordnungen als kirchliche »Ermächtigung« bzw. »Auftrag« angesehen werden. Dafür ließe sich auch geltend machen, daß die einleitenden theologischen Grundlegungssätze dieser Lehrordnungen die kirchliche Lehrverantwortung für die »lautere und reine« Bezeugung des Evangeliums umfassend weit und denkbar ernst betonen; entsprechend ist mit dem Verlust der Ordination durch den Lehrspruch das Erlöschen jeder anderen einschlägigen »kirchlichen Ermächtigung« bzw. der »aus seinem kirchlichen Amt oder Auftrag zustehenden Rechte« verbunden[394].

Gegen eine solche Wortlaut-Auslegung spricht indessen auch hier die Vorgeschichte, die Genesis und auch der Sinn: Bei den Synodalberatungen ging man auch hier ganz überwiegend davon aus, daß die Lehrordnungen nicht auf die Universitätstheologen anzuwenden seien. Dazu verleitete das alte preußische Lehrbeanstandungsgesetz von 1910, das sich nur auf die Geistlichen bezog, den Universitätslehrer aber – als Staatsbeamten – nicht umfaßte, zumal damals im christlichen Staat der Staat selbst für die Christlichkeit seiner Theologen und Religionslehrer kompetent war und bürgte[395]. Überdies lag eine Einwirkung der Kirchengewalt auf den Bereich der Staatsorganisation und der Staatsfunktionen (d. h. der theologischen Fakultäten) dem damals herrschenden Rechtspositivismus und Etatismus fern. Nachwirkend verdrängte man auch später, daß es um zentrale Bekenntnisfragen der Kirche ging, in denen der (sich säkularisierende) Staat zunehmend den Maßstab und das Interesse verlor und sich pluralistisch und liberal auf die Selbstbestimmung und Kooperation der Religionsgemeinschaften angewiesen wußte[396]. Und da man noch (irrigerweise) von der Unverbindlichkeit des kirchlichen Votums über Lehre und Bekenntnis bei der Berufung von Universitätstheologen ausging, glaubte man auch hier, daß es insoweit an einer »kirchlichen Bevollmächtigung« bzw. einem »kirchlichen Auftrag« fehle und mangels dessen die Lehrordnung nicht anwendbar sei[397]. Das heiße Eisen der Erstreckung dieser Lehrordnungen auf die Universitätstheologen wurde also – wohl zur Erleichterung von Synodalen wie Kirchenleitungen – damals nicht angepackt. Dieser Wille der Synoden wird auch im Rahmen der lutherischen Gruppe der Lehrordnungen zu respektieren sein, obwohl ihr Wortlaut weiterzureichen scheint[398]. Dafür sprechen auch teleologische Erwägungen.

---

[394] Vgl. S. 170 Anm. 338; Vorspruch der LehrO der VELKD. Erklärung I: »Lehre bedeutet nicht nur die Lehrdarbietung im engeren Sinne, sondern umfaßt die Verkündigung des Evangeliums auf jegliche Weise. Die Verantwortung der Kirche bezieht sich daher sowohl auf die theologische Lehrtätigkeit . . .«, III »Weil Lehrdarbietung und Wachen über die Lehre zusammengehören, wird die Lehrgewalt in erster Linie durch solche ausgeübt, die zur geistlichen Aufsicht in der Kirche bestellt sind, und durch die theologischen Lehrer der Kirche«. – Entsprechend die Rechtsfolge in §§ 14 Württ.LehrzuchtO und 21 I LehrO der VELKD.

[395] *Gehring*, aaO, S. 69; *Solte*, aaO, S. 262. Vgl. auch oben S. 13 ff., 25, 88 ff.

[396] S. 24 ff., 31, 33 ff.

[397] Oben S. 87 ff. – So *Dr. Weeber*, Protokollband II S. 925 der Verhandlungen des 4. Evangelischen Landeskirchentages. Insgesamt scheint die Synode nach gewissen Zweifeln in der Debatte von der Unanwendbarkeit der Lehrzuchtordnung auf Universitätslehrer ausgegangen zu sein, vgl. auch die Stellungnahmen der Berichterstatter, Protokollbd. I S. 502, II S. 291, 925. Vgl. auch *Gehring*, aaO, S. 129; *Solte*, aaO, S. 263. – Unklar in der Konkretion der Lehrverantwortung der Kirche gegenüber Universitätstheologen bleiben auch die Begründung und Debatte der LehrO der VELKD auf der 2. lutherischen Generalsynode der VELKD v. 2. 6. bis 7. 6. 1956 in Hannover, Bericht über deren 2. Tagung, 1957 S. 116 ff.

[398] Deshalb erscheint auch eine analoge Anwendung der Lehrverfahren auf den Status des

3. Kein Ausschluß der kirchlichen Lehrverantwortung durch die Lehrordnungen

Die evangelischen Lehrordnungen haben also zwar die Lehrverantwortung der evangelischen Kirche für »ihre« Universitätstheologie nicht in spezieller Weise positivrechtlich geregelt, sie aber auch nicht aufgehoben.

a) Keine Exklusivität der Lehrordnungen

Die Lehrordnungen haben sie nicht ausgeschlossen: Sie gelten keineswegs exklusiv. Die dahingehende verbreitete Annahme geht fehl! Schon die isolierte Interpretation der Lehrordnungen kann einen solchen Umkehrschluß nicht rechtfertigen. Die Tatsache, daß die Theologie an der Universität nicht den besonderen Normen des Lehrordnungsverfahrens unterworfen wurde, bedeutet nicht ihre Freigabe an die Irrlehre zur individuellen Beliebigkeit auf der akademischen Ebene.

Das folgt zunächst aus Sinn und System der Lehrordnungen selbst: Als zentrales Anliegen der Lehrordnungen wird in deren einleitenden theologischen Grundlegungsartikeln authentisch und unmißverständlich die umfassende Lehrverantwortung der Kirche beteuert[399]. Wenn diese durch die folgenden speziellen Regelungen nur teilweise verwirklicht wird, so ist daraus kein überschießender Verzicht auf ihren übrigen, hier nicht aktualisierten Teil zu entnehmen[400]. Sinn und Zweck der Lehrordnungen würden sonst in ihr Gegenteil verkehrt. Die Grundsatzfrage der Bekenntnisbindung, Bekenntnisrelevanz und Bekenntniswahrung der Kirche (mit ihren rechtlichen Konsequenzen) kann sinnvoll nur einheitlich beantwortet werden; sie hat in den Lehrordnungen ihre Lösung im Sinn der rechtlich aktualisierten Lehrverantwortung der evangelischen Kirche gefunden. Das schließt es aus, denselben Ordnungen zugleich für einen Teilbereich (in der akademischen Ebene) die Entscheidung für das entgegengesetzte System des prinzipiellen Verantwortungsverzichts und der grundsätzlichen Rechtsfreiheit der Kirche in Bekenntnisfragen zu unterstellen – d. h. den Versuch eines institutionalisierten Konsensbemühens aufzugeben und die

---

Universitätstheologen rechtlich nicht vertretbar, da die Vergleichbarkeit der Normsituation nach Voraussetzungen und Rechtsfolgen für eine Analogie nicht zu bejahen ist. Auch würde durch einen Analogieschluß hier die Rechtsauslegung quasilegislatorische Funktionen an sich reißen und dem historischen Gesetzgeber eine Entscheidung unterschieben, die er bei Erlaß der Lehrordnungen in vorsichtig abwägender Zurückhaltung so gerade nicht getroffen hat und nicht treffen wollte.

[399] Oben S. 170 Anm. 338, S. 171 Anm. 339–345, S. 182 Anm. 394.

[400] Zumal die traditionelle Verkennung der staatskirchenrechtlichen Selbstbestimmungsmöglichkeiten der evangelischen Kirche über Gehalt und Grenzen »des Evangelischen« hier diesen unhaltbaren »Umkehrschluß« aus den Lehrordnungen wesentlich mitverursacht. – Ebenso *Solte*, aaO, S. 274 f.

Wahrheit des Evangeliums der individuellen Verfügung bestimmter Amtsträger auszuliefern[401].

b) Vorrang der Kirchenverfassungen

Indes: Auch wenn die Lehrordnungen dies wirklich wollten, würde es an der Kirchenverfassung scheitern. Als einfache Kirchengesetze könnten die Lehrordnungen nicht die Bekenntnisartikel der Kirchenverfassungen[402] außer Kraft setzen, bzw. ihre vorrangige Geltung durch einzelne Exemtionen oder Suspensionen durchlöchern. Ein – förmlicher oder stillschweigender – Verzicht von Synoden oder Kirchenleitungen auf die Bekenntnisbindung bestimmter »kirchlicher« Funktionen – und sei es an der Staatsuniversität – wäre als Widerspruch gegen das Verfassungsrecht der Kirche nichtig. Vollends vom Staate, d. h. vom säkularen, jedoch nicht säkularisierenden, sondern freiheitlichen und konfessionell neutralen Rechtsstaat wird ein solches sacrificium confessionis der evangelischen Kirchen weder erwartet noch gedankt[403].

Mithin: Die Lehrordnungen besitzen keine exklusive Geltung. Eine anderweitige Wahrnehmung der kirchlichen Lehrverantwortung wird durch sie nicht ausgeschlossen.

4. Kirchenverfassungen und Kirchenverträge als Rechtsgrundlage der Lehrverantwortung

Der Erlaß besonderer kirchlicher Lehrordnungsnormen für die Universitätstheologen ist nicht erforderlich, da die bestehenden Normen des kirchlichen Verfassungsrechts und Gesetzesrechts genügen. Dies gilt sowohl für das evangelische Kirchenrecht als auch für das Staatskirchenrecht.

a) Unmittelbare Geltung der Kirchenverfassungsartikel

Im (»inneren«) Kirchenrecht schaffen die Bekenntnisartikel der Kirchenverfassungen für die Kirchenleitungen[404] und Synoden die Rechtsgrundlage und Rechtsverpflichtung, um – gegebenenfalls – gegen schriftwidrige und bekennt-

---

[401] Ihre Ausübung des ministerium verbi divini würde ohne sachlichen und rechtlichen Grund vom evangelischen Erfordernis des »non nisi rite vocatus« in säkularisierter Privilegierung eximiert und ihr staatskirchenrechtlicher Status als Inhaber eines konfessionsgebundenen Staatsamtes aufgelöst. Vgl. S. 155 ff., 67, 94 ff.

[402] S. 137 f.

[403] S. 25–46.

[404] Je nach der allgemeinen Zuständigkeitsregelung der landeskirchlichen Organe für die Wahrnehmung der kirchlichen Aufgaben.

niswidrige, kirchlich untragbare Irrlehren an den evangelischen Theologenfakultäten nach Maßgabe der bestehenden staatskirchenrechtlichen Möglichkeiten vorzugehen. Diese Kirchenverfassungsartikel sind unmittelbar geltendes Recht und haben keineswegs nur einen metajuristischen, rechtspolitischen »Programm«- bzw. »Proklamations«-Charakter; sie gelten mit Vorrang vor anderen kirchlichen Normen und im unmittelbaren, verpflichtenden Durchgriff zu den Ämtern und Gliedern der Kirche. Gerade die Bekenntnisartikel der Kirchenverfassungen sind deren Grundlegungs- bzw. Fundamentalartikel, die das Bekenntnis eben nicht (»rechtsfrei«) ausgrenzen, sondern die ganze kirchliche Ordnung und Amtsführung der Kirche bekenntnisgemäß bestimmen und begrenzen[402].

Es ist deshalb ein Irrtum, daß erst ein besonderes kirchliches Spezialgesetz erlassen werden müßte, um die Schrift- und Bekenntnisbindung und die Lehrverantwortung rechtlich zu aktualisieren und die kirchlichen Instanzen insoweit handlungsfähig werden zu lassen[405]. Gerade die Fundamentalartikel der Kirchenverfassung dulden nicht die Umkehr ihres Grundverhältnisses: Nicht die Verfassung gilt nach dem Maße des (einfachen) Gesetzes, sondern das Gesetz nach dem Maße der Verfassung. Daß die allgemeine Bekenntnisbindung und Lehrverantwortung der Kirchenverfassung für einen Sonderbereich (wie die Lehrordnungen) gesetzlich konkretisiert und spezifiziert worden ist, erlaubt nicht, ihre allgemeine Geltung im übrigen zu ignorieren.

b) Die Kirchenverträge als Spezialgesetz

Ein kirchliches Spezialgesetz fehlt freilich doch nicht ganz: Die Kirchenverträge sind ja – neben ihrer Natur als Verträge – jeweils in Staatsgesetze und Kirchengesetze »transformiert« worden[406]. Sie bilden insoweit auch eine spezialgesetzliche Rechtsgrundlage des kirchlichen Rechts, kraft deren die Kirchenleitungen der staatlichen Kultusverwaltung ihre Lehr-Bedenken über einen akademischen Lehrer äußern können, die aus den aufgeführten staatskirchenrechtlichen Gründen für den Staat bindend sind. Da jedoch das (wichtigere) nachträgliche Beanstandungsrecht in den Kirchenverträgen fehlt, ist insoweit ein Rückgriff auf die Kirchenverfassung als Rechtsgrundlage des innerkirchlichen Rechts unumgänglich, aber auch rechtlich unbedenklich, da es konkreter Ausführungsnormen in Kirchengesetzen nicht bedarf.

---

[405] Auch bei staatlichen Religionslehrern setzt die Rücknahme der kirchlichen Vokation (S. 157) nicht den Erlaß eines kirchlichen Spezialgesetzes voraus.

[406] Ebenso *Stein*, aaO, S. 124; *Solte*, aaO, S. 174. – So stellen die Kirchenvertragsgesetze – so torsohaft sie sein mögen – leges speciales für die Lehrverantwortung der Kirche gegenüber den Universitätstheologen dar. Um so weniger läßt sich aus den allgemeinen Lehrordnungen der Umkehr- bzw. Trugschluß rechtfertigen, daß gegen dieselben die kirchliche Lehrverantwortung auch nicht nach den Kirchenverfassungen und Kirchenverträgen wahrgenommen werden könnte.

c) Keine Geltung des »Gesetzesvorbehaltes«

Ergänzend sei am Rande darauf hingewiesen, daß ein kirchliches Spezialgesetz für Universitätstheologen nicht etwa wegen der Prinzipien der Gesetzmäßigkeit der Verwaltung, des »Gesetzesvorbehaltes« und der Grundrechtsgeltung erlassen werden muß. Sie gelten im evangelischen Kirchenrecht nicht in analoger Weise wie im Staat, wo sie sich aus dem Widerspiel zwischen Monarchie und Volkssouveränität, Volksvertretung und Regierung, Regierungsmehrheit und Opposition, liberaler Abwehrfreiheit des Individuums und Staatseingriff sowie der Teilung der Staatsgewalten herausgebildet haben. Das evangelische Kirchenverfassungsrecht – als eine Ordnung brüderlichen Gottes- und Nächstendienstes zur Erfüllung des göttlichen Verkündigungs- und Heilsauftrages – lebt von anderen Normaufgaben, Funktionsgliederungen und Statusbeziehungen als der weltliche Verfassungsstaat, auch wo einzelne seiner Institutionen in der kirchlichen, geistlich bestimmten Ordnung rezipiert und dabei modifiziert werden. Die Gewaltenteilung mit ihrer Aufgliederung der Verfassungsorgane und Funktionen ist in den Kirchenverfassungen nicht in vergleichbarer Weise wie in der Staatsverfassung als Grundstruktur realisiert. Entsprechend wurde auch das staatliche Gesetzmäßigkeitsprinzip bzw. der »Gesetzesvorbehalt« in dieser Ausprägung nicht rezipiert von den landeskirchlichen Verfassungen, denen auch Grundrechtskataloge nach Art der weltlichen Verfassungsordnungen fremd sind und zu Recht fehlen. – Der Staat andererseits verlangt von den Religionsgesellschaften keine Gleichschaltung auf sein säkular-freiheitliches und pluralistisches, demokratisch-rechtsstaatliches Verfassungssystem, sondern läßt ihnen durch seinen weltlichen Rahmen Freiheit, ihre Formen des geistlichen Dienstes und Amtes gemäß den Bindungen ihres Bekenntnisses frei zu gestalten. Auch ohne Spezialgesetz als besondere Grundlage steht ihnen also die Ausübung ihrer Lehrverantwortung für die Universitätstheologie nach kirchlichem wie staatlichem[407] Recht frei.

5. Die Ausübung der kirchlichen Lehrverantwortung gegenüber der Universitätstheologie

a) Keine legislatorische Vorschaltung des landeskirchlichen Lehrordnungsverfahrens

Durch Gesetzesänderung könnten zwar die Lehrordnungen der Landeskirchen auch auf die Universitätstheologen erstreckt werden, ohne auf kirchenrechtliche und staatskirchenrechtliche Hindernisse zu stoßen. Das für die sonstigen Geistlichen der Landeskirche vorgesehene Lehrordnungsverfahren wäre dann als innerkirchliches Vorschaltverfahren abzuwickeln, bevor die Kirche dem Kultusministerium gegenüber im staatskirchenrechtlichen Außenverhältnis nach den Kirchenverträgen ihr Ablehnungs- bzw. Beanstandungsrecht ausübt.

---

[407] Vgl. oben S. 54 Anm. 95; das innerkirchliche Recht unterliegt nicht der Bindung an die Grundrechte des säkularen Staates und den daraus folgenden säkularisierenden Gleichschaltungszwängen.

Aber der Sachgesetzlichkeit dieser Materie würde dies minder gerecht[408]:

b) Keine Geltung bzw. Ablösung des kirchlichen Disziplinarrechts

Der ursprüngliche, unmittelbare Grund zur Ausbildung des Lehrordnungsrechts seit der Jahrhundertwende lag ja in der Unangemessenheit von Disziplinarentscheidungen in Glaubenszweifeln und Bekenntniskonflikten[409]. Er trifft auf den Universitätslehrer der Theologie nicht zu: Dieser steht nicht im Dienst der Landeskirche, ist ihr disziplinarisch nicht unterworfen, wird wegen eines Lehrbedenkens der Kirche auch weder vom Staat noch von der Kirche in einem Disziplinarverfahren diszipliniert oder bestraft, sondern behält selbst dann, wenn eine brüderliche »evangelische« Beilegung des Lehrdissenses sich als unerreichbar erweisen sollte, ungeschmälert sein öffentliches Lehramt, seinen Korporationsstatus an der Universität, seine Beamtenrechte, das Recht der uneingeschränkten, freien Fortführung seiner öffentlichen Lehr- und Forschungsfunktionen in einer anderen Fakultät.

c) Nachteile des gerichtsartigen Verfahrens. Sicherung der Unabhängigkeit?

Gewisse Nachteile der gerichtsartigen Ausgestaltung des Lehrordnungsverfahrens sind bei Universitätstheologen besonders zu gewärtigen, während bei ihnen andererseits gewisse Bedürfnisse für eine gerichtsartige Ausgestaltung fehlen.

Die Sicherung der Unabhängigkeit des Lehrverfahrens gegenüber der übermächtigen Position der Kirchenleitungen[410] läßt für das »normale« Lehrverfahren ein besonderes Spruchkollegium angebracht erscheinen, das mit feststehender Zusammensetzung und Amtsperiode den Anforderungen an einen »gesetzlichen Richter« entspricht. Der förmlichen Eröffnung des »theologischen Lehrgesprächs« und erst recht des eigentlichen Spruchverfahrens geht ja stets eine lange Vorgeschichte voraus. Sie ist belastet durch mannigfache Aufregungen und Herausforderungen, Wandlungen und Nöte, besonders auch Entscheidungsnöte, ferner erschwert durch das Wechselspiel des weiten Widerhalls und der Vertraulichkeit zugleich. Die Kirchenleitung ist hier, ob sie nun wortgewaltig handelt oder still duldet, von Anbeginn gefordert und im Spiel; die Pflicht, mannhaft und sichtbar der Irrlehre zu widerstehen, gleichzeitig dem von ihr bedrängten Bruder seelsorgerlich und doch korrigierend beizustehen, aber sich

---

[408] Ähnlich insoweit *Honecker* und *Schlaich*, Essener Gespräche 16, S. 108 ff., 112 ff.
[409] Das war das Motiv für Wilhelm Kahl zur Entwicklung des preußischen Lehrbeanstandungsgesetzes. *Stein*, aaO, S. 43 ff.
[410] Und die Besorgnis ihrer möglichen Befangenheit zumindest in der Sicht des Betroffenen.

dabei (berechtigten?) Anfragen an liebgewordene Bekenntnistraditionen nicht zu verschließen, setzt ihre theologische und kirchenpolitische Sophrosyne notwendigerweise Blessuren und Verdächtigungen aus, zumal sie durch Versetzung, Beförderung und andere amtsrechtliche Möglichkeiten vorher wie nachher Einfluß auf den Betroffenen nehmen kann. Die Betrauung eines unabhängigen, richterlichen Spruchkollegiums mit der Entscheidung bietet sich hier als entgiftende Lösung sowohl im Interesse der Betroffenen als auch der Kirchenleitung und der gesamten kirchlich interessierten Öffentlichkeit an.

Diese Sicherung der Unabhängigkeit als Ziel der Regelung und Vorbedingung sachgerechten Verfahrens gilt im Verhältnis zu den Universitätstheologen nicht bzw. nicht in gleicher Weise. Eher liegt das Verhältnis umgekehrt: Die Universitätstheologen sind im übrigen vollständig unabhängig von der Kirche, die Kirche ist umso abhängiger von den Theologen. Aus deren Hand bezieht sie ihren geistlichen Nachwuchs und damit ihre Zukunft. Wohl und Wehe, Segen und Verderben der kirchlichen Arbeit zur Erfüllung ihres göttlichen Heilsauftrags hängen wesentlich vom Tun und Lassen »ihrer« Universitätstheologen ab. Seit bei der Trennung zwischen Staat und Kirche die theologischen Fakultäten auf die staatliche, die Konsistorien auf die kirchliche Seite fielen, ist das Zentralproblem des theologischen Fakultätenrechts nicht die Wahrung der gegenseitigen Unabhängigkeit, sondern der Verbindung zwischen ihnen geworden. Durch eine (quasi)richterliche Prozedur des Umgangs in den gemeinsamen geistlichen Existenzanliegen wird diese Verbindung nicht unbedingt gefördert.

d) Keine juridifizierende Minderung des kirchlichen Konsensbildungsprozesses in Bekenntnisfragen

Die gerichtsartige Austragung steht gerade bei den wissenschaftsbedingten Bekenntniskonflikten verstärkt in Gefahr, den lebensnotwendigen Konsensbildungsvorgang in der evangelischen Kirche – der allein den aufgebrochenen Bekenntniskonflikt einer geistlichen (»evangelischen«) Lösung zuführen kann – eher zu mindern bzw. in einer juridifizierenden Ersatzlösung auszugrenzen und einzukapseln. Wenn es der evangelischen Kirche bei ihrer Lehrverantwortung nicht primär darum geht, schädliche Elemente effizient auszumerzen, sondern wenn sie sich verpflichtet weiß, einen echten Lehrkonflikt auch als Rückfrage an ihr eigenes Bekenntnis geistlich aufzunehmen, brüderlich auszutragen und im gemeinsamen Bemühen zu klären, ob der Irrlehrer wirklich irrt, dann muß sie sich dem Lehrkonflikt als Ganzes stellen, statt ihn an ein besonderes Gericht zur Erledigung abzugeben und sich so gegen geistliche Anfechtungen rechtlich abzuschirmen.

Hinzu tritt die Gefahr der juristischen Veräußerlichung: Alle gerichtsförmigen Verfahren sind ja ein notwendiger Notbehelf, um dort, wo sich die innere Einigung und sachliche Übereinkunft der Streitparteien zerschlägt, wenigstens die äußere, rechtliche Befriedung und Sicherung zu erreichen. In Kauf genommen wird dabei, daß der Rechtsweg oftmals die Ausgleichs- und Einigungsbereitschaft schwächt und außerrechtliche Integrationsvorgänge erschwert. Besonders in den geistigen und geistlichen Fragen stößt jedoch das gerichtsartige Verfahren an die Grenzen seiner Leistungsfähigkeit. Die kirchliche Rechtsgeschichte – etwa im kanonischen Recht und im Reichskirchenrecht des Konfessionellen Zeitalters – ist überreich an Beispielen fataler Verfremdung und juridifizierender Veräußerlichung des Bekenntnisses infolge des gerichtlichen Prozedierens in Konfessionskonflikten[411]. Wenn im Bereich der landeskirchlichen Lehrordnungsverfahren die unabhängige, gerichtsartige Verfahrensgestaltung aus den genannten Gründen und mit den aufgezeigten Begrenzungen unumgänglich und sinnvoll erscheint, so bildet sie doch nicht das Ideal, das auch auf andere Beziehungen der Bekenntniswahrung, Visitation und Lehrverantwortung ohne zwingenden Anlaß übertragen werden sollte.

e) Keine ungeistliche Verantwortungsverflüchtigung

Gerichtsverfahren dienen der Neutralisierung, Eingrenzung und Ausgrenzung von Konflikten durch Übertragung an den Richter als »Fachmann« und als »unbeteiligte« und »übergeordnete« Streiterledigungsinstanz[412]. Die Abschichtung heikler, umstrittener Spezialfragen ist insbesondere im Verfassungs- und Verwaltungsprozeß vornehmlich auch als Mittel der Entlastung der zuständigen politischen Instanzen gedacht. Die Verantwortung für die Entscheidung und ihre u. U. schwer absehbaren Auswirkungen wird dem neutralen Richter übertragen.

Indessen: Gerade in den Zentralfragen des Bekenntnisses, der Bekenntnisrelevanz und der Bekenntniswahrung erscheint dieses Grundprinzip (bzw. Teilmoment) des gerichtlichen Verfahrens – der ausgrenzenden Entscheidungsübertragung an den unbeteiligten Dritten – bedenklich, ja verfehlt: Das »reine und lautere« Zeugnis von der Wahrheit des Evangeliums ist kein ausgrenzbares, richterlich zu entscheidendes Spezialproblem, sondern es ist der ganzen Kirche aufgetragen, die ja die Kirche des Wortes und allgemeinen Priestertums sein will. Vor allem ihrem Prediger- und Bischofsamt ist die Reinheit der Verkündi-

[411] Zur ungeistlichen Juridifizierung der Religionsverfassung des Heiligen Römischen Reiches Deutscher Nation *M. Heckel*, Das Konfessionelle Zeitalter S. 67 ff., 80, 199.
[412] *Ernst Friesenhahn*, Über Begriff und Arten der Rechtsprechung, in: Festschrift für R. Thoma, Tübingen 1950 S. 21 ff., 29 ff.; *Karl August Bettermann*, Rechtsprechung, in: Evang. Staatslexikon, hrsg. v. H. Kunst u. a., 2. A., Stuttgart 1975 Sp. 2021, 2025.

gung zur unaufgebbaren Wahrung von ihren Bekenntnisschriften und Kirchenverfassungen anvertraut[277]. Schon ein »gewöhnliches« Lehrverfahren kann legitimerweise nur als ein besonders geordnetes Teilstück des umfassenden Bekenntnis-Vergewisserungsprozesses der ganzen Kirche zu verstehen sein, der die begleitende bzw. nachfolgende Einbeziehung der gesamten Kirchenleitung, der Synoden und auch der Gemeinden umschließen sollte, ohne die Unabhängigkeit des Spruchkollegiums anzutasten. – Auch einem Lehrkonflikt an »ihrer« evangelischen Theologenfakultät kann die Kirchenleitung nicht dadurch ausweichen, daß sie ihre Lehrverantwortung an eine gerichtsartige Instanz bzw. Expertenkommission zur gleichsam stellvertretenden Entscheidung überträgt.

f) Bemühung um das »Evangelium« statt »Gesetzlichkeit«

Ein gerichtsartiges Lehrordnungsverfahren ist auch besonders der Gefahr ausgesetzt, die theologische Relation von »Gesetz und Evangelium« zu verfehlen oder zu verkehren, die für die reformatorische Theologie und Kirche grundlegend ist. Die richterliche Unabhängigkeit ist ja bekanntlich nur die Kehrseite der strengen richterlichen Gebundenheit an das Gesetz. Bei der Klärung von Bekenntnisfragen handelt es sich jedoch nicht (bzw. nicht eigentlich) um einen Gesetzesvollzug im juristischen Sinne. Es geht ja dabei nicht um die Subsumtion unter ein abstrakt fixiertes, dogmatisiertes Lehrgesetz, sondern um das gemeinsame Mühen der Kirche um das rechte, zeitgerechte Zeugnis vom Evangelium in einem lebendigen Bekenntnisgeschehen, das sich in seinen menschlichen Bekenntnisformulierungen nicht selbst für absolut setzt, sondern gemeinsam zur Wahrheit der Schrift hinführen und diese im Konsens der Väter und Brüder zum Ausdruck bringen will[413]. Je schwieriger und heikler diese Aufgabe bei der Lehrverantwortung der Kirche gegenüber einem Universitätstheologen sein mag, um so verfehlter wäre die ausgegrenzte, »gesetzliche« Behandlung durch ein kirchliches Spruchgericht.

g) Ungeeignete Zusammensetzung der landeskirchlichen Spruchkollegien für Universitätstheologen

Die Spruchkollegien der Lehrordnungen sind für die landeskirchlichen Pfarrer (bzw. Religionslehrer usw.) geschaffen, also nach ihrer Zusammensetzung theologisch all-round orientiert und auf die Mitbeteiligung von Kirchengliedern aller Stände, gerade auch von Laien angelegt. Die nötige Unabhängigkeit des Gremiums erfordert seine vorherige, von den Besonderheiten der künftigen

---

[413] Oben S. 132 ff.

Fälle abstrahierte personelle Zusammensetzung; sie ist deshalb auf einen Durchschnittsfall geeicht. Die Universitätstheologie aber ist hochspezialisiert seit langen Generationen von Fachgelehrten. Zu einer verantwortlichen, d. h. theologisch selbständigen und wissenschaftlich fundierten Auseinandersetzung mit ihr wird auch ein sehr gut qualifiziertes allgemeines Spruchkollegium nur mit Mühe imstande sein. Hier muß eine offene und doch feste wissenschaftsadäquate Problembehandlung auf anderen Ebenen dafür sorgen, daß der wissenschaftlichen Spezialisierung wie auch dem verantwortlichen theologischen Gesamtzusammenhang der Sonderdisziplinen Rechnung getragen wird, damit die Beziehung von Wissenschaft und Leben, Theologie und Verkündigung in ihrer gegenseitigen Freiheit und Angewiesenheit aufeinander zum Dienst am Evangelium fruchtbar werden kann. Man halte sich vor Augen, wie unangemessen, ja unmöglich die Lehrverhandlung von Bultmanns Theologie vor einem der üblichen landeskirchlichen Spruchkollegien gewesen wäre.

h) Variabilität des geeigneten Verfahrens

Die Unanwendbarkeit der Lehrordnungen in diesen Fällen hat den Vorteil, daß dies die Wahl eines geeigneten Verfahrens nicht starr und schematisch präkludiert. Lehrprobleme der Universitätstheologie dürften ja jedenfalls eine große Variationsbreite besitzen, wie aus der Differenziertheit der Disziplinen wie der Personen und Probleme des akademischen Spektrums einleuchtet.

Für die Verschiedenheit der »Fälle« wird hier in rechtlicher wie sachlicher Hinsicht ein höchst verschiedenes Vorgehen geboten sein; generell läßt es sich vielleicht nicht einmal sinnvoll in tatbestandlichen Normgruppen erfassen, zumal hieraus sinnlose Befürchtungen und rechtstechnische Komplikationen (bzw. Überschneidungen) entstehen können.

Da können zum einen tiefe, echte Glaubensnöte aufgebrochen sein, die sich aus dem fortschreitenden Stande und der vertieften Einsicht der evangelischen theologischen Wissenschaft ergeben. Gerade wenn diese in der Treue zum Worte Gottes und zu den reformatorischen Grundpositionen verbleibt, wird sie in den Herausforderungen des späten 20. Jahrhunderts ihr antwortendes Zeugnis des Glaubens da oder dort vertiefter, konsequenter, in Denkstil und Sprache zeitgerechter auszudrücken versuchen, als es in den großartigen historischen Bekenntnisformulierungen des 16. Jahrhunderts geschehen ist. Die theologische Verantwortung der Kirche für die »reine und lautere« Verkündigung darf sich ja nicht auf die »gesetzliche« Bewahrung ihrer traditionsgerechten (»versteinerten«) Bekenntnisformeln zurückziehen, sondern muß diese in steter selbstkritischer (d. h. gerade auch ideologiekritischer) Sinnprüfung und Sinnerfüllung zur gegenwartsbezogenen Entfaltung bringen. In ihrer Lehrverantwortung hat sie zu prüfen, ob und wie weit einerseits die Lehre des Betroffenen vor dem Bekenntnis der Kirche zu verantworten ist, andererseits aber auch die Bekenntnisformulierungen der Kirche selbst vor dem Worte Gottes verantwortet werden können und deshalb als Maßstab gültig zu verwenden sind. In rechter Lehrverantwortung prüft und verantwortet sich die Kirche stets selbst vor Gottes Wort.

Bricht also ein solcher Lehrbeanstandungsfall »von innen« aus dem geistlichen Zeugnis der Theologie und der Kirche selbst auf, so hängt das innerkirchlich gebotene Verfahren ganz von der Art, Tiefe und Schwere der Frage ab – sowohl was die Anfrage (bzw. Infragestellung) des Betroffenen als auch was die theologische Überzeugungskraft bzw. Fragwürdigkeit des Bekenntniskonsenses der Kirche angeht. Fragen von einigem Gewicht wird die Kirchenleitung – je nach der Kompetenzverteilung der Kirchenverfassung – auch mit der Synode und deren Ausschüssen in besonderen Sitzungen beraten und entscheiden, das Gespräch mit den Fachgelehrten und mit den Fakultätskollegen des Betroffenen suchen, den Austausch mit anderen Kirchenleitungen pflegen, den Gemeinden Rechenschaft geben u. a. m. Die Kirche wird die hohe kirchliche Bedeutung der evangelischen Theologie hochachten, die dieser seit der Reformation zukam, welche ja einst von den Reformatoren selbst als Professoren und Predigern durch die Universitätstheologie begonnen und getragen worden ist. Immer muß es um die Einheit des kirchlichen Bekennens in der Reinheit des göttlichen Wortes gehen. Die Lehrordnungen sind sinngemäß zu beachten, soweit es ihre zentralen materiellen Tatbestandsformulierungen über die Lehrverantwortung der Kirche und über die Vereinbarkeit bzw. Unvereinbarkeit der Lehren des Betroffenen mit Schrift und Bekenntnis betrifft.

Ein anderes Verfahren mit anderer Beteiligung wird dort zu wählen sein, wo die kirchliche Lehrverantwortung nicht eigentlich durch »innere« theologische Probleme und Konflikte, sondern durch »äußere« ideologische Überfremdungen der Verkündigung und Lehre herausgefordert wird, weil sie in entscheidenden Punkten zu weltanschaulichen Zutaten, Auslassungen oder Mißdeutungen des biblischen Wahrheitszeugnisses führen. Hier wird – je nach Problem und Resonanz – die Kirche u. U. weniger stark in ihrem geistlichen Grund und Auftrag betroffen bzw. gefährdet sein. Die (auch hier zentrale und entscheidende) theologische Auseinandersetzung wird dann gleichsam an der Außenfront stärker fachbeschränkt und ohne die breite Einbeziehung von Synoden und Gemeinden geführt werden können, um diese nicht von ihren eigentlichen, geistlichen Aufgaben auf ein fremdes Feld abzulenken und fremden Bewegungen nicht ohne geistlichen Grund ein kirchliches Forum zu verschaffen. Dafür wird die seriöse Einbeziehung der anderen (»weltlichen«) Wissenschaften, wie der Geistesgeschichte, Nationalökonomie, politischen Theorie, Verfassungsrechtswissenschaft, empirischen Soziologie u. a. m., in die »weltlichen« Argumentationsfelder unumgänglich sein, um den angemaßten weltlich-dilettantischen Voraussetzungen hoher theologischer Prätentionen nüchtern und kritisch zu begegnen.

Wieder anders wird vorzugehen sein, wenn ein Universitätstheologe das Evangelium verlästert, seine Kirche scharf und schneidend bekämpft, aus ihr förmlich austritt, ihre Lehre und ihre Verkündigung öffentlich verhöhnt und zu erkennen gibt, daß er jede brüderliche Gemeinsamkeit des Hörens und Suchens unter Gottes Anruf verweigert[414]. Hier ist nach kurzer Sachverhaltserhebung ohne langes kirchliches Vorverfahren, das nur

---

[414] Vgl. etwa Interview und Leserbriefe eines aus der Kirche ausgetretenen und dann in die Fakultät für Kulturwissenschaft übergewechselten Mitgliedes der Tübinger evang.-theol. Fakultät v. 21. 2., 28. 2., 10. 3., 27. 3. 1981 im Schwäbischen Tagblatt.

zur ausgedehnten Filibuster-Farce würde, das kirchliche Beanstandungsrecht über Lehre und Bekenntnis des Betroffenen gegenüber der staatlichen Kultusverwaltung auszuüben.

6. Die Rechtswirkungen der Lehrbeanstandung

Hinsichtlich der Rechtswirkungen ist also bei Akten der kirchlichen Lehrverantwortung scharf nach dem eingeschlagenen Verfahren zu unterscheiden. Beide Verfahrensarten sind strikt getrennt:

a) Nach dem kirchenvertraglichen Lehrbeanstandungsverfahren

Die kirchenvertragliche Lehrbeanstandung führt zu Beendigung der Funktionen des Betroffenen in der akademischen Lehre, Prüfung und Selbstverwaltung der theologischen Fakultät als einer Einrichtung des Staates bzw. der staatlichen Universität. Diese Lehrbeanstandung ist dem Kultusministerium gegenüber zu erklären; sie beschränkt sich auf die Funktionen des Theologen im konfessionellen Staatsamt wie beschrieben.

Kirchliche Sonderfunktionen werden davon an sich noch nicht ergriffen. Sie beruhen ja jeweils auf den einschlägigen Sondernormen des kirchlichen Rechts und werden durch besonderen Rechtsakt der Kirche begründet und beendet. Soweit sie in notwendigem Zusammenhang mit der Wahrnehmung des (konfessionell gebundenen) Staatsamtes in der evangelisch-theologischen Fakultät stehen, sind sie durch die uneingeschränkte korporationsrechtliche Zugehörigkeit in dieser bedingt und erlöschen mit dem Ausscheiden aus ihr; dies ist z. B. für die Bestellung als Prüfer im landeskirchlichen Examen, als Universitätsprediger, als Synodalvertreter der Fakultät usw. anzunehmen. Andere kirchliche Sonderfunktionen in kirchlichen Ämtern und Gremien müssen durch besonderen kirchlichen Rechtsakt beendet werden. Dieser kann konkludent in der kirchenvertraglichen Lehrbeanstandung enthalten sein, wenn die kirchliche Sonderfunktion mit dem theologischen Staatsamt in der Fakultät eng (wenn auch nicht notwendig) zusammenhängt.

b) Nach dem innerkirchlichen Lehrbeanstandungsverfahren

Die innerkirchliche Lehrbeanstandung nach den landeskirchlichen Lehrordnungen führt kraft Gesetzes (als amtsrechtliche Nebenwirkung der lehrmäßigen Unvereinbarkeitsfeststellung) zum Verlust der Ordination und der sonstigen kirchlichen »Bevollmächtigungen« bzw. »Beauftragungen«[368]. Dazu gehören auch die kirchlichen Sonderfunktionen, die ein Amtsträger des theologischen Lehramts neben seiner staatlichen Amtsfunktion jeweils im kirchlichen Prüfungswesen u. dgl. besitzt: Sie alle erlöschen mit dem Spruch des kirchlichen Spruchkollegiums, der die Schrift- und Bekenntniswidrigkeit der Lehre des Betroffenen feststellt.

Mit diesem Spruch erlischt jedoch nicht ipso iure seine Rechtsstellung an der theologischen Fakultät – dafür fehlt der Kirche die unmittelbare Rechtsgewalt über die staatliche Universität. Auch besteht keine strikte Verpflichtung des evangelischen Kirchenrechts, nach einem solchen Spruch des Spruchkollegiums unbedingt und unverzüglich eine staatskirchenrechtliche Lehrbeanstandung gegenüber der staatlichen Kultusverwaltung folgen zu lassen, wenngleich dies wohl i. d. R. »faktisch« aus sachlichen Gründen so gehandhabt werden wird. Aber beide Verfahren sind unabhängig voneinander konzipiert und abzuwickeln; das Lehrverfahren der Lehrordnungen ist gerade nicht als Vorverfahren des kirchenvertraglichen Lehrbeanstandungsverfahrens bei Universitätstheologen vorgesehen worden.

c) Möglichkeit des Auseinanderklaffens

Im Ausnahmefall ist ein dauerndes Auseinanderklaffen denkbar: Wenn eine Lehrabweichung (z. B. in der neutestamentlichen und systematischen Theologie), die zum Verlust der Ordination und allgemeinen Predigtfähigkeit führt, keinen Einfluß auf die theologische Spezialdisziplin des Betroffenen (z. B. der Christlichen Archäologie, des Alten Testaments, der Kirchenmusik) besitzt. Oder wenn umgekehrt eine wissenschaftliche Lehrabweichung den Betroffenen zwar für die theologische Lehre und Geistlichenausbildung kirchlich untragbar werden ließ, nicht aber für kirchliche Sonderfunktionen anderer Art (Diakonie, Krankenhausseelsorge, Funktionen in der Kirchenverwaltung oder in Verbindungsstellen zu staatlichen oder gesellschaftlichen Einrichtungen).

d) Lehrverantwortung als Aufgabe der Kirche, nicht des Staates

Zum Abschluß sei nochmals auf die staatskirchenrechtliche Problematik zurückgelenkt: Alle diese Fragen ihres Bekenntnisses hat nicht der Staat, sondern die Kirche zu entscheiden[415]. Sie allein hat in freier geistlicher Selbstbestimmung und Treue zu ihrem Grund und Auftrag darüber zu befinden, was die geistliche Bekenntnisbindung und rechtliche Bekenntnisrelevanz für sie bedeutet, welche Normen sie als bekenntnisgemäß und welches Verfahren sie zur Bekenntniswahrung geboten erachten muß. Weder in materiell-rechtlicher noch in verfahrensmäßiger Hinsicht unterliegt sie einer staatlichen Rechtsaufsicht nach säkularen (»allgemeinen«) Maßstäben, die ihr eine Verkehrung des Grundverhältnisses von »Gesetz« und »Evangelium« und eine »gesetzliche«,

---

[415] Oben S. 150 ff.

juridifizierende Veräußerlichung und Verfremdung ihres Bekenntnisses und Bekennens aufnötigen würde[416].

---

[416] Ergänzend ist nochmals darauf hinzuweisen, daß es sich keineswegs um eine Übertragung des katholischen Modells auf die evangelischen Fakultäten und ihre Beziehungen zu ihrer Kirche handelt (S. 122, 125 ff.). Die evangelische Kirche kennt weder ein Lehrgesetz noch einen gesetzlichen Vollzug des Evangeliums und des Bekenntnisses, noch eine Hierarchie mit Jurisdiktions- und Lehrgewalt wie das katholische Kirchenrecht. Aber sie geht davon aus, daß der geistliche Consensus über die göttliche Wahrheit und den rechten Dienst am Wort nur durch das brüderliche Ringen in der Kirche selbst zu finden ist, nicht aber dem Kultusminister bzw. den akademischen Gremien des säkularen, konfessionell neutralen Staates überlassen werden darf, der die Bekenntnisbildung und -klärung nicht zu den Staatsaufgaben zählt und keine Prozeduren und Institute dafür besitzt bzw. besitzen darf (vgl. S. 24). Die Stellungnahme der evangelischen Kirche zu Bekenntnis und Lehre eines Theologen ist nicht ein Akt katholischer Lehrgesetzlichkeit, sondern sie ist ihr als evangelisches Glaubenszeugnis der göttlichen Wahrheit aufgetragen, das – wie das Beispiel Barmen 1934 lehrt – von Zeit zu Zeit auch der Bekenntnisabgrenzung gegenüber der Irrlehre nicht ausweichen darf. Es darf daran erinnert werden, daß diese urevangelische Aufgabe des Bekennens und Bekenntnisbildungsprozesses zuerst im reformatorischen (nicht im katholischen) Bereich begann.

Die Bindung des säkularen Staates an die verbindliche Entscheidung der Glaubensfrage durch die Kirche ist weder eine katholische Besonderheit noch ein kirchlich-konservatives Relikt des »christlichen Staates« oder einer »christlichen Partei«. Es ist kein Zufall, daß das System unter Friedrich dem Großen entstand (S. 13). Sein Grund liegt in der Weltlichkeit und Liberalität des Staates und in seiner Distanzierung von der Religion als Staatsaufgabe. Es hatte besondere Gründe der politischen und der Verfassungsentwicklung, daß sich in Deutschland die Distanzierung des weltlichen Staates von seiner religiösen Inpflichtnahme durch Kirchenvogtei und cura religionis zuerst der katholischen Kirche gegenüber entwickelte: Die protestantische Akzentuierung der Aufklärung, die Säkularisation von 1803, die Festigung und rechtliche Verselbständigung der katholischen Kirche im 19. Jh., besonders nach dem 1. Vatikanum, die protestantische Prägung des Bismarck-Reiches, das Fortwirken des christlich-konservativen Staatsgedankens und landesherrlichen Kirchenregiments auf evangelischer Seite – all dies wirkte dahin zusammen, daß sich das moderne staatskirchenrechtliche System im Recht der evangelisch-theologischen Fakultäten nur mit Verzögerung durchgesetzt hat.

Sechster Teil

Institutionelle Sonderfragen

I. Die Einordnung der Einzelfragen in den Gesamtstatus der theologischen Fakultäten

1. Ihre Bedeutung und Ursachen

Anschließend sei ein Rundblick – ohne Anspruch auf Vollständigkeit – auf eine Reihe von Einzelproblemen institutioneller Art gerichtet, die das Recht der theologischen Fakultäten in den vergangenen Jahren in Bewegung gebracht haben. Sie können sich zwar an Bedeutung nicht mit den bisher besprochenen Fragen des Berufungswesens messen. Wesen und Wirkung einer Fakultät hängen eben ganz von den personalen Momenten der wissenschaftlichen Originalität und Überzeugung, Wahrheitsliebe und Schaffenskraft des theologischen Forschers und Lehrers ab. Normative und institutionelle Vorkehrungen und Programme stehen im Bereich der Wissenschaft und des Wissenschaftsrechts dahinter an Bedeutung weit zurück, da sich die entscheidenden (»kreativen«) Prozesse der Forschung und Lehre nur begrenzt rechtlich fassen und leiten lassen. Dennoch sind die rechtlichen Rahmenbedingungen wichtig genug. Sie können die empfindlichen geistigen Vorgänge und Strukturen zwar nicht selbst schaffen, aber von außen her ermöglichen und vor allem stören, ja zerstören, wenn sie nicht sachgerecht geregelt sind. Auch bei den theologischen Fakultäten sitzt leider der Teufel im Detail. Die persönlichen und sachlichen Gegebenheiten bilden zusammen das Gesamtgefüge der Institutionen. Wissenschaft ist aufwendig und kostspielig geworden; sie ist heute verstärkt auf institutionalisierte kulturstaatliche Förderung angewiesen.

Mancherlei Gründe haben diese Einzelfragen des theologischen Hochschulrechts aktuell werden lassen. Äußerlich hat die eingangs erwähnte allgemeine Durchnormierung des Hochschulrechts hier eine Reihe zusätzlicher Probleme aufgeworfen und einen besonderen Regelungsbedarf ausgelöst. Aber auch innere Gründe höchst unterschiedlicher Art haben gewisse Unsicherheiten hervorgerufen und die überkommenen rechtlichen Konturen teilweise verwischt. Dadurch sind die Besonderheiten und die Grenzen

der beiden theologischen Fakultäten untereinander wie gegenüber den anderen (»weltlichen«) Fakultäten in manchen Einzelheiten nicht unerheblich verschwommen.

2. Die ökumenischen Probleme

So hat die ökumenische Bewegung ein starkes Echo in den theologischen
Fakultäten gefunden, freilich auch sehr divergente, z. T. kontroverse Beurtei-
lungen hervorgerufen. Sowohl in der theologischen und kirchenpolitischen
Situationsanalyse, als auch in ihrer Bewertung sind die Theologen insgesamt
weit von einem Konsens entfernt. Das zeigt sich schon innerhalb der evangelischen und der katholischen Fakultäten, erst recht aber zwischen diesen im
eigentlichen interkonfessionellen Gespräch. Auch existiert nicht einmal ansatz-
weise Einigkeit darüber, ob und in welcher Weise den theologischen Fakultäten
als solchen eine besondere Rolle im Prozeß der ökumenischen Begegnung
zukommen soll.

Hierbei sind die verschiedenen Relationen der theologischen, politischen und
juristischen Ebene sorgsam zu unterscheiden. Die okkasionelle juristische Verwendung von theologischen Ökumenismus-Argumenten ist unstatthaft; auch
droht dies das rechtliche Gefüge der theologischen Fakultäten aufzusprengen.
So ist vorab genau zu klären, ob die angemeldeten Aufgaben und Gebote »des«
ökumenischen Verhaltens nun jeweils als »theologische« Verpflichtung zu qualifizieren sind, oder als »politisches« Programm Beachtung heischen, oder
»juristische« Geltung beanspruchen: »Theologisch« im evangelischen oder katholischen oder in einem übergreifenden Sinne? Auf welcher wissenschaftlichen
Grundlage, kraft welcher kirchlichen Lehrgewalt und in welcher Art geistlicher
Bindung bzw. Freiheit? Oder »politisch« in welchem kirchen- bzw. kulturpolitischen Zusammenhang, Legitimationskonzept, Approbationsgrade? In welchen staatlichen, kirchlichen, gesellschaftlichen, parteipolitischen oder wissenschaftlichen Aktivitäten und Gruppierungen? Und schließlich »juristisch« verbindlich kraft des staatlichen oder des kirchlichen Rechts, und dann speziell
welcher Konfession? Kraft welcher Rechtsgrundlage, welcher Kompetenz und
Reichweite der Geltung? Für den theologischen Amtsträger im Staatsamt der
Fakultät oder in kirchlichen Sonderfunktionen oder als Bürger oder als Kirchenglied?

Werden vage politische Wünsche und subjektive theologische Visionen als
objektives Recht des Staates ausgegeben, dann verletzt dies flagrant das demo-
kratische Prinzip (des auf weltlichen Wahlen gegründeten parlamentarischen
Willensbildungs- und Verantwortungszusammenhanges), desgleichen die
Rechtsstaatlichkeit (mit ihrer Begrenzung der Kompetenz und der materiellen
Gesetzesbindung der staatlichen Organe); und ebenso verletzt dies die Tren-

nung von Staat und Kirche und die Kirchenfreiheit (nach Artt. 137 I, III WRV/
140 GG), die Religionsfreiheit und die religiöse Parität (in Artt. 4, 3 III GG), die
konfessionelle Neutralität und die Säkularität des weltlichen Verfassungsstaates. Zwar ist es keine Frage: Die ökumenische Idee hat endlich im 20. Jahrhundert theologische und kirchenpolitische Aufgaben von großer Dringlichkeit
aufgegriffen; sie hat das Bewußtsein wachsen lassen, daß die Kirchenspaltung
historisch als Unglück und theologisch als Sünde anzusehen sei. Aber die
Berufung auf »die« ökumenische Idee gibt keine staatliche Blankett-Ermächti-
gung für einzelne Wissenschaftler bzw. Gruppen solcher, die Kompetenzen
ihres staatlichen Amtes zu überschreiten und die Rechte der Religionsgemeinschaften wie auch ihrer Kollegen und Studenten zu mißachten.

3. Unsicherheiten über die Rolle des Rechts

Weitere Gründe der institutionellen Einzelproblematik des theologischen
Fakultätenrechts liegen in der Unsicherheit mancher Theologen über die Rolle
des – staatlichen wie kirchlichen – Rechts in Fragen des Bekenntnisses sowie der
kirchlichen Ordnung und Freiheit überhaupt.

Auf evangelischer Seite ist dies Manko alt. Bekanntlich hat sich die evangelische Kirche
seit der Reformation im 16. Jahrhundert als Staatskirche ihren Rechtsbedarf weithin vom
Staate angedeihen lassen[271]. Eine ungelöste Aufgabe blieb deshalb die eigenständige
theologische Begründung des Kirchenrechts aus dem geistlichen Kirchenbegriff, aus dem
rechten Verhältnis von Rechtfertigung und Recht, desgleichen von Gesetz und Evangelium, sowie aus der Zweireichelehre mit ihrer Unterscheidung des weltlichen und
geistlichen Regiments und Rechtes. Erst als die evangelische Kirche nach 1918 zunächst
unvermittelt in die volle Selbständigkeit und Trennung gestoßen wurde und dann nach
1933 in die Konflikte mit dem säkularen Staat geriet, hat sie sich auf die Eigenständigkeit
ihrer geistlichen Rechtsbegründung besonnen. Vielen evangelischen Theologen ist freilich die Welt des Rechts weiterhin ferne und fremd geblieben – mit ihr auch das
Empfinden für die Notwendigkeit von Normen zur Sicherung von Sachgerechtigkeit
und Freiheit und für die Differenziertheit des Rechts. Unklarheit besteht insonderheit
darüber, wie das staatliche und kirchliche Recht hier in den theologischen Statusfragen
einerseits voneinander abgegrenzt, andererseits aufeinander abgestimmt sind[417]. Kirchliches und weltliches Recht sind ja (teilweise jedenfalls) tief wesensverschieden, steht doch
das Kirchenrecht im Dienste der Wahrheit und Verkündigung des theologischen Glau-
benszeugnisses, das Staatsrecht aber im Dienst des freien weltlichen Zusammenlebens
der religiös pluralistischen Gesellschaft, für welche es den äußeren Rahmen des freiheitlichen säkularen Verfassungsstaates bietet.

Weil diese Sinnverschiedenheit zwischen dem weltlich-staatlichen und dem bekennt-
nisgebunden-kirchlichen Rechtskreis (und Freiheitsverständnis) vielfach nicht hinreichend bewußt geworden ist, unterläuft in theologischen Argumentationen des öfteren
ein doppelter (korrespondierender) Fehler: Einerseits werden die Grundrechte der welt-

---

[417] S. 124 ff., 150 ff.

lichen Staatsverfassung von Theologen fälschlich bemüht, um den Bekenntnisinhalt bzw. die Bekenntnisbindung der Kirche abzuschütteln. Zum anderen wird der Status der Theologenfakultäten ebenso fälschlich dazu benützt, neuartige Bekenntniskreationen und Bekenntnisbindungen aufzuerlegen.

Auf katholischer Seite ist im Gefolge des Zweiten Vatikanischen Konzils, der nachkonzilaren Theologie und der Neuordnung des katholischen Kirchenrechts ebenfalls eine gewisse Unsicherheit über die Fragen der Lehrgewalt der Kirche und der geistlichen und rechtlichen Bindungen der theologischen Wissenschaft aufgetreten, wie sie als neuartig in der kirchlichen Rechtsgeschichte zu verzeichnen ist. Auch hier ist die Versuchung nicht zu verkennen, sich von außen her durch Eingriffe des säkularen staatlichen Rechts (und seiner religiös relativierten Rechtsformen) gewisse innerkirchliche »Freiräume« und Veränderungen des »Katholischen« in der katholischen Kirche zu erkämpfen, die nicht vom innerkirchlichen Verfassungsgefüge und Konsensbildungsprozeß der katholischen Kirche aus begründet oder gedeckt erscheinen. Auch hier stellt sich die Frage, ob dies nicht die Trennung von Staat und Kirche und die Garantie der Kirchenfreiheit überspielt und alte Formen des Staatskirchentums und etatistischen Bekenntnisbanns diffus repristiniert.

4. Die Beschränkung des Staates auf den rechtlichen Rahmen ohne staatliche Bekenntnispolitik

An den institutionellen Einzelfragen des theologischen Fakultätenrechts wird wie in einem Brennspiegel jeweils das staatskirchenrechtliche Gesamtverhältnis deutlich: Als säkularer Staat verzichtet der Staat auf die eigene, selbständige Entscheidung der Glaubensfragen durch seine Staatsbehörden; ein ius reformandi und ein placet im Dienst der theologischen Wahrheitsfindung, Wahrheitsbindung und Reformation hat er sich konstitutionell versagt; er übt es weder im konfessionell einseitigen noch im übergreifenden »ökumenischen« Sinn. Die Betreibung und Durchsetzung der ökumenischen Bewegung als religiöses Ziel gehört nicht zu den Staatsaufgaben des weltlichen Verfassungsstaates[418]. Auch seine theologischen Staatsfakultäten haben deshalb nicht die Kompetenz, eigenmächtig die Funktionen staatlicher Bekenntniskommissare i. S. einer ökumenischen Zukunftskonfession auszuüben[419].

---

[418] Eine »ökumenische« (Zwangs)Einigung durch die Staatsgewalt hat zum letzten Mal Karl V. durch das Interim von 1547/48 nach dem Schmalkaldischen Kriege versucht. 300 Jahre später ist in der Paulskirche der Vorstoß des bayrischen Kultusministers v. Beisler, durch diese Erste Deutsche Nationalversammlung eine staatliche Vereinigung der beiden großen Konfessionen mit Hilfe einer gemeinsamen katholisch-protestantischen Reichssynode durch einen Akt der Reichsgewalt organisieren zu lassen, von dem Münchener Kirchenhistoriker Ignaz v. Döllinger souverän der Lächerlichkeit preisgegeben worden. Stenographischer Bericht über die Verhandlungen der deutschen constituirenden Nationalversammlung, hrsg. v. *F. Wigard*, 3. Bd., Frankfurt a. M. 1848 S. 1665, 1673 ff.

[419] Der Staat schafft die säkularen (nicht säkularisierenden) Rahmenbedingungen auch zur Entfaltung und zum Schutz der religiösen Kultur (S. 18 ff., 29 ff.). Er gibt den großen »Konfessionen« als eigenständigen Religionsgemeinschaften (nach Artt. 137 III WRV/140 GG, 4 GG) jeweils

5. Der innere Zusammenhang der Einzelfragen

Die verschiedenen Einzelprobleme des theologischen Fakultätenrechts müssen in sinnvoller Zuordnung und innerer Übereinstimmung verstanden werden. Das gebietet nicht nur das theoretische Verlangen nach innerer Einheit und Widerspruchsfreiheit des Wissenschaftsbegriffs und des Rechtssystems, sondern auch das Bedürfnis der Praxis. Denn diese Spezialfragen pflegen sporadisch und isoliert aufzutreten; sie sind für sich genommen als Rechtsfragen zumeist von untergeordnetem Gewicht, aber verbunden mit viel bedeutsameren Sach- und Personalproblemen, die die Aufmerksamkeit absorbieren. Auch scheinen sie den betroffenen Institutionen und Personen vielfach so singulär, daß ihre rechtliche Präzedenswirkung nicht bewußt wird, zumal in Nebenfragen die Experimentier- und Risikobereitschaft wächst.

Indessen dürfte in der gegenwärtigen politischen und juristischen Gesamtsituation die Hauptgefahr für die Existenz und Funktionsfähigkeit der theologischen Fakultäten im langsamen geistigen Erosionsprozeß und im stückweisen Abbröckeln ihrer Rechtsstrukturen liegen. Eine förmliche Aufhebung der Theologenfakultäten mitsamt ihren Verfassungs- und Vertragsgarantien wird hier und heute ja von keiner ernstzunehmenden laizistischen Partei oder Bewegung als politisches Programm proklamiert. Um Nietzsches militante Jünger ist es eher still geworden, wenn sich auch heute im Vergleich zum 19. Jahrhundert in manchen Kreisen die Reserve gegenüber der theologischen Wissenschaftsbemühung kaum verringert haben dürfte. Die geistige Welt zeigt sich derzeit diffuser als ehedem, aber auch stärker sinnentbehrend und sinnsuchend als klerikal bedrängt; selbst die marxistischen Gruppierungen geben sich hierzulande eher tolerant im Werben um Bundesgenossen für ihre fortgeschriebenen Befreiungsparolen vom fremden Joch.

Ein spektakulärer Vernichtungsschlag gegen die theologischen Fakultäten ist also nicht zu erwarten, aber nicht auszuschließen ist eine schrittweise Auflösung ihrer Eigenart, die schließlich zur Eliminierung ihrer bestimmenden Momente führen kann. Dadurch würde die Institution real zerstört, auch wenn sich dies hinter der Fassade bestehenbleibender Verfassungs- und Vertragsgarantien abspielen könnte. Die besondere theologische Existenz- und Funktionsfähigkeit

---

die Freiheit zur Selbstbestimmung ihres Begriffes von »Ökumene« im Rahmen der evangelischen und der katholischen Theologenfakultäten. Desgleichen gibt er dem einzelnen Theologen die Freiheit der Lehre seines persönlichen Ökumene-Verständnisses (S. 70 ff., 81, 101 ff.). – Ein Theologe darf dies sogar ungehindert im Lehramt der Universität weiter pflegen, wenn er persönlich mit dem Glaubens- und Ökumeneverständnis seiner Religionsgemeinschaft bricht; aber weil er als Amtswalter des säkularen Staates das Selbstverständnis dieser Religionsgemeinschaft nicht verändern (»reformieren« bzw. vulgo »umfunktionieren«) darf, kann er dann nur außerhalb seiner bisherigen theologischen Fakultät tätig sein.

dieser Fakultäten hängt wesentlich ab von der täglichen Verwaltungspraxis der akademischen Selbstverwaltungsgremien und der staatlichen Kultusbürokratie, von der Satzungsgebung der Universitäten und insbesondere auch von der Rechtsprechung der Verwaltungsgerichte. In ihrer Kasuistik aber geraten die komplizierten staatskirchenrechtlichen Zusammenhänge leicht aus dem Blick, während die allgemeine Durchnormierung des Hochschulrechts durch die neueren Hochschulgesetze einen starken Trend zur Nivellierung und säkularisierenden Gleichschaltung mit den anderen Fakultäten entfaltet.

Die theologischen Fakultäten bilden jedoch eine äußere und innere Einheit. Ihr rechtlicher Gesamtstatus entspricht ihrem inneren theologischen Profil. Ihre Spezialregelungen sind darin eingefügt und nur so sinnvoll zu verstehen und zu vollziehen. Jeder Einbruch an einer Stelle reißt notwendig weitere Lücken auf: Die personelle Zusammensetzung der Fakultäten, die Fakultätsautonomie, die Ausrichtung des Lehrangebots, der Kanon der Prüfungsfächer, die Bestellung der Prüfer, die Zulassungsvoraussetzungen, Prüfungsleistungen und Bewertungsmaßstäbe der Prüfung selbst, die Verleihung der akademischen Grade, das Habilitations- und das Berufungswesen – das alles ist nur aus dem normativen Gesamtstatus der theologischen Fakultäten systematisch und teleologisch zu erfassen und weiterzuentwickeln.

Wird dies versäumt, so sind irreversible Fehlentwicklungen zu gewärtigen, die die theologische Wissenschaft innerlich schädigen und ihre gesellschaftsbezogenen Funktionen für die Religionsgesellschaften so lähmen und zerrütten können, daß die Geistlichenausbildung von den staatlichen Universitäten auf kirchliche Lehrstätten transferiert zu werden droht. Daß dann die theologischen Fakultäten zu religionswissenschaftlichen »Orchideenfächern« schrumpfen, die Masse ihrer Studenten verlieren und ihre Lehrstühle an andere überlastete Massenfächer abzugeben haben, liegt auf der Hand. Wie rasch gewisse sinistre Perspektiven realistische Gestalt annehmen können, zeigt der theologische Profilverlust mancher theologischen Fakultät in Skandinavien und in den Niederlanden.

II. Mitgliedschaft konfessionsfremder theologischer Lehrer in einer theologischen Fakultät?

1. Konfessionszugehörigkeit als Voraussetzung der Amtsübertragung im Regelfall

Das katholische bzw. evangelische Bekenntnis und die förmliche Kirchenmitgliedschaft als dessen rechtliche Äußerungsform bildet auch staatskirchenrechtlich die normale Voraussetzung für die Übertragung und Beibehaltung des entsprechenden theologischen Lehramtes.

Verfassungsrechtliche Bedenken dagegen bestehen nicht. Dieses Lehramt gehört zu den wenigen »konfessionsgebundenen« Staatsämtern, die in den Verfassungen seit 1919 als solche vorgefunden und als funktionsgebundene (und funktionsbegrenzte) Ausnahmen vom Grundsatz der konfessionellen Neutralität der staatlichen Ämter für die Kulturbedürfnisse einer religiös pluralistischen Gesellschaft verfassungsrechtlich bestätigt worden sind[420]. Das theologische Lehramt an den staatlichen theologischen Fakultäten unterscheidet sich sachlich wie rechtlich vom akademischen Lehramt in allgemeiner Religionswissenschaft, dem diese innere Ausrichtung auch rechtlich fehlt, weil ihm nicht die theologisch verantwortliche Erforschung der göttlichen Offenbarung und ihrer Wirkungsgeschichte in der Welt – die geistliche Ausbildung für das ministerium verbi divini eingeschlossen – anvertraut ist.

Die besondere theologische Statusprägung bezieht sich nicht nur auf die Fakultät als Gesamtinstitution, sondern sie ergreift auch die einzelnen Lehrstühle bzw. Dozentenfunktionen und deren Amtsinhaber[421]. Die Verfassungen und Verträge schützen mit ihrer Garantie der theologischen Fakultäten nicht eine Begriffshülse von vager Abstraktion, sondern die reale Existenz und Funktion theologischer Lehre, Forschung, Ausbildung und Selbstverwaltung; der theologische Charakter der Gesamtfakultät konkretisiert sich und realisiert sich in ihren Lehrstühlen und deren Wirksamkeit.

Gemeinhin aufgegeben sind deshalb heute die begriffsjuristischen Argumentationen aus der Zeit des Rechtspositivismus, die in der Berufung von Atheisten bzw. Anhängern fremder Konfessionen, ja Weltreligionen keinen Widerspruch zum Status der theologischen Fakultäten erblickten, solange dieser nicht formell juristisch aufgehoben sei[422]. Institution und Person lassen sich nicht in dieser Weise trennen und entgegensetzen. Wissenschaft und Glaube sind nur als personales Geschehen existent; ihre Freiheitsgarantien sind deshalb zutiefst personal bestimmt; für die theologische Wissenschaft ist dies besonders hervorzuheben, da sie dem kerygmatischen Anspruch und Heilszuspruch des Evangeliums dient.

Die theologische Prägung der einzelnen Lehrstühle ergibt sich nicht nur aus diesen Allgemeinerwägungen, sondern auch aus den speziellen positivrechtlichen Regelungen des Berufungswesens, die ja nur zu ihrer Sicherung im Einzelfall geschaffen worden sind[423]. Sie wird bestätigt durch eine Reihe von Fakultätssatzungen, die bei dem Eintritt in die Fakultät, z. T. auch schon vorher bei der Promotion eine förmliche Bekenntnisverpflichtung vorsehen[424]. Diese besonderen Verpflichtungserklärungen haben freilich nur

---

[420] S. 67 Anm. 123.

[421] Ebenso *Solte*, aaO, S. 202 ff.

[422] Z. B. *Anschütz*, Kommentar zur WRV, Anm. 3 zu Art. 136 S. 625; *ders.*, Kommentar zur preuß. Verfassung v. 1850 S. 271; *Bredt*, Neues Evang. Kirchenrecht Bd. 2 S. 133; *Mirbt*, Art. 135, 136, in: Nipperdey, Grundrechte Bd. 2 S. 336.

[423] S. 47 ff., 87 ff.

[424] Nachw. b. *Mulert*, Die Lehrverpflichtung in der evang. Kirche S. 81 ff.; *Solte*, aaO, S. 202.

einen bestätigenden Charakter; schon mit der Berufungsvereinbarung bzw. mit dem Antrag auf Erteilung der venia legendi im Rahmen einer theologischen Fakultät verpflichtet sich der akademische Lehrer zur Erfüllung seiner Lehrverpflichtungen i. S. des evangelischen bzw. katholischen Bekenntnisses, für deren Kirchen er die Geistlichenausbildung so übernimmt, wie sein Lehrstuhl dafür im Rahmen der Fakultät geschaffen worden ist. Die Bekenntnisverpflichtung des einzelnen Lehrstuhls und Lehrstuhlinhabers folgt ferner aus der Bezugnahme des staatlichen Konkordatsrechts auf die einschlägigen kirchlichen Normen[425].

Für den Regelfall kann dieser Befund nicht zweifelhaft sein. Doch ist die Frage praktisch bedeutsam geworden, ob und wie rechtliche Ausnahmen hiervon zugelassen werden können.

Sie läßt sich wiederum nur durch exakte Differenzierung lösen:

2. Die Verantwortung des Staates

a) Religiöse Neutralität

Der Staat hat also bei derartigen Berufungsvorschlägen eines konfessionsfremden bzw. -losen theologischen Lehrers die Frage der allgemeinen wissenschaftlichen Qualifikation und der sonstigen allgemeinen Ernennungsvoraussetzungen selbständig und letztverantwortlich zu entscheiden. Hingegen ist ihm die verbindliche Entscheidung der einschlägigen Bekenntnisfragen verwehrt. Nur die betreffende Kirche hat zu entscheiden, was sie als ihr Bekenntnis versteht und deshalb als »evangelisch« bzw. »katholisch« gelten lassen kann und muß; nur sie kann deshalb rechtlich kompetent bestimmen, was für das theologische Gesamtprofil der »evangelischen« bzw. »katholischen« Fakultät an Ausnahmen tunlich und tragbar ist[426].

b) Ökumene als Angelegenheit der Kirchen

Der Prozeß der ökumenischen Einigung ist die Sache der Kirchen. Er fällt nicht in die rechtliche Kompetenz und Verantwortung der weltlichen, demo-

---

[425] Unten S. 221 ff. Auf evangelischer Seite ist eine solche detaillierte Normierung der theologischen Wissenschaft aus theologischen Gründen nicht erfolgt und nicht möglich; aber auch hier führt die Garantie der Kirchenfreiheit, Trennung und Säkularität des freiheitlichen Verfassungsstaates zum vergleichbaren Ergebnis der Respektierung der evang. Bekenntnisgeltung für die evangelische Theologie, vgl. S. 150 ff.

[426] S. 27 ff., auch S. 126, 151 ff. Die Wahrung dieser Rechtslage ist zu trennen von ihrer kirchenpolitischen, kulturpolitischen und rechtspolitischen Beurteilung, die sich natürlich in freier Kritik an kirchlichen Entscheidungen und allenfalls in dem Wunsche nach künftiger Abänderung des geltenden Verfassungs- und Vertragsrechts durch die zuständigen parlamentarischen Instanzen in den dafür erforderlichen qualifizierten Formen äußern kann. Aber der Amtsträger des konfessionell neutralen Staates in der Kultusbürokratie und in der akademischen Selbstverwaltung darf nicht seine persönliche theologische bzw. kirchenpolitische Bewertung der Kirchen (und ihrer ökumenischen Bedürfnisse) an die Stelle des kirchlichen Selbstverständnisses setzen.

kratischen Staatsgewalt. Sie darf ihn auch im Rahmen der theologischen Berufungspraxis weder eigenmächtig blockieren noch forcieren. Auch hier ist von Bedeutung, daß die staatskirchenrechtlichen Begriffe und Normen des weltlich-freiheitlichen Staates normativ »offen« sind und einen spezifischen weltlichen Rahmencharakter[38] tragen, der auf die inhaltliche Füllung, d. h. Freiheitsentfaltung der Religionsgemeinschaften angelegt und angewiesen ist. So kann das konfessionell neutrale Staatskirchenrecht den fortschreitenden Einigungsprozeß der Ökumene zwanglos begleiten und rezipierend weitertragen. Die Garantie der theologischen Fakultäten nagelt das Verhältnis der Konfessionen keineswegs rechtlich auf den theologischen Stand des Jahres 1919 bzw. der späteren Vertragsschlüsse bzw. Verfassungsgebungen fest.

c) Keine ökumenische Religionspolitik des Staates im Widerspruch zur kirchlichen Selbstbestimmung

Der konfessionell neutrale Staat hat nicht kirchlicher als die Kirchen, nicht päpstlicher als der Papst zu sein. Sollten die Kirchen selbst – in freiem, dezisivem Votum – die Berufung von Lehrern der anderen Konfessionen billigen, ja begehren, dann kann es nicht die Aufgabe des Staates sein, sie zur Wahrung ihrer früheren Bekenntnisauffassungen und gegenseitigen Bekenntnisverwerfungen anzuhalten. – Ebensowenig steht es jedoch in seiner Kompetenz, durch eine Art kaschierten, indirekten Bekenntnisbanns und Reformationsrechtes von Staats wegen durch die Geistlichenausbildung der Universitäten den Kirchen eine konfessionelle Quasi-Einigung aufzunötigen, die sie im theologischen und kirchenrechtlichen Verständigungswege (noch) nicht erreichen konnten. Einstweilen – und wohl noch auf eine geraume Zeit – wird von den großen Konfessionen »Ökumene« in einem sehr verschiedenen Verständnis gebraucht[427]. Der römisch-katholische Ökumenismus-Begriff deckt sich einstweilen nicht entfernt mit dem Selbstverständnis der »außerkatholischen« Ökumene des Ökumenischen Rates in Genf, das dessen Mitgliedskirchen in mancherlei Sinndifferenzen locker zusammenschließt. Die staatliche Kultusverwaltung kann »die« Ökumene deshalb nicht gleichsam als eine dritte Konfession in staatlicher Kirchenkuratel aufbauen. Sie muß sich bei der Besetzung der entsprechenden Professuren für ökumenische Theologie in den evangelischen bzw. katholischen theologischen Fakultäten jeweils an das betreffende Ökumene-Verständnis halten, solange die volle Einigung der Kirchen nicht alle diese Gegensätze »aufgehoben« hat.

---

[427] S. 146 f., 197 f., 290. – Vgl. in diesem Zusammenhang auch BVerwG NJW 83, 2585: »Die Religionsgemeinschaften (haben) zu entscheiden, ob und in welchem Umfang bekenntnisfremden Schülern die Teilnahme am Religionsunterricht gestattet ist.«

Ohne ausdrückliches Einverständnis der Kirche ist also die Berufung eines konfessionsfremden Lehrers als Rechtsbruch anzusehen, ebenso seine Weiterverwendung nach einer Konversion. In diesem Falle hat die Kultusverwaltung der Kirche Mitteilung zu machen und ihr Einverständnis einzuholen, andernfalls sie die Umsetzung in eine andere Fakultät bzw. extra facultates zu veranlassen hat.

d) Weltliche Entscheidungsgründe staatlicher Wissenschaftspflege

Der Staat darf also die Berufung eines konfessionsfremden Theologen nicht aus den religiösen Gründen der Konfessionswahrung verweigern, wenn die Kirche selbst einem solchen Berufungsvorschlag einer Fakultät ihr Einverständnis in puncto Lehre und Bekenntnis erteilt. Aber der Staat kann aus anderen Gründen der »weltlichen« Wissenschaftspflege und religiös-neutralen Kulturstaatsverantwortung einen solchen Berufungsvorschlag ablehnen, um abträgliche Auswirkungen auf den Wissenschaftsbetrieb und auf das Gesamtverhältnis von Staat und Kirche zu vermeiden. Wenn etwa der Berufungsvorschlag in der Fakultät durch eine Kampfabstimmung zustande kam und künftige Dauerkonflikte und Reibungsverluste befürchten läßt, den Weggang namhafter anderer Gelehrter, Erschwerungen des Lehr- und Forschungsbetriebes und anderweitige kultur- und kirchenpolitische Belastungen auszulösen droht, kann die Kultusverwaltung aus weltlichen Ressortgesichtspunkten in der Liste weiterfahren und einen anderen konfessionszugehörigen Theologen berufen oder oktroyieren. Ihr Ermessensspielraum kann hier je nach den Umständen entscheidend reduziert sein. Erhebliche Bedenken können auch aus unkalkulierbaren Folgewirkungen erwachsen. Wenn das Experiment fehlgeht und der Berufene sich nicht in der erhofften Weise integriert bzw. sich wissenschaftlich anders weiterentwickelt, kann eine spätere Lehrbeanstandung durch die Kirche für den Staat erhebliche finanzielle Mehrbelastungen und einen weiteren, wissenschaftlich anderweitig benötigten Lehrstuhl kosten. Ein konfessionsfremder Theologe wäre überdies im Arbeitsprogramm der Fakultät nur begrenzt einzusetzen. Als Prüfer ist er den Studenten nicht zuzumuten, wenn ihnen die Verbreitung seiner Theologumena später das geistliche Amt in einem Lehrordnungsverfahren kosten kann[428]. Derartige Prüfungen könnten als Verletzung der Religionsfreiheit mit Klagen bzw. Verfassungsbeschwerden angefochten werden. Die Berufung eines konfessionsfremden Lehrers wird u. U. Kettenreaktionen von Promotions- und Habilitationsversuchen konfessionsfremder Schüler auslösen, die wiederum kirchliche Beanstandungsfälle und Verwaltungsprozesse nach sich ziehen und die Fakultät in Atem halten können.

3. Die Entscheidung der katholischen Kirche

Nach katholischem Kirchenrecht dürfte die Verwendung nichtkatholischer Theologiedozenten an den theologischen Fakultäten so gut wie ausgeschlossen sein. Auch nach dem neuen Codex von 1983 hat die Kirche den heiligen Glaubensschatz zu hüten; sie ist »custos verbi divini«, der das »depositum fidei«

---

[428] S. 65 Anm. 119; S. 170 ff.

anvertraut ist. Nach der Apostolischen Konstitution Sapientia Christiana von 1979, die auch für die deutschen theologischen Fakultäten (unter besonderen konkordatsrechtlichen Modifikationen) gilt[429], haben die Fakultäten in Forschung und Lehre die christliche Offenbarung zu durchdringen, ihre Wahrheiten systematisch darzulegen und die Fragen der Wissenschaft im Lichte der göttlichen Offenbarung zu behandeln, sowie »beim gesamten Dienst der Evangelisierung ... den Teilkirchen wie der Weltkirche in enger Verbindung mit der Hierarchie den ihrer Natur nach wirksamen Beitrag zu leisten«[430]. Der kirchliche Charakter der Fakultät als Ganzes geht aus zahlreichen Einzelnormierungen der Konstitution hervor; der Ortsordinarius übt die Funktionen des Magnus Cancellarius aus, auch die Bischofskonferenz hat den kirchlichen Charakter der Fakultät zu fördern und zu wahren[431]. Alle Dozenten der Glaube und Sitte betreffenden Fächer haben ihre Aufgaben »in voller Gemeinschaft mit dem authentischen Lehramt der Kirche und vor allem des Papstes durchzuführen«[432]. Sie bedürfen der Sendung der Kirche (Missio canonica), die nach dem deutschen Konkordatsrecht in der Form des nihil obstat erteilt wird.

Bei dieser Gesamtregelung kann es nicht verwundern, daß es Nichtkatholiken als Dozenten an »kirchlichen Hochschulen« (zu denen i. S. der Konstitution Sapientia Christiana auch die theologischen Fakultäten der deutschen Universitäten zählen) nur im Rahmen der höchst seltenen »interkonfessionellen Institute«[433], nicht aber an den katholisch-theologischen Fakultäten geben kann.

4. Die Entscheidungsproblematik in der evangelischen Kirche

a) Bindungen der Kirchenverfassungen

Im evangelischen Kirchenrecht fehlt systementsprechend eine derartige zentrale Regelung dieser Frage. Doch sie ist damit nicht zur beliebigen Gestaltung freigegeben. Zwar bestehen natürlich keine staatskirchenrechtlichen Beschrän-

---

[429] *Heribert Schmitz*, Kirchliche Hochschulen nach der Apostolischen Konstitution Sapientia Christiana von 1979, Archiv für kathol. Kirchenrecht 150, 1981 S. 45 ff., 49 f., 58 ff., 72 ff.

[430] Constitutio Apostolica »Sapientia Christiana« v. 15. 4. 1979, AAS 71 (1979) S. 469, dt. hrsg. v. Sekretariat der Deutschen Bischofskonferenz, Verlautbarungen des Apostol. Stuhls H. 9, Art. 3 §§ 1, 2, 3.

[431] *Schmitz*, aaO, S. 60 ff., 72 ff., 86, 480.

[432] Sap.Chr. Art. 26 § 2.

[433] *Schmitz*, aaO, S. 484 Anm. 159 mit Quellenangabe. – In fruchtbarer Weise wird dies geübt in dem »Theologischen Studienjahr in Jerusalem«, einer ökumenischen Einrichtung in ausschließlich katholischer Trägerschaft, die rechtlich mit der Theologischen Fakultät San Anselmo in Rom verbunden ist. Ein Drittel der Studierenden ist evangelisch, bei den Professoren (ca. 35 im Jahr) ist der Prozentsatz höher.

kungen, da es sich insoweit um den Kern des kirchlichen Selbstbestimmungsrechtes nach Artt. 137 III WRV/140 GG handelt. Aber kirchenrechtlich greifen
hier die Bekenntnisartikel der Kirchenverfassungen ein und rufen – auch rechtlich verpflichtend – die evangelische Lehrverantwortung der Kirchenleitungen
und Synoden auf den Plan. Eine kirchliche Einverständniserklärung in die
Berufung eines nichtevangelischen theologischen Lehrers an die evangelisch-
theologische Fakultät verletzt die Kirchenverfassung in ihren fundamentalen
Bekenntnisbestimmungen.

Ein Referent, der seiner Kirchenleitung dies vorschlägt, und ein Kirchenleitungsgre-
mium, das dies dem Staate gegenüber erklärt und dies vor seiner Synode verteidigt, macht
sich des Bruchs der kirchlichen Verfassung schuldig. Das Zustimmungsvotum der Kirchenleitung zur Berufung ins theologische Lehramt ist eine Sonderform kirchlicher
Vokation[313]. Wer nicht als Geistlicher der Landeskirche berufen werden kann, kann erst
recht nicht als theologischer Lehrer und Prüfer der Geistlichen bestellt werden, die nach
der theologischen Lehre ihrer Lehrer dann das ministerium verbi divini verantwortlich
auszuüben haben. Welche Inkonsequenz läge darin beschlossen: Sobald ein Geistlicher
sich zu den theologischen Positionen eines solchen Lehrers durch seine Konversion
bekennt, muß er sein geistliches Amt und alle auf seine Ordination begründeten Rechte
im förmlichen Lehrordnungsverfahren verlieren[377] – doch die Zustimmung der Kirche
zur Berufung dieses Lehrers soll nicht gegen das Bekenntnis, die Bekenntnisbindung, die
Lehrverantwortung der Kirche und gegen alle juristischen Auslegungsregeln verstoßen?
Der Hinweis auf die ökumenische Einigung vergreift sich hier im Mittel:

b) Keine Verkehrung von Bekenntnis und Recht

Es stört und verkehrt das evangelische Verhältnis von Bekenntnis und Recht.
Solange das geistliche Einigwerden im Bekenntnis nicht so weit gediehen ist,
daß die gegenseitigen Verwerfungen geistlich überwunden wurden und eine
gemeinsame Grundlage in den »entscheidenden Punkten« des Glaubenszeug-
nisses über »den entscheidenden Inhalt der biblischen Botschaft« gefunden
wurde[434], darf das Recht dem nicht vorgreifen: Es darf den fehlenden Bekenntniskonsens juridisch-äußerlich weder ersetzen noch ignorieren, ihn weder de-
kretieren noch manipulieren. Im evangelischen Verständnis ist das Recht in der
Kirche in diesen Fragen jeweils der Verkündigung strikt nachgeordnet, nicht
vorgeordnet oder frei nebengeordnet. Das »evangelische« Abhängigkeitsver-
hältnis des Kirchenrechts vom Bekenntnis[435] ist das zentrale Erbe der reformatorischen Theologie und Kirchenrechtsbegründung, das von ihr auch unter
»ökumenischen« Aspekten einstweilen unaufgegeben, ja wohl auch künftig

---

[434] Vgl. die Formulierungen der Lehrordnungen S. 171, 175.
[435] Also die innere Bestimmung und Begrenzung der Kirchengewalt durch das Evangelium, der
äußeren Ordnung durch die Verkündigung, der Rechtsgestalt durch den Geist, der Werke durch
den Glauben.

unaufgebbar ist. Es hängt mit dem evangelischen Verständnis der Kirche, Kirchengewalt, Rechtfertigung und der beiden Reiche und Regimente engstens zusammen. Deshalb darf sich die rechtliche Ordnung des theologischen Amtes und speziell des Lehramtes, das mit der Lehre am engsten und eigentlichsten verbunden ist, nicht vom geistlichen Geschehen der Bekenntnisbildung und -klärung ablösen und sich in juristischen Konsenssurrogaten und Konfessionsfiktionen verselbständigen. Wenn das theologische Lehramt ohne Rücksicht auf den (einstweilen fehlenden) Bekenntniskonsens über den Sinngehalt des Evangeliums durch »eigenmächtigen« Rechtsakt »gesetzlich« bestellt wird, mag darin auch eine unevangelische Störung des Verhältnisses von »Gesetz und Evangelium« gesehen werden.

c) Keine Verkehrung des staatlichen und kirchlichen Rechts

Auch wird dadurch das Verhältnis des staatlichen zum kirchlichen Recht verkehrt: Das Staatskirchenrecht und Hochschulrecht des säkularen, konfessionell-neutralen Staates wird dazu benützt, in der Herzkammer der bekenntnisbestimmten Ordnung der Kirche operative Veränderungen vorzunehmen, zu denen die Kirche sich im dafür gebotenen Wege der geistlichen Bekenntniseinigung und ihrer kirchenrechtlichen Rezeption einstweilen nicht imstande fühlt. Das staatliche Recht ist von seiner weltlichen Staatszielbestimmung und Kompetenzbegrenzung nicht das richtige Instrument für innerkirchliche Reformen, vor allem wenn sie in den geistlichen Kernzonen anstehen. Das staatliche Recht kann nur den äußeren Rahmen für die Entfaltung der religiösen Freiheit bieten und dann jeweils das Ergebnis der freien religiösen Selbstbestimmung der verschiedenen Religionsgemeinschaften in den konfessionellen Staatseinrichtungen in distanzierter Relativität und Parität rezipieren. In einer Vorreiterrolle zu neuen ökumenischen Bekenntnisstrukturen wird das Staatskirchenrecht überfordert und mißbraucht. Es erscheint unangemessen, wenn die Kirche ihm dies durch ihr placet zumutet.

d) Friktionsmöglichkeiten in Fakultät und Kirche

Die Kirche sollte gewisse Weiterungen bedenken, die ihre eigene Dynamik haben. Solange das verfassungsrechtliche votum decisivum und insbesondere das nachträgliche Beanstandungsrecht der evangelischen Kirche bei theologischen Berufungen angesichts der Kirchenvertragslücken in der Praxis und Theorie nicht zweifelsfrei anerkannt wird, ist zu gewärtigen, daß sich Experimente nicht in singulären Einzelfällen erschöpfen, sondern sich durch weitere Konversionen, Kirchenaustritte, Promotionen und Habilitationen von nichtevangelischen Schülern – will und kann man sie dann verhindern? – ausweiten und das Bild der Fakultät bestimmend verändern können. Einstweilen besteht kein Grund zur Dramatisierung, doch ist in den sensiblen kirchen- und kultur-politischen Zonen der Universität der einmal aufgebrochenen Krise faktisch wie rechtlich nur schwer beizukommen. Spaltungen und Reibungen in einer Fakul-tät aus dem gegebenen Anlaß würden gerade die kirchlichen Funktionen der Fakultät belasten, die hier in Bekenntnisdingen – stärker noch als ohnehin in der akademischen Selbstverwaltung – auf Konsens statt auf Konflikte unter den Kollegen angewiesen ist. Die angesprochene Verwendbarkeit als Lehrer und Prüfer auch für Studenten von dezidiert bekenntnisgebundener Richtung, die Auswirkungen auf den Prüfungsbetrieb und die Chancengleichheit, die Rück-wirkungen auf die Gruppengegensätze in den Synoden und die Polarisierung in der Landeskirche u. a. m. wird zu bedenken sein. – Das institutionelle Vorgrei-fen in der ökumenischen Einigung ruft u. U. gerade Uneinigkeit innerhalb und außerhalb der betroffenen Fakultät und Kirche hervor.

e) Probleme im Verhältnis zu anderen Landeskirchen

Die anderen evangelischen Landeskirchen sind mitbetroffen, wenn in einer evangelisch-theologischen Fakultät die evangelische Zusammensetzung des Lehrkörpers und damit des Unterrichtsprogramms teilweise aufgebrochen worden ist. Dadurch wird die territoriale Zersplitterung der Landeskirchen – das unselige Erbe aus der Reformationsepoche – um eine neue Variante vertieft. Der vielersehnte Prozeß des Zusammenwachsens der evangelischen Kirchentü-mer in der EKD hingegen wird erschwert, wenn solche Ausnahmen sich zu irreversiblen Strukturverschiedenheiten der deutschen Fakultäten ausweiten.

Man darf nicht vergessen und verspielen, daß die gemeinevangelische Einheit des deutschen Protestantismus seit Jahrhunderten wesentlich auf der Einheitlichkeit und auf der Gemeinsamkeit seines theologischen Fakultätswesens beruhte: Sie war die geistige Klammer, die die Landeskirchen innerlich zusammenhielt, bis sich diese seit den Zwan-ziger Jahren des Zwanzigsten Jahrhunderts auch äußerlich in lockerer rechtlicher Orga-nisation zusammenfanden. Auf den Fakultäten beruhte auch wesentlich der gemeinevan-gelische Bekenntnisprozeß in der fortschreitenden Entfaltung der reformatorischen Bekenntnisgrundlagen der Kirche. Alleingänge einzelner Landeskirchen und Fakultäten setzen ein hohes Gut aufs Spiel, weil sie letztlich die Anerkennung der theologischen Examina in den anderen Landeskirchen gefährden. Und selbst wenn diese Anerkennung nicht rechtlich aufgekündigt wird, ist eine faktische Filterung durch die kirchliche Einstellungspraxis zu befürchten, die bei der gegenwärtigen »Theologenschwemme« die Kandidaten konfessionell gemischter Fakultäten eher aussortiert, dadurch die theologi-sche Freizügigkeit mindert und statt in ökumenische Weiten praktisch zu provinzieller Enge führt.
Ein dringendes Desiderat ist heute ein zwischenkirchliches Koordinierungsverfahren

zur sachgerechten Abwicklung solcher Fälle im Raum der EKD. In ähnlicher Weise hatte dies der preußische Kirchenvertrag von 1931 seinerzeit für die Landeskirchen des preußischen Staates vor jeder Berufung an eine theologische Landesfakultät vorgesehen; bedauerlicherweise scheint dies nach der Auflösung Preußens offenbar eingeschlafen zu sein. Vor jedem Schritt, der den evangelisch-theologischen Charakter einer Fakultät tangiert – auch wenn dies zunächst nur einen ihrer Lehrstühle betrifft – sollte eine vorausschauende Fühlungnahme und gemeinsame Beschlußfassung aller Landeskirchen über diese Fragen erfolgen. Desgleichen wäre eine Mitteilung des Ergebnisses dieses zwischenkirchlichen Koordinierungsverfahrens an die staatlichen Kultusverwaltungen sachgerecht, da auch diese mit den Folgeproblemen konfrontiert sein werden. Ein solches Vorgehen der Kirche würde dem gebotenen Stil der Kooperation in den res mixtae des Staatskirchenrechts am besten entsprechen.

f) Auswirkungen auf die katholische Kirche und das ökumenische Gespräch

Die ökumenischen Gespräche und Verhandlungen mit der katholischen Kirche werden nicht unbedingt gefördert durch den einseitigen ökumenischen Vorgriff, der in der institutionellen Einverleibung ausgewählter katholischer Theologiedozenten in die evangelischen Theologenfakultäten liegt. Die ökumenische Begegnung will frei und taktvoll in Selbstbestimmung aller Partner ohne Druck und Übergriff vollzogen werden, wenn sie sich nicht in Scheinblüten erschöpfen soll. Der Bekenntniskonsens muß durch die kompetenten Glieder im beiderseits konsentierten Verfahren errungen werden, wie dies in mannigfachen Begegnungen der Bischöfe, Theologenkommissionen, Tagungen, Publikationen geschieht. Wenn sich die eine (evangelische) Seite jedoch die Repräsentanten des anderen (katholischen) Partners für das ökumenische Gespräch eigenmächtig bestellt und überdies institutionell fest integriert, mag dies als eine befremdliche Mißachtung der katholischen Kirchenverfassung und speziell derjenigen Instanzen wirken, denen nach ihrer Kompetenz die Repräsentation der katholischen Kirche nach außen und innen obliegt. Ob die evangelische Theologie und Kirche ökumenische Erfolge damit erzielt, wenn sie sich auf diese Weise neben der offiziellen katholischen Kirche weitere, mit dieser konkurrierende katholische Gesprächspartner in oecumenicis installiert, wird abzuwarten sein.

g) Säkularisierende Folgewirkungen in der staatlichen Gerichtspraxis

Auch sind Rückwirkungen auf die staatliche Rechtspraxis, besonders der Verwaltungsgerichte, zu erwarten, wenn einmal mit der Berufung konfessionsfremder Theologen begonnen worden ist. Der Fakultät mag es dabei bona fide nur um den Einzelfall gehen, in dem eine bestimmte Persönlichkeit mit einem besonderen wissenschaftlichen Profil in einer speziellen Situation des Faches der Fakultät als Bereicherung erscheint. Die Ahnungslosigkeit über die verfassungsrechtlichen Zusammenhänge der Theologenfakultäten im säkularen Staat aber trübt hier den Blick für die Folgerungen: Der weltliche freiheitliche Rechtsstaat ist auf dem Prinzip der Allgemeinheit und Gleichheit aufgebaut, das die allgemeine und gleiche Gestaltung, Geltung und Anwendung der Normen und individuellen Rechte zur Folge hat. Normative Besonderheiten sind dadurch nicht ausgeschlossen, soweit sie zur sachgerechten Regelung besonderer Phänomene dienen, doch müssen sie dann allgemein gewahrt werden. So wird die Besonderheit der theologischen Fakultäten rechtlich von den Gerichten respektiert werden – wenn sie von diesen Fakultäten allgemein durchgehalten wird.

Wenn aber die evangelischen Theologenfakultäten selbst – und sei es auch nur in einem wissenschaftlich bzw. kirchenpolitisch exzeptionell anmutenden Einzelfall – auf den besonderen theologischen Charakter ihrer Fakultät und ihrer Lehrstühle verzichten, dann gerät dieser allgemein in Gefahr[436]. Die weltlichen Gerichte haben ja – wie oftmals schon berührt – keine eigenen theologischen Entscheidungsmaßstäbe zur Hand. Wenn die Kirche selbst hier den Maßstab der Konfessionsgebundenheit der theologischen Staatsämter im evangelischen Sinne ablegt, wird auch den Anhängern jedes anderen Bekenntnisses bzw. den Bekenntnislosen der Zugang zum Theologenamt schwerlich verwehrt werden. Die offene Flanke der Fakultät liegt hier vor allem bei den Habilitationen. In den verwaltungsgerichtlichen Entscheidungen wird vermutlich das breite Spektrum der theologischen Positionen (mit ihrer sehr verschiedenen Nähe bzw. Entfernung zum evangelischen Bekenntnis) zusammenschrumpfen auf die simple, aber weltlich praktikable Alternative: Bekenntnisgebundenheit der evangelischen Theologenstellen i. S. des Selbstverständnisses der evangelischen Kirche – oder Bekenntnis*un*gebundenheit i. S. strikter säkularer Konfessionsneutralität des Staates, wenn erstere von Fakultät und Kirche selbst preisgegeben wird. Der Maßstablosigkeit des säkularen Staates werden theologische Differenzierungen dann leicht als »Willkür« und Gleichheitsverstoß gegen Art. 3 GG erscheinen. Die ökumenischen Versuche im Einzelfall bergen das Risiko, wider Willen allgemein die Schleusen auch für die Übernahme von Atheisten zu öffnen und damit auf die Länge die Fakultäten in ihrer kirchlichen Funktion zu zerstören.

h) Begrenzte Vergleichbarkeit ausländischer Fakultätsstrukturen

Amerikanische Gegenbeispiele treffen hier nicht zu, weil dort die rechtlichen Rahmenbedingungen entscheidend anders ausgestaltet sind. Zum einen ist in den Vereinigten Staaten die Universitätsstruktur weithin verschieden. An den amerikanischen Privatuniversitäten, die z. T. kirchlich getragen werden, liegt ohnehin die Auswahl des Lehrkörpers nicht in der Hand des Staates. Auch wird die theologische Eigenart der Fakultäten dort nicht durch eine säkularisierende Nivellierungsentwicklung bedroht, die an den deutschen Staatsuniversitäten durch die allgemeine perfektionistische Durchnormierung des Hochschulrechts in letzter Zeit deutlich verstärkt worden ist. Amerika kennt auch

---

[436] In der derzeitigen allgemeinen Durchnormierung des Hochschulrechts (S. 3 ff.) und den Strukturen der Gruppenuniversität (S. 160) hat ohnehin der Sog zur säkularisierenden Allgemeinheit zugenommen, der die theologische Eigenart dieser Fakultäten bedroht.

nicht die enorme Ausdehnung der Verwaltungsgerichtsbarkeit in allen Bereichen des öffentlichen Rechts, die seit 1945 in Westdeutschland aufgebaut worden ist. Das Staatskirchenrecht ist ferner in den Vereinigten Staaten viel stärker vom Prinzip der strikten Trennung geprägt; auch ist es nicht in vergleichbarer Weise derart verwaltungsrechtlich konkretisiert worden wie hierzulande. So kennt es auch nicht die diffizilen Abgrenzungs- und Zuordnungsprobleme zwischen dem staatlichen und kirchlichen Recht, die sich hier bei allen res mixtae in analoger Weise stellen. – Ähnliches gilt zu Vergleichen mit den theologischen Fakultäten anderer Staaten.

III. Konfessionslose Dozenten der Theologie?

Für die katholische Kirche wird diese Problematik wohl kaum praktisch werden; gegebenenfalls aber ist sie rechtlich rasch zu lösen, da die innerkirchlichen Bindungen des Lehramtes staatskirchenrechtlich durch das nihil obstat bzw. das nachträgliche Beanstandungsrecht in allgemein anerkannter Weise realisiert werden können.

Für die evangelische Kirche ist die Frage im Innenverhältnis theologisch wie kirchenrechtlich schwieriger und im Außenverhältnis staatskirchenrechtlich ungesicherter. Vorweg zum Zweiten:

Für den säkularen Staat gelten hier ähnliche Grundsätze wie im Fall des konfessionsfremden Theologen: Die theologische Entscheidung darüber, welche Bedeutung einem Kirchenaustritt bzw. dem Fehlen der Taufe und äußeren Kirchenmitgliedschaft nach dem evangelischen Bekenntnis zukommt und welche geistlichen und kirchenrechtlichen Sanktionsfolgen daraus für das theologische Lehramt durch die Lehrverantwortung der Kirche zu ziehen sind, steht verfassungsrechtlich allein der evangelischen Kirche zu (Artt. 4, 140 GG/137 I, III WRV). Das theologische Verständnis der Kirche, der Kirchenmitgliedschaft und der Sakramente zählt ja zum Kern des Selbstbestimmungsrechtes der Kirche. Nur sie und nicht der Staat hat zu bestimmen, ob sie die Taufe als Kinder- oder Erwachsenentaufe übt bzw. zuläßt, als einzigen Aufnahmeakt in die Kirche und als unumgängliche Voraussetzung kirchlicher Rechte und Funktionen ansieht, ihr einen unverlierbaren und unwiederholbaren »Charakter« zuerkennen kann. Nur sie hat darüber zu befinden, welche Wirkungen einem staatlichen Kirchenaustritt im Rahmen der evangelischen Theologie und Kirchenrechtsordnung beizumessen sind.

Für die evangelische Kirche wird die Zustimmung zur Berufung bzw. Weiterverwendung eines Ungetauften bzw. Ausgetretenen als Lehrer der Theologie ganz in der Regel rechtlich nicht in Frage kommen. Die Verschmähung des Taufsakraments bzw. der Kirchenaustritt enthalten in den meisten Fällen eine schwere Verletzung der evangelischen Bekenntnisgrundlagen und der Bekenntnisartikel der Kirchenverfassung, weil sich in ihnen die innere Abkehr vom Evangelium und von der Gemeinde des Herrn bewußt und provozierend manifestiert. In seltenen Ausnahmefällen mag eine andere Behandlung durch die Kirchenleitung u. U. gerechtfertigt sein: Wenn z. B. ein Kirchenaustritt aus geistlicher Verzweiflung an der – wirklichen oder vermeintlichen – Korrumpierung der Kirche und ihrer Evangeliumsverkündigung in ideologischen Aktionismus oder auch Quietismus geschieht. Wenn also die Lösung vom Partikularkirchenwesen nur vollzogen wird, um die Bindung an das Evangelium und die Gliedschaft in der wahren Kirche Christi nicht zu verlieren, dann mag die Absicht glaubhaft sein, die theologische Arbeit nicht aufzugeben, sondern im Dienst am Evangelium ohne Kompromittierung zu verrichten. In solchen Fällen werden die Spannungen im evangelischen Verständnis der Kirche deutlich, das die Partikularkirche – anders als die römisch-katholische Kirche[437] – nicht mit der wahren Kirche identifiziert, sondern die ecclesia vera et spiritualis überall am Werke weiß, wo das Evangelium recht gepredigt und die Sakramente recht gereicht werden. Dem Kirchenaustritt mag dann ein ekklesiologischer Irrtum zugrunde liegen, der die notwendige Zuordnung, ja Untrennbarkeit der verschiedenen Gestalten der ecclesia vera, universalis et particularis im evangelischen Kirchenverständnis verkennt. Wenn aber die Gemeinsamkeit des Bekenntnisses im übrigen in den »entscheidenden Punkten« nicht zu bezweifeln und eine Rückkehr durch Geduld, brüderliche Kritik und Selbstkritik zu erhoffen ist, wird eine Kirchenleitung in evangelischer Bekenntnistreue sich von einer »gesetzlichen« Veräußerlichung ihrer Lehrverantwortung freizuhalten wissen.

IV. Die Befriedigung interkonfessioneller Lehrbedürfnisse

1. Theologische Begegnung, keine rechtliche Fusion bzw. Integration

Für die theologische Forschung und Lehre besteht ein berechtigtes Bedürfnis nach Begegnung und Auseinandersetzung mit den theologischen Positionen der anderen großen Konfessionen, wie auch mit den philosophischen Strömungen und mit den großen Ideologien der Epoche. Dies ist gerade im Rahmen ihrer »kirchlichen« Funktion der Geistlichenausbildung zu betonen, die auf akademischer Ebene ohne Verschulung zu geistiger Selbständigkeit und Freiheit führen soll. Die ökumenische Bewegung insonderheit ist auf das gegenseitige Kennenlernen unverzichtbar angewiesen. Auch der Kulturstaat hat im Rahmen

---

[437] *Hans Martin Müller*, Lutherisches Kirchenverständnis und der Kirchenbegriff des Codex Iuris Canonici 1983, ZevKR 29, 1984 S. 546 ff.

seiner säkular verstandenen Kulturförderung ein genuines Interesse an geistiger Kommunikation. Jedoch:

Beim derzeitigen Stande der innerkirchlichen Bekenntnisentwicklung und der zwischenkirchlichen Bekenntniskontakte (aber auch -verschiedenheiten) scheidet die Fusion der evangelischen und katholischen theologischen Fakultäten als Mittel der Befriedigung des genannten Bedürfnisses ebenso aus[438] wie die Integration fremdkonfessioneller bzw. konfessionsloser Dozenten in ihren Verband.

So ist die Schaffung von Catholica-Lehrstühlen in evangelisch-theologischen Fakultäten nur zu begrüßen. Doch sollten sie dort mit evangelischen Gelehrten besetzt werden, die das Gespräch aus der (leidigen, doch einstweilen unbehobenen) Distanz der Konfessionen in kritischer Klarheit ihrer gegenseitigen Fragen und Antworten zur Annäherung bringen können, ohne durch die verquerten Anpassungs- und Oppositionserwartungen einer singulären, schwer kalkulierbaren Gastposition als Konfessionsfremder beschwert zu sein. Und durch die Promotion und Habilitation von Schülern würde die Problematik fremdkonfessioneller Lehrstuhlbesetzungen für beide Konfessionen zusätzlich fühlbar werden: Würden sie künftig als katholische oder evangelische Theologen gelten und berufbar sein, wenn sie in der fremden Fakultät theologisch zugerüstet worden sind?

2. Kooperation ohne Auflösung des theologischen Profils

Aber jenes Bedürfnis läßt sich ohne theologischen Bekenntnisverzicht und ohne staatliche Verfremdungen und Eingriffe auf andere Weise zwanglos erfüllen: Wo beide theologische Fakultäten an einer Universität vorhanden sind, lassen sich wechselseitige Lehrangebote für Studenten der anderen Fakultät intensivieren, gemeinsame Lehrveranstaltungen und Praktika von Dozenten beider Fakultäten vermehren, gemeinsame Forschungsprojekte und Arbeitsgruppen durchführen, auch gemeinsame Bibliotheks- und Seminareinrichtungen u. dgl. errichten. Das Prüfungswesen kann ohne Verlust seiner konfessionellen Konturen stärker in den Dienst der ökumenischen Begegnung gestellt werden, indem man den Besuch bestimmter Vorlesungen bzw. Praktika und Seminare der anderen Konfession als Zulassungsvoraussetzung verlangt – jedoch nicht als Prüfungsleistung selbst: Hier sind die feinen Unterschiede von entscheidendem Gewicht[439]!

---

[438] Zum Problem vgl. auch *Axel v. Campenhausen*, Rechtsprobleme bikonfessioneller theologischer Einrichtungen, in: Festschrift f. R. Wittram, Göttingen 1972 S. 461, dem freilich hinsichtl. mancher Thesen, etwa zum Promotionsrecht (S. 467 f.), nicht gefolgt werden kann. Dazu unten S. 232 ff. – Der Bielefelder Versuch eines bikonfessionellen und interdisziplinären theologischen Instituts scheint endgültig gescheitert zu sein, die Ausgestaltung des »Fachbereichs Religionswissenschaft« an der Universität Frankfurt weckt erhebliche verfassungsrechtliche Bedenken. Vgl. unten S. 322 Anm. 702.

[439] Solange die ökumenische Bekenntniseinigung noch in der Ferne steht, sind die Bewertungs-

3. Theologische Lehrstühle außerhalb der theologischen Fakultäten

An Universitäten, die nur eine – evangelische oder katholische – theologische Fakultät besitzen, ist die Schaffung bzw. Vermehrung von theologischen Einzellehrstühlen der anderen Konfession auch ohne theologische Fakultät ein Desiderat. Mit ihnen kann dann – als Ersatz einer vollausgebauten Fakultät – das interkonfessionelle Programm fruchtbar und ohne Verflüchtigung der Konturen intensiviert werden. Solche Lehrstühle sind theologische Lehrstühle, mit allen Statusbindungen des konfessionsgebundenen Staatsamts[440]. Für sie gelten die gleichen Normen und normativen Grundsätze des Verfassungsrechts und des Konkordats- bzw. Kirchenvertragsrechts; letzteres gilt analog, soweit keine vertraglichen Sonderabmachungen[441] bestehen. Ihre Besetzungsprobleme sind deshalb in gleicher Weise und mit den gleichen kirchlichen Mitwirkungs- und Beanstandungsmöglichkeiten zu lösen wie bei den Lehrstühlen der theologischen Fakultäten. Die Funktionen dieser theologischen Lehrstühle sind genuin theologischer Art, was ihre Forschung und Lehre betrifft; die spezifische Geistlichenausbildung tritt hier zwar in den Hintergrund, wird aber aufgewogen durch ihre kirchliche Funktion für die Ausbildung von Religionspädagogen. Und ihre allgemeine theologische Ausstrahlungswirkung mag sogar größer sein als bei einem normalen theologischen Lehrstuhl, da hier an diesen Universitäten das Feld durch keine einschlägige Theologenfakultät beackert wird. Schon in der Weimarer Epoche kam es zu den ersten dieser Gründungen. Lehrstühle katholischer Theologie wurden dann errichtet an den Universitäten in Frank-

---

maßstäbe in den zentralen Positionen der Konfessionen so verschieden, daß die Objektivität und Unbefangenheit zwischen Prüfern und Kandidaten verschiedener Konfession nicht hinreichend gewährleistet erscheint. Vgl. unten S. 285 f. Der rechtliche Vorgriff zeigt auch hier sein Janusgesicht; das geistlich-freie Zusammenwachsen der Ökumene wird durch ihn verquält. Hier zeigt sich die gleiche Problematik wie bei der fremdkonfessionellen Lehrstuhlintegration. – Im gleichen Sinne übrigens die Kommission V der (katholischen) Deutschen Bischofskonferenz, Sitzung v. 24./25. 3. 1974. »Die Anerkennung eines Scheines über die erfolgreiche Teilnahme an einem Hauptseminar im Fachbereich Evangelische Theologie ist nicht möglich, wenn ein solcher Schein nicht nur Voraussetzung für die Zulassung zum Examen, sondern integraler Bestandteil des Examens ist«, *Heinz Mussinghoff*, Ein aktuelles Sonderproblem des kirchlichen Hochschulrechts: Diplom in katholischer Theologie, Wissenschaftsrecht, Beiheft 8, Hochschulen der Religionsgemeinschaften, 1983 S. 102 Anm. 84.

[440] *Hollerbach*, Verträge S. 80, auch S. 36, 49; *Solte*, aaO, S. 230 f.; *W. Weber*, Staat und Kirche S. 328 ff. (= AöR 95, 1970 S. 411 ff.).

[441] Z. B. Vertrag zwischen dem Heiligen Stuhl und dem Saarland v. 9. 4. 1968 (Anwendung des Preußenkonkordats), Vertrag zwischen dem Saarland und der Evang. Kirche i. Rhld. v. 30. 11./ 5. 12. 1967 (Anwendung des Preußischen Kirchenvertrages), *W. Weber*, Die deutschen Konkordate und Kirchenverträge Bd. 2 S. 127 ff., 142, 224. Entsprechende Regelungen enthalten das neue Konkordat Nordrhein-Westfalens v. 26. 3. 1984 in Art. III (GVOBl 1984 S. 584) und der neue Kirchenvertrag Nordrhein-Westfalens v. 29. 3. 1984 Art. III Abs. 3 (GVOBl 1984 S. 594) und das neue Konkordat des Saarlandes v. 12. 2. 1985 in Art. 4.

furt, Heidelberg, Saarbrücken und Berlin, Lehrstühle für evangelische Theologie an den Universitäten Berlin, Saarbrücken, Frankfurt, Freiburg sowie an einigen technischen und pädagogischen Hochschulen bzw. Universitäten[440].

Wenn eine evangelisch-theologische Fakultät in Ermangelung einer katholischen Schwesterfakultät das begrüßenswerte Bedürfnis nach konkreter, kontinuierlicher Konsolidierung ihrer ökumenischen Kontakte empfindet, ist dies der sachlich gewiesene und rechtlich richtige Weg: Statt einen ihrer Lehrstühle, den sie für das übrige evangelisch-theologische Unterrichtsprogramm notfalls entbehren kann und für die ökumenische Zusammenarbeit freimachen will, innerhalb der evangelischen Fakultät mit einem katholischen Kollegen zu besetzen, sollte sie den Lehrstuhl aus der evangelisch-theologischen Fakultät ausgliedern und der darbenden Schwesterkonfession zur freien Besetzung und Wirkung anbieten lassen. Die Großzügigkeit einer solchen wahrhaft ökumenischen Vorleistung dürfte sich dankenswerter und fruchtbarer für die ökumenische Vertrauensbildung und Einigung erweisen, als ein rechtlicher Vorgriff auf das geistlich noch nicht erreichte Ziel, zumal dieser leicht als Übergriff empfunden werden kann, weil sich dabei die eine Konfession selbst den ökumenischen Gesprächspartner der anderen Konfession bestellt und dabei deren theologisch und kirchenrechtlich kompetente Repräsentanten, auf die es doch letztlich entscheidend ankommt, übergeht.

V. Besonderheiten der akademischen Selbstverwaltung und des Satzungsrechts der theologischen Fakultäten

1. Die allgemeinen Rechtsgrundlagen und die besonderen religiösen Funktionen

Die theologischen Fakultäten haben wie die anderen Fakultäten teil an der Universitätsautonomie, die verfassungsrechtlich durch die Garantie der Wissenschaftsfreiheit in Art. 5 III GG und in den entsprechenden Landesverfassungsnormen begründet ist. Dieses Selbstverwaltungs- und Satzungsrecht der Fakultäten ist bekanntlich eingefügt in die Gesamtordnung und Gesamtverantwortung der Universität, die ihrerseits vom Hochschulrahmengesetz des Bundes, von den Hochschulgesetzen der Länder und von den Universitätsverfassungen näher ausgeformt wird[442].

Im Rahmen ihrer akademischen Autonomie treffen jedoch die theologischen Fakultäten vielfach auf normative Sonderprobleme, die mit den Besonderheiten

---

[442] Z. B. §§ 21, 25, 19, 45, 51, 123 Bad.-Württ.UG; 5 ff. GrundO v. 29. 6./2. 11. 1978 der Univ. Tübingen; 11, 16, 18, 27, 37 f., 58 ff., 64 HRG.

ihres theologischen Gegenstandes zusammenhängen. Die allgemeine Aufgabenbestimmung der Universität in Forschung, Lehre, Ausbildung (einschließlich der Prüfungs- und Selbstverwaltungstätigkeit) hat bei ihnen ihre besondere religiöse Prägung; in der staatlichen Form werden eben hier zugleich »kirchliche Funktionen« erfüllt[443]. Daß es sich insoweit für die Theologie – die der Erforschung und Lehre der Offenbarung Gottes gewidmet ist – um ihre essentiellen Grundmomente und nicht um Akzidentien handelt, ist zu betonen müßig; in einem freiheitlichen Staat und einer freien Universität wird ihr nicht die Verleugnung ihres Herrn und ihres Wesens angesonnen. Die akademische Selbstverwaltung ist bei den theologischen Fakultäten das rechtliche Instrument auch (bzw. gerade) zur Entfaltung und Konkretisierung dieser ihrer theologischen Grundlage und Eigenart.

Sie unterscheidet sich deshalb zum Teil – soweit eben die theologischen Besonderheiten reichen – nicht unbeträchtlich von der allgemeinen Normstruktur der anderen (»weltlichen«) Fakultäten und der Gesamtuniversität, wie auch des allgemeinen Bundes- und Landesrechts. Der weltliche Staat hat ja sonst in der staatlichen Rechtsordnung die Rechtsverhältnisse vom Bekenntnis abstrahiert und sie konfessionell neutral in säkularer Gleichheit ausgestaltet (Artt. 3 III, 33 III, IV, 140 GG/137 I WRV).

2. Widerspruch zu höherrangigem Recht?

In der Verwaltungs- und Gerichtspraxis wird deshalb gelegentlich die Ansicht vertreten, daß die Berücksichtigung der religiösen Besonderheiten rechtlich unzulässig sei: Bekenntnisgeprägte Satzungsbestimmungen und Verwaltungsakte der theologischen Fakultäten widersprächen dem übergeordneten konfessionell neutralen Recht; rechtlich sei deshalb auch die theologische Wissenschaft streng bekenntnis-indifferent zu behandeln[444]. Dafür scheint eine vordergründige Betrachtung der staatlichen Rechtsquellen-Hierarchie zu sprechen: Steht doch in ihr das Satzungsrecht der Fakultäten im Rang an der untersten Stelle – also unter dem Satzungsrecht der Gesamtuniversität, sodann unter den darüber aufgeschichteten Rechtsverordnungen, Gesetzen und Verfassungen der Länder, sowie unter den gesamten Bundesrechtsnormen, mit denen allen es nicht in Widerspruch treten darf.

---

[443] Vgl. S. 167 Anm. 336, 220, 265, 327. – Vgl. auch Sap.Chr. Art. 2, 3 §§ 1–3, Artt. 6–8.
[444] Z. B. Urteil des VG Sigmaringen v. 24. 3. 1982 (AZ. 3 K 764/81).

3. Die Verfassungsmäßigkeit bekenntnisbestimmten Satzungsrechts

Ein solcher Widerspruch liegt jedoch nicht vor. Der spezifisch theologische Gehalt in den Satzungen der theologischen Fakultäten gründet sich vielmehr seinerseits auf den Vorrang des Verfassungsrechts. Die religiösen Freiheitsgarantien der Bundes- und Landesverfassungen werden kraft ihrer verfassungsrechtlichen »Ausstrahlungswirkung« in den einschlägigen theologischen Satzungsbestimmungen näher entfaltet und konkretisiert. Und ferner greift hier der Spezialitäts-Grundsatz ein: Die allgemeinen – konfessionell neutralen – Rechtsnormen (auch der Universitätsgesetze) werden ihrerseits verdrängt bzw. eingeschränkt durch die speziellen Bestandsgarantien der theologischen Fakultäten in den Landesverfassungen und Kirchenverträgen (bzw. Vertragsgesetzen), welche die Existenz und die besondere theologische Eigenart dieser Fakultäten garantieren. Sie wirken zusammen mit den Freiheitsgarantien der Artt. 4 GG und 137 III WRV/140 GG hier maßgeblich in das Hochschulrecht ein. Die Verfassungsgrundlagen[445] kommen hier in den verwaltungsrechtlichen Einzelfragen konvergierend zum Zuge; sie dürfen im vergleichsweise bescheidenen Rahmen der Fakultätsautonomie und ihres Verwaltungsvollzugs nicht übersehen oder mißachtet werden, sind diese doch speziell zur wissenschaftlichen Entfaltung des Glaubensverständnisses ihrer Religionsgemeinschaften bestimmt und garantiert, wie dies der pluralistischen Offenheit und Vielfalt der modernen Kulturstaatlichkeit entspricht.

4. Die religiöse Verweisungsfunktion der weltlichen Rahmennormen im theologischen Fakultäts-Satzungsrecht

Die rechtstechnische Eigenart zahlreicher theologischer Satzungsbestimmungen liegt darin, daß hier staatliche Rechtsnormen unmittelbar auf das kirchliche Bekenntnis Bezug nehmen[446]. Theologische Begriffe werden insoweit als Rechtsbegriffe in das staatliche Rechtssystem übernommen; bedeutsame Rechtsfolgen des staatlichen Rechts sind an das kirchliche Bekenntnis als Tatbestandsvoraussetzung geknüpft. Dies ist sachgerecht und rechtlich zulässig, ja unumgänglich.

Das weltliche Recht ist eben keineswegs seiner inneren Struktur nach »ekklesiologisch notwendig farbenblind«[447]. Auch der spezielle Gleichheitssatz des Art. 3 III GG gebietet keineswegs, die dort genannten religiösen Momente »rechtlich zu ignorieren« und über

---

[445] Vgl. S. 17–46 passim.

[446] Vgl. S. 29, 237, 240; auch *Solte*, aaO, S. 121 ff.

[447] *Hans Barion*, Ordnung und Ortung im kanonischen Recht, in: Festschrift f. Carl Schmitt, Berlin 1959 S. 30; dazu *M. Heckel*, VVDStRL 26 S. 21.

ihre Unterschiede »als rechtlich unerheblich hinwegzusehen«, hier also als »gleich zu behandeln, was rechtlich unterschiedlich ist«[448]. Das Recht ist im freiheitlichen Kultur- und Sozialstaat nicht von Verfassungs wegen auf strikt areligiöse Regelungsgehalte festgelegt, die dann meist antireligiöse Auswirkungen diskriminierender Art im modernen Leistungs- und Verteilerstaate nach sich ziehen würden. Der spezielle Gleichheitssatz des Art. 3 III GG verbietet eben nur die »Benachteiligung« bzw. »Bevorzugung« einer Konfession aus religiösen Gründen. Er läßt aber eine sachgerechte Differenzierung der staatlichen Wissenschaftspflege und des Hochschulrechts nach den Verschiedenheiten der großen Konfessionen und ihres Theologie- und Kirchenverständnisses zu. Eine nivellierende Vermischung bzw. Gleichschaltung der evangelischen und katholischen Konfession und Theologie wäre auch mit den religiösen Freiheitsgarantien der Artt. 4 und 140 GG nicht zu vereinbaren.

Das staatliche Recht hat ja auch sonst in den religionsspezifischen Beziehungen einen typischen Rahmencharakter mit inhaltlicher Verweisungsfunktion.

5. Keine »Staatskirchen«-Strukturen

Von einem Rückfall in das System der »Staatskirche« kann hierbei nicht gesprochen werden[449]. Die religiöse Bezugnahme in jenen staatlichen Satzungsnormen der theologischen Fakultäten führt weder zur Aufrichtung des betreffenden Bekenntnisses als Staatsbekenntnis, noch zur sonstigen »Identifikation« des Staates mit dieser Konfession und Kirche, noch zur institutionellen Verschmelzung der kirchlichen und staatlichen Verfassungsstrukturen nach Art des traditionellen (durch Artt. 137 I WRV/140 GG verworfenen) Staatskirchentums. Jene religiöse Bezugnahme geschieht ja in strenger Selbstbeschränkung lediglich »von außen« her: (1.) Aus der Distanz des weltlichen Staates zu den Religionsgemeinschaften. (2.) Strikt relativiert-pluralistisch ohne (»staatskirchliche«) staatliche Entscheidung der religiösen Wahrheitsfrage i. S. einer der konkurrierenden Konfessionen. (3.) Eng begrenzt auf die betreffende Fakultät und ihre Konfession. (4.) Streng paritätisch sowohl im Verhältnis zur Theologenfakultät der anderen Großkirche, als auch in der Bereitschaft zur Einrichtung vergleichbarer theologischer Lehrstätten für andere Religionsgemeinschaften (bei Vorliegen vergleichbarer innerer und äußerer »weltlicher« Voraussetzungen). (5.) Umfassend liberal, sowohl im Sinne der »positiven« Religionsfreiheit zur freien Entfaltung des betreffenden Bekenntnisses, als auch der »negati-

[448] Gegen *Hans Peter Ipsen*, Gleichheit, in: Die Grundrechte, hrsg. v. Neumann, Nipperdey, Scheuner Bd. 2, Berlin 1954 S. 180; *M. Heckel*, Die religionsrechtliche Parität S. 515; vgl. auch oben S. 23, 44 f., 303 ff.

[449] Das Verbot der Staatskirche und die Säkularität des Staates wird durch jene Bezugnahme des theologischen Satzungsrecht der Universitäten auf die einschlägigen theologischen Gegebenheiten nicht beseitigt, sondern differenzierter und sublimer berücksichtigt, als es manche grobschlächtig veräußerlichten Trennungskonzeptionen der Verfassungstheorie mit ihren entsprechenden verwaltungsrechtlichen Konklusionen leisten können, vgl. S. 31 ff.

ven« Religionsfreiheit der jederzeitigen Lösungsmöglichkeit aus den freiwillig
übernommenen theologischen Bindungen.

VI. Die Mitwirkung der Kirchen bei akademischen Studien- und Prüfungsordnungen

1. Die Doppelaufgabe der Fakultäten

Die theologischen Fakultäten haben seit alters die Doppelaufgabe[336] einerseits der staatlichen Wissenschaftspflege und andererseits der kirchlichen Geistlichenausbildung aufgrund der wissenschaftlichen Entfaltung der kirchlichen
Lehre. Entsprechend dieser Doppelfunktion gehört die staatliche Berücksichtigung der kirchlichen Lehrbedürfnisse bei Aufstellung der akademischen Stu-
dien- und Prüfungsordnungen der Theologie zum altbewährten Traditionsgut
des deutschen Hochschulwesens. Rechtlich ist dies in differenzierter Dosierung
von staatlichen Rücksichtnahmepflichten bis zu kirchlichen Zustimmungs- und
Aufsichtsrechten ausgestaltet worden.

2. Zustimmungsrechte nach den Hochschulgesetzen

Eine förmliche Zustimmung der zuständigen kirchlichen Stellen schreibt das
Hochschulgesetz Nordrhein-Westfalens[450] allgemein »für Studien-, Prüfungs-
und Habilitationsordnungen in evangelischer Theologie oder in katholischer
Theologie« vor, das Universitätsgesetz Baden-Württembergs jedoch nur bei
»Studienordnungen für Studiengänge, die durch eine kirchliche Prüfung abgeschlossen werden«[451], bzw. »deren Abschluß Voraussetzung für die Erteilung
einer kirchlichen Lehrerlaubnis an den Schulen ist«. In Baden-Württemberg
sind also die Promotions- und Habilitationsordnungen nicht an die förmliche
kirchliche Genehmigung nach dem Universitätsgesetz gebunden. – In den
Hochschulgesetzen anderer Länder fehlen jedoch entsprechende Bestimmungen über eine kirchliche Mitwirkungsmöglichkeit, ja auch über die Pflicht des
Staates zur Berücksichtigung der kirchlichen Belange.

---

[450] § 142 III Nordrh.-Westf.WissHG. Es verstößt nicht gegen das HRG, *Dellian* im Kommentar
z. HRG v. *Dallinger* u. a., Tübingen 1978 S. 453; *Mussinghoff*, aaO, S. 80 Anm. 15.
[451] § 140 III Bad.-Württ.UG, d. h. »abgeschlossen werden können«; damit sind auch die Studienordnungen kirchlich zustimmungspflichtig, deren Abschluß durch Fakultätsexamen oder Kirchenexamen zur Wahl der Studenten steht. – Durch diese Hochschulgesetze kann der innerkirchlichen Approbationspflicht von Fakultätsstatuten nach Art. 7 Sapientia Christiana, die freilich unter
dem Konkordatsvorbehalt (Art. 8) steht, staatskirchenrechtlich Genüge getan werden.

3. Berücksichtigungsregeln der Konkordate

Hier gilt jedoch der Vorbehalt der Konkordate und Kirchenverträge in den Schlußartikeln der Hochschulgesetze[7]. Durch sie wird der Vorrang des Kirchenvertragsrechts als lex specialis für die theologischen Fakultäten ausdrücklich klargestellt.

Nach dem Bayrischen Konkordat von 1924 wird der katholisch-theologischen Lehre zur Pflicht gemacht, (1.) »den Bedürfnissen des priesterlichen Berufes . . . Rechnung (zu) tragen«, und zwar (2.) »nach Maßgabe der kirchlichen Vorschriften«[452]. Durch diese Verweisung des Vertrages (und des staatlichen Vertragsgesetzes) wird nicht nur eine allgemeine materielle Berücksichtigungspflicht nach objektivem staatlichem Recht begründet, sondern auch deren spezieller Inhalt insoweit nach den kirchlichen Normen bemessen; die kirchliche Norm wird dadurch für die staatliche Kultusverwaltung und Universität materiell verbindlich. Ein verfahrensmäßiges Mitwirkungsrecht der Kirche bei Erlaß der Studien- und Prüfungsordnungen wird hingegen nicht begründet; der Staat behält vielmehr nach bewährtem bayrischen Muster die staatskirchenrechtliche Entscheidung in seiner Hand. – Ähnlich verweist das Preußenkonkordat von 1929 die katholisch-theologischen Fakultäten für »ihr Verhältnis zur kirchlichen Behörde« auf die Bonner und Breslauer Statuten, die dieses »im allgemeinen der Analogie des kanonischen Rechts« gemäß regelten[453]. Schon Friedrich d. Große, der Freigeist auf dem preußischen Thron, hatte nach der Eroberung des katholischen Schlesien durch seine Instruktion von 1776 die Weichen für dieses System gestellt, das die theologischen Interna aus der Verantwortung des säkularen Staates in die der kirchlichen Behörde überleitete. – Das Badenkonkordat von 1932 folgte diesem System, ging aber einen Schritt weiter und führte neben der materiellen Verbindlichkeit der kirchlichen Vorschriften auch das verfahrensrechtliche Zustimmungsrecht des Erzbischofs beim staatlichen Erlaß der theologischen Studienordnung ein[454]. Das Badische Konkordat hat dabei den allgemeinen traditionellen Normverweis auf das kanonische Recht präzisiert und modernisiert, indem es den Codex iuris canonici und die Constitution Deus scientiarum Dominus v. 24. 5. 1932 zitierte. – Das Reichskonkordat hat dann die Länderkonkordate reichsrechtlich bestätigt und ihre einheitliche Praxis garantiert[455].

Nach der Regelung des Reichskonkordates, das als Gesetz innerstaatlich

---

[452] Art. 3, *W. Weber*, Die deutschen Konkordate und Kirchenverträge Bd. 1 S. 42. – Dieser normative Rezeptionsvorgang wird nicht näher begrenzt und auch eine »nähere Begründung« lakonisch für überflüssig erklärt, vgl. die Amtl. Begründung, aaO, S. 55.

[453] Art. 12 und Schlußprotokoll, *W. Weber*, aaO, S. 75, 77 f.; *W. Weber*, Der gegenwärtige Status, in: Tymbos für W. Ahlmann, Berlin 1951 S. 317, auch in: *ders.*, Staat und Kirche S. 101 ff.; *E. H. Fischer*, Theologieprofessor, in: Festschrift Geiselmann S. 344; *Georg May*, Das Verhältnis der kathol.-theol. Fakultät der Johannes-Gutenberg-Universität zu dem Diözesanbischof, in: Festschrift f. F. Arnold, Wien 1963 S. 176; *Solte*, aaO, S. 142 ff., 148, 249 ff.

[454] Art. IX und die ausführliche und detaillierte Begründung zu Art. IX mit ihren Einzelverweisungen auf die kirchlichen Vorschriften, *W. Weber*, Konkordate und Kirchenverträge Bd. 1 S. 107, 124 ff. (Wortlaut nur hins. der Studienordnungen, nicht der Prüfungsordnungen). – Die Mainzer Vereinbarung v. 17. 4. 1946 ist ihr darin gefolgt (Ziff. 7); *W. Weber*, aaO, S. 130.

[455] Art. 19, *W. Weber*, aaO, S. 22, 31. – Weitergehend i. S. eines kirchlichen Einvernehmens kraft 19. 2. RKonk *Mussinghoff*, Theologische Fakultäten S. 457 f.

Geltung erlangte und heute in seinen hochschulrechtlichen Bestimmungen als Landesgesetz[456] anzusehen ist, sind also die kanonischen Studien- und Prüfungsregelungen auch kraft staatlichen Rechts für die Kultusverwaltung und die katholischen Theologenfakultäten verbindlich. Ein förmliches Zustimmungsrecht des Erzbischofs aber war zunächst nur für das Gebiet des Badenkonkordates konkordatsgesichert. Das neue Hochschulrecht Baden-Württembergs[451] und Nordrhein-Westfalens[450] hat hieran angeknüpft und das kirchliche Mitwirkungsrecht paritätisch auf die evangelische Kirche erstreckt. Dieses bischöfliche Zustimmungsrecht für »Studien-, Prüfungs- und Habilitationsordnungen der Hochschulen in katholischer Theologie« ist durch das Nordrhein-Westfälische Konkordat vom 26. 3. 84 konkordatsrechtlich abgesichert worden[457].

4. Abgrenzungsfragen

Vier Punkte dieser Konkordatsregelung verdienen noch besondere Beachtung:

a) Staatskirchenrechtliche Geltung der kirchlichen Vorschriften

Wenn die Konkordate über die Theologenfakultäten bestimmen, daß sich »ihr Verhältnis zur kirchlichen Behörde« nach dem kanonischen Recht richte[455], so gilt dies keineswegs nur für den innerkirchlichen Bereich, sondern wird gerade auch für den staatlichen Rechtskreis so normiert[458]. Im innerkirchlichen

---

[456] Artt. 123, 124 GG. BVerfGE 6, 343.

[457] Art. V, vgl. S. 215 Anm. 441. – Auch das neue Konkordat des Saarlandes v. 1984 hat in Art. 3 ein kirchliches Einvernehmen für theologische Studien- und Prüfungsordnungen vorgesehen. – Vgl. auch für Hessen Art. 10 des Vertrages zur Ergänzung des Vertrages des Landes Hessen mit den katholischen Bistümern in Hessen v. 29. 3. 1974, GVBl S. 289. – Für Religionspädagogik bestand ein kirchliches Einvernehmensrecht zu theologischen Studien- und Prüfungsordnungen an Pädagogischen Hochschulen in Rhld.-Pfalz bereits nach Art. 1 II Ergänzungsvertrag v. 29. 4. 1969 zu den konkordatären Bestimmungen, W. *Weber*, aaO, S. 134, 138. – Hingegen war bis zum neuen Konkordat v. 1984 in Nordrhein-Westfalen für die staatliche Prüfungsordnung in Religionslehre an den Pädagogischen Hochschulen nur ein kirchliches Benehmen vorgesehen; vgl. Notenwechsel v. 21./22. 4. 1969, W. *Weber*, aaO, S. 129 f. Das Konkordat v. 26. 3. 1984 unterscheidet zwischen Studienordnungen (Art. II Abs. 2, mit Benehmen) und Prüfungsordnungen (Art. V Abs. 2, mit Einvernehmen der Kirche).

[458] Unrichtig W. *Thieme*, Hochschulrecht S. 148 und W. *Weber*, Theologische Fakultäten HdbStKirchR Bd. 2 S. 574. Die staatskirchenrechtliche Bedeutung dieser Bezugnahme kann nicht in eine belanglose und überflüssige Verweisung auf das innerkirchliche Recht uminterpretiert werden. W. *Webers* These entspricht seiner Umdeutung des allgemeinen nihil obstat nach Art. 7 RKonk aus einer staatskirchenrechtlichen Pflicht des Staates in eine persönliche, innerkirchliche Pflicht des Geistlichen (ohne Auswirkungen im staatlichen Recht), vgl. *ders.*, Staat und Kirche S. 36 ff., 40 ff.; vgl. dazu oben S. 50 Anm. 87, 88, während dem besonderen hochschulrechtlichen nihil obstat nach Art. 19 RKonk auch von W. *Weber* (aaO, S. 50) staatskirchenrechtlich ein kirchli-

Rechtsbereich sind die katholischen Theologen ja ohnehin als katholische Kirchenglieder und als Amtsträger den Regelungen des Heiligen Stuhles unterworfen, und diese innerkirchliche Bindungswirkung der kanonischen Rechtsgewalt ist von der Staatsverfassung als »eigene« kirchliche Angelegenheit anerkannt[459]. Diese pure Selbstverständlichkeit war deshalb vom Staat nicht eigens vertraglich zu firmieren und staatsgesetzlich zu normieren. Die Regelung des kanonischen Rechts über das theologische Prüfungswesen aber soll darüber hinaus gerade im staatlichen Rechtskreis an der Staatsuniversität das Verhältnis der Fakultäten zur kirchlichen Behörde bestimmen und dieser die maßgebliche Entscheidung derjenigen geistlichen Fragen übertragen, die sich der weltliche Staat versagt.

b) Ihre Beschränkung auf Studien- und Prüfungsfragen

Sodann: Die Bezugnahme der Konkordate auf das kanonische Recht beschränkt sich im wesentlichen auf die Studienordnung, den Unterrichtsbetrieb und das Prüfungswesen[460]. – Hingegen hat der persönliche Status der Theologieprofessoren im Konkordatsrecht eine Sonderregelung erhalten, die das gemeine kanonische Recht verdrängt[461]. – Auch die Organisationsstruktur der Fakultät richtet sich nach dem staatlichen Universitätsrecht, nicht nach den kirchlichen Vorschriften[462]: Der Staat hat kraft seiner staatlichen Gesetzgebungskompetenz und Organisationsgewalt die theologischen Fakultäten als Teilkorporationen der staatlichen Universität errichtet, sie in deren Organisationsrahmen eingefügt, sie mit eigenen Organen (Dekan, Fakultätsrat, Berufungskommissionen, Prüfungskommissionen, Institute usw.) ausgestattet, ihnen Körperschaftsstatus und Fakultätsautonomie verliehen. In dieser wissenschaftsadäquaten, autonomen Körperschaftsgestalt sind die theologischen Fakultäten von den Landesverfassungen garantiert und von den Hochschulgeset-

---

ches Einvernehmensrecht mit Vetocharakter zuerkannt wird. Die Parallele zu letzterem bildet das kirchliche Mitwirkungsrecht nach dem Bad., Nordrh.-Westf. und Saarl. Konkordat hins. der Studien- und Prüfungsordnungen. Die Fakultäten sind hier staatskirchenrechtlich beschränkt; es ist durchaus nicht ihrer freien Entschließung kraft Fakultätsautonomie anheimgegeben, ob und wieweit sie sich an die (konkordatär verbindlich gemachten!) kirchlichen Vorschriften halten und das Einvernehmen des Bischofs respektieren wollen. – Wie hier *U. Scheuner*, (unveröff.) Rechtsgutachten v. 12. 1. 1976 über die Mitwirkung des Diözesanbischofs beim Erlaß von Statut und Ordnung der kath.-theol. Universitätsfakultäten im Lande Nordrhein-Westfalen S. 8 ff.

[459] Hier bei den theologischen Fakultäten (als klassischen res mixtae des Staatskirchenrechts) gilt eben nicht die rigorose Trennung (vgl. S. 25,31 ff.) wie etwa im Eherecht, wo der Staat die kanonischen Ehevoraussetzungen und Unauflöslichkeit im innerkirchlichen Bereich gelten läßt, aber im staatlichen Rechtskreis ignoriert.

[460] *E. H. Fischer*, aaO, S. 344; *W. Weber*, Staat und Kirche S. 62, 102; *G. May*, aaO, S. 176; *Solte*, aaO, S. 148. – Zu den praktisch bedeutsamen Ausstattungsfragen vgl. S. 342 f.

[461] *W. Weber*, aaO, S. 62; *Solte*, aaO, S. 151. Vgl. auch oben S. 52 Anm. 91.

[462] So auch *H. Schmitz*, aaO, S. 87.

zen ausgestaltet worden. In dieser Rechtsgestalt wurden sie auch durch die
Konkordate vorgefunden und in ihrem Bestand verbürgt. Das Konkordatsrecht
geht nun als lex specialis dem gemeinkirchlichen kanonischen Rechte vor;
kirchlicherseits ist dieser Vorrang des Konkordatsrechts allgemein anerkannt[463]. Die deutschen katholisch-theologischen Staatsfakultäten sind deshalb
nicht an die gemeinkirchlichen Organisationsnormen der Apostolischen Konstitutionen »Deus scientiarum Dominus« von 1931 und »Sapientia christiana«
von 1979 über Aufbau, Gliederung, Strukturprinzip, Kompetenzen und Verfahrensregelungen theologischer Hochschulen[464] gebunden. Ihre wissen-
schaftsgemäße Autonomie und Körperschaftsstruktur kann also auch durch
künftige kirchliche Vorschriften nicht im »anstaltlich-hierarchischen« Sinne
umgewandelt bzw. wesentlich beschränkt werden. Insbesondere den Kompetenzen des Magnus Cancellarius[465] sind dadurch konkordatsrechtliche Grenzen
gesetzt. – So ist die Bezugnahme in den Konkordaten auf die »kirchlichen
Vorschriften« eben im wesentlichen nur für die Studiengänge und Prüfungsordnungen von Belang.

c) Angleichungsprobleme

Weiterhin: Das kanonische Recht hat sich selbst dem deutschen Universitätswesen angeglichen; es hat sein Schema der Ausbildungsgänge und akademischen
Grade für die deutschen Theologenfakultäten weithin nach dem Muster der
deutschen Universitäten modifiziert. Schon die Ausführungsbestimmungen der
Konstitution »Deus scientiarum Dominus« und insbes. die Instruktion v. 7. 7.
1932 haben in nicht unerheblichem Umfang auf die gemeinkirchlichen Gestal-
tungsformen verzichtet[466]. Auch nach der Neuordnung des katholisch-theologischen Studienwesens durch die Konstitution »Sapientia christiana« v. 15. 4.
1979 ist eine solche Angleichung an die deutschen Verhältnisse durch die
innerkirchliche Modifizierung des gemeinrechtlichen Musters zu erhoffen und
zu erwarten[467]. Art. 40 Sap.Chr. gibt hierfür die nötige Elastizität. Überhaupt
dürfte die Eigenverantwortung der Fakultäten durch die Konstitution Sapientia

---

[463] Can. 3 CIC, ebenso die Apostolischen Konstitutionen Deus scientiarum Dominus v. 1931
(Art. 1), *W. Weber*, aaO, S. 102 Anm. 16, und Sapientia Christiana (Art. 8), *H. Schmitz*, aaO, S. 50,
68, 503.

[464] Art. 11 ss. Sap.Chr. – Anders als hins. der Prüfungs- und Studienordnungen haben die
Konkordate nicht auf die innerkirchlichen Vorschriften über die Fakultätsstruktur verwiesen.

[465] Art. 13 § 1 l.c.: »Der Großkanzler ist der ordentliche kirchliche Amtsträger, von dem die
Universität oder Fakultät rechtlich abhängt, sofern der Heilige Stuhl keine andere Regelung
getroffen hat.«

[466] *Solte*, aaO, S. 252.

[467] *H. Schmitz*, aaO, S. 497 ff., 502 ff.; *Hollerbach*, Die theologischen Fakultäten S. 76.

christiana v. 1979 eher vermehrt worden sein. Die einzelnen Fakultäten haben die Aufgabe, durch Erlaß ihrer Prüfungsordnungen die Rahmen- und Grundsatznormen der Apostolischen Konstitution auszufüllen. In den Fakultätssatzungen wurde dabei das streng dreistufige System der Konstitution abgewandelt; so hat man etwa statt des in Deutschland nicht heimischen Bakkalaureats das Fakultätsexamen eingeführt, dieses auch anstelle des Lizentiats als Voraussetzung der Promotion genügen lassen u. a. m.[468].

d) Kooperationspflichten und Aufsichtsfragen

Schließlich: Aus der Verweisung der Konkordate auf das kirchliche Recht sind gewisse verfahrensrechtliche Pflichten der Fakultät (bzw. Universität und Kultusverwaltung) nicht nur zur kirchlichen Information, sondern überhaupt zur Zusammenarbeit mit den zuständigen kirchlichen Stellen abzuleiten. Sie bestehen auch dort, wo dem Bischof kein förmliches Zustimmungsrecht zu den Prüfungsordnungen durch das Konkordat bzw. Hochschulgesetz verliehen worden ist.

Ob man insoweit von einem »Aufsichtsrecht«[469] des Bischofs sprechen will, ist eine Frage des Geschmacks und der Definition: Staatskirchenrechtlich sind dem Bischof durch die Konkordate auch insoweit keine direkten Weisungsbefugnisse gegenüber der Fakultät verliehen worden. Innerkirchlich mag er sie kraft seiner kanonischen Jurisdiktionsgewalt als Ortsordinarius bzw. als Magnus Cancellarius in Anspruch nehmen. Stößt er hierbei jedoch auf Widerstand, so kann er seine innerkirchlichen Weisungen nur durch Verhandlungen mit der Kultusverwaltung und durch deren rechtsaufsichtliches Einschreiten gegenüber der Universität durchzusetzen versuchen. Die Pflicht der theologischen Fakultät zur Ausrichtung ihrer Fakultätssatzungen nach den kirchlichen Vorschriften ergibt sich ja aus dem Konkordatsgesetz, also aus objektivem staatlichen Gesetzesrecht[458]. Auf seine Erfüllung besteht auch ein subjektives öffentliches Recht der Kirche; dies folgt aus der Vertragsabrede und der Interessenlage der Konkordatspartner auf dem Hintergrund der staatskirchenrechtlichen Grundentscheidungen der Artt. 4, 140 GG/137 III WRV und der besonderen Kooperationspflichten der res mixtae. – Die katholische Kirche hat jedoch ihrerseits ein originäres Interesse, ihre theologischen Fakultäten in vollem Maße auf dem wissenschaftlichen Standard der deutschen Staatsuniversitäten zu halten und sie in deren Rechtsgefüge möglichst reibungslos einzupassen, z. B. auch den allgemeinen Mustersatzungen der Universität in den bekenntnisindifferenten Fragen zu folgen, damit die Existenz und Funktion dieser Fakultäten zum kirchlichen Nutz und Frommen nicht leidet und gefährdet wird.

---

[468] Vgl. Art. 40 a–c; 47 §§ 1, 2 Sap.Chr. Dazu auch *H. Schmitz*, aaO, S. 48, 66 ff., 502, 506.

[469] *H. Schmitz*, aaO, S. 504. Von einer »geistlichen Aufsicht« des Diözesanbischofs sprechen auch die im Preußischen Konkordat genannten Bonner und Breslauer Fakultätsstatuten; vgl. auch *W. Weber*, Staat und Kirche S. 103. Zum Aufsichtsrecht des Bischofs und der Frage der Prüfungsvisitation auch *Mussinghoff*, Ein aktuelles Sonderproblem des kirchlichen Hochschulrechts S. 106. – Vgl. ferner unten S. 298 ff. über das bischöfliche Zustimmungsrecht bei Promotionen.

5. Evangelische Kirchenverträge

Für die evangelischen Fakultäten fehlten bislang alle Kirchenvertragsabsprachen zur Sicherung der kirchlichen Bedürfnisse oder gar der kirchlichen Mitwirkung beim Erlaß der Studien- und Prüfungsordnungen[470]. Das ist umso bemerkenswerter, als nach manchen neueren Hochschulgesetzen die Fakultätssatzungen nicht mehr von der Fakultät, sondern von den Zentralgremien der Universitäten zu beschließen sind, bei denen u. U. nur mit begrenztem Verständnis für die besonderen theologischen Belange zu rechnen ist. Die evangelisch-theologischen Fakultäten sind deshalb heute selbst in einer neuen Weise auf den Rückhalt an ihren Landeskirchen angewiesen, deren Geistliche sie auszubilden haben. Ganz abgesehen davon ist die staatskirchenrechtliche Grundposition des evangelischen Fakultätenrechts in diesem Punkt seit 1919 überholt[471].

Es widerspricht der Trennung von Kirche und Staat, desgleichen dem Prinzip der Weltlichkeit und konfessionellen Neutralität des Staates und ebenso der kirchlichen Selbstbestimmungsgarantie, wenn der säkulare Staat die besonderen geistlichen Aspekte und Maßstäbe der künftigen Kirchendiener-Ausbildung in eigener etatistischer Regie festsetzt, ohne auf die dadurch betroffene Religionsgemeinschaft normativ Rücksicht zu nehmen bzw. ihr ein Mitwirkungsrecht zur Wahrung ihrer religiösen Existenzbelange einzuräumen. Die traditionelle Normsituation hinsichtlich der Studien- und Prüfungsordnungen konnte vielleicht vormals angemessen erscheinen, als in der Zeit des evangelischen Staatskirchentums und landesherrlichen Kirchenregiments der Monarch des »christlichen Staates« und Summepiscopus seiner Landeskirche die theologischen Belange durch seine christlich verpflichtete Kultusverwaltung selbst normierte und organisierte. Doch dafür sind die faktischen wie rechtlichen Voraussetzungen seit 1919 entfallen. Auch eine evangelisch-theologische Fakultät selbst kann nicht (als Staatsbehörde und gleichsam als Nachfolger des christlichen Monarchen und Summepiscopus) diese Kompetenzen anstelle ihrer Kirche geltend machen. Vom weltlichen Staat können sie ihr nicht verliehen werden, von der Kirche sind sie ihr nicht übertragen worden.

Es ist deshalb der Verfassungslage angemessen, daß das traditionelle ausschließliche Verfügungsrecht des Staates im evangelisch-theologischen Bereich insoweit durch normierte bzw. paktierte Berücksichtigungs- und Kooperationsgebote abgelöst wird.

Ein Novum bringt in diesem Sinne der Nordrhein-Westfälische Evangelische Kirchenvertrag vom 29. 3. 1984: Er hat das kirchliche Zustimmungsrecht zur

---

[470] Hinsichtlich der theologischen Fakultäten. – Für die Pädagogischen Hochschulen hingegen sah z. B. der Rhld.-Pfälz.KV von 1962, Art. 16 IV ein Einvernehmen der Kirchen bei der Aufstellung von Studien- und Prüfungsordnungen für das Fach evangelische Theologie vor, vgl. *W. Weber*, Konkordate und Kirchenverträge Bd.2 S. 200. – Eine vergleichbare Regelung fehlte im Nieders.KV v. 1955, Schl.-Holst.KV v. 1957, Hess.KV v. 1960 (dort Art.14 IV: Benehmen); vgl. *W. Weber*, aaO, Bd. 1 S. 214, 236, 277.

[471] Vgl. oben S. 13 ff., 24–46, 151.

ministeriellen Genehmigung von »Studien-, Prüfungs- und Habilitationsordnungen in Evangelischer Theologie« nach dem nordrhein-westfälischen Hochschulgesetz (§ 142 III 2) auch kirchenvertraglich abgesichert und so über der
Fluktuation der Hochschulgesetzgebung hinweg konkordatär stabilisiert[472].
Die amtliche Begründung erklärt zu Recht, daß damit der Verfassungslage
»angemessen Rechnung« getragen werden soll, weil diese Studien-, Prüfungs-
und Habilitationsordnungen »eine gemeinsame Angelegenheit von Staat und
Kirche im Sinne des Verfassungsrechts« sind und deshalb von der Garantie der
Selbstbestimmung der Religionsgesellschaften in Art. 140 GG/137 III WRV
erfaßt werden. Bemerkenswert ist dabei, daß auch die akademischen Prüfungen
– einschließlich der Habilitation – nicht als rein staatliche, sondern als »gemeinsame« Angelegenheit behandelt werden. Zu Recht: Sie handeln inhaltlich eben
nicht von beliebigen »weltlichen« Wissenschaften, sondern vom christlich-
evangelischen Verständnis der Offenbarung Gottes im Evangelium, das durch
die evangelisch-theologische Forschung, Lehre und Prüfung den künftigen
Dienern am Worte Gottes zu dessen Verkündigung in der Welt (»gesellschafts-
bezogen«) vermittelt werden soll[473].

6. Die Maßstabsfrage

a) Die Beschränkung des kirchlichen Mitwirkungsrechts

Die kirchlichen Mitwirkungsrechte und die staatlichen Bezugnahmepflichten
auf die kirchlichen Vorschriften im Studien- und Prüfungswesen sind jedoch
ihrem Wortlaut nach zu weit formuliert. Sie bedürfen der präzisierenden Beschränkung durch ihre verfassungskonforme Interpretation[474]. Durch diese
Konkordate und Gesetze wird nicht das gesamte staatliche Studien- und Prüfungswesen an das Veto der kirchlichen Instanzen ausgeliefert. Auch hier
konkretisiert sich das verfassungsrechtliche Grundverhältnis der staatlichen
Kulturverantwortung, der Trennung und der religiösen Freiheitsgarantie im
Rahmen der weltlichen Schrankengesetze. Die Mitwirkung der Kirchen und die
Maßgeblichkeit ihrer Vorschriften ist danach auf die spezifisch geistlichen
Aspekte beschränkt.

---

[472] Art. IV Abs. 1, 2 (GVBl 1984 S. 595). – Die katholische und die evangelische Kirche stehen
sich staatskirchenrechtlich insoweit gleich. Vgl. dazu oben S. 122 ff., 124 ff. über die gängigen
Fehlargumentationen zum Paritätsproblem bei der Paralelfrage des Berufungswesens.

[473] Oben S. 34, 126 ff.

[474] Vgl. S. 31 Anm. 41 und S. 114 ff. zur analogen Problematik der kirchlichen Mitwirkung im
Berufungswesen und S. 342 bei den entscheidenden Ausstattungsproblemen.

b) Die staatliche Verantwortung für die Wissenschaftsfreiheit
und Wissenschaftlichkeit

Die spezifisch weltlichen, allgemein-wissenschaftlichen Fragen des Studien- und Prüfungswesens der staatlichen Hochschule sind allein den Staatsbehörden zur Entscheidung und rechtsstaatlich-demokratischen Verantwortung anvertraut. Dazu gehört z. B.
die Wahrung des Grundrechts der Wissenschaftsfreiheit und des wissenschaftlichen
Niveaus der katholischen Theologenfakultäten. Als ein gewisser Richtpunkt mag die
bisherige Übung gelten, wie sie in diesen Fakultäten seit langem im Rahmen der Gesamtuniversität praktiziert wurde und interdisziplinäre Anerkennung gefunden hat.

So hat die Wissenschaftsfreiheit speziell des Theologen zwar ihre Besonderheiten[475],
die auch rechtlich durch die Ausstrahlung der Glaubensfreiheit gesichert sind – im Sinne
jener Freiheitsvorstellung des Neuen Testaments (vorab der paulinischen Briefe), welche
die Freiheit als die Frucht der Gnade im Glauben durch das Heilsgeschehen der Kirche
vermittelt sieht; in dieser Weise haben die theologischen Lehrer seit Generationen ihrer
Wissenschaft und dem christlichen Glauben an Gottes Offenbarung gedient. Aber diese
Wissenschaftsfreiheit darf auch hier nicht durch die Kirche i. S. einer unwissenschaftli-
chen Verschulung, Zensur, Themenbeschränkung, Ergebnissteuerung, Methodenmo-
nopolisierung usw. eingeengt werden. Auch die Theologie als Wissenschaft braucht
Freiheit zu Kritik und Selbstkritik, zu Wagnis und Experiment, die ihr durch Art. 5 III
GG verbürgt sind und nicht durch die »kirchlichen Vorschriften« genommen werden
können – steht doch die normative Bezugnahme auf sie in den Konkordats- und Hochschulgesetzen unter dem Vorrang der Verfassung. Die theologischen Fakultäten dürfen
nicht sukzessive dem Status von Priesterseminaren angeglichen oder gleichsam zu ver-
schulten Außenposten der bischöflichen Ordinariate umgewandelt werden.

Ebenso darf auch ihr wissenschaftliches Niveau durch die »kirchlichen Vorschriften«
nicht unter den vergleichbaren Standard der anderen Fakultäten abgesenkt werden. Das
Interesse der Kirchen, genügend geistlichen Nachwuchs zu gewinnen, darf nicht dazu
führen, die Zulassungsvoraussetzungen (z. B. Hochschulreife), Bewertungsmaßstäbe,
Studien- und Prüfungsleistungen der Theologen unter das allgemeine universitäre Maß
abgleiten zu lassen und auf die Wissenschaftlichkeit der Universitätstheologie in Forschung und Ausbildung zu verzichten. Wenn kirchliche Bedürfnisse den Einsatz eines
nichtakademischen clerus minor erzwingen, so muß dieser außerhalb der Staatsuniversitäten auf besonderen kirchlichen Ausbildungsstätten in alleiniger kirchlicher Verantwortung herangezogen werden, wie dies in geringerem Umfang ja bereits geschieht.

Soweit die Maßstabsfrage nicht in den Hochschulgesetzen und Konkordaten geklärt
ist, haben die Gerichte und Behörden die Aufgabe der Lückenschließung durch Rückgriff auf die maßgeblichen Verfassungsentscheidungen.

c) Gesetzliche Maßstabsklauseln

Einen Ansatz in dieser Richtung enthält das baden-württembergische Universitätsgesetz. Wenn es die Zustimmung der Kirchenleitung »unter dem Gesichtspunkt des kirchlichen Amtes und der kirchlichen Lehre«[476] für erforder-

---

[475] Vgl. S. 168 ff.
[476] § 140 Abs. 3 Bad.-Württ.UG. Diese Maßstabpräzisierung hat der Verf. in einer gutachtlichen
Stellungnahme v. 24. 11. 1977 für den Kultusminister vorgeschlagen.

lich erklärt, dann ist die Mitwirkung der Kirche damit juristisch verbindlich beschränkt (1.) auf die spezifisch-kirchlichen Aufgaben und (2.) nach den spezifisch-kirchlichen Maßstäben ihres Bekenntnisses. Hingegen darf die staatliche Gesetzgebung und Verwaltung den Kirchen nicht die spezifisch wissenschaftlichen Aufgaben und Maßstäbe der Hochschulen überantworten. Unzulässig (und unbeachtlich) wäre deshalb eine Zustimmungsverweigerung der Kirchen zu theologischen Studien- und Prüfungsordnungen, die nicht spezifisch geistlich, sondern allgemein wissenschaftlich bzw. wissenschaftspolitisch begründet wird.

Natürlich sind hier Überschneidungen nicht auszuschließen. Das Allgemeine konkretisiert sich stets im Besonderen, und das Besondere prägt das Allgemeine; das ist auch im Bereich der theologischen Wissenschaft der Fall. Doch schließt der unlösliche Zusammenhang der verschiedenen geistlichen und weltlichen Aspekte der res mixtae die Sonderung der Kompetenzen und der Verantwortung von Staat und Kirche keineswegs aus, sondern erfordert sie: Beide haben ihre spezifischen Gesichtspunkte und Kriterien eigenverantwortlich geltend zu machen und die des Partners zu respektieren[477]. Das zwingt in den res mixtae zu Kooperation und Koordinierung, um eine ganzheitliche Pflege der anvertrauten Gegenstände ohne Bruch nicht zu verfehlen.

d) Geltung der Maßstabsregelung für alle kirchlichen Mitwirkungsformen und alle theologischen Prüfungsordnungen

Diese Maßstabs- und Kompetenzverteilung zwischen Staat und Kirche gilt umfassend für alle Formen kirchlicher Mitwirkung. Sie bezieht sich nicht nur (1.) auf die förmlichen kirchlichen Zustimmungsrechte bei Erlaß der staatlichen Studien- und Prüfungsordnungen nach den neueren Hochschulgesetzen[450,451] und Kirchenverträgen[454,457,472], sondern auch (2.) auf die inhaltliche Bindung der Fakultäten an die kirchlichen Vorschriften nach den älteren Konkordaten[478].

---

[477] Die kirchlichen Maßstäbe sind auch hier von den Kirchen theologisch substantiiert darzulegen, damit sie für den Staat als solche einsehbar werden. Sie sind vom Staat nicht auf ihre theologische Richtigkeit zu kontrollieren, weil die Kirche in ihrer theologischen Selbstbestimmung frei ist und nicht der Kontrolle und Korrektur des weltlichen Staates unterliegt. Die staatliche Aufsicht ist auf die Einhaltung der weltlichen Schrankengesetze zum Schutz der weltlichen Gemeinwohlgesichtspunkte beschränkt. – Vgl. die analoge Lage auf S. 31, 51 f., 108, 114 ff.

[478] Vgl. S. 221 Anm. 452–455. Das ist zu betonen, da sich jene erste gesetzgeberische Maßstabpräzisierung in § 140 III Bad.-Württ.UG dem Wortlaut nach nur auf die erstgenannten formellen Zustimmungsrechte der Kirchen erstreckt, dagegen die materielle Bindung der staatlichen Studien- und Prüfungsgänge an die »kirchlichen Vorschriften« der Kurie nicht einbezieht (bzw. übersehen hat). Beides ist jedoch nicht zu trennen; der Gesetzgeber wollte sichtlich die Mitwirkung der Kirchen bei den einschlägigen staatlichen Ordnungen auf den »Gesichtspunkt des kirchlichen Amtes und der kirchlichen Lehre« begrenzen und hat deshalb ihr Zustimmungsrecht darauf beschränkt; dies würde illusorisch, wenn die materielle Gebundenheit der Staatsfakultäten an die kirchlichen Vorschriften weiter reichen würde als das förmliche Mitwirkungsrecht der Kirchenlei-

Auch ist die Maßstabsregelung umfassend auf alle Studien- und Prüfungsordnungen der theologischen Fakultäten (einschließlich der Promotions- und Habilitationsordnungen) zu beziehen: Bei allen theologischen Studien- und Prüfungsregelungen hat – im System der Trennung und Kirchenfreiheit – der
weltliche Staat allein die weltlichen Aspekte und Kriterien zu entscheiden, indes
die religiösen den Religionsgesellschaften freigegeben sind.

In diesem Sinne hat mancherorts das Hochschul- und Kirchenvertragsrecht die kirchliche Zustimmung in sachgerechter und verfassungskonformer Weise für alle Studien-
und Prüfungsordnungen vorgeschrieben[479]. Zu eng hingegen erscheint eine gesetzliche
Regelung, die das kirchliche Zustimmungserfordernis auf diejenigen Studiengänge beschränkt, die mit einer Kirchenprüfung (bzw. mit der Erteilung der kirchlichen Lehrerlaubnis) enden[480], dagegen die akademischen Fakultäts-, Magister-, Lizentiaten-, Pro-
motions- und Habilitationsordnungen von jeder kirchlichen Mitwirkung ausschließen
wollen: Auch diese Universitätsprüfungen, die institutionell »rein staatlich« sind, sind ja
berufsqualifizierend auch für das kirchliche Amt und Dienstverhältnis und sie sind alle
materiell auf die göttliche Botschaft bezogen, deren theologisches Verständnis und
Bekenntnis den Kirchen als »eigene Angelegenheit« gesichert ist[481]. Auch insoweit
erfüllen die theologischen Fakultäten in allgemein anerkannter Weise ihre staatlichen und
zugleich kirchlichen Doppelfunktionen[482]. So bilden auch die Promotionen die Vorstufe
und Voraussetzung zur Habiliation, die mit der venia legendi unmittelbar der Geistlichenausbildung dient.

e) Rechtspolitisches Interesse an der Einführung von Maßstabsregelungen
und kirchlichen Mitwirkungsrechten

Der Staat selbst hat beim Erlaß theologischer Studien- und Prüfungsordnungen ein Interesse an klaren gesetzlichen Maßstabsregelungen, um durch recht-
zeitige verfahrensmäßige Einschaltung der Kirchen den kirchlichen Bedürfnissen und Bekenntniskriterien in der verfassungsgebotenen Weise Rechnung
tragen und Rechtswidrigkeiten und Reibungen vermeiden zu können. Rechtspolitisch ist die Schaffung derartiger kirchlicher Kooperationsformen in den res
mixtae allenthalben zu befürworten.

Indessen: Soweit solche kirchlichen Mitwirkungsrechte nicht durch die Kir-

---

tungen, das zu deren Durchsetzung dient und sie begrenzt. Ausschlaggebend hierfür ist jedoch nicht
die historische, sondern die systematische und teleologische Auslegung im Verfassungsrahmen: Das
ältere Konkordatsrecht mit seiner – im Wortlaut unbegrenzten – Inhaltsbindung an die kirchlichen
Studien- und Prüfungsvorschriften ist allenthalben durch den Vorrang des Verfassungsrechts im
dargelegten Sinne eingeschränkt worden.

[479] So § 142 III Nordrh.-Westf.WissHSchG; Nordrh.-Westf.Konk v. 26. 3. 1984 und
Evang.KV v. 29. 3. 1984.

[480] § 140 III Bad.-Württ.UG.

[481] S. 34, 126 ff.

[482] S. 167 Anm. 336.

chenverträge bzw. Hochschulgesetze gesetzlich begründet worden sind, können sie nicht aus der Verfassung unmittelbar abgeleitet werden, geschweige
denn durch Verfassungs- und Verwaltungsprozesse erstritten werden. Das
Grundgesetz garantiert die Religions- und Religionsgesellschaftsfreiheit in
Form von Abwehrrechten in Artt. 4, 140 GG/137 III WRV; grundsätzlich
ergeben sich daraus keine positiven Forderungs- und Mitwirkungsrechte[483] der
Kirchen in staatlichen Institutionen, wie sie die Universitäten und ihre Theologenfakultäten sind. So sind die Kirchen darauf verwiesen, eventuelle Verletzun-
gen ihres Bekenntnisses durch staatliche Studien- und Prüfungsordnungen abzuwarten und nach deren Erlaß (z. B. durch Verfassungsbeschwerde bzw.
verwaltungsgerichtliche Normenkontrolle) zu bekämpfen, soweit ihnen nicht
spezielle Zustimmungsrechte zur Prophylaxe zur Verfügung stehen. Auf gleiche Weise ist die konkordatäre Bindung der staatlichen Ordnungen an die
»kirchlichen Vorschriften« des theologischen Studien- und Prüfungswesens
dann nur nachträglich durchzusetzen.

---

[483] S. 94.

Siebter Teil

Die theologischen Prüfungen und Grade

I. Die äußere Vielgestaltigkeit des theologischen Prüfungswesens

1. Die Vielfalt der Prüfungsordnungen

Theologische Studien an der deutschen Universität stoßen auf ein Prüfungswesen von hoher Differenziertheit der Prüfungsarten und Prüfungsanforderun-
gen. Zwar hat auch in vielen anderen Fakultäten jüngst eine charakteristische
Vermehrung (»Inflation«) von akademischen Studiengängen, Prüfungen, Graden und Diplomen eingesetzt, die offenbar einem gestiegenen Bedürfnis nach
Prestige und Abgrenzung in der arbeitsteiligen Industriegesellschaft mit ihren
gegenläufigen Nivellierungstendenzen und -ängsten gerecht zu werden sucht.
Aber in der Theologie verstärkt sich dies durch die Konkurrenz der Konfessionen und durch die Konkurrenz des kirchlichen und des staatlichen Prüfungswe-
sens: Das gleiche wissenschaftliche Problemfeld der alt- und neutestamentlichen Exegese, Dogmatik, Ethik, Dogmen- und Kirchengeschichte, Praktischen
Theologie usw. wird konkurrierend von den evangelischen und katholischen
Theologen behandelt und entsprechend von ihren staatlichen und kirchlichen
Prüfungsgremien geprüft.

2. Die strikte Trennung des evangelischen und des katholischen
Prüfungswesens

Der organisatorischen Scheidung der evangelisch-theologischen und katholisch-theologischen Fakultäten entspricht die organisatorische Scheidung des
evangelischen und katholischen Prüfungswesens. Die Durchsicht der derzeit
geltenden theologischen Prüfungsordnungen beider Konfessionen erweist: Das
evangelische und katholische Theologen-Prüfungswesen steht völlig beziehungslos und jeweils in sich geschlossen nebeneinander. Institutionelle Verbindungen und Bezugnahmen fehlen. Von einer teilweisen Integration ist keine

Rede, geschweige denn von einer Verschmelzung des Prüfungswesens in einem
übergreifenden »ökumenischen« bzw. bikonfessionellen Sinne[484].

Die evangelisch-theologischen Prüfungsordnungen umfassen mithin:

1. Das kirchliche Examen (die »Erste Theologische Prüfung«) der betreffenden
   evangelischen Landeskirchen; es wird geregelt durch kirchliches Recht, ist
   abzunehmen von kirchlich berufenen Prüfern, dient als »Abschlußprüfung«
   der Hochschulausbildung und zugleich als »Aufnahmeprüfung« in den
   kirchlichen Vorbereitungsdienst[485].

2. Das Fakultätsexamen (»Akademische Abschlußprüfung«[486]); es wird insbesondere von Studenten abgelegt, die in den Dienst einer anderen Landeskirche als derjenigen ihres Studien- und Prüfungsortes zu treten beabsichtigen.

3. Das Magisterexamen, das als weitere akademische Abschlußprüfung zur
   Verleihung des Grades »Magister der Theologie« führt; es wird insbesonde-
   re von ausländischen und anderen Studenten absolviert, die nicht in den
   Dienst einer deutschen Landeskirche treten wollen.

4. Die Promotion.

5. Die Habilitation.

Die Fakultätsprüfung, Magisterprüfung, Promotion und Habilitation sind
durch die entsprechenden Prüfungsordnungen als universitäres Satzungsrecht
der Fakultäten bzw. Universitäten geregelt und von den Kultusministerien
genehmigt; sie werden von den theologischen Fakultäten als staatlich-akademi-
sche Gremien in akademischer Selbstverwaltung abgenommen.

Die katholisch-theologischen Prüfungsordnungen regeln desgleichen

1. Das kirchliche Abschlußexamen.

2. Die theologische Diplomprüfung bzw. das frühere theologische Fakultätsexamen.

3. Die Lizentiatenprüfung[487].

4. Die Promotion.

5. Die Habilitation.

Die kirchliche Abschlußprüfung ist durch kirchliches Recht geregelt und

---

[484] Das Prüfungswesen, zumal des Staates, kann eben keineswegs der Motor der geistlichen
Bekenntnis-Annäherung der Kirchen sein; sachgemäß kann es nur das Schlußergebnis eines künftigen ökumenischen Ausgleichs aufnehmen, weil die Prüfungsleistungen und Bewertungsmaßstäbe
eine examensgerechte Eindeutigkeit und Klarheit aufweisen müssen.

[485] Z. B. § 1 I, II PrüfungsO f. d. theol. Aufnahmeprüfung und Anstellungsprüfung i. d. F. v.
29. 1. 1981 der Bay. ev.-luth. Landeskirche; ebenso auf kath. Seite z. B. § 1 VorlO d. theol.
Hauptprüfung d. Diözese Rottenburg-Stuttgart; § 1 PrüfO d. bisch. Priestersem. Mainz; auch
Präambel der AbschlExO in kath. Theologie der kirchl. Hochschule St. Georgen in Frankfurt; § 1, 2
DiplPrO der kirchl. Theologischen Fakultät Paderborn.

[486] Das Fakultätsexamen wurde an manchen Fakultäten inzwischen durch die theol. Diplomprüfung ersetzt; z. B. in Göttingen lt. Brief d. Dekans v. 1. 3. 1983.

[487] *Mussinghoff*, aaO, S. 76; *Schmitz*, aaO, S. 519.

wird von kirchlich bestellten Prüfern abgenommen; dazu werden auch Theologieprofessoren der staatlichen Fakultäten bestellt. Die Diplom-, Fakultäts-, Lizentiatenprüfung, Promotion und Habilitation hingegen sind akademische Prüfungen der Staatsuniversitäten, durch deren Fakultäts- bzw. Universitätssatzungen geregelt und von den Fakultäten als staatlichen Institutionen im Rahmen ihrer akademischen Selbstverwaltung abgenommen.

3. Ihre Regelungsunterschiede und Unstimmigkeiten

Diese Prüfungsordnungen weisen nicht unerhebliche Verschiedenheiten auf, die sich keineswegs in Formulierungsfragen erschöpfen. Jede theologische Fakultät der Bundesrepublik hat ihre eigenen Satzungen beschlossen bzw. durch die Zentralgremien ihrer Universität erhalten; gemeinsame Musterordnungen gibt es weder im Raume der evangelischen noch der katholischen Theologenfakultäten, geschweige denn zwischen diesen beiden Gruppen. Ihre Fakultätentage sind strukturgemäß auf begrenzte Informations- und Koordinierungsfunktionen beschränkt. Erstaunlich groß sind aber auch innerhalb ein und derselben Fakultät gewisse Abweichungen zwischen den verschiedenen Ordnungen des Fakultätsexamens, der Magisterprüfung, der Promotion und Habilitation.

Gerade die neuralgischen staatskirchenrechtlichen Punkte sind davon besonders betroffen. Der Vergleich der einzelnen Fakultätssatzungen enthüllt hier teilweise ein buntes Nebeneinander der verschiedensten Regelungsalternativen, deren diffuser Wortlaut weder ein tieferes System noch äußere Konsequenz erkennen läßt.

Unstimmigkeiten und Widersprüche sind vielfach zu finden: Eine Fakultät verlangt für das Fakultätsexamen die »Zugehörigkeit zu einer evangelischen Konfession«[488]; in der Promotionsordnung aber hat sie eben diese (ursprünglich ebenfalls geforderte) Bestimmung gestrichen[489]; in der Habilitationsordnung jedoch wird wenigstens eine »Erklärung des Bewerbers« über seine Zugehörigkeit »zu einer evangelischen Kirche« gefordert[490]; bei der Magisterprüfung jedoch wird in weiter Öffnung nur das Bekenntnis zu einer der im ökumenischen Rat vertretenen Konfessionen verlangt[491]. – Eine andere Fakultät fordert weder für ihr Fakultätsexamen (bzw. Diplomexamen), noch für die Promotion, noch für die Habilitation ein evangelisches, ja nicht einmal ein »ökumenisches« Bekenntnis als Zulassungsvoraussetzung[492], verlangt jedoch eine förmliche evan-

---

[488] §§ 3 I 3 ErstTheolExO Hamb.
[489] § 3 I Ziff. 5 PromO Hamb.
[490] § 4 II Ziff. 9 HabilO Hamb.
[491] § 4 II Ziff. 5 MagPrO Hamb.
[492] Die ev.-theol. Fakultät Göttingen. In § 18 III Ziff. 2 der DiplPrO wird nur die »Mitteilung über die konfessionelle Zugehörigkeit des Studenten und ggf. eine Mitteilung über die Mitgliedschaft in einer evangelischen Landeskirche« als Beilage zur Prüfungsmeldung verlangt, dies aber scharf von den Prüfungszulassungsvoraussetzungen nach § 18 I, II abgehoben.

gelische Bekenntnisverpflichtung des Doktoranden vor Aushändigung des Doktordiploms und damit vor dem Vollzug der Promotion[493]; eine (solche?) Doktorpromotion wird aber zur Voraussetzung der formell konfessions-indifferent geregelten Habilitation gemacht[494]. – Anderswo wird das evangelisch-theologische Magisterexamen weitherzig von der »Mitgliedschaft in einer (!) christlichen Kirche« als Zulassungsvoraussetzung abhängig gemacht, aber selbst davon eine Ausnahme in Aussicht gestellt[495]; das Fakultätsexamen wird an den Nachweis der Mitgliedschaft in einer dem ökumenischen Rat zugehörigen Kirche geknüpft, freilich davon Dispens ermöglicht[496]; für die Promotion wiederum wird (wie für die Magisterprüfung) auf die ökumenische Zugehörigkeit der Heimatkirche verzichtet, jedoch wenigstens die Mitgliedschaft in einer »christlichen« Kirche als Regelfall vorausgesetzt[497], während die Habiliatation auf alle einschlägigen Voraussetzungen verzichtet.

Derartige Abweichungen erklären sich weithin aus der Entstehungsgeschichte. Die einzelnen Fakultäten haben ihre verschiedenen Ordnungen oft aus besonderem Anlaß, in verschiedenen Zeiten und Situationen erlassen und verändert (»reformiert«). Die Welle der Durchnormierung der ursprünglich als rechtsfrei (bzw. als »besonderes Gewaltverhältnis«[498]) verstandenen Doktoranden- bzw. Habilitandenverhältnisse erreichte sie im unterschiedlichen Zeitpunkt und Ausmaß und mit verschiedenen Vorstellungen über das erstrebenswerte Maß an rechtsstaatlicher bzw. sozialstaatlicher Perfektion. Nach Ausbruch der universitären Wirren i. J. 1968 lief die Gesetzgebung der Länder an und zog die Universitäten in ihren Bann, Reformen wurden improvisiert und haben sich wiederum selbst überholt. Die verschiedenen akademischen Gremien der Zentral- und Fakultätsebene gerieten in einen Wettlauf um die Gunst bzw. das Gebot der Stunde, entbehrten jedoch der Konstanz und Kontinuität im raschen Wechsel der Personen und der Ziele. Die theologischen Besonderheiten der theologischen Fakultäten waren dabei einem Sog der Säkularisierung und Nivellierung ausgesetzt, weil der Prozeß der Durchnormierung und Umgestaltung des allgemeinen Hochschulrechts aus den bekannten außertheologischen Gründen erwuchs, dann aber alle Fakultäten mit gleicher Vehemenz ergriff und gleichzuschalten drohte.

4. Ihre verfassungskonforme Interpretation und Lückenschließung

Bei der Auslegung und Anwendung dieses Satzungsrechts kann sich die juristische Interpretation deshalb nicht mit einer kurzgegriffenen Wortanalyse begnügen, sondern muß diese durch die Sinnerfassung in historischer, systematischer und teleologischer Dimension ergänzen, notfalls auch korrigieren. Der volle normative Gehalt der Satzungen ergibt sich ja erst aus ihrem Zusammenhang mit den übergeordneten Verfassungsstrukturen des Kulturverfassungs- und Staatskirchenrechts. Auch die – juristisch nicht speziell vorgebildete – akademische Selbstverwaltung der Theologenfakultäten ist nicht befugt, hiervon abzusehen und sich auf eine Wortauslegung ihrer selbstgefertigten Sat-

---

[493] §§ 10, 12 PromO Gött.
[494] §§ 2 II, 3 III 2 HabilO Gött.
[495] § 5 II a MagPrO Erl.
[496] § 9 I a TheolAbschlExO Erl.
[497] § 9 I Ziff. 7 PromO Erl.
[498] Oben S. 3 ff.

zungsbestimmungen zu beschränken, deren Gestaltungsspielraum durch die Verfassung viel enger begrenzt ist, als vielfach von ihr angenommen wird[499].

Die folgenden Abschnitte zeigen, daß hier die akademischen Satzungen den religiösen und den religionsgesellschaftlichen Belangen teilweise nicht in der verfassungsgeforderten Eindeutigkeit Rechnung tragen. Andererseits sind gelegentlich kirchliche Mitwirkungsmöglichkeiten bei den theologischen Fakultäten so weitgehend und allgemein formuliert worden, daß auch sie – verfassungskonform – zu beschränken sind. Die Berücksichtigung der Religionsfreiheit und Religionsgesellschaftsfreiheit geht hier einerseits zu weit und andererseits nicht weit genug.

5. Ihre Verschiedenheiten in der theologischen bzw. bekenntnismäßigen Ausgestaltung

Insgesamt ist ein auffallendes Understatement der theologischen Besonderheiten in den akademischen Prüfungsordnungen zu bemerken. Die theologischen Examensordnungen haben sich in Aufbau, Gegenstand, Verfahren weitgehend dem allgemeinen Schema der anderen Fakultäten angeglichen, d. h. sich in ein betont säkulares Norm-Gewand gekleidet. Statt des evangelischen bzw. katholischen Bekenntnisses wird weithin auch für den Theologen lediglich das polizeiliche Führungszeugnis verlangt.

Die direkte Verweisung auf das besondere kirchliche Bekenntnis ist im Wortlaut der Satzungen auch der theologischen Fakultäten selten geworden. Ein »Doktoreid« auf das evangelische bzw. katholische Bekenntnis wird nur mehr in einer Minderheit der Fakultäten verlangt. Auch die spezifischen theologischen Prägungsmaßstäbe werden in den theologischen Prüfungsordnungen nur sehr verhalten angesprochen. Ein Teil der Ordnungen verlangt zwar die spezifische Qualifikation des Bewerbers zur »theologischen« wissenschaftlichen Arbeit in Forschung und Lehre und die spezifische Qualität der Habilitationsschrift bzw. Dissertation als Fortschritt des »theologischen« Forschungsstandes[500]. Aber andere Ordnungen begnügen sich mit allgemeineren Wendungen, etwa der »Fähigkeit zu eigenständiger wissenschaftlicher Arbeit« bzw. der »selbständigen wissenschaftlichen Leistung« und der Förderung »der wissenschaftlichen Erkenntnis«, wie sie auch in den Ordnungen aller anderen Fakultäten zu finden sind[501]. Daß die

---

[499] An den heiklen Einzelfragen der theologischen Graduierung, ihren Zulassungsvoraussetzungen, Prüfungsmaßstäben, kirchlichen Anforderungen und Mitwirkungsmöglichkeiten (z. B. bei konfessionsfremden Kandidaten, S. 270 ff., bzw. Prüfern, S. 201 ff., 253 ff.) wird in concreto rechtlich relevant, was der historische Verfassungsumbruch vom christlichen Staat in eine freiheitlich-pluralistische Demokratie bewirkte. Hier realisiert sich die pluralistische, nicht ideologisch nivellierende Garantie der Wissenschaftsfreiheit und Hochschulautonomie und die offene Kulturstaatlichkeit (S. 17 ff.). Hier konkretisiert sich aber auch die Garantie der Religionsfreiheit und kirchlichen Eigenständigkeit (S. 33 ff.), der Trennung von Staat und Kirche, Neutralität und Weltlichkeit des Staates (S. 24 ff., 40 f.).

[500] Z. B. §§ 1 PromO Erl.; 1 PromO Mainz spricht sogar von der »evangelischen Theologie«, ebenso 1 II HabilO Münch. und 1 HabilO Bonn.

[501] §§ 1 HabilO Gött.; 1 HabilO Marb.

Theologie nach Gegenstand und Methoden ihre spezifischen wissenschaftlichen Konturen und Maximen besitzt, wird hier im Text der Normen nicht zum Ausdruck gebracht. Indessen ergibt sich dies doch aus dem Zusammenhang zwischen Kompetenz und Funktion, wie gleich zu zeigen ist.

Ausdrückliche Verweisungen auf spezifische theologische Gegebenheiten und Begriffe finden sich in allen Prüfungsordnungen bei der Definition der Prüfungsfächer: Exegesen aus dem Alten und Neuen Testament, Arbeiten aus der Systematischen und Historischen Theologie, aus der »Dogmatik« und »christlichen Ethik«, der Dogmen- und Kirchengeschichte und nicht zuletzt aus der Praktischen Theologie mit Predigtentwurf (»Exegese und Meditation«) bzw. Katechese handeln nun einmal in besonderer Zuwendung von Gottes Wort und seiner Wirkung in der Welt durch die saecula saeculorum der Kirchen- und der Weltgeschichte. »Ekklesiologische Farbenblindheit«[447] ist insoweit auch in einer staatlichen Prüfungssatzung weder angemessen noch möglich. Theologische Wissenschaftsleistungen, die dem Anspruch wissenschaftlicher Kritik in ihrer Disziplin genügen wollen, unterscheiden sich hier – in der Sache und im Rechtsbegriff – weithin (natürlich nicht totaliter) von den Forschungsergebnissen etwa der allgemeinen Religionswissenschaft, wie sie in den Fachbereichen der alten Philosophischen Fakultät betrieben wird, also von Religionssoziologie, religiöser Geistesgeschichte, Religionsphilosophie, Religionskritik, sei es nun ohne oder mit einer besonderen religionskritischen bzw. atheistischen Akzentuierung.

6. Das theologische Eigenprofil in der interdisziplinären Kooperation

In einem pluralistisch-liberalen Verfassungs- und Wissenschaftssystem, das die ideologische Vergewaltigung und Verfremdung durch seine Garantien der Wissenschafts- und Religionsfreiheit verbietet, sind die inneren Verschiedenheiten der wissenschaftlichen Disziplinen nach Maßstab und Materie zu respektieren. Auch innerhalb der gleichen Universität dürfen sie nicht durch eine nivellierende (»umfunktionierende«) Interpretation der Prüfungssatzungen mißachtet bzw. mißdeutet werden. Was beispielsweise in der (Religions-)Soziologie – gerade in der Beschränkung auf die soziologischen Aspekte – als wissenschaftliche Leistung Anerkennung verdient, mag als theologische Prüfungsarbeit abzulehnen sein, wenn sie in den exegetischen und theologisch-systematischen Beziehungen entscheidende Lücken und Fehldeutungen enthält.

Derartige Konflikte werden freilich selten sein. Die interdisziplinäre Zusammenarbeit und gegenseitige Befruchtung der einzelnen Wissenschaften ist ein altes Erbe der großen deutschen Universitätstradition. Als universitas litterarum hat sie die Wissenschaften im gemeinsamen Suchen und gegenseitigen Befragen verbunden und sie nicht in die Beziehungslosigkeit separierter Fachuniversitäten (Law-schools, Hohe Verwaltungsschulen, Medizinische Akademien und eigene Theologen-Hochschulen) auseinanderdriften lassen. Gerade die deutsche Theologie hat daran hervorragenden Anteil. Als sie im Laufe des 18. Jahrhunderts ihre Herrschaftsrolle verlor, die sie bis dahin im geschlossenen Konfessionsstaat des Konfessionellen Zeitalters an den Universitäten ausübte, hat sie sich nicht etwa fundamentalisch abgekapselt, sondern sich weit (manchmal zu weit) den anderen Wissenschaften geöffnet, sie rezipiert und diese wiederum rückwirkend angeregt. So hat die Philosophie des 18. Jahrhunderts und dann des deutschen Idealismus tief auf sie gewirkt, und später hat die deutsche Universitätstheologie vor allem durch ihre fruchtbaren Verbindungen mit der Historiographie, der Philologie, der Archäologie u. a. m. im 19. Jahrhundert eine führende Stellung in der Welt erringen können. Seither ist die tägliche, selbstverständliche Kooperation eher noch enger geworden. Keine andere Wissenschaft hat so viele wissenschaftliche Querverbindungen zu so vielen anderen Nachbarwissenschaften aufzuweisen.

Die Vielfalt der Kontakte erhöht sachgemäß die Reibungsmöglichkeiten. Sie sind auch anderen normativen Disziplinen wie der Jurisprudenz nicht unbekannt, wo sie den »empirischen«, bes. den Sozialwissenschaften begegnen, die in besonderem Maße auf das »Faktische« ausgerichtet sind (dies gerade deshalb teilweise durch Ideologie überhöhen zu müssen meinen). In der wissenschaftlichen Kooperation haben so die Nachbardisziplinen für jede Wissenschaft eine wichtige Ergänzungsfunktion; sie dienen ihr gleichsam jeweils als »Hilfswissenschaft«, d. h. als Lieferant und als Kontrolle, wie sie auch selbst diesen Dienst für jene anderen Disziplinen erbringt bzw. anbietet. Im Spiegel des fremden Faches werden die Wissenschaften ihrer selbst (selbst-)kritisch bewußt. Wissenschaftliche Kooperation führt so zur Bereicherung, nicht zur Selbstaufgabe. Normwissenschaften, wie die Jurisprudenz und auch (z. T.) die Theologie, werden dadurch nicht genötigt, den besonderen juristischen bzw. theologischen Charakter, Gegenstand und methodischen Maßstab ihrer Wissenschaft abzulegen und etwa ins Historische, Soziologische, Religionswissenschaftliche zu verwandeln, auch wenn sie sich in Teil- und Ergänzungsfragen unbefangen am dortigen Forschungsprozeß beteiligen und von ihm eigenen Erkenntniszugewinn erlangen.

7. Seine verwaltungsrechtliche und verwaltungsgerichtliche Respektierung

Für die verwaltungsmäßige und verwaltungsgerichtliche Entscheidung folgt daraus: Anträge bzw. Verpflichtungsklagen in Sachen einer Promotion, Habilitation, aber auch Fakultäts- und Magisterprüfung sind in den theologisch qualifizierten Zulassungs- und Bewertungsvoraussetzungen nach den besonderen theologischen Maßstäben zu beurteilen. Diese sind nicht nur von den theologischen Fakultäten selbst ohne säkularisierende Selbstpreisgabe anzu-

wenden, sondern auch von den »weltlichen« Behörden der akademischen Zentralverwaltung und von den Verwaltungsgerichten zu beachten. Eine allgemeine
wissenschaftliche Qualifikation bzw. Leistung – etwa in soziologischer, historischer, philosophischer, philologischer Hinsicht – kann für ein spezifisch theologisches Prüfungsverfahren als nicht einschlägig bzw. nicht ausreichend angesehen werden, wenn die besonderen exegetischen und systematischen bzw.
ethischen Aspekte der theologischen Forschung fehlen. Dies gilt auch dann,
wenn dieselbe Arbeit in einer Nachbarfakultät wissenschaftlich zu akzeptieren
ist. Im freien Wissenschaftssystem hat die Theologie keine Herrschaft über die
anderen Disziplinen, und diese haben keine Herrschaft über sie. Arbeiten, die
nach Gegenstand, Methode, Forschungsziel und -ergebnis z. B. nicht der systematischen bzw. exegetischen Theologie, sondern der atheistischen Religionskritik zuzurechnen sind, dürfen auch von den Gerichten nicht der theologischen Fakultät aufgezwungen werden; der Autor mag sich damit in der philosophischen usw. Fakultät habilitieren bzw. promovieren, nachdem er die dafür
vorgeschriebenen Studien- und Prüfungsvoraussetzungen erfüllt. Aus der Wissenschaftsfreiheit und der Zugehörigkeit zur universitären Korporation kann er
keinen Anspruch darauf ableiten, mit Hilfe der staatlichen Verwaltung und der
Verwaltungsgerichte die evangelische bzw. katholische Theologie und ihre
Fakultäten nach seinen persönlichen Vorstellungen aufzubrechen oder zu verändern (»umzufunktionieren«). Das Satzungsrecht der theologischen Fakultäten gibt dafür keine Rechtsgrundlage ab, und die vorrangigen Verfassungsnormen des Staatskirchenrechts und Kulturverfassungsrechts stehen dem entgegen.

8. Weltliche Rechtsbegriffe ohne Säkularisierungszwang

Die Zurückhaltung bei der ausdrücklichen Verwendung theologischer bzw. konfes-
sionsbezogener Begriffe in den neueren Prüfungsordnungen darf nicht fehlverstanden
werden. An diesen Einzelpunkten äußert sich die allgemeine Problematik der Säkularisierung – vor allem auch die Ambivalenz, die zwischen der Säkularisierung des Geisteslebens einerseits und der Säkularisierung der Rechtsformen andererseits herrscht. Die
Geschichte des neuzeitlichen Staates und Staatskirchenrechts gibt davon mannigfaches
Zeugnis: Die Säkularisierung der Rechtsformen ist keineswegs identisch mit der Säkula
risierung der (durch sie rechtlich geregelten) Materie selbst[502]. Wenn sich das Hochschulrecht im theologischen Fakultätenrecht heute in weitem Umfang der allgemeinen
(»säkular« formulierten) Rechtsbegriffe und Satzungsnormen bedient, so bedeutet dies
keineswegs den rechtlichen Zwang zur Säkularisierung der anvertrauten Sache »Theologie« i. S. eines areligiösen bzw. antireligiösen Wissenschafts- und Rechtsverständnisses.
Der Verzicht auf konfessionelle (bzw. kirchliche) Rechtsstrukturen kann sehr verschiedene Ziele und Wirkungen haben, die in der modernen Verfassungsgeschichte in vielen
variantenreichen Experimenten durchgespielt worden sind:

---

[502] Oben S. 41 ff.

Einerseits kann dies dem Kampf eines weltanschaulich säkularisierten Staates und Rechts gegen Religion und Kirche dienen, wie dies in einigen Phasen der Französischen Revolution und dann seit der Russischen Oktoberrevolution in den atheistischen Weltanschauungssystemen geschah. Der Religionszwang des alten Staatskirchentums wird hier abgelöst (bzw. in »konstantinischer« Tradition verändert fortgesetzt) durch den Weltanschauungszwang einer säkularisierten Ideologie. Das deutsche Staatskirchenrecht ist dieser Linie nicht gefolgt.

Andererseits kann die Säkularisierung der Rechtsformen im Gegenteil auch gerade im Dienst konfessioneller bzw. kirchlicher Freiheit und Gleichheit stehen, um die konfessionellen Konflikte zwischen den verschiedenen Kirchen, Freikirchen, Weltanschauungsgemeinschaften zu neutralisieren und zu befrieden, religiöse Unterdrückung der Minderheiten aber auszuschließen. So wurde in den konfessionell gemischten Staaten Europas wie Amerikas die Säkularisierung der weltlichen Rechtsformen zum Instrument nicht des Kampfes gegen die Religion und Religionsgemeinschaften, sondern ihres Schutzes und ihrer Förderung: Die Säkularisierung des neuzeitlichen Staates und seines Verfassungsrechts hat die Religionskriege des 16. und 17. Jahrhunderts überwunden und die religiöse Koexistenz, Libertät und Parität der verschiedenen Konfessionen im deutschen Reich verbürgt. Die liberalen Verfassungen des 19. Jahrhunderts haben dann die Ausübung der religiösen Freiheit und Selbstbestimmung der Religionsgemeinschaften ganz überwiegend in weltlichen, allgemeinen Rechtsnormen garantiert und zur Entfaltung gebracht: Die geistlichen Belange jeder Religionsgesellschaft werden in der säkularen Formulierung der staatlichen Freiheits- und Gleichheitsgarantien vor fremdkonfessioneller Vergewaltigung wie vor inhaltlicher Säkularisierung seitens der Staatsgewalt gesichert. Die weltliche Schale des säkular formulierten Rechtsbegriffes bzw. Rechtssatzes schützt und fördert den geistlichen Kern, ohne diesen weltlich zu verhärten oder zu verändern.

M. a. W.: Säkularisierung des Rechts ist Rahmensäkularisierung. Die Weltlichkeit des rechtlichen Rahmens überläßt den Religionsgemeinschaften dessen geistliche Ausfüllung i. S. ihres Glaubensverständnisses und ihrer theologisch geprägten Kirchenordnung.

Auch im Satzungsrecht der theologischen Fakultäten bedeutet die verbreitete Verwendung allgemeiner (weltlicher) Rechtsbegriffe – in der gebotenen verfassungskonformen Interpretation – keineswegs das Verbot oder den Verzicht auf die theologischen Besonderheiten dieser Wissenschaft. Im Gegenteil: Hierin kommt die Geborgenheit des Besonderen, spezifisch Theologischen in den allgemeinen weltlichen Rechtsbegriffen und Rechtsnormen zum Ausdruck[503]. Die lange, freiheitliche Geschichte des deutschen Staatskirchenrechts bietet zahlreiche Parallelbeispiele großen und kleinen Formates für den gleichen Grundbefund.

---

[503] Die säkulare Staatsverfassung garantiert in Artt. 137 III WRV/140 GG durch den weltlich-relativistisch-offenen Verweisungsbegriff »ihre Angelegenheiten« den Religionsgesellschaften die Freiheit zur spezifisch theologischen Ausfüllung dieses säkularen Rahmens gerade auch im Bereich des Satzungsrechts der theologischen Fakultäten.

In der Tat macht es auch hier inhaltlich keinen Unterschied: Ob die Habilitationsordnungen nun von der wissenschaftlichen Befähigung (speziell) »in der Evangelischen Theologie«, oder (generell) in »der Theologie«, oder (universal) in »einem bestimmten Fachgebiet« reden – rechtlich spielt dies keine Rolle. Jedesmal kommt nur die spezielle wissenschaftliche Qualifikation zur evangelischen Theologie in Betracht, wenn eine evangelisch-theologische Fakultät habilitiert, promoviert, examiniert. Nur darauf erstreckt sich ihre Kompetenz, nur dies ist in den Prüfungsordnungen geregelt, nur dies von ihren Prüfungsentscheidungen erfaßt. Dasselbe gilt von der katholisch-theologischen Fakultät. Eine theologische Fakultät kann nicht in das Gebiet einer anderen Fakultät hinüberwirken, nicht für die fremde Konfession bzw. für allgemeine Religionswissenschaft mithabilitieren, mitpromovieren, mitexaminieren. Das Prüfungswesen ist auf den Bereich der eigenen Fakultät und ihre Sonderdisziplinen beschränkt. Auch die Verwaltungsgerichte dürfen deshalb den theologischen Fakultäten nicht Promotions- und Habilitationsbewerber aufoktroyieren, die nach der Thematik ihrer Arbeit und ihrer persönlichen Konfessionszugehörigkeit nicht ihr, sondern einer fremden Fakultät zuzuordnen sind.

II. Die innere Einheit des theologischen Prüfungswesens

Trotz der äußeren Vielfalt der Prüfungsordnungen und ihrer Regelungsunterschiede bildet das evangelische und ebenso das katholische Prüfungswesen jeweils in sich eine innere Einheit: Es ist von ein und demselben Theologiebegriff der evangelischen bzw. katholischen Theologie bestimmt. In allen Prüfungen – mag es sich um das kirchliche Examen oder das Fakultätsexamen, die Magister- oder die Diplomprüfung, die Promotion oder die Habilitation handeln – prüfen die theologischen Lehrer nach denselben wissenschaftlichen Maßstäben ihrer Theologie. Bei diesen verschiedenen Prüfungen agieren sie nicht etwa chamäleonartig changierend in verschiedenen Rollen mit verschiedenen Wissenschaftsbegriffen: So wird nicht etwa das kirchliche Examen fundamentalistisch-konfessionell, das Fakultätsexamen überkonfessionell, aber christlich, das Magisterexamen unkonfessionell religionswissenschaftlich, die Doktorprüfung ökumenisch-theologisch, die Habilitation »religionskritisch« nach irgendwelchen Wissenschaftsmaximen anderer Fakultäten abgenommen[504].

---

[504] Im folgenden sind aus der Vielzahl der Prüfungsordnungen exemplarisch vorwiegend die der evangelisch-theologischen Fakultät zitiert, da der Wissenschaftsbegriff der katholisch-theologischen Fakultäten durch die Apostolische Konstitution Sapientia Christiana v. 15. 4. 1979 einheitlich mit staatskirchenrechtlicher Bindung gem. Art. 19 RKonk festgelegt ist, vgl. S. 222, 291 ff.

Die innere Einheit und theologische Identität im Prüfungswesen ergibt sich:

1. Aus der Bezeichnung:

Die Prüfungsordnungen und die verliehenen Grade werden ausdrücklich als »theologische« Ordnung bzw. Qualifikation betitelt (»Dr. theol.«, »Liz. theol.«, »Mag. theol.«), greifen aber nicht in die allgemeine Religionswissenschaft, Religionssoziologie, Religionsphilosophie der philosophischen Fakultäten (bzw. ihrer Nachfolgefachbereiche) hinüber. Auch wird der akademische Grad des Theologen jeweils nicht allgemein theologisch, sondern in konfessioneller Sonderung als evangelisch-theologischer bzw. katholisch-theologischer Grad verliehen, wie es rechtlich aus der Besonderheit der beiden Fakultäten, aus der Beschränkung ihrer Kompetenzen und aus der völligen Trennung des Verfahrens bei den Examina, Promotionen, Habilitationen folgt. Es gibt derzeit weder eine gemeinsame »ökumenische« Fakultät, noch eine Fusion ihrer Kompetenzen, Ordnungen, Verfahrensgänge, Grade (etwa in einen universalen »Dr. theol. oecum.«).

2. Aus dem Prüfungsziel:

So ist das Kirchenexamen der deutschen Landeskirchen eben nicht nur als Aufnahmeexamen in den kirchlichen Dienst (Vorbereitungsdienst), sondern auch als wissenschaftliches Abschlußexamen[485] des akademischen Theologiestudiums ausgestaltet, und dies in vollem Maße, ohne Abstriche und Erleichterungen. – Das Fakultätsexamen andererseits versteht sich nicht als akademischer Eigenzweck, sondern proklamiert ebenfalls die Vorbildung für den Kirchendienst als Prüfungsziel (als »berufsqualifizierenden Abschluß«[505]); entsprechend wird auch für das Fakultätsexamen der Nachweis der vollen Ausbildung in der Praktischen Theologie verlangt, etwa ein Predigtentwurf[506] (mit Exegese und Meditation), eine homiletische oder religionspädagogische Prüfungsleistung. Teilweise wird eine Prüfungsleistung in Praktischer Theologie sogar bei der Magisterprüfung verlangt[507], welche dem kirchlichen Dienst als Prüfungsziel ferner steht. – Auch die Promotion und Habilitation haben nicht nur akademische, sondern – unmittelbare – kirchliche Bedeutung: Die wissenschaftliche Weiterarbeit an der zeitgemäßen Entfaltung ihres Glaubensverständnisses und dessen Wirkung auf die Welt sowie die Geistlichenausbildung wird dadurch systematisch fortgeführt.

3. Aus den Prüfungsvoraussetzungen:

Das Kirchenexamen nimmt ebenso wie das Fakultätsexamen, die Magisterprüfung, die Promotion und die Habilitation in strengen und detaillierten Zulassungsvoraussetzungen Bezug auf ein volles, unverkürztes Theologiestudium. Alle Prüfungsordnungen enthalten umfangreiche Kataloge der geforderten wissenschaftlichen Leistungsnachwei-

---

[505] §§ 1, 9 TheolAbschlExO Erl.; 1 FakExO Heid.; 1 Erste TheolExO Hamb. (mit einer verfassungsrechtlich zweifelhaften Bindung an das Einverständnis der Landeskirche). – Ebenso auf kath. Seite z. B. § 1 DiplPrO Münch., Freib., Tüb., Würzb.
[506] §§ 9 Ziff. 5, 21 DiplPrO Gött.; 11 II Ziff. 6, III, Anh. 8 FakExO Heid.; 4 I, IV FakExO Hamb.; 12 I, VI FachbPrO Mainz (ev.); 9 I e, 12 II TheolAbschlExO Erl.
[507] Z. B. §§ 3 V MagPrO Hamb.; 4 I MagPrO Bonn; 4 I MagPrO Heid.

se (Seminar-, Übungs-, Praktika-, Zwischenprüfungszeugnisse), z. T. mit fein abgestimmten Anrechnungs- und Kompensationsmöglichkeiten für Leistungen an ausländischen Universitäten, um einen ausgewogenen, abgerundeten theologischen Ausbildungsgang zu gewährleisten.

4. Aus den Prüfungsfächern:

Das Kirchenexamen wie die Fakultätsexamina erstrecken sich fast durchweg auf den gleichen Kanon der theologischen Kernfächer des Alten und des Neuen Testaments, der Kirchen- und der Dogmengeschichte, der Systematischen und Praktischen Theologie, der Missions- und Religionswissenschaft. In manchen Ländern wird das Fakultätsexamen sogar wie das Kirchenexamen nach der Prüfungsordnung der Landeskirche abgehalten[508], deren Fächerkanon der üblichen akademischen Abgrenzung entspricht. Auch die Magisterordnungen passen sich mit geringen Modifikationen in diesen Grundtyp der theologischen Prüfungsfächer ein. Von einer Erweiterung oder Veränderung dieser akademischen Prüfungen in Richtung auf die allgemeine Religionswissenschaft, Religionsphilosophie, Religionssoziologie – etwa durch entsprechende Verlagerung der Prüfungsgebiete auf die vermehrte bzw. »paritätische« Berücksichtigung der außerchristlichen Weltreligionen – ist nach den Prüfungsordnungen und nach der Prüfungspraxis keine Rede.

5. Aus den Prüfungsleistungen und Bewertungsmaßstäben:

Auch das Kirchenexamen verlangt den Nachweis der vollen wissenschaftlichen Ausbildung und Befähigung zu selbständiger theologischer Arbeit, »methodisches Können« und »kritisches Verständnis«, wissenschaftliches »Urteilsvermögen«, »selbständige Verarbeitung von Quellen«, Grundwissen und Spezialwissen in bestimmten wissenschaftlichen Disziplinen[509]. In den kirchlichen Prüfungen wie in den Fakultätsprüfungen werden gleichermaßen Hausarbeiten, Klausuren, mündliche Prüfungen gefordert und entsprechende Kataloge von Notendefinitionen aufgeführt. Im Grundtyp und in der speziellen Ausgestaltung der Prüfungsleistungen, Prüfungsbewertungen und Verfahrensetappen stimmen die kirchlichen Examina der Landeskirchen mit den Fakultätsexamina und den Magister- und Diplomprüfungen weitgehend überein. In ähnlicher Weise gleicht das katholische kirchliche Abschlußexamen dem katholischen Fakultätsexamen.

6. Aus dem Prüfungskollegium:

Als Prüfer in den Fakultäts- und in den Kirchenexamina werden nur wissenschaftlich qualifizierte Theologen des betreffenden Bekenntnisses bestellt. Die Professoren der genannten theologischen Teildisziplinen bilden die Kernmannschaft in den Prüfungsgremien. Auch bei den Kirchenprüfungen werden sie allenthalben kirchlicherseits enga-

---

[508] In Bonn laut Brief d. Dekanats v. 3. 3. 83.
[509] Z. B. §§ 9, 12 TheolAufnPrO der Bay.LaKirche; 8 II, III TheolPrO der Bad.LaKirche; 4 ErstTheolPrO der Nordelbischen Kirche; 8 ErstTheolDienstPrO der Württ.LaKirche; 9 I, 18 I Vorl. TheolHaupt PrO Rottenburg-Stuttgart.

giert[510]; auch die kirchlichen Prüfungsordnungen suchen so der Einheit von Prüfung und Lehre weitmöglichst zu entsprechen, die der vielberufenen Einheit von Forschung und Lehre nicht minder bedeutsam korrespondiert. Auf die wissenschaftliche Qualifikation der Prüfer legen alle Prüfungsordnungen entscheidendes Gewicht. Die Fakultätsprüfungsordnungen beschränken die Prüfungsberechtigung z. T. ausdrücklich auf die Professoren[511] und auf die habilitierten Mitglieder[512] des Fachbereichs, auf letztere sogar z. T. nur nach einer Einarbeitungs- und Bewährungsfrist. Wo das Reform-Modell der Gruppenuniversität auch in den Prüfungsgremien verwirklicht worden ist, sucht man den ausschließlichen Einfluß des Sachverstandes durch besondere Vorkehrungen zu sichern; die Vertreter der Studenten und der nichthabilitieren Beamten und Angestellten besitzen entweder kein Stimmrecht in den Prüfungsausschüssen[513], oder die Zuständigkeiten der Prüfungsausschüsse sind auf äußere, zweitrangige Verfahrensakte beschränkt, die eigentlichen Prüfungs- und Bewertungsakte aber besonderen Prüfungskommissionen aus den Lehrstuhlinhabern bzw. Habilitierten vorbehalten[514]. Für manche Akte von besonderer Bedeutung wird auch eine qualifizierte Mehrheit von 2/3 der Mitglieder des Prüfungsgremiums gefordert[515]; auch dadurch wird eine zusätzliche Sicherung gegen eine Verflüchtigung der allgemeinen wissenschaftlichen Qualitätsanforderungen und der besonderen theologischen Bekenntnisanforderungen bei der Verleihung eines theologischen Grades aufgerichtet.

Die Zusammensetzung der theologischen Prüfungsgremien aus hochqualifizierten Theologen sichert eben beides: Sowohl die Wissenschaftlichkeit als auch den besonderen theologischen Charakter der theologischen Prüfungen und Grade im Sinne der evangelischen bzw. katholischen Theologie. Alle diese Universitäts- und Kirchenprüfungen sind so in untrennbarer Verschmelzung als streng wissenschaftliche und zugleich als streng theologische Prüfungen ausgestaltet worden.

Von einer interkonfessionellen oder interdisziplinären Öffnung oder Vermischung des Prüfungskollegiums wurde durchweg prinzipiell Abstand genommen. Es gibt keine gemeinsamen Prüfungsgremien verschiedener Fakultäten. Ebensowenig ist es zulässig, das Prüfungsgremium einer theologischen Fakultät durch Hereinnahme von Prüfern anderer Fakultäten interdisziplinär und überkonfessionell so zu erweitern, daß die Prüfung ihren besonderen evangelisch-theologischen bzw. katholisch-theologischen Charakter verliert.

So ist in den theologischen Promotions- und Habilitationsordnungen die Mitwirkung von Wissenschaftlern anderer Fakultäten nur in einer streng begrenzten Ergänzungsfunktion möglich[516], die den besonderen theologischen Charakter einer solchen theolo-

[510] Z. B. §§ 2 III Bay.kirchl. TheolAufnPrO; § 6 II Bad.kirchl. TheolPrO; 5 II Nordelb.Erst-TheolPrO; 2 II Württ. ErstTheolDienstPrO.

[511] § 2 MagPrO Bonn (ev.).

[512] Z. B. §§ 6 I, II, 12 PromO Bonn (ev.); 2 II HabilO Erl.; 3, 4 PromO Erl.; 4 I, II FakExO Erl.; 6 DiplPrO Gött.; 2 FakExO Hamb.; 2 MagPrO Heid.; 5, 6 PromO Heid.; 2, 8 VIII, 9 HabilO Heid.; 6 PromO Mainz (ev.); 3 PromO Münch.; 3 HabilO Münch. (ev.); 3 I AkAbschlPrO Tüb. (ev.); 2, 7 MagPrO Tüb. (ev.).

[513] §§ 3 I PromO Bochum (Entw. 83, ev.); 3 I 3 FakExO Heid.

[514] §§ 4 I, III, IV FakExO Hamb. (Etw. 83); 9 HabilO Marb.

[515] Etwa in §§ 4 S. 4, 6 S. 2 HabilO Bonn (ev.); 6 III PromO Gött.; 7 V HabilO Münst. (ev.).

[516] Z. B. §§ 6 III HabilO Marb.; 4 II PromO Marb.; 6 IV HabilO Tüb. (ev.); 10 II PromO Tüb. (ev.); 7 I 2 HabilO Münst. (ev.); 5 II PromO Münst. (ev.); 9 I HabilO Freib. (kath.); 10 I PromO Freib. (kath.); 20 I 2 PromO Münch. (kath.).

gischen Promotion bzw. Habilitation nicht beseitigt, sondern eindrucksvoll bestätigt. Die Zuziehung dieser Wissenschaftler geschieht nur (1.) ausnahmsweise, (2.) ad hoc im Einzelfall, (3.) kraft besonderen Beschlusses, z. T. mit qualifizierter Mehrheit, (4.) nur bei grenzüberschreitenden, in eine andere Wissenschaft hineinreichenden Dissertationen bzw. Habilitationsvorhaben, (5.) nur mit eingeschränkten Mitentscheidungsbefugnissen.

7. Aus der Bekenntnisverpflichtung bei der Promotion:

Verschiedene evangelisch-theologische Promotionsordnungen schreiben vor, daß die Promotion »in feierlicher Form« als statusbegründender Rechtsakt durchzuführen ist, daß der Bewerber das Recht zur Führung des Doktorgrades erst mit Aushändigung des Doktordiploms durch den Dekan erlangt und dabei die »öffentliche Verpflichtung« abzulegen hat: »Promitto ac spondeo me doctrinam evangelicam constanter professurum atque vitam theologo christiano dignam acturum.«[517] Auch verschiedene katholisch-theologische Promotionsordnungen sehen den Vollzug der theologischen Promotion »in feierlicher Form« mit förmlicher Aushändigung der Promotionsurkunde vor, die erst »nach Ablegung der professio fidei«[518] gemäß den Bestimmungen des CJC erfolgt. – Diese Bekenntnisverpflichtung bei der Promotion ergreift mittelbar auch die Habilitation der betreffenden Fakultäten, bildet doch die Promotion eine Zulassungsvoraussetzung des Habilitationsverfahrens, die an der heimischen Fakultät also mit der Ablegung des Gelöbnisses verknüpft ist. – Daß zahlreiche Fakultäten heute auf diese Form des öffentlichen Zeugnisses verzichten, kann nicht im Sinn einer Absage an das besondere Gefordertsein und Treueband verstanden werden, zu dem sich der christliche Glaube als Antwort auf Gottes Anspruch und Zuspruch im göttlichen Gesetz und Evangelium berufen weiß. Ob nun mit oder ohne die Rechtsform eines solchen besonderen Bekenntnisaktes – die Theologie verändert dadurch nicht ihren Charakter als Wissenschaft und der Theologe nicht die Form seiner christlichen Existenz; Kerygma und Paraklese bestimmen ihren Auftrag und Gegenstand in der Forschung und Lehre und in den Tiefen des personalen Lebensgrundes auch dort, wo man den großen Gestus scheut[519].

---

[517] §§ 17 I PromO Bonn (ev.); 16 II PromO Münst. (ev.); auch § 10 PromO Gött.; 8 HabilO Bonn (ev.).
[518] §§ 9 IV PromO Bonn (kath.); 21 IV PromO Mainz (kath.); 13 II PromO Münst. (kath.). – Vgl. auch die Begründung zum Bad. Konkordat zu Art. IX: »Bewerber um akademische Würden haben . . . ein Glaubensbekenntnis abzulegen.« Vgl. *W. Weber*, Konkordate und Kirchenverträge Bd. 1 S. 126. – Nach der Apostol. Konstitution Sapientia Christiana v. 1979 wird die professio fidei bei der Graduierung nicht mehr gemeinrechtlich vorgeschrieben. Die PromO von Augsburg, Bamberg, Eichstätt, St. Georgen Frankfurt, Freiburg, Fulda, München, Passau, Regensburg, Trier, Tübingen kennen keine Verpflichtung zu ihrer Ablegung mehr.
[519] Solche Bekenntnisverpflichtungen in einer staatlichen Universitätssatzung sind nicht durch Artt. 5 III und 3 III GG untersagt (S. 218). Art. 5 III GG verbürgt die besondere Ausrichtung der theologischen Wissenschaft (S. 19), die Art. 3 III vor weltanschaulicher Verfremdung schützt (S. 23). Zwar ist durch Art. 4 I (negative Religionsfreiheit) und Art. 5 III GG dem Theologen der Glaubensabfall und Bruch seines Doktorgelöbnisses nicht verwehrt, doch kann er danach seine bekenntnisfreie bzw. bekenntnisfeindliche Wissenschaftsbetätigung nur außerhalb seiner alten theologischen Fakultät fortsetzen, deren besonderer theologischer Charakter verfassungs- und vertragsrechtlich geschützt ist, mit allen Konsequenzen des Berufungs- und Graduierungswesens. Vgl. S. 47 ff., 94 ff., 248 ff., 270 ff.

8. Aus den institutionellen Verzahnungen der kirchlichen und akademischen Prüfungen:

Daß die verschiedenen theologischen Prüfungen jeder der beiden großen Konfessionen von einem einzigen, in sich gleichbleibenden Theologieverständnis beherrscht werden und also keineswegs in verschiedenen (hier kirchlich-»integralen«, dort akademisch-»liberalen«) Farben schillern, die durch die staatliche Verwaltung und Verwaltungsgerichtsbarkeit etwa beliebig zu modelieren wären, ergibt sich auch aus vielen institutionellen Querverbindungen dieser Prüfungsarten. Dadurch sind einerseits die verschiedenen akademischen Prüfungen unter sich verzahnt, andererseits diese akademischen Prüfungen mit den kirchlichen Prüfungen ebenso eng verflochten worden. Diese institutionellen Verbindungen und verfahrensmäßigen Bezugnahmen setzen ja materiell voraus und machen evident, daß es in all diesen Prüfungen um das gleiche Sinnverständnis von theologischer Forschung und Lehre geht, welches deshalb hier auch den Prüfungen gemeinsam zugrunde gelegt werden kann.

Ein einheitlicher »Instanzenzug« verbindet so jeweils die »niederen« Prüfungen mit den »höheren«: Die Absolvierung der ersteren ist zur Zulassungsvoraussetzung der letzteren gemacht. Allenthalben fußt das akademische Abschlußexamen – sei es nun das Kirchenexamen oder das Fakultätsexamen oder die Magisterprüfung – auf den Zwischenprüfungen der Universitätsausbildung und auf der Vielzahl der geforderten Seminar- und Übungsscheine. Ebenso bauen die höheren akademischen Grade auf den niederen auf. In diese Stufenfolge sind die Kirchenprüfungen in vollem Umfang und in lakonischer Selbstverständlichkeit eingebaut: Sie benützen als Zulassungsvoraussetzungen die akademischen Studienzeugnisse; sie bilden auch selbst die Zulassungsvoraussetzung zur Promotion und Habilitation in voller Gleichwertigkeit mit dem Fakultätsexamen[520]. Sodann:

Die Anrechnungsmöglichkeit von Elementen einer anderen Prüfung als Prüfungsleistung macht die Einheit des theologischen Prüfungswesens noch sinnfälliger. Eine Prüfungsleistung wird dadurch nicht nur zur Voraussetzung, sondern selbst zum Bestandteil einer anderen Prüfung gemacht. Eine Dissertation wird etwa sinnvollerweise zugleich als Hausarbeit in einem Fakultätsexamen angerechnet[521]. Dasselbe wird auch im Kirchenexamen rechtlich z.T. förmlich vorgesehen[522], z.T. informell praktiziert, indem die Vorarbeit bzw. der Teilentwurf einer in Aussicht genommenen Dissertation als Hausarbeit eingereicht werden kann. Diese Anrechnung wird nicht nur zwischen den akademischen, sondern auch zwischen kirchlichen und akademischen Prüfungen ohne innere Unterschiede und Vorbehalte vorgenommen.

Die Reduktion von Prüfungselementen infolge hervorragender Prüfungsleistungen in anderen Prüfungen erweist in gleicher Weise die Einheit des theologischen Prüfungswesens und die Identität seines theologischen Wissenschaftsbegriffs. So kann sich beispielsweise der Kreis der mündlichen Prüfungsfächer und -termine im Promotionsverfahren

---

[520] Das ist in allen evangelischen wie katholischen theologischen Promotionsordnungen und Habilitationsordnungen so normiert.

[521] §§ 12 II FachbPrO Mainz (ev.); 8 III FakExO Marb.; 5 II FakExO Münst. (ev.).

[522] §§ 8 VI ErstTheolPrO der Ev. Kirche Berlin-Brandenburg (Berlin West); 4 III ErstTheolExO der Ev. Kirche im Rheinland. – In anderen Landeskirchen bestehen keine Bedenken, Teile aus einer Dissertation als Hausarbeit der PrüfungsO zu verwenden. Die Arbeit ist damit noch nicht »als Dissertation« etwa im Sinn von § 9 I Ziff. 6 PromO Erl. vorgelegt und verbraucht worden.

z. T. drastisch beschränken, wenn das Erste Theologische Examen mit einem guten Prädikat bestanden worden ist, wobei das Kirchen- und das Fakultätsexamen sich hier wiederum ebenbürtig und austauschbar gleichstehen[523]. In der Magisterprüfung entfallen mancherorts alle Klausuren, wenn der Kandidat eine – kirchliche oder akademische – theologische Abschlußprüfung erbracht hat[524]; auch die evangelische Magisterprüfung, die dem Kirchendienst in einer deutschen Landeskirche am fernsten steht und vor allem ausländischen Theologiestudenten angeboten wird, ist hier innerlich und äußerlich insoweit mit dem Kirchenprüfungswesen integriert. In den katholisch-theologischen Promotionsordnungen ist die Zahl der mündlichen Prüfungsfächer in detaillierten Katalogen je nach der Höhe der erreichten Notenstufe des vorangegangenen Universitätsabschlußexamens abgestuft[525]. Auch hierbei wird eine kirchliche und eine universitäre Abschlußprüfung gleichgestellt – es liegt ihnen allen eben das gleiche theologische Wissenschaftsverständnis zugrunde.

Die Organisation und die Verfahrensgestaltung besitzt keineswegs nur technisch-instrumentale Bedeutung, sondern einen prinzipiellen Aussagewert: In der institutionellen Ausgestaltung kommt der Wissenschaftsbegriff und das Selbstverständnis der evangelisch-theologischen bzw. katholisch-theologischen Fakultät normativ verbindlich zum Ausdruck. Die Prüfung ist – wie auch die Lehre und die Forschung – ein personales, unvertretbares geistiges Geschehen von subtiler Differenziertheit und Sensibilität. Der Wissenschaftscharakter und die Rechtsgestalt akademischer Institutionen und Funktionen, die Prüfungsmaßstäbe und Bewertungsmaximen usw. lassen sich in formulierten Rechtsregeln schwer juristisch greifbar machen. Die Normen des Kulturverfassungsrechts und des Staatskirchenrechts[526] verzichten deshalb in diesen hochempfindlichen Zonen weithin auf ausdifferenzierte materiell-rechtliche Regeln, zumal diese leicht dem Verdacht unangemessener »Gesetzlichkeit« und freiheitsverkürzender Intervention ausgesetzt sind. Statt dessen begnügt sich das Recht mit der Ordnung der Institutionen und des Verfahrens und vor allem mit einer sachgerechten Personenauswahl: Es geht davon aus, daß die richtigen, d. h. die kompetenten Personen die richtigen Entscheidungen erwarten lassen, wenn sie mit den entsprechenden Kompetenzen und Verfahrensmöglichkeiten ausgestat-

---

[523] Vgl. etwa §§ 13 II PromO Bonn (ev.); 12 II MagPrO Erl.; 7 III PromO Gött.; 5 V PromO Heid.; 17 II PromO Mainz (ev.); 4 II PromO Marb.

[524] § 8 III MagPrO Erl.

[525] Vgl. §§ 5 III PromO Augsb.; 20 PromO Bamb.; 9 I PromO Boch. (kath.); 5 PromO Bonn (kath.); 11 V Liz/PromO Münch. (kath.); 8–10 PromO Münst. (kath.); 15 III Liz/PromO Pass.; 16 II–V Liz/PromO Regensb.; 8 III, IV PromO Trier.

[526] Auch das Staatskirchenrecht verzichtet aus einer langen Erfahrung auf die inhaltliche Definition der »eigenen Angelegenheiten« der Religionsgesellschaften in Artt. 137 III WRV/140 GG, wie sie in Katalogen der älteren Lehrbücher versucht worden sind, sondern überläßt diese Bestimmung den dafür maßgeblichen Kirchen. Vgl. *M. Heckel*, Die Kirchen unter dem GG S. 41; *Hesse*, Das Selbstbestimmungsrecht der Kirchen HdbStKirchR Bd. 1 S. 425 ff., 428.

tet sind. Wenn in den Prüfungsordnungen der Kreis der Prüfer und der Fächer auf Theologen und theologische Gegenstände beschränkt ist und sich die Prüfung streng auf die vorausgegangene (zur Zulassungsvoraussetzung erhobene) theologische Ausbildung bezieht, so geht die Prüfungsordnung davon aus, daß die Prüfer nach den besonderen theologischen Maßstäben ihres Faches, also als evangelische bzw. katholische Theologen, tätig werden – nicht aber sach- und rechtswidrig in eine »fremde« Rolle fremder Fakultäten, etwa der Soziologen, Philosophen bzw. allgemeinen Religionswissenschaftler überwechseln[527].

Als Resümee ergibt sich aus der vergleichenden Durchsicht der theologischen Prüfungsordnungen eine große Übereinstimmung im Grundsätzlichen und im Grundtyp: Alle diese Prüfungen sind streng auf die evangelische bzw. katholische Theologie als ihren besonderen Gegenstand und Maßstab ausgerichtet und beschränkt. Zwar hat sich dieser Grundtyp in manchen Variationsformen und Formulierungsdifferenzen entfaltet, die insbesondere durch die diffuse Durchnormierung der Hochschulsatzungen in den vergangenen anderthalb Jahrzehnten entstanden sind. Aber aus der normativen Gestalt des deutschen theologischen Fakultätenrechts und speziell seines Prüfungswesens ergibt sich keineswegs die Berechtigung, geschweige denn die Nötigung zur Auflösung der evangelischen bzw. katholischen Theologie. Die staatlichen Behörden und Gerichte sind nicht ermächtigt, sie durch die kasuistische Entscheidung strittiger Einzelfragen im über- oder unkonfessionellen Sinne zur allgemeinen religionswissenschaftlichen bzw. religionskritischen Disziplin zu deformieren bzw. zu fusionieren. Strittige Einzelfragen sind vielmehr aus dem Telos und aus der Gesamtordnung dieser Fakultäten zu erklären, die sich aus der Zusammenschau der einschlägigen verfassungsrechtlichen Normen und verfassungsgemäßen Satzungen erschließt.

III. Theologische Qualifikation der Prüfer

1. Übereinstimmung des Hochschulrechts und Staatskirchenrechts

Theologische Prüfungen erfordern theologische Kompetenz: Im allgemein wissenschaftlichen und im besonderen theologischen Sinn müssen die Prüfer die volle akademische Qualifikation ihres Faches besitzen. Das Hochschulrecht wie

---

[527] Diese »fremde« Ergänzungsrolle wird z. B. praktiziert, wenn ein Gelehrter einer theologischen Fakultät etwa als zusätzlicher Berichterstatter im Promotions- und Habilitationsverfahren einer anderen Fakultät ergänzend mitwirkt, sein Beitrag im Gremium der dortigen Fakultät deshalb (schon nach den Stimmverhältnissen) insgesamt nur im Wissenschaftsverständnis und in den (außertheologischen) Bewertungsmaßstäben dieser Fakultät Beachtung finden wird.

das Staatskirchenrecht decken sich in dieser Forderung; beide Rechtsgebiete führen jeweils für sich zu diesem übereinstimmenden Ergebnis[528].

Deshalb wird hier nicht das Hochschulrecht äußerlich eingeschränkt durch hochschulfremde staatskirchenrechtliche Sondernormen, die deshalb als »Ausnahmevorschriften« restriktiv zu interpretieren wären. Ebensowenig wird hier das Staatskirchenrecht durch die Wissenschaftsnormen in seinen religiösen Freiheitsverbürgungen beschnitten. Das Hochschulrecht und Staatskirchenrecht sind hier vielmehr ohne Reibung und Rangkonflikt verschmolzen. Diese Übereinstimmung der Rechtsnormen ist nicht erstaunlich, da sich in ihnen die Koinzidenz des Wissenschaftlichen und Religiösen im Wesen der Theologie normativ widerspiegelt, das die Rechtsordnung eines freien, pluralistischen Staates sachgerecht zu hegen und zu pflegen und nicht in Konfliktsstrukturen aufzusplittern hat[529].

2. Hochschulrechtliche Gewährleistungen und Grenzen

a) Äußere Zuständigkeitsregelungen

Schon durch die äußere Zuständigkeitsregelung ist jede Fakultät innerhalb der gesamten Universität rechtlich auf den Kompetenzbereich ihres Faches und seiner Teildisziplinen beschränkt. Sie kann nicht rechtmäßig und rechtswirksam in andere Fakultäten hinüberprüfen, -promovieren, -habilitieren[530].

Derartige Rechtsakte einer Fakultät wirken ja weit über deren Binnenbereich hinaus. Nicht nur der Status der Kandidaten und die Korporationsrechte der Fakultätsmitglieder sind davon betroffen, sondern auch alle anderen Institutionen der öffentlichen Verwaltung und der Gesellschaft, für die diese Prüfungen und Grade »Tatbestandswirkung« entfalten, weil sie als rechtliche Voraussetzung für anderweitige Rechtsverhältnisse relevant werden können. Besonders

---

[528] *Werner Weber*, Die Bindung theologischer Habilitationen an theologische Fakultäten, in: Festschrift f. U. Scheuner, Berlin 1973 S. 595, auch in: *ders.*, Staat und Kirche S. 361 ff., 365. »Wesentlich ist, daß die hier erwähnten staatskirchenrechtlichen Grundsätze über die Theologie an den deutschen Hochschulen nicht unverbunden neben dem staatlichen Universitätsrecht stehen oder ihm gar im Range nachgeordnet sind. Sie sind vielmehr integrierender Bestandteil des deutschen Universitätsrechts selbst.«

[529] Vgl. als sinistres Exempel die rechtswidrige Habilitation eines (von der kirchlichen Hochschule Berlin abgelehnten) Habilitationsbewerbers im Fache »Systematische Evangelische Theologie« durch den Fachbereich Philosophie und Sozialwissenschaften der Freien Universität Berlin im Sommersemester 1971; *Axel v. Campenhausen*, Rechtsprobleme der Habilitation im Fach Theologie, in: Festschrift f. F. Berber, München 1973 S. 127 ff.

[530] Nach dem VwVfG dürfte es sich um einen schweren und evidenten Fehler handeln. Vgl. *Klaus Obermayer*, Verwaltungsverfahrensgesetz, Neuwied Darmstadt 1983 S. 600 f., § 44 Rdnr. 50 ff., 54.

die akademische Freizügigkeit und die fruchtbare wissenschaftliche Kommunikation im deutschen Universitätswesen hängen wesentlich davon ab, daß die von einer deutschen Universität erteilten Prüfungszeugnisse und Grade an allen anderen Universitäten Anerkennung finden und als Voraussetzung zur wissenschaftlichen Weiterarbeit in Promotion und Habilitation verwendet werden können; nur dadurch wird der Zwang zur sterilen »Inzucht« akademischer Schulen rechtlich verhindert. Und diese akademische Freizügigkeit ihrer Theologen hat für die Kirchen seit alters die innere Einheit und Gemeinsamkeit der zersplitterten evangelischen Landeskirchen[531], aber auch der Diözesen in Deutschland gewahrt. Die Einhaltung der Zuständigkeiten durch die Fakultäten ist also nicht lediglich eine technisch-juristische Äußerlichkeit (»Formalität«), sondern ein hohes Gut in wissenschaftlicher, gesellschaftlicher und kirchlicher Beziehung. Sie ist den Gremien der akademischen Selbstverwaltung keineswegs zur Disposition durch die Universitäts- und Fakultätsautonomie überantwortet.

b) Wissenschaftsbedingte Autonomiegrenzen

Die innere wissenschaftliche Kompetenz ist die Grundlage und Bedingung der äußeren Zuständigkeitsregelungen im Gefüge der Universität. Die Universitäten besitzen bekanntlich das Promotions- und Habilitationsrecht; die verantwortliche Durchführung dieses Rechts obliegt den Fakultäten bzw. Fachbereichen im Rahmen ihrer Fakultätsautonomie[532]. Diese ist durch die Garantie der Wissenschaftsfreiheit in Art. 5 III GG einerseits begründet, aber andererseits begrenzt: Diese rechtliche Kompetenz und Autonomie der Fakultäten ist an ihre fachliche Kompetenz und Selbstverantwortung gebunden. Auch insoweit stellt die Hochschulautonomie nur eine strenge Folge bzw. Funktion der Wissenschaftsfreiheit dar. Dies zieht der Gesetzgebung und Verwaltung im Hochschulbereich hier feste Grenzen. Der Gesetzgeber und die staatliche Kultusverwaltung können deshalb akademische Einrichtungen nur im Rahmen ihrer fachwissenschaftlichen Qualifikation mit dem Promotions- und Habilitationsrecht betrauen. Seine Verleihung an fachfremde Fakultäten und seine Ausübung durch sie ist rechtswidrig. Sie überschreitet den wissenschaftslegitimierten und -determinierten Autonomiebereich dieser Fakultät; und sie greift in den

---

[531] S. 209 f.

[532] *W. Weber*, aaO, S. 592; *Hans Gerber*, Das Recht der wissenschaftlichen Hochschulen Bd. 1, Tübingen 1965 S. 134 f., Bd. 2, 1965 S. 260 f.; *Wolfgang Sellert*, Zur Problematik der Habilitation in ihrer historischen Entwicklung, ZRP 1972 S. 68 ff.; *W. Thieme*, Deutsches Hochschulrecht S. 89 f., 193 f., 274 ff.; *Alexander Kluge*, Die Universitätsselbstverwaltung, Frankfurt a. M. 1958 S. 173 ff. – Vgl. auch oben S. 216 ff. zum theol. Satzungsrecht.

durch Art. 5 III GG geschützten Autonomie- und Kompetenzbereich der fachkompetenten Fakultäten in der Bundesrepublik ein, deren akademische Prüfungs- und Graduierungstätigkeit sach- und rechtswidrig entwertet und gestört wird, wenn sich Akte fachfremder Fakultäten in die Stufenfolge der ihnen vorbehaltenen wissenschaftlichen Prüfungen und Grade einzwängen.

Die Rechtsgrundlage für die Beschränkung des Promotions- und Habilitationsrechts auf den besonderen Wissenschaftsbereich einer Fakultät ergibt sich i. d. R. schon aus den einschlägigen Universitäts- und Fakultätssatzungen. Sie liegt aber letztlich in Art. 5 III GG: Die Wissenschaftsfreiheit will die freie und selbstverantwortliche wissenschaftliche Betätigung vor Fremdeinflüssen schützen; neben der Freiheit der Forschung und Lehre ist deshalb auch die akademische Selbstverwaltung in den äußeren Wissenschaftsangelegenheiten durch die Autonomie der akademischen Gremien garantiert[533]. Da diese Autonomie nur zum Schutze der eigenen fachwissenschaftlichen Funktionen vor fremden Ingerenzen gegeben ist, darf sie auch von den akademischen Gremien selbst nicht zum Übergriff in fremde Wissenschaftsbereiche benützt werden. Diese Verfassungsbindung ist für die Auslegung der Universitätsgesetze bestimmend. Auch soweit die Universitätsgesetze die spezifische Zuordnung des Promotions- und Habilitationsrechtes nur zu den einschlägigen Fachfakultäten nicht eigens einschärfen, ist diese doch verfassungsrechtlich geboten. Allgemeine Ermächtigungen der Hochschulgesetze, daß das Habilitations- und Promotionsrecht »den Universitäten« zustehe und von ihnen durch Satzung näher zu regeln sei[534], bzw. »der Verleihung« durch das Ministerium unterliege[535], erlauben nicht den Einbruch in fachfremde Disziplinen. Sie taugen insbesondere nicht zu ideologisierenden Veränderungsstrategien auf Kosten der Freiheit und Selbstverantwortung der Wissenschaften[536]. Besonders manche »klassischen« Disziplinen wie die Theologie und die Jurisprudenz sind auf den Schutz vor einer überwuchernden »Soziologisierung« angewiesen, damit ihre unaufgebbaren normativen Grundmomente nicht in die Faktizität gesellschaftlicher Prozesse aufgelöst werden und dadurch ihre »gesellschaftsbezogene« Kraft und Wirkung gerade einbüßen.

---

[533] Vgl. §§ 64 III HRG; 21 I Bad.-Württ.UG.

[534] Vgl. etwa §§ 15 III Nr. 6, 16, 18 UG Berlin v. 16. 7. 1969 und 37, 38, 43, 47, 154 Berl.HSchG v. 22. 12. 1978.

[535] § 54 II UG Bad.-Württ.: (Die Verleihung) »setzt eine ausreichend breite Vertretung dieses Faches an der Universität voraus«. Dies gilt (gem. Art. 5 III GG) auch für die Fakultät.

[536] Unten S. 324 ff., 342 ff.

c) Die Beschränkung theologischer Promotionen und Habilitationen
auf die theologischen Fakultäten

Nur voll ausgebaute theologische Fakultäten sind berechtigt, die theologischen Grade zu verleihen, insbesondere zum theologischen Doktor zu promovieren und für eine theologische Disziplin zu habilitieren[537]. Das gewohnheitsrechtlich verdichtete Herkommen, die positiv-rechtlichen Bestimmungen der neueren Hochschulgesetze und die innere Sachstruktur der differenzierten wissenschaftlichen Disziplinen gebieten gleichermaßen: Diese gehobenen wissenschaftlichen Qualifikationen können nur in der Gesamtverantwortung der betreffenden Fakultät und durch das korporative Zusammenwirken ihrer Lehrstühle erfolgen. Die Wissenschaften an der deutschen Universität sind einerseits hochspezialisiert in Teildisziplinen, andererseits durch zahlreiche Wechselwirkungen verklammert und aufeinander angewiesen. Die Forschung, Lehre und insbesondere auch die Prüfung kann deshalb sinnvoll nur in den gegliederten Einheiten der Fakultäten betrieben werden, in denen die einzelnen Fächer aufeinander aufbauen und einander ergänzen und korrigieren. Dies bestimmt die Zusammensetzung der Prüfungsgremien, Prüfungsfächer und Prüfungsmaßstäbe aller akademischen Prüfungen; gerade auch in den stark fachwissenschaftlich spezialisierten Promotionen und Habilitationen sorgt das aufgegliederte Begutachtungs- und Entscheidungsverfahren mit seinen verschiedenen schriftlichen und mündlichen Leistungsanforderungen und Verfahrenselementen für die übergreifende Verantwortung der Gesamtfakultät im Ineinandergreifen der Teildisziplinen. Bei den Theologen ist die innere Geschlossenheit der Fakultät besonders stark; die Gesamtheit ihrer klassischen Fächer wird im Ausbildungsgang von jedem Fakultätsmitglied durchlaufen und ihre Interdependenz ist in der Forschung und Lehre evident. Ihre exegetischen, historischen, systematischen und praktisch theologischen Teildisziplinen bilden und bedingen nur im Verbund die unverkürzte, unaufgebbare Einheit der wissenschaftlichen Theologie. In dieser sachbedingten Eigenart wird sie durch das wissenschaftliche Selbstverständnis des Faches begriffen und gemäß Art. 5 III GG in akademischer Autonomie gewährleistet[538].

---

[537] *W. Weber*, aaO, S. 593; *v. Campenhausen*, aaO, S. 135; *Müller-Volbehr*, aaO, S. 15. Das gilt für alle theologischen Grade. So richtig *Mussinghoff*, aaO, S. 95 Anm. 62.

[538] Die verfassungsrechtliche Voraussetzung für die verwaltungsrechtliche Anerkennung des Promotions- und Habilitationsrechts einer Fakultät ist deshalb die Besetzung der theologischen Lehrstühle mit qualifizierten theologischen Wissenschaftlern. Wenn je eine Theologenfakultät zu einem wesentlichen Teile nicht mit Theologen, sondern mit fachfremden Wissenschaftlern (Religionsphilosophen, -soziologen, Gesellschaftswissenschaftlern usw.) besetzt sein sollte, weil die staatliche Kultusverwaltung dies in »umfunktionalisierender« Berufungspraxis bewirkte oder die »theologischen« Lehrstuhlinhaber dies durch ihre eigene Wandlung selbst besorgten, so könnten

d) Keine theologische Graduierung durch fremde Fakultäten

Als Konsequenz ergibt sich:

Eine theologische Fakultät kann ihre akademischen Grade nur als Grade ihrer eigenen evangelischen bzw. katholischen Theologie verleihen, nicht aber als theologische Grade der fremden Konfession[539] und nicht als philosophische Grade der allgemeinen Religionswissenschaft vergeben.

Keiner theologischen Fakultät ist es verwehrt, ihr eigenes Wissenschaftsverständnis und Erkenntnisziel im Sinne der Universalität des wissenschaftlichen Wahrheitsstrebens und des (»wahren«) christlichen Offenbarungsverständnisses zu definieren. So wird die evangelische Theologie bemüht sein und vielleicht auch geltend machen, die wahre Katholizität und den eigentlichen Sinn »des Religiösen« treffender zu erfassen als die allgemeine Religionswissenschaft und als die katholische Theologie – wie diese ihrerseits dem unverkürzten Verständnis des Evangeliums und der religiösen Phänomene besser nahezukommen trachten und behaupten mag, und wie auch die Religionswissenschaft dies beiden gegenüber ohne »dogmatische« Voraussetzungen bzw. »Vorurteile« in Anspruch nimmt. Aber solange die Konfessionen und die von ihnen geprägte und sie tragende Theologie getrennt sind und noch nicht geistlich zur ökumenischen Einigung zurückgefunden haben, solange sie sich auch von einer säkularen Religionswissenschaft in ihrem Glaubens- und Wissenschaftsverständnis tief unterscheiden, kann ein freiheitlicher, weltlicher Kulturstaat die religiöse Krise und Spaltung durch sein weltliches Recht weder überwinden noch säkularisierend ignorieren. Er gibt deshalb in seiner liberal-pluralistisch-relativierten Weltlichkeit und Selbstbeschränkung den verschiedenen theologischen bzw. religionswissenschaftlichen Richtungen (jeweils nach ihrem Selbstverständnis) einerseits eine weltlich gewährte Entfaltungsfreiheit für ihre je eigenen, divergierenden, universalen Konzeptionen, andererseits Schutz vor fremdkonfessio-

---

ihre akademischen Grade nicht mehr als theologischer Status anerkannt werden, was insbes. von den anderen theologischen Fakultäten wie auch von kirchlicher Seite zu beachten ist. Vgl. auch S. 6 Anm. 11.

Dies würde auch für den Fall gelten, daß in einer Fakultät nicht die fachspezifisch theologische, sondern jede wissenschaftliche Qualifikation der akademischen Forscher und Lehrer fehlen würde. Immerhin gibt es im Zuge der Überführung des Lehrpersonals der Fach(hoch)schulen in die neugegründeten Gesamtuniversitäten nicht nur vereinzelte Fälle von Universitätsprofessoren neuer Art, die nicht einmal promoviert sind.

Die verwaltungsrechtliche Tatbestandswirkung der Verwaltungsakte bei derartigen, durch offenbar theologisch inkompetente Gremien verliehenen »theologischen« Graden müßte dann aus übergeordneten verfassungsrechtlichen Gründen der Wissenschaftsfreiheit und des Staatskirchenrechts eingeschränkt werden. Ein derartiger »theologischer« Grad könnte z. B. dann nicht als Zulassungsvoraussetzung zur theologischen Habilitation in einer anderen theologischen Fakultät dienen.

[539] Vgl. oben S. 232 ff. über die strikte Trennung des evangelischen und katholischen Prüfungswesens, die aus Artt. 4 und 5 GG im pluralistischen Wissenschaftsgefüge folgt.

nellem Übergriff. Das deutsche System des Staatskirchenrechts und Wissenschaftsrechts ist ja erwachsen aus seinen langen und bitteren Erfahrungen seit der Glaubensspaltung und Aufklärung, dem Liberalismus und Kulturkampf; in seinem differenzierten System der gesonderten theologischen und religionswissenschaftlichen Fakultäten hat es Freiheit in Vielfalt ohne Verfremdung zu gewährleisten versucht.

Dieses Wissenschafts- und Staatskirchensystem dürfte in der gegenwärtigen wissenschaftlichen und religiösen Situation der Zeit noch nicht als überholt anzusehen sein. Selbst wenn seine Legitimationsgrundlagen einmal geschwunden sein sollten, ist eine Abschaffung oder (»ökumenische« bzw. religionswissenschaftliche) Fusionierung der gesonderten Theologenfakultäten jedoch den dazu demokratisch legitimierten Parlamenten und Regierungen im demokratisch und rechtsstaatlich gebotenen Wege der Verfassungsänderung, Gesetzgebung, Vertragsveränderung vorbehalten, nicht aber den akademischen Gremien anheimgestellt. Ihre Wissenschaftsfreiheit ist durch die Struktur des theologischen Fakultätenrechts nicht eingeschränkt; ihre hochschulrechtliche Autonomie aber ist beschränkt durch die höherrangigen Verfassungs-, Gesetzes- und Vertragsregelungen.

Eine – evangelische bzw. katholische – theologische Fakultät kann und wird deshalb versuchen, sowohl der wahren Katholizität als auch der wahren Evangeliumsverkündigung »der« christlichen Kirche gerecht zu werden, so wie sie die Einheit der Kirche Jesu Christi, ihre Ökumenizität und ihren Verkündigungsauftrag versteht; sie kann des Glaubens sein, daß damit auch ihrer Schwesterfakultät der anderen Konfession in deren eigentlichem Grund und Wesen Genüge getan werde. Aber sie kann sich nicht über deren Selbstverständnis hinwegsetzen, kann deshalb weder deren theologische Grade erteilen, noch für diese einseitig theologische Grade von übergreifendem (»ökumenischem«) Geltungsanspruch verleihen. Derartige einseitigen Akte überschreiten die Kompetenz der Fakultäten.

Können dann aber theologische Fakultäten verschiedener Konfession durch gemeinsame (bzw. aufeinander abgestimmte) Rechtsakte einen gemeinsamen (»ökumenischen«) theologischen Grad schaffen? Oder können sie auf diese Weise wenigstens die theologischen Grade der fremdkonfessionellen Theologenfakultät als eigene theologische Grade »anerkennen«? Beides ist nach dem derzeitigen Stande der Wissenschaftsorganisation wie des Staatskirchenrechts zu verneinen. Die Kompetenz der Fakultäten beschränkt sich auf die Ordnung und Verwaltung ihrer Angelegenheiten in ihrem fakultätsspezifischen Wissenschaftsbereich; sie umfaßt nicht das Recht zur Veränderung seiner Grundlagen. Ihr Promotionsrecht und Habilitationsrecht ist nur auf die wissenschaftlichen Disziplinen bezogen, zu deren Pflege die Fakultät errichtet worden ist. Die Fakultäten haben keineswegs die Organisationsgewalt[540] zu Akten ihrer Teilauflösung und Teilfu-

---

[540] Diese Organisationsgewalt steht nach den Hochschulgesetzen den Kultusverwaltungen, u. U. eingeschränkt durch die Landesparlamente, sowie den zentralen Gremien der Universitäten, nicht jedoch den Fakultäten zu. – Vgl. S. 27 f., 80.

sion mit anderen Fakultäten, wie sie in einem fusionierten Promotions- und Habilitationswesen zu erblicken ist. Damit wird auch die kirchenvertragliche bzw. landesverfassungsrechtliche Bestandsgarantie der theologischen Fakultäten in deren konfessioneller Eigenart und Sonderung tangiert. Die Zuständigkeiten sind von den Fakultäten selbständig in eigener Verantwortung auszuüben und von den eigenen Fakultätsmitgliedern wahrzunehmen; sie sind nicht auf gemeinsame Gremien übertragbar, zumal dies die Zurechnung dieser Akte zu einer bestimmten Fakultät sowie das System der Aufsicht und des Rechtsschutzes verwirren würde. Verschiedene Fakultäten können zwar einem doppeltgraduierten Bewerber in parallelen Promotions- bzw. Habilitationsverfahren mit eigener, konkret verantworteter Prüfung jeweils den eigenen akademischen Grad verleihen. Die Graduierungsakte einer anderen Fakultät und Disziplin aber können sie nicht durch einen generellen Anerkennungsakt als eigenen akademischen Grad gelten lassen.

Ebensowenig kann eine philosophische Fakultät theologische Promotionen oder Habilitationen vornehmen, mag sie sich auch gegenständlich mit Themen der christlichen Theologie befassen, ja beanspruchen, dies methodisch »wissenschaftlicher« zu tun. Doch kann sie nicht die fremden Grade einer evangelischen oder katholischen Theologenfakultät verleihen, noch auch für diese einen überkonfessionellen theologischen Grad erschaffen. Derartige Akte sind wegen ihrer schweren, offenkundigen Verletzung der Fakultätszuständigkeit, der wissenschaftlichen Kompetenz und der staatskirchenrechtlichen Grenzen als nichtig anzusehen[541, 541a].

---

[541] Auch Fakultäten (bzw. Fachbereiche) für Religionswissenschaften können keine theologischen Habilitationen vornehmen, da sie nach Struktur und Kompetenz nicht eine evangelische bzw. theologische Fakultät darstellen, sondern dem Bereich der früheren Philosophischen Fakultät zuzurechnen sind, die in mehrere Nachfolgefachbereiche aufgegliedert worden ist. Durch ihre evident rechtswidrigen Kompetenzübergriffe von »theologischen« Fremdhabilitationen, wie sie gelegentlich vorgekommen sind (z.B. an der Univ. Gießen unter Protest der Evang. Kirche v. Hessen und Nassau i.J. 1983/84) verletzt die außertheologische Fakultät auch gröblich ihre Fürsorgepflichten gegenüber dem Habilitanden und setzt sich Amtshaftungs- und Regreßansprüchen aus.

[541a] Die Abgrenzung der evangelischen Theologie von der allgemeinen Religionswissenschaft hat die evangelisch-theologischen Fakultäten wiederholt beschäftigt. Anlaß hierfür war insbesondere der Plan der Marburger theologischen Fakultät, einen besonderen Doktorgrad der Religionswissenschaften neben dem evangelisch-theologischen Doktorgrad zu verleihen, wie es 1921 R. Otto initiiert und nach dem Zweiten Weltkrieg besonders H. Frick weiterverfolgt hat. Eine entsprechende Promotionsordnung wurde am 3. 5. 1950 durch den hessischen Kultusminister genehmigt, am 28. 8. 1950 die Einrichtung des Dr.sc.rel. öffentlich bekanntgegeben und durch zwei Ehrenpromotionen vollzogen; am 13. 5. 1951 folgte die erste (rite) Promotion. Die Landeskirche wurde erst nachträglich am 28. 6. 1950 durch Übersendung der gedruckten Promotionsordnung ohne Anschreiben von der Fakultät unterrichtet; sie erhob wiederholt (am 27. 10. 1950 und 9. 2. 1952) wegen des Verfahrens und der Sachproblematik Bedenken beim Kultusministerium, das fast anderthalb Jahre nicht antwortete und am 25. 3. 1952 und 9. 6. 1953 ein Tätigwerden ablehnte, auch die »Freundschaftsklausel« nach Art. 12 des Preuß.KV zur Bereinigung von Meinungsverschiedenheiten nicht für einschlägig hielt. – Mehr als zwei Jahre nach Einführung des Doktorgrads unterrichtete die Marburger Fakultät durch eine Denkschrift vom 8. 10. 1952 erstmals die Kirchenleitung genauer über die Vorgänge und ihre Gründe. Auf einer am 22. 11. 1952 folgenden Besprechung zwischen

e) Keine theologische Graduierung durch singuläre theologische Lehrstühle
bzw. Institute

Einzelnen Lehrstühlen für evangelische bzw. katholische Theologie, wie sie
an manchen Universitäten eingerichtet wurden, steht das theologische Promo-
tions- und Habilitationsrecht nicht zu. Es kann ihnen auch nicht verliehen
werden. Nach dem durch lange Übung gewohnheitsrechtlich befestigten Herkommen der deutschen Universitäten steht das Promotions- und Habilitationsrecht eben nur den Fakultäten, nicht dem einzelnen Gelehrten zu[542]. Diese
anspruchvollsten Akte der akademischen Selbstverwaltung und Wissenschafts-

---

dem Bischof und Vertretern der Fakultät erklärte sich diese bereit, von der neuen Promotionsordnung hinsichtlich des Dr.sc.rel. bis zur Klärung der Meinungsverschiedenheiten keinen Gebrauch
zu machen. –

Der evangelisch-theologische Fakultätentag befaßte sich mit der Angelegenheit am 29. 3. 1951 in
Erlangen auf Antrag der Göttinger Fakultät, sodann am 14. Oktober 1954 in Berlin. Dort hielt
Gerhard Ebeling ein ausführliches Referat »Zur Frage der Einführung eines religionswissenschaftlichen Doktorgrades neben dem Doktor der Theologie« (unv.), das dem Verf. dankenswerterweise
noch nach Fertigstellung dieses Buches zugänglich gemacht wurde. Die Aussprache und Stellungnahme des Fakultätentages, der auch die Marburger Vertreter zustimmten, veranlaßte die Marburger Evang.-theol. Fakultät, die Einführung eines besonderen religionswissenschaftlichen Doktorgrades wiederum aufzugeben. Maßgeblich dafür war die im breiten Konsens geteilte Sorge vor einer
Zerstörung des inneren und äußeren Status der evang.-theol. Fakultät. (»Wenn man dagegen die
Einrichtung eines Dr.sc.rel. neben dem Dr.theol. ins Auge faßt, wird man allerdings nicht umhin
können, festzustellen, daß durch diese institutionelle Veränderung in der Tat der theologische
Charakter der Fakultät essentiell verändert wird«, *Ebeling*, aaO, S. 26). Die evang.-theol. Fakultäten könnten ihre akademischen Funktionen nur auf der Grundlage ihres einheitlichen, theologischen Wissenschaftsbegriffes erfüllen, nicht aber das »Absehen von der grundsätzlichen Voraussetzung theologischer Wissenschaft ... ausdrücklich und institutionell durch eine zweigleisige Promotionsordnung legitimieren«. Ein verschiedenes und teilweise widerstreitendes Wissenschaftsverständnis diskreditiere das wissenschaftliche Wahrheitsbemühen und das christliche Glaubenszeugnis der Theologie. Die Marburger Fakultät beteuere selbst, keineswegs »sich aus einer theologischen
in eine religionswissenschaftliche Fakultät« verwandeln zu wollen. Die wissenschaftliche Forschung und Lehre (nach dem Selbstverständnis ihres Wissenschaftsbegriffs) und die kirchliche
Ausbildungsfunktion seien nicht innerlich zu trennen und auf divergente Prüfungsordnungen zu
verteilen. Die doppelte Zweckbestimmung der evangelischen Fakultät in ihren rein wissenschaftlichen und in ihren kirchlich-pädagogischen Aufgaben sei »in unteilbarer Ganzheit des Aufgabenbe-
reichs« auf ein und denselben Grund zurückbezogen, nämlich auf den christlichen Glauben« (aaO,
S. 20, 25). Die Pflege der Religionswissenschaft sei legitim im Rahmen einer theologischen Fakultät,
falle aber nicht aus deren Aufgabenbestimmung heraus. Deshalb erfordere ihre theologische Pflege
keinen besonderen akademischen Grad neben dem »Dr.theol.«; auch die anderen theologischen
Teildisziplinen würden nicht durch einen besonderen akademischen Grad verselbständigt und so
dem Mißverständnis i. S. eines untheologischen oder antitheologischen Wissenschaftsbegriffes
ausgesetzt.

[542] Deshalb hat auch ein durch seine Kirche wegen seiner Lehre bzw. seines Wandels beanstandeter Theologe, sofern er einen Status extra fakultates besitzt (S. 79, 100), kein eigenes Promotions-
und Habilitationsrecht für seine Schüler. Diesen ist eine Promotion und Habilitation natürlich
keineswegs versperrt, sondern (zu den normalen einschlägigen Voraussetzungen des ordnungsgemäßen Studiums usw.) in ihrer katholischen bzw. evangelischen theologischen Fakultät, bzw. in der
kultur- oder religionswissenschaftlichen Fakultät eröffnet.

pflege, auf denen die Zukunft der Wissenschaft beruhte, waren der solida-
rischen Selbstkontrolle der gelehrten Korporationen anvertraut. Vornehmlich
in ihnen äußerte sich der korporative Charakter der Fakultät; in seiner individuellen Mitentscheidung und der kollegialen Gesamtverantwortung aller Fachvertreter war und ist er durch keine anstaltlichen Administrativformen ersetzbar.
Daß nur die Fakultäten (bzw. Fachbereiche), nicht aber der einzelne Forscher
und Lehrer die Zuständigkeit hierfür besitzt, ist auch in den modernen Hochschulgesetzen[543] vielfach festgeschrieben worden, wie dies auch notwendig aus
der Sachgesetzlichkeit der Materie folgt. Die Habilitation dient der »förmlichen
Feststellung der wissenschaftlichen und pädagogischen Eignung zum Professor
in einem bestimmten Lehrgebiet an wissenschaftlichen Hochschulen«[544]. Ein
einzelner Gelehrter ist dazu nicht sachgerecht in der Lage. Nur die Gesamtheit
ihrer exegetischen, historischen und systematischen Bezüge stellt das Fach als
Einheit dar. Die Habilitation in einem ihrer Teilgebiete enthält eben nicht nur
eine Spezialisten-Anerkennung, sondern die Qualifikation des Gelehrten als
Glied der übergreifenden Einheit evangelischer bzw. katholischer Theologie.

Daran hat auch ein gewisser Trend zur Bedeutungsminderung der Habilitation nichts
geändert, wie er nach 1968 der Hochschulgesetzgebung mancher Länder eigen war[545].
Die Berufung von Nichthabilitierten auf Lehrstühle war schon immer möglich und z. T.
üblich, nicht nur bei Architektur- und Ingenieurwissenschaften, sondern auch bei manchen praxisorientierten Zweigen der Jurisprudenz und gerade der Theologie. Daß das
Institut nicht das Monopol des Zugangs zur akademischen Lehre besaß und besitzt, ist
jedoch kein Rechtfertigungsgrund, es zu zerstören oder zu pervertieren; soweit es vom
Gesetzgeber als wissenschaftsadäquates, verantwortliches Verfahrensinstrument der
Prüfung und Ergänzung des universitären Lehrkörpers anerkannt ist, muß es auch von
den Hochschulen und Kultusverwaltungen in einer wissenschaftsgerechten, Art. 5 III
GG entsprechenden Weise gehandhabt werden. Daß einzelnen Lehrstühlen das Habilitationsrecht nicht im Alleingang einzelner Bundesländer übertragen werden darf, ergibt
sich auch aus der Pflicht zum bundesfreundlichen Verhalten sowie aus der übergreifenden Geltung der Wissenschaftsfreiheit im Bundesgebiet. Da das Institut der Habilitation
praktisch nach wie vor zentralen Rang in der Hochschulgesetzgebung und -praxis der
meisten Bundesländer besitzt und da die einzelne Habilitation »Tatbestandswirkung« als
Berufungsvoraussetzung für die anderen Bundesländer entfaltet, hat jedes Land den
gemeinsamen wissenschaftlichen Standard der Universitäten und die akademische Freizügigkeit zu respektieren. Die rücksichtslose Ausübung seiner Hochschulkompetenzen
gefährdet sonst die Anerkennung der Habilitationen zwischen den Bundesländern, an
der die Einheit und freie Kommunikation der Wissenschaft im Berufungswesen und die
Gleichheit der beruflichen Chancen des wissenschaftlichen Nachwuchses hängt.

---

[543] Vgl. etwa §§ 74 II Bay.HSchG; 55, 21, 25 I, III Ziff. 4 Bad.-Württ.UG; 24 IV, V, 57 Rhld.-
Pfälz.HSchG; 89 II Ziff. 6, 154 IV, V Berl.HSchG; 27, 95 IV Nieders.HSchG.

[544] Statt anderer: § 74 I Bay.HSchG.

[545] *W. Weber*, aaO, S. 591. – Das HRG des Bundes hat auf eine Regelung der Habilitation
verzichtet.

f) Keine theologische Graduierung durch nichttheologische Fakultäten mit integrierten theologischen Einzellehrstühlen

Singulären Theologielehrstühlen ist das theologische Promotions- bzw. Habilitationsrecht auch dann verschlossen, wenn sie in eine außertheologische – etwa in die philosophische – Fakultät eingegliedert sind. Solche »versprengten« Theologieprofessuren sind dann zwar in eine kollegiale Mitverantwortung eingebunden, aber diese ist nicht fachspezifisch theologisch qualifiziert, wie es die theologische Promotion und Habilitation voraussetzt. Eine solche Fakultät kann als philosophische Fakultät – wie ausgeführt – nur einen philosophischen akademischen Grad verleihen und nur die Lehrbefähigung für die in ihr vertretenen philosophischen Disziplinen erteilen; dies gilt auch dann, wenn das Verfahren wesentlich von dem dort integrierten Theologen als Mentor (»Doktorvater« etc.) betreut wird. Die Fachrichtung einer Habilitation bzw. Promotion ist stets bestimmt durch die Fachrichtung der Fakultät und nicht durch diejenige der einzelnen Lehrstuhlinhaber, da das Promotions- und Habilitationsrecht nicht diesen, sondern der Fakultät zusteht. So kann auch ein Theologe oder Mediziner, der einen kirchenrechtlichen bzw. gerichtsmedizinischen Lehrstuhl in einer juristischen Fakultät innehat, seine Schüler nur in der Jurisprudenz promovieren und habilitieren; es ist hier eben die juristische Fakultät, in deren institutionelle Organisation, Kompetenz und kollegiale Mitverantwortung er voll eingegliedert ist und deren juristische Grenz- und Ergänzungsgebiete er betreut.

Eine – deklaratorisch zu verstehende – Bestätigung dieser Rechtslage findet sich in neueren Kirchenverträgen. So haben Vereinbarungen des Saarlandes mit der katholischen und evangelischen Kirche i. J. 1968 zur Errichtung zweier Lehrstühle für katholische und für evangelische Theologie an der philosophischen Fakultät der Universität Saarbrücken geführt, da diese keine theologischen Fakultäten besitzt. Der Inkorporationsbeschluß der philosophischen Fakultät und das die Kirchenverträge transformierende Ratifikationsgesetz des Landes vom 19. 6. 68 haben die Rechtslage klargestellt[546]: Die philosophische Fakultät kann keine theologischen Grade verleihen, sondern promoviert nur zum Dr. phil., sofern es sich um wissenschaftliche Grenzgebiete handelt; theologische Habilitationen aber läßt sie jedenfalls durch auswärtige theologische Fakultäten durchführen, auch wenn es sich um einen später als Dozenten zu übernehmenden Schüler eines ihrer theologischen Lehrstuhlinhaber handelt.

Ein paralleles Problem bildet die Aufstellung der theologischen Berufungslisten zur Besetzung dieser theologischen Professuren. Auch hier ist die philosophische Fakultät infolge ihrer mangelnden theologischen Fachkompetenz – Art. 5 III GG gemäß – zu einem aufwendigen »Amtshilfe«-Verfahren durch benachbarte Theologenfakultäten und

---

[546] W. *Weber*, aaO, S. 593; vgl. *ders.*, Konkordate und Kirchenverträge Bd. 2 S. 141 ff., 144 Ziff. 4 b.

»führende Theologen« verpflichtet[547]. – Diese Regelung beherrscht auch das Berufungsverfahren auf theologische Lehrstühle der Pädagogischen Hochschulen, die hier förm-
lich verpflichtet werden, »den Rat« einer benachbarten theologischen Fakultät für ihre
Berufungslisten einzuholen[548]. In einigen anderen Bundesländern sorgen besondere
Vorkehrungen dafür, daß bei Aufstellung der Berufungslisten für die theologischen
Professuren der Pädagogischen Hochschulen der theologische Sachverstand durch eigene Ausschüsse auswärtiger theologischer Wissenschaftler eingebracht werden kann[549].
Die Entwicklung zur Integration der Pädagogischen Hochschulen in den Universitätsbereich hat die Bedeutung der wissenschaftlichen Sachkompetenz und die Bindung der
akademischen Graduierung an die kompetenten Fakultäten nicht abgeschwächt, sondern
gestärkt. Nur dies wird der erstrebten Verwissenschaftlichung gerecht, die als Sachziel
(und nicht als Etikettenschwindel) ernst zu nehmen ist.

Daß theologische Wissenschafts- und Selbstverwaltungsentscheidungen nur kraft
theologischer Sachkompetenz und deshalb nicht von anderen Fakultäten vorgenommen
werden können, hat sich als Grundprinzip des neueren Universitätsrechts und Staatskirchenrechts zunehmend herausgeschält. Durch die jüngsten Verträge Nordrhein-Westfalens mit dem Heiligen Stuhl vom 26. 3. 84 und mit den Evangelischen Kirchen vom
29. 3. 84 ist dies für die genannte Frage der Berufungsvorschläge zur Besetzung von
Theologieprofessuren außerhalb der katholisch-theologischen und der evangelisch-
theologischen Fachbereiche nunmehr landesweit klar und verbindlich geregelt[550]. Erst
recht gilt dieser Grundsatz für die Verleihung akademischer theologischer Grade: Bei
dieser handelt es sich ja um Akte der unmittelbaren theologischen Wissenschaftsaus-
übung und nicht nur um deren Hilfsgeschäfte der akademischen Selbstverwaltung, wie es
bei den Berufungsvorschlägen der Fall ist.

Auch in Berlin gilt diese Rechtslage entsprechend, wie sich aus der Vereinbarung des
Landes Berlin mit der Evangelischen Kirche in Berlin-Brandenburg vom 4./18. Juli 1969
über die Kirchliche Hochschule Berlin ergibt. Die Kirchliche Hochschule nimmt danach
für den Staat wie für die Kirche in Berlin »die Funktionen einer Evangelisch-theologischen Fakultät« wahr, die an der Freien Universität fehlt; im unmittelbaren Zusammenhang hiermit wird ihr theologisches Promotions- und Habilitationsrecht von beiden
Vertragspartnern bestätigt[551]. Daß dies exklusiv zu verstehen ist und die Erteilung

---

[547] Daselbst S. 144 Ziff. 1–3; ferner Vertrag zwischen dem Saarland und der Evang. Kirche i.
Rhld. v. 30. 11./5. 12. 1967 mit Zusatzprotokoll, *W. Weber*, aaO, S. 224.
[548] Vertrag zwischen dem Heiligen Stuhl und dem Saarland v. 12. 11. 1969 (ABl 1970 S. 277 f.; in
dieser Richtung schon § 3 Anlage zum Nieders.Konk v. 1. 7. 1965, *W. Weber*, aaO, S. 79, 104.
[549] Vgl. den Notenwechsel zwischen dem Nuntius und dem Ministerpräsidenten in NRW v. 21./
22. 4. 1969 Abschn. II, *W. Weber*, aaO, S. 129; für die evang. Seite vgl. § 2 Vereinbarung zwischen
der Landesregierung und den Evang. Kirchen v. 28. 11./29. 12. 1969, *W. Weber*, aaO, S. 191.
[550] Art. III Abs. 2 Konk (bzw. Art. III Abs. 3 KV): »Bei der Besetzung von Stellen für Professoren der Katholischen (bzw. Evangelischen) Theologie außerhalb der katholisch-theologischen
(bzw. evangelisch-theologischen) Fachbereiche ist der Berufungsvorschlag von einer Berufungskommission vorzubereiten, der als Professoren nur solche der Katholischen (bzw. Evangelischen)
Theologie angehören dürfen. Die weiteren Mitglieder der Berufungskommission müssen wissenschaftliche Mitarbeiter oder Studenten im Fach Katholische (bzw. Evangelische) Theologie sein und
der Katholischen (bzw. Evangelischen) Kirche angehören.« Dazu die Regierungsbegründung:
»Abs. 2 (bzw. Abs. 3) soll konfessionsfremde Einflüsse auf die Aufstellung von Berufungsvorschlägen vermeiden.«
[551] § 1 I, 5, *W. Weber*, Konkordate und Kirchenverträge, Bd. 2 S. 162 f.

theologischer Grade durch die philosophische Fakultät der Freien Universität Berlin ausschließt, folgt aus dem Gesamtzusammenhang und Zweck der Regelung und aus der wissenschaftlichen Sachstruktur, aber auch aus der Sonderbestimmung des § 5: Das Land kann der Kirchlichen Hochschule den Status als »die« theologische Fakultät Berlins nur aufkündigen, wenn es selbst eine eigene theologische Fakultät an der FU errichtet oder wenn der wissenschaftliche Charakter der Kirchlichen Hochschule verloren zu gehen droht. Mit dem Wortlaut und Sinn dieser Vereinbarung und ihrer abermaligen, feierlich-pathetischen Bestätigung durch das »abschließende Protokoll« vom 2. 7. 1970[552] war es nicht vereinbar, daß das Land Berlin alsbald diesen theologischen Fakultätsstatus der Kirchlichen Hochschule verletzte, indem es eine theologische Habilitation durch die philosophische Fakultät der FU vornehmen ließ, diesen Rechtsbruch rechtsaufsichtlich duldete, ja durch die Berufung des rechtswidrig Habilitierten auf einen theologischen (!) Lehrstuhl der FU selbst alsbald provokativ verfestigte.

g) Theologische Habilitationen nur für begrenzte Teildisziplinen der Theologie

Das Erfordernis der theologischen Kompetenz hat Konsequenzen auch für den Umfang des Fachgebietes des Habilitierten: Seine Lehrbefähigung und seine (darauf aufbauende) Lehrbefugnis (venia legendi) kann nur für eine (bzw. auch mehrere) theologische Teildisziplinen, jedoch nicht für das Gesamtgebiet der evangelischen oder der katholischen Theologie erteilt werden.

Da die evangelische wie die katholische Theologie in Deutschland seit Generationen stark spezialisiert ist, kann auch der Fachwissenschaftler sie in der ganzen Weite des Forschungsfeldes und Fülle der Forschungsergebnisse kaum annähernd überschauen, von ihren starken interdisziplinären Interdependenzen mit den außertheologischen Disziplinen der Philologie, Philosophie, Historie, Soziologie, Psychologie, Jurisprudenz ganz zu schweigen. Üblicherweise wird die theologische Lehrbefähigung deshalb von den theologischen Fakultäten nur für begrenzte Teilgebiete erteilt. Dieser akademische Stil ist auch ein Rechtsgebot. Wenn die Habilitation durch die Hochschulgesetze als höchste wissenschaftliche Qualifikation definiert ist, kann sie nur auf Grund besonderer Forschungsleistungen für die theologischen Teildisziplinen nachgewiesen und erteilt werden. Die wissenschaftliche Beherrschung des vollen Gesamtbereichs der evangelischen Theologie in eigenständiger Lehre und Forschung geht über das Vermögen eines Gelehrten, zumal einer Nachwuchskraft, weit hinaus[553].

---

[552] »Der Senat begrüßt auch seinerseits die in freundschaftlichem Geiste vereinbarten Regelungen als Ausdruck des guten Zusammenwirkens und des vertrauensvollen Verhältnisses . . . das damit für die Zukunft gefestigt und geordnet wird . . .«, vgl. *W. Weber*, aaO, S. 173.

[553] Man stelle sich vor, welche Heiterkeit unter Medizinern oder Juristen eine Habilitation für »die Medizin« bzw. »die Jurisprudenz« hervorrufen würde. Für den so Habilitierten wäre die Frage der Berufbarkeit entschieden.

Zur wissenschaftlichen Qualifikation gehört auch die Erkenntnis der eigenen Grenzen; die überzogene Weite einer Habilitation wirft deshalb auch ein schlechtes Licht auf die Fähigkeiten dessen, der sie beantragt hat.

Habilitationen, die für das Gesamtgebiet der evangelischen bzw. der katholischen Theologie ausgesprochen worden sind, sind als Verwaltungsakte rechtswidrig, da ihnen die – rechtsstaatlich gebotene – inhaltliche Bestimmtheit hinsichtlich der Teildisziplinbezeichnung fehlt[554]. Vielfach wird eine klärende Bestimmung durch Auslegung aus den Umständen nicht möglich sein; da die konkrete Abgrenzung der Gebiete und Nebengebiete einer venia von den konkreten Leistungen und Bewertungen des Einzelfalles abhängt und es sich insoweit um eine unvertretbare Entscheidung des Fakultätsgremiums kraft dessen akademischer Autonomie handelt, kann sie von keiner anderen Instanz, auch nicht von einer anderen theologischen Fakultät (ohne das unumgängliche Verfahren!) durch Interpretation nachgeliefert werden.

h) Geltung auch für die Gesamthochschulen?

Für die traditionellen deutschen Theologenfakultäten dürften diese rechtlichen Begrenzungen kaum bestritten sein. Sie gelten aber auch für die Pädagogischen Hochschulen und Fachhochschulen, die z. T. von dem neueren Hochschulrecht mit den wissenschaftlichen Hochschulen, d. h. den Universitäten alten Stils, zu Gesamthochschulen[555] vereinigt werden sollen.

Bei ihnen ist die Rechtslage einstweilen noch weniger abgeklärt und der praktische Verwaltungsstil gelegentlich problematisch; an Gesamthochschulen wurde jüngst schon vereinzelt die Habilitation für das Gesamtgebiet »der evangelischen Theologie« erteilt. An den Pädagogischen Hochschulen gab es seit langem einzelne Lehrstühle bzw. Einheiten für evangelische bzw. katholische Theologie und für evangelische bzw. katholische Religionspädagogik, jedoch ohne die fakultätsmäßige Aufgliederung und volle Repräsentation der verschiedenen theologischen Teildisziplinen. Ihre wissenschaftlich qualifiziertesten theologischen Lehrkräfte wurden i. d. R. nach ihrer Habilitation in einem theologischen Spezialgebiet durch eine traditionelle theologische Fakultät dann auf einen solchen all-round-Lehrstuhl für (allgemeine) Theologie oder Religionspädagogik an der Pädagogischen Hochschule berufen. Als diese nun nach Bildung von Gesamthochschulen ein eigenes Promotions- und Habilitationsrecht erhielten, wuchs die natürliche Neigung, auch eigene theologische Habilitationen von der Weite und Allgemeinheit der dortigen theologischen Lehrstuhlbezeichnungen zu verleihen.

Die Befugnis zur Promotion und Habilitation dieser Hochschuleinheiten

---

[554] Eine theologische Totalhabilitation dürfte i. Zw. als ein Fall faktischer Unmöglichkeit dieses Verwaltungsaktes anzusehen sein, der die Nichtigkeit nach sich zieht. *Obermayer*, aaO, § 37 Rdnr. 9 ff., 23 ff.

[555] Zu den kooperativen oder integrierten Gesamthochschulen vgl. § 5 HRG und die einschlägige Landeshochschulgesetzgebung etwa in §§ 34, 35 Bad.-Württ.UG oder §§ 9 ff., 12 ff. des Gesetzes über die Bildung von Gesamthochschulen in Nordrhein-Westfalen v. 30. 5. 1972 (GVBl S. 134) nebst Änderungen.

bemißt sich nach den vom Kultusminister genehmigten Promotions- und Habilitationsordnungen, also nach dem autonomen Recht dieser Hochschulen und nach der Entscheidung der mitwirkenden staatlichen Kultusverwaltung. Sie haben dabei – im Rahmen der Verfassung und der Gesetze – einen gewissen Gestaltungsspielraum und sind im Prinzip nicht an die überlieferten Formen des akademischen Promotions- und Habilitationswesens gebunden. Indessen ergeben sich hier speziell für die theologischen Grade besondere Grenzen aus den Sonderverhältnissen des Staatskirchenrechts[556]:

3. Staatskirchenrechtliche Gewährleistungen und Grenzen

a) Aus der Statusgarantie der Theologenfakultäten

Werden theologische Grade, insbesondere die Habilitation, durch nichtfachkompetente Gremien oder in nichtfachkompetenter Weise erteilt, so berührt dies tiefgreifend den Status der theologischen Fakultäten. Da dieser jedoch in den verschiedensten Landesverfassungen, Kirchenverträgen und Gesetzen garantiert ist, kann er nicht durch rangniederes akademisches Satzungsrecht angetastet werden. Theologische Fremdhabilitationen und Globalhabilitationen haben eben ihre Rückwirkungen (»Tatbestandswirkung«) auf die traditionellen theologischen Fakultäten. Sie beeinträchtigen deren Kompetenzen durch ihre Konkurrenz, stören so deren Funktionen einer wissenschaftsgerechten und -geforderten spezialisierten Habilitationstätigkeit, entwerten deren Akte und bedrohen ihr institutionelles Gefüge, da sie der Kultusverwaltung ein habilitiertes Berufungspotential präsentieren, das den fachwissenschaftlich-spezifizierten Leistungsnachweis nicht besitzt.

Es ist keine Frage, daß sich die Bestandsgarantie der theologischen Fakultäten nach dem Willen der Verfassungsgeber und der beiden Vertragsparteien auf Fakultäten von der aufgegliederten Struktur und konvergierenden Vielzahl der theologischen Fächer und Lehrstühle bezieht, wie sie bei Erlaß dieser Garantien seit alters und unbestrittenermaßen bestanden. Teilweise ist der ausdifferenzierte Sollbestand dieser Lehrstühle in den Kirchenverträgen ausdrücklich aufgezählt worden[557]. Den gleichen Effekt hat die erwähnte Bezugnahme der Konkordate auf die kirchlichen Vorschriften über die Studien- und Prüfungsordnungen. Wie seinerzeit die Apostolische Konstitution »Deus scientiarum Dominus« von 1931 enthält auch die heute maßgebliche Apostolische Konstitution »Sapientia Christiana« von 1979 und ihre Durchführungsverordnung detaillierte Bestimmungen über die Gliederung der theologischen Lehrstühle, Studien- und Prüfungsgänge, Leistungen und Prüfungen in den philosophischen, exegetischen, fundamentaltheo-

---

[556] Daneben ergeben sich Grenzen aus Art. 5 III GG, vgl. oben S. 250 f.

[557] Schlußprotokoll zu Art. 14 I Rhld.-Pfälz.KV, *W. Weber*, aaO, Bd. 2 S. 205, auch Bd. 1 S. 129 mit der Mainzer Vereinbarung v. 15./17. 4. 1946.

logischen, dogmatischen, moral- und pastoraltheologischen, liturgischen, kirchenge-
schichtlichen und – last not least – kirchenrechtlichen Teildisziplinen[558]. Durch die
staatliche Bezugnahme auf diese kirchlichen Normen im Konkordat und seinem Trans-
formationsgesetz hat diese Fächeraufgliederung auch verbindliche Geltung als Vertragspflicht und (vorrangiges) Spezialgesetz im staatlichen Rechtsbereich[559]. Auch für die
evangelisch-theologischen Fakultäten ergibt sich aus Geschichte und Telos der Bestandsgarantien, daß die theologischen Fächer sowohl in ihrer Spezialisierung wie in ihrem
Zusammenhang weiter bestehen sollten[560]. Für beide Konfessionen bedeutet die Bestandsgarantie der Theologenfakultäten nicht lediglich eine Institutionenhülse mit beliebiger staatlicher Inhaltsfüllung; sie schützte und schützt damals und künftig die Theologie in ihrer – evangelisch wie katholisch bestimmten – Eigenart als Theologie und in der
Vielfalt ihrer notwendigen theologischen Teildisziplinen, die dementsprechend von
theologischen Fachgelehrten getragen werden muß.

Die Integration religionspädagogischer Einheiten bzw. theologischer Einzellehrstühle in die Gesamthochschulen darf diesen kirchenvertragsgeschützten
und gesetzlich bestätigten Status der theologischen Fakultäten nicht durch
theologische Billighabilitationen untergraben. Solange an den – integrierten
oder kooperativen – Gesamthochschulen nicht voll ausgebaute theologische
Fakultäten vorhanden sind, kann ihnen das theologische Habilitationsrecht[561]

---

[558] Vgl. oben S. 221 ff. Besonders eingehend ist die Regierungsbegründung z. Bad.Konk, vgl. *W.
Weber*, aaO, Bd. 1 S. 125. – Sapientia Christiana v. 15. 4. 1979 Artt. 3, 22 ff., 38 ff., 46 ff. sowie die
Durchführungs-Verordnungen der Kongregation für das Katholische Bildungswesen v. 29. 4. 1979
Artt. 17 ff., 29 ff., 34 ff., 50 ff., bes. 51.

[559] S. 222 ff., bekräftigt durch die Kirchenvertragsklausel in den Hochschulgesetzen, vgl. S. 3
Anm. 7.

[560] Die Konkordatsbestimmungen sind auch nicht über den Paritätsgrundsatz auf die evang.
Fakultäten und Kirchen zu erstrecken. Aber aus Art. 3 I GG ergibt sich eine Pflicht des Staates zu
gleichwertiger Behandlung unter Berücksichtigung der Verschiedenheiten. Oben S. 44 ff., 125 f.

[561] Verschiedentlich erwogen wurde auch die Schaffung eines besonderen theologischen Habilitationsrechts minderer bzw. eingeschränkter Qualität (etwa nur für Religionspädagogik), das nicht
für theologische Professuren an Theologischen Fakultäten, sondern nur für solche an Pädagogischen Hochschulen bzw. Fachhochschulen qualifizieren würde. Doch würde dies dem Zweck der
Gesamthochschulen zuwiderlaufen, da diese gerade eine stärkere Verwissenschaftlichung dieser
Pädagogischen bzw. Fachhochschulen intendieren. Auch würde damit ein theologisches Fach der
praktischen Theologie aus dem Gesamtverbund der theologischen Teildisziplinen, die hochspezia-
lisiert doch eine Einheit bilden, herausgesprengt, verselbständigt und von den unentbehrlichen
Grund- und Querverbindungen mit den exegetischen, systematischen, historischen Disziplinen der
Theologie gelöst, dafür vermutlich um so stärker bestimmten Fremdeinflüssen der pädagogischen,
soziologischen, psychologischen Schulenmoden (dilettierend) ausgeliefert. Dies widerspricht der
Sachgesetzlichkeit, d. h. der inneren Einheit und Vielfalt der Theologie als unaufgebbarer geistiger
Sinneinheit; dies schädigt desgleichen die Ausstrahlungswirkung und interdisziplinäre Effizienz der
Theologie in jenen Wissenschaftseinrichtungen, die ihrerseits auf eine unverkürzte theologische
Kooperation angewiesen sind. – Zu beachten ist hier die verschiedene Aufgabenbestimmung der
Hochschulen, etwa in Baden-Württemberg nach §§ 3 UniversitätsG (»die Verbindung von For-
schung, Lehre und Studium« zu »der Pflege und der Entwicklung der Wissenschaften«), 3 Fach-
hochschulG (»bereiten durch anwendungsbezogene Lehre auf berufliche Tätigkeiten vor, die die
Anwendung wissenschaftlicher Erkenntnisse und wissenschaftlicher Methoden . . . erfordern«), 3

für evangelische bzw. katholische Theologie auch aus staatskirchenrechtlichen Gründen weder vom Gesetzgeber noch von den Satzungsordnungen noch durch Verleihungs- bzw. Zustimmungsakte des Kultusministeriums eingeräumt werden.

b) Aus der kirchlichen Mitwirkung bei der Berufung theologischer Lehrer

Die dargelegten Mitwirkungsrechte[562] der Kirchen bei der Besetzung der theologischen Fakultäten werden unterlaufen, wenn der Staat die theologischen Kernfunktionen wie die Promotionen und Habilitationen von theologisch inkompetenten Stellen bzw. in theologisch inkompetenter Weise ausüben läßt. Diese Mitwirkungsrechte sind ja nicht Selbstzweck oder Prestigepunkt für die Kirchen, sondern ausschließlich funktionsgewidmet und funktionsbedingt: Die Personalmitwirkung sichert die spezifisch geistlichen Funktionen, die den Theologenfakultäten in der Erforschung, Entfaltung und Vermittlung der göttlichen Offenbarung und in der Geistlichenausbildung für die Kirche obliegen, da der weltliche, konfessionell neutrale Staat »den wahren Sinn des Christlichen«, »des Evangelischen« und »der Katholizität« nicht selbst entscheiden kann und darf, sondern dies dem Eigenverständnis der Religionsgemeinschaften und seiner Bürger überläßt[563]. Das fein abgestimmte System der geistlichen und weltlichen Gesichtspunkte und Verantwortlichkeiten zwischen Staat und Kirche, ihrer inneren Trennung und äußeren Kooperation bei der Pflege der theologischen Wissenschaft beruht auf der Voraussetzung, daß sich der Staat selbst hieran hält und den fein austarierten Kompromiß nicht durch wuchernden Wildwuchs verfallen läßt.

KunsthochschulG, 3 Pädagog.HochschulG (§ 41 Promotionsrecht auf dem Gebiet der Erziehungswissenschaft und der auf die Schule bezogenen Didaktik . . .). Dieser Verschiedenheit der Aufgabenbestimmung entspricht es (1.) die Theologie ungeschmälert (nach Niveau und Vielfalt) in die Gesamthochschulen (bzw. in die angegliederten nichtwissenschaftlichen Hochschulen) einzubringen, indem man nur an den Theologischen Fakultäten habilitierte Wissenschaftler dorthin beruft, (2.) diesen Einrichtungen jedoch nicht das Habilitationsrecht für religionspädagogische Teildisziplinen einer »Schmalspurtheologie« zu verleihen, sondern es bei den voll ausgebauten Theologenfakultäten zu belassen.

Auch die – nicht unproblematische – Verleihung eines besonderen religionspädagogischen (also nicht volltheologischen) Promotionsrechts an Pädagogische Hochschulen bzw. Gesamthochschulen setzt die theologische Kompetenz des graduierenden Gremiums voraus. Zweckdienlich hierfür sind Kooperationsabkommen mit benachbarten Theologenfakultäten, die deren Mitwirkung in der erforderlichen theologischen Breite und Vertiefung gewährleisten. Ein entsprechendes Abkommen besteht z. B. zwischen der Universität Tübingen und der Pädagogischen Hochschule Reutlingen.

[562] S. 47 ff., 87 ff., 220 ff.

[563] S. 34 ff.; zu den Ausweichmöglichkeiten vgl. S. 66 ff., 101

c) Aus der Doppelfunktion der Theologenfakultäten

Staat und Kirchen haben die doppelte Zuordnung[564] der Theologenfakultäten zu den staatlichen wie den kirchlichen Aufgaben und Maßstäben, Verantwortlichkeiten und Entscheidungskompetenzen verbindlich anerkannt und vielfältig praktiziert, auch soweit keine kirchenvertraglichen Spezialregelungen in manchen Ländern und zu manchen Fragen existieren. Die Achtung dieses Doppelauftrags bildet so teils eine ausdrückliche Rechtsverpflichtung, teils die rechtliche Voraussetzung dafür, daß die Kirchen die Ausbildung ihrer Geistlichen und die wissenschaftliche Aufbereitung und Vermittlung ihrer Verkündigungsgrundlagen der staatlichen Wissenschaftspflege anvertrauen. Sie haben auf dieser Basis ihr eigenes kirchliches Hochschulrecht[565] gering gehalten, bzw. ihre kirchlichen Einrichtungen in die staatlichen theologischen Fakultäten überführt.

Die katholische Kirche hat die Geistlichenausbildung seit dem 19. Jahrhundert verstärkt von den tridentinischen Klerikalseminaren an die theologischen Fakultäten der Universität geleitet, zu deren Gunsten auch in jüngster Zeit ihre katholisch-theologischen Hochschulen Dillingen, Freising, Regensburg aufgegeben; ebenso sind die evangelischen kirchlichen Hochschulen etwa in Bethel, Wuppertal, Neuendettelsau im wesentlichen auf eine ergänzende, propädeutische Rolle beschränkt worden. An der Erhaltung dieses Systems ist auch der Staat stark interessiert aus den verschiedensten Gründen der Kulturpflege, der allgemeinen Bildung des Volksbewußtseins, der gesellschaftlichen und politischen Integrationsbedürfnisse seiner pluralistischen Struktur, auch der materiellen Sicherung und inneren Freiheitlichkeit der theologischen Forschung und Lehre. Dieser staatlich-kirchliche Doppelauftrag hat in der katholischen nihil-obstat-Regelung der Konkordate seine prägnanteste Anerkennung gefunden. Für die evangelische Kirche aber ist seine selbstverständliche Respektierung durch den Staat von um so größerem Interesse, als ihre Mitwirkungsrechte bescheidener formuliert und nicht derart vertragsgesichert worden sind. Sie dachte darauf bauen zu können, daß »ihre« evangelische Theologenfakultät sich selbst als ein Teil der evangelischen Kirche, ja als »die theologische Autorität« der Kirche fühlen und verhalten werde, so daß in dieser Weise auch ihren theologischen Promotionen, Habilitationen und Berufungslisten stets die volle theologische Autorisation der evangelischen Kirche zukommen werde[566].

---

[564] S. 167 Anm. 336. – Auf diesen ihren staatlich-kirchlichen Doppelcharakter sind alle Einzelheiten der hochschulrechtlichen und staatskirchenrechtlichen Ausgestaltung ausgerichtet, mag es sich nun um die Fragen der Lehrstuhlberufung (S. 47 ff., 87 ff.), Fakultätszugehörigkeit (S. 54 ff.), Amtsbindung (S. 67, 155 ff.), Ausstattung (S. 74, 342 f.), Zusammensetzung des Lehrkörpers (S. 201 ff., 341 ff.), Hochschulautonomie (S. 216), kirchliche Mitwirkung beim theologischen Satzungs- und Prüfungsrecht (S. 220 ff.) und der vielfältigen Besonderheiten des Prüfungswesens (S. 232 ff., 248 ff., 270 ff.) handeln. Staat und Kirchen haben diese doppelte Zuordnung der Theologenfakultäten zu den staatlichen wie den kirchlichen Aufgaben und Maßstäben, Verantwortlichkeiten und Entscheidungskompetenzen verbindlich anerkannt und vielfältig praktiziert, auch soweit keine kirchenvertraglichen Spezialregelungen in manchen Ländern und zu manchen Fragen existieren.

[565] Unten S. 349 ff.   [566] S. 13 ff., 84 ff., 155 ff., 162 ff.

Dieses ganze System beruhte und beruht auf der selbstverständlichen Voraussetzung, daß nur die theologischen Fakultäten die exklusive Kompetenz für die theologischen Habilitationen und Promotionen besitzen und ausüben. Es zerstört die staatskirchenrechtliche Grundlage des theologischen Fakultätenrechts, wenn der Staat diese theologischen Kernfunktionen auch anderen wissenschaftlichen Einrichtungen ohne theologische Sachkompetenz und ohne kirchliches Einverständnis einräumt[567].

d) Aus der Notwendigkeit der kirchlichen Autorisation

Der staatlich-kirchlichen Doppelfunktion der Theologenfakultäten entspricht es, daß ihre Errichtung praktisch durchweg im Zusammenwirken von Staat und Kirche geschieht. Aus der Gemeinsamkeit des Interesses an ihrer Erhaltung und unbeeinträchtigten Wirkung ergibt sich für Staat und Kirche auch die rechtliche Notwendigkeit zu einer engen, differenzierten Kooperation. Als klassisches Beispiel der »gemeinsamen Angelegenheiten« von Staat und Kirchen können die theologischen Fakultäten sinnvoll nur gemeinsam errichtet und betrieben werden: Sie sind auf die Mitwirkung der Kirche bei der Berufung des Lehrkörpers und beim Erlaß der Prüfungssatzungen angewiesen und ihre Arbeit lebt davon, daß die Kirche ihre theologische Forschung akzeptiert, ihre Lehr- und Prüfungstätigkeit anerkennt, ihre Studenten in den Dienst der kirchlichen Verkündigung und Unterweisung übernimmt. So bedürfen die theologischen Fakultäten der doppelten Autorisation sowohl durch den Staat als auch durch die Kirche[567]. Es ist systemwidrig, wenn die staatliche Kultusverwaltung und die akademische Selbstverwaltung ohne die kirchliche Autorisation theologische Kernfunktionen wie Habilitationen und Promotionen auf außertheologische Gremien bzw. theologische Einzellehrstühle übertragen[568] – ganz abgesehen von der Frage der Vereinbarkeit mit der Garantie der Wissenschaftsfreiheit nach Art. 5 III GG.

e) Zurückhaltungspflicht fremder Wissenschaftler in theologischen Fragen

Noch eine Randfrage sei in diesem Zusammenhang erwähnt. Die theologischen Fakultäten sind durch die skizzierten wissenschaftsrechtlichen und staatskirchenrechtlichen Bindungen auch selbst gehalten, sich nicht durch Zuziehung von Wissenschaftlern anderer Fakultäten zu ihren Promotions- bzw. Habilitationsverfahren zu überfremden

---

[567] Mit Nachdruck so *W. Weber*, Die Bindung theologischer Habilitationen S. 600; *ders.*, Staat und Kirche S. 371: »Es würde den Status der Theologie an den deutschen Universitäten im Kern angreifen und die für die Theologie im deutschen Universitätswesen geltende staatskirchenrechtliche Ordnung zerstören, wollte man auf staatlicher wie kirchlicher Seite den Grundsatz aufgeben, daß nur die theologischen Fakultäten kraft der in ihnen vereinigten staatlichen und kirchlich-theologischen Autorisation befugt sind, theologische Habilitationen zu vollziehen.«

[568] Vgl. unten S. 322 ff., 341 ff.

und ihren theologischen Charakter ad hoc in Frage zu stellen. In den theologischen Prüfungsordnungen ist vielfach vorgesehen, daß auch andere Gelehrte als sachverständige Gutachter mit oder ohne Stimmrecht beigezogen werden. Diese begrüßenswerte Verfahrensmöglichkeit dient der Wahrung des wissenschaftlichen Niveaus der Theologie. Sie ist nicht nur in den theologischen Rand- oder Grenzgebieten unentbehrlich, sondern auch in den Kernfächern überall dort von Belang, wo es um den spezifischen Weltbezug des christlichen Glaubens in der Vergangenheit und Zukunft geht und deshalb die Kenntnis der Welt in ihrer Realität vonnöten oder von Nutzen ist. Die Theologie wird bei der unverfälschten Applikation des Evangeliums auf die Verhältnisse der Gegenwart gewinnen (und manche dilettantischen Vorurteile vermeiden können), wenn sie stärker an den Erfahrungen der empirischen Gesellschaftswissenschaft, Jurisprudenz, Wirtschaftswissenschaft, Medizin- und Naturwissenschaft u. a. m. partizipiert. Auch Theologen der anderen Konfession sind hier zur Pflege der fachwissenschaftlichen wie der ökumenischen Verbindungen berufen. Aber die – evangelische wie katholische – Theologie muß qualitativ und quantitativ bei der Zuziehung »fremder« Wissenschaftler ihre Kompetenz und Identität wahren.

Die Mitwirkung anderer Wissenschaftler dient zur Ergänzung der theologischen Arbeit durch die Aspekte der anderen Wissenschaft. In den besonderen theologischen Fragen hat sich ein zugezogener Gutachter einer fremden Fakultät in der Diskussion zurückzuhalten und in der Abstimmung zu enthalten, wie es seit je dem selbstverständlichen akademischen Komment entsprach. Dies ist nicht lediglich eine Frage des Taktes, sondern ein Rechtsgebot, das aus der Wissenschafts- und Religionsfreiheit der Artt. 4 und 5 III GG folgt. Auch hier erweist sich die akademische Selbstverwaltung funktionsbedingt gebunden an die Grenzen der wissenschaftlichen Fachkompetenz. Es wäre sachlich ein Unding und rechtlich ein Verfahrensfehler, wenn fachfremde und konfessionsfremde Gutachter anderer Fakultäten in kontroversen theologischen Fragen bei Kampfabstimmungen den Ausschlag gäben[569]. Die Gliederung der wissenschaftlichen Theologie in gesonderte Fakultäten ist in Deutschland seit der Glaubensspaltung ein Instrument der religiösen Freiheitssicherung vor der konfessionellen Fremdbestimmung gewesen[570]; die Verfahrensregeln der Universitätsgesetze sind auch hier nicht technisch-isoliert, sondern verfassungskonform im Zusammenhang der tieferen hochschulrechtlichen und staatskirchenrechtlichen Grundentscheidungen zu interpretieren[571]. Solange die ökumenische Einigung nicht von den Konfessionen selbst geistlich und frei errungen

---

[569] Wenn etwa ein evangelischer Habilitand in einem evangelisch-theologischen Habilitationsverfahren an den Voten zugezogener katholischer Laien oder Theologen zur Infallibilität und zum Universalprimat des Papstes, zur Sakramentenlehre, zum evangelischen Amtsverständnis oder Bekenntnisbegriff u. a. m. scheitern würde, und ebenso im konfessionell umgekehrten Fall. Ein Dekan hat auf den korrekten Verfahrensablauf zu achten.

[570] Das Verbot des fremdkonfessionellen Übergriffs – heute eine liberale Selbstverständlichkeit – ist übrigens im Konfessionellen Zeitalter das Zentralproblem der paritätischen Religionsverfassung des Reichs gewesen. Beide Konfessionen bzw. Religionsparteien versuchten im kreuzweisen Interpretationsübergriff die Entscheidung der fremden Bekenntnisfragen an sich zu ziehen. Der Westfälische Friede hat dagegen durch die itio in partes ein besonderes Verfahrensinstitut zur Sicherung der theologischen Freiheit und Selbstbestimmung entwickelt, die heute durch Art. 4 GG und durch Artt. 137 III WRV/140 GG gewährleistet wird. *M. Heckel*, Konfessionelles Zeitalter S. 67, 118, 205. – Diese Fragen verdienen auch heute noch im kleinen Rahmen des theologischen Fakultätenrechts Beachtung.

[571] Vgl. zu Artt. 137 III WRV/140 GG oben S. 33 ff., 59 f., 94 ff., 307.

ist, kann der religiös neutrale, weltliche Staat nicht durch sein Hochschulrecht den
Theologen der einen Konfession die theologischen Kontroversen und Kandidaten der
anderen zur Entscheidung nach fremden Maßstäben unterwerfen. Für das Verhältnis der
Theologie zur atheistischen Religionskritik hat entsprechendes zu gelten. Auf diese
früher selbstverständlich geübte Pflicht zur Zurückhaltung hinzuweisen, ist heute nicht
unveranlaßt, da die moderne Gruppenuniversität mit ihren Fremdeinflüssen, Cliquen
und Richtungskämpfen die Gefahren der weltanschaulichen Überfremdung in allen
Geisteswissenschaften wachsen ließ.

f) Unanwendbarkeit auf kircheneigene Prüfungen

Anhangsweise ist noch klarzustellen: Kirchenprüfungen, wie sie von den Landeskirchen und Diözesen in der Bundesrepublik als (rein) kirchliche Aktivität kraft kirchlicher
Normen durch kirchliche Organe abgehalten werden, fallen nicht in den Geltungsbereich des staatlichen Universitäts- und Prüfungsrechts. Sie sind als »eigene Angelegenheit« der Religionsgesellschaften deren Normierung durch das kirchliche Recht anheimgegeben. Das staatliche Universitätsrecht gilt für sie auch nicht als staatliches Schrankengesetz nach Artt. 137 III WRV/140 GG. Denn im geltenden staatskirchenrechtlichen
System der Trennung (und Eigenständigkeit der Religionsgesellschaften) sind die staatlichen Schranken auf die Wahrung der weltlichen Aufgaben der staatlichen Rechtsgemein-
schaft beschränkt; hingegen sind die innerkirchlichen Angelegenheiten des Amtes, der
Lehre, der Ausbildung und Prüfung den Religionsgemeinschaften zur eigenständigen
Regelung überlassen[572]. Diese Beschränkung ergibt sich auch aus der positivrechtlichen
Geltungsregelung der Universitätsgesetze und -satzungen, die sich insgesamt weder auf
das innerkirchliche Prüfungswesen erstrecken, noch dies verfassungsrechtlich könnten.
Dies gilt auch dann, wenn die theologischen Lehrer der staatlichen Fakultäten als Prüfer
in den kirchlichen Prüfungsgremien fungieren; sie handeln dann nicht in ihrem Status
und ihrer Kompetenz als Staatsorgane (auch nicht i. d. Form der Organleihe), sondern
als rein kirchliche Einrichtungen und Amtsträger; das ist für die Rechtsnatur ihrer
Verwaltungshandlungen wie für die Aufsichts- und Haftungsfragen maßgeblich.
Die Kirchen müssen deshalb in eigener Verantwortung dafür sorgen, daß die theologische Sachkompetenz ihrer Prüfer sowohl hinsichtlich des wissenschaftlichen Niveaus als
auch des geistlichen Profils ihrer Kirchenprüfungen gewährleistet ist und bleibt, damit
sie die Autorität und die Anerkennung ihrer Kirchenprüfungen in Kirche, Staat und
Gesellschaft nicht verspielen. Staatshoheitliche Aufsichts- und Korrekturmaßnahmen
sind heute nach Beseitigung der staatlichen Kirchenhoheit durch die Weimarer Verfassung zur Qualitätssicherung und -verbesserung der kirchlichen Prüfungen nicht mehr
zulässig[573]. Auf die theologische Überzeugungstreue ihrer Prüfer werden die Kirchen
vermutlich ihr besonderes Augenmerk richten und bei der Auswahl der Personen darauf
achten, daß die Grenzen eines berechtigten theologischen Pluralismus nicht überschrit-

---

[572] Vgl. oben S. 35 Anm. 50, unten S. 364 ff. zur kirchlichen Hochschulfreiheit, zu der das
innerkirchliche Prüfungswesen eine Parallele bietet. Durch Artt. 137 III WRV/140 GG ist eine
etatistische Gleichschaltung des kirchlichen Prüfungswesens ausgeschlossen.

[573] Eine andere Frage ist die Anerkennung kirchlicher Prüfungen im staatlichen Prüfungs-, Titel-
und Berechtigungswesen, dazu S. 367 f. Der Staat hat z. B. auch über die wissenschaftlichen
Voraussetzungen der Anstellung als staatlicher Religionslehrer zu entscheiden.

ten werden. Aber sie sollten sich auch die Wahrung des wissenschaftlichen Standards ihrer Prüfer besonders angelegen sein lassen, auch wenn die kirchlichen Prüfungsgremien nur die Hochschul-Abschlußprüfungen und die Aufnahmeprüfungen in den Kirchendienst, nicht aber die höheren wissenschaftlichen Prüfungen der Promotions- und Habilitationsordnungen abnehmen können.

Achter Teil

Konfessionszugehörigkeit als Prüfungsvoraussetzung?

I. Allgemeines

1. Die neue Lage

Ob ein theologischer Prüfungsbewerber überhaupt der evangelischen bzw. der katholischen Konfession angehören müsse, um den entsprechenden Grad der evangelischen bzw. katholischen Theologie erwerben zu können, hat neuerdings gewisse Unsicherheiten der Regelung und Verwaltungsübung hervorgerufen. In dieser interessanten Einzelfrage spiegeln sich fast alle Grundprobleme, die das theologische Fakultätenrecht in seiner rechtlichen Doppelstellung zwischen Staat und Kirche und in seiner doppelten geistlichen Herausforderung durch die Säkularisierung und durch die Ökumene heute in der Tiefe umtreiben. Die Frage hat auch ihre praktisch bedeutsamen Folgewirkungen; deshalb bedarf sie der umsichtig differenzierten Lösung aus dem Gesamtgefüge der theologischen Fakultäten und aus dem Selbstverständnis der Theologie, das sich darin normativ objektiviert.

Die Frage erscheint neu aus verschiedenen Gründen: Die Rechtsgestalt der theologischen Fakultäten war früher gefestigt durch das Gewohnheitsrecht, auch wenn es detaillierte positivrechtliche Festlegungen nicht kannte. Die Theologenfakultäten waren strikt getrennt auf dem Hintergrund der scharfen Scheidung der großen Konfessionen, die sich bis in die Tiefen fremd und weithin bitter gegensätzlich gegenüberstanden. Soweit der konfessionelle Charakter im »liberalen« Zweig der evangelischen Theologie des 19. Jahrhunderts verblaßt war, war dort der Antagonismus gegen die katholische Kirche, Lehrautorität und Theologie nach den dogmatischen Beschlüssen des ersten Vatikanums, nach dem Kulturkampf und dem Sieg des Neuthomismus eher noch verschärft. So bestand fraglos in der Breite die opinio necessitatis, daß ein evangelischer Theologe nur in der evangelischen, ein katholischer nur in der katholischen Theologenfakultät examiniert, promoviert, habilitiert werden könne. Vereinzelte Konversionen, die es immer gab, haben den Gegensatz nicht gemildert, sondern personell wie institutionell vertieft. Ein ausdrücklicher satzungsrechtlicher Ausschluß von Konfessionsfremden erschien so weder veranlaßt noch erforderlich. – Sodann: Die Annahme als Doktorand stand im Ermessen der Fakultäten. Dadurch war die – selbstverständliche – Nichtzulassung Konfessionsfremder im Regelfall rechtlich gesichert, ohne den Weg für begründete

Ausnahmen zu versperren. – Zudem war auf katholischer Seite – z. T. bis heute – in vielen Promotionsordnungen die Zulassung des Doktoranden an eine Zustimmungserklärung des Ortsbischofs bzw. Ordensoberen geknüpft[574], wodurch die förmliche Einführung einer Konfessionsklausel bei den Zulassungsvoraussetzungen der Promotion (und der Habilitation, die eine Promotion voraussetzt) erübrigt, ja weit übertroffen wurde.

Hier hat die Wandlung des normativen Umfelds eine Wandlung der Einzelregelung bewirkt; sie trifft mit theologischen und kirchlichen Veränderungen unkoordiniert zusammen. So zwingt die allgemeine Durchnormierung[575] des Hochschulrechts zur positivrechtlichen Entscheidung und Ausgestaltung der Zulassungsvoraussetzungen; was früher gewohnheitsrechtlich galt und über die Ermessenshandhabung vollzogen wurde, muß nun durch Satzungsbestimmungen ausdrücklich geregelt werden. Ein Kandidat hat nunmehr einen Rechtsanspruch[576] auf Zulassung und Abwicklung der Prüfung, wenn er die Zulassungsvoraussetzungen und Prüfungsleistungen erfüllt. In diesem neuen Rahmen gewinnt die Beibehaltung des alten Zustandes unvermittelt einen diametral entgegengesetzten Sinn: Der alte – rechtstechnische – Verzicht auf eine überflüssige Formulierung erscheint nun als ganz neuer – sachlicher – Verzicht auf die bekenntnismäßige Bedingtheit und Wesensprägung der theologischen Prüfungen und Grade überhaupt. Dies freilich lag den Theologenfakultäten nicht im Sinn, und so hat ein Suchen nach einer angemessenen Lösung des delikaten Problems eingesetzt, das noch nicht abgeschlossen ist und sich einstweilen in recht disparaten Formulierungen widerspiegelt. Sie stehen ja im Sog der nivellierenden Säkularisierung[575], den die allgemeinen Hochschulgesetze und Universitätssatzungen entwickelten, weil sie die anderen Fakultäten zum Muster nahmen und dadurch fraglich schien, ob überhaupt und inwieweit an staatlichen Universitäten religiöse Momente noch rechtliche Berücksichtigung finden dürften[577]. Dies wurde überlagert durch die Unsicherheit über die Effizienz und Relevanz der ökumenischen Bewegung, die man im Prüfungswesen nicht ignorieren wollte, aber auch nicht durch das äußerliche Instrument des Prüfungsrechts antezipieren oder fingieren konnte, wenn doch die geistliche Einigung noch in der Ferne steht. So nimmt es nicht Wunder, daß die neuen Satzungsnormen in dieser Frage schwanken zwischen dem Verlangen nach theologischer

---

[574] Unten S. 298 ff.

[575] S. 3 ff.

[576] In vielen Hochschulgesetzen und -satzungen ausdrücklich gewährt, daneben vielfach aus verfassungsrechtlichen Gründen gefolgert. Vgl. *Scholz* in: Maunz-Dürig Art. 5 Abs. III Rdnr. 113, 164 ff.; *Wilhelm Karl Geck*, Promotionsordnungen und Grundgesetz, 2. A., Berlin 1969 S. 50 ff.; *Hartmut Maurer*, Promotion, in: Handbuch des Wissenschaftsrechts, Bd. 1, Berlin u. a. 1982 S. 835.

[577] S. 217 ff.

Selbstvergewisserung und einer neuen Öffnung für die Weltlichkeit der Welt und für die anderen Konfessionen.

2. Die Einbeziehung in die systematische und teleologische Gesamtbetrachtung

Die – vielfach divergierenden – Einzelregelungen dieser Frage dürfen ebenfalls nicht isoliert verstanden und nicht überinterpretiert werden. Sie gewinnen ihren Sinn nur aus dem systematischen und teleologischen Zusammenhang, in den sie eingebettet sind und in dem sie nur eine begrenzte rechtliche Bedeutung und Wirkung entfalten[578].

Richtpunkt der Auslegung ist hier der einheitliche Status der Theologenfakultäten: Er prägt und verbindet ihre Institution und ihre Personen; er beruht auf ihrem theologischen Wissenschaftsbegriff; er äußert sich in ihren staatlichen Kultur- und ihren kirchlichen Lehrfunktionen; er umschließt die Lehrenden (mit ihren theologischen Besonderheiten des Berufungswesen und des konfessionsgebundenen Staatsamtes) und die Lernenden der Theologie (mit den theologischen Besonderheiten der Prüfungszulassung und -leistung). In allen Einzelfragen sind die Theologenfakultäten als institutionelle Sinneinheit zu begreifen.

3. Die Regel: Zugehörigkeit zur Konfession der Fakultät

Ein »evangelischer« Theologe (i. S. der rechtlichen Zugehörigkeit zur evangelischen Kirche) kann jedenfalls in einer evangelisch-theologischen Fakultät zur Prüfung bzw. Promotion und Habilitation zugelassen werden, ebenso wie ein

---

[578] Wenn eine Konfessionsklausel in den Zulassungsvoraussetzungen einer theologischen Prüfungsgattung gänzlich fehlt oder gestrichen wurde, ist diese damit nicht in toto zur allgemeinen religionswissenschaftlichen Prüfung umgewandelt worden. Wenn nur die Mitgliedschaft des Kandidaten in einer Kirche des ökumenischen Rates vorausgesetzt wird, ist damit nicht die ganze Prüfung, geschweige denn die ganze evangelisch-theologische Fakultät strukturell in eine überkonfessionell-»ökumenische« Fakultät und Fakultätsprüfung verändert worden. Wenn eine Prüfungsordnung bei den Zulassungsvoraussetzungen Ausnahmen im Einzelfall erlaubt, verliert die Prüfung und die Fakultät in Relation zu diesem Ausnahme-Kandidaten nicht ihren evangelischen Charakter, den sie den anderen evangelischen Mitprüflingen gegenüber behält und übt. Besonders gilt dies für diejenigen Theologenfakultäten, die (in der gegenwärtigen Übergangszeit) in ihren verschiedenen Fakultätsexamens-, Magisterprüfungs-, Promotions- und Habilitationsordnungen jeweils verschiedene Zulassungsregelungen hinsichtlich der Konfessionszugehörigkeit besitzen (S. 234 f.): Sie bleiben dennoch dieselbe evangelisch-theologische Fakultät, erleiden keinen prüfungsamtlich verordneten Verlust ihrer theologischen Identität, schillern nicht (»chamäleonartig«) in verschiedenen konfessionellen, überkonfessionellen, unkonfessionellen Wissenschaftsbegriffen und Prüfungsmaßstäben. Vgl. S. 241 ff.

»katholischer« Theologe (i. S. der Zugehörigkeit zur römisch-katholischen Kirche) in seiner katholisch-theologischen Fakultät.

Diese bare Selbstverständlichkeit ist z. T. in die Prüfungssatzungen ausdrücklich aufgenommen worden[579]. Sie gilt jedoch auch dort, wo die Satzungen von der Frage der Konfessionszugehörigkeit bei den Zulassungsvoraussetzungen gänzlich schweigen oder wo sie eine »ökumenische« Öffnungsklausel eingeführt haben: Auch dann ist an der rechtlichen Möglichkeit und Notwendigkeit der Zulassung von Theologen evangelischer Konfession an den evangelischen Theologenfakultäten der Bundesrepublik nicht zu zweifeln. Die Frage ist leider nicht nur theoretischer Natur: Der Promotion an einer deutschen »lutherischen« Fakultät steht aus Bekenntnisgründen nichts entgegen, wenn sie etwa ein Mitglied einer amerikanischen Kirche lutherischen Bekenntnisses begehrt, welche die ökumenische Bewegung zwar als geistliche Bekenntniseinigung bejaht, aber sich von der Organisation des Genfer Ökumenischen Rates im Blick auf dessen umstrittene gesellschaftspolitischen Aktivitäten fernhält, weil sie darin eine Verkehrung der »wahren«, geistlichen Ökumene und eine Verletzung ihrer Bekenntnisgrundlagen über das Verhältnis der Kirche Christi zur Welt erblickt[580].

4. Die Ausnahme: Zulassung konfessionsfremder Theologen

Inhaltlich zeigen insbesondere die evangelischen Theologenfakultäten gegenwärtig mannigfache Formulierungsunterschiede, während die katholischen Theologenfakultäten einstweilen hierzu schweigen.

Manche evangelischen Satzungen haben heute noch keinerlei Bestimmung über die Konfessionszugehörigkeit aufgenommen[581]. Andere Ordnungen verlangen, wie erwähnt, die Zugehörigkeit »zu einer Kirche oder Konfession, die im Ökumenischen Rat der Kirchen vertreten ist«[582]. Diese Offenheit für die Ökumene ist wiederum in manchen anderen Satzungen in die vorsichtigere Formulierung gekleidet, daß die Fakultät im Einzelfall Ausnahmen vom Erfordernis der evangelischen Konfessionszugehörigkeit beschließen könne. Verschiedene Satzungen sehen sogar eine Ausnahme-Befreiung von der Voraussetzung der ökumenischen Kirchenmitgliedschaft vor[583].

---

[579] Z. B. §§ 1 HabilO Bonn; 3 II Ziff. 3 ErstTheolExO Hamb.; 1 PromO Mainz; 10 II Ziff. 5 AkAbschlPrO Tüb.; 3 II MagPrO Tüb.; 2 Ziff. 5 PromO Tüb.; 2 II HabilO Tüb.

[580] So würde auch ein Austritt aus dem Ökumenischen Rate durch eine deutsche Landeskirche, wie er von manchen kirchlichen Kreisen gefordert wird, nicht den Gliedern dieser Landeskirche die Prüfungen und akademischen Grade ihrer eigenen theologischen Landesfakultät versperren. Den evangelischen Kandidaten steht auch dann ein Rechtsanspruch auf Zulassung zur Prüfung zu; seine Verweigerung wäre nicht nur ein Verstoß gegen die Ökumene, sondern auch gegen das (unvollständig kodifizierte) Prüfungsrecht.

[581] Z. B. PromO Bonn v. 1975 (aber Bek.Verpfl. in § 17); §§ 3 HabilO Erl.; 3 HabilO Gött.; 3 PromO Gött.; 3 HabilO Mainz; 3 HabilO Marb.; 3 PromO Marb.; 3 FakExO Marb.; 3 HabilO Münst.

[582] Z. B. §§ 3 b MagPrO Bonn; 9 I a TheolAbschlExO Erl.; 7 Ziff. 6 FachberPrO Mainz; 4 I b HabilO Münch.; 4 I c PromO Münch.; 4 II o TheolAbschlExO Münch.; 3 b PromO Münst.; 3 b FakExO Münst.; 3 b MagPrO Münst.

[583] Die Dispensmöglichkeiten sind ebenfalls unsystematisch und variationsreich vielfach innerhalb derselben Fakultät.

Alle derartigen Öffnungen für Konfessionsfremde besitzen einen Ausnahme-Charakter. Das folgt aus dem institutionellen Zuschnitt, dem Personalbestand, der Aufgabe, dem Gegenstande und der Kompetenz der Fakultät: Die evangelisch-theologische Fakultät z. B. ist institutionell als solche ausgestaltet und scharf von anderen Fakultäten getrennt; sie ist ausschließlich mit evangelischen Theologen zu besetzen; sie hat die Aufgabe der Forschung und Lehre des Evangeliums im »evangelischen« Verständnis zur Entfaltung des evangelischen Bekennens und Bekenntnisses und insbesondere zur evangelischen Geistlichenausbildung und -prüfung für den evangelischen Kirchendienst; sie betreibt also die »evangelische« Theologie und handelt nur in deren Rahmen und Sicht von der Theologie anderer Konfessionen und Weltreligionen. Hierauf ist sie in ihrer Kompetenz beschränkt. Die Norm ist, daß in ihr evangelische Theologen evangelische Theologen evangelisch lehren und prüfen. Das Hinüberprüfen und -graduieren in einen fremden Fachbereich ist ihr versagt. Dieser Rechtscharakter der Fakultät, ihrer Funktionen und Rechtsakte im evangelisch-theologischen Sinn kann nicht durch eine dem widerstreitende Regelung der Zulassungsvoraussetzungen von ihr abgestreift oder aufgebrochen werden. Entsprechendes gilt für die katholisch-theologischen Fakultäten.

Eine Öffnung des Prüfungszugangs ist deshalb nur als Ausnahmeregelung zulässig, die (1.) den besonderen evangelisch- bzw. katholisch-theologischen Charakter der Fakultät nicht verfremdet und (2.) eine innere Sachbeziehung zur eigenen theologischen Wissenschaft als dem Kompetenzbereich dieser theologischen Fakultät besitzt, über die (3.) in einem besonderen Zulassungsverfahren unter sorgfältiger Prüfung und Abwägung der Kriterien und Umstände rechtsfehlerfrei entschieden wird[584].

Der Ausnahmecharakter der Zulassung Konfessionsfremder ergibt sich also aus dem Gesamtgefüge der theologischen Fakultät und der Universität, auch wenn eine Prüfungsordnung diesen Ausnahmecharakter nicht expressis verbis hervorgehoben hat oder wenn sie überhaupt (wie in früheren Zeiten) von der Konfessionsfrage schweigt. Dem rechtlichen Ausnahmecharakter entspricht die tatsächliche Übung. Fast ausnahmslos werden die theologischen Examina und Grade, desgleichen die Habilitationen nur von Bewer-

---

[584] Der evangelisch-theologischen Fakultät obliegt z. B. nicht die Promotion bzw. Habilitation katholischer Bewerber aufgrund von wissenschaftlichen Arbeiten, die nach Methode und Ergebnis rein »katholischen« Charakter tragen und von der evangelischen Fakultät (etwa aus ökumenischer Selbstüberwindung) nach den einschlägigen »katholischen« Bewertungsmaximen beurteilt würden. Dasselbe gilt von der Promotion bzw. Habilitation eines Mitgliedes einer der außerchristlichen Weltreligionen, wenn sie in deren religiöser Selbstdarstellung mit einer rein religionswissenschaftlichen Abhandlung angestrebt wird, die jeden Bezug (und Vergleich) zur christlichen Theologie, Dogmen- und Kirchengeschichte entbehren sollte. Ebensowenig sind Leistungen aus rein außertheologischen Wissenschaftsgebieten (etwa zu ausschließlich philosophischen, profanhistorischen, soziologischen, naturwissenschaftlichen oder medizinischen Gegenständen und Methoden) von den theologischen Fakultäten zur Promotion bzw. Habilitation zuzulassen und anzunehmen.

bern begehrt, die der gleichen Konfession wie die Fakultät angehören. Den verschwindend wenigen Ausnahmefällen wird freilich theologisch wie juristisch umso mehr Publizitäts- und Präzedenzwirkung zugemessen.

II. Sonderregelungen evangelisch-theologischer Fakultäten

1. Die Ausnahmeregelung als ökumenische Brücken-, Ersatz- und Nothilfsfunktion

Im Rahmen ihrer Kompetenz zur Pflege der evangelischen Theologie können sich diese Fakultäten in begrenzter Weise öffnen, wenn sie dabei ihre theologische Identität und Aufgabe nicht verlassen. Sie geben sich dann nicht auf und gehen nicht »fremd«, sondern bleiben sich selbst in der ökumenischen und interdisziplinären Zuwendung und Öffnung treu.

a) Die ökumenische Brückenfunktion

Die Öffnung der theologischen Fakultäten dient erstens der Vertiefung und Verbreitung der ökumenischen Begegnung, d. h. dem Brückenschlag zwischen den christlichen Konfessionen. Die Gemeinschaft der christlichen Kirchen, die sich im Ökumenischen Rat – locker genug – verbunden haben, hängt wesentlich davon ab, daß junge, aufgeschlossene Theologen, auf denen die Zukunft der ökumenischen Bewegung ruht, ihre ökumenischen Partnerkirchen im eigenen theologischen Werdegang kennen und verstehen lernen. Die evangelischen Kirchen und die evangelischen Theologenfakultäten haben selbst ein ureigenes theologisches, ja bekenntnismäßiges Interesse an dieser (»evangelischen«) Wirkungsmöglichkeit. Hand in Hand geht hier das Geben und Nehmen, das Fragen und sich Befragenlassen, die Prüfung und Selbstprüfung der fremden und der eigenen tradierten Bekenntnispositionen, die doch alle die eine Botschaft der Christenheit zu erfassen suchen. Einstweilen freilich ist die innere theologische Einheit der Ökumene noch ein Zukunftsziel. Die Konfessionen haben ihr jeweils verschiedenes Verständnis der Ökumene, wie es sich aus ihrem verschiedenen Verständnis der Einheit und Wahrheit des Evangeliums und der Kirche ergibt, das seinerseits der Vertiefung und Überprüfung durch die ökumenische Besinnung der Partner bedarf.

Die Formulierung der Zulassungsregelung konfessionsfremder Bewerber sollte hier normativ klären und verbürgen, daß die ökumenische Öffnung nur diesem Ziel der ökumenischen Begegnung dient und dabei den inneren Sachbezug zur eigenen evangelisch-theologischen Arbeit nicht verliert, geschweige denn den eigenen theologischen Charakter der Fakultät insgesamt (säkularisierend) preisgibt. Die meisten neueren Prüfungsordnungen lassen dieses sachliche Ziel, über das derzeit ein breiter Konsens in den evangelischen Theologenfakultäten bestehen dürfte, in der unbeholfenen, grobschlächtigen Undifferenziertheit ihrer juristischen Formulierung nicht deutlich genug erkennen[582]. Damit droht das Anliegen der evangelischen Theologen bei der Anwendung durch die weltlichen Verwaltungsbehörden und -gerichte mißverstanden bzw. ins Gegenteil verkehrt zu werden, weil diese Zulassungsregelungen nach allgemeiner säkularjuristischer Interpretationsweise schlicht als Verzicht auf alle theologischen Kriterien gedeutet werden können und irrtümlich zur Gleichschaltung mit den Promotionen bzw. Habilitationen der allgemeinen Religionswissenschaft, -philosophie, -soziologie führen dürften.

Geboten ist deshalb eine Vereinheitlichung der rechtlichen Zulassungsregelungen. Die Prüfungsordnungen der verschiedenen Fakultäten müßten einander angeglichen werden, und die verschiedenen Ordnungen jeder Fakultät müßten auf einander abgestimmt werden, damit die weltlichen Kultusverwaltungen und Verwaltungsgerichte durch die mißglückten juristischen Formulierungsdiskrepanzen der Theologen nicht in unsinnige Interpretations-Mysterien gestürzt werden.

Sachdienlich mag folgende Formulierung erschienen: »Der Bewerber muß einer evangelischen Kirche angehören. Der Habilitationsausschuß (bzw. Promotionsausschuß) kann in Ausnahmefällen mit Zweidrittelmehrheit auch Bewerber zur Habilitation (bzw. zur Prüfung) zulassen, die einer anderen Kirche oder Konfession, die im Ökumenischen Rat der Kirchen vertreten ist, angehören, wenn dies zur Förderung evangelisch-theologischer Forschung, insbesondere in ihren ökumenischen Beziehungen, geboten ist.«[585] Dadurch wird gewährleistet, daß nicht jedes beliebige religionswissenschaftliche Promotions- bzw. Habilitationsvorhaben eines nichtevangelischen Bewerbers, das der evangelischen Theologie völlig fremd ist, ja widerstreitet, in der evangelisch-theologischen Fakultät unter Verfremdung ihres Wesens aus sachwidrigen Rechtsgründen zur Zulassung und zum erfolgreichen Abschluß gebracht werden muß. Die evangelisch-theologische Fakultät macht mit einer solchen Regelung deutlich, daß sie sich strikt im Rahmen ihrer Kompetenz, ihrer institutionellen Ausrichtung und ihres Wissenschaftsbegriffs und -bereichs der evangelischen Theologie hält und doch der Ökumene aufgeschlossen ist. Der Ausnahmecharakter wird ebenso unmißverständlich deutlich wie ihre Rechtsstaatlichkeit.

Diese ökumenische Brückenfunktion ist vor allem bei denjenigen theologischen Prüfungsordnungen relevant, die unmittelbar der Forschung dienen, also in den Promotions- und Habilitationsordnungen. Die evangelische Theologie kann sich durch die wissenschaftliche Mitarbeit eines nichtevangelischen Theologen (z. B. eines griechisch-orthodoxen Christen) im Rahmen ihres evangelisch-theologischen Forschungsbetriebes selbst Zugewinn wie Wirkungsmöglichkeit erhoffen. Bei den anderen Prüfungsarten hingegen stehen andere Ziele im Vordergrund.

---

[585] So §§ 2 II HabilO Tüb.; 2 Ziff. 5, 7 PromO Tüb. – Die Habilitation ist nicht gleichbedeutend mit der Verleihung der venia legendi, bei der sich die S. 207 ff. angesprochene Problematik stellt.

b) Die ökumenische Ersatzfunktion

Die evangelisch-theologischen Fakultäten können sich aus ökumenischer Verpflichtung gedrängt fühlen, auch in anderen Ausnahmefällen einen nicht-evangelischen Christen zu manchen ihrer theologischen Prüfungen zuzulassen. So wird ihr theologischer Hilfsdienst – gleichsam in ökumenischer Ersatzfunktion – von manchen nichtevangelischen Kirchen in Anspruch genommen, die ihren jungen Theologen die theologische Ausbildung an einer deutschen evangelisch-theologischen Fakultät zukommen lassen wollen. Die Gründe dafür können sehr verschieden sein. So kann für einen jungen griechisch-orthodoxen Theologen die Ablegung des deutschen Fakultäts- oder Magisterexamens zur ökumenischen Abrundung seiner heimischen Studien dienen und zugleich zur Vorbereitung auf eine theologische Promotion bzw. Habilitation in der genannten ökumenischen »Brückenfunktion« angestrebt werden. Vielfach aber werden auch Kirchen der Dritten Welt, besonders aus den Entwicklungsländern, diese ökumenische Hilfe suchen, weil sie selbst keine entsprechenden theologischen Ausbildungsstätten besitzen. Und ebenso können Kirchen aus atheistischen Weltanschauungsstaaten sich dazu genötigt sehen, wenn ihr eigenes theologisches Ausbildungswesen gehindert oder in der Kapazität gedrosselt wird. In allen solchen Fällen werden die evangelischen Theologenfakultäten auch in Zukunft die Bereitschaft zu brüderlicher Hilfe und zu ökumenischer Offenheit, zur Respektierung des fremden Bekenntnisses und taktvoller (Selbst-)Kritik nicht missen lassen.

Sie sind jedoch im Rahmen des modernen säkularen Rechtsstaats und seines pluralistischen Wissenschaftssystems darauf angewiesen, daß ihre ökumenische Kooperationsbereitschaft nicht von den weltlichen Verwaltungsbehörden und -gerichten als säkularisierende Selbstentäußerung des evangelisch-theologischen Charakters der Fakultät mißverstanden wird. Die Prüfungssatzungen sollten sich deshalb nicht mit einer vagen Blankettbestimmung ihrer Zulassungsregelung benügen, die die theologischen Aufgaben und Grenzen nicht erkennen läßt, als Willkürklausel erscheint und auf das unkalkulierbare Risiko einer zutreffenden Interpretation aufgebaut ist.

So ist auch hier eine klärende Präzisierung der Satzungsbestimmungen angebracht, wie sie gelegentlich durch Satzungsänderung ausformuliert wurde und anderwärts als Richtmaß der verfassungskonformen Interpretation verwendet werden kann[586]. Sie muß den Ausnahmecharakter der erweiterten Zulassungs-

---

[586] So wird in der AkAbschlPrO und der MagPrO Tüb. als Regel verlangt, »daß der Kandidat einer evangelischen Kirche angehört«. Als Ausnahme sehen §§ 10 III AkAbschlPrO Tüb. und 3 II MagPrO vor: »Der Prüfungsausschuß (bzw. Magisterprüfungsausschuß) kann in begründeten Ausnahmefällen mit Zweidrittelmehrheit auch Bewerber zur Prüfung zulassen, die einer anderen Kirche oder Konfession, die im Ökumenischen Rat vertreten ist, angehören, insbesondere, wenn diese Kirche oder Konfession über keine gleichwertige wissenschaftliche Ausbildungsstätte in der Bundesrepublik Deutschland verfügt.«

möglichkeit deutlich machen, der die innere evangelisch-theologische Wesens-
bestimmtheit der Fakultät und der Prüfung nicht sprengt; sie sollte deshalb auf
»begründete Ausnahmefälle« beschränkt sein. Sie muß das theologische Ziel (in
der Abgrenzung von religionswissenschaftlichen Säkularisierungstendenzen)
und die ökumenische Ersatzfunktion herausstellen. Und sie muß als deren
Voraussetzung gewährleisten, daß eine gewisse Grund- und Mindestüberein-
stimmung in den theologischen Grundpositionen besteht, die einer evangelisch-
theologischen Fakultät die Übernahme dieses Dienstes möglich macht; deshalb
ist zu fordern, daß die fremde Konfession bzw. Kirche der Gemeinschaft des
Ökumenischen Rates angehört, d. h. sein Bekenntnis zu Christus als dem Herrn
der Kirche teilt und die anderen Mitgliedskirchen in diesem ökumenischen
Rahmen anerkennt. – Durch diese Präzisierung ist die erforderliche Sachbeziehung zur evangelischen Theologie als dem Gegenstand und Kompetenzbereich
der Fakultät zu wahren.

c) Die ökumenische Notfunktion

Ökumenisch gebotene Gründe für die – ausnahmsweise gewährte – Zulassung eines nichtevangelischen Kandidaten zu einer evangelisch-theologischen
Prüfung können auch im höchstpersönlichen Individualbereich liegen, wenn
ihm etwa nach einem Studium der evangelischen Theologie aus schwerwiegen-
den politischen oder gesundheitlichen Gründen die Rückkehr in sein Heimat-
land nicht möglich bzw. zumutbar ist. Diese Fälle sind in ihren Besonderheiten
nicht vorauszusehen und vorauszubestimmen. Deshalb erscheint hier eine generelle Formulierung (»in begründeten Ausnahmefällen«)[586] unvermeidbar.
Vorausgesetzt werden muß freilich auch in diesen Fällen, daß (1.) der besondere
evangelisch-theologische Charakter der Fakultät und ihrer Prüfung dadurch
nicht abgestreift bzw. in Frage gestellt wird und (2.) daß eine innere Beziehung
des Kandidaten zur evangelischen Theologie (3.) glaubhaft angenommen werden kann.

So kann der Fakultät z. B. nicht zugemutet werden, einen dezidierten theologischen
Gegner, der als Glied einer fremden Konfession die Grundpositionen des evangelischen
Bekenntnisses als häretische Perversion der christlichen Offenbarung verwirft, theologisch zu prüfen und vor der Welt als geprüften »evangelischen Theologen« zu gradu-
ieren; andererseits hat sie als evangelisch-theologische Fakultät auch nicht die Kompetenz zur Prüfung und Graduierung in der heimischen Konfession des Kandidaten.

2. Die Ausgestaltung der Ausnahmeregelung

a) Im Sinn der Rechtsstaatlichkeit

Die Rechtsstaatlichkeit der Verwaltung verlangt eine klar umrissene Regelung der gesetzlichen Voraussetzungen und Rechtsfolgen des Verwaltungshandelns. Nur dies entspricht dem verfassungsmäßigen Erfordernis der rechtsstaatlichen Vorhersehbarkeit staatlicher Machtäußerungen für den Bürger und ihrer Nachprüfbarkeit durch die Verwaltungsgerichte, wie sie durch das Gesetzmäßigkeitsprinzip und die Gewaltenteilung geboten sind. Dem wird durch die aufgezeigte Präzisierung der Zulassungsregelung Genüge getan, wenn die erforderliche Sachbezogenheit zur evangelisch-theologischen Forschung und Fakultät bei jener ökumenischen Brücken- und Ersatzfunktion in fest umschriebenen Tatbestandsmerkmalen zum Ausdruck kommt. Dies erlaubt die vergleichbare Inhaltsbestimmung der »begründeten Ausnahmefälle« in individuellen Notsituationen (»Notfunktion«) aus dem ökumenischen Ziel und Zusammenhang. Das widerlegt den Anschein freier Willkür bei der Erteilung der Ausnahmebewilligung, den die Textformulierung der üblichen »ökumenischen« Blankettbestimmungen vermittelt.

b) Beurteilungsspielraum der Fakultät

Die Formulierung sichert den theologischen Fakultäten auch den nötigen Beurteilungsspielraum. Denn ob die beantragte Ausnahme zur Förderung der evangelischen Theologie geboten erscheint, ist allein ihrer religiösen und wissenschaftlichen Entscheidung vorbehalten, die ihnen kraft der Garantie der Religionsfreiheit und Wissenschaftsautonomie (Artt. 4, 5 III GG) nicht von der weltlichen Kultusverwaltung und Verwaltungsgerichtsbarkeit genommen werden darf.

c) Sicherung des Konsenses

Die Zulassung bekenntnisfremder Theologen zu einer theologischen Prüfung berührt den Bekenntnis-Status einer theologischen Fakultät in einer Frage von nicht unerheblicher Bedeutung und Präzedenzwirkung. Wie alle das Bekenntnis betreffenden Entscheidungen muß sie von einem breiten Konsens getragen sein. Verfahrensmäßig sollte deshalb eine qualifizierte Mehrheit von Zweidrittel oder Dreiviertel der Stimmen für einen solchen Ausnahmebeschluß in den Satzungen vorgesehen werden. Nur dadurch wird verhindert, daß umstrittene Anträge ohne breitere Konsensgrundlage eingebracht und durch Kampf- und

Zufallsentscheidungen verabschiedet werden, in denen die Schwankenden den Ausschlag geben und u. U. anderweitige akademische »Kompensationsgeschäfte« hereinspielen[587].

d) Zulassungsvoraussetzung, nicht nur Verfahrensregelung

Inhaltlich ist die Konfessions- bzw. Ökumeneklausel eine materielle Zulassungsvoraussetzung zur Prüfung, nicht lediglich eine formelle Verfahrensregelung, die die Zulassungsvoraussetzungen nicht betrifft. Rechtssystematisch gehört sie deshalb unter die Zulassungsvoraussetzungen eingereiht, nicht aber unter die bloßen Verfahrensvorschriften, die etwa die Beilagen des Zulassungsgesuches regeln. Manche der theologischen Prüfungsordnungen sind hier redaktionell mißglückt; deshalb ist ihre Wortauslegung durch die sinngerechte teleologische Interpretation zu korrigieren.

Auch wenn eine Prüfungsordnung nur bei der Aufzählung der einzureichenden Verfahrensunterlagen den Nachweis der Zugehörigkeit zu einer Mitgliedskirche des Ökumenischen Rates verlangt, ist dies als materielle Zulassungsnorm zu verstehen. Wird sie verletzt, weil man sie übersah oder sich darüber hinwegsetzte, so ist die Zulassung und die darauf basierende akademische Graduierung selbst rechtswidrig und durch Zurücknahme des Verwaltungsaktes zu kassieren bzw. gerichtlich aufzuheben. Die rechtswidrig zustandegekommene Examensentscheidung, Promotion, Habilitation kann dann nicht mit dem Argument aufrecht erhalten werden, daß ja keine materielle Zulassungsregelung verletzt wurde, sondern lediglich eine Verfahrensvorschrift minderen Ranges, die (wie die Vorlage des Lebenslaufes, Studienbuchs, Führungszeugnisses) im wesentlichen behördeninterne Relevanz besitze und als lex imperfecta ohne Sanktionen für die Rechtswirksamkeit des Prüfungsaktes bleibe.

3. Der Ausschluß von Konfessionslosen, insbesondere »Atheisten«

Überwiegend haben die evangelisch-theologischen Fakultäten die Prüfungszulassung auf Angehörige von Mitgliedskirchen des Ökumenischen Rates beschränkt. Dadurch sind Konfessionslose (insbesondere »Atheisten«) im Regelfall von evangelisch-theologischen Graden ausgeschlossen. Dagegen sind gelegentlich rechtliche Bedenken erhoben worden.

Konfessionslose Bewerber geben durch ihren Kirchenaustritt bzw. durch ihre Ablehnung des Kircheneintritts im »Normalfall« mit unübersehbarer Öffentlichkeitswirkung kund, daß sie die Glaubensgrundlagen dieser Kirche und »ihrer« theologischen Fakultät für ihre Person ablehnen, d. h. sich von Gottes

---

[587] Eine qualifizierte Mehrheit ist hierfür umso angemessener, als sie in vielen theologischen Prüfungsordnungen für manche Akte (Ehrenpromotion u. a.) vorgeschrieben ist, welche weit weniger grundsätzliches Gewicht besitzen.

Gebot und Gnade abkehren, sie jedenfalls nicht im »evangelischen« theologischen Verständnis für sich gelten lassen wollen. In der Theologie aber gehören Glaube und Erkenntnis ebenso untrennbar zusammen wie Glaube und Bekenntnis (gerade auch i. S. des persönlichen Bekennens) – verpflichtend nach dem kerygmatischen Zeugnis der synoptischen, johanneischen und paulinischen Tradition, wie sie in der »Heiligen Schrift« zusammengefaßt ist und in den altkirchlichen wie in den reformatorischen Bekenntnissen bezeugt wird. Die Glaubwürdigkeit der Theologie vor der christlichen Gemeinde wie vor der Welt wird schwer erschüttert und ihre »kirchliche« Funktion der Geistlichenausbildung empfindlich gestört, wenn die evangelischen Theologenfakultäten auch den Verächtern und Gegnern des evangelischen Glaubens den Status des amtlich geprüften evangelischen »Theologen« zu verleihen gezwungen würden[588].

Aus diesem Grunde ist es als sachgerecht und rechtmäßig anzusehen, wenn gewisse evangelisch-theologische Prüfungsordnungen trotz (bzw. wegen) ihrer ökumenischen Offenheit von einem Prüfungsbewerber ohne Ausnahme verlangen, den Entschluß zum Eintritt in eine der »ökumenischen« Schwesterkirchen auch öffentlich zu vollziehen.

Manche Prüfungsordnungen lassen auch davon eine Ausnahme zu[589]. Bei dieser juristisch besonders mißverständlichen Regelungsvariante ist im verwaltungsmäßigen Vollzug scharf darauf zu achten, daß sich eine evangelisch-theologische Fakultät in den Grenzen ihrer rechtlichen Kompetenz und ihres wissenschaftlichen Sachbereiches zur Forschung, Lehre und Prüfung speziell der evangelischen Theologie hält. Auch hier darf sie nicht unter eigenmächtig-rechtswidriger Aufgabe ihres evangelisch-theologischen Charakters die Funktionen der philosophischen Fakultät usurpieren und sich als (un-theologische bzw. antitheologische) Institution der allgemeinen Religionswissenschaft gerieren. Die Ausnahmebewilligung von der ökumenischen Kirchenmitgliedschaft wird also strictissime zu interpretieren und zu beschränken sein. Gerade bei einem derartigen exorbitanten Sonderfall muß die Fakultät deutlich machen, daß sie die Zulassung und Bewertung der Prüfungsleistungen (1.) als evangelisch-theologisches Gremium nach ihren theologischen Maßstäben entschieden hat und daß (2.) der innere Sachbezug zur evangelischen Theologie nach Gegenstand und Methode in exegetischer, systematischer, historischer Hinsicht zu bejahen ist. (3.) Wenn dies nicht in eingehender Begründung mit substantiierter Tatsachendarlegung und -bewertung geschieht, ist die Entscheidung als Ermessensfehlgebrauch und deshalb rechtswidrig aufzuheben. Dies ist vor allem auch

---

[588] Demjenigen, der den Gegenstand und Grund der theologischen Arbeit aus wissenschaftlicher und religiöser Überzeugung ablehnt, steht im säkularen und pluralistisch-liberalen Wissenschafts-system der Staatsuniversität natürlich die Prüfung und Graduierung offen – jedoch nicht im speziellen Fach und Fachbereich der evangelischen Theologie, sondern in der Religionsphilosophie, Religionssoziologie, Religionsgeschichte im Rahmen der philosophischen Fakultät bzw. ihrer Nachfolgebereiche. Andernfalls würde die Theologie in ihrem besonderen Wissenschaftscharakter (S. 19 f.) durch säkularisierenden Staatseingriff verfremdet und in ihren Verfassungsgarantien (Artt. 5 und 4 GG) verletzt.

[589] Z. B. § 9 I Ziff. 7 PromO Erl.; 9 I a TheolAbschlExO Erl.; 4 I HabilO Münch.

dann der Fall, wenn sich eine Fakultät aus vermeintlichen staatlichen Säkularisierungs-zwängen rechtsirrtümlich zur Zulassung des Bewerbers verpflichtet fühlte.

Eine solche Ausnahme mag z. B. dann angebracht sein, wenn ein Kirchenaustritt nicht aus innerer Abwendung von der christlichen Lehre und Kirche erfolgt, sondern im Gegenteil aus »evangelischer« Bekenntnistreue und aus schmerzvoller theologischer Enttäuschung über den – vermeintlichen oder wirklichen – theologischen Identitäts-verlust der evangelischen Kirche geschieht, weil ihr zuviel bzw. zuwenig theologisches Weltengagement vorgeworfen wird oder ihre zu weite bzw. zu geringe ökumenische Öffnung Anstoß erregt. Wenn der ekklesiologische Irrtum, der in einem derartigen Verhalten zu erblicken ist, u. U. sogar bei einem theologischen Lehrer kirchlicherseits geduldet wird und nicht zur staatskirchenrechtlichen Beanstandung und Entfernung aus dem Lehramt führt[590], wird man den eifernden Schülern nicht deshalb die Prüfungszu-lassung verweigern dürfen. In diesen Fällen will der Kandidat im Grunde evangelisch bleiben, ohne der evangelischen Kirche anzugehören, weil er sich nicht mit ihren geistlichen Versäumnissen kompromittieren und mitschuldig machen will; eine Konver-sion zu einer anderen Mitgliedskirche des Ökumenischen Rates wird hier also gerade aus Gründen des evangelischen Bekenntnisses (nicht aber aus Unglauben) gescheut. Die Ausnahmebewilligung von einer solchen »ökumenischen Kirchenmitgliedschaft« ist hier im Rahmen einer evangelischen Fakultätsprüfung am Platze, weil der Bewerber durch sein Verhalten nicht vollends aus der ökumenisch verbundenen Christenheit ausscheiden will, sondern aus ihrem weiten, lockeren Kreis zum Zentrum der »unverfälschten« evangelischen Lehre und Theologie vorstoßen möchte.

4. Zulassung von Katholiken?

a) Keine Mitgliedschaft im Ökumenischen Rat

Der Wortlaut der Prüfungsordnung der evangelisch-theologischen Fakultä-ten ist auch in dieser Frage unterschiedlich. Soweit ausdrücklich das evangeli-sche Bekenntnis als Zulassungsvoraussetzung verlangt wird[579] und Ausnahmen nur für Glieder von Mitgliedskirchen des Ökumenischen Rates[582] zugelassen werden, sind Katholiken von den entsprechenden evangelisch-theologischen Prüfungen und Graden schlechthin ausgeschlossen. Das gleiche gilt, wenn generell die Zugehörigkeit zu einer dieser ökumenischen Mitgliedskirchen ohne Ausnahmemöglichkeit erfordert wird. Gehört doch die römisch-katholische Kirche bekanntlich dem Ökumenischen Rat der Kirchen nicht als Mitglied an, sondern hat ihren eigenen römisch-katholischen Ökumene- bzw. Ökumenis-musbegriff[591] als theologischen und rechtlichen Topos entwickelt. Sie wendet sich damit auf der Grundlage ihrer kirchlichen Lehre und ihres universalen und infalliblen päpstlichen Jurisdiktionsprimates (als der unaufgegebenen Klammer der kirchlichen Einheit) einladend und (selbst)kritisch an die außerkatholische Ökumene. Aber sie bleibt von dieser in geistlicher und rechtlicher Distanz

---

590 Oben S. 213 ff. 591 Oben S. 147 Anm. 296, 197, 204.

getrennt, auch wenn sie mit ihr eine theologisch fundierte und verantwortete (deshalb einstweilen nur begrenzte) Begegnung sucht und sogar zur Mitarbeit an einzelnen Vorhaben des Genfer Ökumenischen Rates, insbesondere in dessen Kommission für »Glaube und Kirchenverfassung« bereit ist. Schon zum Zweiten Vatikanischen Konzil waren ja Kirchenvertreter aus der nichtkatholischen Ökumene als Beobachter eingeladen worden. Aber einstweilen besteht ein entscheidender Unterschied: Mit den Mitgliedskirchen des Ökumenischen Rates verbindet die evangelische Kirche und Theologie ein Verhältnis der fest institutionalisierten ökumenischen Gemeinschaft, mit der katholischen Kirche hingegen nur ein Verhältnis der lockeren, partiellen ökumenischen Zusammenarbeit.

b) Keine Ausnahme-Gewährung

Fraglich erscheint die Zulassung von Katholiken jedoch, wenn wie erwähnt der Wortlaut einer Prüfungsordnung überhaupt zur Bekenntnisfrage als Zulassungsvoraussetzung schweigt[581], oder wenn er pauschal Ausnahmen vom evangelischen Bekenntnis zuläßt, ja sogar solche Ausnahmen auch von der Mitgliedschaft in einer der Kirchen des Ökumenischen Rates eröffnet[589]. Doch muß auch dann in einer verfassungskonformen System- und Sinnauslegung der Ausschluß katholischer Theologen von evangelisch-theologischen Prüfungen und Graden angenommen werden. Für katholische Theologen ist an der deutschen Universität das voll ausgebaute theologische Studien- und Prüfungssystem der katholisch-theologischen Fakultäten eingerichtet worden. Es hat die Zulassungsvoraussetzungen, Prüfungsinhalte, Bewertungsmaßstäbe und Grade der Examina, Promotionen und Habilitationen in katholischer Theologie abschließend geregelt. Die konkurrierende Prüfung und Graduierung katholischer Theologen in den evangelischen Theologenfakultäten widerstreitet deren Normgestalt und Prüfungssystem:

c) Schranken der Fakultätskompetenz

Schon aus äußeren weltlich-verwaltungsrechtlichen Gründen ist hier die Trennung und Eigenständigkeit der beiden evangelisch-theologischen und katholisch-theologischen Fakultäten zu respektieren. Sie ist in den Entscheidungen der Landesverfassungen, Hochschulgesetze, Konkordate und Kirchenverträge verbindlich vorgegeben und in den Prüfungsordnungen ausgeformt[592], deshalb im Verwaltungsvollzug des Einzelfalles zu beachten. Wie öfter schon in

---

[592] S. 232 ff., 241 ff.

anderem Zusammenhang hervorgehoben: Nach Kompetenz, institutioneller Struktur, Personalaufbau, Wissenschaftsgebiet und Verwaltungsverfahren stehen die beiden Theologenfakultäten rechtlich gesondert und selbständig nebeneinander. Sie sind jeweils den Bedürfnissen ihrer Kirche und den Bewerbern ihrer Konfession im Rahmen der pluralistischen staatlichen Kulturverantwortung und Daseinsvorsorge zugeordnet.

Auch im Verhältnis anderer Fakultäten zueinander stellt sich mutatis mutandis ein ähnliches Problem, wo sich deren Forschungs- und Lehrinteressen überschneiden. Mittelbar zumindest würden die Theologenfakultäten in den Bereich und die Funktionen der Fakultät des anderen Bekenntnisses übergreifen, wenn sie die Kandidaten der fremden Fakultät bei sich zu Examen, Promotion, Habilitation zuließen, falls diese in der Fakultät der eigenen Konfession auf Schwierigkeit stoßen bzw. diese vermuten oder provozieren. Ein prüfungsmäßiges Hineinwirken in die andere theologische Fakultät (bei Kandidaten des fremden Bekenntnisses, die weder konvertiert sind noch dies erwägen) gehört jedoch nicht zu den Amtsaufgaben und Kompetenzen der Theologenfakultät im weltlichen Wissenschaftssystem der deutschen Universität. Der Staat hat heute kein ius reformandi mehr; auch ist es nicht seines Amtes, die eine Theologenfakultät in ihren Lehr-, Glaubens- und Personalproblemen durch Einsatz der anderen Theologenfakultät geistlich zu korrigieren bzw. zu blamieren.

d) Ökumene-Rücksichten?

Sodann: Die ökumenische Zielsetzung der erweiterten Prüfungszulassung droht sich hier in ihr Gegenteil zu verkehren. Während im Verhältnis zu den anderen Mitgliedskirchen des Ökumenischen Rates (die hierzulande keine Ausbildungsstätten besitzen) die Zulassung ihrer Glieder zu evangelischen Prüfungen eine ökumenische Verbindung und Hilfe (durch jene Brücken- und Ersatzfunktion) bringt, dürfte sie im Verhältnis zur katholischen Kirche und Fakultät wohl vorwiegend als Quelle von Querelen in institutionalisierter Rivalität und Reibung wirken, die die ökumenische Verständigung nicht fördert, sondern erschwert. Für die ökumenische Begegnung und den wissenschaftlichen Austausch zwischen Theologen und Kirchenmännern beider Konfessionen finden sich hierzulande vielfältige andere Möglichkeiten innerhalb und außerhalb der Universität, die eine gedeihliche Kooperation ohne Sorge vor Übergriffen gewährleisten. Viele deutsche Universitäten besitzen sowohl eine evangelische wie eine katholische Theologenfakultät; dem jungen Theologen ist so durch den Besuch von Vorlesungen, Seminaren, Vorträgen das Kennenlernen und der enge wissenschaftliche Kontakt mit den Lehren und Lehrern der anderen Konfession zwanglos und fruchtbar möglich[593]. Letztere wirken vielfach auch an der partiellen Mitberatung und Mitbetreuung von Dissertationen und Habilita-

---

[593] S. 210, 214.

tionen ihrer Schwesterfakultät mit[594], ohne dabei die eigenen wie die fremden
Bekenntnispositionen verleugnen zu müssen und den ökumenischen Dialog,
der derzeit auf der Verschiedenheit der Partner fußt, durch Vermischungen und
Einmischungen zu verwirren. Die Prüfungszulassung ist hier nicht durch ökumenische Bedürfnisse geboten.

e) Theologische Gegensätze als Prüfungshindernis

Besondere geistliche Schwierigkeiten potenzieren sich hier mit den aufgezeigten Konkurrenzproblemen des allgemeinen Fakultäts- und Prüfungsrechts.
Nach wie vor gibt es leider tiefe und unüberbrückte Gegensätze zwischen der
evangelischen und der katholischen Theologie und Lehre. Sie betreffen ja theologische Zentralprobleme, die auch von fundamentaler Bedeutung für zahlreiche andere Fragen des Dogmas und Kirchenrechts sind. Vor allem das Verständnis des kirchlichen Amtes, vorab des Petrusamtes und seiner Sukzessoren auf
dem päpstlichen Stuhl, aber auch der Unfehlbarkeit, des Kirchenbegriffs, der
Sakramente, der Mariologie ist nach wie vor beklemmend kontrovers. In diesen
Punkten sind die evangelische und katholische Konfession nicht nur verschieden, sondern leider Gegner, die aus ihrem Verständnis der christlichen Wahrheit und Wahrheitsverpflichtung bis heute die gegenseitigen theologischen Abgrenzungen und Verwerfungen aus der Zeit der Reformation und Gegenreformation nicht theologisch überwunden, geschweige denn aufgehoben oder für
gegenstandslos erklärt haben[595].
Wie soll hier eine theologische Prüfung möglich sein, die die Sachgerechtigkeit, Prüfungsgleichheit, Zumutbarkeit zwischen Prüfern und Kandidaten
»gegnerischer« Konfession garantiert bzw. nicht schon am Ausschluß der Befangenheit scheitern muß? Eine evangelisch-theologische Fakultät kann ja nur
nach ihren evangelisch-theologischen Prüfungs- und Bewertungsmaßstäben
handeln und einen »evangelisch-theologischen« Grad verleihen; sie ist zu einer
Art Ersatzvornahme für die katholisch-theologische Fakultät mangels Zuständigkeit nicht befugt, kann und darf also nicht einen Katholiken nach den
katholischen Lehrmaßstäben examinieren, promovieren, habilitieren und mit
einem katholisch-theologischen Grade versehen.
Ein evangelischer Prüfer kann den zentralen Komplex dieser konfessionellen Kontroversen nicht einfach ausklammern, da dies die Ausgewogenheit der Prüfung, die Vollständigkeit der vorgeschriebenen Prüfungsfächer und die Gleichheit der Prüfungsanfor-
derungen sachwidrig und rechtswidrig beeinträchtigen würde. Unzumutbar und unzulässig ist ferner der Verzicht auf die spezifisch evangelischen Sach- und Methodenaspekte
der theologischen Exegese, Systematik, Dogmen- und Kirchengeschichte im Rahmen

---

[594] S. 244 f., 266 ff.   [595] S. 147 Anm. 296.

der Prüfungsfragen und Prüfungsbewertung, da dies dem evangelisch-theologischen Status der Fakultät widerspricht. Desgleichen ist es dem katholischen Kandidaten nicht zumutbar, seine katholischen Positionen nach den gegensätzlichen Kriterien des fremden Bekenntnisses als unzureichende Prüfungsleistung bewerten zu lassen; ebensowenig kann er jedoch verlangen, daß ihn die evangelisch-theologische Fakultät, wenn sie ihn schon ausnahmsweise zu ihrer Prüfung zuließe, nach katholischen Maßstäben prüfen müßte, sich also ad hoc im Verzicht auf ihren theologischen und rechtlichen Charakter (rechtswidrig) in eine quasikatholische Ersatzfakultät zu verwandeln habe.

Die Zulassung konfessionsfremder Kandidaten ist eine Irregularität und verführt förmlich zu Konnivenz und Heuchelei, wenn entscheidende theologische Differenzen unausgeräumt dazwischenstehen. Auch im Prüfungswesen äußert sich eben schmerzlich-konkret, daß das Verhältnis zur katholischen Kirche (und ihrem römisch-katholischen Ökumenismus-Begriff) nicht denselben Grad geistlicher Gemeinsamkeit und gegenseitiger theologischer Anerkennung aufweist, wie er innerhalb der (»außerkatholischen«) Gemeinschaft des Ökumenischen Rates im letzten halben Jahrhundert wenigstens teilweise errungen wurde und dort die ökumenische Brücken-, Ersatz- und Notfunktion auch im evangelisch-theologischen Prüfungswesen ermöglicht[596].

5. Die Bedeutung der Promotionen und Habilitationen für die evangelische Kirche

Gerade auch bei Promotionen und Habilitationen der evangelischen Theologie handelt es sich – wie öfter berührt – nicht um »rein« akademische Vorhaben und Verfahren, die ohne Zusammenhang mit der evangelischen Lehre und Kirche stünden und deshalb für jedermann bekenntnisindifferent eröffnet werden könnten, ja müßten. Die evangelische Universitätstheologie hat seit Jahrhunderten einen kardinalen Rang für die evangelische Christenheit und insbesondere für die evangelischen Landeskirchen. Er ist so selbstverständlich und unbestritten, daß er bis heute nicht eigens in besonderen Kirchengesetzen und Verordnungen von den evangelischen Synoden und Kirchenleitungen beteuert und gesichert werden mußte – zumal sich in der Zeit des Staatskirchentums und der Staatskirchenhoheit der christliche Staat aus Staatsethos und Staatsräson für die unverfremdete Erhaltung und Entfaltung der evangelisch-theologischen Forschung und Lehre verpflichtet hielt[597].

Der Unterschied ist evident: Die katholische Kirche sah ihre Einheit seit Jahrhunderten wesentlich verbürgt durch die Einheit des papalen Petrusamtes und seiner Lehrentscheidung sowie durch die Jurisdiktions- und Weihegewalt

---

[596] In diesem Zusammenhang sei nochmals an die innere Einheit des theologischen Prüfungswesens jeder der beiden Konfessionen erinnert, das von einem einheitlichen theologischen Wissenschaftsbegriff bestimmt ist, S. 241 ff.

[597] S. 13, 88 ff. – Unrichtig auch insoweit das Urteil des VG Sigmaringen (oben S. 217 Anm. 444), vgl. VGH Mannheim NVwZ 1985, 126 ff., 128 f.; *v. Campenhausen*, ZevKR 30, 1985 S. 74.

der Hierarchie in der römischen Obedienz, wie sie sich seit dem Siege des Papalsystems im Spätmittelalter ausgebildet hatte und in dem Tridentinum (1563) und Ersten Vaticanum (1870) zum Abschluß kam. Das evangelische Kirchenwesen aber sah seine Einheit allein begründet im Worte Gottes, das im rechten (»evangelischen«) Verständnis und Bekenntnis des Evangeliums jedermann im Glauben zu erfassen und zu leben aufgetragen war (sola scriptura, sola fide, sola gratia, Bekenntnisbindung, allgemeines Priestertum, Amt und Gemeinde). Die evangelische Theologie aber schuf hierfür das Fundament: Sie leistete die Entfaltung und Abgrenzung der rechten evangelischen Lehre, sie vermittelte und korrigierte die evangelische Bekenntnisbildung, ihr oblag stets die Geistlichenausbildung für die evangelische Kirche. Die theologische Forschung und Lehre an der Staatsuniversität wurde so entscheidend für den Aufbau und die Fortentwicklung des evangelischen Kirchenwesens seit der Reformation. Die Reformatoren selbst haben als theologische Universitätslehrer die Reformation eingeleitet und begleitet bzw. sie durch ihre evangelische Forschung und Lehre geführt. Sie blieben weithin selbst Universitätsprofessoren, ließen sich nicht zu Bischöfen machen und haben sich, Luther zumal, in allen Anfechtungen auf ihren theologischen Grad als »Doktor der Heiligen Schrift« berufen, der ihnen als der verpflichtende und legitimierende Titel zur Reformation der Kirche durch das Wort erschien. Die evangelische Universitätstheologie blieb ferner durch Jahrhunderte die einzige geistliche Klammer, die das unübersehbar aufgesplitterte territoriale Partikularkirchenwesen als geistige Einheit zusammenhielt, bis es seit den Zwanziger Jahren des Zwanzigsten Jahrhunderts langsam zum Kirchenbund und zur EKD zusammenfand.

Auch heute vollzieht sich die Fortbildung der evangelischen Lehr- und Bekenntnispositionen – in der heimischen wie in der ökumenischen Dimension der Kirche – vor allem durch die theologische Forschungs- und Lehrtätigkeit der Universitätstheologie; ihre Ausstrahlungswirkung wird von Privatgelehrten und auch von den kircheneigenen Kirchlichen Hochschulen[598] nicht entfernt erreicht. Die Promotionen und Habilitationen sind die Eröffnungszüge zum Eintritt in diese Sphäre der Wissenschaft und der theologischen Leitungsfunktion in der Kirche. Sie sind in den »Instanzenzug« und in die Möglichkeit der Anrechnung und der Reduktion von Prüfungselementen eingebaut, durch die alle (kirchlichen wie akademischen) theologischen Prüfungen zur Einheit verzahnt sind[599]. Von den Landeskirchen werden die promovierten Theologen vorzugsweise für die verschiedensten Führungspositionen und Sonderfunktionen eingesetzt, Promotionen großzügig durch Stipendien und Freistellungen gefördert.

---

[598] Unten S. 349 ff.   [599] S. 246 ff.

So haben die theologischen Promotionen, erst recht die Habilitationen bis heute ihre eminente Bedeutung für die Kirche behalten. Sie haben teil an der – allgemein anerkannten – staatlichen und kirchlichen Doppelfunktion der theologischen Fakultäten[600]. Sie sind somit auch dem Schutzbereich des Artt. 4 GG und 137 III WRV/140 GG zuzurechnen. Sie sind deshalb nur durch allgemeine Schrankengesetze für vorrangige weltliche Belange zu beschränken, wobei die Notwendigkeit und Zumutbarkeit einer weltlichen Beschränkung ihrerseits »im Lichte« der »wertsetzenden Bedeutung« dieser grundrechtlichen Garantie der kirchlichen Freiheit und Eigenständigkeit »ausgelegt und eingeschränkt werden müssen«[601]. Der staatliche Oktroi römisch-katholischer Promotions- und Habilitationsbewerber zu den Prüfungen und Graden der evangelischen Theologie aber ist weder erforderlich noch der evangelischen Kirche zumutbar. Eine derartige staatliche Prüfungsordnung (d. h. in deren nicht-verfassungskonformer Interpretation) kann nicht als zulässiges Schrankengesetz gemäß Artt. 137 III WRV/140 GG angesehen werden. Die evangelisch-theologischen Fakultäten (bzw. die Verwaltungsgerichte) haben deshalb entsprechende Anträge (bzw. Verpflichtungsklagen) abzuweisen.

6. Die Notwendigkeit des Ausschlusses wegen der Folgewirkungen

Für die verfassungsgebotene Abwägung der »Erforderlichkeit« und Zumutbarkeit katholischer Promotionen und Habilitationen in der evangelischen Theologie sind deren Folgewirkungen mitzubedenken. Hier ist wiederum ein tiefer Unterschied zwischen den Konfessionen relevant.

In der katholischen Theologie und Kirche könnte die Promotion bzw. Habilitation eines Akatholiken – staatskirchenrechtlich gesehen – relativ problemlos riskiert werden. Ein tieferer Einbruch in das innere Gefüge der katholisch-theologischen Fakultäten erscheint hier ausgeschlossen, da deren römisch-katholischer Charakter durch die verschiedenen Konkordatsgarantien fest abgesichert ist, Störungen deshalb sofort abgeriegelt und ausgeräumt werden können.

Auf dem Hintergrund dieser Konkordatssicherungen und bischöflichen Eingriffsrechte können sich manche katholischen Universitätstheologen in dieser Frage leicht liberal und tolerant geben und publikumswirksam über die theologische Enge, ja Identitätssorge ihrer evangelischen Kollegen staunen. Jedoch ist in der katholisch-theologischen Fakultät die institutionelle Bindung an die »Amtskirche« natürlich unvergleichlich enger; eine ökumenische Öffnung nach Art der Ökumene-Klausel des evangelisch-theologischen Fakultätenrechts fehlt. Bei ihr ist ja durch konkordatären Staatsvertrag, also mit transformierter staatlicher Gesetzesbindung, das gesamte theologische Studien- und Prüfungswesen auf die innerkirchlichen Vorschriften der Hierarchie festgelegt[602].

---

[600] S. 167 Anm. 336, 265.   [601] S. 35 f., 307 ff.   [602] S. 221 ff., 291.

Die weitere Klärung und Verschärfung der Rechtslage steht diesbzüglich auch für die Zukunft zur Disposition der Hierarchie. Vor allem aber: Eine Promotion bzw. Habilitation eines Akatholiken bliebe ein folgenloses Einzelereignis. Sie könnte die katholisch-theologische Fakultät nicht in ihrem Wesen verändern, da jede Lehrtätigkeit in ihr unbestrittenermaßen die vorherige Zustimmung des Bischofs voraussetzt und auch jederzeit durch dessen nachträgliche Lehrbeanstandung wieder beendet werden kann.

Die evangelische Theologie (und Kirche) hingegen sieht sich hier konfrontiert mit einer ernstzunehmenden Gefährdung ihres evangelisch-theologischen Charakters und ihrer Doppelfunktion für die Wissenschaft und die Kirche.

Wenn man den – derzeit noch weithin vertretenen – traditionellen Auffassungen aus der Zeit des Staatskirchentums folgt, soll die evangelische Kirche auch heute noch lediglich ein unverbindliches Gutachten, nicht aber ein votum decisivum über ihre evangelischen Bekenntnisbelange bei der Berufung evangelischer Theologen an eine evangelisch-theologische Fakultät geltend machen dürfen: Die Bekenntnisentscheidung über die theologische Tragbarkeit des Theologen für seine theologischen Forschungs- und kirchlichen Ausbildungsfunktionen liege ausschließlich beim säkularen Staat, d. h. letztlich bei der jeweiligen politischen Spitze der Kultusverwaltung. Und zudem wird die Kirche nach den evangelischen Kirchenverträgen ja nur bei der Berufung von »Professoren« in dieser Weise verfahrensmäßig mitbeteiligt[603]. Bei Habilitationen muß sie danach nicht einmal informiert werden, kann also ihre Lehr- und Bekenntnisbedenken der Kultusverwaltung nicht einmal offiziell eröffnen – ja diese selbst hat über die Verleihung der venia legendi gar nicht mitzuentscheiden, wenn letztere nach dem Hochschulrecht des Landes den Zentralgremien der Universität zusteht.

So ist das Habilitationswesen die offene Flanke der evangelisch-theologischen Fakultäten geworden: An ihren theologischen Zulassungsregelungen hängt weithin ihr theologischer Charakter und damit die Verfassungsgarantie der theologischen Fakultäten, wenn diese nicht zur bloßen Hülse entleert werden soll. Die staatskirchenrechtlichen Fehlinterpretationen des theologischen Berufungswesens einerseits und des theologischen Prüfungswesens andererseits bedeuten für die evangelisch-theologischen Fakultäten Gefahren »von oben« wie »von unten«, die einander potenzieren.

Je nach der kultur- und kirchenpolitischen Situation haben sie ein wechselndes Gewicht. Derzeit mag die Verfremdung (»Umfunktionierung«) der Theologenfakultäten durch ein ideologisierendes Berufungswesen der staatlichen Kultuspolitik weniger aktuell erscheinen. Hingegen zeichnet sich die Möglichkeit ab, daß durch verwaltungsgerichtliche Verpflichtungsklagen nichtevangelischer Habilitationsanwärter der Lehrkörper der evangelischen Theologenfakultäten partiell aufgesprengt wird und seinen evangelisch-theologischen Charakter verliert, wenn der Verwaltungsgerichtsbarkeit die innere Einheit und theologische Bedingtheit ihrer Prüfungen und Grade nicht in juristisch greifbarer Form einleuchtet. Ausnahmen wirken rasch regelbildend[604]. Ihrer Präzedenz-

---

[603] S. 87 ff., 103 ff.
[604] Irregularitäten, die in früherer Zeit als singuläre Ausnahmen toleriert werden konnten,

wirkung ist am Anfang zu wehren, damit die höchst empfindlichen evangelisch-theologischen Staatsfakultäten nicht im Sog rechtswidriger Nivellierung und Säkularisierung die Freiheit ihrer wissenschaftlichen und religiösen Eigenart einbüßen.

III. Sonderprobleme der katholisch-theologischen Fakultäten

1. Unbeschränkte Öffnung?

Die Zulassung von Akatholiken zu den Prüfungen und Graden der katholisch-theologischen Fakultäten hat teilweise zu anderen Lösungen (bzw. Übergangserscheinungen) geführt, die hier aus dem Zusammentreffen von staatlichen und kirchlichen, partikularen und gesamtkirchlichen Normen resultieren.

Weithin fehlt in den Prüfungssatzungen selbst eine ausdrückliche Regelung dieser Frage. Das hat den Eindruck einer unbegrenzten Öffnung der katholisch-theologischen Prüfungen und Grade für alle Konfessionsfremden und Konfessionslosen hervorgerufen[605].

Die Gründe für das derzeitige Fehlen expliziter Zulassungsregelungen in den Satzungen der katholisch-theologischen Fakultäten sind freilich komplexer: Weil die katholische Kirche sich gegenüber der – im außerkatholischen Raum entstandenen – ökumenischen Bewegung vorsichtiger zurückhielt und zurückhält als deren Mitgliedskirchen und Theologenfakultäten, sind die einschlägigen Berührungen und Regelungsbedürfnisse[606] in den katholisch-theologischen Fakultäten einstweilen viel geringer geblieben. Konfessions- und Ökumeneklauseln fehlen, weil die außerkatholische Ökumene zunächst rechtlich ignoriert, nicht weil sie unbeschränkt zugelassen werden sollte. Die katholische Kirche versteht ja die Ökumene – gesondert und parallel zur ökumenischen Bewegung des Genfer Ökumenischen Rates – nach ihrem eigenen katholischen Ökumenismusbegriff[607]. Zur hierarchischen Ausgestaltung der katholischen Kirche paßt ferner weniger die detaillierte Durchnormierung und tatbestandsmäßige Fixierung delikater Dinge als deren flexible Entscheidungsmöglichkeit durch Ermächtigungsnormen und Mitwirkungsakte bischöflicher bzw. kurialer Instanzen. – Gefährlichen Weiterungen für die Lehre ist durch das oft genannte bischöfliche nihil obstat der Konkordate ein Riegel

---

können heute im durchnormierten Hochschulrecht und in der Gruppenuniversität verhältnismäßig rasch deformierende Effekte auslösen, wenn die Zulassungsregelung des Prüfungs-, Promotions- und Habilitationswesens nicht den Sachgesetzlichkeiten der theologischen Wissenschaft und Fakultätsstruktur entspricht.

[605] Er ist verschiedentlich durch öffentliche Äußerungen von Dekanen und Mitgliedern katholisch-theologischer Fakultäten zum Beweis ihrer Liberalität in Sachen Ökumene bekräftigt worden. Z. B. Südwest-Presse/Schwäbisches Tagblatt v. 20. 9. 1984; Konradsblatt (Freibg. i. Br.) v. 30. 9. 1984.

[606] Zum Problem der Ökumene im theologischen Fakultätenrecht vgl. oben S. 197 ff., 204 ff., 232 ff., 253 ff., 282 ff.

[607] Vgl. das Dekret des Zweiten Vatikanischen Konzils über den Ökumenismus »Unitatis redintegratio«, Kleines Konzilskompendium, hrsg. v. Karl Rahner und Herbert Vorgrimler, Freiburg u. a. 1966 S. 217 ff. – Vgl. auch oben S. 147 Anm. 296.

vorgeschoben. – Zudem ist z. Zt. der Prozeß der normativen Anpassung der einzelnen Fakultätssatzungen an die Apostolische Konstitution Sapientia Christiana von 1979 noch nicht abgeschlossen, während dessen die katholisch-theologischen Fakultäten im Interesse ihrer Fakultätsautonomie Spezialregelungen ohnehin reserviert gegenüberstehen. Freilich besteht auch für sie die Gefahr, daß die Aufgeschlossenheit für die Ökumene juristisch als Säkularisierung mißverstanden wird und wirkt[608].

2. *Der katholische Charakter des theologischen Prüfungswesens*

Jedoch ist auch in den katholisch-theologischen Fakultäten die Zulassung Konfessionsfremder bzw. -loser zu theologischen Prüfungen und Graden nur möglich, wenn (1.) der besondere katholisch-theologische Charakter der Fakultät und ihrer Wissenschaftsfunktionen gewahrt bleibt und (2.) eine innere sachliche Beziehung zur katholisch-theologischen Wissenschaft hinsichtlich des Kandidaten bzw. des Themas (3.) im rechtsfehlerfreien Verfahren bejaht werden kann.

Staatskirchenrechtlich verweist das Konkordat ausdrücklich auf die innerkirchlichen Regelungen des Studien- und Prüfungswesens durch die katholische Kirche; maßgeblich dafür ist heute die Apostolische Konstitution Sapientia Christiana vom 15. April 1979[609]. Durch diese normative Bezugnahme des Konkordates und dessen Transformation in innerstaatliches Gesetz hat insoweit die Apostolische Konstitution auch für den staatlichen Rechtskreis gesetzliche Verbindlichkeit erlangt. Die katholisch-theologischen Fakultäten sind deshalb auch als Staatseinrichtungen[458] daran gebunden, ebenso wie die zentralen Einrichtungen der Universität, die staatliche Kultusbürokratie und die Verwaltungsgerichte[610].

Kirchenrechtlich aber sind die theologischen Prüfungen nach Sapientia Christiana als streng katholische Prüfungen – nicht als »ökumenische« Prüfungen i. S. einer ökumenischen Zukunftskonfession oder eines akatholischen Ökumeneverständnisses – ausgestaltet. Dieser gesetzliche Rahmen ist für die katholisch-theologischen Fakultäten verbindlich. Die Grundsatz- und Rahmenbe-

---

[608] S. 271 und allgemein S. 210 f., 239.

[609] Oben S. 206, 223 f.

[610] Diese Bindung an die innerkirchlichen Studien- und Prüfungsordnungen ist freilich inhaltlich begrenzt. Soweit das Konkordat selbst Sonderregelungen enthält, gehen diese dem gemeinen Kirchenrecht vor (S. 224 Anm. 463); andererseits ist der Vorrang der Verfassung im weltlichen Rechtskreis zu beachten. Die kirchlichen Prüfungs- und Studienordnungen können deshalb an der staatlichen Universität nur insoweit (staatskirchenrechtliche) Geltung erlangen, als sie die Grundrechte der Wissenschaftsfreiheit, Religionsfreiheit, Gleichheit i. S. der staatlichen Verfassung nicht verletzen. Vgl. oben S. 228 ff., unten S. 303 ff. Die kirchliche Selbstbestimmung ist ja nur innerhalb der Schranken der staatlichen Schrankengesetze gewährleistet (Artt. 137 III WRV/140 GG), zu denen auch das Konkordatsgesetz zählt, das sich seinerseits in den Grenzen der Verfassung halten muß.

stimmungen der Apostolischen Konstitution sind deshalb von ihnen konkretisierend auszufüllen und auszuführen. Dies hat durch den Erlaß bzw. die Angleichung der einschlägigen Fakultätssatzungen zu geschehen, aber auch allgemein durch deren Interpretation und Lückenschließung im Sinne der Apostolischen Konstitution. Weder innerkirchlich noch staats(kirchen)rechtlich ist ihnen ein Ermessensspielraum eingeräumt, sich durch eine abweichende rechtliche Gestaltung oder Praktizierung darüber hinwegzusetzen[611].

Der dezidiert katholische Charakter des theologischen Prüfungswesens geht aus der Gesamtregelung der Sapientia Christiana unzweifelhaft hervor: Die Aufgabe der Fakultät besteht in der Erforschung und Entfaltung der christlichen Offenbarung durch die Theologie als »Glaubenswissenschaft«, in ihrer Studentenausbildung »nach Maßgabe katholischer Lehre«, ihrem Beitrag zur »Glaubensverkündigung« der Weltkirche »in enger Gemeinschaft mit dem Leitungsamt der Kirche«[612]. – Deshalb ist die kanonische Errichtung und Approbation der theologischen Lehreinrichtungen durch den Heiligen Stuhl unabdingbar[613], insbesondere für das Recht zur Verleihung akademischer Grade. – Alle Dozenten sind auf die Ziele der theologischen Fakultät verpflichtet, der Unterricht in den Glaube und Sitte betreffenden Fächern ist »in voller Gemeinschaft mit dem authentischen Lehramt der Kirche und vor allem des Papstes durchzuführen« und setzt die Ablegung der Professio Fidei und die Teilhabe an der Sendung zur amtlichen Lehrverkündigung voraus[614]. Dadurch sind auch die Prüfungsmaßstäbe streng im Sinne des katholischen Bekenntnisses und der spezifischen Methode katholisch-theologischer Arbeit etwa in der Verwertung und Verbindlichkeit von Schrift, Tradition und Lehramt festgelegt. Die »gebührende« theologische Forschungs- und Lehrfreiheit ist anerkannt, aber als »wahre« Freiheit durch die »göttliche Wahrheit« im Sinne des »lebendigen Lehramts der Kirche« bedingt und begrenzt, das »das Wort Gottes authentisch zu interpretieren« hat[615]. – Als Voraussetzung zur Promotion wird eine Erklärung bzw. Zustimmung katholischer Kircheninstanzen über Glaube und Wandel des Kandidaten verlangt[616]. – Als Rechtswirkungen enthalten die akademischen Grade der Theologie die abgestuften Befähigungsnachweise für die kirchlichen Ämter[617]. Das Doktorat ist im gemeinkirchlichen Bereich die Befähigung für das Lehramt an einer theologischen Fakul-

---

[611] Zum Rahmencharakter von Sapientia Christiana und der Gestaltungsfreiheit nur innerhalb dieses Rahmens vgl. *Schmitz*, aaO, S. 47, 66 ff. – Auch oben S. 222 ff.

[612] Sap.Chr. Artt. 2, 3 §§ 2, 3. – Dazu *Schmitz*, aaO, S. 58 ff.; *Mussinghoff*, aaO, S. 100; *Walter Kasper*, Wissenschaftliche Freiheit und lehramtliche Bindung der katholischen Theologie, in: Essener Gespräche 16, Münster 1982 S. 12 ff., 26 ff., (m. Lit.).

[613] Sap.Chr. Artt. 2, 5, 6, 9; *Schmitz*, aaO, S. 60 ff.

[614] Sap.Chr. Art. 26 §§ 1, 2; 27 § 1; *Schmitz*, aaO, S. 480 ff., 483, 487.

[615] Sap.Chr. Art. 39. – Vgl. auch die Ansprache von Johannes Paul II. vor Theologieprofessoren am 18. 11. 1980 in Altötting AAS 73, 1981 S. 100–105; *Schmitz*, aaO, S. 500.

[616] Sap.Chr. Art. 31 S. 2; auch *Schmitz*, aaO, S. 526; *Mussinghoff*, aaO, S. 100 Anm. 78: »Aus Geist und Wortlaut des gesamten kirchlichen Hochschulrechts folgt, daß beim Theologiestudium an den bekennenden und praktizierenden katholischen Christen gedacht ist.« Vgl. auch die den Bischöfen aufgetragene Sorge für die treue Wahrung der principia doctrinae catholicae an den theologischen Fakultäten und Hochschulen in can. 810 § 2, 818, 812, 813 des Codex Iuris Canonici v. 1983.

[617] Ordinat. Art. 7 zu Sap.Chr.

tät, wie das Lizentiat an einem Priesterseminar. Zwar ist nach deutschem Konkordats-recht die akademische Lehrbefähigung statt an die Doktorpromotion an die Habilitation geknüpft, die als besonderer akademischer Grad (Dr. habil.) die Voraussetzung für die Erteilung der Lehrbefugnis (venia docendi) bildet; aber für den außerdeutschen Bereich der Weltkirche behält der deutsche Doktorgrad diese bedeutsamen kirchlichen Rechts-wirkungen mit ihren inneren Bindungen im römisch-katholischen Sinn[618].

Die Zulassung von Nichtkatholiken zu katholisch-theologischen Prüfungen und Graden stellt im Rahmen dieser katholisch-konfessionellen Gesamtrege-lung eine untergeordnete Nebenfrage dar. Sie kann nicht isoliert entschieden werden, erst recht nicht das gesamte System aus den Angeln heben, das den katholischen Charakter der Fakultät wie auch jeder speziellen Prüfung wahrt. Ob der Kandidat, der sich ihr unterzieht, auch selbst katholisch ist, mag als Äußerlichkeit belanglos erscheinen.

3. Das Bedürfnis nach Klärung und Unterscheidung

Derzeit ist die Zulassung von Nichtkatholiken umstritten[619]. Entscheidend erscheint hierbei nicht so sehr das Ob, sondern das Wie einer solchen Zulas-

---

[618] Sap.Chr. Art. 50 § 1, jedoch nach Sap.Chr. Art. 8 durch Vorrang des Konkordates in Deutschland eingeschränkt. – Zum Problem der Anrechnung eines evang.-theol. Seminarscheines für eine kathol.-theol. Prüfung nach Konversion des Bewerbers vgl. *Mussinghoff*, aaO, S. 102. Allgemein Art. 70 Sap.Chr.: »Beim Studium und bei der Vermittlung der katholischen Lehre muß der Treue zum Lehramt der Kirche stets eine besondere Bedeutung beigemessen werden.«
[619] Nach einem Schreiben des Sekretärs des Heiligen Officiums vom 17. Juli 1961 (Prot.N. 278/ 60, in: Archiv f. kath. Kirchenrecht 130, 1961 S. 485 f.; vgl. auch Priesterausbildung und Theologie-studium. Nachkonziliare Dokumentation, Bd. 25, Trier 1974 S. 532–535) an den Präfekten der Studienkongregation sollte sie unter bestimmten Bedingungen nicht nur für das Studium, sondern auch für die akademischen Grade der katholischen Theologie eröffnet sein:
»1. Ein nichtkatholischer Studierender kann zum Studium (!) an einer kirchlichen Fakultät zugelassen werden, sofern er von einer Autorität der katholischen Kirche empfohlen wird. Diese muß dessen moralische Haltung und die wohlwollende Gesinnung gegenüber der katholischen Kirche derart garantieren, daß die moralische Gewißheit gewonnen werden kann, der Kandidat werde die akademischen Grade (!) wenigstens nicht zum Schaden der katholischen Kirche gebrau-chen.
2. Bei gleichen Bedingungen ist ein Orthodoxer einem Protestanten und noch mehr einem jüdischen Studierenden vorzuziehen.«
Daß diese Möglichkeit auch nach Erlaß der Konstitution Sapientia Christiana von 1979 noch fortbestehe, wird jedoch von fachlich kompetenten Kennern des katholischen Kirchenrechts (und speziell seines Hochschulrechts) bestritten, da dies dem Wortlaut und Sinnzusammenhang dieser Konstitution, insbes. ihren Artt. 31, 94, widerstreite. *Schmitz*, aaO, S. 493 f.; *Hollerbach*, aaO, S. 81; *Mussinghoff*, aaO, S. 101 Anm. 80.
Andererseits hat ein Schreiben der Kongregation für das katholische Bildungswesen vom 28. Juli 1981 an den Bischof v. Speyer (Sacra Congregatio pro Institutione Catholica v. 28. 7. 1981 Prot.N. 165/81) gestützt auf eine Äußerung der Glaubenskongregation einen inhaltlichen Wider-spruch dieser weiten Zulassungspraxis mit Sapientia Christiana verneint und ihre rechtliche Weiter-geltung vertreten. – Die verbindliche Entscheidung dieser Auslegungsfrage ist um der Rechtsklar-heit und Rechtseinheit willen wünschenswert.

sungspraxis. Dabei wird zwischen dem Studium einerseits sowie der Prüfung und Graduierung andererseits zu differenzieren sein.

Das Studium der katholischen Theologie wird auch den nichtkatholischen Studenten kaum verschlossen werden können, da geistliche Gründe kaum dagegen, doch umso mehr dafür zu finden sind. Und kirchenrechtlich wird insoweit eine Unvereinbarkeit mit Sapientia Christiana nicht anzunehmen sein, da der katholische Charakter des theologischen Unterrichts und die Treue zum Lehramt dadurch aller Voraussicht nach nicht leiden wird; ein massenweiser »Einbruch« nichtkatholischer Studenten, der den katholischen Geist der theologischen Lehre gefährdet, ist nicht zu erwarten, zumal wenn ihnen der Zugang zur Prüfung und Graduierung verschlossen bleibt. Verfassungsrechtlich aber würde an der staatlichen Universität der Ausschluß vom Studium als unverhältnismäßige Beschränkung der Studienfreiheit des Art. 5 III GG kaum zu rechtfertigen sein[620]. Verwaltungsmäßig schließlich wäre dies ohne publikumswirksames scandalon im Konflikt nicht durchzusetzen.

Anders die Prüfung und Graduierung: Mit Sapientia Christiana dürfte eine allgemeine, unterschiedslose Öffnung der akademischen Grade nicht zu vereinbaren sein. Denn eine statusmäßige[621] Verleihung des katholisch-theologischen Diploms, Lizentiats und insbesondere Doktorats – also der Lehrbefähigung in katholischer Theologie – an Akatholiken, die dem katholischen Glaubens- und Wahrheitsverhältnis und dem authentischen Lehramt fremd, ja u. U. feindlich gegenüberstehen, enthält eine Verleugnung und innere Verkehrung der katholischen Theologie, die als katholische »Glaubenswissenschaft« in Sapientia Christiana verbindlich definiert und normiert worden ist. Nach dem katholischen Kirchenrecht wie nach dem Staatskirchenrecht kann der katholischen Kirche diese Verfremdung ihres Selbstverständnisses von Bekenntnis, Lehre, Amt und theologischer Wissenschaft – also des verfassungsrechtlich geschützten Kernbereichs »ihrer Angelegenheit« nach Art. 137 III WRV/140 GG – verfassungsrechtlich nicht auferlegt werden.

Durch die Konstitution Sapientia Christiana mag also zwar die allgemeine Zulassung zum Studium der katholischen Theologie an den katholischen Theologenfakultäten für Nichtkatholiken nicht ausgeschlossen sein. Doch deren unbeschränkte Zulassung zum Erwerb statusverleihender[621] akademischer Grade der katholischen Theologie, also des katholisch-theologischen Diploms, Lizentiats und Doktorats widerspricht der Konstitution. Sie kann deshalb auch durch das Satzungsrecht der Universitäten und Fakultäten nicht allgemein eröffnet werden[622].

4. Das Regel- und Ausnahmeverhältnis

Im Regelfalle ist die Zulassung zur Prüfung und Graduierung in katholischer Theologie als »Glaubenswissenschaft« auf Kandidaten katholischen Bekennt-

---

[620] Unten S. 315.

[621] Etwas anderes gilt für die akademische Zwischenprüfung, die nur eine interne Studienvoraussetzung bzw. -etappe darstellt und der Ausstellung von Seminarzeugnissen u. dgl. gleichzuachten ist.

[622] Zur Diskrepanz zwischen der Studien- und Prüfungszulassung vgl. S. 313 ff.

nisses beschränkt, da nur von ihnen die vorausgesetze »Treue zum Lehramt der Kirche« und die »Ergebenheit« in dessen »authentische« Interpretation des Wortes Gottes vorausgesetzt werden darf[623]. Die Norm ist auch in der katholisch-theologischen Fakultät, daß katholische Theologen katholische Theologen katholisch lehren und prüfen.

In Ausnahmefällen[624] kann die Zulassung von Nichtkatholiken zu diesen statusbegründenden katholisch-theologischen Prüfungen und Graden bewilligt werden.

Voraussetzung dafür ist (1.), daß der katholisch-theologische Charakter der Fakultät dadurch nicht verändert wird: Das Prüfungskollegium muß auch in diesen Fällen bestimmend aus katholischen Theologen zusammengesetzt sein; weder durch Satzung noch durch faktische Übung darf es sich quantitativ und qualitativ in ein akonfessionelles oder interkonfessionelles (»ökumenisches«) Gremium verwandeln, das sich nicht in den Grenzen des besonderen innerkatholischen Ökumenismus-Begriffes halten würde[625]. Die Funktion des Prüfungskollegiums muß in katholisch-theologischem Sinne ausgeübt werden. – Die Prüfungsgegenstände müssen das Gesamtgebiet der katholischen Theologie umfassen, ohne Abstriche und Ausklammerung in denjenigen theologischen Bereichen, die wie die Mariologie, die Sakramente, das Amtsverständnis (besonders des Petrusamts und der apostolischen Amtssukzession), der Kirchenbegriff als ökumenische Trennungspunkte umstritten sind. – Die Prüfungsmaßstäbe bei der Themenstellung und Leistungsbewertung müssen dem katholisch-theologischen Selbstverständnis von Schrift und Tradition, Lehre und Lehramt entsprechen. Und entsprechend kann der akademische Grad nur in katholischer, nicht in akatholischer oder »überkatholischer« Theologie und nicht in allgemeiner Religionswissenschaft verliehen werden[626].

Voraussetzung dafür ist (2.) eine innere Sachbeziehung des Prüfungsvorhabens zur katholischen Theologie. Sie muß persönlich auf Seiten des Kandidaten gewährleistet sein; seine Lebensführung und seine theologische Überzeugung darf nicht im Widerspruch mit der katholischen Lehre stehen, sondern muß von einer inneren Aufgeschlossenheit, ja Nähe zur katholischen Kirche zeugen, damit diese ihn als »ihren« katholischen Theologen annehmen und vor aller Welt mit diesem Status deklarieren kann. Da die Konstitution Sapientia Christiana von 1979 den katholisch-theologischen Charakter der katholisch-theologischen Fakultäten und ihrer Forschungs- und Lehrfunktionen dezidiert betont hat, muß auch heute die »moralische Gewißheit« »garantiert« sein, daß die akademischen Grade »nicht zum Schaden der katholischen Kirche« gebraucht werden[619]. – Die innere Sachbeziehung ist auch thematisch zu verlangen, wo die Graduierung sich wie bei der Promotion und Habilitation vor allem auf die Anfertigung einer wissenschaftlichen Schrift stützt: Diese muß nach Aufgabenstellung, Methode und Ergebnis als Bereicherung der katholischen theologischen Forschung im spezifischen Sinn und Unterschied zur allgemeinen Religionswissenschaft angesehen werden kön-

---

[623] Sap.Chr. Artt. 39 § 1, 70. – Oben S. 291 ff.

[624] Der Ausnahmecharakter ergibt sich auch hier aus der Kompetenz und Gesamtstruktur der Fakultät. Vgl. S. 274, 241 ff.

[625] Die Ergänzung des Prüfungskollegiums durch Zuziehung akatholischer Prüfer, insbes. als »Doktorvater« und Berichterstatter, ist deshalb nur begrenzt möglich. Oben S. 243 f., 266 f., 285 f.

[626] S. 253 ff.

nen[627]. Auch hier bestehen gewisse Grenzen der wissenschaftlichen Disziplinen und Fakultäten nach ihren Kompetenzbereichen. Forschungsvorhaben nichtkatholischer Theologen zu nichtkatholischen Zielen und Themen im nichtkatholischen Geiste können rechtlich nicht zur Graduierung in katholischer Theologie dienen.

Voraussetzung der Zulassung ist (3.) ein besonderes Prüfungs- und Zulassungsverfahren, das den Ausnahmecharakter der Entscheidung sichert[628]. Ihre Voraussetzungen sind vom Kandidaten darzulegen und nachzuweisen; die Entscheidung bedarf der Begründung der Fakultät aus den Umständen des Einzelfalls. Wird das Verfahren nicht korrekt abgewickelt, so ist die Entscheidung der Fakultät über die Zulassung rechtswidrig; die Fakultät muß die rechtlichen Grenzen auch im Interesse des Kandidaten wahren, für den sie eine Fürsorgepflicht trifft.

Die Funktion dieser Ausnahmeregelung kann auch bei den katholischen Theologenfakultäten verschieden sein[628]. Sie dient einmal dem ökumenischen Brückenschlag, also der Wirkung der katholischen Lehre auf die Theologie der fremden Konfessionen, aber ebenso der Bereicherung der katholischen Theologie durch die Begegnung mit deren besonderen Fragen und Lösungsversuchen. In dieser ökumenischen Zusammenarbeit soll und will sich die katholische Theologie also nicht in ihrer Identität aufgeben, sondern vertiefen und erweitern – in ihrem Sinne wahrhafter Katholizität und Ökumenizität. Dies geschieht auch insbes. zur Vorbereitung von Unionsverhandlungen mit manchen Kirchen etwa des orthodoxen Lagers. – Daneben sind auch hier gewisse ökumenische Hilfs- und Notfunktionen besonders für bedrängte Schwesterkirchen und Mitchristen zu erbringen, ohne daß damit der Kreis der Ziele erschöpfend umschrieben wäre. Es ist die Sache kirchlicher Selbstbestimmung, festzulegen, wo, wie und wieweit die Graduierung Nichtkatholischer über den Rechtsbereich der katholischen Kirche hinauszugehen hat und wo sie haltmachen muß, um das katholische Verständnis und Zeugnis der göttlichen Wahrheit nicht zu verleugnen und zu verlieren[629].

5. Die rechtsstaatliche Ausgestaltung

Diese Grenzen der Zulassung von Nichtkatholiken sind geltendes Recht, soweit sie sich aus der Konstitution Sapientia Christiana ergeben, da sie durch das Konkordat als Spezialgesetz auch staatsrechtlich verbindlich rezipiert und

---

[627] Vgl. oben S. 237 f., 274. Die Theologie hat freilich so vielfältige interdisziplinäre Verbindungen und Aspekte, daß eine offene Grenzüberschreitung relativ selten rechtlich zu beanstanden sein wird.

[628] Vgl. oben S. 274 ff. über die vergleichbaren besonderen Zulassungs- und Verfahrensregelungen bei den evangelisch-theologischen Fakultäten.

[629] Das (»säkularisierende«) Mißverständnis dieser katholischen Prüfungsordnungen im Sinne allgemeiner Religionswissenschaft ist auch der staatlichen Kultusverwaltung und Verwaltungsgerichtsbarkeit trotz des Fehlens ausdrücklicher Satzungsnormen verwehrt.

normiert worden sind. Aber um der Rechtsklarheit willen sollten diese Rahmenbedingungen auch in den Prüfungsordnungen der Theologenfakultäten zum Ausdruck gebracht und in sachdienlicher Formulierung konkretisiert werden, da das nicht unkomplizierte Bezugnahme- und Rangverhältnis zwischen Fakultätssatzungen, Universitätsgesetz, Konkordat, Konkordatsgesetz und Apostolischer Konstitution nur dem juristischen Fachkenner ohne weiteres einsichtig ist[630]. Die Rechtsstaatlichkeit aber verlangt Bestimmbarkeit und Vorhersehbarkeit des Rechts für den Betroffenen. Auch die Grundrechtsgeltung erfordert, daß die zulässigen Grundrechtseinschränkungen in Klarheit normiert sind, da sonst die Verfassungsgarantie durch behördliche Unkalkulierbarkeiten relativiert wird. So sollten die materiellen Tatbestandsvoraussetzungen und verfahrensrechtlichen Modalitäten auch insoweit in den Satzungen selbst festgelegt werden, als diese die Rahmenbestimmungen der Apostolischen Konstitution nur konkretisierend auszufüllen haben.

Bei der Formulierung sollte der Fakultät der nötige Beurteilungsspielraum[631] zur eigenverantwortlichen Entscheidung der spezifisch theologischen Prinzipien und Sachverhalte eingeräumt werden; dies ist zur Realisierung ihrer Wissenschaftsfreiheit und Fakultätsautonomie (Art. 5 III GG) und ihrer Religionsfreiheit (Art. 4 GG) gegenüber den zentralen Instanzen der Universitäten und der staatlichen Kultusbürokratie wie auch gegenüber den Verwaltungsgerichten angebracht, die im säkularen Verfassungssystem nur für die weltlichen, nicht für die geistlichen Kontrollfunktionen kompetent sind.

Für die Entscheidung ist eine qualifizierte Mehrheit angemessen, da Bekenntnisfragen – und um eine solche handelt es sich hier jeweils im konkreten Fall – in breitem Konsens getroffen werden sollten, wie er im Vorfeld einer qualifizierten Mehrheitsentscheidung zu erwarten ist[631]. Einfache Mehrheiten verleiten leichter zu Kampfabstimmungen, in denen oft die Unentschiedenen nach abliegenden Kompensationsaspekten den Ausschlag geben; das wird der Bedeutung der Materie nicht gerecht. Da hier die theologischen Verfassungsfundamente der Fakultät betroffen sind, sind die für Verfassungsfragen bewährten qualifizierten Mehrheiten am Platz, die eine erhöhte Einigkeit gewährleisten.

Auch sollten die Satzungen sichern, daß die katholisch-theologischen Fakultäten in diesen Fragen selbst eine Entscheidung treffen: Sie sollten sich diese weder von der Universitätsspitze und dem Kultusministerium noch von der kirchlichen Hierarchie aus der Hand nehmen lassen[632], da dies ihrer Fakultätsautonomie und ihrer theologischen Selbstverantwortung als akademischer Forscher und Lehrer nicht entspricht. Ebendas ist aber heute zu erwarten, weil die Regelungslücke in den Satzungen das Problem alsbald über die Grenzen der Fakultät, ja Universität hinausspielt und zum publikumswirksamen Zankapfel »liberaler« wie »klerikaler« Verdächtigungen werden läßt, die die wissen-

---

[630] S. 217 ff., 222 ff. Auch auf katholischer Seite sind die staatlichen Theologenfakultäten weder als staatliche Bekenntniskommissare noch als kirchliche Bekenntniskammern zur »eigenmächtigen«, für den Staat maßgeblichen Definition »des Katholischen« berufen. Vgl. S. 154 ff.

[631] S. 279 f.

[632] Die die einschlägigen Streitfälle alsbald im Wege der Rechtsaufsicht auf ihre Weise entscheiden werden.

schaftliche, geistliche Behandlung des Sonderfalls belasten. Das Ausweichen der Fakultäten hat ihnen Probleme eingehandelt:

6. Das Zustimmungsrecht des Bischofs

Die Zulassung Konfessionsfremder und Konfessionsloser zu theologischen Graden ist in vielen katholisch-theologischen Prüfungsordnungen in einer indirekten und verdeckten Weise geregelt bzw. abgegeben worden. Viele Promotionsordnungen, aber auch Habilitations- und Diplomprüfungsordnungen sehen vor, daß der Bischof bei Weltgeistlichen bzw. der Ordensobere bei Ordensleuten seine Zustimmung zu der Prüfung erklären muß[633]. Es fragt sich, wie und mit welchen Wirkungen dieses kirchliche Mitwirkungsrecht ausgestaltet ist, und ob und in welchen Grenzen es mit dem Staatskirchenrecht und Universitätsrecht vereinbar ist.

a) Die Ausgestaltung

Die Prüfungsordnungen der einzelnen Fakultäten bieten hier ein buntes Spektrum von Regelungs-Spielarten[634].

Inhaltlich ist die kirchliche Mitwirkung z. T. als förmliche »Zustimmung«[635] des Bischofs bzw. Ordensoberen vorgeschrieben, die jeder Prüfungsbewerber beizubringen hat; sie wird auch als erforderliches »Einverständnis«[636] des Oberhirten tituliert. Andere Prüfungsordnungen sind in der Formulierung kulanter und sprechen vom Erfordernis der oberhirtlichen »Empfehlung«[637] bei

---

[633] Aus Kreisen der Kirchenverwaltung ist zu hören, daß diese Fakultätssatzungen ohne dieses bischöfliche Mitwirkungsrecht nicht die erforderliche Zustimmung der oberen Kircheninstanzen erhalten hätten. Vgl. auch § 74 IV S. 5 Bay.HSchG: »Habilitationsordnungen für das Fach Katholische Theologie können vorsehen, daß der Bewerber zum Habilitationsverfahren nur zugelassen wird, wenn er ein Zeugnis des zuständigen Bischofs vorlegt, daß gegen eine Feststellung der Lehrbefähigung für das Fach Katholische Theologie keine Erinnerung zu erheben ist.«

[634] Es darf daran erinnert werden, daß sich aus ihnen keineswegs die vollständige Rechtslage ersehen läßt. Diese Satzungen stehen in der Rechtsquellenhierarchie im Rang unter den Universitätsgesetzen, die ihrerseits als allgemeine Gesetze durch den Vorrang des Konkordatsgesetzes (als lex specialis) überlagert werden. Das Konkordatsgesetz wiederum »transformiert« den Konkordatsvertrag in innerstaatlich geltendes Gesetzesrecht; dabei wird auch der Apostolischen Konstitution Sapientia Christiana (durch die normative Bezugnahme des Konkordates, S. 222 ff.) hins. der Studien- und Prüfungsordnung staatliche Gesetzesgeltung verliehen. Das akademische Satzungsrecht der katholisch-theologischen Fakultäten ist nur soweit rechtsgültig, als es diesen Gesetzesnormen und den übergeordneten Verfassungsnormen (auch des Staatskirchenrechts, S. 25–46) nicht widerspricht.

[635] § 3 II Ziff. 6 PromO Fulda.

[636] §§ 3 II d HabilO Bochum; 6 II e PromO Bochum; 3 VI HabilO Bonn; 3 Ziff. 5 PromO Bonn; 5 I, 10 HabilO Mainz; 3 III d PromO Trier; 3 III d LizO Trier; 23 III Dipl PrO Trier.

[637] §§ 3 Ziff. 2 PromO Augsb.; 5 II LizO Augsb.; 6 II Ziff. 7 HabilO Freib.; 8 II c PromO Freib.;

der Prüfungszulassung, insbesondere zur Promotion. Sachlich bedeutet dies dasselbe wie ein förmliches Zustimmungserfordernis, wenn das Vorliegen der »Empfehlung« als selbständige Zulassungsvoraussetzung vorgeschrieben ist[638]; anders als es der Ausdruck suggeriert, handelt es sich dann nicht um eine rechtlich unverbindliche Befürwortung einer dritten Stelle für die Fakultät als allein zuständige Entscheidungsinstanz. Andere Prüfungsordnungen begnügen sich mit einer »Unbedenklichkeitsbescheinigung des zuständigen Ortsordinarius über Glaube und charakterliche Haltung des Bewerbers«[639], daneben mit einer bloßen Mitteilung der Konfessionszugehörigkeit. – Andernorts wird nur ein einfaches »kirchliches Zeugnis«[640] des Ortsbischofs erfordert, das kein selbständiges Zustimmungs- bzw. Vetorecht enthält und auch bei negativer Würdigung die Fakultät nicht bindet. – Seltener verzichtet eine Fakultät in ihrer Prüfungsordnung sogar auf jede kirchliche Stellungnahme[641] und begnügt sich mit der Vorlage des polizeilichen Führungszeugnisses.

Die rechtliche Bedeutung des kirchlichen Mitwirkungsaktes ist ebenfalls verschieden. Selten ist er systematisch klar in den Abschnitt über die materiellen Zulassungsvoraussetzungen eingereiht. Überwiegend wird er im Katalog der Verfahrensvorschriften versteckt, die vom Inhalt des Zulassungsgesuches und den beizufügenden Unterlagen (Lebenslauf, Studienbuch, Schul- und Seminarzeugnisse) handeln. Dennoch ergibt die Auslegung nach Ziel und Sinnzusammenhang: (1.) Soweit die Erklärung des Bischofs (bzw. Ordensoberen) als förmlicher, für die Fakultät verbindlicher Verwaltungsakt der Zustimmung (sei es auch in der Terminologie einer »Empfehlung«) vorgeschrieben ist, stellt dieses Mitwirkungserfordernis eine materielle Zulassungsvoraussetzung dar, deren Verletzung den Akt der Zulassung und Graduierung jeweils selbst rechtswidrig werden läßt; hingegen wäre dies bei der Verletzung bloßer Verfahrensnormen über die Vorlage des Lebenslaufs und anderer Dokumente nicht anzu-

---

[638] 15 II Ziff. 8 DiplPrO Freib.; 3 Ziff. 2 PromO Münst.; 4 II HabilO Paderb.; 3 Ziff. 1 PromO Paderb.; 2 Ziff. 1 LizO Paderb.; 4 II Ziff. 6, 12 II Ziff. 6 Liz/PromO Pass.; 3 II Ziff. 2 b, 13 II Ziff. 2 b Liz/PromO Regensb.

[638] So z. B. nach §§ 3 TheolPromO Augsb. i. V. m. 5 II, 6 AllgPromO Augsb.; 8 II Ziff. 1 HabilO Freib.; 4 II a, 14 II a Liz/PromO Regensb.; fraglich hingegen nach 8 IV PromO Freib. und 15 II, V DiplPrO Freib.; ebenso nach 3 Ziff. 2 PromO Münst.

[639] §§ 4 II Ziff. 5, 15 II Ziff. 5 Liz/PromO Bamb., ebenfalls ausgestaltet als Zulassungsvoraussetzung gem. 5 I Ziff. 1, 16 I 2 Liz/PromO Bamb.; 4 II Ziff 5 LizO Eichst.; 7 I Ziff. 6, II PromO Mainz.

[640] §§ 5 II Ziff. 11 HabilO Eichst.; 4 II Ziff. 9 PromO Eichst.; nach 5 I PromO Eichst. ist aber dessen Vorlage als Zulassungsvoraussetzung ausgestaltet; ähnlich die alte PromO Freib. von 1973 (§ 2 IV g »Stellungnahme des Diözesanbischofs bzw. Ordensoberen«). Mit einer bloßen »Stellungnahme« begnügen sich auch 3 I LizO Bochum; 3 I HabilO Münst.

[641] Z. B. §§ 4 ff., 11 ff. Liz/PromO St. Georgen Frankf.; 5 ff., 15 ff. Liz/PromO Münch.; 9 ff. DiplPrO Münch.; 2 ff. HabilO Paderb.

nehmen[642]. (2.) Soweit die Erklärung des Bischofs jedoch nur als rechtlich
unverbindliche gutachtliche Stellungnahme vorgesehen ist, ist in ihr keine materielle Zulassungsvoraussetzung zu erblicken, sondern eine Entscheidungshilfe
der Fakultät, die rechtlich wie die sonstigen Entscheidungsunterlagen nur verfahrensrechtliche Bedeutung besitzt[643,644].

b) Die Begrenzung im staatlichen Rechtskreis

Diese Mitwirkung kirchlicher Instanzen ist zwar staatskirchenrechtlich und
hochschulrechtlich auch in diesem Spezialproblem zulässig[645]. Aber sie ist im
staatlichen Recht begrenzt auf die geistlichen Aspekte und Kriterien der res
mixtae, die der Staat infolge seiner Selbstbeschränkung auf das Säkulare nicht
mehr selbst entscheiden, sondern nur der Selbstbestimmung der betreffenden
Religionsgemeinschaft überlassen kann[646]. Dem Bischof ist deshalb ein Übergriff in den Bereich der Wissenschaftsfreiheit und der staatlichen Verwaltung,
die in demokratisch legitimierter Willensbildung, Gesetzesbindung und Ver-

---

[642] Insoweit ist eine redaktionelle Korrektur der systematischen Eingruppierung in den Prüfungsordnungen zur Vermeidung von Zweifeln angebracht. Vgl. auch oben S. 280.

[643] Nach der Apostolischen Konstitution Sapientia Christiana sind an sich beide Modalitäten
zulässig, da die Konstitution für die Zulassung an den theologischen Fakultäten hinsichtlich der
»sittlichen Lebensführung« nur ein »entsprechendes Zeugnis« des Bischofs verlangt (Artt. 31
Sap.Chr., 24 § 1 Ziff. 1 Ordinationes). In den Prüfungssatzungen kann dies aber natürlich in eine
förmliche Genehmigung gesteigert werden. Hierzu werden sich die kirchlichen Autoritäten, die im
Rahmen ihres kirchenrechtlichen Aufsichtsverhältnisses und auch ihrer staatskirchenrechtlichen
Mitwirkungsbefugnis beim Erlaß der theologischen Prüfungsordnungen (S. 220 ff.) darauf hinwirken können, wohl auch in Zukunft veranlaßt sehen: Da die theologischen Fakultäten selbst bisher
keine materiellrechtliche und verfahrensrechtliche Regelung der Zulassung Konfessionsfremder zu
den theologischen Graden in ihren Satzungen getroffen haben, ist das Problem aus dem Bereich der
Autonomie und Selbstverantwortung der Theologenfakultäten zur Bewältigung auf die Amtskirche
übergegangen.

[644] Als weitere kirchliche Mitwirkungsform ist in zahlreichen Diplomprüfungsordnungen das
Recht des Bischofs oder seines Vertreters (1.) zur Anwesenheit bei den mündlichen Prüfungen und
(2.) zur Anwesenheit in den Sitzungen des Prüfungsausschusses garantiert. Dazu *Mussinghoff*, aaO,
S. 103 ff. m. Nachweisen. Konkordatsrechtlich ist dies z. T. ausdrücklich vorgesehen, vgl. Artt. 4
§ 5 Bay.Konk 1974, Archiv f. kath. Kirchenrecht 143, 1974 S. 551, 572; 7 IV Nieders.Konk 1965,
W. Weber, Konkordate und Kirchenverträge Bd. 2 S. 73; Artt. 1 II Rhld.-Pfälz.Ergänz.Vertrag v.
20. 11. 1969, *W. Weber*, aaO, S. 134, 138; VII Nordrh.-Westf.Konk 1984, oben S. 215 Anm. 441;
VI Abs. 2 Saarl.Konk 1984. Auf verfassungsrechtliche Grenzen der kirchlichen Mitwirkung in den
Prüfungsausschüssen unter dem Gesichtspunkt der Fakultätsautonomie ist hier nicht einzugehen.
Vgl. auch oben S. 223 ff., 227 ff.

[645] Vgl. den Kirchenvertragsvorbehalt in den Hochschulgesetzen und die Konkordatsbezugnah-
me auf die kirchlichen Studien- und Prüfungsvorschriften (S. 3, 221 ff.) sowie die staatskirchenrechtlichen Garantien (S. 29 ff.). Auch dies ist begründet in der kirchlichen und staatlichen Doppelfunktion der Theologenfakultäten (S. 265; auch S. 167 Anm. 336).

[646] Über die zentrale Bedeutung der Maßstabsregelung in anderem Zusammenhang vgl. jeweils
S. 29 ff., 31 Anm. 41, 47, 51 f., 108 f., 114 ff., 203, 227 ff., 329 f., 343, 380.

antwortung zu erfolgen hat, durch die Verfassung verwehrt. Das bischöfliche Zustimmungsrecht zur akademischen Prüfungszulassung ist deshalb durch verfassungskonforme Auslegung in der staatskirchenrechtlich gebotenen Weise zu beschränken, da sein vager Wortlaut fast durchweg jede Beschränkung durch Tatbestandsvoraussetzungen, Maßstabs- und Zielvorgaben vermissen läßt.

Der Bischof hat danach nur die Frage zu entscheiden, ob das Prüfungsvorhaben des nichtkatholischen Bewerbers in persönlicher und sachlicher Beziehung mit der Katholizität der katholisch-theologischen Lehre, Fakultät und Prüfung nach dem Selbstverständnis der katholischen Kirche vereinbar ist. Insoweit ist die staatliche Kultusverwaltung und die akademische Selbstverwaltung (einschließlich der theologischen Fakultät in ihrer Eigenschaft als Staatseinrichtung des weltlichen Staates) an diese Beurteilung gebunden[647].

c) Begrenzung im kirchlichen Rechtskreis?

Das Auseinanderklaffen des innerkirchlichen Rechts und des staatlichen Rechts wirft hier die weitere Frage nach ihrer Koordinierung bzw. Konfliktslage auf.

Nach kirchlichem Recht können der Bischof und über ihm die Kurie des Papstes kraft ihrer kanonischen Lehr- und Hirtengewalt die Zulassung der katholischen Kirchenglieder zu den theologischen Graden in ihrer pflichtgemäßen Lehrverantwortung nach freiem Ermessen regeln und handhaben und die Verletzung ihrer Anordnungen mit kirchlichen Sanktionen belegen. Das kirchliche Recht ist dabei nach Rechtsgrund und (innerkirchlicher) Rechtswirkung prinzipiell frei und unabhängig vom staatlichen Recht und zwar auch soweit es mit dem konfessionell neutralen Recht des säkularen Staates nicht übereinstimmt (z. B. das kirchliche Eherecht[648]). Das kirchliche und das staatliche Recht treten dann beziehungslos auseinander, wie es der äußeren Trennung des Staates und der Kirche entspricht. – Bei der gemeinsamen Pflege der sog. gemeinsamen Angele-

---

[647] Durch das kirchliche Zustimmungsrecht darf etwa keine präventive Zensur oder Direktion stattfinden, die innerhalb des breiten Spektrums der katholischen Theologie bestimmte Themen, Forschungsfelder, Methoden und Ergebnisse von der Forschung und Prüfung ausschließen würde oder bestimmten theologischen Richtungen durch rechtlichen Eingriffsakt ein Monopol verschaffen würde. Auch gegenüber dem individuellen Bewerber darf die Zustimmung nur aus Gründen mangelnder Katholizität versagt werden, nicht aber aus beliebigen sonstigen Gründen persönlicher, politischer, allgemein wissenschaftlicher Art; es wäre mit dem Grundrecht der Wissenschaftsfreiheit unvereinbar, wenn das staatliche Prüfungsrecht den Zugang zur wissenschaftlichen Arbeit und Entfaltung dem beliebigen Veto wissenschaftsfremder (religions-)gesellschaftlicher Kräfte ausliefern würde.

[648] Im Unterschied hierzu sollte vor 1919 das staatliche Plazet gerade auch die innerkirchliche Entstehung und Geltung des kanonischen Rechts bei Abweichung vom (bzw. Widerspruch zum) staatlichen Recht ausschließen. So wurde z. B. in Bayern unter König Ludwig II. und dem liberalen Ministerium Lutz das Plazet für die Unfehlbarkeitsbeschlüsse des Ersten Vatikanischen Konzils verweigert, um im Kulturkampf auch ihre innerkirchliche Wirksamkeit zu verhindern (*Feine*, aaO, S. 681). – Die WRV hat das Plazet mitsamt den anderen Kirchenhoheitsrechten aufgehoben.

genheiten (»res mixtae«) des deutschen Staatskirchenrechts aber besteht das dringende
Bedürfnis nach ihrer Koordination, damit die Sinneinheit dieser religiösen Gegenstände
bzw. Institutionen nicht zersplittert und die Trennung von Staat und Kirche in der
verfassungsgebotenen Weise gewahrt wird: Dies geschieht durch die exakte – innere –
Trennung der geistlichen und weltlichen Maßstäbe und Kompetenzen der kirchlichen
und staatlichen Instanzen in deren äußerer Kooperation und Koordinierung[649].

Hinsichtlich des bischöflichen Zustimmungsrechts zur Prüfungszulassung besteht
eine solche Koordinierung durch das Konkordat nicht. Der Bischof könnte deshalb an
sich kraft seiner kanonischen Rechtsgewalt – mit Wirkung im innerkirchlichen Rechtsbereich – den Zugang zur Promotion und Habilitation durch Kontrollen und Zensuren
auch in einer Weise untersagen, die – im weltlichen Rechtsbereich – mit dem dort
geltenden Grundrecht der Wissenschaftsfreiheit unvereinbar ist und deshalb dort von
den Behörden und Gerichten des Staates nicht anerkannt wird; die innerkirchliche
Verbindlichkeit für den Gläubigen würde dadurch jedoch nicht aufgehoben[650]. – Um
Loyalitätskonflikte für die betroffenen Personen auszuschließen, wäre eine Konkordatsergänzung zu begrüßen, die ähnlich wie beim nihil obstat die kirchlichen Mitwirkungsrechte tatbestandlich präzisiert und auf die spezifisch geistliche Frage der Vereinbarkeit
mit der Katholizität begrenzt.

Aber auch ohne solche explizite Konkordatsabsprache wird man es zu den impliziten
Konkordatsvoraussetzungen rechnen dürfen, daß die Kirche eine freie Forschung und
Lehre in der katholisch-theologischen Fakultät respektiert, soweit sich die Fakultät und
ihre Glieder im breiten Spektrum des »Katholischen« halten. Im Konkordat haben der
Staat und die Kirche gemeinsam die Erhaltung der theologischen Fakultäten im unverfremdeten theologischen Profil und akademischen Niveau vertraglich garantiert[651].
Auch die Kirche hat damit vorausgesetzt und anerkannt, daß die theologischen Fakultäten als Teil der traditionellen Universitäten ihre Struktur und Freiheit als wissenschafts-
verpflichtete Körperschaften (nicht als abhängige Staatsanstalten oder Kirchenanstal-
ten), ihre Fakultätsautonomie und ihre theologische Selbstverantwortlichkeit in den
spezifischen Forschungs- und Lehraufgaben besitzen und bewahren sollen. Aus dem
konkordatären Synallagma folgt die Nebenpflicht, daß die Kirche die theologischen
Forschungs-, Lehr- und Prüfungsfunktionen nicht in wissenschaftsfremder Weise dros-
selt und stört.

---

[649] Vgl. S. 31 f. Eine derartige Abstimmung des kirchlichen und staatlichen Rechts ist durch das
Konkordat bei der – viel wichtigeren – parallelen Frage der Berufung von theologischen Lehrern
erzielt worden: Der Bischof entscheidet die spezifisch geistlichen Fragen der Lehre und des Wandels
und respektiert die staatliche Entscheidung hinsichtlich der sonstigen, spezifisch weltlichen Voraussetzungen der wissenschaftlichen und beamtenrechtlichen Qualifikation des Universitätstheologen.
Durch diese konkordatsrechtliche Sonderregelung ist ausgeschlossen, daß der Bischof dem akademischen Lehrer aus anderen beliebigen Gründen die missio canonica für die Lehrtätigkeit verweigern oder entziehen kann, was an sich nach dem gemeinen katholischen Kirchenrecht in seinem
freien Ermessen steht. S. 52 Anm. 91.

[650] Die Grundrechte der weltlichen Verfassung binden die Staatsgewalt, nicht die Kirchen. S. 54
Anm. 95.

[651] Vgl. auch S. 52 f., 223 f., 228.

d) Folgerungen für den Verwaltungsvollzug

Der Bischof darf die Prüfungszulassung nur mit einer substantiierten Begründung versagen, die erkennen läßt, ob der Akt aus geistlichen Bedenken gegen Glauben und Wandel des Bewerbers bzw. gegen die Katholizität des Vorhabens resultiert, die allein von der Kirche zu entscheiden sind. Erfolgt sie aus anderen Gründen, etwa aus mangelnder wissenschaftlicher oder persönlicher Qualifikation, so ist der dafür zuständige Staat nicht an das kirchliche Veto gebunden. Bei Prüfungsbewerbern katholischer Konfession ist eine nach Tatsachen und theologischen Kriterien spezifizierte Darlegung zu verlangen. Bei Nichtkatholiken genügt die allgemeine Angabe, daß die besonderen Ausnahmevoraussetzungen i. S. der Wahrung der Katholizität der Graduierung in persönlicher und sachlicher Beziehung nicht hinreichend dargetan seien.

Aber damit ist die Verfassungs- und Gesetzmäßigkeit dieser Zulassungsregelungen angesprochen, die bisher nur in Einzelaspekten berührt worden ist.

IV. Die Verfassungs- und Gesetzmäßigkeit des Ausschlusses konfessionsfremder und -loser Kandidaten

1. Keine Verletzung von Art. 3 I, III GG

a) Der Grundsatz

Der allgemeine und der besondere Gleichheitssatz wird durch den Ausschluß konfessionsloser und katholischer Kandidaten von evangelisch-theologischen Prüfungen und Graden und vice versa nicht verletzt. Die Differenzierung ist nicht »willkürlich«, verstößt deshalb nicht gegen den allgemeinen Gleichheitssatz des Art. 3 I GG. Auch der besondere Gleichheitssatz des Art. 3 III GG ist nicht verletzt.

Art. 3 III GG enthält – entgegen einer verbreiteten Fehldeutung – keineswegs das Verbot jeder Differenzierung aus konfessionellen Gründen und Maßstäben im staatlichen Recht[652]. Nicht jede Differenzierung, sondern nur die Diskriminierung und Privilegierung (»Benachteiligung« bzw. »Bevorzugung«) aus religiösen Gründen ist durch den besonderen Gleichheitssatz im staatlichen Rechtskreis untersagt. Die Bundes- und Landesverfassung selbst garantieren und organisieren den Religionsunterricht, die Anstalts- und Militärseelsorge und eben auch die theologischen Fakultäten in konfessioneller Differenziertheit[653]. Dies allein entspricht der religiösen Freiheit und der freiwilligen

---

[652] S. 23, 44 ff. – Allgemein ferner *Konrad Hesse*, Der Gleichheitssatz in der neueren deutschen Verfassungsentwicklung, AöR 109, 1984 S. 174 ff., 188 ff.

[653] Natürlich sind die Religionsgemeinschaften selbst mangels einer Bindung ihres Kirchenrechtes an die säkularen Grundrechte, bes. der Artt. 3 und 4 GG, nicht zur Gleichbehandlung von Glaube und Unglaube, eigener und fremder Theologie, Theologie und atheistischer Religionskritik verbunden.

Zugehörigkeit der Bevölkerung zu ihren Religionsgemeinschaften und Religionsbe-
kenntnissen, welche der weltliche Staat (ohne Staatseingriff) in diesen res mixtae liberal
berücksichtigt, ohne deren Differenziertheit etatistisch in ein interkonfessionelles Reli-
gions-Amalgam zu vermischen.

So liegt keine »Benachteiligung« in einer gleichwertigen (!) Differenzierung
des theologischen Studien- und Prüfungswesens: Sie ist verfassungsgemäß,
wenn der liberale weltliche Verfassungsstaat in strikter Gleichwertigkeit seiner
weltlichen Rahmenbedingungen den Bürgern verschiedener Konfession jeweils
die religiösen Entfaltungsmöglichkeiten nach den Prinzipien und Maßstäben
ihrer Konfession anbietet. Der Staat verletzt nicht die Gleichheit, wenn die
Religionsgemeinschaften selbst diesen gleichen weltlichen Rahmen[654] verschieden ausfüllen, wenn sie also verschiedene theologische Lehren vertreten, deshalb auch verschiedene theologische Anforderungen stellen, etwa im theologischen Studien- und Prüfungswesen verschiedene Inhalte und Leistungen verlangen. Aus dem – liberalen – Gleichheitssatz folgt keine objektiv-rechtliche
Pflicht des Staates zur Gleichschaltung der religiösen Kräfte und Phänomene im
Staatsgebiet. Erst recht folgt aus dem Gleichheitsgrundrecht – das wie alle
Grundrechte staatsgerichtet ist und primär ein Abwehrrecht gegen die Staatsgewalt darstellt – kein subjektives Recht eines Bürgers auf bekenntniswidrige
Nivellierung und Verfremdung einer Religionsgemeinschaft, schon gar nicht
einer fremden, der er nicht angehört. So kann ein Prüfungskandidat weder
verlangen, daß seine eigene Religionsgemeinschaft (bzw. Fakultät) »gleichmäßig« ihre Anforderungen nach Art und Maß der anderen Konfession einrichtet
(bzw. reduziert), noch daß ihn eine fremde Konfession in deren Fakultät
»gleichmäßig« als Prüfungskandidaten zuläßt und mit dem akademischen Grad
dieser fremden Konfession vor deren Gemeinden und vor aller Welt als »ihren«
Theologen graduiert[655]. Im Sinne der weltlichen Verfassung ist es eben keine
»Benachteiligung«, wenn man katholisch oder konfessionslos ist und – freiwillig – bleiben will. Hat doch der säkulare, liberale Staat seit mehr als hundert
Jahren schon die Möglichkeit zum beliebigen Kirchenaustritt und Konfessions-
wechsel garantiert und damit auch die gleichwertige Graduierung sowohl in
bekenntnisindifferenter Religionswissenschaft wie in der anderen Konfession
(nach einer Konversion) zu deren Voraussetzungen eröffnet.

---

[654] Zum Rahmencharakter der staatskirchenrechtlichen Begriffe und Normen vgl. oben S. 29,
43, 218 f.

[655] So hat die katholische Theologin Sheila Briggs ihre Verpflichtungsklage auf Zulassung zur
Promotion in der evangelisch-theologischen Fakultät Tübingen u. a. damit begründet, daß eine
Promotion in ihrer katholisch-theologischen Fakultät, wie sie ihr von der Universität Tübingen
angeboten worden war, für sie nur zu ungleichen, schwereren Bedingungen möglich sei, weil sie
dort einen zusätzlichen Pflichtschein im kanonischen Recht als Zulassungsvoraussetzung zu erbringen habe.

b) Fehldeutungen

Wird aus Art. 3 III GG auch bei den theologischen (!) Fakultäten (rechtsirrtümlich) ein striktes »Differenzierungsverbot« hinsichtlich aller religiösen Momente gefolgert[656], so wird nicht nur die Zulassungsregelung, sondern im Prinzip die Existenz und Eigenart der theologischen Fakultäten überhaupt bestritten. Bei allen Fragen des Berufungswesens, der Studienordnungen und Prüfungssatzungen, der Prüfungsinhalte, Leistungsanforderungen und Bewertungsmaßstäbe müßte der spezifische theologische Aspekt der katholischen wie der evangelischen Theologenfakultäten dann entsprechend ausgemerzt werden. Diese eklatante Mißdeutung der liberalen religionsrechtlichen Gleichheits- und Freiheitsgarantie bedeutet die stille Aufhebung[657] der Theologenfakultäten und ihre Umwandlung in zusätzliche philosophische bzw. soziologische Einrichtungen. Durch derartige Entscheidungen werden verdeckte Organisationsakte erlassen; dadurch werden die Kompetenzen der Universitätsgremien und der Gerichtsbarkeit überschritten und das Gewaltenteilungsprinzip ebenso verletzt wie die Bestandsgarantien der Landesverfassungen und Kirchenverträge. Im freiheitlichen Verfassungsstaat wird Gleichheit verschieden realisiert:

Weil Art. 3 III GG dem Staat verbietet, aus den dort aufgeführten Gründen der Religion, Rasse, Geschlechtszugehörigkeit einen Bürger zu benachteiligen, hat der Gesetzgeber weithin auf eine rechtliche Differenzierung nach diesen Merkmalen und Gründen überhaupt verzichtet und die Bürger unterschiedslos rechtlich gleichgestellt. So ist dies z. B. in der Rechtsgleichheit der Zivilehe, des Berufszugangs, des Namenrechts u. a. m. normativ verwirklicht worden. – Eine solche formale Gleichstellung ist jedoch in manchen Bereichen des Lebens nicht angebracht, ja nicht einmal zulässig: Diese (»undifferenzierte«) rechtliche Nivellierung kann ihrerseits gewisse Freiheitsrechte so einengen und gewisse Verschiedenheiten des (rechtlichen oder tatsächlichen) Lebenssachverhaltes so unzumutbar ignorieren, daß sie selbst gegen übergeordnetes Verfassungsrecht verstoßen, insbesondere die Menschenwürde und die besonderen Grundrechte des Art. 4 GG verletzen würde. Hier ist dem Gesetzgeber die differenzierende Anknüpfung an die Merkmale des Art. 3 III GG unumgänglich – gerade um eine (»liberale«) freiheitliche Gleichbehandlung zu ermöglichen bzw. wiederherzustellen. Das Gleichheitsgebot des Art. 3 III GG muß dann dadurch erfüllt werden, daß der Staat den verschiedenen Bevölkerungsgruppen nach deren Wunsch und Wahl verschiedene – aber strikt gleichwertige – öffentliche Einrichtungen zur gesonderten und ungestörten Bedürfnisbefriedigung zur Verfügung stellt[658]. Art. 3 III GG zwingt die Verwaltung nicht zu amtlich verordneter Promiskuität – weder in den elementaren, noch in den sublimen Bereichen der öffentlichen Daseinsvorsorge. Im Sinne der Verfassung ist deshalb keine Verletzung des Gleichheitssatzes (»Benachteiligung«) darin zu erblicken, daß Kinder bzw. Kandidaten des einen Bekenntnisses nicht zum Religionsunterricht bzw. zu den theologischen

---

[656] So das erstinstanzliche Urteil des VG Sigmaringen v. 24. 3. 1982 (Az. 3 K 764/81) in dem genannten Rechtsstreit, S. 10.

[657] Vgl. S. 254 f. Dies wäre dem Verfassungs- bzw. Gesetzgeber (und den Vertragsparteien der Konkordate und Kirchenverträge) vorbehalten.

[658] Ohne Gleichheitsverstoß nach Art. 3 III GG (»Benachteiligung«) sind auch gewisse öffentliche Anstalten (»paritätisch«) nur in der Trennung der Geschlechter und ohne Zutrittsmöglichkeit in der fremden Abteilung eröffnet.

Prüfungen der anderen Konfession zugelassen werden, – wenn der Staat gleichmäßige und gleichwertige Bildungseinrichtungen für diese beiden Bekenntnisse geschaffen hat.

Anderes mag dann geboten sein, wenn eine solche gleichwertige Bildungsmöglichkeit fehlt; so hat die Rechtsprechung die Nichtzulassung eines freireligiösen Pädagogikstudenten zu den (damals) evangelisch bzw. katholisch »durchformten« Pädagogischen Akademien eines Bundeslandes als verfassungswidrige Benachteiligung i. S. des Art. 3 III GG aufgehoben[659]. Doch läßt sich daraus eben keineswegs die These verallgemeinern, daß immer und allenthalben der Ausschluß eines Bekenntnisfremden von den Ausbildungsstätten bzw. Prüfungen einer fremden Konfession eine verfassungswidrige »Benachteiligung« sei – also auch dann, wenn ihm die Zulassung zu gleichwertigen Einrichtungen seiner eigenen Konfession offen steht, aber von ihm freiwillig ausgeschlagen wird[660]. Jedoch, wie dem auch sei:

---

[659] BVerwGE 10, 136 ff. mit Argumentation aus Art. 3 III GG i. V. m. Artt. 12 I u. 7 IV GG. Es sei »allein Sache des Studierenden, darüber zu entscheiden, ob er sich einer Berufsausbildung unterwerfen will, die von einem (von) seiner Weltanschauung abweichenden Bekenntnis geformt ist«. – Diese These ist problematisch, weil sie die institutionellen Auswirkungen auf die Einrichtung der fremden Konfession und auf die Grundrechte ihrer Konfessionsangehörigen ignoriert. Die Zulassung konfessionsfremder Kinder zum Religionsunterricht kann dessen konfessionellen Charakter sprengen. Sie ist deshalb allein von den Religionsgesellschaften zu entscheiden. Vgl. BVerwG, JZ 1985 S. 36 ff. m. Anm. Link.

[660] Es ist also zu differenzieren: I. Im Verhältnis des Staates zu den Religionsgemeinschaften liegt keine Verletzung des besonderen Gleichheitsgebotes des Art. 3 III GG vor, (1.) wenn und soweit in gleichmäßiger Differenzierung bestimmten (den »großen«) Religionsgemeinschaften gleichwertige Einrichtungen ihrer Bekenntnisprägung zur Verfügung gestellt bzw. angeboten sind, und ebenso, (2.) wenn und soweit anderen (den »kleineren«) Religionsgemeinschaften die Förderung religiöser Freiheitsentfaltung durch die staatliche Kultur- und Sozialverantwortung nicht aus den in Art. 3 III GG »verpönten« religiösen Gründen versagt wird, sondern sachgerecht aus allgemeinen kulturellen oder organisatorischen Gründen unterbleibt, weil sie keine wissenschaftliche Theologie besitzen, nicht die Mindestzahlen erfüllen, Staatsfakultäten selbst ablehnen u. a. m. (S. 45). Der Tatbestand des Art. 3 III GG ist hier gar nicht erfüllt. Konkurrenzprobleme zwischen Art. 3 III und Artt. 4, 140 GG stellen sich deshalb insoweit nicht.

II. Im Verhältnis des Staates zu den Bürgern wird ebenso der besondere Gleichheitssatz durch deren Ausschluß von fremdkonfessionellen Einrichtungen nicht verletzt, (1.) wenn und soweit ihnen als Gliedern einer der beiden »großen« Konfessionen gleichmäßig der Zugang zu gleichwertigen konfessionsbestimmten Einrichtungen ihres eigenen Bekenntnisses offen steht, also sie also in religiöser Hinsicht nur sachgerecht und verfassungsgemäß differenziert, nicht aber verfassungswidrig diskriminiert werden. Nur wenn (2.) ein Mitglied einer kleinen Religions- oder Weltanschauungsgemeinschaft nicht die Möglichkeit zum Besuch einer konfessionsbestimmten Einrichtung seines eigenen Bekenntnisses besitzt, weil der Staat keine solche errichtet hat bzw. seine Religionsgemeinschaft sie nicht haben wollte, kann eine »Benachteiligung« des Bürgers in religiöser Beziehung in Frage kommen (so BVerwGE 10, 136 ff.). Aber auch dann erheben sich Bedenken, ob hier überhaupt der gesetzliche Tatbestand des Art. 3 III GG dem Wortlaut nach erfüllt ist, und vollends ob sein Sinn dies meint: Da dem Dissidenten die Promotion bzw. Habilitation in allgemeiner Religionswissenschaft eröffnet ist, erscheint schon die »Benachteiligung« fraglich; läge eine solche vor, dann wäre sie ferner nicht aus Gründen der religiösen Diskriminierung erfolgt; und jedenfalls widerspräche es dem Sinn der säkularen Gleichheit nach Art. 3 III GG, religiöse Benachteiligungen des einen Bürgers durch religiöse Verfremdungen eines anderen Bekenntnisses »auszugleichen«.

c) Grundrechtskollisionen

Selbst wenn in der Nichtzulassung eines Konfessionsfremden zu theologischen Prüfungen und Graden eine »Benachteiligung« i. S. des Art. 3 III GG erblickt werden sollte, wäre diese – relativ geringfügige – Gleichheitsbeeinträchtigung des Kandidaten verfassungsrechtlich zulässig, da sie zur Wahrung anderer, zentral betroffener Verfassungsgarantien unumgänglich wäre. Es läge dann eine Grundrechtskollision vor: Der aus dem säkularen Gleichheitsrecht gefolgerte Anspruch des Bewerbers auf die theologischen Grade der fremden (ja geistlich gegnerischen) Konfession träfe zusammen mit dem Freiheitsrecht dieser Religionsgemeinschaft auf ungestörte Bekenntnisentfaltung und Religionsausübung aus Artt. 4, 140 GG/137 III WRV und ferner mit der Religionsfreiheit und der Wissenschaftsfreiheit der theologischen Fakultät und ihrer Glieder[661].

Rechtstechnisch werden also nicht einfach die (niederrangigen) Satzungsbestimmungen jener Konfessions- bzw. Ökumeneklauseln durch das (höherrangige) Gleichheits-Grundrecht des Art. 3 III GG verdrängt[662], sondern das letztere wird seinerseits durch gleichrangiges Verfassungsrecht beschränkt.

Grundrechtskollisionen sind im Sinne der »Einheit der Verfassung als eines logisch-teleologischen Sinngebildes« durch die umfassende Zuordnung und Abwägung der entgegenstehenden Freiheitsrechte und verfassungsgeschützter Rechtsgüter des Gemeinwesen zu lösen[663]. Nur so läßt sich der übergreifende Ordnungszusammenhang der Verfassung sinngerecht erfassen und ihren einzelnen Normen und Freiheitsrechten in der Konkordanz jeweils die unverkürzte, optimale Wirksamkeit verschaffen. So darf auch in der vorliegenden Frage der Zulassungsbeschränkungen zu theologischen Prüfungen und Graden das Grundrecht der Gleichheit nicht verabsolutiert und mit gewagten Konsequen-

---

[661] Oben S. 33 ff. Richtig VGH Mannheim, NVwZ 1985, 126 ff., 128 f., ZevKR 30, 1985, 106 ff., 112 ff.: Die theol. Fakultäten fallen in ihrem geistlichen Aspekt in den Schutzbereich der Artt. 140 GG/137 III WRV, unter Berufung auf BVerfGE 46, 73, 85: »Nach Art. 137 III WRV sind nicht nur die organisierte Kirche und die rechtlich selbständigen Teile dieser Organisation, sondern alle der Kirche in bestimmter Weise zugeordneten Einrichtungen ohne Rücksicht auf ihre Rechtsform Objekte, bei deren Ordnung und Verwaltung die Kirche grundsätzlich frei ist, wenn sie nach kirchlichem Selbstverständnis ihrem Zweck oder ihrer Aufgabe entsprechend berufen sind, ein Stück Auftrag der Kirche in dieser Welt wahrzunehmen und zu erfüllen«; auch BVerfGE 53, 366, 390; 57, 220, 242. – Soweit die Zulassungsbeschränkungen zu theologischen Prüfungen und Graden aus spezifisch geistlichen Gründen des kirchlichen Bekenntnisses bestehen, muß der weltliche Staat die Selbstbestimmung »des Evangelischen« bzw. »Katholischen« durch diese Religionsgemeinschaften in seinem bekenntnisbezogenen staatlichen Bereich respektieren. VGH Mannheim NVwZ 1985, 129, ZevKR 30, 1985, 114 jetzt auch in JZ 1985, 943 ff. m. Anm. d. Verf.

[662] Oben S. 217 ff.

[663] BVerfGE 19, 206, 220; 30, 1, 19; 34, 165, 183; 44, 37, 49 f.; VGH Mannheim, aaO, S. 129; *Peter Lerche*, Übermaß und Verfassungsrecht, Köln u. a. 1961 S. 125 ff.; *Scheuner*, Pressefreiheit, in: VVDStRL 22, 1965 S. 53, 178, 204; *Hesse*, Das Selbstbestimmungsrecht der Kirchen S. 439 f.

zen dazu verwendet werden, das in sich fein abgestimmte Verfassungssystem des Staatskirchenrechts aus den Angeln zu heben bzw. in einer zentralen Frage zu verwirren:

Vorrang in der Grundrechtskollision – wenn man sie überhaupt annehmen will – hat hier die Garantie der Religionsfreiheit und Religionsgesellschaftsfreiheit. Sie ist in ihrem Kernbereich und in schwerem Maße betroffen, wenn staatlicherseits einer Religionsgemeinschaft (und einer religiösen Institution wie der Theologenfakultät) eine bekenntniswidrige Handlung aufgenötigt wird, wie sie die öffentliche Graduierung eines Bekenntnisfremden (ja Bekenntnisgegners) mit dem theologischen Grade einer Religionsgemeinschaft darstellt. Zum anderen: Das säkulare Gleichheitsrecht der säkularen Staatsverfassung bindet den Staat im weltlichen Rechtskreis, nicht die Religionsgemeinschaften in ihrer Kirchenlehre und ihrem Kirchenrecht. Es hat den Sinn, eine Minderung (bzw. Bevorzugung) des säkularen Bürger-Status aus religiösen Gründen zu verwehren. Nicht aber ist sein Sinn und Ziel, die Bekenntnisbelange und innerkirchlichen Rechtsverhältnisse der Religionsgemeinschaften nach dem Maßstab der staatlichen, bekenntnisindifferenten Gleichheitsidee säkularisierend gleichzuschalten oder etatistisch zu »reformieren«, nachdem die Verfassung das ius reformandi der Staatsgewalt in seinen letzten Resten längst beseitigt hat.

Wenn eine staatliche Förderung religiöser Aktivitäten zu weltlichen Gleichheitsverzerrungen führt, ist eine weltliche Kompensation (bzw. Reduktion) zur Wiederherstellung der weltlichen Gleichheit geboten, nicht jedoch eine nivellierende Verletzung der religiösen Freiheit und Selbstbestimmung. Ein solcher weltlicher Ausgleich wird in der Universität einerseits durch die paritätische, das theologische Profil der beiden großen Konfessionen respektierende Einrichtung gesonderter Theologenfakultäten realisiert, andererseits durch die religionswissenschaftlichen Studien, Prüfungen und Grade für Konfessionslose und Mitglieder anderer Religions- und Weltanschauungsgemeinschaften eröffnet[664].

---

[664] Art. 3 III GG äußert sich hier – sofern er überhaupt tatbestandlich und sinngerecht anwendbar ist – als eine Schrankennorm der Religionsfreiheit des Art. 4 GG und der kirchlichen Eigenständigkeitsgarantie der Artt. 137 III WRV/140 GG. Art. 4 GG kennt keinen expliziten Schrankenvorbehalt und steht hinter Art. 3 GG in seinem prinzipiellen Normgehalt nicht zurück. Doch auch zu Artt. 137 III WRV/140 GG gilt: Bei der gebotenen Abwägung zwischen Freiheit und Schrankenzweck ist jeweils der Wert der religiösen Selbstbestimmung gebührend zu berücksichtigen, dabei auch dem »Eigenverständnis der Kirchen« »besonderes Gewicht beizumessen« (BVerfGE 53, 401 ff.). Nach den Maximen der normativen »Wechselwirkung«, »Güterabwägung«, Erforderlichkeit, Verhältnismäßigkeit, Zumutbarkeit usw., die die Bundesverfassungsgerichtsbarkeit in ständiger Rechtsprechung zu den Grundrechtsgrenzen entwickelt hat, ist der Ausschluß Konfessionsloser und Konfessionsfremder von theologischen Prüfungen und Graden nicht als verfassungswidrig anzusehen.

2. Keine Verletzung des Art. 4 GG

Die Religionsfreiheit der Ausgeschlossenen ist nicht verletzt. Das Grundrecht der Religionsfreiheit richtet sich als Abwehrrecht gegen den Staat, nicht gegen die eigene, erst recht nicht gegen eine fremde Religionsgemeinschaft[650]. Den Religionsgemeinschaften bleibt eine bekenntnisbedingte Bindung ihrer Glieder und eine entsprechende Beschränkung ihrer Nichtmitglieder durch ihre Kirchenlehre und ihr Kirchenrecht unbenommen. Den Betroffenen wird ihre Religionsfreiheit durch jene Satzungsbestimmungen der theologischen Fakultäten jedoch nicht beschränkt; sie können ihre religiösen Überzeugungen vom Staat völlig ungehindert bilden, bekennen, verbreiten, ausüben. Es wird ihnen lediglich verwehrt, dies auch in der exzeptionellen Form einer Teilnahme an den Prüfungen und Graden einer fremden Konfession auszuüben. Zum Grundrecht der Religionsfreiheit als einem (staatsgerichteten) Abwehrrecht gegen beschränkende Staatseingriffe in die eigene Religion bzw. Religionsausübung gehört jedoch keineswegs ein positives Forderungsrecht, sich durch Staatseingriff (gleichsam als »Kuckucksei«) den Zugang zu den bekenntnisgebundenen Einrichtungen einer fremden Konfession erkämpfen zu können. Der Tatbestand und Sinn des Art. 4 GG ist hiermit nicht erfüllt.

Selbst wenn man jedoch eine – mittelbare – Beeinträchtigung der Religionsfreiheit darin erblicken wollte, daß dem Kandidaten die angestrebte akademische Firmierung seiner religiösen Bemühung versagt werde, würde sein Begehren scheitern, da in der Grundrechtskollision die Religionsfreiheit und kirchliche Selbstbestimmung der fremden Fakultät und Religionsgemeinschaft den Vorrang hat. Die Aufnötigung eines Konfessionsfremden bzw. -losen zur Prüfung und öffentlichen Deklarierung als »ihren« »evangelischen« bzw. »katholischen« Theologen wäre für sie ein schwerer, unzumutbarer Staatseingriff in ihr Bekenntnis-, Amts- und Ausbildungsrecht; die staatliche »Freiheitsgewährung« an den fremden Bewerber wäre ihrerseits eine Schrankenregelung der Religions- und Religionsgesellschaftsfreiheit, die in der »Wechselwirkung« und Abwägung mit den Freiheitsrechten zurückzustehen hätte. Art. 4 GG gewährt dem Bürger nicht das Grundrecht, fremde Konfessionen und Religionsgemeinschaften mit Hilfe des säkularen Staates zu beeinträchtigen (»umzufunktionieren«).

3. Keine Verletzung des Art. 5 III GG

Ein Widerspruch zu Art. 5 III GG ist bei den Konfessions- bzw. Ökumeneklauseln nicht gegeben, da die äußeren rechtlichen Zulassungsbeschränkungen nur die inneren wissenschaftlichen Konturen der evangelischen bzw. katholischen Theologie als einer besonderen Disziplin im pluralistischen Konzert der Wissenschaften nachzeichnen[665]. Zur Wissenschaftsfreiheit und Fakultätsauto-

---

[665] S. 18 ff., 248 ff.

nomie gehört es, auch dem besonderen, bekenntnisgeprägten theologischen Charakter dieser Wissenschaft in der wissenschaftlichen Arbeit den gebührenden rechtlichen Ausdruck zu verleihen. Die Garantie des Art. 5 III GG schützt die Freiheit der Wissenschaften im Sinne ihrer pluralistischen Vielfalt; sie zwingt sie nicht zur Auflösung ihrer besonderen inneren Sachgesetzlichkeit und nicht zu einer (ideologisierenden) Nivellierung unter einen fachfremden Wissenschaftsbegriff. Rechtlich trifft hier – in normativer Koinzidenz und Konkordanz – die Wissenschaftsfreiheit und Religionsfreiheit der Fakultät und ihrer Mitglieder zusammen mit der Religions- und Religionsgesellschaftsfreiheit der Kirche[666], in deren Schutzbereich die Lehrentfaltung und Geistlichenausbildung der Fakultät für die Kirche ebenfalls fällt.

Hinsichtlich des einzelnen (insbes. des dissentierenden) Wissenschaftlers aber ist zu unterscheiden[667]: Sowenig aus Art. 5 III GG ein Anspruch eines Professors auf Zuteilung zu einer bestimmten Fakultät begründet werden kann[668], folgt daraus ein Anspruch eines Kandidaten auf Zulassung zu deren Prüfungen, wenn die fachspezifischen Voraussetzungen und wissenschaftsadä-

---

[666] So mit Recht VGH Mannheim, aaO, S. 130: »Soll nach dem kirchlichen und religiösen Selbstverständnis einer Evangelisch-theologischen Fakultät die Zulassung zu akademischen Abschlußprüfungen und der Erwerb akademischer Grade regelmäßig den Angehörigen evangelischer Kirchen vorbehalten und nur ausnahmsweise den Mitgliedern im Ökumenischen Rat vertretener Kirchen und Religionsgemeinschaften eröffnet werden, so muß dies der Staat als Ausdruck des Bekenntnischarakters der Theologie und des geistlichen Selbstverständnisses der theologischen Fakultät sowohl bei der Normsetzung wie auch bei der Ausübung der rechtsprechenden Gewalt respektieren. Eine inhaltliche Überprüfung der den Bekenntnischarakter schützenden Normgebung – etwa dahin, ob oder inwieweit diese zur Wahrung des »theologischen Profils« wirklich nötig ist oder nicht, ob die Abgrenzung von Ausnahmen »sachbezogen« ist und ähnliche »Hinterfragungen« – ist dem staatlichen Gericht nicht möglich, da es sich andernfalls zum Richter über das konfessionelle Selbstverständnis einer theologischen Fakultät aufwerfen und in den Schutzbereich des Art. 140 GG i. V. m. Art. 137 III WRV eindringen würde (vgl. hierzu auch *Hesse*, aaO, S. 427 ff. . . .). Es muß genügen, daß der Inhalt der fraglichen Rechtsnorm sich dem Bereich kirchlicher Selbstbestimmung zuordnen läßt und sich für ihn an der Wahrung des Bekenntnischarakters der Theologie orientierte Gründe finden lassen. Das ist . . . hier . . . insofern der Fall, als die theologische Doktorwürde . . . für die Zulassung zur Übernahme geistlicher Ämter von Bedeutung sein kann und Voraussetzung für die Habilitation an einer theologischen Fakultät ist.«

[667] Zwar gewährleistet die Wissenschaftsfreiheit, daß der einzelne Wissenschaftler in voller individueller Freiheit die Thematik und Methode, das Ergebnis und die Verbreitung seiner wissenschaftlichen Bemühung bestimmen kann und insoweit nicht an bestimmte Wissenschaftseinrichtungen, -schulen usw. gebunden ist (S. 18 f.); deshalb kann auch der Universitätstheologe Lehren vertreten, die im Widerspruch zu den von seiner Kirche anerkannten Bekenntnispositionen stehen, ohne das Grundrecht des Art. 5 III GG und seinen korporationsrechtlichen Status als Mitglied der Universität zu verlieren (S. 69 ff., 101). Soweit es jedoch um die institutionellen Zuordnungsfragen im Wissenschaftsgefüge der Universität und im Wissenschaftsbetrieb der Fakultäten geht, gibt das Grundrecht des Art. 5 III GG dem Individuum nicht das Recht, nach seinen individuellen Vorstellungen und Wünschen das wissenschaftliche Profil und die sachgerechte Gliederung der Fakultäten umzustoßen (S. 67 ff., 168 ff., 201 ff., 248 ff.).

[668] Oben S. 60 Anm. 110.

quaten Kriterien bei ihm fehlen. Dazu gehört bei einem evangelischen bzw. katholischen Theologen zweifellos auch das entsprechende evangelische bzw. katholische Bekenntnis, nachdem die Theologie im deutschen Universitätssystem in der Doppelung und Eigenart der evangelischen und katholischen theologischen Wissenschaften und Fakultäten verfassungsrechtlich institutionalisiert und garantiert worden ist.

Die Garantie der Wissenschaftsfreiheit des Art. 5 III GG wird durch die Nichtzulassung von konfessionsfremden Kandidaten zur theologischen Prüfung kaum in ihrem tatbestandlichen Geltungsbereich berührt, jedenfalls nicht verletzt. Aber selbst wenn sich ein derartiger Zulassungsanspruch als Nebenfolge aus Art. 5 III GG ableiten ließe, läge eine Grundrechtskollision vor, bei der die relativ geringfügige Beeinträchtigung der Freiheit des konfessionsfremden Kandidaten zurücktreten müßte, um die zentral und schwer betroffenen Grundrechte der Fakultät, ihrer Mitglieder und der Religionsgemeinschaft aus Artt. 4 und 5 III GG nicht in unverhältnismäßiger und unzumutbarer Weise zu verletzen[669].

4. Keine Verletzung des Art. 12 GG

Auch Art. 12 GG[670] ist in seinen verschiedenen Formen durch die Konfessions- bzw. Ökumeneklauseln nicht verletzt. Durch die Nichtzulassung zum Examen kann zwar das berufliche Fortkommen eines konfessionsfremden Kandidaten »faktisch« in erheblichem Umfang betroffen sein[671]. Ob dabei auch das Grundrecht des Art. 12 GG in seinem tatbestandlichen Geltungsbereich überhaupt rechtlich berührt ist, kann dahingestellt bleiben. Selbst wenn das Grundrecht aus Art. 12 GG dadurch eingeschränkt würde, wären die Beschränkungen durch den Gesetzesvorbehalt gedeckt. Die Zulassungsregelungen des theologischen Prüfungswesens stellen insoweit Schrankengesetze der Berufsfreiheit dar. Ihre Rechtmäßigkeit ergibt sich hier primär aus den einschlägigen Grundrechten der Wissenschaftsfreiheit, der religiösen Freiheitsgarantien und des Gleichheitsrechts und sowie aus dem sachnäheren Universitätsrecht. Auch unter dem Gesichtspunkt der Berufsfreiheit ist die Erforderlichkeit, Verhältnismäßigkeit

---

[669] Vgl. S. 308; VGH Mannheim NVwZ 1985, 130, ZevKR 30, 1985, 115 f., JZ 1985, 943 ff., 947 f.

[670] Richtungsweisend das »Apotheken«-Urteil des BVerfGE 7, 377 ff., 400–403. – Vgl. auch *Jost Pietzcker*, Verfassungsrechtliche Anforderungen an die Ausgestaltung staatlicher Prüfungen, Berlin 1975 S. 78 ff. – Die Argumentation aus BVerwGE 10, 136 ff. ist nicht zu verallgemeinern, da sie auf den speziellen Fall der Unmöglichkeit jeder anderweitigen Berufsausbildung eines freireligiösen Lehramtskandidaten bei Monopolisierung der staatlichen Lehrerausbildung an Pädagogischen Akademien mit streng katholischer und evangelischer Konfessionsbindung ausgerichtet war.

[671] So begründete die katholische Klägerin in dem durch VGH Mannheim NVwZ 1985, 126 ff., ZevKR 30, 1985 S. 106 ff. entschiedenen Rechtsstreit ihr Promotionsbegehren in der evangelischen Theologie u. a. damit, daß ihr so leichter eine akademische Laufbahn an amerikanischen Universitäten eröffnet werde.

und Zumutbarkeit dieser Regelungen angesichts der kollidierenden Interessen und Rechtspositionen zu bejahen[672].

5. Keine Verletzung der Universitätsgesetze

Ein Widerspruch zu den Universitätsgesetzen liegt ebenfalls nicht vor: Diese selbst und das Hochschulrahmengesetz des Bundes haben durch ihren Vorbehalt der Kirchenverträge den nötigen normativen Entfaltungsraum für die Besonderheiten der theologischen Fakultäten reserviert[673]:

Das ist in den Konkordaten mit der katholischen Kirche expressis verbis geschehen, weil in ihnen den innerkirchlichen Vorschriften der Kurie für das Studien- und Prüfungswesen der katholisch-theologischen Fakultäten auch staatskirchenrechtliche Verbindlichkeit verliehen worden ist. Deren konfessionsbedingte Zulassungsbeschränkungen gehen nach dem Konkordat(sgesetz) als leges speciales den allgemeinen hochschulgesetzlichen Regelungen vor[674]. – Für die evangelischen Theologenfakultäten führt eine sinngerechte Auslegung der evangelischen Kirchenverträge zum gleichen Ergebnis, das auch allein dem Paritätsgebot[675] gerecht wird. Im Unterschied zu den Konkordaten haben die evangelischen Kirchenverträge zwar keine entsprechenden Detailregelungen über das Studien- und Prüfungswesen ausformuliert. Ihre Garantie der evangelischen Theologenfakultäten ist ja in jener globalen Allgemeinheit des Wortlauts ausgesprochen worden, die für das ältere Hochschul- und Staatskirchenrecht charakteristisch war[676], weil sein rechtlicher Status noch wesentlich durch Gewohnheitsrecht verfaßt war und sich der (»christliche«) Staat bei den evangelischen Theologenfakultäten noch selbst für die Wahrung der christlichen Momente verbürgte; auf evangelischer Seite hatte sich ja das ältere Leitmodell christlicher Staatlichkeit und Staatskirchenhoheit zählebig gehalten[676]. Indessen ist die (»globale«) Garantie der Theologenfakultäten nicht als leere Institutionshülse zu verstehen: Sie garantiert die äußere Institution der Fakultät um ihrer geistlichen Funktion und ihres besonderen theologischen Charakters willen, die sinngerecht von der Bestandsgarantie mitgeschützt sind; auch die Besonderheiten des theologischen Prüfungswesens (mit seinen geistlich gebotenen Zulassungsregelungen) sind darin eingeschlossen. Auch sie gehen deshalb als Kirchenvertragsbestandteil den allgemeinen Hochschulgesetzen vor[677]. Deren Vorbehaltsklauseln für die Kirchenverträge sichern also die vorrangige Geltung der Konfessions- bzw. Ökumeneklauseln bei der Prüfungszulassung.

---

[672] So auch *Solte*, aaO, S. 214 Anm. 363. Ebenso VGH Mannheim, WissR 1983, Beiheft 8 S. 149: »Bei staatlich anerkannten kirchlichen Fachhochschulen findet das Teilhaberecht aus Art. 12 Abs. 1 GG, sollte es auf den Zugang zu ihnen anzuwenden sein, jedenfalls in der durch Art. 140 GG i. V. m. Art. 137 Abs. 3 WRV garantierten inneren Autonomie kirchlicher Einrichtungen eine verfassungsimmanente Grenze.«

[673] S. 3 Anm. 7.

[674] S. 221 ff.

[675] S. 44 ff., 125.

[676] S. 2 ff., 13 ff., 88 ff.

[677] Der Vorrang der allgemeiner formulierten theologischen Fakultätsgarantien in den Verfassungen und Kirchenverträgen darf nicht deshalb mißachtet werden, weil die jüngeren Hochschulge-

Praktisch bedeutsam ist dies insbesondere deshalb, weil sich aus manchen neueren Hochschulgesetzen heute ein Rechtsanspruch auf Zulassung zur Promotion ergibt, sofern der Kandidat die allgemeinen sachlichen und persönlichen Voraussetzungen, insbesondere hinsichtlich seiner fachlichen Qualifikation erfüllt[678]. Indessen: Art. 5 III GG verwehrt nicht die Berücksichtigung des konfessionellen Momentes bei der Theologie. Und das Universitätsgesetz ist – wie aufgezeigt – durch die Kirchenverträge als vorrangige gesetzliche Spezialregelung modifiziert. Deshalb ist bei den theologischen Fakultäten als Promotionsvoraussetzung nicht nur die im Universitätsgesetz vorgesehene fachliche Qualifikation (Promotionsnote usw.[679]) zulässig und erforderlich, sondern auch die besondere theologische Qualifikation der Bekenntniszugehörigkeit (bzw. »Bekenntnisnähe« in der Ökumenischen Gemeinschaft) gemäß den Kirchenverträgen und den Verfassungsgarantien der Landesverfassungen.

V. Sonderfragen

1. Die Diskrepanz zwischen Studiums- und Prüfungszulassung

Der Ausschluß Konfessionsfremder (bzw. Konfessionsloser) von theologischen Prüfungen und Graden führt zu einer eigenartigen Diskrepanz: Der Student wird zwar zum Studium der Theologie der fremden Konfession zugelassen, danach aber wird ihm der Studienabschluß in dieser Disziplin nicht eröffnet. Hierin liegt jedoch weder ein Verstoß gegen die Verfassung, noch gegen die Universitätsgesetze, noch gegen die juristische Sachlogik der Systemeinheit und Konsequenz.

Für die evangelischen wie für die katholischen Theologenfakultäten und Kirchen bedeutet es eben einen entscheidenden Unterschied: (.1) Mit ihrer theologischen Lehre wenden sie sich an die ganze »Welt«, nicht nur an »die Kirche«, vollends nicht nur an die eigene Partikularkirchenorganisation bzw. Bekenntnisgemeinschaft, die die eine, umfassende ecclesia universalis jeweils im Sinne des eigenen Wahrheitsverständnisses der wahren Kirche Christi zu verstehen und zu verwirklichen sucht. (2.) Mit ihrer theologischen Graduierung aber verleihen sie den Status eines geprüften und approbierten »evangelischen« bzw.

---

setze in ihren detaillierten »weltlichen« Normen stärker durchnormiert sind. Über die rechtstechnischen Schwierigkeiten infolge des Zusammentreffens verschiedener Rechtsstile des älteren und jüngeren Hochschulrechts vgl. S. 3 ff. – In den Landesverfassungen und Kirchenverträgen sind die theologischen Fakultäten jedoch zweifellos im unverkürzten und unverfälschten Bestande auch ihres theologischen Prüfungs- und Graduierungswesens (vgl. S. 241 ff., 248 ff.) garantiert.

[678] Oben S. 271 Anm. 576.
[679] Etwa in § 54 III Bad.-Württ.UG.

»katholischen« Theologen. Das bedeutet vor dem Forum der theologischen Fakultät und der Gesamtuniversität, der Kirche wie auch aller »Welt«, daß dieser von den Theologen seines Bekenntnisses examinierte und approbierte Wissenschaftler als evangelischer bzw. katholischer Theologe im Sinne des Selbstverständnisses dieser Glaubensgemeinschaft anzusehen[680] ist. Wohlgemerkt: Nicht als allgemeiner Religionswissenschaftler, Religionssoziologe, Religionspsychologe und dgl. mehr! Die Sonderung der wissenschaftlichen Disziplinen und der Fakultäten im Gefüge der deutschen Universitäten ist hier auch rechtlich von entscheidendem Gewicht.

Die Ursachen der Diskrepanz zwischen der Zulassung zum Studium und der Nichtzulassung zur Prüfung liegen in dem theologischen Grundbefund, daß sich die göttliche Offenbarung in Gesetz und Evangelium an alle Menschen richtet, um sie zu Umkehr, Glauben und Heil zu bringen. Deshalb soll sie zwar allen – jedoch nicht von allen – gelehrt und verkündigt werden: Dies soll nur in der Vollmacht und deshalb in der Bindung der Wahrheit Gottes geschehen, wie sie sich im gemeinsamen Mühen um das rechte Zeugnis jeweils der Wahrheitserkenntnis der Religionsgemeinschaft erschließt. So strebt jede Theologie – die evangelische wie die katholische – danach, ihre Sicht der christlichen Wahrheit dem Missionsbefehl getreu gerade auch den Anhängern anderer christlicher Konfessionen und Weltreligionen wie auch den Glaubenslosen darzubieten. An deren Immatrikulation in ihrer Theologenfakultät ist sie aus ihrem theologischen Auftrag selbst interessiert, zumal es sich in diesen Fällen vielfach um Suchende, oft auch um Schwankende handeln wird, die während des Studiums dieser Theologie den Übertritt zu deren Bekenntnis in Erwägung ziehen. Aber aus eben diesen Glaubensgründen kann ihr nicht zugemutet werden, denjenigen als »ihren Theologen« zu approbieren[681] bzw. sich durch das akademische Prüfungswesen des säkularen Staates aufoktroyieren zu lassen, der die christliche Wahrheit – so wie sie ihr im magnus consensus ihrer evangelischen Väter und Brüder erkennbar ist bzw. ihr durch ihr katholisches Lehramt verpflichtend dargeboten wird – offen ablehnt und sich durch seinen Kirchenaustritt bzw. durch die Verweigerung der Konversion mit einem dezidierten Rechtsakt davon distanziert[682].

Die verwaltungsrechtliche Ausgestaltung und Handhabung des theologischen Prüfungswesens muß diesen tieferen Sachgesetzlichkeiten gerecht werden, die auch rechtlich durch die Verfassung vor ihrer Mißachtung bzw. Verfremdung geschützt sind.

Ein Verstoß gegen Artt. 3 III, 4, 5 III GG ist – wie dargelegt[683] – in der Diskrepanz zwischen der Studiums- und Prüfungszulassung nicht zu erblicken. Auch eine Verlet-

---

680 Vgl. S. 18 f., 29, 34, 250 ff.

681 VGH Mannheim NVwZ 1985, 126 ff., 129, ZevKR 30, 1985, 115 f.; *Solte*, aaO, S. 214.

682 Die Mißlichkeit, die in jener Diskrepanz von Studien- und Prüfungszulassung liegt, läßt sich eben nicht durch das weltliche Recht in einer säkularisierenden Gleichschaltung lösen, sondern nur durch die theologische Überwindung des trennenden Glaubensgegensatzes zwischen den Konfessionen. Solange die ökumenische Gemeinsamkeit und gegenseitige Anerkennung der Lehren und Ämter nicht in der freien theologischen Einigung seitens der Konfessionen erreicht worden ist, kann der säkulare Staat sie ihnen nicht durch weltlichen Rechtszwang aufnötigen (Artt. 4, 140 GG/137 III WRV) – auch nicht in jenen sekundären Konsequenzen, die das theologische Prüfungswesen aus der leidigen Gegebenheit der Glaubensspaltung seit viereinhalb Jahrhunderten ziehen muß.

683 S. 303 ff.

zung des Universitätsgesetzes scheidet diesbezüglich aus: Zwar schreiben manche Universitätsgesetze der Länder vor, daß »das Studium« »in der Regel« durch eine Universitäts-, Staats- oder Kirchenprüfung abgeschlossen werde[684]. Die Prüfungssatzungen können deshalb die Prüfungszulassung nicht in das Ermessen der Behörde stellen oder von anderweitigen Voraussetzungen abhängig machen, die nicht studien- und berufsbezogen sind. Doch hat die konfessionell differenzierte Ausrichtung des theologischen Prüfungs- und Graduierungswesens als lex specialis Vorrang vor dem allgemeinen Universitätsrecht; der allgemeine Rechtsanspruch des eingeschriebenen Studenten auf Prüfung nach dem Universitätsgesetz gilt deshalb nicht für Theologiestudenten fremder oder keiner Konfession.

2. *Vorbeugender Ausschluß vom Studium?*

Zur Vermeidung jener mißlichen Diskrepanz und der daraus folgenden rechtlichen Komplikationen wurde die Möglichkeit erwogen, konfessionsfremden (bzw. -losen) Studienbewerbern bereits die Zulassung zum Theologiestudium insoweit satzungsmäßig zu verwehren, als ihnen später die Zulassung zur theologischen Prüfung und Graduierung im fremden Bekenntnis verschlossen ist. Für eine solche Vorverlegung der Beschränkung bzw. Entscheidung lassen sich zwar gewisse rechtsstaatliche und sozialstaatliche Erwägungen des Vertrauensschutzes und der Vermeidung unrentabler Investitionen sowohl auf Seiten des Studienbewerbers als auch der öffentlichen Hand anführen.

Aber dagegen werden verfassungsrechtliche Bedenken geltend gemacht[685]. Die Wissenschaftsfreiheit des Art. 5 III GG umfaßt als Lernfreiheit in einem pluralistisch-liberalen Verfassungsstaat und Wissenschaftssystem das Recht jedes Studenten, Vorlesungen aller Fakultäten und aller Dozenten ohne Rücksicht auf die eigene Konfessionszugehörigkeit zu hören und sich in der Fakultät seiner Wahl einzuschreiben. Dies entspricht sowohl dem auf ungehinderte Wahrheitserkenntnis und Kommunikation gerichteten Charakter der Wissenschaftsfreiheit als auch dem universalen (und missionarischen) Moment christlicher Lehre und Theologie. – Ob auch der spezielle Gleichheitssatz des Art. 3 III GG den »diskriminierenden« Ausschluß Konfessionsfremder vom theologischen Unterricht verwehre, mag hingegen auf Zweifel stoßen; doch kann hier jedenfalls kaum von einer Grundrechtskollision gesprochen werden[686]. Auch ist aus den Konkordaten und Kirchenverträgen (selbst bei deren extensiver Interpretation) kein

---

[684] Z. B. §§ 50 I 1, 51 II Ziff. 6 Bad.-Württ.UG; 15 I HRG.

[685] *Solte*, aaO, S. 214; VGH Mannheim, aaO. – Überholt insoweit (präkonstitutionell) *Hinschius*, Kirchenrecht, Bd. 4, Berlin 1888 S. 674, der ein katholisches Theologiestudium nur für künftige katholische Geistliche eröffnen will. – Nach *Hollerbach*, Essener Gespräche 16 S. 81 muß die »prinzipielle Offenheit« der theologischen Fakultäten im Interesse ihrer »konfessionellen Positivität und Gebundenheit« (G. Anschütz) eingeschränkt werden; um die »Gefahr einer Überfremdung« oder »Umfunktionierung« auszuschließen, sei für die Immatrikulation Konfessionsfremder durch den Staat ein Verbot mit Erlaubnisvorbehalt, allenfalls ein Modell der Erlaubnis mit Verbotsvorbehalt vorzusehen. – Solange eine Überfremdungsgefahr jedoch nicht zu gewärtigen ist, ist der Ausschluß von der Immatrikulation als verfassungsrechtlich nicht erforderlich und nicht zumutbar anzusehen. Angesichts der akademischen Ausgestaltung der Forschung und Lehre trifft hier ein Vergleich mit dem Religionsunterricht nicht zu. Vgl. hierzu auch BVerwG, JZ 1985 S. 36 ff. m. Anm. Link.

[686] Oben S. 303 ff., 307 f.

Anhaltspunkt für den Ausschluß Konfessionsfremder (bzw. -loser) vom Besuch der theologischen Lehrveranstaltung zu finden[687].

3. Zur Entziehung des theologischen Doktorgrades

a) Säkulare Normierung ohne theologischen Aspekt

Der besondere Charakter des theologischen Doktorgrades und die Zulässigkeit seiner Konfessions- bzw. Ökumeneklauseln ist gelegentlich bestritten worden im Blick auf die Regelung seiner Entziehung[688]. In der Tat gibt das Reichsgesetz über die Führung akademischer Grade vom 07. 06. 1939 keine Sonderbestimmungen für die Entziehung des theologischen Doktorgrades, die den Konfessions- bzw. Ökumeneklauseln bei seiner Verleihung entsprächen. Wer sich als Theologe also von seiner evangelischen bzw. katholischen Kirche löst, riskiert seinen Doktorgrad der Theologie nur dann, wenn dies vor, nicht nach der Promotion geschieht.

Der einschlägige § 4 des Gesetzes ist nach Wortlaut, Sinn und Systemzusammenhang insoweit als gemeinsame säkulare Bestimmung für alle Fakultäten zu verstehen. Speziell die »Unwürdigkeit« i. S. dieses Gesetzes ist für den Fall eines Kirchenaustritts zu verneinen, auch wenn man diesen Begriff fakultätsspezifisch differenziert[689] verstehen muß, um Art und Schwere der ethischen Normen und Verstöße jeder Disziplin zutreffend zu erfassen. Es können gerade auch lautere Glaubensüberzeugung und Glaubensnot, Wahrheitsstreben und Lebensernst zu einem Glaubenswechsel geführt haben. Die weltliche Rechtsordnung fällt kein sittliches Unwerturteil über ihn, sondern erkennt ihm den Schutz der religiösen und weltanschaulichen Freiheits- und Gleichheitsrechte zu, die Art. 4 GG als »negative« Religionsfreiheit und Art. 3 III als religiöses Diskriminierungsverbot garantiert. Wortlaut, Entstehungsgeschichte, Zweck und Verfassungszusammenhang verbieten eine derartige konfessionelle Instrumentalisierung des Gesetzes über die Führung akademischer Grade.

Auch nach dem Staatskirchenrecht des GG ist es nicht die Sache des säkularen Staates, von sich aus religiöse Regelungen zu erlassen, an denen die Kirchen

---

[687] Die evangelischen Kirchenverträge geben deshalb insoweit keine lex specialis ab, die das allgemeine Recht des konfessionsfremden Studenten auf freie Wahl der Lehrveranstaltungen verdrängen würde. – Hinsichtlich der katholischen Theologenfakultäten ist zwar die innerkirchliche Rechtslage über die Zulassung Konfessionsfremder zum katholisch-theologischen Studium wie zu katholisch-theologischen Graden derzeit noch umstritten (vgl. S. 293 Anm. 619). Deshalb ist es z. Zt. auch fraglich, ob die kirchlichen Studienordnungen, auf die das Konkordat (S. 223) verweist, insoweit als kirchenvertragliche lex specialis zum Ausschluß konfessionsfremder Kandidaten überhaupt angeführt werden können. Sollte dies aber der Fall sein, so bliebe die Unvereinbarkeit dieser Zulassungssperre mit Art. 5 III bestehen (S. 300 ff.).

[688] Z. B. *Tetzel*, aaO, S. 100.

[689] Z. B. wird ein Doppeltpromovierter bei einer Verletzung der ärztlichen Schweigepflicht oder des Beichtgeheimnisses mit dem abzuerkennenden medizinischen bzw. theologischen Doktorgrad nicht unbedingt auch seinen mathematischen Doktorgrad verlieren müssen.

u. U. gerade aus geistlichen Gründen keinen Gefallen finden⁶⁹⁰. Der Staat beschränkt sich auf die weltlichen Rahmenbedingungen⁶⁹¹, denen auch die Theologie und die Kirche, deren Bekenntnis jene pflegt und lehrt, in gleicher Weise wie die anderen Wissenschaften unterworfen sind. So kann auch der theologische Doktorgrad aus den gleichen »weltlichen« Gründen wissenschaftlicher Unlauterkeit und ethischer bzw. krimineller Verfehlungen entzogen werden wie bei ihnen. Da besondere geistliche Momente hierbei nicht relevant sind, ist ein kirchlicher Mitwirkungsakt hierfür weder vorgesehen noch zulässig oder erforderlich.

b) Verzicht auf normative Berücksichtigung der geistlichen Momente

Staatskirchenrechtlich wäre es die Sache der Kirchen, kraft ihres Selbstbestimmungsrechts (Artt. 137 III WRV/140 GG) und ihrer Religionsfreiheit (Art. 4 GG) vom Staate die Beseitigung von rechtlichen Verfremdungen ihres Bekenntnisses zu verlangen; diese könnten darin gesehen werden, daß das staatliche Hochschulrecht sie nötigt, auch dezidierte Gegner ihres Glaubensbekenntnisses vor aller Welt als »ihre« staatlich autorisierten »evangelischen« bzw. »katholischen« Theologen auftreten zu lassen und der kirchlichen Verkündigung durch irreführenden Mißbrauch der verratenen Bekenntnisbezeichnung zu schaden. In der Theologie sind Glauben und Bekennen, Glauben und Leben dem biblischen Kerygma entsprechend nicht zu trennen; das weltliche Recht des säkularen Staates ist auch insoweit nicht zur Bestreitung dieser religiösen Relationen kompetent, sondern zur Respektierung des religiösen Selbstverständnisses gehalten⁶⁹². Es ließe sich denken, daß dem Wertgehalt der Artt. 4 GG, 137 III WRV/140 GG durch eine zwanglose gesetzliche Ausgleichslösung ohne Schwierigkeiten Rechnung getragen werden könnte⁶⁹³.

---

⁶⁹⁰ Gem. Artt. 137 I und 137 III WRV/140 GG darf der weltliche Staat die weltlichen Schrankengesetze nur aus weltlichen Gründen und zu weltlichen Zwecken, nicht in eigenmächtiger religiöser Betätigung erlassen.

⁶⁹¹ S. 29, 35.

⁶⁹² S. 26 ff., 29, 34.

⁶⁹³ Der Abfall von dem theologischen Bekenntnis, dessen Grad der Inhaber einst freiwillig erwarb und das er freiwillig verließ, ließe sich leicht dadurch kenntlich machen, daß die dem »Dr.«-Grad beigefügte Fakultätsbezeichnung »theol.« in diesen Fällen entweder gestrichen oder durch einen Zusatz gekennzeichnet würde, daß der Inhaber nicht mehr der Theologie dieses Bekenntnisses zuzurechnen ist (z. B. Dr.theol.»renunt.«, »desert.«, »apostat.« u. dgl.). Doch kann die Frage der rechtlichen Realisierbarkeit hier dahingestellt bleiben, da eine entsprechende Gesetzesänderung weder von den Kirchen noch von den theologischen Fakultäten begehrt worden ist. – Die Umwandlung in einen »Dr. phil.« wäre nicht möglich, da dieser Grad nicht erworben wurde und dies auch nicht ohne Verletzung des Art. 5 III GG fingiert werden könnte. Das Problem liegt anders als bei dem der Zuweisung eines ehemaligen Lehrers der Theologie in die philosophische Fakultät bzw. ihre Nachfolgefachbereiche (S. 77 ff.), da die Lehrtätigkeit nicht den Erwerb des Doktorgrades in dieser Fakultät voraussetzt. (Manche akademischen Lehrer einer naturwissenschaftlichen Fakultät wurden z. B. in der phil. Fakultät promoviert.) Allenfalls könnte die Umwandlung in einen »Dr. scient. relig.« erwogen werden, wenn dieser von der philosophischen Fakultät nicht exklusiv besetzt ist und deshalb Kompetenz- und Irreführungsprobleme ausscheiden. Bei einer derartigen Änderung

Dies ist indessen auch in Zukunft nicht zu erwarten, da es den vorrangigen geistlichen Belangen der Kirche nicht entspricht. Wenn sich ein Glied von seiner Kirche löst, wird diese danach trachten, den Verlorenen für die Wahrheit und das Heil Gottes – so wie sie es glaubt und bezeugt – zurückzugewinnen; sie wird zu vermeiden suchen, was die Trennung des abgetrennten Gliedes verhärtet und vertieft. Die juristische Korrektur des Doktorgrades durch ein spektakuläres hochschulrechtliches Verfahren (mit einer gewissen Nähe zu anrüchigen Parallelfällen) dürfte als Mittel für diese seelsorgerliche und missionarische Ziel wenig geeignet sein, zumal wenn man den Widerhall in der Universität und die reißerische Resonanz in den Medien einkalkuliert.

c) Der Unterschied zwischen Verleihung und Entziehung

Zu Unrecht wird hier die Verleihung mit der Entziehung (bzw. Nichtentziehung) des Doktorgrades gleichgestellt. Nach Voraussetzungen und Wirkung sind die Verschiedenheiten evident. Die bewußte Verleihung des theologischen Grades an Bekenntnisfremde bzw. -gegner bringt das Bekenntnis tief in Mißkredit. Die Welt wie die Gemeinde wird nicht glauben, daß der glaubt, der dem, der nicht glaubt, den Status eines akademischen Experten der göttlichen Offenbarung im Sinne seines Glaubens verleiht. Bei der Verleihung des Grades geht so die Diskrepanz zwischen dem theologischen Wesen und Anspruch des Grades und der tatsächlichen (Un-)Glaubenshaltung des Empfängers primär zu Lasten der verleihenden Fakultät und Kirche, ihrer fehlenden theologischen Verantwortung, Wahrheitsliebe und Glaubwürdigkeit. – Die spätere Abkehr des Graduierten vom früheren Bekenntnis aber beruht allein auf dessen Willensentschluß, ohne Beteiligung und Autorisierung, (meist) auch ohne bekenntnismäßige Kompromittierung der Fakultät und Kirche, die dieser Verlust geistlich trifft und verpflichtet. Ihre Abstandnahme von Gesetzgebungsinitiativen im säkularen Staate, die als wissenschaftsfremde Klerikalisierungsübergriffe angeprangert dem Glaubenszeugnis selbst abträglich werden können, kann nicht als Preisgabe des Bekenntnisses mißgedeutet werden. Aus der Biographie des ehemaligen Theologen wird zumeist offenbar sein, daß seine Lehren nach dem Glaubenswechsel nicht mehr seiner alten Kirche entsprechen und angelastet werden können; notfalls kann sie dies klarstellen, indem sie ihr Schweigen bricht.

d) Die Rechtsfolgen

Wenn jemand seinen alten Glauben verliert, aber seinen alten theologischen Grad weiterführt, ist die Sinneinheit zerbrochen, die die theologischen Grade

---

des Dr.-Grades wäre aus staatskirchenrechtlichen Gründen (vgl. S. 29 ff., 47 ff., 220 ff.) ein Antrags- und Mitwirkungsrecht der betroffenen Kirche angebracht.

an sich in ihrer inneren Durchdrungenheit geistlicher und geistiger Momente charakterisieren. Wenn dann das weltliche Teilstück gleichsam als substantiell veränderter Torso erhalten bleibt und nicht förmlich entzogen wird, ist dies im weltlichen Sinn des säkularen Staates und Rechtes sinnvoll und konsequent: Der Doktorstatus bleibt erhalten und gibt – trotz bzw. gerade in seiner säkularisierten Substanz – der wissenschaftlichen Leistung Ausdruck, die sein Inhaber auch in weltlicher Würdigung nach Abrechnung des geistlichen Momentes ehedem erbracht hat, weshalb er den theologischen Grad im weltlichen Rechtssystem auch nach Verlust des geistlichen Moments nicht zu verlieren braucht[694].

Diese Erhaltung der säkularisierten Teil-Identität mit bzw. trotz der geistlichen Substanzveränderung ist nicht nur bildhaft zu verstehen, sondern rechtlich relevant. Bei Konversionen z. B. verbleibt der akademische Grad ein (geistlich erloschener) Grad des alten Bekenntnisses; er wandelt sich nicht zum theologischen Grade des neuen Bekenntnisses. Die geistlichen Momente des Status leben dann nicht in verändertem Sinne auf[695] (bzw. weiter). Wenn etwa ein evangelischer Theologe zum Katholizismus konvertiert, kann er den alten (von ihm geistlich liquidierten) »evangelisch«-theologischen Dr.-Titel als säkularisiertes Relikt zwar weltlich weiterführen; aber durch seine Konversion wird er nicht zum »Dr. theol.« im Sinne des Kanonischen Rechts – etwa mit der Folge der gemeinkirchlichen Lehrbefähigung in katholischer Theologie nach Art. 50 § 1 Sap.Chr. Ein katholisch-theologischer Doktorgrad ist ihm weder formellrechtlich durch den dafür vorgeschriebenen statusbegründenden Akt verliehen worden, noch hat er dessen materiellrechtliche Voraussetzungen erfüllt, etwa ein katholisches Theologiestudium an katholisch approbierten theologischen Fakultäten durch katholisch approbierte (mit dem nihil obstat des katholischen Bischofs berufene) Theologen durchlaufen. So sind ihm auch die Rechtswirkungen nicht eröffnet, die einen katholisch-theologischen Doktorgrad nach dem katholischen Kirchenrecht wie auch nach dem staatlichen Recht zur Voraussetzung haben, z. B. die Möglichkeit der Habilitation in katholischer Theologie an der katholisch-theologischen Fakultät. Eine Konversion vermittelt weder die höheren Weihen in der Weihehierarchie noch die akademischen Grade einer fremden Konfession.

Das Auseinanderklaffen des staatlichen und kirchlichen Rechts kann auch bei der Entziehung katholisch-theologischer Grade eintreten. Die katholische Kirche hat seit alters durch eigene kirchenrechtliche Vorschriften die katholisch-theologischen Studien und akademischen Grade normiert; sie stehen in Selbständigkeit und Unverbundenheit neben dem staatlichen Recht, wie es der Trennung und Freiheitsgarantie in Art. 137 I, III

---

[694] Ebenso *Solte*, aaO, S. 242; *Wolfgang Tenbörg*, Kirchliches Promotionsrecht und kirchliche akademische Grade, jur. Diss. München 1962 S. 26. – Es ist hier zu bedenken, daß auch die Entziehung des Dr.Grades aus späteren persönlichen Gründen (Unwürdigkeit, Berufsverfehlungen) nur ein Unwerturteil über die Person zum Schutze der Öffentlichkeit bzw. des Standes in sich schließt, nicht aber die durch die Dissertation erbrachte und im Titel objektivierte wissenschaftliche Leistung als solche als wertlos verurteilt (letzteres wäre nur bei der Entziehung des Dr.Titels wegen Plagiats der Fall). Auch ein Glaubenswechsel bzw. -abfall braucht den wissenschaftlichen (auch theologisch-geistlichen) Wert der Arbeit nicht zu mindern (von der sich ihr Autor – vielleicht zu Unrecht – abgekehrt haben mag), weshalb in säkularer staatlicher Beurteilung hier die fernere Berechtigung zur (weltlichen) Titelführung systemgerecht erscheinen mag.

[695] Wie dies bei einer Rückkehr zum ursprünglichen Bekenntnis anzunehmen wäre.

WRV/140 GG entspricht. Die Verleihung eines katholisch-theologischen Grades durch die katholischen Theologenfakultäten ist deshalb eine Graduierung sowohl im Sinne des staatlichen wie des katholischen kirchlichen Rechts. Genauer: Durch diesen einen Akt werden sowohl der kirchliche wie der staatliche Grad verliehen: Diese Doppelnatur des Verleihungsaktes erweist sich an der Verschiedenheit (und Trennbarkeit) der Rechtsverhältnisse[696]. Beide stehen unverbunden nebeneinander, ähnlich der kanonischen und staatlichen Ehe; beide können auf verschiedene Weise enden: Der Entzug des akademischen Grades nach staatlichem Recht betrifft nur den staatlichen Grad aus den genannten staatlich-säkular geregelten Entziehungsgründen; der kirchliche Grad fällt damit nicht fort, da das kirchliche Recht dessen Existenz nicht durch eine Bedingung oder Normverweisung vom Fortbestand des staatlichen Grades abhängig gemacht hat[697]. Ein entsprechender kirchenrechtlicher Rezeptionsvorgang ist nicht ergangen und die Freiheitsgarantie des Art. 137 III WRV/140 GG zwingt die Kirche sowenig zur Gleichschaltung ihrer theologischen Grade mit dem staatlichen Bildungsrecht wie ihres Ehesakraments mit der Zivilehe. Andererseits würde der Entzug des kirchlichen akademischen Grades im innerkirchlichen Rechtsbereich[698] hier keineswegs zum Verlust des staatlichen akademischen Grades im staatlichen Rechtsbereich führen, da das Gesetz über die Führung akademischer Grade in seiner säkularen Ausgestaltung ebenfalls keine normative Rücksichtnahme bzw. Bezugnahme auf das kirchliche Entziehungsverfahren enthält. Ein solches kirchliches Aberkennungsverfahren des kirchlichen Grades könnte nur die geistliche Seite und Qualität des – als weltlicher Torso – weiterbestehenden staatlichen Theologengrades zerstören, auch wenn eine klarstellende Berichtigung des Titels unterbliebe.

Die evangelische Kirche hat kein eigenes kirchliches Promotionsrecht (und Entziehungsrecht) ausgebildet, sondern sich – ihrer alten staatskirchlichen Tradition getreu – voll den Formen des staatlichen Rechts eingeordnet, obwohl dieses in seiner zunehmend säkularisierten Ausgestaltung der inneren Bindung der Theologie an das göttliche Evangelium in diesen Frage nicht mehr gerecht zu werden vermag. Statt der Entziehung eines eigenen kirchlichen Grades bleibt (und genügt) ihr deshalb die ausdrückliche oder konkludente Klarstellung, daß ein ehemaliger evangelischer Theologe in ihrem Sinne nicht mehr für das Evangelium spricht.

e) Kein Argument gegen den theologischen Charakter der Theologie

Anders als bei der Verleihung ist also bei der Entziehung akademischer Grade der Theologie deren theologischer Sondercharakter nicht normativ ausgeformt

---

[696] So die vorherrschende Lehre: *Mussinghoff*, aaO, S. 109; *Schmitz*, aaO, S. 511; *Solte*, aaO, S. 238 ff. – In diesem Sinne auch Art. 8 Sapientia Christiana.

[697] Wenn der staatliche Dr.-Grad entzogen worden ist, darf der kirchliche Grad (im Inland) im Bereich des staatlichen Rechts nicht öffentlich geführt werden; doch könnte der kirchliche Grad weiterhin als interne kirchliche Voraussetzung, etwa zur Verleihung kirchlicher Ämter oder Lehrfunktionen von Bedeutung sein. Weltliche Entziehungsgründe des Doktortitels im säkularen Recht verpflichten die Kirche nicht zur Entziehung auch des kirchlichen Grades.

[698] Eine solche Aberkennung ist im Codex Iuris Canonici von 1983 nicht vorgesehen (c. 1338 § 2); vgl. hingegen im Codex von 1918 cc. 2291 n. 9, 2296 § 2. *Mussinghoff*, aaO, S. 109; *Solte*, aaO, S. 241.

worden im staatlichen Recht, weil sich dieses insofern auf allgemeine weltliche Schrankengesetze beschränkt. In merkwürdiger Logik und selbstgenügsamem Formalismus wird daraus das »juristische« Argument gefolgert, daß deshalb auch die Verleihung der theologischen (!) Grade streng säkularisiert[699] und unabhängig von der Theologie erfolgen müsse, die sie zum Gegenstande haben und die in Deutschland verfassungs- und verwaltungsrechtlich in ihrer bekenntnismäßigen Eigenart als evangelische und katholische Theologie garantiert und betrieben wird. Zu Unrecht: Weder aus dem Wortlaut noch aus dem Systemzusammenhang und Telos, noch aus der Genesis dieses Gesetzes ist zu entnehmen, daß damit eine Wesensaussage über die innere Säkularisierung und Entkonfessionalisierung der theologischen Wissenschaft getroffen werden sollte, die bisher seit Jahrhunderten in bekenntnisbestimmter Sonderung existierte. Das Gesetz über die akademischen Grade trifft nur allgemeine Bestimmungen für alle Fakultäten; es schließt die Sonderregelungen für die theologischen Grade damit nicht aus. Als leges speciales sichern die einschlägigen Verfassungsgarantien und Kirchenverträge, sodann die Konkordatsvorbehalte in den Universitätsgesetzen den theologischen Fakultäten die Entfaltungsfreiheit ihres besonderen, geistlich bestimmten Wesens im weltlichen, aber freiheitlichen, pluralistischen Staat und Recht. Die Prüfungssatzungen der Theologenfakultäten haben davon in verfassungsgemäßer, wissenschaftsadäquater Weise Gebrauch gemacht[700]. Aus der sekundären und peripheren Sanktionenregelung im Entziehungsfall lassen sich Rechtscharakter und Voraussetzungen der theologischen Grade nicht wesenswidrig umdeuten.

---

[699] So *Tetzel*, aaO, S. 99 ff., 130 ff.; VG Sigmaringen Urteil v. 24. 3. 82 (Az: 3 K 764/81), aufgehoben vom VGH Mannheim, NVwZ 1985 S. 126 ff., ZevKR 30, 1985 S. 106 ff.
[700] Oben S. 216 ff., 241 ff., 270 ff.

Neunter Teil

Die Errichtung theologischer Einrichtungen durch den Staat

I. Die neue Problemstellung

Die Errichtung theologischer Fakultäten bzw. verwandter Einrichtungen durch den säkularen Staat hat neuerdings eine besondere Aktualität gewonnen. Ob, wie und wieweit der Staat dies aus eigener Vollmacht auch einseitig – ohne die Zustimmung der betreffenden Religionsgemeinschaft, ja gegen deren erklärten Willen – durchsetzen kann, wirft zentrale Fragen des Hochschulrechts und Staatskirchenrechts von einiger Delikatesse auf.

1. Verkehrte Fronten?

An ihnen enthüllt sich manche Wandlung der kultur- und kirchenpolitischen Situation, die gelegentlich zu einer erstaunlichen Frontverkehrung zwischen Staat und Kirchen führen kann: Der säkulare Staat organisiert gelegentlich an seiner Universität in kirchlicher Bekenntnisgebundenheit theologische Forschung und Lehre, der sich die also bedachte Kirche strikt widersetzt, ja sich diese Begünstigung gerichtlich verbittet. Diese Konstellation ist um so kurioser, als die Kirchen seit Generationen nach Kräften um den Ausbau der Theologie an der Universität mit dem Staat gerungen haben und sich glücklich schätzten, wenigstens an einigen Universitäten den Status quo der theologischen Fakultäten gesichert zu erhalten[701]:

An spektakulären Einzelfällen[702] dieser Art zeigt sich zunächst symptomatisch, daß die Theologie ihren Platz und Rang im Kreise der Geisteswissenschaft

---

[701] Die Bestandsgarantien der WRV, Kirchenverträge und Landesverfassungen beschränkten sich auf dieses Ziel. *Solte*, aaO, S. 112 ff.

[702] Vgl. den Erlaß des Hess. Kultusministers v. 15. 12. 1982 (Az: V A 2-424/523-27) und die Klage des Bischofs v. Limburg v. 13. 1. 1983 gegen das Land Hessen auf Unterlassen der Errichtung und Einrichtung eines Diplomstudienganges Katholischer Theologie am Fachbereich Religionswissenschaften an der Universität Frankfurt a. M. Die Klage wurde durch das Verwaltungsgericht Wiesbaden Anfang Mai 1985 abgewiesen (Az: 1/2 E 46/83).

behaupten, ja festigen konnte. Ihr Fehlen an einer Universität wird gerade von anderen Nachbardisziplinen bisweilen so stark als Mangel der wissenschaftlichen Arbeit empfunden, daß die Initiative zur Einrichtung von Studiengängen in bekenntnisgebundener katholischer Theologie nicht von der Kirche, sondern von der Universität an den Staat herangetragen werden kann[703].

2. Ausdehnung der Religionspädagogik und Religionswissenschaft in die Theologie?

Der Anstoß zur Neuerrichtung theologischer Studiengänge ist heute vor allem aus dem Bereich der Religionspädagogik zu erwarten. Nach der enormen Ausdehnung der lehrerbildenden Einrichtungen in den vergangenen zwei Jahrzehnten ist dort ein gewaltiger Kapazitätsüberhang entstanden, der angesichts des Rückganges der Studenten- und Schülerzahlen dem Sparstift zum Opfer zu fallen droht. Verschiedene Pädagogische Hochschulen wurden aufgelöst bzw. zusammengelegt, ihr Lehrkörper einschließlich der Religionspädagogen in andere Einheiten transferiert. Diese Entwicklung fällt zeitlich zusammen mit den tastenden Versuchen zur Bildung von (integrierten bzw. kooperativen) Gesamthochschulen[704], die die Pädagogischen Hochschulen und Fachhochschulen mit den traditionellen Universitäten zusammenführen, ja verschmelzen sollen. Begreiflicherweise hat beides einen starken Drang ausgelöst, den religionspädagogischen Einrichtungen neue Betätigungsfelder in den klassischen Bereichen der Theologie zu erschließen, um so den drohenden Stellenstreichungen zuvorzukommen und zugleich die Aufwertung zum vollen akademischen Niveau und Standard der Ausstattung zu erreichen. Dies trifft sich mit den analogen Sicherungs- und Ausbauinteressen der allgemeinen Religionswissenschaft, wo diese an einer Universität mit einer Vielzahl von Lehrstühlen vertreten ist, aber angesichts schrumpfender Studentenzahlen und Haushaltsmittel um deren Existenz bangt und sich (als »Orchideenfach« besonders kürzungsbedroht) neue »gesellschaftsbezogene« Wirkungsmöglichkeiten erschließen möchte. Wo die Lehrerausbildung bereits bisher an der Universität erfolgte[705], bietet sich die Anreicherung der religionswissenschaftlichen und -pädagogischen Studiengänge durch theologische verhältnismäßig leicht und unauffällig an[706]; es müßten nur die theologischen Studien-

---

[703] Die hinter den äußeren juristischen Vorgängen liegenden Gründe und Ziele sind eher dunkel. Doch dürften sich – von der Singularität eines Einzelfalles ganz abgesehen – gewisse allgemeine Tendenzen erkennen lassen, die in ihrer Typik auch für die juristische Behandlung bedeutsam sind. Veränderungen der »faktischen« Situation und Interessenlage werfen ja stets die Frage auf, ob die alten Normen und Verträge (in ihrer überkommen traditionellen Interpretation) auf eine neue Lage passen. Wenn sie einst auf andere Voraussetzungen und Wirkungen abgestellt waren, mag ein neues Sinnverständnis (und gegebenenfalls eine Ergänzung) der Normen bzw. Vertragsabreden geboten sein, um deren Sinn in der gewandelten Lage nicht in das Gegenteil zu verkehren. Eine formaljuristische Interpretation in traditionalistischer Bescheidung wird den empfindlichen Sachgegebenheiten und Normzusammenhängen des Hochschul- und Staatskirchenrechts dann nicht gerecht.

[704] S. 261.

[705] Wie dies in Frankfurt und Hamburg der Fall ist.

[706] Die Religionspädagogik ist an der Universität Frankfurt dem Fachbereich »Religionswissenschaften« eingegliedert.

gänge für Religionspädagogen nun auch für Volltheologen ausgebaut bzw. aufgestockt werden.

Angesichts der allgemeinen Finanzklemme und der Notwendigkeit zu Kürzungen und Lehrstuhleinsparungen an der Universität zeigen jedoch weder die Universitäten noch auch die Kultus- und Finanzminister sonderliche Neigung zur Gründung neuer theologischer Fakultäten. Das würde ja umfangreichere Vorverhandlungen auf der höchsten kirchen- und kulturpolitischen Ebene bedingen, Paritätsprobleme und sonstige Nebenwirkungen aufwerfen, neue Löcher im Staats- und Universitätshaushalt aufreißen, den Zankapfel von Lehrstuhlumwidmungen zwischen die Fakultäten rollen, ein Politikum und eine Fülle technischer Verwaltungsaufgaben schaffen.

So liegt die Tendenz zu Zwischen- und Mischlösungen nahe, die ohne förmliche Gründung einer Theologenfakultät doch theologische Kernfunktionen auf pädagogische oder religionswissenschaftliche Fachbereichs-Einheiten übertragen, die sich aus der früheren philosophischen Fakultät im Zuge der Universitätsneugliederung der letzten Jahre herausgebildet und verselbständigt haben.

3. Theologische Funktionen außerhalb der theologischen Fakultäten?

Fremde Fakultäten sollen so theologische Teilfunktionen wahrnehmen. Das traditionelle System der theologischen Fakultäten[707] wird damit unterlaufen, ihre Einheit von Fakultätsstruktur und Fakultätsfunktionen aufgebrochen.

Zu den situationsbedingten Erhaltungs- und Versorgungsinteressen der nicht ausgelasteten »philosophischen« Nachfolge-Fachbereichen tritt deren prinzipielle Expansionstendenz; die Religionswissenschaft sucht sich die katholische bzw. evangelische Theologie organisatorisch einzuverleiben, wenn man auch deren Besonderheiten u. U. durch gewisse institutionelle Autonomie-Ansätze Rechnung zu tragen sucht[708]. Das Streben nach Erschließung neuer Funktionen und Studentenzahlen bleibt freilich nicht in Zuständigkeits- und Organisationsfragen hängen, sondern zeigt die Tendenz bzw. den Effekt einer gewissen, allmählichen Veränderung des materiellen Wissenschaftsgehaltes und -begriffs der Theologie: Die Einbettung in die allgemeine Religionswissenschaft und die Religionspädagogik läßt erwarten, daß dann bei diesen fachtheologischen Bemühungen ein dominierender Akzent auf dem Außeneinfluß der Religionsphilosophie und -soziologie, überhaupt der Gesellschaftswissenschaften und der

---

[707] Dazu insbes. oben S. 248 ff., 270 ff.

[708] So gehören zum Fachbereich »Religionswissenschaften« der Frankfurter Univ. eine »Betriebseinheit Katholische Theologie« und »Evangelische Theologie«. Hinsichtlich der Berufungsvorschläge »gibt es eine Absprache«: Der Fachbereichsrat »übernimmt das Ergebnis der Berufungskommission« (der betreffenden katholischen bzw. evangelischen Betriebseinheit) »und erhebt es zum formalen Beschluß«. So die Klageerwiderung des Landes Hessen gegen den Bischof v. Limburg v. 28. 3. 1983, vertreten durch den Hessischen Kultusminister, Prozeßbevollmächtigter RA Dr. Hermann Weber, S. 3. – Zur Rechtmäßigkeit siehe unten S. 342 Anm. 764.

Pädagogikwissenschaften liegen wird. Die vorrangige Pflege der interdisziplinären Verbindungen wird sich von selbst aus der interdisziplinären Fakultätsstruktur, Berufungspraxis und Nachwuchsförderung ergeben, auch wo dies nicht förmlich als das erklärte Ziel der neuen Kreation ausgegeben wird[709].

Gewiß bedarf die Theologie beider Konfessionen in ihren Gegenwarts- und Weltbezügen der intensiven, vielleicht intensivierten, interdisziplinären Kooperation. Aber diese Arbeit an den »Rändern« setzt die theologische Arbeit im Kernbereich der klassischen theologischen Disziplinen – der Exegese des Neuen und Alten Testaments, der systematischen, historischen und praktischen Theologie – voraus, die sie nicht zu schmälern oder zu ersetzen, sondern zu ergänzen und zu erweitern hat, wenn die Theologie nicht ihre Aufgabe und Identität gefährden und sich in die Sozialwissenschaften verlieren will. Bei allem bestem Wollen mag wohl bezweifelt werden, ob dieses unumgängliche Schwergewicht der theologischen Kernfächer außerhalb einer theologischen Fakultät in religionswissenschaftlichen Einheiten überhaupt jemals gewährleistet erscheinen dürfte[710].

4. Kirchliche Widerstände

Die katholische Kirche hat in der einseitigen Errichtung eines Diplomstudienganges »katholische Theologie« am Fachbereich Religionswissenschaften der Frankfurter Johann-Wolfgang-Goethe-Universität durch den Hessischen Kultusminister eine Verletzung ihres Rechtes auf freie Religionsausübung (Art. 4 II GG), ihres Selbstbestimmungsrechts (Artt. 137 III WRV/140 GG), der Kirchenverträge und der Hessischen Verfassung erblickt[702]. Sie hat die staatliche Organisationshoheit zu solchen »konfessionellen Alleingängen« bestritten und die rechtliche Notwendigkeit einer Vereinbarung betont, die bisher stets und unbestrittenermaßen in vergleichbaren Fällen praktiziert worden sei. Bei theologischen Einrichtungen an den staatlichen Universitäten handele es sich um »gemeinsame Angelegenheiten« und um kirchenvertraglich geregelte Materien, die weder vom Staat noch von der Kirche einseitig und allein errichtet und geordnet werden könnten, sondern der vorangehenden Einigung bedürften. Die kirchlichen Ausbildungs-

---

[709] Daß die Befruchtung der katholischen Theologie durch die »Frankfurter Schule« (von Adorno, Horkheimer, Habermas u. a.) ein besonderes Anliegen sei, wird in der Klageerwiderung des Hess. Kultusministers, aaO, S. 3 besonders hervorgehoben: »Ein besonderer Akzent lag und liegt dabei auf der Auseinandersetzung mit geistesgeschichtlichen Strömungen, wie sie gerade an der Universität Frankfurt vertreten werden.«

[710] So ist es fraglich, ob diese bei künftigen Berufungen ihre vorhandenen, für die verschiedenen Felder der Religionswissenschaften und -pädagogik bestimmten und benötigten Professuren in die für eine Theologenausbildung erforderlichen exegetischen, systematischen usw. Parallellehrstühle umwandeln könnten bzw. würden. Der ganze Forschungs-, Lehr- und Prüfungsbetrieb dürfte jedenfalls maßgeblich durch die außertheologischen Fragestellungen, Methoden, Forschungsziele bestimmt sein, die die theologische Arbeit überlagern. Die Theologie lebt ja als Einheit nur in der Vielzahl und der Verklammerung ihrer hochspezialisierten Fächer – das gilt für die Forschung, Lehre, Prüfung gleichermaßen. Oben S. 252 ff.

bedürfnisse hinsichtlich der Volltheologen würden durch die kircheneigene theologische Hochschule St. Georgen in Frankfurt gedeckt; das staatliche Konkurrenzunternehmen wirke sich deshalb als Eingriff in die eigenen Angelegenheiten der Kirche aus. Dem staatlich errichteten theologischen Studiengang und Diplom hat die katholische Kirche deshalb durch öffentliche Publikation in ihrem amtlichen Verkündigungsorgan die kirchliche Anerkennung versagt[711].

So ist die Frage, ob der Staat (1.) das Recht zur Errichtung theologischer Fakultäten (2.) ohne kirchliche Mitwirkung ausüben kann und daraus (3.) das Recht zur Schaffung theologischer Studiengänge und Grade bei nichttheologischen Einrichtungen folgt.

II. Die staatliche Organisationsgewalt im Bereich der Theologie

1. Theologie als staatliche Aufgabe

Die Pflege der Theologie an der deutschen Universität bildet auch eine originäre Staatsaufgabe. Das deutsche Verfassungsrecht, Verwaltungsrecht und Kirchenvertragsrecht hat sie keineswegs aus dem Bereiche der Staatsaufgaben ausgegrenzt und exklusiv den Kirchen überlassen.

Wie aufgezeigt ist die verfassungsrechtliche Grundlage hierfür nicht mehr in der cura religionis[712] zu erblicken, die dem christlichen Staate in der Zeit des Staatskirchentums und der ihm folgenden Staatskirchenhoheit bis 1918 als religiöse Aufgabe und Pflicht oblag. Die Theologie hat vielmehr ihren angestammten Arbeits- und Ehrenplatz im Rahmen einer offenen pluralistischen Wissenschaftspflege – nicht einer staatlichen Glaubenspflege – ohne »kulturkämpferische« weltanschauliche Verengung behalten[713]. Gerade deshalb wird ihr auch das Glaubensmoment nach ihrem Selbstverständnis der göttlichen Offenbarung im Evangelium liberal konzediert und nicht nach irgendwelchen fremden, agnostizistischen bzw. atheistischen Wissenschaftsbegriffen von »Rechts wegen« eliminiert. Die Theologie wird – wie passim aus den bisherigen Darlegungen zu ersehen war – auch im pluralistischen Wissenschaftssystem des weltlichen Staates als unverstümmelte geistig-geistliche Sinneinheit gewährleistet und betrieben. Aber sie ist und bleibt als solche – zum Teil ihres Wesens – eine Staatsaufgabe: Ihre Förderung und Ordnung als Wissenschaft obliegt dem modernen Kulturstaat; er schafft und regelt auch für sie den weltlichen Boden und äußeren Rahmen zu ihrer freiheitlichen Wissenschaftsentfaltung, auch wenn ihre religiösen Momente das Weltliche und Staatliche transzendieren. Die Förderung der Theologie als Staatsaufgabe und die liberale Weltlichkeit des

---

[711] ABl des Bistums Limburg (v. 1. 3.) 1983 S. 191.
[712] S. 10 ff., 24.
[713] S. 18 ff., 27 ff.

Staates widersprechen sich nicht, sondern bedingen einander im kulturstaatlichen Verfassungssystem. Auch die Kirche hat dies stets unterstützt. Die Parallele zum Religionsunterricht trifft insoweit durchaus zu. Die Theologie an der Universität ist ebenso wie der Religionsunterricht staatliche Aufgabe und staatliche Veranstaltung[714]. Deshalb gilt:

2. Theologische Fakultäten als staatliche Einrichtung

Die theologischen Fakultäten beruhen auf staatlicher Kompetenz: Die Bestandsgarantie in Art. 149 III WRV hatte vor allem auch den Sinn, die Kompetenz der Landesgesetzgebung und -verwaltung zur Errichtung und zum Betrieb der Theologenfakultäten über die Entflechtung von Staat und Kirche i. J. 1919 hinweg klarzustellen und gegen eine rigoristische Ausgestaltung bzw. Ausdeutung des Trennungsprinzips in Art. 137 I WRV abzusichern[715]. Die Kompetenz des Staates zur Errichtung theologischer Fakultäten bzw. Einrichtungen ist deshalb nicht zu bestreiten.

Die theologischen Fakultäten sind staatliche Institutionen. Sie werden zwar insofern als »gemeinsame Angelegenheit« von Staat und Kirche bezeichnet, als sie auch kirchliche Aufgaben und Funktionen erfüllen und der kirchlichen Mitwirkung in den spezifisch religiösen Belangen bedürfen[716]. Aber ihre Charakterisierung als gemeinsame oder »gemischte« Dinge bedeutet keineswegs, daß der rein staatliche Rechtscharakter der Theologenfakultäten in Frage gestellt oder bestritten werden könnte. Sie sind – in institutioneller Hinsicht – ausschließlich Staatseinrichtungen in vollem, ungeschmälertem Sinn[717]. Aus der zutreffenden Einordnung der Theologenfakultäten als »gemeinsame Angelegenheit« durch die Rechtswissenschaft läßt sich deshalb kein generelles Mitbestimmungsrecht der Kirche bei allen staatlichen Regelungen dieser Fakultäten

---

[714] Einhellige Auffassung d. Lit., vgl. *Link*, Religionsunterricht, HdbStKirchR Bd. 2 S. 512 f.; *Ernst Friesenhahn*, Religionsunterricht und Verfassung, in: Essener Gespräche 5, Münster 1971 S. 72 f.

[715] So *G. Anschütz*, Kommentar zur WRV S. 694. Weitergehend i. S. einer institutionellen Garantie, nicht einer bloßen Kompetenznorm, zutreffend *Carl Schmitt*, Freiheitsrechte und institutionelle Garantien der Reichsverfassung, Berlin 1931 S. 18 f., auch in: *ders.*, Verfassungsrechtliche Aufsätze, Berlin 1958 S. 157 f.; *ders.*, Verfassungslehre, München Leipzig 1928 S. 73; und der Abgeordnete *Mausbach*, Protokolle des Verfassungsausschusses der Weimarer Nationalversammlung, Berlin 1920 S. 226. – Vgl. auch oben S. 4 Anm. 8.

[716] Vgl. S. 167 Anm. 336.

[717] Von einem »Kondominium« der Kirchen mit dem Staate läßt sich in Bezug auf ihre organisatorische Gestalt allenfalls in einem übertragenen und sehr begrenzten Sinne sprechen (*Hollerbach*, Die theologischen Fakultäten S. 78). Der Begriff »gemeinsame Angelegenheiten« ist ja ein hermeneutischer Begriff der Rechtswissenschaft zur ordnenden Erfassung und Systematisierung der Materie. Er ist kein Normbegriff der Verfassung selbst, kann deshalb auch keine unmittelbaren Rechtsgebote bzw. Rechtswirkungen begründen.

ableiten, das auch in allen weltlichen Fragen ein kirchliches Einvernehmen erfordert und deren einseitige hoheitliche Regelung durch den Staat ausschließt[718].

Die Errichtung, Organisation und Ordnung der Theologenfakultäten an den Staatsuniversitäten erfolgt deshalb durch staatliche Organisationsakte und Normen[719]. Sie bedürfen der staatlichen Rechtsgrundlage, die sich letztlich auf die demokratische Willensbildung durch die Wahlen und die Volksvertretung stützt. Auch der äußere Wissenschaftsbetrieb der theologischen Fakultät vollzieht sich dementsprechend in demokratisch-rechtsstaatlicher Verantwortung, d. h. allein unter der Aufsicht der zuständigen Staatsbehörden. Allgemeine hochschulrechtliche Normen und Normänderungen ergreifen deshalb grundsätzlich die Theologenfakultäten auch ohne spezielle kirchliche Zustimmungsakte.

III. Grenzen der staatlichen Organisations- und Regelungshoheit aus Artt. 137 WRV/140 GG

1. Theologische Selbstbestimmung der Kirchen. Maßstabsabgrenzung

Inhaltlich ist diese staatliche Organisationshoheit jedoch beschränkt durch die Garantie der kirchlichen Selbstbestimmung in Artt. 137 III WRV/140 GG und der Religionsfreiheit in Art. 4 I, II GG[720]. Die Theologenfakultäten sind deshalb zwar in ihrer formellen Organisationsstruktur staatliche Institutionen, treiben aber materiell (auch) kirchliche Funktionen in der wissenschaftlichen Aufbereitung, Fortentwicklung, Vermittlung des kirchlichen Bekenntnisses durch die theologische Forschung, Lehre, Geistlichenausbildung und -prüfung. Form und Inhalt, Organisation und Funktion sind darum bei ihnen untrennbar

---

[718] Anders z. B. *Mussinghoff*, aaO, S. 80 ff., 84, 88 ff., der aus der rechtstheoretischen Charakterisierung als »gemeinsame Angelegenheit« ein verfassungsrechtliches Einvernehmens-Recht der Kirchen bei Einrichtung theologischer Studiengänge usw. ableitet. Ähnlich *v. Campenhausen*, Theologische Fakultäten, HdbWissR S. 1025. – Zu Spezialregelungen vgl. oben S. 220 ff.

[719] *Scheuner*, Rechtsfolgen einer konkordatsrechtlichen Beanstandung S. 28; *Böckenförde*, NJW 1981 S. 2102.

[720] Da den Kirchen ihr Bekenntnis, ihre theologische Lehre, ihre Theologenausbildung und ihr Ämterrecht als »eigene Angelegenheit« gewährleistet ist (S. 24 ff., 30 f., 34) und der weltliche Staat kein Bestimmungsrecht (»ius reformandi«) des geistlichen Wesens einer Religionsgemeinschaft hat, muß er deren religiöses Selbstverständnis und Selbstbestimmungsrecht respektieren, soweit seine weltlichen Behörden damit befaßt werden (S. 29). Auch *Scheuner*, aaO, S. 28; *Hollerbach*, Essener Gespräche 16 S. 139, 154 f.; *Böckenförde*, daselbst S. 152 (»unter den Bedingungen, die er [d. h. der Staat] bei der Durchführung bekenntnisgebundener Aufgaben einhalten muß...«); VGH Mannheim NVwZ 1985 S. 126 ff., S. 129, ZevKR 30, 1985 S. 106 ff., 114.

verschränkt, wie es ihr Sinn und Wesen und ihre Rechtsgarantien gleichermaßen erheischen. Das zwingt den weltlichen Staat bei der Errichtung und Ordnung theologischer Einheiten zur Rücksichtnahme auf die Kirchen, deren theologische Lehren er durch die theologischen Fakultäten erforschen, lehren und prüfen läßt. Seine – einseitige, hoheitliche – staatliche Organisationsgewalt ist deshalb notwendig auf die Kooperation mit den Kirchen angewiesen.

Denn auch in dieser Frage ist die gegenseitige Abgrenzung und Abstimmung der Maßstäbe und Verantwortlichkeiten von entscheidendem Gewicht: Die Kompetenz zur Entscheidung der allgemeinen kulturellen (»weltlichen«) Aspekte und Maßstäbe hat der Staat, der besonderen geistlichen Kriterien und Grenzen jedoch die Religionsgemeinschaft, um deren Lehre und theologischen Nachwuchs es geht[721]. Diese Aufteilung der Zuständigkeit und Verantwortung entspricht allein den Grundnormen der Artt. 137 I, III WRV/140 GG.

2. Die staatliche Kulturkompetenz

Danach fällt die Gründung und der Ausbau einer theologischen Fakultät an einer Universität in den Kompetenzbereich des Staates, soweit es sich um die allgemeinen wissenschafts- und kulturpolitischen Gründe und Maßstäbe handelt. Der Staat hat insbesondere auch die allgemeine wissenschaftspolitische Frage des Bedürfnisses für eine theologische Neugründung zu entscheiden. Er mag sie vor allem dann bejahen, wenn in diesem Bundeslande bisher überhaupt keine theologische Fakultät dieses Bekenntnisses existierte[722]. Sollte die betreffende Kirche das wissenschaftspolitische Bedürfnis für eine Kapazitätserweiterung der Theologenausbildung verneinen, weil sie ihren Theologennachwuchs lieber von bewährten anderen Fakultäten bezieht, so enthält doch eine solche Gründung an sich noch keine Verletzung ihres Selbstbestimmungsrechts. Und daß die Konkurrenz einer neuen staatlichen Theologenfakultät ungünstige Rückwirkungen für eine kircheneigene theologische Hochschule der Diözese bzw. Landeskirche gewärtigen läßt, mag lediglich als faktische, nicht als rechtliche Beeinträchtigung anzusehen sein[723].

---

[721] Oben S. 31 Anm. 41.

[722] Wie dies in Hessen hinsichtlich der katholischen Theologie der Fall ist.

[723] Auch die gewichtigen kultur- und kirchenpolitischen Bedenken der Kirchen angesichts einer drohenden »Akademiker-Schwemme« von staatlich herangebildeten, kirchlich nicht verwendbaren Laientheologen geben den Religionsgesellschaften (wie auch den anderen Trägern bzw. Berufsgruppen der Gesellschaft) nicht eine verfassungsrechtliche Kompetenz zur Kontrolle fragwürdiger Bildungs- und Universitätspolitik. Die Kirchen bleiben rechtlich auf die Möglichkeit der öffentlichen Meinungsbildung und der Verhandlungen (i. S. der weit interpretierten »Freundschaftsklausel« der Konkordate) verwiesen.

3. Achtung der kirchlichen Lehre

Hingegen muß der Staat die kirchliche Selbstbestimmung in den theologischen Lehr- und Bekenntnispositionen achten. Wie immer die Bekenntnisinhalte, Bekenntnisgeltung und Bekenntnisbindung von einer Religionsgemeinschaft verstanden und abgegrenzt werden – die maßgebliche Entscheidung hierüber steht nicht den staatlichen, sondern den zuständigen kirchlichen Instanzen zu. Natürlich ist der säkulare Staat nicht in seiner Gesamtheit an das Bekenntnis einer christlichen Kirche (als »Staatsbekenntnis«) gebunden; so fördert er auch paritätisch-relativistisch-religionsneutral die Theologie der konkurrierenden Religionsgemeinschaft und die allgemeine Religionswissenschaft, die jene Bekenntnispositionen prinzipiell dissentierend kritisieren, und so eröffnet er auch den Mitgliedern der Theologenfakultäten selbst in säkularer Distanziertheit den Glaubenswechsel und Abgang vom theologischen Lehramt ohne Verlust ihrer Beamten- und Statusrechte in der Gesamtuniversität[724]. Aber die Theologenfakultäten selbst sind nach den Bestandsgarantien der Verfassungen, Kirchenverträge und Hochschulgesetze in Konfessionsgebundenheit verfaßt. Deren Unantastbarkeit ist von der staatlichen Kultusverwaltung bei allen Akten der Errichtung und Ordnung der Theologenfakultät verbindlich zu beachten. In ihrem Rahmen kann die Theologie staatlicherseits nur in bekenntnismäßiger Sonderung und Unverfälschtheit betrieben werden[725].

Die Errichtung von theologischen Fakultäten ist deshalb nur möglich, wenn (1.) bei den Berufungen auf die theologischen Lehrstühle die Unbedenklichkeit der Lehre und (bei Katholiken) des Wandels durch ein kirchliches votum decisivum bestätigt wird[726], (2.) die theologischen Lehrer in ihren Forschungs- und Lehrfunktionen die Identität des kirchlichen Bekenntnisses nicht verlassen und dies durch das kirchliche Beanstandungsrecht gesichert ist[727], (3.) das Lehrangebot den kirchlichen Bedürfnissen bzw. den staatskirchenrechtlich anerkannten kirchlichen Vorschriften entspricht[728], (4.) die theologischen Prüfungen von kirchlich autorisierten theologischen Lehrern abgenommen werden[729], (5.) die theologischen Grade in kirchlich anerkannter Weise verliehen werden[730] und schließlich (6.) die Kirche die Informationsmöglichkeit über die hierfür relevanten Vorkommnisse erhält[731].

---

[724] S. 41 ff, 67 ff., 101 ff.

[725] S. 3, 19, 67, 196 ff.

[726] S. 48 ff., 94 ff.

[727] S. 54 ff., 99 ff.

[728] S. 220 ff. Zu den Ausstattungsfragen vgl. S. 342 ff.

[729] S. 248 ff.

[730] S. 339; *Mussinghoff*, aaO, S. 86 ff.

[731] S. 225. – Über die Notwendigkeit dieser Voraussetzungen dürfte ein breiter Konsens in Praxis und Lehre – jedenfalls hinsichtlich der katholisch-theologischen Fakultäten – bestehen. Sie ist

4. Mitwirkungspflicht der Kirche?

Fraglich erscheint, ob die Kirche zur Mitwirkung verpflichtet ist, wenn der Staat bei der einseitigen Errichtung einer Theologenfakultät alle diese materiellen und verfahrensmäßigen Voraussetzungen erfüllt bzw. anbietet?

Eine solche Mitwirkungspflicht ist dort zu bejahen, wo etwa ein Kirchenvertrag die Gründung vorsieht[732]; die Kirche kann dann seine Erfüllung bzw. Realisierung nicht verweigern, sondern ist durch ungeschriebene vertragliche Nebenpflichten zu den nötigen und zumutbaren geistlichen Mitwirkungsakten verpflichtet. Wo eine kirchenvertragliche Bindung der Kirche jedoch nicht besteht, ist sie in inrer Entscheidung rechtlich frei.

Aber sie wird »faktisch« u. U. in Zugzwang kommen. Sie wird sachlich wenig einzuwenden haben, wenn der Staat bei seinem formell einseitigen Vorgehen z. B. die theologische Studienordnung exakt nach dem materiellen Richtmaß der kirchlichen Vorschriften[733] erläßt bzw. die bei den anderen theologischen Fakultäten üblichen und kirchlich gebilligten Studienbedingungen und -gänge kopiert. Soweit die Kirche nach dem Staatskirchenrecht und Hochschulrecht der Länder überhaupt ein Zustimmungsrecht[734] zu den theologischen Studien- und Prüfungsordnungen besitzt, kann dieses jedoch nicht beliebig verweigert werden und zum Übergriff in die weltliche Entscheidungskompetenz des Staates dienen: Es ist in verfassungskonformer Präzisierung auf die – der Kirche obliegenden – geistlichen Gesichtspunkte und Maßstäbe der kirchlichen Lehre und des kirchlichen Amtes beschränkt. Mit allgemeiner wissenschafts- und kulturpolitischer Begründung – also aus jenen weltlichen Bereichen und Gesichtspunkten, die die staatlichen Instanzen zu entscheiden haben – kann die Kirche hier nicht einfach »mauern«.

Ähnliches gilt für ihr Personalzustimmungsrecht bei den Berufungen[735]. Ohne ein nihil obstat des katholischen und ohne positives Votum der evangelischen Kirche darf der Staat einen akademischen Lehrer nicht von Staats wegen zur Forschung, Lehre, Prüfung speziell der theologischen Lehren dieser Bekenntniskirche berufen. Die Kirche ist völlig frei in ihrer geistlichen Entscheidung über dessen theologische Zugehörigkeit und Zumutbarkeit als »ihr« geistlicher Lehrer in ihrem Verständnis der göttlichen Wahrheit. Aber kann sie ihre Mitwirkung einfach verweigern, weil sie die ganze Gründung der neuen Theologenfakultät für überflüssig und als Konkurrenz ihrer kirchlichen Hochschule für schädlich hält? Nimmt sie nicht mit dieser Begründung eine allgemeine (»weltliche«) wissenschaftspolitische Entscheidung und Korrektur der dafür zuständi-

---

z. B. auch vom Lande Hessen im genannten (Anm. 702) Verwaltungsrechtsstreit um die staatliche Errichtung eines kath.-theol. Diplomstudiengangs an der Universität Frankfurt wiederholt vorgebracht und bestätigt worden (Schriftsätze v. 28. 3. 83: S. 10; v. 30. 8. 83: S. 5, 17, 19, 25). Vgl. auch statt anderer *Böckenförde*, NJW 1981 S. 2102.

[732] Z. B. Art. 4 Nieders.Konk 1965, *W. Weber*, aaO, Bd. 2 S. 71.

[733] Vgl. S. 221 ff.; bes. die Apostolische Konstitution Sapientia Christiana sowie die Ordinationes v. 29. 4. 1979 und das Akkomodationsdekret (für den Bereich der Deutschen Bischofskonferenz) v. 1. 1. 1983 der Kongregation für das Bildungswesen, AAS 71, 1979 S. 469–521, 75, 1983 S. 336 ff.; sowie die Rahmenordnung f. d. Priesterbildung v. 1. 5. 1978 und f. d. Pastoralreferenten v. 7. 3. 1979, Heft 15 und 22 der Reihe »Die deutschen Bischöfe«.

[734] S. 220 ff., 226 ff.

[735] S. 48 ff., 52; 94 ff., 114 ff.

gen Staatsbehörden in Anspruch, die sie auf dem Umweg über die rechtsmißbräuchliche Überdehnung ihres nihil obstat durchzusetzen versucht? Dieses Mitwirkungsrecht der Kirchen bezieht sich ja exakt auf die Berufung der Personen und deren geistliche Qualifikation für ihre theologischen Funktionen, nicht aber (bzw. nicht unmittelbar) auf die Errichtung der Institutionen in ihrer umstrittenen politischen Problematik und Auswirkung. Zu den (»weltlichen«) kultur- und sozialpolitischen Aspekten der Theologenfakultäten kann die Kirche natürlich dem Staat ihre Bedenken und Verbesserungsvorschläge äußern, wie es der Kooperation in den res mixtae angemessen ist. Eine Zensur und Mitbestimmung aber steht ihr insoweit weder nach den Verfassungsnormen noch nach den Konkordaten und Kirchenverträgen zu; verwaltungsrechtlich ist das »Benehmen« in diesen Fragen nicht in ein »Einvernehmen« zu verwandeln. Allein die spezifisch geistlichen Gesichtspunkte und Maßstäbe aus dem Bereich der theologischen Lehre vermögen hier ein negatives Entscheidungsrecht der Kirche zu begründen. – Die Mitwirkungsbefugnis in den Personalfragen kann freilich auch für die institutionelle Errichtung einer theologischen Forschungs- und Lehreinheit von Bedeutung sein:

IV. Die rechtlichen Konsequenzen

1. Bezogenheit des nihil obstat bzw. Begutachtungsrechts auf die jeweilige Amtsfunktion in der Fakultätsgesamtheit

Kann der Staat – ohne das Einverständnis der Kirche – theologische Lehrer aus religionspädagogischen Einheiten kurzerhand in Studiengänge für Volltheologen übernehmen? Kann er ein nihil obstat (bzw. das evangelische Begutachtungsverfahren) für diese Volltheologen-Ausbildungsfunktion für unnötig erklären, weil der theologische Lehrer die kirchliche Zustimmung ja seinerzeit zu seinen anderen Funktionen erhalten habe? Dies dürfte zu verneinen sein, da hiermit dem kirchlichen Zustimmungsakt ein anderer Gegenstand untergeschoben wird und die reale Zustimmung zu der alten Funktion in eine Zustimmungsfiktion hinsichtlich der neuen Funktion vertauscht wird.

Hierfür ist der Sinn der kirchlichen Mitwirkung entscheidend: Sie ist nicht ein abstrakter bzw. absoluter Personalentscheidungsakt, sondern eine funktionsspezifische und funktionsgebundene Personalentscheidung. Die Funktion – der Einsatz für die theologische Forschung und Lehre – steht im Vordergrund; in ihrem Dienste steht die Beurteilung der geistlichen Qualifikation der Person, weil akademische Forschung und Lehre nun einmal eine paradigmatisch personale Tätigkeit (und nicht ein entpersönlichtes Funktionieren) darstellt. Bei der vorliegenden Frage geht es ja keineswegs um die Person »an sich«, d. h. um ihre »reine« Glaubenstreue und kirchliche Statusbindung als Selbstwert – ist es doch nicht die Aufgabe des staatlichen Hochschulrechts, die Obödienz und Hierarchie des Kirchenrechts durch zusätzliche Sicherungsinstrumente des staatlichen Hochschulrechts zu ergänzen. So ist das nihil obstat auf die Funktion und nicht auf die Statusfragen abgestellt: Es wird fachspezifisch für die Aufnahme einer bestimmten Lehrfunktion in einer theologischen Disziplin erteilt; Änderungen des persönlichen Status bei gleichbleibender Funktion (im gleichen Fach) spielen keine Rolle[736]: Der Privatdozent bedarf des nihil obstat deshalb zur Aufnahme seiner Lehrfunktionen; es muß jedoch nicht neu erteilt werden, wenn er in seiner Fakultät und seiner Disziplin zum außerordentlichen und dann zum ordentlichen Professor (bzw. heute die Stufenleiter der unteren zu den oberen Professorenrängen) aufsteigt. – Die Änderung seiner Lehrfunktionen von einem Fach zum anderen hingegen macht die erneute Einholung des nihil obstat nötig[737]. Wer etwa trotz gewisser dogmatischer Bedenklichkeiten seiner Christologie oder seines Weltengagements als christlicher Archäologe oder als Alttestamentler kirchlich hinnehmbar erschien, mag dies auf einem Lehrstuhl (bzw. mit einer venia-Änderung) für systematische oder praktische Theologie nach dem Urteil seiner Kirche nicht mehr sein.

Und ferner: Der Eintritt in eine andere theologische Fakultät macht die erneute Erteilung des nihil obstat nötig. Das gilt auch dann, wenn der Berufene in seiner früheren Fakultät für die gleichen Lehrfunktionen im gleichen Fach ein kirchliches nihil obstat besaß. Auch dies ist kein willkürlicher Formalismus: Das nihil obstat bezieht sich auf einen Theologen nicht isoliert für sich, sondern als Mitglied des Teams seiner Fakultät[738]. Seine Funktion wird ja nicht von ihm allein erbracht, sondern nur im Zusammenwirken aller Lehrpersonen. Die Theologie ist eben – wie auch in anderem Zusammenhang bedeutsam ist – eine Einheit, die sich aus der Verklammerung und der Kooperation der hochspezialisierten Teildisziplinen und der verschiedenen theologischen Richtungen ergibt. Das nihil obstat hat die theologische Tragbarkeit des einzelnen (vielleicht sehr profilierten, ja extremen) Theologen in der Gesamtheit einer konkreten Theologenfakultät zu würdigen und zu entscheiden. Bei der Entscheidung über den einzelnen Berufungsfall steht immer zugleich die Entscheidung über das theologische Gesamtprofil einer Theologenfakultät an; in deren Vielfalt und Ausgewogenheit der Fächer und Richtungen muß sich die Kirche selbst in ihrem legitimen (und deshalb begrenzten) theologischen Pluralismus wiederfinden können. Das nihil obstat hat theologische Einseitigkeiten in der Ausrichtung und Gewichtung einer Theologenfakultät auszutarieren – seien sie nun fachlicher oder richtungsmäßiger Art.

Wird nun nicht nur die Funktion eines einzelnen theologischen Lehrers verändert, sondern die Funktion der gesamten theologischen Einheit in neue

---

[736] *W. Weber*, Das Nihil obstat S. 220 ff., auch in: *ders.*, Staat und Kirche S. 52 ff.
[737] *W. Weber*, aaO, S. 222. A. A. *Hans Peters*, Die Besonderheiten der beamtenrechtlichen Stellung der katholischen Theologieprofessoren S. 410 f.
[738] Vgl. oben S. 121 ff., 252.

Bereiche verschoben, so ist dies – erst recht – nicht mehr vom nihil obstat für ihre Glieder gedeckt. So liegt es, wenn gewisse Theologen zur Ausbildung von Religionspädagogen staatlicherseits eingesetzt und kirchlicherseits autorisiert worden waren, nun aber vom Staat die Studiengänge für Volltheologen übertragen erhalten. Damit hat sich das Ausbildungsziel so stark verändert, daß das Gesamtkonzept der theologischen Lehrstühle und Lehrpersonen nicht ohne erneute kirchliche Prüfung und Erteilung des nihil obstat für die neuen Funktionen verwendbar ist. Eine Volltheologenausbildung setzt den schwergewichtigen Ausbau in den theologischen Kernfächern voraus, die bei der Religionslehrerausbildung z. T. nur eine Ergänzungsfunktion für die religionspädagogischen Ausbildungseinheiten besaßen. Die Aufstockung (bzw. Erweiterung und Vertiefung) zur Volltheologenausbildung bringt eine Änderung ihrer Lehrfunktionen auch für diejenigen Lehrer mit sich, die ihre bisherigen Fächer nunmehr für einen anderen Schülerkreis, für ein anderes Ausbildungsziel und auf anderem wissenschaftlichen Niveau weiterführen; dafür benötigen auch sie eine neue kirchliche Autorisation durch das nihil obstat. Es liegt auf der Hand: Würden diese Theologen von der Pädagogischen Hochschule (bzw. von der »Betriebseinheit« katholische Theologie im Fachbereich Religionswissenschaft) an eine neugegründete Theologenfakultät berufen, so bedürften sie alle mitsamt des ganz normalen nihil obstat für ihre neue Funktion in ihrer alten theologischen Disziplin. Das kann der Staat nicht dadurch unterlaufen, daß er die Gründung einer neuen Theologenfakultät unterläßt, institutionelle Mischformen konstruiert und ihnen die Teilfunktionen einer Theologenfakultät überantwortet, was auch aus anderen Gründen problematisch ist[739]. – Schon aus diesem Grunde ist die einseitige staatliche Ausdehnung religionspädagogischer »Betriebseinheiten« in den klassischen Bereich der Theologie ohne Einverständnis der Kirche rechtlich nicht durchführbar.

2. Angebot, nicht Aufnötigung der Theologenausbildung

Es dürfte heute unbestritten sein, daß die Kirche im staatskirchenrechtlichen System des GG volle Entscheidungs- und Gestaltungsfreiheit über ihr kirchliches Ämter- und Ausbildungswesen genießt[740]. Die staatliche Geistlichenausbildung an der Universität bedeutet deshalb für sie verfassungsrechtlich nicht ein Gebot, sondern ein Angebot[741], von dem sie in freier Selbstbestimmung

---

[739] S. 253 ff.
[740] S. 33 f., 364 ff.
[741] Vgl. *Solte*, aaO, S. 91, 102, 118; *M. Heckel*, Die religionsrechtliche Parität S. 490, 508; *Hollerbach*, Essener Gespräche 16 S. 155; *v. Campenhausen*, Theologische Fakultäten, HdbWissR

Gebrauch machen kann. Der Staat, der staatskirchliche Strukturen nicht aufnötigen darf (Artt. 137 I WRV/140 GG), kann auch durch staatliche Schrankengesetze gem. Artt. 137 III WRV/140 GG der Kirche nicht mehr die staatlichen
Theologenfakultäten aufdrängen[741], d. h. sie einseitig-hoheitlich zwingen, die
staatliche Universitätsausbildung zur Anstellungsvoraussetzung des kirchlichen Dienstes zu erheben. Da derartige Akte, die seinerzeit als »Kulturkampfmaßnahmen« ergingen, der gegenwärtigen Verfassung widersprechen, kann
auch das »Triennium« heute nicht mehr vom Staat einseitig auferlegt, sondern
nur durch Vereinbarung im beiderseitigen Interesse von Staat und Kirche ausbedungen werden[742]. Die Kirche kann deshalb frei entscheiden, ob sie einer
theologischen Fakultät die Anerkennung als kirchliche Ausbildungseinrichtung
und Aufnahmevoraussetzung für den Kirchendienst erteilt oder verweigert. Im
letzteren Falle bleibt die Errichtung der Theologenfakultät ein Torso (»Reform-
ruine«), weil ihr die klassische Gesellschaftsbezogenheit dieser Wissenschaft
und der Zustrom der praxisorientierten Theologiestudenten fehlt, die in den
Kirchendienst und in den staatlichen Religionsunterricht ja nur mit einem
kirchlich anerkannten Theologiestudium und der missio canonica bzw. Vokation ihrer Kirche übernommen werden.

Theologische Fakultäten sind deshalb bisher stets im freien Zusammenwirken von
Staat und Kirche errichtet worden[743]. Die Formen der Kooperation schwanken zwischen einer förmlichen Vereinbarung durch Kirchenverträge und der formlosen Absprache der staatlichen und kirchlichen Errichtungs- und Anerkennungsakte, ja deren kon-
kludenter Koordinierung. Es kann nicht verwundern, daß die vereinzelten Versuche
einseitiger Fakultätserrichtung durch den Staat gegen den Willen der Kirche im 19. und
frühen 20. Jahrhundert scheiterten und bisher keine Folge fanden.

3. Notwendigkeit kirchlichen Einvernehmens bei der Fakultätserrichtung?

Ist nun die Notwendigkeit staatlichen und kirchlichen Einvernehmens bei der
Gründung von Theologenfakultäten ein Rechtsgebot (und wenn, dann welchen
Ranges?) oder nur ein praktisch-faktischer Sachzwang, der rechtlich wegge-
räumt werden könnte[744]? Formaljuristisch zugespitzt mag letzteres nicht als
abwegig oder unvertretbar erscheinen. Aber in einer unvoreingenommenen
Gesamtbetrachtung dürfte die Gegenansicht eher überzeugen: Die einseitige
staatliche Errichtung von Theologenfakultäten gegen den Protest der Kirche ist

S. 1025; *Müller-Volbehr*, aaO, S. 8; auch *Link*, Staatskirchenrechtliche Probleme der nichtakademisch vorgebildeten Geistlichen, ZevKR 17, 1972 S. 257 ff., 261.
[742] *Solte*, aaO, S. 103 Anm. 4, 118; *W. Weber*, Staat und Kirche S. 140 ff.
[743] *Solte*, aaO, S. 119; *v. Campenhausen*, aaO, S. 1025.
[744] Vgl. außer dem Vorgenannten insbes. *Hollerbach* und andererseits *Böckenförde*, Essener
Gespräche 16 S. 152, 155, 157.

nicht nur impraktikabel, sondern widerspricht dem Gesamtsystem und den Grundgedanken des geltenden Staatskirchenrechts:

Sie wird dem Grundprinzip der Trennung, kirchlichen Selbstbestimmung und staatlichen Neutralität im einzelnen nicht (bzw. minder) gerecht[745]; sie dürfte auch in ihrer Gesamtabwägung der inneren Einheit des Verfassungsganzen nicht adäquat entsprechen. Sie ist auf eine etatistische und traditionalistische Sicht der staatlichen Organisationsgewalt in religiösen Dingen gegründet, die dem präkonstitutionellen System des »christlichen Staates« und der Staatskirchenhoheit, nicht aber dem liberalen Weimarer Staatskirchenrecht (geschweige denn dem fortentwickelten Kirchenvertragsrecht) systemkonform erscheint[746]. Eine katholische Theologenfakultät wird allgemein der katholischen Kirche zugerechnet, und der Staat wird durch ihre etatistische Alleinunterhaltung in die Nähe des verfassungsfremden Staatskirchentums gerückt. Dies paßt schlecht zu dem »objektiven Wertgehalt« der Artt. 137 I, III WRV/140 GG.

Ebenso widerspricht es dem daraus folgenden Prinzip gegenseitiger Rücksichtnahme und Kooperation bei den res mixtae. Gerade die hochempfindlichen Theologenfakultäten[747] aber sind auf vertrauensvolle und reibungslose Zusammenarbeit zwischen Staat und Kirche angewiesen. Einseitige, konfliktsgeborene Gründungen des Staates werden leicht auch als konfliktsträchtige Kampfinstitutionen weiterwirken, vor allem auch in den theologischen Raum der Kirche und Gesellschaft konfliktfördernd hineinwirken. Die Grundentscheidungen des deutschen Staatskirchenrechts aber sind (nach langen, bitteren Erfahrungen religiöser Herrschaft und Konflikte) auf Freiheit und Ausgleich hingeordnet[748], die Theologenfakultäten auf staatlich-kirchliche Koordination und Kooperation angewiesen, die Theologie auf den Konsens im Glauben und der Liebe ausgerichtet. Ihre Rechtsformen wirken deshalb dysfunktional und dekompositorisch, wenn sie in Konfliktsstrukturen eingerichtet werden und sich dann ideologisch inspirierten Konfliktsstrategien als Entfaltungsraum anbieten.

---

[745] S. 25–46.

[746] So stützt sie sich auf die zugespitzte Unterscheidung, daß eine staatliche katholisch-theologische Forschungs- und Lehreinheit mit der katholischen Kirche formal nichts zu tun habe, wenn diese sie nicht benütze und anerkenne; deshalb handle es sich in diesem Falle um eine »rein staatliche« Angelegenheit, die keinerlei Beschränkung der Kirche und staatskirchliche Kompetenzüberschreitung mit sich bringe. So die Hessische Klageerwiderung (Anm. 702, 708).

[747] Oben S. 31 f., 62 ff.

[748] BVerfGE 42, 312 ff., 330 über die »wechselseitige Zugewandtheit und Kooperation« von Staat und Kirche: »Das Trennungsprinzip wird in Deutschland nicht als Kampfbegriff entwickelt, sondern als Baustein des Ausgleichs.«

4. Staatliche Grade der Theologie ohne Einverständnis der Kirche?

Die Problematik dieser einseitigen staatlichen Errichtungsakte zeigt sich insbesondere bei der einseitigen staatlichen Schaffung und Verleihung theologischer Grade.

a) Die inhaltliche Qualifikation der theologischen Grade i. S. der christlichen Konfessionen

Diese akademischen Grade haben ihre Besonderheiten, wie es die Wesensart der Theologie als geistig-geistliche Sinneinheit bedingt. Sie enthalten zwar wie alle akademischen Grade eine förmliche Qualifikation im wissenschaftlichen Sinn, durch die auf Grund wissenschaftlicher Leistungen wissenschaftliche Fähigkeiten von einer wissenschaftlich kompetenten Instanz attestiert werden. Aber darin erschöpfen sie sich nicht; deshalb unterscheiden sie sich in ihrem Wissenschafts- und Rechtscharakter tief von den Graden der allgemeinen Religionswissenschaft. Die akademischen Grade der katholischen bzw. der evangelischen Theologie attestieren die besondere theologische Qualifikation im Sinne des katholischen bzw. evangelischen Verständnisses und Bekenntnisses der Offenbarung Gottes in Jesus Christus: Daß der also Graduierte als ein rechter theologischer »Experte« und Lehrer (»Gottesgelehrter«) zu seinem bescheidenen Teil der Wahrheit des göttlichen Evangeliums in Treue forschend und lehrend nachsinnt und nachfolgt, wie es die Schriften des Neuen Testaments, vorab die paulinischen Briefe, den theologischen Lehrern der Christenheit als Berufung und Beruf zum Dienst der christlichen Gemeinde gewiesen haben. Der Theologie geht es ja nicht primär um die menschlichen religiösen Gefühle, Vorstellungen und Gemeinschaftsformen, sondern zuvörderst um das Wort und Handeln Gottes des Schöpfers, Richters und Erlösers: Um den Gott des Alten Bundes, der keine anderen Götter neben sich haben will, und um den Gott des Neuen Testaments, der seinen Sohn sandte, die Menschheit durch seine Verkündigung und sein Opfer zu erlösen. Als Wissenschaft will die Theologie dieser Wahrheitserkenntnis und diesem Wahrheitszeugnis der Christenheit in der Freiheit und Gebundenheit des Glaubens dienen[749]. Solange die Glaubensspaltung der großen Konfessionen nicht durch die ökumenische Einigung geistlich überwunden worden ist, geschieht dieses ihr Wahrheitszeugnis jeweils in ihrer besonderen konfessionellen Form, die der weltlich-liberale Staat auch im theologischen Fakultätenrecht respektiert. Wenn der Staat selbst Theologie als »katholische« bzw. als »evangelische« Theologie betreibt und entsprechende theologische Grade schafft und verleiht, muß sich auch dies im Rahmen des »Katholischen« bzw. »Evangelischen« halten, wie dies die betreffende Religionsgemeinschaft in freier Selbstbestimmung definiert[750]. Die Schaffung theologischer Grade darf deshalb nicht gegen den Bekenntnisstand und insoweit nicht gegen den theologischen Willen der Kirchen geschehen.

---

[749] Vgl. S. 291 ff. zur Bekenntnisgeprägtheit der katholischen, S. 127 ff. der evangelischen Theologie.

[750] S. 26 ff., 201 ff., 241 ff. u. a. m.

b) Die Ausformung der theologischen Grade durch die Kirchen

Diese Frage ist bisher vor allem am Beispiel des Promotionsrechts behandelt worden. Die Rechtslage ist bei beiden Konfessionen verschieden ausgeformt. Die evangelische Kirche hat kein eigenes (»evangelisches«) Recht theologischer Grade entwickelt[751], wie es ihr für den innerkirchlichen Rechtskreis gemäß Artt. 137 III WRV/140 GG an sich freistünde. Die evangelischen Theologenfakultäten verleihen deshalb ihre Grade ausschließlich nach staatlichem Recht. Die evangelischen Kirchen haben dagegen bisher keine staatskirchenrechtlichen Bedenken erhoben. Das erklärt sich einerseits durch die Herkunft der evangelischen Landeskirchen und »ihrer« Theologenfakultäten aus den Traditionen des christlichen Staates und Landeskirchentums, andererseits durch das mangelnde Sicherungsbedürfnis, weil bisher der – sich säkularisierende – Staat den besonderen theologischen Charakter dieser akademischen Grade nicht angetastet hat[752]. Auch sind evangelisch-theologische Fakultäten bisher wohl noch nie gegen den Willen der evangelischen Kirche errichtet worden. Das kirchliche Einverständnis in die Gründung einer theologischen Fakultät ist auch als Einverständnis in die Verleihung des theologischen Fakultätsprüfungs-, Promotions- und Habilitationsrechts anzusehen.

Die katholische Kirche aber hat als Weltkirche und wegen mancher früheren Zusammenstöße mit dem Staat eigene kirchenrechtliche Regelungen über die theologischen Grade erlassen[753]. Dieses kirchliche Recht der theologischen Grade steht neben dem staatlichen Recht der theologischen Grade, dessen Vollzug den katholisch-theologischen Fakultäten nach dem staatlichen Hochschulrecht obliegt. Die kirchlichen akademischen Grade hingegen kann eine Fakultät nur verleihen, wenn ihr das Recht zur Verleihung dieser Grade von der Kirche zuerkannt worden ist[754]. Ist dies geschehen, dann ist bei den

---

[751] *Solte*, aaO, S. 237; *Müller-Volbehr*, aaO, S. 15 Anm. 57: »Durch das Gesamtgefüge der staatskirchenrechtlichen Bindungen ist der Staat gehindert, das Promotionsrecht einer theologischen Fakultät zu übertragen, ohne sich zuvor mit der betroffenen Kirche darüber verständigt zu haben.«

[752] Abgesehen von der bald überwundenen Zwischenphase von 1933–45. Über die Bedeutung dieser Grade für die Kirche vgl. S. 286 ff.

[753] Im Codex Iuris Canonici v. 1983 sind die Grundnormen des kirchlichen Hochschulrechts der katholischen Kirche enthalten (vgl. cc. 815–821, ferner cc. 810, 812 über die kirchlichen Anforderungen bzw. Mitwirkungsrechte hins. des theologischen Lehrbetriebes und Berufungswesens. S. auch cc. 1375–80 des Codex Iuris Canonici v. 1918); sie sind durch die Konstitution Sapientia Christiana mit ihren Ausführungsbestimmungen (oben S. 206, 221 ff.) entfaltet worden. Nach c. 817 können akademische Grade, die kanonische Wirkungen in der Kirche haben sollen, nur von durch den Apostolischen Stuhl errichteten oder anerkannten Universitäten oder Fakultäten verliehen werden; dazu Sap.Chr. Artt. 2, 6, 8, 9, 46–51 über die Ausgestaltung und Verleihung des akademischen Graduierungsrechts mit kirchlicher Wirkung. – In Sap.Chr. c. 8 sind die Anpassungsmöglichkeiten an das jeweilige staatliche Hochschulrecht durch vorrangige Konkordatsabsprachen vorbehalten. So kennt das gemeine kanonische Recht die Grade des Bakkalaureats, Lizentiats und Doktorats. Im Raum der deutschen Diözesen wird abweichend hiervon der Grad des Bakkalaureats nicht vergeben, sondern das Studium durch den Grad des »Diplom-Theologen« abgeschlossen; desgleichen ist die Lehrbefähigung hierzulande nicht schon an das Doktorat, sondern an die Habilitation geknüpft. Vgl. *Schmitz*, aaO, S. 508 ff., 515 ff.; *Mussinghoff*, aaO, S. 84 ff.; *Baldus*, aaO, S. 1113 f. m. Nachw. hins. der Verleihung des kirchlichen Promotionsrechts an die dt. staatl. Theologenfakultäten und kirchl. Hochschulen. Vgl. auch oben S. 233 ff., 270 ff.

[754] Artt. 6, 9 §§ 1–3 Sap.Chr. – *Mussinghoff*, aaO, S. 86 ff., richtig für das theol. Diplom S. 92 Anm. 54 a, gegen *Baldus*, Die deutschen Ordenshochschulen ... nach § 18 HRG, Ordenskorre-

Graduierungen zu unterscheiden (aber auch zu verbinden): Durch den Verleihungsakt der katholisch-theologischen Fakultät wird uno actu zugleich der staatliche und der kirchliche Grad verliehen. Beide Rechtsverhältnisse beruhen auf verschiedenen Rechtsgrundlagen hier des kirchlichen, dort des staatlichen Rechts, haben hier und dort verschiedene Rechtswirkungen und können auch nach verschiedenen Normen in verschiedenen Verfahren wieder entzogen werden[755].

c) Zur Notwendigkeit der Koordinierung

Gerade deshalb besteht das dringende Bedürfnis nach Koordinierung des staatlichen und kirchlichen Graduierungsrechts. Der Staat braucht bei einer theologischen Fakultätsgründung das Einverständnis der Kirche, damit diese der neuen Fakultät auch das kirchliche Graduierungsrecht überträgt[753]. Nur dies verhindert, daß der Wissenschaftsbetrieb und der einzelne Wissenschaftler das Opfer vermeidbarer Konflikte werden. Nur dies ermöglicht ja, daß der katholische Theologe einen voll gültigen akademischen Grad erhält, der ihm nicht nur das (für Theologen weniger interessante) staatliche Titelführungsrecht verschafft, sondern auch die kirchlichen Statusrechte und Anstellungsmöglichkeiten des kirchlichen Grades nach dem kirchlichen Recht vermittelt[756].

Es sind also gerade die rechtlichen Gegebenheiten und Gründe des Hochschulrechts und Staatskirchenrechts (einschließlich der staatlichen Fürsorgeverpflichtung für die Betroffenen), die die »faktische« Notwendigkeit eines staatlich-kirchlichen Einverständnisses bei Gründung einer theologischen Fakultät bedingen. Im 19. Jahrhundert sind die Versuche des Staates, ein (staatliches) theologisches Promotionsrecht ohne kirchliches Einverständnis durch einseitige staatliche Regelung durchzusetzen, historisch gescheitert[757]. Juristisch

---

spondenz 19, 1978 S. 199–201. Die kirchliche Anerkennung des katholisch-theologischen Diploms ist nötig, um diesem Diplomgrad die innerkirchlichen Wirkungen zu verleihen, z. B. die Voraussetzung zur Übertragung des Priesteramtes (nach Art. 7 § 1 Ordin. zu Sap.Chr. und der Rahmenordnung der Deutschen Bischofskonferenz für die Priesterausbildung v. 1. 5. 1978 und für Pastoralreferenten v. 7. 3. 1979). *Mussinghoff*, aaO, S. 86 Anm. 36; vgl. auch *Solte*, aaO, S. 238 ff.; *Klemens Honselmann*, Zum Promotionsrecht der deutschen katholisch-theologischen Fakultäten, in: Theologie und Glaube 47, 1957 S. 332; *Nikolaus Hilling*, Das Promotionsrecht . . . des kan. Instit. München, Archiv f. kath. Kirchenrecht 124, 1950 S. 461 ff., 468.

[755] *Solte*, aaO, S. 239; *Müller-Volbehr*, aaO, S. 14; *Schmitz*, aaO, S. 510 ff.; *Mussinghoff*, aaO, S. 88 ff., 109. Auch oben S. 319 ff.

[756] Vgl. Art. 7 § 1 der Ordinationes zu Sap.Chr.: »Valor canonicus gradus academici significat illum gradum habilitare ad suscipienda munera ecclesiastica, pro quibus gradus academicus requiratur.« Vgl. auch im Codex Iuris Canonici die cc. 378 § 1, 5, 478 § 1, 1421 § 3, 1435, 1483, 253 § 1, 810 § 1 und Art. 25 § 1, 2 Sap.Chr. über die jeweils verlangten akademischen Grade für das Amt eines Bischofs, Generalvikars, Bischofsvikars, Officials, Viceofficials, Advokaten, Dozenten an Priesterseminaren bzw. Universitätslehrers.

[757] *Solte*, aaO, S. 234 ff. – *Honselmann*, aaO, S. 332. Über die Verleihung des Promotionsrechts bei Gründung der kath.-theol. Fak. Bochum vgl. den Notenwechsel bei *W. Weber*, Konkordate und Kirchenverträge Bd. 2 S. 127.

könnte dies heute ohnehin nicht mehr vom Staat mit innerkirchlicher Geltung im kirchenrechtlichen Rechtskreis durchgesetzt werden, da die religiösen Freiheitsgarantien der Artt. 4, 140 GG/137 III WRV dies verwehren[758]. Auch als »rein staatliche« Grade – in strikter Beschränkung ihrer Rechtswirkungen auf den staatlichen Rechtskreis[759] – können die theologischen Grade vom weltlichen Staat nicht einseitig geschaffen und verliehen werden, ohne daß dies dem System des geltenden Staatskirchenrechts fremd und unangemessen erschiene[760].

d) System- und sachgerechte Kompetenzausübung

Das Gesetzgebungsrecht des Staates zur Schaffung eines akademischen Grades für Diplom-Theologen wird zwar an sich nicht dadurch verdrängt, daß die Kirche einen entsprechenden Diplomgrad im kirchlichen Rechtskreis schafft. Die zulässigen staatlichen Schrankengesetze gehen den kirchlichen Normen nach Artt. 137 III WRV/140 GG vor, soweit in der »Wechselwirkung« von Freiheit und Schrankengesetz die Erforderlichkeit und Zumutbarkeit bejaht werden kann. Aber in den »gemeinsamen Angelegenheiten« sind die Sache und die Personen auf die gemeinsame Pflege der verschiedenen Aspekte und Rechtswirkungen der Kirche und des Staates angewiesen, die deshalb einvernehmlich aufeinander abzustimmen sind[761]. In den religiös relevanten Sachbereichen

---

[758] Vgl. unten S. 370; auch oben S. 335.

[759] Wie dies beispielsweise das Land Hessen in dem genannten Rechtsstreit betont (Anm. 702, 708, Schriftsatz v. 30. 8. 1983 S. 41 ff.).

[760] Ein unmittelbarer Eingriff in die religiöse Freiheit und Selbstbestimmung der Kirche ist zwar insoweit zu verneinen, als der Staat die Integrität der katholischen bzw. evangelischen Lehre respektiert, also den theologischen Grad in strenger Konfessionsgebundenheit nur von kirchlich autorisierten Prüfern erteilen läßt und in seinen staatlichen Prüfungsordnungen sogar die kirchlichen Vorschriften inhaltlich kopiert (vgl. S. 330). Aber der Staat dürfte hier in die Nähe des früheren Staatskirchentums geraten, wenn er anstelle der Kirche, ja gegen deren erklärten Willen selbständig konfessionsgebundene Kernfunktionen des kirchlichen Lehramts ausübte, zumal der staatlich gekürte katholische Diplomtheologe dann doch von der Allgemeinheit »seiner« katholischen Kirche zugerechnet werden wird (vgl. S. 337 f.). – Wenn einmal eine Welle »rein staatlicher« (kirchlich nicht anerkannter und angestellter) Diplomtheologen herangewachsen sein wird, muß damit gerechnet werden, daß dann dem Fachbereich Religionswissenschaften staatlicherseits auch ein »rein staatliches« katholisch-theologisches Promotions- und Habilitationsrecht verliehen wird. Damit würde die innere Einheit und Kooperation im theologischen Graduierungsrecht aufgebrochen. Entsprechende theologische Grade dürften auch von anderen Bundesländern und Theologenfakultäten, die an der sachgerechten staatskirchenrechtlichen Verbindung und Zusammenarbeit auf dem Felde der theologischen Prüfungen und Grade festhalten wollen, nicht anerkannt werden, wo es bei ihnen um die Voraussetzungen der Prüfungszulassung oder Ämterbesetzung geht. Diese einseitigen, rein etatistischen theologischen Graduierungen haben eine eingeschränkte Tatbestandswirkung nicht nur im kirchlichen Bereich, sondern auch im staatlichen Theologenfakultätenrecht der deutschen Bundesländer.

[761] Oben S. 31 ff.

sollte die Gesetzgebungskompetenz des Staates der Sachgesetzlichkeit der Materie entsprechend ausgeübt werden und eine einseitige torsohafte Gestaltung vermieden werden.

5. Das argumentum a maiore: Erübrigung einer Theologenfakultät?

Diese Bedenken verstärken sich, wenn es an den üblichen und erforderlichen institutionellen Rahmenbedingungen einer Theologenfakultät fehlt. Es ist ein formalistischer Fehlschluß, wenn der Staat aus seiner Kompetenz zur Errichtung einer theologischen Fakultät das Recht ableitet, auch anderen, nichttheologischen Wissenschaftseinrichtungen theologische Kernfunktionen übertragen zu können. Hier geht es nicht um ein maius und minus, sondern um ein aliud. Theologische Zuständigkeiten erfordern theologische Sachkompetenz[762] im wissenschaftlichen und im besonderen geistlichen Sinn. Alle theologisch relevanten Wissenschaftsentscheidungen müssen von Theologen des entsprechenden Bekenntnisses entschieden und verantwortet werden[762]. Die Freiheit und Sachgerechtigkeit der Wissenschaftszweige ist auf die Selbstbestimmung und Selbstverantwortung ihrer Fachvertreter gegründet und ausgerichtet; deshalb ist die akademische Autonomie der theologischen Lehr- und Forschungseinrichtungen eine unverzichtbare institutionelle Konsequenz aus der Freiheitsgarantie der Wissenschaft in Art. 5 III GG und zugleich der religiösen Selbstbestimmung in Artt. 4 II, 140 GG/137 III WRV. Die theologischen Funktionen sind darum aus verfassungsrechtlichen Gründen autonomen Wissenschaftseinheiten nach Art der herkömmlichen theologischen Fakultäten bzw. Fachbereiche zu übertragen.

Wo aber theologische Einheiten anderen Wissenschaftseinrichtungen formell eingegliedert sind, müssen sie organisatorisch soweit verselbständigt werden, daß ihre materiellen theologischen Funktionen nicht durch Fremdbestimmung verfälscht werden können. »Betriebseinheiten« katholischer bzw. evangelischer Theologie innerhalb eines Fachbereichs Religionswissenschaften[763] muß deshalb ein fakultätsartiger Eigenstatus eingeräumt werden, wo es sachlich um theologische Fakultätsfunktionen geht. Bei der Forschungs-, Lehr- und Prüfungstätigkeit dieser Theologen dürften wohl keine Schwierigkeiten auftreten, da hier der besondere theologische Charakter dieser Funktionen durch die personale Wissenschaftsfreiheit gesichert wird, vorausgesetzt, daß auch die Prüfungsgremien nur aus Theologen des betreffenden Bekenntnisses gebildet werden. Hingegen wird es den verfassungsrechtlichen Erfordernissen aus Artt. 5 III, 4 II, 140 GG/137 III WRV nicht gerecht, wenn die entscheidenden Akte der akademischen

---

[762] S. 248 ff., 253. Das gilt für die Forschung, Lehre und Prüfung, aber auch für die akademische Selbstverwaltung, die diesen zu dienen bestimmt ist und für sie die entscheidenden Weichen stellt. So ist besonders das Berufungs- und Personalwesen, aber auch die Mittel- und Stellenverteilung und die Institutsleitung für die Forschung und Lehre oftmals von ausschlaggebendem Gewicht.
[763] S. 324 Anm. 708.

Selbstverwaltung nicht allein von den Theologen dieser Konfession, sondern unter Mitwirkung (d. h. unter Fremdbestimmung) seitens anderer Fachbereichsmitglieder (auch anderen Bekenntnisses) entschieden werden. Dies gilt vor allem für die Berufungsvorschläge, von denen die künftigen theologischen Darbietungen und Ergebnisse der Fakultät wesentlich vorausbestimmt werden, aber auch für das Bibliotheks- und Haushaltswesen, das ebenfalls einen selektierenden theologischen Effekt entfaltet[764]. Werden theologische Funktionen in Fakultäts- bzw. Fachbereichsdimensionen übertragen, wie es in der Eröffnung von Studiengängen und Graden für Volltheologen geschieht – dann ist die Gründung einer Theologenfakultät (bzw. einer adäquaten Einrichtung) geboten.

Mischformen, die vor allem bei religionswissenschaftlichen und religionspädagogischen Einheiten integrierter Gesamthochschulen naheliegen, stoßen hier auf ihre verfassungsrechtlichen Grenzen. Es muß davor gewarnt werden, diese Organisations- und Zuständigkeitsfragen als bloße institutionelle »Formalitäten« anzusehen; ihre materielle Auswirkung ist kaum zu überschätzen. In der unscheinbaren organisationsrechtlichen Verhüllung werden damit die Weichen für die allmähliche Veränderung (»Umfunktionierung«) des Wissenschaftsbegriffs und Wissenschaftsgehaltes der Theologie gestellt, die in ihrer Eigendynamik zu irreversiblen Entwicklungen führen kann.

6. Ausstattungsfragen

Zur Einrichtung von Studiengängen und Verleihung akademischer Grade für Volltheologen gehört die sachlich erforderte Mindestausstattung der theologischen Fakultät (bzw. der ihr entsprechenden Einheit) in quantitativer und qualitativer Hinsicht. Die Quantität allein tut's nicht, wenn zwar eine Vielzahl theologischer Lehrstühle an einer theologischen Einheit besteht, aber sich auf bestimmte Fächer (Religionspädagogik, Religionssoziologie usw.) konzentriert, wie dies dem Zuschnitt der Pädagogischen Hochschule bzw. dem Fachbereich Religionswissenschaften entspricht, in den sie eingegliedert war bzw.

---

[764] Es hilft auch nichts, wenn die Fachbereichsmitglieder unter sich übereinkommen, die theologischen Berufungsvorschläge nur von den Theologen des betreffenden Bekenntnisses aufstellen zu lassen und ihnen in der Abstimmung in Selbstentäußerung zu folgen. Interne Absprachen ersetzen keineswegs das Manko fehlender Ausgliederung und Autonomie in eine rechtlich selbständige Einheit nach dem Maß der Theologenfakultäten. Kein Fakultätsmitglied kann rechtswirksam auf seine gesetzlichen Zuständigkeiten und Mitwirkungsrechte verzichten, auch seine Pflichten und Rechte nicht bestimmten Kollegen delegieren. Daß sich der zuständige Fachbereich auf eine »formelle Bestätigung« der Liste beschränkt und sie in die Verantwortung der Fachkollegen dieser Disziplin und Konfession stellt, mag sachlich angemessen sein, aber die Unangemessenheit der Rechtsgestaltung um so deutlicher werden lassen. Eine derartige Übung und Abmachung ist rechtlich nicht bindend und bietet deshalb auch nicht die Gewähr einer wissenschaftsgerechten und bekenntnismäßen Sacherledigung der theologischen Selbstverwaltungsangelegenheiten. Zu den Gefahren bei der Bildung von Gesamthochschulen vgl. oben S. 261 und *Müller-Volbehr*, aaO, S. 13.

noch ist. Die Theologie besteht aus der untrennbaren und ausgewogenen Gesamtheit ihrer hochspezialisierten Einzeldisziplinen; dabei sind die Randfächer um die unabdingbaren exegetischen, historischen und systematischen Kerndisziplinen gruppiert. Theologische Studiengänge und Grade setzen ein angemessenes Verhältnis der Fächer und Lehrstühle untereinander voraus. Gerade die üppige Ausstattung mit Lehrstühlen und Mitteln kann dann bedenklich sein, wenn in einer »theologischen« Wissenschaftseinheit die Kernfächer kümmerlich vertreten sind und von den potenten Rand- und Ergänzungsdisziplinen – etwa aus dem Bereich der Sozialwissenschaften bzw. der allgemeinen Religionswissenschaft – erdrückt zu werden drohen[765].

Die Kirche wird in ihrem theologischen Selbstbestimmungsrecht nach Artt. 4 II GG und 137 III WRV/140 GG verletzt, wenn der Staat sie durch seine Organisationshoheit, Wissenschaftspflege und Theologenausbildung einem verweltlichten Begriff von Theologie unterstellt, der ihrem eigenen Verständnis der göttlichen Offenbarung und deren (theologisch bestimmten) Weltbezügen nicht entspricht. Die Bestimmung über den Kreis und Umfang der theologischen Kerndisziplinen für die theologischen Studiengänge und Grade hat die Kirche dem Staate gegenüber erforderlichenfalls zu präzisieren[766]. Die Lehrstuhl-Zusammensetzung der traditionellen Theologenfakultäten und ihr Fächerkanon mag hier bei Neugründungen als Anhalt dienen. Der Staat hat z. B. die allgemeinen wissenschaftlichen Rahmenbedingungen festzulegen, etwa die allgemeine Mindestzahl der Lehrstühle einer Fakultät, die Mindestdauer des Studiums, die Mindestwochenstundenzahl, die Schwerpunktbildung bzw. die besondere Pflege von Ergänzungsfächern an einer Universität. Die Kirche aber hat entscheidend mitzureden, welche Kernfächer mit welcher Stundenzahl usw. im Theologiestudium dargeboten werden müssen; sie kann auch verlangen, daß sie im wesentlichen vom »Stammpersonal« der Hochschullehrer (auf den entsprechend zu besetzenden Lehrstühlen) erbracht werden, nicht aber auf auswärtige Lehrbeauftragte bzw. Honorarprofessoren abgewälzt werden, die ja auch von der akademischen Selbstverwaltung, besonders im Berufungswesen, so gut wie ausgeschlossen sind. Die kirchliche Festsetzung der theologischen Fächer und

---

[765] Auch in den Ausstattungsproblemen sind die Kompetenzen und Verantwortlichkeiten des Staates und der Kirchen einerseits zu unterscheiden, andererseits aber zur sachgerechten Kooperation zu verbinden, wie dies der verfassungsgebotenen Maßstabsabgrenzung in den anderen hochschulrechtlichen Bereichen entspricht, S. 329 f. und oben S. 31 Anm. 41 sowie passim in diesem Buch. Die Entscheidung des Staates umfaßt die allgemeinen (»weltlichen«) kultur- und wissenschaftspolitischen Bedürfnisse und Kriterien. Die Entscheidung der Kirche umfaßt die besonderen geistlichen Erfordernisse der Theologie – nach deren Traditionsbestimmtheit und deren Gegenwartsbedürfnissen in der modernen Welt, der sie die ihr tradierte Offenbarung Gottes in Christo ebenso unverfälscht wie gegenwartsbezogen wissenschaftlich weiterzutradieren hat. Daß sich die weltlichen und geistlichen Aspekte hierbei eng berühren, ja verbinden sollen, macht nur die Unterscheidung und die gegenseitige Respektierung sowie Kooperation beider Partner ohne Übergriff in die fremden Kompetenzen umso dringlicher zur Pflicht.

[766] Vgl. etwa die eingehenden und detaillierten Festsetzungen schon in der Begründung des Badischen Konkordates v. 1931, *W. Weber*, aaO, Bd. 1 S. 124 ff., sodann in Sapientia Christiana Artt. 38 ff. und ihren Ausführungsbestimmungen. Vgl. auch cc. 250, 1032 § 1 Codex Iuris Canonici v. 1983 wie schon c. 1365 CIC v. 1918, dazu *Schmitz*, aaO, S. 501 ff.; *Hollerbach*, Die theologischen Fakultäten S. 79 f.; *Müller-Volbehr*, aaO, S. 11 ff.; *Mussinghoff*, aaO, S. 97 ff.

ihrer Gewichtung nach Stundenquoten usw. in den kirchlichen Ausbildungsvorschriften besitzt nicht nur unmittelbare Verbindlichkeit für den Studienbetrieb[767], sondern auch eine mittelbare Richtmaß-Funktion für die institutionelle Ausstattung der theologischen Forschungs- und Lehreinheiten durch den Staat.

V. Erforderlichkeit kirchlichen Einverständnisses kraft Kirchenvertrages?

Die – wohl herrschende – Lehre des Staatskirchenrechts folgert aus den Konkordaten bzw. Kirchenverträgen die Pflicht des Staates, die Neugründung von theologischen Fakultäten (bzw. verwandter Einrichtungen) nicht ohne Einverständnis der betroffenen Kirche vorzunehmen[768]; eine Gegenansicht folgert aus ihnen das Gegenteil i. S. der unbeschränkten einseitigen staatlichen Errichtungskompetenz[769]. Beides stößt auf Bedenken:

1. Die Kirchenverträge kein Rechtsgrund für die allgemeine Geltung des Koordinationsprinzips

Zwar wird mit Recht auf eine relativ gesicherte staatskirchenrechtliche Praxis verwiesen: Seit Generationen sind alle Neugründungen theologischer Fakultäten (bzw. verwandter Institutionen) vom Staate nur im Einverständnis mit der Kirche vorgenommen worden. Schon im 19. Jahrhundert, der großen Zeit etatistischer Souveränität und Empfindlichkeit im Umgang mit den Kirchen, sind einseitige Gründungen ohne Erfolg geblieben und deshalb seither vermieden worden[770]. Aber das »Faktum« dieser einvernehmlichen Übung begründet noch keine Rechtspflicht dieses Inhalts, wenn sie sich nicht aus dem besonderen Vertragsinhalt ableiten läßt[771].

---

[767] Oben S. 222, 227 ff.

[768] *Solte*, aaO, S. 118 ff.; *v. Campenhausen*, aaO, S. 1025; *Müller-Volbehr*, aaO, S. 8; wohl auch *Hollerbach*, Essener Gespräche 16 S. 155; *Listl*, daselbst S. 157, 162; *Mörsdorf*, daselbst S. 164.

[769] *Gerhard Scheffler*, Die Stellung der Kirche im Staat, Hamburg 1964 (Veröff. d. Forschungsstelle f. Völkerrecht und ausl. öff. R. d. Univ. Hamburg Nr. 42) S. 205; wohl auch *Böckenförde*, Essener Gespräche 16 S. 152, 157.

[770] *Solte*, aaO, S. 119 m. Nachw. Die Praxis des Hochschul- und Staatskirchenrechts hat sich bisher daran gehalten, seit die Konflikte des 19. Jahrhunderts um diese Frage mit der paradigmatischen Einigung zwischen Staat und Kirche über die Gründung der katholisch-theologischen Fakultät der Universität Straßburg i. J. 1902 als überwunden gelten konnten. Vgl. *E. R. Huber*, Deutsche Verfassungsgeschichte Bd. 4 S. 963 ff.

[771] Durch die Kirchenverträge wird auch keineswegs die gesamte »Vertragsmaterie« – hier also das gesamte theologische Fakultätenrecht – der Vertragsbindung unterstellt. Es trifft nicht zu, daß eine Materie, die ein Vertrag in Einzelpunkten berührt, künftig in ihrer Gesamtheit nur durch vertraglich paktierte Ordnung geregelt bzw. geändert werden dürfte. Die Vertragsverpflichtung

Der Abschluß eines Kirchenvertrages bringt also partielle, spezielle Koordinationsbeziehungen zustande, unterstellt jedoch keineswegs das ganze damit berührte Rechtsgebiet der Geltung des sog. »Koordinationsprinzips« i. S. seiner Exemtion von der (»subordinationsrechtlichen«) hoheitlichen Geltung der staatlichen Gesetzgebung und Verwaltung[772]. Das Grundverhältnis zwischen Staat und Kirche beruht – vom Staat im staatlichen Rechtskreis aus gesehen – keineswegs auf der rechtlichen Koordination. Die Grundnorm des Staatskirchenrechts ist die Verfassung, deren staatskirchenrechtliche Bestimmungen (Artt. 4, 140 GG) von der verfassungsgebenden Gewalt einseitig und hoheitlich »konstituiert« wurden und durch Verfassungsänderung ebenso geändert werden können; auf die Verfassung gründet sich die Gesetzgebung und Verwaltung. Die hoheitliche Gewalt der Staatsorgane folgt aus dem demokratischen Willensbildungs- und Verantwortungszusammenhang (Art. 20 II GG), nach dem die Staatsgewalt durch Wahlen vom Volke ausgeht und ihm verantwortlich ist.

In dieses hoheitliche (»subordinationsrechtlich« ausgestaltete) Grundmuster[773] sind durch die Kirchenverträge einzelne, begrenzte koordinationsrechtliche Rechtsbeziehungen aus besonderen Gründen eingelagert.

2. Keine Kirchenvertragsregelung zur Errichtung theologischer Einheiten.

Aus dem Vertragswerk der Kirchenverträge ergibt sich unmittelbar nichts über die Errichtung neuer Theologenfakultäten (bzw. verwandter theologischer Einheiten). Die Kirchenverträge enthalten keine umfassende, exklusive Kodifikation des theologischen Fakultätenrechts. Die älteren Konkordate und evangelischen Kirchenverträge beschränken sich auf die damals aktuellen Einzelfragen, also im wesentlichen (1.) auf die Bestandsgarantien für die bestehenden Theologenfakultäten, (2.) auf bestimmte Einstellungsvoraussetzungen, Verfahrensmodalitäten und kirchliche Mitwirkungsrechte bei der Bestellung der theologischen Lehrer und (3.) auf die Maßgeblichkeit der kirchlichen Studien- und Prüfungsvoraussetzungen[774]. Auch die neueren Kirchenverträge haben nur er-

---

bezieht sich jeweils allein auf den besonderen Vertragsinhalt (einschließlich der implizierten Nebenpflichten), der von den Partnern minutiös ausgehandelt zu werden pflegt: Nur die jeweils anstehenden kirchenpolitischen Fragen werden nur in dem Umfang vertraglich geregelt, in dem die Einigung zustandekommt. Nur darauf ist der Wille der Vertragsschließenden gerichtet; etwas anderes darf ihnen durch Auslegung nicht unterschoben werden. In allen anderen Rechtsbeziehungen ist auch bei diesen »Vertragsmaterien« die einseitige staatliche Regelung im staatlichen Rechtskreis kirchenvertraglich ebenso unbenommen wie die einseitige kirchliche Regelung im Rechtskreis des Kirchenrechts. *Alexander Hollerbach*, Vertragsrechtliche Grundlagen des Staatskirchenrechts, HdbStKirchR Bd. 1 S. 267 ff., 288; BVerfGE 4, 157 ff., 168; *H. Weber* f. d. Land Hessen (Anm. 708, Schrifts. v. 30. 8. 83 S. 4 ff.).

[772] Vgl. *Helmut Quaritsch*, Kirchen und Staat, Der Staat 1, 1962 S. 298; *M. Heckel*, Staat Kirche Kunst S. 251 sowie (zur Lit.) ZevKR 18, 1973 S. 22 ff., 39 ff., 48 ff.

[773] Auf seiner Grundlage und in seinen Grenzen, was sich beim Abschluß des Vertrages, seiner »Transformation« in innerstaatliches Gesetzesrecht und dem innerstaatlichen Vorrang späterer staatlicher Gesetzesrecht (unter Bruch des Vertrages) äußert. Vgl. das Konkordatsurteil BVerfGE 6, 309 ff., 344 ff., 352, 358.

[774] Oben S. 3, 47 ff., 87 ff., 221 ff.

gänzende Einzelregelungen, vor allem zur Religionspädagogenausbildung, gebracht.

Über die Errichtung neuer Theologenfakultäten wurde in den alten Kirchenverträgen der Zwanziger und Dreißiger Jahre nichts bestimmt. Eine Verpflichtung zu Neugründungen ist der Staat damals nicht eingegangen, über die Gründungsweise wurde deshalb nicht paktiert. Die Kirchen konnten nach Lage der Dinge zufrieden sein, eine vertragliche Bestandsgarantie zu erreichen, da die Weimarer Lehre den Art. 149 III WRV weithin nicht als institutionelle bzw. als Status-quo-Garantie interpretierte, sondern als bloße Kompetenznorm des Landesgesetzgebers zur Erhaltung oder auch Abschaffung dieser Fakultäten ansah[775]. Und wenn die neueren Kirchenverträge den Weg der einvernehmlichen Errichtung neuer theologischer Fakultäten bzw. Einrichtungen gewählt haben, so regelt dies nur den jeweiligen Gründungsfall, jedoch nicht andere Projekte dieser oder gar der anderen Bundesländer.

Aus den bestehenden Kirchenverträgen läßt sich somit die Notwendigkeit eines kirchlichen Einverständnisses in derartige staatliche Errichtungsakte nicht unmittelbar (»formaljuristisch«) ableiten. Noch weniger freilich das Gegenteil[703]:

3. Einvernehmen als systemgemäße Lösung

Die Frage ist eben neu und bisher vertragsrechtlich offen. Aber es dürfte nicht zweifelhaft sein, daß dem System der Kirchenverträge des 20. Jahrhunderts eine vertragliche (bzw. vertragsartige formlose) Übereinkunft sachlich und rechtlich als angemessene und systemgerechte Lösung entspricht. Es hieße den Grundgedanken des Kirchenvertragsrechts auf den Kopf zu stellen und seine Ziele in ihr Gegenteil zu verkehren, wenn ausgerechnet die Kirchenverträge, die als staatskirchenrechtliche Einvernehmenslösung par excellence das bis dahin eifersüchtig gehütete etatistische Subordinationssystem des Staatskirchenrechts koordinationsrechtlich gelockert und abgeschliffen haben, als tragendes juristisches Kunstargument für eine einseitig-hoheitliche Maßnahme im Kernbereich kirchlicher Bekenntnisarbeit Verwendung finden sollten. Wenn schon in der amtlichen Begründung des preußischen Kirchenvertrages von 1929 die »vertragliche Verständigung« nach dem Vorbild der Statuten von Bonn und Breslau und der vertraglichen Gründung der Straßburger katholisch-theologischen Fakultät von 1902 als »staatlicherseits zu erstrebendes Ziel« proklamiert wurde[776], dann entspricht es dem damit gewählten Vertragsprinzip und Vertragstyp, auch diese

---

[775] Oben S. 4 Anm. 8, S. 327 Anm. 715.
[776] In Art. 12, W. *Weber*, aaO, Bd. 1 S. 85.

neue Frage durch einvernehmliche Verständigung zu lösen[777]. Es widerspricht ihm, aus der zeit- und situationsbedingten Lücke des Vertragsinhalts einen formalistischen »Umkehrschluß« im Sinne des genau gegenteiligen Systems zu ziehen.

Zur Abgrenzung sei nochmals hervorgehoben: Der rechtliche Grund für die Einvernehmens-Notwendigkeit liegt (1.) nicht in der allgemeinen Geltung des Koordinationsprinzips zwischen Staat und Kirche, das die Verfassung weder selbst befolgt noch vorgeschrieben hat, mag es auch insbesondere von gewissen kanonistischen Schulen als rechtspolitische Forderung vertreten werden, (2.) nicht in der rechtstheoretischen Klassifizierung als »gemeinsame Angelegenheiten« durch die staatskirchenrechtliche Doktrin, (3.) nicht in der Zugehörigkeit zu einer »Vertragsmaterie« im allgemeinen und (4.) nicht aus speziellen Vertragsabsprachen der älteren oder jüngeren Kirchenverträge. Er liegt vielmehr im tieferen materiellen Grundbefund[778] (1.) der Weltlichkeit des modernen Verfassungsstaates, besonders seiner staatlichen Aufgaben- und Kompetenzbeschränkung, (2.) der Freiheitlichkeit dieses Staates, der die religiöse Selbstbestimmung der Religionsgemeinschaften in den Fragen des Bekenntnisses und des kirchlichen Ämter- und Ausbildungswesens garantiert, sowie (3.) in dem Bedürfnis und Bestreben des Staates wie der Kirchen nach einer umfassenden Ordnung des Sachkomplexes, welche die Rechtsbeziehungen im staatlichen wie im kirchlichen Rechtsbereich zum Wohle der Wissenschaft wie der lehrenden und lernenden Personen einer sachgerechten Gesamtregelung und gegenseitigen Anerkennung durch Staat und Kirche unterzieht. Der demokratische Rechtsstaat unterwirft sich damit nicht einem fremden Willen (durch kirchliche »Einvernehmens«-, Kontroll- und Vetorechte) in seinem staatlichen Verantwortungsbereich[779]. Vielmehr endet die Kompetenz des weltlichen Verfassungsstaates dort, wo die Kompetenz der Kirchen für ihr Bekenntnis, Kirchenrecht, Ausbildungs- und Ämterwesen beginnt – hat doch der Staat dies alles seit 1919 aus dem Bereich der staatlichen Entscheidungs- und Verantwortungsprozesse ausgegrenzt. Soweit die hoheitlichen Kulturstaatsaktivitäten auf dem »gemeinsamen« Gebiet der Theologie und theologischen Grade die Frage der Bekenntnisgrenzen und der Rechtswirkungen im innerkirchlichen Rechtskreis berühren, ist die Hoheitsgewalt des Staates auf die Koordinierung mit der Kirche angewiesen, da sie deren geistliche Selbstbestimmung achten muß und daran interessiert ist, daß die staatlichen Ausbildungsgänge und Grade auch im kirchlichen Rechts- und

---

[777] Wie sie bisher bei allen Neugründungen theologischer Fakultäten, z. B. in Augsburg, Bochum, Hamburg, Mainz, München, Regensburg praktiziert wurde.

[778] S. 23–46.

[779] S. 115 f.

Ämterwesen Anerkennung finden[780]. Dieser rechtliche Aspekt wurde schon in
der Weimarer Zeit als treibendes und tragendes Motiv für den Abschluß von
Kirchenverträgen herausgestellt. An Bedeutung hat er seither nichts eingebüßt,
sondern dazugewonnen. In der Verfassungsordnung des Grundgesetzes sind
die Reste und die Nachwirkungen der Kirchenhoheit des »christlichen Staates«
(mit allen Konstruktionen der sog. »Korrelatentheorie«[781]) abgestreift worden;
hingegen sind die Weltlichkeit des Staates und die geistliche Selbstbestimmung
der Kirche im Zuge der allgemeinen Entwicklung zunehmend als Leitprinzipien
entfaltet worden. Das Pochen auf die traditionelle einseitige Errichtungshoheit
des Staates bei theologischen Einrichtungen wirkt umso anachronistischer, als
ihre sach- und systemwidrigen Normmängel und Konflikte seit zwei Generationen durch ein reibungslos praktiziertes Ausgleichssystem als überwunden
gelten konnten.

---

[780] So schon *Joh. Heckel*, Der Vertrag des Freistaates Preußen, Theolog. Blätter 11, 1932 Sp. 201,
auch in: Das blinde ... Wort »Kirche« S. 584: »Die Kirche kann ... über die Vorbildung der
Geistlichen gemäß Art. 137 Abs. 3 RV selbständig befinden; ... Die staatlichen theologischen
Fakultäten haben also nicht etwa von Staatsrechts wegen einen Anspruch auf die kirchliche Aner-
kennung, und die Kirche ist zu ihrer Anerkennung nicht verpflichtet. Will nun der Staat seinen
Fakultäten jene Anerkennung auf die Dauer sichern, so bleibt ihm gar nichts übrig, als sich mit der
Kirche bei Zeiten praktisch zu verständigen.«
[781] S. 16 Anm. 21.

Zehnter Teil

Zum Status der kirchlichen Hochschulen

I. Das Gefüge staatlicher und kirchlicher Ordnungselemente

1. Entsprechungen

Anhangsweise sei unsere Untersuchung der theologischen Staatsfakultäten mit einem Ausblick auf die kirchlichen Hochschulen abgeschlossen. Im Vergleich der Kontraste, aber auch vieler Übereinstimmungen mit ihnen rundet sich das Bild der staatlichen Theologenfakultäten bemerkenswert ab. Verblüffend wirkt die Wiederkehr der Probleme: Im Spiegel der kircheneigenen Hochschulen zeigen sich im Grunde weithin die gleichen normativen Aufgaben und Lösungswege im anderen Zusammenhang. Der Mitwirkung der Kirchen bei den staatlichen Theologenfakultäten entspricht hier eine erstaunlich intensive Mitwirkung des Staates bei den kirchlichen Hochschulen. Beides greift viel weiter, als es eine äußerliche, vordergründige Trennungskonzeption zwischen Staat und Kirche erwarten läßt. Dies ist keinesfalls zufällig so, sondern in der inneren geistig-geistlichen Sinneinheit der Theologie selbst begründet. Ist dies doch einerseits durch das moderne Kulturstaatssystem, andererseits durch die Weltwirkung des Evangeliums bedingt, das die Theologie gerade auch einer veränderten Welt wissenschaftlich zu vermitteln hat. Sie kann sich auch hier nicht auf den Bereich »des Religiösen« und »der Kirche« zurückziehen und den »der Wissenschaft« und »der Welt« abschreiben. In diesem Weltdienst wird die Theologie durch die Freiheitsgarantien der weltlichen Verfassung gesichert.

Der freiheitliche Kulturstaat hat deshalb das kirchliche Hochschulwesen (1.) weder rechtlich verboten bzw. behindert, noch (2.) auf einen (»weltfremden«) außerstaatlichen Binnenbereich der Kirchen und des Kirchenrechts beschränkt und ausgegrenzt, sondern es (3.) einerseits den Kirchen in ihren geistlichen Kernfunktionen freigegeben, (4.) andererseits in den weltlichen Bereich des Kulturstaates integriert, soweit es (5.) seinen weltlich-staatlichen Voraussetzungen und Rechtswirkungen gerecht wird.

2. Verbindungen statt Trennung

Die »Trennung« von Staat und Kirche ist also auch im Recht der kirchlichen Hochschulen keineswegs i. S. strikter »Bereichsscheidung« durchgeführt, wie sie manchen liberalen (»altliberalen« bzw. »radikalliberalen«) Modellvorstellungen vorschwebt und wie sie zu einer beziehungslosen Scheidung der staatlichen und kirchlichen Wissenschaftsfunktionen und Einrichtungen führen würde[782]. Statt dessen findet sich auch hier eine Vielzahl institutioneller Verbindungen durch staatliche Normativbestimmungen und Ingerenzakte. Sie fügen sich zusammen zum System: Der weltliche Kultur- und Sozialstaat statuiert auch auf dem Sektor der theologischen Wissenschaftspflege als Leitprinzip statt der Bereichstrennung von Staat und Gesellschaft (und der Religionsgesellschaften als Teil der Gesellschaft) die umfassende staatliche Verantwortung für die Gesellschaft. Die Gesellschaft wird heute weithin in kultureller, sozialer, wirtschaftlicher Beziehung nicht mehr als »staatsfrei« aus dem staatlichen Recht ausgegrenzt, sondern in das sich ständig ausdehnende und verdichtende Netz staatlicher Planungen, Förderungen, Anreize, Kontrollen einbezogen, das alle weltlichen Beziehungen überzieht. Die Liberalität dieses umfassenden Ordnungssystems wird deshalb nicht allein durch die (»altliberalen«) Abwehr- und Ausgrenzungsfreiheiten gewährleistet, sondern zunehmend durch Berücksichtigungsgebote, Partizipationsmöglichkeiten, Mitwirkungs- und Forderungsrechte realisiert, die die Freiheit der Individuen und gesellschaftlichen Gruppen gerade in und durch die staatlichen Normen und Institutionen ermöglichen sollen.

Dieses allgemeine Grundverhältnis kehrt auf den meisten Spezialgebieten des Staatskirchenrechts in analoger Weise wieder: Im Recht des Religionsunterrichts, der Religionslehrerausbildung, des kirchlichen Privatschulwesens, des kirchlichen Krankenhauswesens, der kirchlichen Arbeitsverhältnisse, des kirchlichen Rundfunkwesens, der Kirchensteuer, des kirchlichen Bau- und Friedhofwesens, der Anstalts- und Militärseelsorge. Überall sieht sich die Kirche konfrontiert mit einer Ausdehnung und Intensivierung der staatlichen Reglementierungen und Aktivitäten, indes die – ehemals weiten – staatsfreien Bereiche der Gesellschaft schrumpfen. Das altliberale Modell der (äußeren, bereichsmäßigen) Trennung von Staat und Gesellschaft wird dadurch zunehmend auf gewisse Rechtsbereiche und Kernzonen der privaten bzw. gesellschaftlichen (auch religionsgesellschaftlichen) Existenz beschränkt, während die äußere Lebensentfaltung auch der Gläubigen und der Kirchen in den Sog staatlicher Regulierung gezogen wird. Das religiöse Selbstbestimmungsrecht der Kirchen kann hierbei nicht allein durch Ausgrenzung (»Trennung«) des Religiösen aus dem staatlichen Rechtssystem gesichert werden, sondern nur durch die Verpflichtung der staatlichen Instanzen zur Berücksichtigung des Religiösen und zur Zusammenarbeit mit den hierfür zuständigen kirchlichen Stellen.

---

[782] S. 31.

3. *Verschiedenheit der Verbindungen alten und neuen Stils*

Im Staatskirchenrecht haben sich dadurch zwei (scheinbar widersprüchliche) Entwicklungslinien ergeben: (1.) Die altüberkommenen Verbindungen des »christlichen« Staates mit den großen Kirchen aus dem jahrhundertalten System des Staatskirchentums (und noch der Staatskirchenhoheit des 19. Jahrhunderts) wurden seit der Weimarer Verfassung weithin aufgelöst. Die Beschränkung des Staatszwecks und -rechts auf weltliche Ziele und Formen hat die selbständige religiöse Verantwortung des Staates für die Kirche beseitigt. Dessen mannigfache Eingriffs- und Kontrollrechte hatten ja einst nicht nur dem Schutz des Staates vor geistlichen Übergriffen, sondern auch der bekenntnisgemäßen Reinheit der Verkündigung und des Kirchenrechts zu dienen. Dieses System von Verbindungen aus dem traditionellen Staatskirchenrecht und seiner Christlichkeit der öffentlichen Institutionen (vor allem auch des Bildungswesens) ließ sich nach dem Verbot der Staatskirche durch Artt. 137 I WRV/140 GG nicht mehr als religiöse Staatsaufgabe fortführen. (2.) Aber die Ausdehnung des modernen Kultur- und Sozialstaates auf den Bereich der Gesellschaft hat viele neue Verbindungen des Staates mit den Religionsgemeinschaften hervorgebracht. Ihr Grund und Ziel hat sich tief verändert: Der Staat sucht damit nicht mehr die cura religionis der alten christlichen Obrigkeiten zu erfüllen, sondern seiner weltlich-pluralistischen Kultur- und Sozialstaatsverantwortung für die Gesellschaft nachzukommen[783]. Entsprechend ist diese auf die weltlichen Momente und Maßstäbe der religiösen Kultur- und Sozialphänomene beschränkt.

4. *Die Reaktion der Religionsgesellschaften*

Für die Religionsgesellschaften folgt daraus: Wenn die Kirchen ihren Weltdienst der Verkündigung und Diakonie in dieser vom Staat zunehmend besetzten und durchnormierten Welt ausrichten wollen, so sind sie gezwungen, sich den weltlichen Rahmenbedingungen des staatlichen Ordnungssystems einzufügen und anzupassen, ohne sich innerlich darin zu verlieren. Sollten sie sich aber von der Berührung bzw. Verbindung mit dem umfassenden modernen Kultur- und Sozialstaatssystem fernhalten wollen, dann werden sie sich mehr und mehr von »der Welt« abgedrängt und auf ihren kirchlichen Binnenbereich (das »Ghetto«) beschränkt finden. Die Freikirchen und Sekten nehmen dies in Kauf und beschränken sich auf den lebendigen Kreis der Aktiv- bzw. Kerngemeinde; sie folgen im wesentlichen dem Modell der strikten Trennung von Kirche und Staat. Die evangelische und katholische Kirche aber hält sich als »Volkskirche«

---

[783] S. 10 ff., 16 ff., 23.

zum beschwerlichen Weltdienst durch ihre Verkündigung, Unterweisung, Diakonie verpflichtet. Sie ist deshalb im Prinzip zur Kooperation in den neuen Gestaltungen des Kulturstaats und Sozialstaats bereit. Nur dadurch ist den kirchlichen Hochschulen eine breitere, über den engen kirchlichen Eigenbereich hinausreichende Entfaltung und Wirkungsmöglichkeit im Bereich des Staates bzw. der Gesellschaft zu sichern[784]. Auf letzterem liegt der Akzent und das Problem.

5. Verbund der Rechtsgrundlagen

Das Recht der kirchlichen Hochschulen wird deshalb nicht von der Kirche allein gesetzt, sondern durch ein Konglomerat aus staatlichem und kirchlichem Recht gebildet, das einerseits aus dem Staatskirchenrecht, Kirchenvertragsrecht, staatlichem Hochschulrecht und andererseits aus kirchlichem Verfassungs-, Gesetzes- und Satzungsrecht besteht[785].

II. Umfang und innere Ausrichtung des kirchlichen Hochschulwesens

1. Bestand und Bedeutung der kirchlichen Hochschulen

Die katholische Kirche hat seit alters kraft gemeinen Kirchenrechts das Recht auf hochschulmäßige kirchliche Ausbildungsstätten für ihren Geistlichennachwuchs geltend gemacht. Seit dem Tridentinum (1545–63) existierte für sie traditionell ein Nebeneinander staatlicher Theologenfakultäten und kirchlicher Einrichtungen. Im Laufe des 19. Jahrhunderts hat sie wenigstens teilweise auf Diözesanebene die Unterhaltung eigener Priesterausbildungseinrichtungen gegenüber dem staatlichen Hochschulmonopol durchsetzen können[786]. Heute bestehen in der Bundesrepublik als eigene Einrichtungen der katholischen Kirche mit kanonisch-rechtlichem Universitäts- bzw. Fakultätsstatus die Katholische Universität Eichstätt, die Theologischen Fakultäten Frankfurt (St. Georgen), Fulda, Paderborn, Trier. Hinzu kommen die Ordenshochschulen der Dominikaner in Bornheim-Walberberg, der Fanziskaner und Kapuziner in Münster, der Jesuiten in München, der Pallotiner in Vallendar, der Redemptoristen in Hennef/Sieg, der Salesianer in Benediktbeuren, der Steyler Mission in St. Augustin. Katholische kirchliche

---

[784] Es gehört zu den Paradoxien des Staatskirchenrechts, daß die »Laizisten« und die »Klerikalen« bei der Ausschaltung der Kirche aus der Welt oft ungewollt zusammenwirken.

[785] Vgl. *Ernst-Lüder Solte*, Die evangelischen kirchlichen Hochschulen in der neueren Rechtsentwicklung, Wissenschaftsrecht, Beiheft 8 (Hochschulen der Religionsgemeinschaften) 1983 S. 1 ff., 13; *Manfred Baldus*, Kirchliche Hochschulen, HdbWissR Bd. 2 S. 1101 ff., 1105 ff.

[786] *Manfred Baldus*, Die philosophisch-theologischen Hochschulen in der Bundesrepublik Deutschland, Berlin 1965 S. 9 ff.

Fachhochschulen für Sozialwesen, teilweise auch für Religionspädagogik, bestehen in Freiburg/Br., Köln, Mainz, München, Osnabrück, Saarbrücken[787].

Die evangelischen Kirchen haben sich erst spät und zögernd zur Unterhaltung kircheneigener Hochschulen entschlossen, wie es ihrer Herkunft aus dem protestantischen Staatskirchentum entspricht. Heute existieren kirchliche Hochschulen der evangelischen Landeskirchen in Bethel, Elberfeld-Wuppertal, Berlin, Neuendettelsau, während die Kirchliche Hochschule Hamburg als Provisorium gegründet und nach Errichtung der evangelisch-theologischen Fakultät der Hamburger Universität aufgegeben wurde. Als evangelische Freikirche betreibt die Selbständige Evangelisch-Lutherische Kirche die Lutherische Theologische Hochschule in Oberursel. Evangelische kirchliche Fachhochschulen für Sozialwesen bzw. Religionspädagogik existieren in Berlin, Bochum, Darmstadt, Freiburg/Br., Hamburg, Hannover, Ludwigshafen, Nürnberg, Reutlingen[788].

An quantitativer Bedeutung können sich die kirchlichen Hochschulen nicht mit den Theologenfakultäten der staatlichen Universitäten messen. Nur etwa jeder zehnte Theologiestudent ist bei ihnen immatrikuliert. Hingegen wird von den kirchlichen Fachhochschulen gegenwärtig etwa die Hälfte aller Studienplätze für Sozialarbeiter, Sozialpädagogen, Heilpädagogen zur Verfügung gestellt[789].

Die Unterschiede des katholischen und des evangelischen kirchlichen Hochschulwesens sind beträchtlich[790]. Die katholische Kirche besitzt als Weltkirche ein gesamtkirchliches Hochschulrecht, das im vergangenen Jahrzehnt erhebliche Veränderungen durch die Reformen des allgemeinen Kirchenrechts und auch speziell der kirchlichen Hochschulen durchlaufen hat. Der Codex Juris Canonici von 1983 brachte gemeinkirchliche Rahmennormen, nachdem bereits die Konstitution Sapientia Christiana von 1979 eingehende Detailregelungen des Gesamtkomplexes erlassen hatte. Hingegen ist das Recht der evangelischen kirchlichen Hochschulen landeskirchlich zersplittert und divergent. Das katholische kirchliche Hochschulwesen erstreckt sich auch auf den außertheologischen »weltlichen« Wissenschaftsbereich, besonders der philosophischen und historischen Fächer, in dem es eine in sich relativ geschlossene, spezifisch katholische Weltsicht zu repräsentieren sucht. Die evangelischen kirchlichen

---

[787] *Baldus*, Kirchliche Hochschulen S. 1101 ff. m. Nachw. der Errichtungsdekrete. Über ihr Graduierungsrecht vgl. *Mussinghoff*, aaO, S. 89 ff.

[788] *Solte*, aaO, S. 2 ff. mit Einzelnachweisen.

[789] *Solte*, aaO, S. 5, 8 f.; *Baldus*, aaO, S. 1120 Anm. 37, 39. – Auf die kirchlichen Fachhochschulen wird hier nicht eingegangen, da sie – anders als die kirchlichen Hochschulen – für den Vergleich mit den theologischen Fakultäten wenig interessieren und im wesentlichen dem allgemeinen Fachhochschulrecht der Länder (als Schrankengesetz nach Artt. 137 III WRV/140 GG) ohne Besonderheiten unterfallen. Dazu *Manfred Baldus*, Kirchliche Fachhochschulen und staatliches Hochschulrecht, Essener Gespräche 9, 1975 S. 112 ff.

[790] Vgl. *Schmitz*, aaO, S. 45 ff., 477 ff.; *Manfred Baldus*, Die Reform des Hochschulrechts in der katholischen Kirche, Wissenschaftsrecht, Beiheft 8, 1983, S. 46 f., *Solte*, aaO, S. 3 ff.

Hochschulen hingegen beschränken sich auf die Theologie und Religionspädagogik.

2. *Äußerer Dualismus – innere Homogenität*

Der äußere Dualismus der staatlichen Theologenfakultäten einerseits und der
kirchlichen theologischen Hochschulen bzw. Fakultäten andererseits bestimmt
also das institutionelle Gefüge der theologischen Wissenschaftspflege in der
Bundesrepublik.

Aber diese organisatorische Aufspaltung ist nicht Ausdruck oder Folge einer
inneren Gegensätzlichkeit. Die staatlichen und die kirchlichen theologischen
Einrichtungen sind keineswegs durch einen verschiedenen[791] oder gar unverein-
baren Wissenschaftsbegriff bestimmt: Der weltliche, konfessionell neutrale
Staat betreibt die Theologie nicht in einer religiösen Über- und Gegenordnung
zum kirchlichen Bekenntnis, sondern achtet dessen Besonderheit und Freiheit
in seinem pluralistischen Wissenschaftssystem. Die evangelische und die katholische Theologie an der Universität wird nicht etatistisch zur allgemeinen Religionswissenschaft säkularisiert oder zur ökumenischen Zukunftskonfession
fusioniert. Und auch die Kirchen selbst unterhalten ihr kirchliches Hochschulwesen heute keineswegs als Gegenmittel und Konkurrenz zu den staatlichen
Theologieeinrichtungen i. S. einer entgegengesetzten (»integralistischen«)
kirchlichen Frömmigkeits- und Wissenschaftsidee.

Die innere Homogenität der staatlichen und kirchlichen theologischen For-
schungs- und Lehreinrichtungen ist heute ein übergreifendes Leitprinzip theologischer Wissenschaftspflege.

So ist das katholische kirchliche Hochschulwesen in sich vielgestaltig und
aufgegliedert; besonders die Ordenshochschulen pflegen ihre Tradition und
Eigenart. Aber es wird durch die universalkirchliche Ordnung äußerlich zusam-
mengehalten und innerlich auf den übereinstimmenden Wissenschaftsbegriff
der katholischen Lehre und Lehrgewalt ausgerichtet[792]. In dieses gesamtkirchliche System sind auch die staatlichen katholischen Theologenfakultäten von der
Kirche einbezogen worden. Der Staat hat dies hinsichtlich der geistlichen
Grundlagen konkordatär anerkannt. Die Einheitlichkeit in den Grundlagen ist
dadurch gewährleistet.

Auch die evangelischen kirchlichen Hochschulen sind heute ohne Zweifel zur
homogenen Ergänzung, nicht zum Ersatz oder zur Korrektur der theologischen
Staatsfakultäten eingesetzt[793]. Ihre historischen Ursprünge waren zwar jeweils

---

[791] So etwa *Köttgen*, Freiheit der Wissenschaft S. 307 f. – Vgl. oben S. 19.
[792] Oben S. 206 ff., 291 ff.; *Schmitz*, aaO, S. 49 f., 58 f., 498 ff.
[793] Zum Folgenden *Gisela Heckel* (geb. Schmidt), Der Rechtsstatus der evangelischen kirchli-

höchst verschieden und situationsbedingt, die seitherige Entwicklung aber hat
sie alle auf die Linie jener unproblematischen Ergänzungsfunktion für die
Staatsfakultäten einschwenken lassen. Da dem zersplitterten evangelischen Kirchenrecht eine gesamtkirchliche Verbürgung des einheitlichen Wissenschaftscharakters seiner kirchlichen Hochschulen fehlt, sind deren Besonderheiten
hier von Belang.

3. Zur Gründung und Beibehaltung der evangelischen kirchlichen Hochschulen

Bethel, die älteste, wurde zwar 1905 von Friedrich v. Bodelschwingh als eine bewußte
Gegengründung zu den theologischen Staatsfakultäten ins Leben gerufen; sie entstand
im Rahmen der Betheler Anstalten aus dem Zusammenhang mit der Erweckungsbewe-
gung, um die Einseitigkeit und »Intoleranz«[794] des damals die Lehrstühle beherrschenden theologischen Liberalismus zu korrigieren. Doch war sie von Anfang an nicht als
Verdrängungskonkurrenz, sondern als Ergänzung[795] der staatlichen Theologenfakultäten geplant, um die künftigen Pfarrer und insbesondere auch künftige Universitätslehrer
im Sinne evangelischer Bekenntnistreue und »positiver« Kirchlichkeit heranzubilden
und so auch auf die Fakultäten zurückzuwirken. Auf deren Ergänzungsrolle blieb sie
auch später beschränkt, weil der Staat damals nicht auf sein Hochschulmonopol verzichtete und die Kirche selbst ein volles Universitätsstudium als Anstellungsvoraussetzung
für das Pfarramt verlangte[796]. – Ähnliche Ergänzungsaufgaben hatte auch die 1928
gegründete reformierte Theologische Schule Elberfeld[797] für die künftigen Pfarrer der
reformierten Gemeinden, da die besondere Pflege des reformierten Bekenntnisses an den
überwiegend lutherisch (bzw. liberal) geprägten theologischen Fakultäten mit ihren
wenigen spezifisch reformierten Lehrstühlen als unzureichend schien. – Im Kirchenkampf traten seit Herbst 1935 die kirchliche Hochschule für reformierte Theologie in
Wuppertal und die Kirchliche Hochschule Berlin als Gegenwehr der Bekennenden

chen Hochschulen, (hektogr. Fassung der iur. Diss. Köln 1957 gleichen Titels von Gisela Schmidt)
S. 1 ff.; *Klaus Reppel*, Der Staat und die Vorschriften über die Vorbildung der Geistlichen, iur. Diss.
Bonn 1965; *Hans Gerber*, Das Recht der wissenschaftlichen Hochschulen Bd. 1, Tübingen 1965
S. 108 ff.; *Wolfgang Huber*, Kirche und Öffentlichkeit S. 316 ff.; *Solte*, aaO, S. 6 ff.

[794] So Friedrich v. Bodelschwinghs Denkschrift »Eine kirchliche theologische Fakultät«, Bethel
1895 S. 2, s. *G. Heckel*, aaO, S. 21.

[795] *G. Heckel*, aaO, S. 19, 28, 33. – Bodelschwingh bediente sich des privaten Vereinsrechts, also
der Rechtsformen der Gesellschaft, die in latentem Gegensatz zu den öffentlich-rechtlichen Formen
des Staates und der Landeskirchen stand. B. war jedoch kein Anhänger freikirchlicher Ideen und
wollte seine Lehranstalt keineswegs als Distanzierung von der Landeskirche verstanden wissen. In
der Zusammenarbeit mit Theodor Schlatter suchte er eine Brücke zwischen der theologischen
Wissenschaft und der Diakonie in Bethel zu schaffen. Er erreichte in der Sache doch eine erste
Durchbrechung des staatlichen Hochschulmonopols i. d. evang. Theologenausbildung, *G. Heckel*,
aaO, S. 29 f., 36.

[796] Bodelschwinghs Hoffnung richtete sich auf eine Ergänzung des Fakultätsstudiums durch
Anrechnung der Betheler Studiensemester seiner Studenten im Wege des Dispenses, wie es nach § 5
des preuß. Staatsgesetzes v. 11. 5. 1873 und § 3 V des Kirchengesetzes betr. die Anstellungsfähigkeit
und Vorbildung der Geistlichen (KGuVBl S. 137) an sich möglich war. *G. Heckel*, aaO, S. 12, 28.

[797] *G. Heckel*, aaO, S. 46 ff.

Kirche gegen die Einwirkung der nationalsozialistischen Ideologie auf die staatlichen Theologenfakultäten hinzu; sie wurden alsbald staatspolizeilich geschlossen und in den Untergrund gedrängt[798]. Nach dem Zusammenbruch des Regimes i. J. 1945 wurden sie ebenso wie die 1939 verbotene Betheler Schule aus prinzipiellen wie aus praktischen Gründen wieder eröffnet, während die staatlichen Fakultäten noch darniederlagen[799]. – Den dadurch bedingten Engpässen in der Ausbildung der starken theologischen Nachkriegsjahrgänge sollten die Neugründungen der Augustana-Hochschule von Neuendettelsau-Heilsbronn i. J. 1947 und der Kirchlichen Hochschule Hamburg i. J. 1948 abhelfen[800], zumal letztere die Lücke bis zur Errichtung einer theologischen Fakultät an der Hamburger Universität füllen sollte und dann mit deren Gründung 1952 aufgelöst wurde.

Verschiedene Gründe haben nach 1945 zur Beibehaltung der kirchlichen Hochschulen geführt, obgleich nun wieder die theologischen Staatsfakultäten die Hauptlast der theologischen Ausbildung und Forschung für die Landeskirchen in normalen, d. h. weithin spannungsfreien Beziehungen übernahmen, ja sich die Kirchen und die Universitätstheologie durch die aufrüttelnden Bedrängnisse näher gekommen waren als je zuvor; auch in den theologischen Fakultäten war ja die Verantwortung der theologischen Wissenschaft für den Dienst der Kirche neu und stark gewachsen. Gerade deshalb aber rief der neue äußere Dualismus staatlicher und kirchlicher Theologenausbildung erregte kirchenpolitische und staatskirchenrechtliche Diskussionen hervor – lag darin doch der Bruch mit einer langen evangelischen Tradition, die aus dem Staatskirchentum stammte und auf eine stolze Wissenschaftsgeschichte zurückblicken konnte, wenn nun das Monopol der Theologenfakultäten in der evangelischen Theologie und Kirche prinzipiell aufgegeben wurde. Würde nicht das eigene theologische Ausbildungswesen der Kirche über kurz oder lang zur Schädigung, ja Schließung der Theologenfakultäten führen[801], am Ende auch die völlige Verdrängung der Theologie von der deutschen Universität und die Verengung des staatlichen Kulturbegriffs und Kultursystems auf das Areligiöse und Antireligiöse nach sich ziehen? Zum Schaden der Kirche wie der Kultur, weil dies der Theologie ihre wesensnotwendigen Verbindungen mit den anderen Disziplinen, der Universität die universitas litterarum nähme? Würde die Theologie dann ihre (von innen und von außen angefochtene) Wissenschaftlichkeit bewahren, würde sie auch ihre Kirchlichkeit (wenn derart »gesetzlich« institutionalisiert) im freien, d. h. »evangelischen« Sinne erhalten oder aber ungewollt gefährden[802]? Die alte, ungeklärte Wesensfrage der Wissenschaftlichkeit und

---

[798] AaO, S. 54 ff.

[799] AaO, S. 65 ff., 70.

[800] AaO, S. 76 ff., 83 ff.

[801] *W. Weber*, Der gegenwärtige Status der theologischen Fakultäten und Hochschulen, in: Tymbos f. W. Ahlmann, Berlin 1951 S. 309 ff., 322, auch in: *ders.*, Staat und Kirche S. 93 ff., 111.

[802] Vgl. *Solte*, aaO, S. 8; *W. Huber*, aaO, S. 326 ff., 332 über den Widerspruch des Evangelisch-

Kirchlichkeit der Theologie hat auch die äußerlichen Rechtsprobleme prinzi-
pienschwer und ungeklärt belastet. Sodann: Würde nicht hochschulrechtlich
das staatliche Hochschulmonopol durch die Kirchen aus engem Eigenstreben in
unheilvoller Vorreiterrolle aufgebrochen, so daß dann in die Bresche der Religionsgesellschaften die anderen Mächte der Gesellschaft einrücken und die
Allgemeinheit und Freiheit der Wissenschaften ihren partikulären Interessen
und Kriterien unterwerfen würden?

Andererseits hatten die evangelischen Landeskirchen im Kirchenkampf die
Existenznotwendigkeit und Unaufgebbarkeit der kirchlichen Verantwortung
für die theologische Forschung und Lehre bedrängend und unüberhörbar erfahren. In den Herausforderungen einer sich wandelnden Welt konnten sie die
Entfaltung ihrer Bekenntnisgrundlagen und die Ausbildung ihrer Pfarrerschaft
nicht wieder gänzlich dem Staat und seinen Staatsuniversitäten anvertrauen[803].
Der Staat selbst hatte ja inzwischen – in seinen Verfassungsgrundlagen – tief mit
der Tradition von vier Jahrhunderten gebrochen; aus dem ursprünglich »evangelischen« und später paritätischen »christlichen« Staate hatte er sich seit 1919
wesentlich zum weltanschaulich neutralen Staate ohne Staatsreligion und Staatskirchentum gewandelt. Auch nach der Überwindung der antichristlichen
Staatsideologie und totalitären Bedrohung der Wissenschaftsfreiheit und Glaubensfreiheit wurde sein Verfassungs- und Bildungswesen staatskirchenrechtlich
nicht auf ein christliches Bekenntnis festgelegt, sondern wesentlich dem freien
Pluralismus der Religionen, Weltanschauungen und Parteiungen geöffnet[804].
Man mußte damit rechnen, daß auch künftig die theologischen Fakultäten
durch das Berufungswesen, die Organisationshoheit und die Hochschulgesetzgebung des Staates in den Sog der wechselnden Kulturpolitik und Weltanschau-
ungsauseinandersetzungen des modernen Parteienspektrums geraten könnten.
Vor allem aber mußte der staatskirchenrechtliche Status der Theologenfakultäten nunmehr im Blick auf Tradition und Zukunft als anachronistisch und
unausgewogen erscheinen[805]. Über die Zugehörigkeit eines Fakultätsmitgliedes
zum Bekenntnis seiner Kirche und über seine Zumutbarkeit als ihr geistlicher
Lehrer sollte ja nicht die Kirche selbst entscheiden dürfen, sondern der Kultusminister des konfessionsneutralen Staates, welcher doch seine evangelische
Bekenntnisbindung und cura religionis längst abgestreift und in eine allgemeine
liberale Kulturförderung relativiert hatte. Das Ungenügen der (lediglich gutachtlichen) Mitwirkungsrechte der Kirchen bei den Theologenfakultäten hin-

---

theologischen Fakultätentages v. 30. 9./1. 10. 1947 und eines theologischen Gutachtens des Erlanger Theologen Werner Elert.

[803] S. 13 ff., 84 ff.

[804] S. 18, 23 ff., 40 ff. Vgl. auch die Schulentscheidungen, BVerfGE 41, 29 ff., 65 ff., 88 ff.

[805] S. 87 ff.

derte die kirchliche Verantwortung für die Wahrheit, Reinheit und Einheit der kirchlichen Lehre und Verkündigung im Krisenfall. Das ließ die Erhaltung kircheneigener Hochschulen als Ergänzungs- und notfalls als Auffangsstellung geraten erscheinen. Ihre Existenz widerlegte auch eine Reihe von Vorurteilen – etwa daß die evangelische Kirche gar keine »Lehre« besitze und keine »Lehrgewalt« ausüben könne[806], oder daß eine »Verkirchlichung« der theologischen Forschung und Lehre notwendigerweise zur Unfreiheit und Unwissenschaftlichkeit der evangelischen Theologie führen werde. Der neue Dualismus des theologischen Ausbildungswesens bot zudem in den kleineren, überschaubaren kirchlichen Hochschulen Raum für Experimente und Reformen der Unterrichtsgestaltung, der vita communis von Lehrenden und Lernenden, des Praxisbezuges und der intensivierten Verbindung des geistlichen Ausbildungswesens mit der Kirchengemeinde und Diakonie[807].

4. Das Verhältnis zu den theologischen Fakultäten

Das Verhältnis zwischen den staatlichen Theologenfakultäten und den kirchlichen Hochschulen darf heute bei beiden Konfessionen als entspannt, ja als positiv bezeichnet werden. Die Kirchen haben sich gehütet, die Rechtsstellung und die Funktionen der staatlichen Theologenfakultäten zu beeinträchtigen; deren wissenschaftliche wie deren praktisch-kirchliche Bedeutung ist ungeschmälert geblieben. Neue kirchliche Hochschulgründungen wurden seither nicht geplant. Hingegen kam es zu bedeutsamen Neugründungen theologischer Staatsfakultäten im Zuge der Expansion des staatlichen Hochschulwesens, u. a. in Hamburg, Bochum, München für evangelische Theologie, in Augsburg, Regensburg und Trier für katholische Theologie[808]. Die vor 30 Jahren diskutierten Sorgen über die Gefährdung der Theologie an der deutschen Universität durch die Gründung kirchlicher Hochschulen haben sich (bisher) als grundlos herausgestellt.

Die innere Homogenität zwischen den theologischen Staatsfakultäten und den kirchlichen Hochschulen dürfte heute weder im Rahmen der katholischen noch der evangelischen Theologie zu bestreiten sein. Beide Zweige bilden bei beiden Konfessionen jeweils in sich ein einheitliches Wissenschaftssystem, das von demselben Wissenschaftsbegriff geprägt erscheint und deshalb demselben

---

[806] S. 122 ff., 132 f.

[807] *G. Heckel*, aaO, S. 68 ff.; *Solte*, aaO, S. 11.

[808] *W. Weber*, Konkordate und Kirchenverträge Bd. 2 S. 25 ff., 41, 147. Hinzu tritt die Errichtung einzelner Theologieprofessuren, vgl. S. 256.

Forschungszweck und Ausbildungsziel dient[809], dabei die Anforderungen der Wissenschaftlichkeit und der kirchlichen Relevanz zu erfüllen und zu vereinen trachtet.

Während auf katholischer Seite diese innere Homogenität im Sinn katholischer Lehre und Lehrbindung durch das gesamtkirchliche Recht gewährleistet wird, das für die Theologie in den kirchlichen wie in den staatlichen Einrichtungen gilt und sie koordiniert, haben sich auch auf evangelischer Seite die kirchlichen Hochschulen und die Fakultäten in ihren wissenschaftlichen Maßstäben, Arbeitsweisen und Ergebnissen so weitgehend angeglichen und in Partnerschaft verbunden, daß sie sich nicht mehr als »Gegeninstitutionen« charakterisieren lassen. Die Lehrangebote und Studienpläne entsprechen sich und sind aufeinander abgestimmt, die Prüfungsbedingungen gleichen sich, die Studienleistungen, -prüfungen und Grade werden wechselseitig anerkannt, der Lehrkörper der kirchlichen Hochschulen wird in d. R. aus dem wissenschaftlichen Nachwuchs der Fakultäten besetzt, die Professoren werden wechselseitig auf die Lehrstühle berufen. Die evangelischen kirchlichen Hochschulen besitzen die volle Mitgliedschaft im Fakultätentag der evangelischen Theologenfakultäten und wirken dort an den gemeinsamen Entscheidungen über das theologische Ausbildungswesen und seine Reformen mit[810]. Die kirchlichen Hochschulen haben sich in ihren Satzungen vielfach die Kooperation mit den staatlichen Universitäten zur Pflicht gemacht und dies teilweise durch spezielle Kooperationsverträge mit benachbarten Universitäten konkretisiert[811]. Sie sind als Mitglieder der Westdeutschen Rektorenkonferenz von den staatlichen Universitäten insgesamt in ihrem universitären Status und Rang anerkannt[810] und so über die theologischen Sonderverbindungen hinaus in das allgemeine Hochschulwesen integriert.

III. Rechtsstrukturen der kirchlichen Hochschulen

1. Rechtsform und Rechtsträgerschaft

Die Rechtsform der kirchlichen Hochschulen zeigt bei beiden Konfessionen bunte Verschiedenheiten, wie dies die Eigenart ihrer Gründer und ihrer Entstehung mit sich brachte. Wichtiger als die Rechtsform ist jedoch die Frage, wer als Rechtsträger der Hochschule fungiert und wie der Einfluß der Kirche in der Organisation des Trägers zur Geltung kommt.

Nur selten besitzt eine kirchliche Hochschule als solche die eigene Rechtsfähigkeit. So ist die Berliner kirchliche Hochschule als Körperschaft des öffentli-

---

[809] Vgl. insbes. S. 241 ff., 246 ff. über die Einheit des Prüfungswesens, das hier gleichsam die Probe macht.

[810] *Solte*, aaO, S. 12 f.

[811] So zwischen der KiHo Wuppertal und der Gesamthochschule Wuppertal, sowie zwischen der KiHo Bethel und der Universität Bielefeld. Vgl. auch §§ 2 III und 4 VI d. Satzung für die Augustana-Hochschule Neuendettelsau v. 3. 12. 1984 (KABl S. 343 ff. d. Bay.LaKirche) über die Kooperation mit den Evang.-theol. Fakultäten Erlangen-Nürnberg und München bei der Verleihung akad. Grade.

chen Rechts im »Bereich der Evangelischen Kirche Berlin-Brandenburg« organisiert und staatlich anerkannt[812]. Kirchliche Körperschaften des öffentlichen
Rechts sind auch z. B. die kirchlichen Fachhochschulen Berlin und Darmstadt[813], rechtsfähige Anstalt des öffentlichen Rechts ist die Fachhochschule
Rheinland-Westfalen-Lippe[814].

In der Regel sind die kirchlichen Hochschulen jedoch als rechtlich unselbständige Organisationen anderer juristischen Personen des öffentlichen oder
auch des privaten Rechts eingegliedert, die selbst rechtliche Gliederungen oder
Gründungen der evangelischen oder der katholischen Kirche darstellen. Deshalb fallen diese Träger der kirchlichen Hochschulen insgesamt verfassungsrechtlich in den Schutzbereich der kirchlichen Freiheits- und Eigenständigkeitsgarantie der Artt. 4 GG, 137 III WRV/140 GG; dies gilt auch dann, wenn sie der
äußeren Rechtsform nach (z. B. als privatrechtlicher Verein) verselbständigt
worden sind[815].

Solche Rechtsträger kirchlicher Hochschulen sind u. a. verschiedene Körperschaften
des öffentlichen Rechts: Von ihrer Landeskirche werden z. B. die evangelischen kirchlichen Hochschulen von Neuendettelsau und von Wuppertal als unselbständige kirchliche
Anstalten geführt[816]. Für die Hochschule Bethel hingegen ist Trägerin die Anstaltskir-
chengemeinde Bethel (Zionsgemeinde), die ihrerseits eine Körperschaft des öffentlichen
Rechts darstellt; in ihrer für die kirchliche Hochschule erlassenen Satzung wurde zugleich deren Eingliederung in die evangelische Kirche von Westfalen bestimmt[817]. Die
Betheler und Wuppertaler Hochschulen wurden ursprünglich von rechtsfähigen Vereinen des bürgerlichen Rechts nach den Regeln des BGB gegründet, später jedoch in die
Betheler Zionsgemeinde bzw. die rheinische Landeskirche eingegliedert; sie haben also
als (rechtlich unselbständiger) Teil dieser öffentlich-rechtlichen Korporationen damit
selbst einen öffentlich-rechtlichen Status erhalten. – Die Ordenshochschulen werden
von den jeweiligen Ordensgemeinschaften getragen, die die öffentlichen Körperschafts-

---

[812] § 1 II Berliner Vereinbarung, *W. Weber*, aaO, Bd. 2 S. 163; § 1 II Satzung der Kirchl.
Hochschule Berlin; § 165 I Berl.HochschG; *G. Heckel*, aaO, S. 123; *Solte*, aaO, S. 35; *Baldus*,
Kirchliche Stiftung, aaO, S. 1115; *Hans Liermann*, Die kirchliche Stiftung, in: Der Jurist und
die Kirche, Jus Ecclesiasticum Bd. 17, München 1973 S. 274 ff., 279.

[813] Art. 1 III Verf. d. Fachhochschule Berlin v. 4. 1. 1972 (ABl EKD S. 182) i. d. F. 8. 5. 1973
(ABl EKD S. 1047), kraft Verleihung der Körperschaftsrechte durch Verwaltungsakt des Senators f.
Wissenschaft und Kunst gem. § 163 IV Berl.HochschG; Kirchl.ErrichtungsG, Verf. und Selbstver-
waltungsO d. Fachhochschule Darmstadt v. 18. 2. 1973 (ABl EKD S. 326, 812).

[814] Nordrh.-Westf. Gesetz vom 16. 7. 1971 (GVBl S. 194).

[815] BVerfGE 19, 133; 24, 247; 46, 85, 87; 53, 392; 57, 242.

[816] § 1 Bay.Kirchengesetz v. 3. 12. 1984 (KABl S. 342): Die Augustana-Hochschule ist eine
Einrichtung der Evangelisch-Lutherischen Kirche in Bayern. § 1 der Satzung der KiHo Wuppertal
v. 17. 7. 1975 (KABl d. ev. Kirche i. Rheinland S. 6), die ursprünglich als privatrechtlicher Verein
ohne formelle Verbindung mit der Landeskirche war. *G. Heckel*, aaO, S. 120 f., 122; *Solte*, aaO,
S. 35.

[817] § 1 I Satzung der KiHo Bethel v. 12. 6. 1979 (KABl d. ev. Kirche v. Westfalen); *G. Heckel*,
aaO, S. 125; *Solte*, aaO, S. 35; *Ruhbach*, Die kirchliche Hochschule Bethel, Bethel 1980 S. 120 ff.

rechte z. T. auf Provinzebene besitzen[818]. – Rechtsträger der evangelischen Fachhochschulen Freiburg i. Br., Hannover, Ludwigshafen sind die evangelischen Landeskirchen[819], der katholischen Fachhochschule Saarbrücken das Bistum[820], der Hochschule Oberursel die Selbständige Evangelische-Lutherische Kirche in Deutschland[821].

Kirchliche Stiftungen des öffentlichen Rechts sind Träger der katholischen Universität Eichstätt und der katholischen Fachhochschulen München und Osnabrück sowie der evangelischen Fachhochschulen Nürnberg und Hamburg[822]. – Die theologischen Fakultäten des kanonischen Rechts Fulda, Paderborn und Trier sind den betreffenden Priesterseminaren als ihren Rechtsträgern zugehörig[823].

Eingetragene Vereine sind die Rechtsträger der kanonischrechtlichen Theologischen Fakultät St. Georgen in Frankfurt[824] und der evangelischen Fachhochschule Reutlingen[825]. – Gesellschaften m. b. H. üben die Trägerfunktionen für die katholischen Fachhochschulen Freiburg i. Br., Mainz und Köln aus[826].

2. Die innere Struktur

Die Strukturverschiedenheiten zwischen den kirchlichen Hochschulen sind im einzelnen ebenfalls beträchtlich. Aus den besonderen Zielen und Formen ihrer Gründung ergeben sich jeweils die Aufgaben und Zuständigkeiten, die Zahl und Zusammensetzung ihrer Organe. Die Hochschulsatzungen werden

---

[818] *Josef Lammermeyer*, Die juristischen Personen der katholischen Kirche, Paderborn 1929 S. 119 ff.; *Baldus*, aaO, S. 1102, 1115; ders., Die deutschen Ordenshochschulen, Ordenskorrespondenz 1978 S. 163 ff.

[819] Kirchl.ErrichtungsG v. 14. 4. 1972 und Verf. v. 25. 9. 1972 der ev. Fachhochschule Freiburg i. Br. (ABl EKD S. 725, 727); Übergangssatzung d. ev. Fachhochschule Hannover v. 18. 2. 1975 (unv.); Satzung der ev. Fachhochschule Ludwigshafen v. 19. 1. 1972 (ABl EKD S. 196).

[820] Errichtungsurkunde d. Bischofs v. Trier v. 5. 10. 1971 (KABl Trier S. 156); GrundO v. 25. 7. 1980 (KABl Trier S. 184).

[821] Statut v. 8. 12. 1978 (unv.), Anerkennung d. Hess. Ministers f. Erziehung v. 2. 5. 1955 (unv.); *Solte*, aaO, S. 2; *Baldus*, aaO, S. 1120 Anm. 33.

[822] Stiftung »Kirchliche Gesamthochschule Eichstätt« v. 8. 9. 1972 (unv.); Stiftung »Katholische Bildungsstätten für Sozialberufe in Bayern« (für München), Stiftungsurkunde und -satzung v. 31. 3. 1971 (unv.); Stiftung »Katholische Fachhochschule Norddeutschland« Osnabrück und Vechta, Stiftungsurkunde v. 15. 2. 1972/2. 2. 1976 (Nds.MBl 1976 S. 1603); »Evangelische Erziehungsstiftung Nürnberg« (Satzung undat. u. unv.); Vereinbarung zw. der »Diakonenanstalt des Rauhen Hauses« der Nordelb. Evang.-Luth. Kirche und der Stiftung »Das Rauhe Haus« Hamburg v. 16. 6./21. 6./12. 7. 1977 (unv.). – Vgl. *Baldus*, aaO, S. 1115.

[823] *Lammermeyer*, aaO, S. 210 f.; *Baldus*, aaO, S. 1102, 1115, 1129 Anm. 207.

[824] Philosophisch-theologische Hochschule St. Georgen e. V., dazu *Baldus*, Die philosophisch-theologischen Hochschulen S. 170 f.

[825] Evang. Verein für sozialberufliche Ausbildung Stuttgart e. V., Satzung v. 27. 11. 1972 (ABl EKD 1974 S. 394). Vgl. auch den Vertrag v. 17. 8./14. 9. 1973 zwischen dem Trägerverein und der Evang. Landeskirche in Württemberg (ABl EKD 1974 S. 394).

[826] Fachhochschule für Sozialwesen u. Religionspädagogik beim Dt. Caritasverband – Gemeinnützige GmbH, Freib. i. Br., Ges.Vertrag v. 30. 9. 1971 (unv.); Gemeinnützige Gesellschaft zur Förderung von Wissenschaft und Bildung mbH, Mainz, Ges.Vertrag i. d. F. v. 24. 1. 1972 (unv.); Katholische Fachhochschule Gemeinnützige GmbH, Köln, Ges.Vertrag v. 18. 5. 72 (im Studienführer 1973 S. 11 ff.).

von ihren Rechtsträgern erlassen, sofern die Hochschule nicht selbst – wie die kirchliche Hochschule Berlin – als Körperschaft rechtsfähig und damit ihr eigener Rechtsträger ist.

Die Abweichungen vom staatlichen Hochschulrecht gehen verschieden weit. Von der Bindung an seine Normen sind die kirchlichen Hochschulen in freier Trägerschaft auch dann weitgehend freigestellt, wenn sie die staatliche Anerkennung[827] gefunden haben. Während sich die kirchlichen Fachhochschulen stark dem staatlichen Hochschulrecht angeglichen haben, ist dies bei den theologischen Forschungs- und Lehreinrichtungen nur begrenzt der Fall. Diejenigen der katholischen Kirche haben ihre Verfassungen nach der Apostolischen Konstitution »Sapientia Christiana« von 1979 einzurichten.

Das Hauptproblem der Hochschulstruktur liegt darin, einerseits die Selbständigkeit, andererseits die Eingliederung der Hochschule in den kirchlichen Organismus im erforderlichen und gedeihlichen Maß und Verhältnis zu verbinden. Ihre Wissenschaftlichkeit ebenso wie ihre kirchliche Funktion hängen erheblich jeweils von der Organisationsform ab, die hier im einzelnen nicht darzulegen ist. Sie schwankt bei beiden Konfessionen weit zwischen großzügiger Hochschulautonomie[828] und enger Einfügung in den kirchlichen Verfassungsaufbau.

Auch das kirchliche Hochschulrecht bedient sich der Unterscheidung der akademischen Selbstverwaltung von der äußeren Bedarfsverwaltung[829]. Die Bedarfsverwaltung wird zumeist vom Träger der Hochschule wahrgenommen. Die akademischen Selbstverwaltungsaufgaben sind auf verschiedene Organe verteilt. Das Spitzenorgan des Rektors (oder Präsidenten bzw. Rektoratskollegiums[830]) wird meist auf Zeit von einem zentralen Beratungs- und Beschlußgremium (Senat, Konzil, Hochschulrat, Hochschulkonferenz u. a. m.) gewählt, dem z. T. weitere Gremien zugeordnet sind[831].

Die Funktionen der Hochschule selbst und die ihres Trägers sind vielfach durch ein besonderes gemeinsames Organ (Kuratorium) verklammert[832]. In

---

[827] Unten S. 376 f.

[828] Der KiHo Berlin ist ein umfassendes Selbstverwaltungsrecht eingeräumt (vgl. § 2 Abs. 1 Berl.Vereinb.), während in der Satzung der KiHo Wuppertal die Leitungsverantwortung der Kirchenleitung in der Satzung der KiHo (§ 4 I) unbeschadet deren akademischer Selbstverwaltung ausdrücklich verankert ist. Ähnlich ist in § 2 III der Satzung der KiHo Bethel die akademische Selbstverwaltung im Rahmen der landeskirchlichen Ordnungen anerkannt. Auch für die Augustana-Hochschule hat nunmehr das Kirchengesetz und die Satzung v. 3. 12. 1984 (KABl S. 342, 343 ff.) die schmalen Ansätze zur akademischen Selbstverwaltung nicht unbeträchtlich erweitert, vgl. §§ 1 I, 2 I, 12 I, 13 II, 14 III, 15 II, III der Satzung.

[829] *Baldus*, aaO, S. 116.

[830] Z. B. §§ 6 KiGes, 1 II, 12 Satzung der Augustana-HSch.

[831] §§ 13, 14, 15 Satzung der Augustana-HSch. Vgl. auch *Solte*, aaO, S. 38; *Baldus*, S. 1116.

[832] Z. B. §§ 18 ff. Satzung Berlin, 4 II Satzung Bethel, 5 II Satzung Wuppertal; in Berlin ist sogar der Senator für Wissenschaft und Kunst im Kuratorium vertreten (§ 19 II Satzung Berlin).

ihm finden sich die Vertreter der tragenden Kirchen, der Hochschulleitung und ihrer Selbstverwaltungsorgane, anderer kirchlicher Gliederungen, der staatlichen theologischen Fakultäten u. a. integriert. Seine Kompetenzen sind verschieden; sie umfassen z. T. die Vertretung der Hochschule nach außen, die Vermögensverwaltung und Haushaltsführung, reichen aber z. T. auch in die typisch akademischen Aufgaben hinein.

3. Die Verbindung mit den Kirchen

Der Einfluß der Kirchen auf ihre Hochschulen ist ebenfalls in sehr verschiedener Form und Intensität geregelt. Er wird z. T. durch unmittelbare Mitwirkungs- und Aufsichtsrechte der Kirchenbehörden gesichert, denen etwa die Bestätigung der Rektorwahl, die Genehmigung von Satzungen u. a. m. obliegt[833]. Für solche Aufgaben ist nach gemeinem katholischen Kirchenrecht der Magnus Cancellarius an den kirchlichen theologischen Fakultäten als Betreuungs- und Aufsichtsorgan vorgesehen[834]. – Zum anderen wird die kirchliche Verantwortung für ihre Hochschulen in mittelbarer Weise durch die Entsendung kirchlicher Vertreter in die Entscheidungsgremien der kirchlichen Hochschule ausgeübt. So werden die Kirchen fest in die korporative Binnenstruktur der Hochschule selbst integriert, um durch die Möglichkeit kooperativer Mitverantwortung die antagonistischen Spannungen des Subordinationsverhältnisses zwischen der »Amtskirche« und ihrer Hochschule zu mildern. Gelegentlich ist der Verzicht auf eigene Mitgestaltungs- und Aufsichtsrechte der Kirchen in modischer Übertreibung so weit gediehen, daß die kirchliche Verantwortung für ihre kirchliche Hochschule de iure nicht mehr realisierbar erscheint und dadurch die Grenzen des evangelischen Kirchenverfassungsrechts tangiert werden[835].

So unterliegt die Berliner kirchliche Hochschule nach ihrer Satzung weder der Rechts- noch der Fachaufsicht der Evangelischen Kirche von Berlin-Brandenburg. Deren Kirchenleitung kann nur versuchen, über ihre beiden Vertreter im Kuratorium der Hochschule Verständnis für die geistlichen und rechtlichen Grundlagen und Grenzen zu wecken, die für die kirchliche Hochschule wie für alle anderen Einrichtungen der Kirche

---

[833] Z. B. §§ 5, 6 KiGes, 29 Satzung Augustana-HSch; 3 II, 5 II, 9 II, 23 Satzung Bethel.

[834] Artt. 12 ff. Sap.Chr.; *Schmitz*, aaO, S. 76 ff.

[835] Die grundlegenden Bekenntnisartikel (oben S. 137 f.) der Kirchenverfassung erlauben es nicht, daß kirchliche Einrichtungen von der Bindung an das Evangelium im Effekt freigestellt werden; Kirchenleitungen und Synoden können dies auch nicht mittelbar dadurch bewirken, daß sie sich kirchengesetzlich und kirchenvertraglich die Möglichkeiten zu einer Korrektur i. S. des Evangeliums verbauen. – Im staatlichen Bereich folgt die Notwendigkeit einer Aufsicht aus dem demokratischen Prinzip, weil Regierung und Parlament ihre Verantwortung vor dem Volk und deshalb ihre Kompetenzen nicht aufgeben können. Aufsichtsfreie Bereiche sind auf enge Ausnahmen beschränkt.

verpflichtend sind. Wie abnorm weit das Selbstverwaltungsrecht der Berliner kirchlichen Hochschule ausgedehnt und die (verfassungsgeforderte) Verantwortung der Berliner Kirche beschnitten worden ist, zeigt nicht nur der Vergleich mit den staatlichen Hochschulen, die selbstverständlich der Rechts- und Fachaufsicht ihres Kultusministers unterstehen. Mit der »Verantwortung« des Bischofs und der Kirchenleitung dafür, daß die Kirche ihr Wächteramt in rechter »Verkündigung des Evangeliums und in der Abwehr der Irrlehre verantwortungsbewußt ausübt«[836], dürfte auch schwer zu vereinbaren sein, daß der Kirchenleitung bei der Berufung der Professoren durch das Kuratorium lediglich eine gutachtliche Stellungnahme eingeräumt worden ist[837], während dem staatlichen Kultussenator diesbezüglich ein Zustimmungsrecht zusteht[837]. – In anderen kirchlichen Hochschulen, etwa denen von Wuppertal und Bethel, ist die selbständige Leitungsverantwortung der Kirchenleitung durch eigene Kompetenzen in den bedeutsameren Personal-, Wirtschafts- und Vermögensangelegenheiten, durch Zustimmungsrechte zu Satzungsänderungen, Prüfungsordnungen, Wahlakten, vor allem aber zur Bestellung der Hochschullehrer ausgeformt[833]. – Manche kirchlichen Hochschulen haben traditionellerweise ein relativ geringes Maß an akademischen Selbstverwaltungsbefugnissen von ihren Kirchen eingeräumt erhalten. Ihre Trägerstruktur wird dann den rechtlichen Erfordernissen einer wissenschaftsadäquaten Hochschulstruktur nur bedingt gerecht. Aber alle kirchlichen Hochschulen besitzen einen eigenen Rechtsaufbau mit gewissen korporationsrechtlichen Strukturelementen[838], die sie aus der sonstigen Behördenorganisation und Instanzenordnung ihrer Kirchen herausheben, um den Wissenschaftsbedürfnissen zu genügen.

IV. Die Freiheit der Kirche zur Hochschulgründung

1. Die kirchliche Selbstbestimmungsgarantie

Die Gründung und Unterhaltung eigener theologischer Forschungsstätten und Ausbildungseinrichtungen für ihren Nachwuchs in den kirchlichen Ämtern ist den Religionsgemeinschaften heute im Rahmen ihres Selbstbestimmungsrechtes gemäß Artt. 137 III WRV/140 GG gewährleistet. Sie gehört zu »ihren Angelegenheiten« im Sinne der Verfassung, wie immer man diesen Verfassungsbegriff definieren und begründen mag. Ob man ihn nach den traditionellen Katalogen der älteren Theorie »objektiv« aus der »Natur der Sache« zu umschreiben sucht oder mit der neueren Lehre als einen Freiheitsrahmen der weltlichen Verfassung versteht, dessen Inhalt der religiös neutrale, säkulare

---

[836] Vgl. Vorspruch und Artt. 2, 104, 112, 119 GrundO Berlin-Brandenburg.

[837] § 2 I Berliner Vereinbarung. Bei dieser kirchlichen (!) Hochschule hat also die Kirchenleitung weder ein entscheidendes Mitwirkungsrecht noch ein Beanstandungsrecht aus Lehr- und Bekenntnisgründen, wie es ihr nach dem deutschen Staatskirchenrecht sogar bei den theologischen Staatsfakultäten zustehen würde (oben S. 94 ff.).

[838] Vgl. Artt. 11 ff. Sap.Chr.; *Schmitz*, aaO, S. 73 ff.

Staat nicht selbst vorschreibt[839], sondern den Religionsgemeinschaften zur Ausfüllung nach ihren Glaubenslehren überläßt – das Ergebnis ist nicht umstritten. Zum religiösen Kernbereich des »Dogmas« und der »Lehre« gehört seine Erforschung und Entfaltung auch durch die theologische Wissenschaft. Und zum kirchlichen Verfassungsaufbau und Ämterwesen als kirchlichen Kernmaterien ist auch die Vorbildung der Geistlichen zu rechnen, die zudem mit der speziellen Garantie der freien kirchlichen Ämterbesetzung ohne Mitwirkung des Staates in engem Sachzusammenhang steht[840]. Für den Staat ist wegen seiner Verfassungspflicht zur religiös-weltanschaulichen Neutralität und Freiheitsrespektierung das Selbstverständnis der Religionsgemeinschaften über die Notwendigkeit eines eigenen kirchlichen Forschungs- und Ausbildungssystems von maßgeblichem Gewicht[841]. Unter der Geltung des Grundgesetzes sind alle einschlägigen Kulturkampf- und Kirchenkampfreminiszenzen überwunden; staatliche Untersagungsmöglichkeiten kircheneigener theologischer Ausbildungsstätten existieren nicht mehr[842]. In bewußter Abkehr hiervon haben deshalb auch einige Landesverfassungen das Recht der Kirchen zur Ausbildung ihrer Geistlichen auf eigenen Hochschulen ausdrücklich anerkannt[843]. Aber auch in den anderen Bundesländern, deren Landesverfassungen spezielle Garantien dieser kirchlichen Hochschulfreiheit nicht enthielten, stand den Kirchen die Unterhaltung eigener theologischer Ausbildungsstätten kraft der kirchlichen Selbstbestimmungsgarantie der Artt. 137 III WRV/140 GG frei, besaß diese doch als Bundesverfassungsrecht Vorrang vor den Landesverfassungen und Landeshochschulgesetzen. Deshalb war das vielberufene Hochschulmonopol[844] des Landesrechts jedenfalls den Kirchen gegenüber längst aufgebrochen, bevor es in den Hochschulreformen der 70er Jahre allgemein aufgegeben wurde[845].

---

[839] Statt anderer: *Hesse*, Das Selbstbestimmungsrecht der Kirchen, HdbStKirchR I S. 425 ff., 428; *Solte*, Theologie an der Universität S. 100 f., 109. – Vgl. auch oben S. 34 f.

[840] Dieser Sachzusammenhang wurde noch in der Weimarer Zeit mit formalistischen Argumenten geleugnet; *Christoph Link*, Staatskirchenrechtliche Probleme der nichtakademisch vorgebildeten Geistlichen, ZevKR 17, 1972 S. 256 ff., 260.

[841] BVerfGE 53, 366 ff., 399–401; auch 24, 236 ff., 246; 44, 37 ff., 49 f.

[842] Ganz h. M.

[843] Vgl. Artt. 150 Bay.Verf; 60 III Hess.Verf; 16 II Nordrh.-Westf.Verf; 42 Rhld.-Pfälz.Verf; 36 I Saarl.Verf.

[844] Zum Hochschulmonopol: *Thomas Oppermann*, Kulturverwaltungsrecht, Tübingen 1969 S. 321; *Otto Kimminich*, Wissenschaft, in: Besonderes Verwaltungsrecht, hrsg. v. Ingo v. Münch, 7. A., Berlin 1985 S. 749 ff., 760.

[845] *Solte*, Die evangelischen kirchlichen Hochschulen S. 14; vgl. auch *Baldus*, aaO, S. 1105; *ders.*, Die deutschen Ordenshochschulen, Ordenskorrespondenz 1978 S. 179, einschränkend noch *ders.*, Die philosophisch-theologischen Hochschulen S. 111.

2. Die Reichweite der kirchlichen Hochschulfreiheit

Gegenständlich erstreckt sich die kirchliche Hochschulfreiheit nach Artt. 137 III WRV/140 GG auf die Vorbildung für diejenigen kirchlichen Ämter, für die den Kirchen das Organisations-, Inhaltsbestimmungs- und Besetzungsrecht als »eigene Angelegenheit« zusteht. Aus den staatskirchenrechtlichen Normen ist ein kirchliches Hochschulwesen also nur für den kirchlichen Binnenraum, nicht aber für die allgemeinen Hochschulbedürfnisse der Gesellschaft zu begründen, die der Staat in seiner demokratischen Gemeinwohlverantwortung durch sein allgemeines Hochschulrecht zu ordnen hat. Diesem staatskirchenrechtlichen Verfassungsrahmen gemäß finden sich im Hochschulrecht der Länder bedeutsame Differenzierungen des Verwaltungstyps: Den theologischen Hochschulen, die der Vorbildung für die spezifisch kirchlichen Berufe, insbesondere der Geistlichen, dienen, wurde weithin ein Sonderstatus mit erheblichen Abweichungen vom allgemeinen staatlichen Hochschulrecht eingeräumt[846], wie noch zu zeigen ist. Hingegen sind die kirchlichen Fachhochschulen – die sich nicht auf die spezifisch kirchlichen Berufsausbildungen beschränken – den allgemeinen staatlichen Normen über die Hochschulen in nichtstaatlicher Trägerschaft unterworfen worden. Auch bei ihnen ist jedoch die Freiheit der Kirche zur eigenständigen, geistlichen Entfaltung und Wirkung in der Welt durch staatliche Berücksichtigungspflichten im Verwaltungsaufbau und -vollzug zu respektieren; die »Ausstrahlungswirkung« der Religionsfreiheit und Religionsgesellschaftsfreiheit nach Artt. 4, 140 GG bestimmt auch das allgemeine Hochschulrecht und seinen Verwaltungsvollzug.

Diese staatskirchenrechtlichen Bundesgarantien schützen nicht nur die verfaßte Kirche selbst, sondern auch alle ihre anderen Einrichtungen zur kirchlichen Aufgabenerfüllung, mögen sie nun in öffentlichrechtlichen oder in privatrechtlichen Formen organisiert sein, wie dies bei vielen Rechtsträgern der kirchlichen Hochschulen der Fall ist[847].

Inhaltlich umschließt die kirchliche Hochschulfreiheit aus Artt. 137 III WRV/140 GG mindestens das Recht der theologischen Forschung und Ausbildung der Kirchendiener. Davon zu unterscheiden ist jedoch die Frage, ob die kirchlichen Hochschulen auch mit Wirkung für den staatlichen Rechtsbereich allgemein anerkannte (bzw. angerechnete) Studiengänge und Prüfungen abhalten können, die üblichen akademischen Grade und Titel verleihen dürfen, die Einbeziehung in das öffentliche Ausbildungswesen des staatlichen Hochschulsystems fordern und die entsprechende Förderung aus öffentlichen Mitteln

---

[846] §§ 97 I Bay.HSchG; 84 II 1 Hess.HSchG; *Solte*, aaO, S. 15; *Baldus*, Kirchliche Hochschulen S. 1107.

[847] BVerfGE 24, 236 ff., 247 f.; 42, 312 ff., 334 f.; 46, 73 ff., 85 f.

beanspruchen können. Aus den allgemeinen staatskirchenrechtlichen Freiheitsgarantien sind solche öffentlichrechtlichen Forderungsrechte nicht zu begründen. Ob sie sich aus der besonderen Anerkennung der kirchlichen Hochschulfreiheit in manchen Landesverfassungen ergeben, war früher heftig umstritten[848], kann hier jedoch auf sich beruhen, weil diese Auseinandersetzung durch die Entwicklung des Hochschulrechts inzwischen weithin obsolet geworden ist.

3. Ausgestaltung und Grenzen der kirchlichen Hochschulfreiheit nach Artt. 137 III WRV/140 GG

Die kirchliche Hochschulfreiheit ist nicht unbeschränkt. Sie wird nicht allein durch kirchliche Normen und Akte geregelt. Sie erfährt – im Rahmen der Verfassung – ihre nähere Ausgestaltung und Begrenzung einerseits durch die staatlichen (Schranken-)Gesetze, andererseits durch die Kirchenverträge.

Das kirchliche Selbstbestimmungsrecht – und damit auch die aus ihm fließende kirchliche Hochschulfreiheit – unterliegt dem Schrankenvorbehalt »des für alle geltenden Gesetzes«. Durch dieses hat der Staat das Instrument, seine weltlichen Gemeinwohlbelange zu erfüllen; doch muß das Schrankengesetz seinerseits dabei den Wertgehalt der Freiheitsgarantie in abwägender Zuordnung und Wechselwirkung von Freiheit und Schranke berücksichtigen, um der Verfassung unverkürzt, ja optimierend Geltung zu verschaffen[849]. Die staatlichen Hochschulgesetze der Länder können deshalb heute zwar nicht mehr[850] das interne theologische Ausbildungssystem der kirchlichen Hochschulen staatskirchlich normieren bzw. i. S. des früheren staatlichen Hochschulmonopols ganz unterbinden, da dies die kirchliche Freiheitsgarantie verletzen und jedenfalls die Erforderlichkeit und Verhältnismäßigkeit des Eingriffs überschreiten würde. Jedoch kann der Staat das allgemeine öffentliche Ausbildungswesen, das öffentliche Prüfungs-, Titel- und Berechtigungswesen regeln[851]. Der Staat übt verfassungsgemäß seine Gesetzgebungskompetenzen auch für die Hochschulen in nichtstaatlicher Trägerschaft aus. Die Kirchen unterliegen in diesen Fragen des allgemeinen öffentlichen Ausbildungs- und Berechtigungswesens dem staatlichen Hochschulrecht als dem »für alle geltenden Gesetz«. Es

---

[848] *Solte*, aaO, S. 14 (vgl. auch *ders.*, Theologie an der Universität S. 109 gegen *Reppel*, aaO, S. 83).

[849] *Hesse*, aaO, S. 430 ff., 437.

[850] Vgl. etwa *Paul Hinschius*, Die Preußischen Kirchengesetze des Jahres 1873, Berlin 1873 S. 97 ff.; und insgesamt zur Kulturkampfgesetzgebung *Huber*, Verfassungsgeschichte Bd. 4 S. 645 ff., 712 f. Zum Kirchenkampf als Entstehungsgrund der evangelischen kirchlichen Hochschulen s. oben S. 355 ff.

[851] H. M. Statt anderer *Solte*, aaO, S. 16; *Baldus*, aaO, S. 1106 f.

obliegt der gesetzgeberischen Entscheidung des Staates, ob und unter welchen sachlichen Voraussetzungen er den Kirchen bzw. den kirchlichen Hochschulen das Recht zur Erteilung allgemeiner akademischer Grade und Titel erteilt und sie in das allgemeine, staatlich normierte Hochschulwesen integriert. Die staatliche Hochschulgesetzgebung hat, wie noch darzulegen ist, hierbei das kirchliche Selbstbestimmungsrecht im Hochschulwesen einerseits durch ihre Normativbedingungen beschränkt, andererseits durch ihre Einbeziehung in das Kulturstaatssystem auch beträchtlich gefördert und seine Entfaltungsmöglichkeiten erweitert.

4. Kirchenvertragliche Gewährleistungen

Auch die Kirchenverträge zeigen diese Ambivalenz kirchlicher Sicherung und Beschränkung.

Der katholischen Kirche bestätigt das Reichskonkordat[852] »das Recht, zur Ausbildung des Klerus philosophische und theologische Lehranstalten zu errichten, die ausschließlich von der kirchlichen Behörde abhängen, falls keine staatlichen Zuschüsse verlangt werden«. Diese ausgrenzend-distanzierende Garantie gilt freilich nur subsidiär, »soweit nicht andere Vereinbarungen vorliegen«. – Abweichungen bringt das Preußenkonkordat[853], das dem Erzbistum Paderborn und den Bistümern Trier, Fulda, Limburg, Hildesheim und Osnabrück jeweils »ein Seminar zur wissenschaftlichen Vorbildung der Geistlichen zu besitzen« gestattet, aber verlangt, daß dieses »ebenso wie den kirchlichen Vorschriften, dem deutschen Hochschulunterricht entsprechen« muß und zur Sicherung dieser Gleichwertigkeit nur Geistliche als Lehrer berufen darf, die in ihrem Fach eine den »deutschen wissenschaftlichen Hochschulen entsprechende Eignung haben«. Ausgeschlossen von dieser Konkordatsgarantie sind also die Erzdiözese Köln und die Diözesen Aachen, Berlin und Münster. – Dasselbe gilt für die Erzdiözese Freiburg: Das Badische Konkordat[854] hat vollends abweichend vom Reichskonkordat der Theologischen Fakultät der Universität das Monopol der wissenschaftlichen Theologenausbildung vorbehalten und dem Erzbischof lediglich die Unterhaltung von Konvikten und eines Priesterseminars zur praktisch-theologischen Weiterbildung erlaubt. – In das bayrische Konkordat[855] wurde die Gewährleistung der »Katholischen Universität Eichstätt« erst 1968 bzw. 1974 in mehreren Änderungen aufgenommen, wobei ihr auch die Verleihung akademischer Grade zugestanden worden ist.

Der evangelischen Kirche fehlt fast durchweg eine kirchenvertragliche Garantie der kirchlichen Hochschulen. Bedeutsam ist die Berliner Vereinbarung vom 2. 7. 1970,

---

[852] Art. 20, *W. Weber*, aaO, Bd. 1 S. 23.

[853] Art. 12 Abs. 2, *W. Weber*, aaO, S. 75. – Hinsichtlich der Ordenshochschulen wurden keine solchen konkordatären Einschränkungen gemacht, *Baldus*, aaO, S. 1109.

[854] Art. IX, *W. Weber*, aaO, S. 107.

[855] Vertrag v. 7. 10. 1968, AAS 61, 1969 S. 163; Bay.GVBl S. 398. Vertrag v. 4. 9. 1974 zur Änderung des Bay.Konk v. 29. 3. 1924, AAS 66, 1974 S. 601, Bay.GVBl S. 54; Vertrag v. 7. 7. 1978 zur Änderung des Bay.Konk v. 29. 3. 1924, AAS 70, 1978 S. 770, Bay.GVBl S. 673; Notenwechsel v. 1./5. 3. 1980, Bay.GVBl S. 150. Art. 5 § 1, 4 Bay.Konk.

durch die das Land Berlin die kirchliche Hochschule Berlin als wissenschaftliche Hochschule mit den »Funktionen einer Evangelisch-theologischen Fakultät« anerkennt und ihr das Promotionsrecht und Habilitationsrecht verleiht[856]. Im übrigen hat nur der Lippische Kirchenvertrag der Landeskirche garantiert, »eine Anstalt mit Hochschulcharakter zur wissenschaftlichen Ausbildung ihrer Geistlichen zu errichten und zu unterhalten«[857]; dies ist jedoch bisher nicht erfolgt und nicht beabsichtigt.

Die Rechtsbedeutung dieser kirchenvertraglichen Gewährleistungen ist verschieden: Nur diejenigen für Eichstätt und Berlin vermitteln einen Hochschulstatus, der dem des weltlichen Rechts entspricht, insbesondere auch das den staatlichen Hochschulen zukommende akademische Berechtigungswesen garantiert. Im übrigen enthalten sie eine klarstellende vertragliche Bekräftigung der Selbstbestimmungsgarantie der Religionsgemeinschaften in Artt. 137 III WRV/140 GG, der keine zusätzliche inhaltliche Rechtswirkung mehr zuzumessen ist[858]. Selbst die vertragliche Beschränkung des Rechts der kirchlichen Hochschulgründung auf die im Preußenkonkordat aufgeführten Diözesen dürfte den anderen Diözesen heute nicht verwehren, eigene theologische Ausbildungsstätten gemäß Artt. 137 III WRV/140 GG zu errichten, auch wenn dies nicht zusätzlich vertraglich zugesichert ist[859].

5. Kirchenvertragliche Beschränkungen

Gewisse Schranken der kirchlichen Hochschulfreiheit ergeben sich jedoch aus anderen Kirchenvertragsbestimmungen, insbesondere aus der Garantie der theologischen Staatsfakultäten und aus dem »Triennium«.

Wenn Staat und Kirchen in den Konkordaten bzw. Kirchenverträgen die Erhaltung der theologischen Fakultäten an den staatlichen Universitäten ausbedungen haben, so folgt daraus auch für die Kirchen die vertragliche Nebenpflicht, die Existenz und Funktionsfähigkeit dieser theologischen Staatsfakultäten nicht zugunsten der eigenen kirchlichen Hochschulen zu gefährden oder wesentlich zu beeinträchtigen: Sowohl rechtliche Maßnahmen – wie kirchliche

---

[856] § 1 I, vgl. S. 360 Anm. 812.

[857] Art. 11 Nr. 6, *W. Weber*, aaO, Bd. 1 S. 264. Indirekt setzen der Hess. und Rhld.-Pfälz.KV in ihren Bestimmungen über das Triennium die Existenz kirchlicher Hochschulen voraus.

[858] Die vertraglichen Gewährleistungen eigener kirchlicher theologischer Ausbildungsstätten sind also seit 1945 weithin überholt durch die freiheitliche, sinngerechte Auslegung der kirchlichen Selbstbestimmungsgarantie der Artt. 137 III WRV/140 GG.

[859] Ein ausdrücklicher Verzicht der Kirche hierauf ist in diesem Konkordat nicht ausbedungen worden. Die vertragliche Gewähr der Hochschulgründung für die dort ausdrücklich genannten Diözesen war als Ausnahme vom damals geltenden (bzw. angenommenen) Hochschulmonopol des Staates zu verstehen, das inzwischen in Fortfall kam. Deshalb ist die Konstruktion eines weiterreichenden und fortdauernden kirchlichen Verzichtes hinsichtlich der damals nicht genannten Diözesen heute doppelt unhaltbar.

Verbote des Studiums an den staatlichen Fakultäten oder die Nichtanerkennung ihrer Studiengänge und Prüfungen[860] – als auch eine faktische Verdrängungskonkurrenz durch die kircheneigenen Hochschulen würden als Vertragsverletzung gegen das positive Recht verstoßen[861]. Sie würden auch die Verfassungsgarantien der theologischen Fakultäten in ihren tieferen Legitimationsgrundlagen bedrohen und das sensible kulturpolitische und kirchenpolitische System des Staatskirchenrechts empfindlich stören. Theologische Fakultäten können nicht sinnvoll leben und wirken, wenn ihnen die Kirchen den theologischen Nachwuchs abschnüren.

Die rechtliche Begründung muß hier freilich differenzieren: Im modernen weltlichen Verfassungsstaate haben zwar die staatlichen Rechtsgarantien zugunsten der Religionsgemeinschaften durchweg den Rechtscharakter von Angeboten, nicht von Geboten[862]. Der weltliche Staat kann wegen der Beschränkung seiner Staatsaufgaben und Kompetenzen auf den Bereich und die Belange des Weltlichen den Religionsgemeinschaften nur Freiheitsrechte und Förderungen zur eigenverantwortlichen religiösen Entfaltung anbieten, diese jedoch nicht etatistisch-fremdbestimmt gebieten. Ein rechtlicher Zwang zur Benützung der staatlichen Theologenfakultäten, wie er z. B. im Kulturkampf durch das preußische Gesetz über die Vorbildung und Anstellung der Geistlichen vom 11. 5. 1873 zur liberalen Zwangsbekehrung der katholischen Kirche praktiziert wurde, würde den religiösen Freiheitsgarantien des Grundgesetzes widersprechen[862]. – Die Kirche kann sich aber ihrerseits freiwillig entschließen, ihre Theologenausbildung an den staatlichen Universitäten zu belassen, wenn deren theologische Fakultäten dem Maßstab ihres Verständnisses der göttlichen Offenbarung im Evangelium entsprechen und dem praktischen Bedürfnis der Zurüstung auf das geistliche Amt genügen[863]. Schon die Bestandsgarantien der theologischen Fakultäten in den Landesverfassungen beruhen in ihrer rechtspolitischen Herkunft und kulturpolitischen Zukunft wesentlich auf dem Wunsche der Kirchen nach ihrer Erhaltung und auf der Erwartung des Staates nach ihrer

---

[860] Oben S. 62 ff.

[861] Ähnlich *Solte*, aaO, S. 17.

[862] Oben S. 32, 334, 364 f. Vgl. schon *Otto Mayer*, Staat und Kirche, in: Realencyklopädie für protestantische Theologie und Kirche, 3. A., Bd. 18, Leipzig 1906 S. 719: »Den Katholizismus geistig beeinflussen und gleichsam erziehen zu wollen, ist überhaupt eine Aufgabe, der unsere Staatskunst niemals gewachsen sein wird«; *Link*, aaO, S. 260.

[863] Die Verfassungsgarantie der kirchlichen Selbstbestimmung nach Artt. 137 III WRV/140 GG hat zwar Vorrang vor jedem Kirchenvertrag und (ihn transformierenden) Vertragsgesetz. Aber die Verfassungsgarantie verbietet nicht einen begrenzten Verzicht der Kirchen auf ihre Ausbildungsfreiheit, soweit er freiwillig und aus eigenem kirchlichem Interesse vorgenommen wird. *Paul Mikat*, Kirchen und Religionsgesellschaften, in: Die Grundrechte, hrsg. v. Bettermann, Nipperdey, Scheuner, Bd. IV, 1 Berlin 1960 S. 183; *Link*, aaO, S. 273; mit Eingrenzung *Hollerbach*, Verträge S. 135.

effektiven Benützung; sie verlieren ihre faktischen und tieferen rechtlichen Existenz- und Funktionsvoraussetzungen, wenn sich dies nicht mehr realisiert.

Das »Angebot« des Staates in diesen Verfassungsgarantien wurde sodann in den Kirchenverträgen rechtlich-positiviert wiederholt und von den Kirchen rechtsverbindlich angenommen[864]. Die Erhaltung und Benützung der theologischen Fakultäten ist damit aus einer rechtspolitischen Voraussetzung zu einer rechtlichen Pflicht auch der Kirchen geworden. Ihr Umfang ist zwar vertraglich nicht exakt abgegrenzt; ihre Grenze mag deshalb im einzelnen schwer zu bestimmen sein. Aber nach Wortlaut, Vorverhandlungen, Zweck und Sinn ist es den Kirchen keineswegs gestattet, den staatlichen Fakultäten »die« wissenschaftliche Vorbildung ihrer Geistlichen als eine Normalform des kirchlichen Ausbildungswesens zu entziehen. Nach dem derzeitigen Stand ist dies freilich weder quantitativ noch qualitativ zu befürchten.

Diese Pflicht der Kirchen zur Respektierung und Inanspruchnahme der theologischen Fakultäten ist also formell wenig präzise ausgeformt, materiell aber von um so größerem Gewicht unter verschiedenen Aspekten: Verklungen ist zwar (1.) die alte, originär religiöse Verantwortung des (»christlichen«) Staates für die öffentliche Geltung der (allein) wahren Lehre i. S. des öffentlichen, privilegierten Staatsbekenntnisses, wie sie in paritätischer Erweiterung auf die beiden Großkirchen noch bis 1918 stark in der Kultusverwaltung nachwirkte. Desgleichen (2.) die säkularisiert-utilitarische Inanspruchnahme der Geistlichkeit und staatlichen Geistlichenausbildung durch die Aufklärung für die diesseitige »Glückseligkeit« und moralisierend-rationalistische Weltverbesserung[865] unter Absage an die Orthodoxie. Ebenso (3.) der liberal sublimierte Polizeiaspekt der Kulturkampfmaßnahmen, die der Abwehr »jesuistischer Moralvorstellungen und . . . Befeindung des Staates« dienten[866], damit den Sieg des politischen Liberalismus und des Hegelschen Staatsgedankens über die Sozial- und Naturrechtslehre des Neuthomismus juristisch-akademisch sichern sollten. – Gültig hingegen blieb die Begründung (1.) aus dem umfassenden Kulturstaatsauftrag des Staates[867], der ja in Deutschland stets bestimmend war, deshalb auch die Theologie als Wissenschaft um ihrer selbst wie auch um ihrer interdisziplinären Verbindungen willen an der Staatsuniversität erhielt. Sodann (2.) aus kultur- und sozialpolitischen Zielsetzungen allgemeiner Art; der Staat war und ist legitimerweise daran interessiert, daß die Qualifikationsvoraussetzungen für die Leitungs- und Seelsorgeämter der Großkirchen erhalten bleiben, denen als Trägern öffentli-

---

[864] Vgl. Artt. 12 Preuß.Konk, 11 Preuß.KV: »Für die wissenschaftliche Vorbildung der Geistlichen bleiben die katholisch-theologischen (bzw. evangelisch-theologischen) Fakultäten an den Universitäten . . . bestehen.« Ebenso die anderen Konk und KV, *W. Weber*, aaO, S. 75, 171.

[865] Vgl. ALR Th. II Tit. 11 § 13: »Jede Kirchengesellschaft ist verpflichtet, ihren Mitgliedern Ehrfurcht gegen die Gottheit, Gehorsam gegen die Gesetze, Treue gegen den Staat und sittlich gute Gesinnung gegen ihre Mitglieder einzuflößen«; *Link*, aaO, S. 257 ff.

[866] *Richard Dove*, Das Verhältnis des Staates zu der wissenschaftlichen Vorbildung der Geistlichen, Zeitschrift für Kirchenrecht 15, 1880 S. 411 ff., 435; *Hinschius*, Staat und Kirche S. 287 f.; *Wilhelm Kahl*, Aphorismen zur Trennung von Staat und Kirche, Berlin 1908 S. 27; *Solte*, Theologie an der Universität S. 101; *Link*, aaO, S. 259.

[867] Oben S. 17 ff., 23 ff.

cher Verantwortung in zahlreichen öffentlichen Institutionen bedeutsame Wirkungsmöglichkeiten eingeräumt worden sind[868]. Dem korrespondiert (3.) das vitale Interesse
der Kirchen an der Erhaltung der Theologie an der Universität; die Sicherung des
geistigen Niveaus der theologischen Forschung und Ausbildung, ihre Befruchtung durch
die Nachbarwissenschaften, ihre Ausstrahlung in die geistige Welt und nicht zuletzt die
finanziellen Bürden der modernen Wissenschaftspflege begegnen sich hier. Hinzu treten
besondere Argumente des Rechtssystems: So ist (4.) die Mitwirkung der Kirchen bei der
Bestellung des theologischen Lehrkörpers[869] nur dann gerechtfertigt, wenn die Kirchen
dessen Forschungs- und Ausbildungsfunktionen tatsächlich in Anspruch nehmen. Dasselbe gilt (5.) von den kirchlichen Mitwirkungs- und Berücksichtigungsrechten bei Erlaß
der Prüfungs- und Studienordnungen[870], teilweise auch von deren inhaltlicher Ausgestaltung, etwa bei den konfessionsqualifizierten Zulassungsvoraussetzungen im kirchlichen Prüfungswesen. Auch (6.) die Staatsleistungen für Besoldungs- und Versorgungs-
zuschüsse zu kirchlichen Ämtern[871] basieren weithin auf der tatsächlichen Inanspruchnahme der wissenschaftlichen Theologenausbildung. Ihre Berechnungsgrundlage sind
die Aufwendungen für den akademisch ausgebildeten Geistlichen; sie werden von der
Kirche einseitig und nicht vertragskonform verschoben, wenn sie sich zu diesen Sätzen
einen clerus minor ohne die beiderseits vorausgesetzte Qualifikation und Aufwendung
für den »höheren Dienst« hält.

Zwei Fragen sind in diesem Zusammenhang – schärfer als zumeist geschieht –
zu unterscheiden: (1.) Ob die Theologenausbildung an staatlichen oder an
kirchlichen Hochschulen erfolgt, (2.) ob sie ausschließlich an wissenschaftlichen oder auch an nichtwissenschaftlichen Einrichtungen geschehen darf. Die
erste Frage hatte seit Generationen heftige Auseinandersetzungen hervorgerufen. Sie hat sich jedoch inzwischen entspannt, da der Staat die Universitätsausbildung der Theologen heute nicht mehr erzwingt, die kirchlichen Hochschulen
aber selbst universitären Maßstäben zu genügen suchen und deshalb von der
Homogenität der staatlichen und kirchlichen Theologenausbildung ausgegangen werden darf[872]. So ist die staatliche Anerkennung von Studienzeiten und
Leistungen an den kirchlichen Hochschulen heute unproblematisch geworden.
– Hingegen bleibt die zweite Frage prekär: Die Anerkennung unwissenschaftli-
cher theologischer Ausbildungsstätten als Einrichtungen des ordentlichen theologischen (Mindest-)Studiums widerstreitet dem geltenden deutschen Hochschulrecht und Staatskirchenrecht[873]. Der Staat und auch die Kirchen sollten

---

[868] *Link*, aaO, S. 273.
[869] Oben S. 47 ff., 87 ff.
[870] S. 220, 266, 275 ff., 294 ff.
[871] Artt. 13 § 1, 14 § 3 Bay.Konk; 26 I, 30 Bay.KV; 19 I, 23 Pfälz.KV; 9 I Preuß.Konk; 8 I
Preuß.KV; VII Bad.Konk, V Bad.KV; 3 I Nieders.Konk; 9 I Lipp.KV, vgl. *W. Weber*, aaO, Bd. 1
S. 49, 157 f.; 165 f.; 73, 170; 105, 192; 262; Bd. 2 S. 70; *Solte*, aaO, S. 103; *Link*, aaO, S. 274.
[872] Oben S. 364 ff., 354 ff.
[873] Zu den Auseinandersetzungen in der Württembergischen Landeskirche über die Frage der
Anerkennung der Ausbildungsgänge der Freien Evangelisch-theologischen Akademie (FETA)
Basel, die als Gegengründung bzw. Korrekturinstrument zu den evangelisch-theologischen Fakul-

davon aus den genannten Gründen Abstand nehmen, auch wenn sich ein entsprechendes Verlangen aus der Ökumene oder auch aus manchen fundamentalistischen Kreisen verstärkt[874].

Das Triennium stellt eine traditionelle Ausformung jener Pflicht der Kirchen zur Respektierung der theologischen Fakultäten dar: Die Kirchen werden dadurch verpflichtet, ein dreijähriges (bzw. vierjähriges) Studium der Theologie an einer deutschen staatlichen Hochschule als Anstellungsvoraussetzung für das Kirchenleitungs- und Pfarramt zu verlangen[875].

Als Teilstück des staatskirchenrechtlichen Gesamtzusammenhanges ist es trotz seiner vagen Auflockerung und seiner landesrechtlichen wie landeskirchlichen Zersplitterung nicht isoliert zu verstehen und in der juristischen Argumentation weder zu überfrachten, noch auch zu unterschätzen[876]. Vor einem Jahrhundert wurde es im Kulturkampf als einseitiges Staatsdiktat eingeführt und von der Lehre mittels der »Korrelatentheorie« noch über den Verfassungsumbruch von 1919 hinweg fragwürdig verteidigt; doch wurde es dann durch die Konkordate und Kirchenverträge auf der Grundlage des staatlichen wie kirchlichen Interesses und Einvernehmens unanfechtbar stabilisiert. Entgegen einer verbreiteten Ansicht stand es der Errichtung theologischer Hochschulen schon in der Weimarer Zeit nicht entgegen[877]; als bloße Mindeststudiennorm konnte es ein staatliches Theologenausbildungsmonopol keineswegs begründen, sondern ließ für ein kirchliches Ergänzungsstudium Raum. Und schon in den Verträgen bzw. Schlußprotokollen wurde das Triennium aufgeweicht durch zahlreiche Ausnahmen und Dispensmöglichkeiten. So wurde weithin das Studium an den kirchlichen und auch an ausländischen Hochschulen dem deutschen Universitätsstudium generell gleichgesetzt oder doch bei staatlichem und kirchlichem Einverständnis als Ersatz anerkannt[875]. Die Ausnahmen sind seither verschiedentlich erweitert worden; soweit die Kirchenbehörden und Kultusverwaltungen die Bindungen der Kirchenverträge eigenmächtig übertreten hatten, wurden diese Ver-

---

täten und kirchlichen Hochschulen entstand und wirkt, vgl. die Verhandlungen der 8. Evang. Landessynode, 25. Sitzung vom 28. 11. 1974, S. 1033 ff.; 29. Sitzung v. 14. 5. 1975, S. 1162 ff.; 30. Sitzung v. 11. 9. 1975, S. 1204 ff. Die Evang.-theol. Fakultät Tübingen hat dabei ein ablehnendes Memorandum des Verf. v. 6. 5. 1975 zu ihrem Beschluß erhoben und (S. 118) durch ihren Synodalvertreter in die Synodaldebatten eingebracht.

[874] Über den – nur ausnahmsweise geöffneten – Weg der nichtakademischen Geistlichen (»Hilfsgeistlichen«, »Hilfskräfte« im pfarramtl. Dienst« usw.) in den Pfarrdienst vgl. etwa Artt. 9 I Preuß.KV; 9 S. 2 Nieders.KV; 10 Ziff. 1 Lipp.KV; 11 I Hess.KV; 10 I Preuß.Konk.; 3 I Nieders. Konk, W. Weber, aaO, Bd. 1 S. 171, 216, 263; 74; Bd. 2 S. 70; Link, aaO, S. 267.

[875] Artt. 14 Reichskonk; 13 § 1 Bay.Konk; 9 Preuß.Konk; VII Bad.Konk; 26 Bay.KV (vierjähriges Studium!); 8 Preuß.KV; V Bad.KV; 9 Nieders.KV; 10 Schlesw.-Holst.KV; 9 Lipp.KV; 11 Hess.KV; 12 Rhld.-Pfälz.KV, vgl. W. Weber, aaO, S. 20, 49, 73, 106; 157, 170, 192, 215, 238, 262, 276; Bd. 2 S. 199.

[876] Etwa einerseits W. Weber, Der gegenwärtige Status der Theologischen Fakultäten und Hochschulen S. 310 f.; ders., Rechtsfragen der kirchl. Hochschulen S. 351 ff., auch in: ders., Staat und Kirche S. 95 ff., 140 ff.; Solte, aaO, S. 103 ff.; andererseits hat sich die kirchliche Praxis der vertraglichen Dispensmöglichkeiten in freizügigster, das theologische Ausbildungssystem des Staatskirchenrechts bedrohender Weise bedient. Solte, aaO, S. 105; Link, aaO, S. 265.

[877] G. Heckel, aaO, S. 44; Solte, S. 104 Anm. 12 gegen W. Weber, Der gegenwärtige Status S. 310.

letzungen inzwischen weithin durch Vertragsänderungen mit neuen Dispensationser-
mächtigungen überholt[878]. Die evangelischen Kirchenverträge haben zwar insgesamt das
Triennium strenger formuliert als die Konkordate, weil sie die staatliche Theologenfakultäten traditionsgemäß noch stärker favorisieren und den kirchlichen Hochschulen
deshalb reservierter gegenüberstehen. Dennoch sind auch sie soweit gelockert, daß ein
theologisches Studium in Ausnahmefällen mit staatlichem Einvernehmen sogar ausschließlich an den kirchlichen Hochschulen abgeleistet werden darf und die Kirche dies
als Ausnahmevoraussetzung für das Pfarramt anerkennen kann.

Diese kirchenvertraglichen Möglichkeiten haben die evangelischen Landeskirchen in
ihrem innerkirchlichen Recht sehr verschieden realisiert. Manche kirchlichen Prüfungsordnungen fordern noch das Triennium und gestatten nur eine zusätzliche Studienzeit an
den kirchlichen Hochschulen, andere haben deren Studiengänge denjenigen der staatlichen Fakultäten als Zulassungsvoraussetzung vollständig gleichgestellt[879]. Die Kirchen
sollten jedoch in ihrer landeskirchlichen Prüfungsordnung und -praxis den Zusammenhang ihrer Einzelentscheidungen mit dem Gesamtsystem des Staatskirchenrechts im
Blick behalten und die Erhaltung der theologischen Fakultäten nicht durch eine Präva-
lenz der kirchlichen Hochschulen unterminieren. Die Dispensationsmöglichkeit vom
Triennium ist als Ausnahmeregelung gefaßt, die insbesondere auf Einzelfälle abgestellt
ist, jedoch keineswegs die staatlichen Theologenfakultäten als Institution dadurch zur
Disposition kirchlicher Behörden stellt, daß sie die Ausnahme zur Regel machen dürften. Ein krasser Widerspruch zum Kirchenvertragssystem würde vollends dann eintreten, wenn die Kirchen auch das Studium an irgendwelchen nichtwissenschaftlichen (zum
Teil obskuren) auswärtigen Theologenschulen mit dem staatlichen Universitätsstudium
gleichstellen würden, obgleich die kirchenvertraglichen Dispensationsklauseln diese
Dispensation nur für die wissenschaftlichen kirchlichen Hochschulen auf der Grundlage
homogener wissenschaftlicher Gleichwertigkeit eröffnet haben.

V. Die staatliche Kulturverantwortung
hinsichtlich der kirchlichen Hochschulen

Der moderne Kulturstaat sucht den differenzierten Bedürfnissen der Wissenschaft und der pluralistischen Gesellschaft heute durch eine prinzipielle Modifizierung seines Hochschulrechts Rechnung zu tragen, die noch kaum gebührend
zur Kenntnis genommen worden ist. Einerseits wird die exklusive Staatlichkeit
des Hochschulwesens in neuartiger Liberalität aufgegeben und den nichtstaatlichen Wissenschaftsaktivitäten ein weiter Raum zur autonomen institutionellen
Entfaltung dargeboten. Andererseits werden die nichtstaatlichen Wissenschaftseinrichtungen neu in die umfassende staatliche Wissenschaftspflege einbezogen und mit dem staatlich normierten Bildungssystem verflochten, wenn

---

[878] Dazu *Solte*, Die evangelischen kirchlichen Hochschulen S. 21 Anm. 64, 66; überholt *Link*,
aaO, S. 264 ff.
[879] Einzelnachweise bei *Solte*, aaO, S. 21 f. Anm. 67, 68.

sie bestimmte Sachvoraussetzungen erfüllen[880]. Auch den Kirchen ist die Integration in dieses neue Verbundssystem von Staat und Gesellschaft auf dem Felde der Wissenschaft eröffnet. Dabei sind sie teilweise in dessen allgemeine Strukturen eingegliedert und insoweit den anderen Kräften der Gesellschaft gleichgestellt; teilweise aber kommt den Kirchen ein Sonderstatus im Hochschulrecht zu, der sich aus der Einwirkung der besonderen staatskirchenrechtlichen Garantien und Funktionen auf das allgemeine Hochschulrecht ergibt[881].

1. Die Aufhebung des staatlichen Hochschulmonopols

Das neuere deutsche Hochschulrecht hat also mit dem Prinzip der Staatlichkeit des deutschen Hochschulwesens gebrochen: Das traditionsreiche »institutionelle Hochschulmonopol« des Staates ist gefallen. Es hatte zwar auch vorher nicht ausnahmslos gegolten, da es seit geraumer Zeit einige nichtstaatliche Hochschulen[882] gab, von den kirchlichen Hochschulen ganz abgesehen[883]. Aber die Entscheidung für die Staatlichkeit der Hochschulen hatte doch als beherrschender Grundsatz das deutsche Hochschulrecht bestimmt[884]. Seit 1969 hat die Hochschulgesetzgebung der einzelnen Bundesländer dieses System mehr und mehr verlassen; das Hochschulrahmengesetz vom 26. 1. 1976 hat schließlich bundesweit die Länder zur Zulassung und Anerkennung nichtstaatlicher Hochschulen ermächtigt[885]. Diese Entwicklung wurde vor allem durch

---

[880] Die Rechtslage ist im Einzelnen sehr vielgestaltig, da hier die Rahmennormen des Bundes, die verschiedenen hochschulrechtlichen und staatskirchenrechtlichen Regelungen der Länder und die kirchen- und hochschulrechtlichen Gestaltungen der katholischen bzw. evangelischen Kirchen jeweils ineinandergreifen.

[881] Auch hier bestätigt sich der allgemeine Befund des Staatskirchenrechts, daß die Kirchen sich teilweise der allgemeinen bürgerlichen und staatsbürgerlichen Freiheitsformen, insbesondere der allgemeinen Grundrechte bedienen, teilweise aber die besonderen, für die Erfüllung religiöser Bedürfnisse geschaffenen Formen des Staatskirchenrechts benützen. Dazu *Scheuner*, Schriften zum Staatskirchenrecht S. 150, 177, 181, 224; *M. Heckel*, Die Kirchen unter dem Grundgesetz S. 18 ff., 42 ff. Die besonderen religiösen Bedürfnisse können auch in der allgemeinen rechtlichen Form erfüllt werden, weil die Säkularisierung der Rechtsform keineswegs eine Säkularisierung der geregelten Gehalte nach sich zieht, wenn die Rechtsform liberal offen ausgestaltet ist. Vgl. oben S. 43 f., 239 f., auch S. 29.

[882] *Dallinger*, in: *Dallinger, Bode, Dellian*, Hochschulrahmengesetz, Tübingen 1978 Rdnr. 4, 5 zu § 70 S. 394; *Wolff-Bachof*, Verwaltungsrecht, Bd. 2, 4. A., München 1976 § 93 IV a 3, 4; *Gerber*, Das Recht der wissenschaftl. Hochschulen S. 97 ff.; *Thieme*, Deutsches Hochschulrecht S. 113; *Otto Kimminich*, Wissenschaft, in: Besonderes Verwaltungsrecht, hrsg. v. I. v. Münch, 7. A., Berlin 1985 S. 762 f., 765 f. (z. B. Hochschule f. Politik in Berlin; Handelshochschulen in Berlin und Königsberg; verschiedene Sozialakademien u. a.).

[883] Oben S. 365.

[884] Insoweit richtig *Oppermann*, aaO, S. 321.

[885] § 70 I HRG. – Der literarische Streit über die Existenz des staatlichen Hochschulmonopols ist damit durch die Gesetzgebung entschieden. Das Bundesrecht bringt freilich nur eine Ermächtigung der Länder zur Zulassung privater Hochschulen nach Landesrecht, nicht aber die einheitliche

die Erhebung der – von privaten Trägern unterhaltenen – höheren Fachschulen
in Fachhochschulen vorangetrieben. Daneben haben auch die kirchlichen
Hochschulen (in umstrittener Weise und Wertung) als Eisbrecher zur neuen
allgemeinen Hochschulfreiheit geführt.

Beseitigt ist das staatliche Hochschulmonopol freilich nur hinsichtlich der Errichtung
der Hochschulen durch nichtstaatliche Träger. Hinsichtlich der Regelung ihrer Rechtsverhältnisse besteht die staatliche Gesetzgebungskompetenz (das »Hochschulmonopol«
des Staates) natürlich verfassungsgemäß fort. Das Hochschulrahmengesetz und die
Hochschulgesetze der Länder haben in detaillierten Bestimmungen geregelt, welchen
Rechtsstatus unter welchen Voraussetzungen die nichtstaatlichen Hochschulen erlangen
können[886]. Für seine Ausgestaltung sind gewisse Grundsätze des Privatschulrechts auf
die Ebene des Hochschulrechts übernommen worden. Wie die Privatschulen als »Ersatz-
schulen« öffentlich anerkannt und gefördert werden können, wenn ihre Qualifikation
und Funktion derjenigen der öffentlichen Schulen gleichwertig ist, so hat dies auch im
Recht der nichtstaatlichen Hochschulen zu analogen Rechtsformen und Rechtsproble-
men eines »Ersatzhochschulrechts« geführt[887].

2. Die Einbeziehung nichtstaatlicher Hochschulen in das öffentliche Bildungswesen

Durch das Rechtsinstitut der »Anerkennung« können die nichtstaatlichen
Hochschulen die Gleichstellung ihrer Studiengänge, Abschlußprüfungen und
akademischen Grade mit denjenigen der staatlichen Hochschulen erlangen[888].
Für eine nichtstaatliche Hochschule ist diese Anerkennung vielfach existenzent-
scheidend, da sie nur so ihren Studierenden diejenigen Berufsausbildungen und

---

Einführung des neuen Systems der privaten Hochschulfreiheit durch Bundesgesetz. Außer Bremen
haben alle Bundesländer davon Gebrauch gemacht. §§ 128 Bad.-Württ.UG; 89–92 Bad.-Württ.
FachHSchG; 91 ff., 102 Bay.HSchG; 163–167 Berl.HSchG; 143 f. Hamb.HSchG; 34–41 Hess.
FachHSchG; 126–133 Nieders.HSchG; 114–118 Nordrh.-Westf.WissHSchG; 115– 117 Rhld.-
Pfälz.HSchG; 84–88 Rhld.-Pfälz.FachHSchG; 81–85 Saarl.FachHSchG; 106–112 Schl.-
Holst.HSchG. – Vgl. *Dieter Lorenz*, Andere nichtstaatliche Hochschulen, HdbWissR Bd. 2, Berlin
1982 S. 1131 ff.; *Jürgen Heidtmann*, Grundlagen der Privathochschulfreiheit, iur. Diss. Berlin 1980
S. 6 ff.; *Werner Münch*, Zur Entwicklung . . . der kirchlichen Fachhochschulen, in: *Herkenrath-
Münch*, Alternative: Hochschule in freier Trägerschaft, Hildesheim 1978 S. 7 ff.

[886] Auch die Kirchen sind an diese allgemeinen hochschulrechtlichen Regelungen gebunden, da
ihre kirchliche Selbstbestimmung insoweit durch die allgemeinen Schrankengesetze beschränkt ist.
Vgl. o. S. 35, 367.

[887] *Axel v. Campenhausen*, Erziehungsauftrag und staatliche Schulträgerschaft, Göttingen 1967
S. 55 ff., 62, 109 ff., 113; *Christian Starck*, Freiheitlicher Staat und staatliche Schulhoheit, in:
Essener Gespräche 9, Münster 1975 S. 9 ff., 18 ff., 30 ff.; *Jochen A. Frowein*, Zur verfassungsrechtli-
chen Lage der Privatschulen unter besonderer Berücksichtigung der kirchlichen Schulen, Berlin
1979 S. 10 ff.; *Friedrich Müller*, Das Recht der freien Schule nach dem Grundgesetz, Berlin 1980
S. 121 ff.

[888] § 70 I, III HRG. *Dallinger*, aaO, Rdnr. 6 S. 396; *Baldus*, aaO, S. 1111; *Kimminich*, aaO,
S. 917; *Solte*, aaO, S. 26.

Abschlußzeugnisse vermitteln kann, die allgemein als Eintrittsvoraussetzungen in die akademischen Berufe des Staates und der Gesellschaft »zählen« und deshalb die nichtstaatlichen Hochschulen konkurrenzfähig mit den staatlichen Hochschuleinrichtungen werden lassen. Erst dadurch wird die Gründungsfreiheit der nichtstaatlichen Hochschulen zur breiten Entfaltungsfreiheit gesteigert. Diese Anerkennung führt über die schmalen wissenschaftlichen Fortbildungs- und Ergänzungsfunktionen im Binnenbereich des Hochschulträgers hinaus und gibt der »staatlich-anerkannten Hochschule« den vollen Eintritt in den Kreis der öffentlichen Hochschulen frei. Die Gesetzgebung hat sich durch diese neuen Formen für ein System der pluralistischen Offenheit des gesamten Hochschulwesens im Lande entschieden.

Diese bundesgesetzliche Ermächtigung des Landesgesetzgebers hat mithin den alten wissenschaftlichen Streit entschieden, ob der Staat überhaupt nichtstaatlichen Einrichtungen derartige Rechte verleihen könne[889]. Erledigt hat sich damit auch die literarische Auseinandersetzung, ob die Anerkennung kirchlicher Hochschulen in manchen Landesverfassungen bzw. Staatskirchenverträgen auch deren Recht umschließe, Hochschulprüfungen und akademische Graduierungen mit allgemeiner Rechtswirksamkeit im staatlichen Hochschulbereich vorzunehmen, also auch konkurrierend mit (und gültig für) die theologischen Staatsfakultäten zu promovieren und zu habilitieren[890]. Das Bundesrahmenrecht hat diese lange und heftig umstrittenen landesrechtlichen Interpretationsprobleme durch seine Bestimmungen heute differenzierend gelöst[891].

Die nichtstaatlichen Hochschulträger, darunter auch die Kirchen, besitzen zwar volle Entscheidungsfreiheit, ob sie diesen öffentlichen Status der »staatlich anerkannten Hochschule« in Anspruch nehmen oder sich auf ihren begrenzten Binnenbereich beschränken wollen. Entschließen sie sich aber für das erstere, so müssen sie sich den entsprechenden Sachanforderungen des öffentlichen Hochschulwesens anpassen.

Die allgemeine Voraussetzung dieser »Anerkennung« ist die Gleichwertigkeit: Die Ausbildungsstandards der nichtstaatlichen Hochschulen müssen denen der staatlichen Hochschulen entsprechen[891]. Dieses »Homogenitätsgebot« ist näher aufgefächert, was die Studienziele, die Studiengänge, die Qualifikation

---

[889] *Dallinger*, aaO, Rdnr. 6 S. 396; *Manfred Erhardt*, Stiftungsuniversität bürgerlichen Rechts?, WissR 1970, S. 97, 105.

[890] *W. Weber*, Rechtsfragen S. 355 ff.; *ders.*, Der gegenwärtige Status S. 320 ff. (in: *ders.*, Staat und Kirche S. 144 ff., 108 f.); *G. Heckel*, aaO, S. 102 ff.; *Konrad Hesse*, Die Entwicklung des Staatskirchenrechts seit 1945, Jahrb.d.Öff.R.n.F. 10, 1961 S. 47; *Thieme*, aaO, S. 124; *Reppel*, aaO, S. 131 ff.; *Tenbörg*, aaO, S. 58 ff.; *Solte*, Theologie an der Universität S. 243 ff.; *ders.*, Die evang. kirchl. Hochschulen S. 32 f.; *Baldus*, aaO, S. 1113. – Zum analogen Streit um den Professorentitel *W. Weber*, Rechtsfragen S. 360; *Thieme*, aaO, S. 256; *G. Heckel*, aaO, S. 92 ff.; *Reppel*, aaO, S. 139 ff.; *Solte*, Die evang. kirchl. Hochschulen S. 40.

[891] § 70 I Ziff. 1–5 HRG; *Dallinger*, aaO, Rdnr. 1 ff., 9 ff. S. 393, 398 ff.; *Solte*, aaO, S. 28, 30; *Baldus*, aaO, S. 1111.

der Studienbewerber, die Qualifikation der hauptberuflichen Dozenten und eine gewisse Grundstruktur der Organisationsform betrifft. Doch sind all diese Sachvoraussetzungen elastisch formuliert. So geben sie den nichtstaatlichen Hochschulen einen weiten Spielraum zur Entfaltung der individuellen Besonderheiten ihres Wissenschaftsprogramms und ihrer Organisationsstruktur. Die qualitative Gleichwertigkeit, nicht die Gleichartigkeit oder die Gleichschaltung des Studiums an den nichtstaatlichen und staatlichen Hochschulen ist Ziel und Maßstab dieses »Ersatzhochschulrechtes«, das in seiner Zielsetzung ja die Liberalität und pluralistische Offenheit im Hochschulbereich zu mehren sucht. Durch das konkrete Anerkennungsverfahren darf der nichtstaatlichen Hochschule nicht eine ihr fremde Wissenschaftskonzeption von Staats wegen aufgenötigt werden[892]. Die Pflege der besonderen wissenschaftlichen Sachgesetzlichkeit der Theologie soll somit in den Formen des staatlichen Ersatzhochschulrechtes ohne Verfremdung und Beschränkung möglich sein[893]. Auch wird den nichtstaatlichen Hochschulen keineswegs die Organisationsstruktur der staatlichen Hochschulen über das Anerkennungsverfahren aufoktroyiert; weder die Körperschaftsverfassung, noch die Weite der akademischen Selbstverwaltung, noch die Gruppenuniversitätsmodelle sind Voraussetzung der Anerkennung[894], wenn auch in der speziellen Frage der Gestaltung des Studiums ein Minimum an Mitwirkung der Hochschulangehörigen »sinngemäß« gefordert wird[895].

---

[892] Zum Wissenschaftsbegriff vgl. BVerfGE 35, 79 ff., 113; *Lorenz*, aaO, S. 24 ff.; *W. Huber*, aaO, S. 332 ff.

[893] Konfessionelle Qualifikationsvoraussetzungen (vgl. oben S. 47 ff., 87 ff., 218 ff., 270 ff.) können neben den wissenschaftlichen Qualifikationsvoraussetzungen verlangt werden. Dies zu *Dallinger*, aaO, Rdnr. 13 S. 400. Ebenso *Solte*, aaO, S. 28 ff., 34; *Baldus*, aaO, S. 1112, insbes. zur Frage der Grundrechtsbindung der Hochschule nach der Verleihung, die nicht zur Verletzung der religiösen Freiheit der Hochschule und ihres Trägers gem. Artt. 4, 140 GG/137 III WRV führen darf. – Zum analogen Problem bei den kirchlichen Privatschulen: *Wolfgang Rüfner*, Die Geltung von Grundrechten im kirchlichen Bereich, in: Essener Gespräche 7, Münster 1972 S. 9 ff., 15 f.

[894] *Dallinger*, aaO, Rdnr. 1, 14 S. 393, 400.

[895] Die Anwendung dieses Grundsatzes muß sich mit der Grundstruktur des Trägers vereinbaren lassen, was besonders bei kirchlichen Hochschulen wegen des hierarchischen Aufbaus der katholischen Kirchenverfassung und mancher Orden aus staatskirchenrechtlichen Gründen nur in modifizierter Weise möglich ist. Über Besonderheiten der Ordenshochschulen vgl. *Baldus*, Die deutschen Ordenshochschulen, in: Ordenskorrespondenz 1978, S. 170 ff.

VI. Der Sonderstatus der Kirchen im Recht der nichtstaatlichen Hochschulen

1. Verfassungsrechtliche Grundlagen

Der Einfluß des Staatskirchenrechts auf das Hochschulrecht führt dazu, daß den Kirchen darüber hinaus ein Sonderstatus im Recht der nichtstaatlichen Hochschulen zukommt. Dieser Sonderstatus ist nur teilweise durch spezialgesetzliche Bestimmungen des Hochschulrahmengesetzes und der Hochschulgesetze der Länder ausgeformt worden. Doch sind auch im übrigen die religionsrechtlichen Garantien des Grundgesetzes und der Länderverfassungen zu wahren, deren Vorrang die allgemeinen Bestimmungen des Landeshochschulrechts ipso iure modifiziert. Das Staatskirchenrecht und das Hochschulrecht bilden eine rechtssystematische Einheit, die im Sinne der praktischen Konkordanz ihrer Normen durch die Auslegung zu entfalten ist[896].

Der Sonderstatus der kirchlichen Hochschulen äußert sich besonders (1.) in ihrer begrenzten Befreiung (»Exemtion«) vom allgemeinen Recht der nichtstaatlichen Hochschulen, sodann (2.) in einer Kompetenz- und Maßstabsabgrenzung zwischen den staatlichen und kirchlichen Instanzen und Belangen.

2. Exemtionen

Das Hochschulrahmengesetz und die meisten Landeshochschulgesetze enthalten bedeutsame gesetzliche Ausnahmeregelungen und Dispensmöglichkeiten für die kirchlichen Hochschuleinrichtungen[897]. Nach dem Hochschulrahmengesetz kann der Landesgesetzgeber schon im Anerkennungsverfahren die kirchlichen Hochschulen von gewissen allgemeinen Anforderungen befreien, die ansonsten als Voraussetzung für die staatliche Anerkennung einer nichtstaatlichen Hochschule (mit den genannten Rechtswirkungen ihrer Prüfungen und Grade) erfüllt sein müssen, sofern nur die Gleichwertigkeit des Studiums im Vergleich zum staatlichen Hochschulstudium zu bejahen ist. Derartige Dispensierungen beziehen sich vor allem auf das Studienziel, die Studiengänge,

---

[896] Oben S. 22 und S. 35 f. Zur Einheit der Verfassung als Auslegungsprinzip auch S. 307 Anm. 663.

[897] § 70 II HRG: »Für kirchliche Einrichtungen können nach näherer Bestimmung des Landesrechts Ausnahmen von einzelnen der in Abs. 1 genannten Voraussetzungen zugelassen werden, wenn gewährleistet ist, daß das Studium einem Studium an einer staatlichen Hochschule gleichwertig ist.« Ferner §§ 128 II Bad.-Württ.UG; 89 V Bad.-Württ.FachHSchG; 99 III Bay.HSchG; 84 II Hess.HSchG; 34 V Hess.FachHSchG; 127 II Nieders.HSchG; 118 I, III Nordrh.-Westf. WissHSchG; 74 II Nr. 1 Nordrh.-Westf.FachHSchG; 115 IV Rhld.-Pfälz.HSchG; 84 IV Rhld.-Pfälz.FachHSchG; 81 IV Saarl.FachHSchG; 104 II 3 Schlesw.-Holst.HSchG.

den Hochschulzugang und die Mitbeteiligung der Hochschulangehörigen an der Gestaltung des Studiums. Die Besonderheiten des kirchlichen Bildungsauftrags einer kirchlichen Hochschule lassen sich durch diese normativen Exemtionen vom bekenntnisneutralen Hochschulrecht in einer sachgerechten bekenntnisbestimmten Weise erfüllen. Zahlreiche Sondernormen entbinden die kirchlichen Hochschulen ferner von staatlichen Aufsichts- und Mitwirkungsrechten, Anzeigepflichten, Genehmigungsvorbehalten, etwa hinsichtlich ihrer Studien-, Prüfungs-, Habilitationsordnungen[898].

3. Die Maßstabsregelung[899]

Die kirchlichen Hochschulen geraten durch die Einbeziehung in das staatlich geregelte Bildungssystem und Berechtigungswesen in mannigfaltige Kontakte mit der staatlichen Kultusverwaltung. Bei den anstehenden Entscheidungen wirft die Beteiligung, ja Konkurrenz der kirchlichen und staatlichen Behörden wiederum die Frage nach ihren besonderen Kompetenzen und Kompetenzabgrenzungen auf. Die Maßstäbe hierfür sind in der Verfassung vorgegeben[900] und deshalb im staatlichen Verwaltungsvollzug zu beachten, auch wenn die tragenden staatskirchenrechtlichen Normen im Text der einschlägigen hochschulrechtlichen Bestimmungen nicht jeweils spezifisch konkretisiert worden sind. Die staatliche Verwaltung hat auch hier nur die Kompetenz zur Entscheidung der allgemeinen (»weltlichen«) Aspekte und Maßstäbe der Wissenschaft und Wissenschaftsorganisation. Die Entscheidung der spezifisch geistlichen bzw. geistlich bedingten Fragen des Wissenschaftscharakters und organisatorischen Aufbaus der kirchlichen Hochschulen aber stehen nicht den staatlichen, sondern den kirchlichen Instanzen kraft des kirchlichen Selbstbestimmungsrechts zu (Artt. 4 GG, 137 I, III WRV/140 GG). Das neue Recht der nichtstaatlichen Hochschulen ist ein staatliches Schrankengesetz, das die kirchliche Selbstbestimmung nur im Rahmen der Erforderlichkeit, Verhältnismäßigkeit

---

[898] Z. B. § 118 II, III Nordrh.-Westf.WissHSchG. – Das bayerische Hochschulrecht hat die kirchlichen Hochschulen nicht in das Recht der staatlichen Hochschulen einbezogen, deshalb für sie keine besonderen Anerkennungsverfahren, aber auch keine Hochschulaufsicht vorgesehen. Jedoch sind hier die einzelnen Befugnisse des akademischen Graduierungsrechtes durch Sondervorschriften des bayerischen Hochschulgesetzes (§ 103 I, II, IV) und durch konkordatäre Sonderregelung normiert; deren Grundlage ist die Anerkennung der kirchlichen Hochschulfähigkeit durch Art. 150 der Bay.Verf. Die kirchlichen Hochschulen sind deshalb durch Art. 97 I Bay.HochSchG aus dem Recht der sonstigen anerkennungsbedürftigen nichtstaatlichen Hochschulen ausgenommen worden. Vgl. *Solte*, aaO, S. 31.

[899] Zur kardinalen Frage der Maßstabsabgrenzung auf allen Gebieten des theologischen Fakultätenrechtes s. oben S. 31 Anm. 41.

[900] Vgl. S. 29, 31, 34, sowie 51 ff., 114 ff. zum Parallelproblem des Berufungswesens und S. 227 ff. der Studien- und Prüfungsordnungen.

und Zumutbarkeit beschränken darf und dabei den Wert der kirchlichen Freiheitsgarantie in Wechselwirkung zu dem Schrankenzweck zu respektieren hat. Diese Maßstabsabgrenzung ist maßgeblich im Rahmen des Anerkennungsverfahrens, aber auch aller sonstigen Aufsichts-, Genehmigungs- und Mitwirkungsakte der staatlichen Kultusverwaltung hinsichtlich der kirchlichen Hochschuleinrichtungen.

Schon für die verfassungskonforme Auslegung des unbestimmten Rechtsbegriffes der »Gleichwertigkeit« ist dies von entscheidendem Gewicht. Auch hier verbieten es die religiösen Freiheitsgarantien der Verfassung, daß die staatliche Kultusverwaltung den kirchlichen Hochschulen einen agnostizistischen Wissenschaftsbegriff aufoktroyiert, der dem geistlichen Selbstverständnis der Theologie widerspricht. Die kirchlichen Hochschulen müssen die staatliche Anerkennung im Ersatzhochschulrecht keineswegs um den Preis der Selbstverleugnung ihres theologischen Wesens erkaufen. Der pluralistischen Zielsetzung und Struktur des neuen Rechtsgebietes der nichtstaatlichen Hochschulen würde es zuwiderlaufen, wenn der Staat hier den Kirchen in deren Hochschulen den Verzicht auf die Bekenntnisgrundlagen ihrer Theologie aufnötigen würde. Gerade die pluralistische Offenheit des Wissenschaftsbegriffs, die der freiheitliche, weltanschaulich neutrale Staat in seinen eigenen Einrichtungen und Normen zugrunde legen muß[901], verlangt die Respektierung des besonderen Wissenschaftscharakters der Theologie in einer kirchlichen Hochschule, in dem sich das Selbstverständnis dieser Wissenschaftseinrichtung und Religionsgemeinschaft manifestiert.

Im Rahmen der staatlichen Anerkennung und Aufsicht sind deshalb auch die besonderen konfessionsbedingten Studienzielbestimmungen und Zulassungsvoraussetzungen hinsichtlich der Studierenden und insbesondere auch der Lehrenden einer kirchlichen Hochschule zu respektieren[902]. Das Gleichwertigkeitserfordernis der kirchlichen Hochschule ist auf die allgemeine Hochschulreife der Studienanwärter und auf das wissenschaftliche Niveau der Lehrenden zu beschränken, nicht aber im Sinne einer säkularisierenden Gleichschaltung zu interpretieren. Die Bekenntnisbindung der kirchlichen Hochschuleinrichtungen steht gerade auch hier nicht im Widerspruch zur Freiheit der Wissenschaft, die die besonderen Konturen der Theologie mitschützt und diese nicht einem fremden Wissenschaftsverständnis unterwirft[903].

Das staatliche Anerkennungsverfahren nach § 70 HRG darf den besonderen Freiheits- und Wissenschaftscharakter einer kirchlichen Hochschule auch nicht

---

[901] S. 18 ff.

[902] Das äußert sich in den bekenntnisgeprägten Studienzielbestimmungen, Zulassungsvoraussetzungen, Berufungsvoraussetzungen. Vgl. die analogen Fragen S. 218 ff., 248 ff., 270 ff.

[903] S. 69 ff., 168.

dadurch verfremden (»umfunktionieren«), daß es die Garantie der uneingeschränkten, bekenntnisneutralen Wissenschaftsfreiheit für jeden theologischen
Lehrer und Studenten vom kirchlichen Hochschulträger verlangt. Die Kirchen
sind Träger von Grundrechten gegenüber dem Staat. Eine Grundrechtsbindung
der Kirchen ist auch dann nur in Grenzen zu bejahen, wenn ihnen vom Staat
öffentliche Funktionen zuerkannt werden, wie dies im Rechte der staatlich
anerkannten kirchlichen Privatschulen und kirchlichen Hochschulen der Fall
ist. Das Grundrecht der Kirche steht hier der unbeschränkten Grundrechtsent-
faltung des Hochschulmitglieds gegen seine Kirche entgegen, zumal sich die
Grundrechte ja primär gegen den Staat richten[904]. Durch die staatliche Anerkennung gewisser kirchlicher Funktionen im Sinn des öffentlichen Bildungswesens nach § 70 HRG wird die Kirche nicht als Teil des Staates in den staatlichen
Organismus integriert; sie kann deshalb auch nicht in gleicher Weise wie der
Staat zum Adressaten der Grundrechtsbindung werden. Die Konsequenzen
dieser Auffassung würden die Trennung von Staat und Kirche überspielen und
die religiösen Freiheitsgarantien der Kirche in einer nicht gerechtfertigten Weise
beschneiden[905].

Gleiches gilt für die Hochschulstrukturen. Das ersatzhochschulrechtliche
Anerkennungsverfahren darf die religiöse Selbstbestimmung der Kirche im
Kernbereich der kirchlichen Organisation nicht verletzen. Der Kirche ist nach
ihren geistlich bedingten Organisationsprinzipien zu überlassen, wie sie die
besondere theologische Ausrichtung der Hochschule, die Hochschulorganisa-

---

[904] Vgl. oben S. 54 Anm. 95. – Wenn der Staat den besonderen Wissenschaftscharakter seiner
theologischen Staatsfakultäten nicht durch den Oktroi eines relativistisch-agnostizistischen Frei-
heits- und Wissenschaftsverständnisses aufbrechen darf, so ist ihm dies bei den kirchlichen Hochschulen erst recht nicht gestattet. Artt. 4 und 5 GG werden nicht verletzt, da ein Wissenschaftler sein
Lehramt an einer kirchlichen Hochschule freiwillig übernimmt und nicht gegen seinen Willen
fortführen muß. Aus seinem Freiheitsrecht folgt nicht ein Recht zur inneren Umwandlung der
Institution. Vgl. oben S. 60 ff., 66 ff., 101 bei den theologischen Fakultäten.
[905] Zutreffend *Solte*, aaO, S. 29 und *Baldus*, aaO, S. 1112; a. A. *Christian Flämig*, Die verfas-
sungs- und hochschulrechtliche Legitimation von Privatuniversitäten, in: Hetzel, Schlünder
(Hrsg.), Hochschulen neben Hochschulen, Münster 1976 S. 71 ff., 76 ff.; einzuschränken auch
Jürgen Lüthje, in: *Denninger*, Hochschulrahmengesetz, München 1984, Rdnr. 3, 5 S. 1000 f. über
die Gewährleistung der Wissenschaftsfreiheit nach Art. 5 III GG als Voraussetzung der Anerkennung gemäß § 70 HRG. – Eine kirchliche Hochschule muß ihren theologischen Dozenten gegen-
über keineswegs (infolge dieser »Grundrechtsbindung«) auf die Bekenntnistreue verzichten und
ihnen eine säkulare, agnostizistisch erweiterte Wissenschaftsfreiheit und Amtsgarantie im Fall des
Glaubensabfalls einräumen. Bekenntnisbindungen des Lehrkörpers und der Studenten in den
Satzungen der kirchlichen Hochschulen verstoßen nicht gegen die Verfassung und sind kein
Hindernis der staatlichen Anerkennung nach § 70 HRG. Vgl. die theologischen Treuepflichten in
Artt. 2 ff., 26 f., 39, 66 ff. Sapientia Christiana, ebenso die Bekenntnisbindung in den §§ 2 I, 4 I
Satzung der Augustana-Hochschule v. 3. 12. 1984; 5 Satzung der KiHo Berlin; 2 I Satzung der
KiHo Bethel; 2 I Satzung der KiHo Wuppertal. – Vgl. auch *Dietrich Pirson*, Kirchliche Fachhoch-
schulen als Gegenstand des Staatskirchenrechts, ZevKR 30, 1985 S. 16.

tion, das Verhältnis zwischen Hochschule und Träger, die kirchliche Mitwir-
kung bei der Ernennung des Lehrkörpers, seine Dienstverhältnisse und die
Immatrikulation regeln will. Nach dem deutschen Staatskirchenrecht und
Hochschulrecht darf deshalb einer kirchlichen Hochschule auch nicht die
Struktur der staatlichen Gruppenuniversität von Staats wegen aufgenötigt
werden[906].

Manche Einzelregelungen der Landeshochschulgesetze haben die daraus folgenden Maßstabsabgrenzungen klar und verfassungskonform ausgezeichnet.
So bedarf die Berufung von Professoren an die Kirchliche Hochschule Berlin
der Zustimmung des Kultussenators; ihre Versagung ist jedoch nur dann zulässig, wenn »durch die Berufung der wissenschaftliche Charakter der Kirchlichen
Hochschule gefährdet erscheint«[907]. Durch diese strenge Tatbestandsvoraussetzung ist der weltlichen Kultusverwaltung die Kompetenz zu eigenen reli-
gionspolitischen Entscheidungen ausdrücklich verwehrt worden. Auch die Bestätigung der autonomen Ordnungen dieser Hochschule durch den Kultussenator ist tatbestandlich streng auf die allgemeinen (»weltlichen«) Wissenschafts-
aspekte des theologischen Lehr- und Forschungsbetriebes beschränkt und
schließt einen Übergriff der Kultusverwaltung in die Bekenntnisprobleme und
bekenntnisrelevanten Organisationsprobleme der kirchlichen Hochschule
aus[908]. – Soweit in den einschlägigen Landeshochschulgesetzen eine explizite
Maßstabsregelung dieser Art fehlt, ist sie durch Rückgriff auf die zentralen
Verfassungsnormen des Staatskirchenrechts im Wege der Interpretation und
Lückenschließung zu gewinnen.

4. Formen und Grenzen des Sonderstatus der kirchlichen Hochschulen

Das staatliche Anerkennungsverfahren ist in den Landeshochschulgesetzen
im einzelnen unterschiedlich geregelt. Teilweise hat das Hochschulgesetz

---

[906] Oben S. 35. – Verfassungswidrig ist insoweit § 165 I Satz 4 des Berliner Hochschulgesetzes,
das die sinngemäße Anwendung der staatlichen Hochschulstrukturen auf die Berliner kirchliche
Hochschule verlangt. Die Evangelische Kirche in Berlin-Brandenburg hat auf ihr Selbstbestimmungsrecht insoweit auch nicht in der Berliner Vereinbarung von 1970 verzichtet, die eine entsprechende Organisationsstruktur der kirchlichen Hochschule Berlin nicht vertraglich ausbedungen
hat.

[907] § 2 I Berliner Vereinbarung v. 2. 7. 1970, *W. Weber*, Konkordate und Kirchenverträge Bd. 2
S. 163. Dabei ist der Begriff »wissenschaftlicher Charakter« nach historischer, systematischer und
teleologischer Auslegung auf die allgemein-wissenschaftlichen Aspekte der Theologie, d. h. ihre
wissenschaftliche Qualifikation im Vergleich zu anderen Disziplinen zu beschränken; das spezi-
fisch-geistliche Selbstverständnis der theologischen Wissenschaft hingegen hat der Kultussenator so
wenig zu definieren, wie er den Wissenschaftscharakter der Theologie als solchen nicht bestreiten
darf.

[908] AaO, § 3 S. 2. Sie darf »nur versagt werden, wenn die vorgelegte Fassung der Ordnung mit
dem wissenschaftlichen Charakter der Hochschule nicht vereinbar erscheint«.

selbst[909] bestimmten kirchlichen Hochschulen bzw. Fakultäten den Status der staatlich anerkannten Hochschule mit konstitutiver Wirkung zuerkannt. Andere Hochschulgesetze sehen stattdessen einen Verwaltungsakt der Kultusverwaltung vor[910]. Besondere Kompliziertheiten bringt das Verhältnis des staatlichen und des innerkirchlich-katholischen Promotionswesens mit sich.

Der Sonderstatus der Kirchen im Recht der nichtstaatlichen Hochschulen ist jedoch begrenzt. Die Freiheitsgarantien des Staatskirchenrechts rechtfertigen keineswegs die Preisgabe der staatlichen Kulturverantwortung und die Überantwortung der allgemeinen (»weltlichen«) Entscheidungskompetenzen an kirchliche Instanzen[911].

Diese Grenzen sind landesrechtlich sehr verschieden weit gezogen. Der Umfang der Freistellung der Kirchen in manchen Landeshochschulgesetzen ruft kulturpolitische und verfassungsrechtliche Bedenken hervor. Wenn ein Landesgesetzgeber bei Studiengängen für Geistliche auf die staatliche Überprüfung der Gleichwertigkeitsvoraussetzungen von Gesetzes wegen ganz verzichtet und die Gewährleistung dieser Gleichwertigkeit den Kirchen selbst überträgt[912], so dürfte dies mit § 70 Hochschulrahmengesetz kaum zu vereinbaren sein. Bundesrechtlich sind Ausnahmen ja nur von einzelnen Anerkennungsvoraussetzungen und nur unter dem Vorbehalt zugelassen, daß die Gleichwertigkeit mit einem staatlichen Hochschulstudium »gewährleistet ist«; dies ist bundesrechtlich keineswegs zu Disposition der Kirchen gestellt. Es dürfte der staatlichen Kulturverantwortung für die Wissenschaft insgesamt und für die Theologie im besonderen nicht gerecht werden, wenn das Recht der staatlichen

---

[909] §§ 165 I Berl.HSchG; 118 I Nordrh.-Westf.WissHSchG.

[910] Ausgesprochen wurden solche Anerkennungen z. B. für die katholischen kirchlichen Hochschulen bzw. Fakultäten Frankfurt (St. Georgen), Paderborn, Vallendar, sowie für die evangelischen kirchlichen Hochschulen Bethel, Wuppertal. *Solte*, aaO, S. 30 ff.; *Baldus*, aaO, S. 1113 mit Einzelnachw. Die landesrechtlichen Besonderheiten sind beträchtlich. Die Anerkennung geht inhaltlich verschieden weit, umfaßt z. T. nur die Verleihung des Diplomierungsrechts, z. T. das Promotions- und z. T. auch das Habilitationsrecht. Besonders unübersichtlich ist die Stellung der bayerischen kirchlichen Hochschulen. Da nach dem bayerischen Hochschulgesetz die nichtstaatlichen Hochschulen grundsätzlich kein Promotions- und Habilitationsrecht erhalten können (§ 98 III Bay.HSchG), sind für die Katholische Universität Eichstätt und für die Augustana-Hochschule Neuendettelsau gesetzliche Sonderregelungen getroffen worden (§ 103 II, IV Bay.HSchG; Art. 5 § 4 Bay.Konk). Die Professoren der theologischen Fächer der Augustana-Hochschule Neuendettelsau haben danach nur das Recht der Mitwirkung an Promotionen und Habilitationen innerhalb der evangelisch-theologischen Fakultäten Erlangen und München, während die KiHo Berlin und Bethel das Promotions- und das Habilitationsrecht, die KiHo Wuppertal das Promotionsrecht besitzen.

[911] Vgl. oben allgemein S. 17 ff., 31 ff., zum Berufungswesen S. 52, 115 ff., zu den Studien- und Prüfungsordnungen S. 227 ff., 300, zur Errichtung theol. Einrichtungen S. 329.

[912] § 118 I, III Nordrh.Westf.WissHSchG.

akademischen Grade partiell aus der Entscheidungshoheit und aus der parlamentarischen Verantwortung der staatlichen Behörden abgegeben wird[913].

Exemtionen mit allzu weit gezogenen Verzichten auf die staatliche Hochschulhoheit in einzelnen Ländern stören die rahmenrechtlich gebotene Einheitlichkeit des Kulturverfassungsrechts im Bundesstaat. Ein Sonderstatus der Kirchen ist dort gerechtfertigt, wo er besonderen geistlichen Belangen dieser Kirchen Ausdruck verleiht. Soweit dies nicht der Fall ist, sind Exemtionen und Privilegierungen kirchlicher Wissenschaftseinrichtungen im staatlichen Rechtsbereich unter demokratischen und rechtsstaatlichen Aspekten fragwürdig. Die allgemeinen Fragen der wissenschaftlichen Qualifikation und des akademischen Berechtigungswesens sollten auch in den theologischen Disziplinen der Entscheidung der kompetenten Staatsbehörden vorbehalten bleiben, wie dies die Gleichheit, Freiheit und Sachlichkeit des Wissenschaftsbetriebs verlangt. Das neue Rechtsgebiet der nichtstaatlichen Hochschulen verbindet hierfür in seinen allgemeinen Strukturen auch ohne solche Exemtionen das erforderliche Maß von Liberalität und öffentlicher Verantwortung, Pluralismus und Homogenität. Das umfassende deutsche Kulturstaatssystem achtet und pflegt so die Theologie als eine Kerndisziplin seines Wissenschaftsgefüges sowohl in den alten theologischen Staatsfakultäten als auch im neuen Recht der nichtstaatlichen Hochschulen, damit sie ihr geistliches Wesen und ihre Wissenschaftlichkeit in gleicher Treue bewahren und in der Welt bewähren kann.

---

[913] Auch auf anderen Gebieten des Kulturverfassungsrechts zeigt sich eine ähnliche Problematik. Zu den verfassungsrechtlichen Grenzen eines Verzichts auf die staatliche Denkmalschutzverantwortung s. *M. Heckel*, Staat Kirche Kunst S. 147 ff.

Literaturverzeichnis

Althaus, Paul, Die Theologie Martin Luthers, Gütersloh 1962
– Die ökumenische Bedeutung des lutherischen Bekenntnisses (1954), in: *ders.*, Um die Wahrheit des Evangeliums, Aufsätze und Vorträge, Stuttgart 1962 S. 76 ff.
– Die christliche Wahrheit, 8. Aufl. Gütersloh 1969
Anschütz, Gerhard, Die Verfassungsurkunde für den Preußischen Staat vom 31. Januar 1850, Bd. 1 Berlin 1912
– Die Verfassung des deutschen Reiches vom 11. August 1919, 14. Aufl. Berlin 1933 (Nachdruck Darmstadt 1965)
Arnoldshainer Konferenz, »Was gilt in der Kirche?« Die Verantwortung für Verkündigung und verbindliche Lehre in der Evangelischen Kirche, Veröffentlichungen aus der Arnoldshainer Konferenz, Neukirchen 1985
Asmussen, H., Gutachten über das Lehrzuchtverfahren des Herrn Pfarrer Baumann, in: Kaufmann, Glaube, Irrtum, Recht, Stuttgart 1961 S. 194 f.
Auer, Alfons, Artikel »Lehrfreiheit«, in: Lexikon für Theologie und Kirche, 2. Aufl., Bd. 6, 1961 Sp. 894 f.
Bachof, Otto, Wege zum Rechtsstaat. Ausgewählte Studien zum öffentlichen Recht, Königstein/ Ts. 1979
Baldus, Manfred, Die philosophisch-theologischen Hochschulen in der Bundesrepublik Deutschland, Berlin 1965
– Das Promotionsrecht der kirchlichen Theologischen Fakultät zu Paderborn und das deutsche Hochschulrecht, in: Trierer Theologische Zeitschrift 77, 1968 S. 324 ff.
– Kirchliche Hoch- und Fachhochschulen, in: HdbStKirchR Bd. 2, Berlin 1975 S. 597 ff.
– Kirchliche Fachhochschulen und staatliches Hochschulrecht, in: Essener Gespräche zum Thema Staat und Kirche 9, 1975 S. 112 ff.
– Kirchliche Hochschulen, in: Evang. Staatslexikon, 2. Aufl. Stuttgart 1975 Sp. 982 ff.
– Katholische Kirche und Wissenschaft, in: Katholiken und ihre Kirche in der Bundesrepublik Deutschland, hrsg. von Günter Gorschenek, München Wien 1976 S. 282 ff.
– Die nichtstaatlichen katholischen Hochschulfakultäten in der Bundesrepublik Deutschland, WissR 10, 1977 S. 48 ff.
– Die deutschen Ordenshochschulen unter besonderer Berücksichtigung eines Diplomgraduierungsrechts nach § 18 HRG, Ordenskorrespondenz 19, 1978 S. 163 ff.
– Nichtstaatliche Hochschulen: Kirchliche Hochschulen, in: HdbWissR Bd. 2, 1982 S. 1101 ff.
– Die Reform des Hochschulrechts in der kath. Kirche, in: WissR Beiheft 8, 1983 S. 46 ff.
Barion, Hans, Ordnung und Ortung im kanonischen Recht, in: Festschrift für Carl Schmitt, Berlin 1959 S. 1 ff.
Barth, Karl, »Erklärung über das rechte Verständnis der reformatorischen Bekenntnisse in der Deutschen Evangelischen Kirche der Gegenwart« auf der ersten freien reformierten Synode von Barmen am 3./4. 1. 1934 (Text bei Joachim Beckmann, Rheinische Bekenntnissynoden im Kirchenkampf, Neunkirchen 1975 S. 34 ff.)
– Das Bekenntnis der Reformation und unser Bekennen (1935), in: *ders.*, Theologische Fragen und Antworten, Gesammelte Vorträge, Zürich 1957 S. 257 ff.
– Die Schrift und die Kirche, Zürich 1947
– Rechtfertigung und Recht, Zollikon-Zürich 1948

- Die kirchliche Dogmatik, Bd. 1, 1. Halbbd., 4. Aufl. Zürich 1948
- Die Ordnung der Gemeinde, Zur dogmatischen Grundlegung des Kirchenrechts, München 1955
- K. Barth/R. Bultmann, Briefwechsel 1922–1966, hrsg. v. B. Jaspert, Zürich 1971

Baumgärtel, Friedrich, Entmündigung der evangelisch-theologischen Fakultäten?, in: FAZ v. 26. 3. 1963

Baumgarten, Otto, Die Voraussetzungslosigkeit der protestantischen Theologie, Kiel 1903

Baur, Jörg, Lehre, Irrlehre, Lehrzucht, ZevKR 19, 1974 S. 225 ff., auch in: *ders.*, Einsicht und Glaube, Aufsätze, Göttingen 1978 S. 221 ff.
- Freiheit und Bindung, Zur Frage der Verbindlichkeit kirchlicher Lehre, in: *ders.*, Einsicht und Glaube S. 249 ff.
- Kirchliches Bekenntnis und neuzeitliches Bewußtsein, in: *ders.*, Einsicht und Glaube S. 269 ff.

Bayer, Oswald, Umstrittene Freiheit, Tübingen 1981

Beckmann, Joachim, Rheinische Bekenntnissynoden im Kirchenkampf, Neunkirchen 1975

Bettermann, Karl August, Rechtsprechung, in: Evang. Staatslexikon 2. Aufl., Stuttgart 1975 Sp. 2021 ff.

Beyerhaus, Peter, Mehr Wege zum Pfarramt. Brauchen wir schon wieder kirchliche Hochschulen?, in: Lutherische Monatshefte 9, 1970 S. 7 ff.

Beyschlag, Karlmann, Grundriß der Dogmengeschichte, Bd. 1, Darmstadt 1982

Birmele, André (Hrsg.), Konkordie und Kirchengemeinschaft reformatorischer Kirchen im Europa der Gegenwart, Frankfurt a. M. 1982

Bizer, Ernst, Der »Fall Dehn«, in: Festschrift für G. Dehn, Neukirchen 1957 S. 239 ff.

Blumenberg, Hans, Säkularisierung und Selbstbehauptung, 2. Aufl. Frankfurt 1979

Böckenförde, Ernst-Wolfgang, Die Entstehung des Staates als Vorgang der Säkularisation, in: Säkularisation und Utopie, E. Forsthoff zum 65. Geburtstag, Stuttgart u. a. 1967 S. 75 ff.
- Der Fall Küng und das Staatskirchenrecht, in: NJW 1981 S. 2101 ff.
- Staat – Gesellschaft – Kirche, in: Christlicher Glaube in moderner Gesellschaft, Teilb. 15, Freiburg Basel Wien 1982 S. 42 ff.
- Religionsfreiheit zwischen Kirche und Staat, in: Gewissen und Freiheit Nr. 22, 1984 S. 13–31

Bornkamm, Heinrich, Die Bedeutung der Bekenntnisschriften im Luthertum (1947), in: *ders.*, Das Jahrhundert der Reformation, Göttingen 1961 S. 219 ff.
- Bindung und Freiheit in der Ordnung der Kirche (1959), ebda. S. 185 ff.
- Das Wort Gottes bei Luther (1930), in: *ders.*, Luther, Gestalt und Wirkungen, Gesammelte Aufsätze, Gütersloh 1975 S. 147 ff.
- Die religiöse und politische Problematik im Verhältnis der Konfessionen im Reich (1965), ebda. S. 267 ff.
- Martin Luther in der Mitte seines Lebens, Göttingen 1979

Brecht, Martin/Schwarz, Reinhard (Hrsg.), Bekenntnis und Einheit der Kirche, Studien zum Konkordienbuch, Stuttgart 1980

Bredt, Joh. Viktor, Neues evangelisches Kirchenrecht für Preußen, Berlin, Bd. I 1921, Bd. II 1922, Bd. III 1927

Brunner, Peter, Gebundenheit und Freiheit der theologischen Wissenschaft (1946), in: *ders.*, Pro Ecclesia, Berlin Hamburg, Bd. 1 1962 S. 13 ff.
- Schrift und Tradition (1951), ebda. S. 23 ff.
- Vom Amt des Bischofs (1955), ebda. S. 235 ff.
- Was bedeutet Bindung an das Lutherische Bekenntnis heute? (1957), ebda. S. 46 ff.
- Wahrheit und Überlieferung (1958), ebda. S. 56 ff.
- Das Geheimnis der Trennung und die Einheit der Kirche (1961), in: *ders.*, Pro Ecclesia, Berlin Hamburg, Bd. 2, 1966 S. 253 ff.
- Bekenntnisstand und Bekenntnisbindung, ebda. S. 295 ff., auch in: ZevKR 9, 1963 S. 142 ff.

Brunotte, Heinz, Grundlagen des lutherischen Kirchenverfassungsrechts, o. J.

Brunstäd, Friedrich, Theologie der lutherischen Bekenntnisschriften, Gütersloh 1951

Bultmann, Rudolf, Theologie des Neuen Testaments, 6. Aufl. Tübingen 1968

Ausschuß der EKU: *Kirche als »Gemeinde von Brüdern«, Barmen III*, hrsg. v. A. Burgsmüller, Gütersloh 1980

v. Busse, Franz-Georg, Gemeinsame Angelegenheiten von Staat und Kirche, München 1978

von Campenhausen, Axel, Erziehungsauftrag und staatliche Schulträgerschaft, Göttingen 1967

– Rechtsprobleme bikonfessioneller theologischer Einrichtungen an staatlichen Universitäten, in: Das Vergangene und die Geschichte. Festschrift für Reinhard Wittram zum 70. Geburtstag, Göttingen 1973 S. 461 ff.

– Rechtsprobleme der Habilitation im Fach Theologie, in: Festschrift für Friedrich Berber zum 65. Geburtstag, München 1973 S. 127 ff.

– Theologische Fakultät und Landeskirche, in: Wägen und Wahren, Oberkirchenrat Dr. Werner Hofmann zum 50. Geburtstag, München 1980 S. 164 ff.

– Das konfessionsgebundene Staatsamt, in: Festschrift für Theodor Maunz, München 1981 S. 27 ff.

– Staat und Kirche im deutschen Verfassungsrecht, in: Kirche und Politik. Ein notwendiges Spannungsfeld in unserer Demokratie, hrsg. v. Hans F. Zacher, Düsseldorf 1982 S. 31 ff.

– Sonderprobleme: Theologische Fakultäten/Fachbereiche, in: HdbWissR Bd. 2, 1982 S. 1018 ff.

– Das Staatskirchenrecht in der Rechtsprechung der Landesverfassungsgerichte, in: Christian Starck, Klaus Stern (Hrsg.), Landesverfassungsgerichtsbarkeit, Baden-Baden 1983, Bd. 3 S. 403 ff.

– Staatskirchenrecht. Ein Studienbuch, 2. Aufl. München 1983

– Münchener Gutachten, Jus Ecclesiasticum Bd. 30, Tübingen 1983

– Kirchl. Selbstbestimmungsrecht und theol. Fakultäten, ZevKR 30, 1985 S. 73 ff.

von Campenhausen, Hans, Die Begründung kirchlicher Entscheidungen beim Apostel Paulus, Heidelberg 1957

– Die Entstehung der christlichen Bibel, Tübingen 1968

La Confession d'Augsbourg. 450ᵉ anniversaire. Autour d' un colloque oecumenique international (Ed. Beauchesne) Paris 1980

Conzelmann, Hans/Meyer, Heinrich, Die gemeinsame Verantwortung der Bischöfe und theologischen Lehrer für die Verkündigung der Kirche, in: Lutherische Monatshefte Bd. 1, 1962 S. 494 ff.

Dallinger, Peter, Wissenschaftsfreiheit und Mitbestimmung, JZ 1971 S. 665 ff.

Dallinger, Peter/Bode, Christian/Dellian, Fritz, Hochschulrahmengesetz, Kommentar, Tübingen 1978

Dantine, Wilhelm, Gedanken über Sinn und Funktion der Leuenberger Konkordie, in: Ökumenische Rundschau 21, 1972 S. 202 ff.

– Bekennendes Bekenntnis (zur CA), in: Bekennendes Bekenntnis, Form und Formulierung christlichen Glaubens, hrsg. v. E. Hultsch u. K. Lüthi, Gütersloh 1982 S. 15 ff.

– Recht aus Rechtfertigung, Jus Ecclesiasticum Bd. 27, Tübingen 1982

Daur, Martin, Die eine Kirche und das zweifache Recht, München 1970

Denkschrift der evangelisch-theologischen Fakultät der Universität Tübingen: »Für und wider die Theologie Bultmanns«, Tübingen 1952

Denninger, Erhard (Hrsg.), Hochschulrahmengesetz, München 1984

Dibelius, Otto, Achtzehn Sätze über Kirche und Theologie, in: Theologische Literaturzeitschrift 72, 1947 Sp. 157 ff.

Diem, Hermann, Theologie als kirchliche Wissenschaft, München 1951

– Dogmatik, Bd. 2, München 1955

– Glaube und Überlieferung als Problem, in: Evang. Kirchenzeitung 8, 1964 S. 351 ff.

– Die Wahrheit in der Theologie, in: Ulmer, Karl (Hrsg.), Die Wissenschaften und die Wahrheit. Ein Rechenschaftsbericht der Forschung, Stuttgart 1966 S. 171 ff.

Dombois, Hans, Das Recht der Gnade. Ökumenisches Kirchenrecht, Bd. III: Verfassung und Verantwortung, Bielefeld 1983

Dove, Richard, Das Verhältnis des Staates zu der wissenschaftlichen Vorbildung der Geistlichen, in: Zeitschrift für Kirchenrecht, Bd. XV, 1880 S. 411 ff.

Ebeling, Gerhard, Kirchenzucht, Stuttgart 1947

– Die kirchentrennende Bedeutung von Lehrdifferenzen (1956/57), in: ders., Wort und Glaube, Tübingen 1960 S. 161 ff.

– Theologie und Verkündigung, Tübingen 1962

– Zur Geschichte des konfessionellen Problems (1952), in: *ders.*, Wort Gottes und Tradition, Studien zu einer Hermeneutik der Konfessionen, 2. Aufl. Göttingen 1966 S. 41 ff.

– »Sola scriptura« und das Problem der Tradition (1963), ebda. S. 91 ff.

– Das Neue Testament und die Vielzahl der Konfessionen (1962), ebda. S. 144 ff.

– Wort Gottes und kirchliche Lehre (1962), ebda. S. 155 ff.

– Memorandum zur Verständigung in Kirche und Theologie, in: Zeitschrift f. Theologie und Kirche 66, 1969 S. 493 ff.

– Frei aus Glauben, Tübingen 1968

– Dogmatik des christlichen Glaubens, Bd. 1, Tübingen 1979

– Der Lauf des Evangeliums und der Lauf der Welt. Die Confessio Augustana einst und jetzt, Lutherische Beiträge 1980, H. 3 S. 2 ff.

– Die Toleranz Gottes und die Toleranz der Vernunft, Zeitschrift für Theologie und Kirche 78, 1981 S. 442 ff.

Ebers, Godehard Josef, Staat und Kirche im neuen Deutschland, München 1930

Elert, Werner, Die Zukunft der evangelisch-theologischen Fakultäten, in: Luthertum 46, 1935 S. 97 ff.

– Der christliche Glaube, 3. Aufl. Hamburg 1956

Emde, Ernst Thomas, Die theologischen Fakultäten zwischen wissenschaftlicher Freiheit und kirchlicher Bindung. Zu den Rechtsfolgen der kirchlichen Beanstandung eines katholischen Universitätstheologen, in: AöR Bd. 106, 1981 S. 355 ff.

Engelhardt, Hanns, Lehrzucht und Recht in der Evangelisch-Lutherischen Kirche, in: JZ 1960 S. 430 ff.

– Staatskirchentum und Religionsfreiheit, in: Festschrift f. Erwin Stein, 1983 S. 13–24

Erdmann, Johann Eduard, Die Universität und ihre Stellung zur Kirche, in: *ders.*, Vermischte Aufsätze, Leipzig 1846 S. 1 ff.

Fagerberg, Holsten, Bekenntnis, Kirche und Amt in der deutschen konfessionellen Theologie des 19. Jh., Uppsala 1952

– Die Theologie der lutherischen Bekenntnisschriften von 1529–1537, Göttingen 1965

Feine, Hans Erich, Kirchliche Rechtsgeschichte, Bd. 1, Die katholische Kirche, 4. Aufl. Weimar 1964

Fischer, Erwin, Eine staatliche konfessionelle Hochschule?, in: Vorgänge 12, 1973 S. 107 ff.

– Trennung von Staat und Kirche. Die Gefährdung der Religionsfreiheit in der Bundesrepublik, 3. Aufl. Frankfurt/Main 1984

Fischer, Eugen H., Theologieprofessor, Theologische Fakultät und Kirche, in: Festschrift für J. R. Geiselmann, Freiburg i. Br. 1960 S. 330 ff.

– Das kirchliche Mitwirkungsrecht bei Ergänzungen des Lehrkörpers im katholisch-theologischen Fachbereich, in: Diaconia et ius, Festschrift für Heinrich Flatten zum 65. Geburtstag, München u. a. 1973

Fischer, Martin, Theologie und Kirchenleitung, in: Evangelische Theologie 21, 1961 S. 49 ff.

Flämig, Christian, Die verfassungs- und hochschulrechtliche Legitimation von Privatuniversitäten, in: Hetzel, Schlünder (Hrsg.), Hochschulen neben Hochschulen, Münster 1976 S. 71 ff.

Flatten, Heinrich, Missio Canonica, in: Verkündigung und Glaube, Festgabe für Franz X. Arnold, Freiburg i. Br. 1958 S. 123 ff.

– Das bischöfliche Nihil obstat für Privatdozenten der Theologie nach deutschem Konkordatsrecht, in: Im Dienste des Rechts in Kirche und Staat, Festschrift für F. Arnold, Wien 1963 S. 197 ff.

Floss, J. H., Denkschrift über die Parität an der Universität Bonn mit einem Hinblick auf Breslau und die übrigen Preußischen Hochschulen. Ein Beitrag zur Geschichte deutscher Universitäten im 19. Jahrhundert, Freiburg i. Br. 1862

Fohrer, Georg, Das Problem von Lehrfreiheit und dogmatischer Bindung in der evangelischen Theologie und Kirche, in: Theologische Zeitschrift 13, 1957 S. 260 ff.

Friedberg, Emil, Das Deutsche Reich und die katholische Kirche, Leipzig 1872

– Die Grenzen zwischen Staat und Kirche und die Garantien gegen deren Verletzung, Neudruck der Ausgabe Tübingen 1872. Aalen 1962

– Das geltende Verfassungsrecht der evangelischen Landeskirchen, Leipzig 1888
– Lehrbuch des katholischen und evangelischen Kirchenrechts, 6. Aufl. Leipzig 1909
Friedrich, Otto, Einführung in das Kirchenrecht, Göttingen 1961
– Der evangelische Kirchenvertrag mit dem Freistaat Baden, Lahr 1933
Frieling, Reinhard, Kirchengemeinschaft, Materialdienst des Konfessionskundlichen Instituts Bensheim, H. 3, 1984 S. 41 f.
Friesenhahn, Ernst, Über Begriff und Arten der Rechtsprechung, in: Festschrift f. R. Thoma, Tübingen 1950 S. 21 ff.
– Kirchliche Wohlfahrtspflege, in: Festschrift f. H. R. Klecatsky, Wien 1980 S. 247 ff.
Fritsche, Hans-Georg, Lehrbuch der Dogmatik, Teil 1, 2. Aufl. Göttingen 1982
Frowein, Jochen A., Zur verfassungsrechtlichen Lage der Privatschulen unter besonderer Berücksichtigung der kirchlichen Schulen, Berlin 1979
Fuchs, Ernst, Was ist Theologie?, Tübingen 1952
Gänger, Hartmut, Staat und Kirche in ihrem Verhältnis zu den evangelisch-theologischen Fakultäten nach den deutschen evangelischen Kirchenverträgen, Diss. iur. Heidelberg 1966
Garijo Guembe Miguel M. (Ed.), La Confesion de Fe de Augsbourg ayer y hoy. Congreso internacional luterano-católico, Salamance, Salamanca 1981
Gauly, Peter, Katholisches Ja zum Augsburger Bekenntnis? Ein Bericht über die neuere Anerkenntnisdiskussion, Freiburg Basel Wien 1980
Geck, Wilhelm Karl, Promotionsordnungen und Grundgesetz, 2. Aufl. Berlin 1969
Geerdes, Hayo, Die christliche Theologie als Wissenschaft, in: Neue Zeitschrift für systematische Theologie und Religionsphilosophie 6, 1964 S. 1 ff.
Gehring, Heinrich, Das Lehrzuchtverfahren in der Evangelischen Kirche, Diss. iur. Göttingen 1968
Geiger, Willi, Die Rechtsprechung des Bundesverfassungsgerichts zum kirchlichen Selbstbestimmungsrecht, ZevKR 26, 1981 S. 156 ff.
– Wissenschaftsfreiheit als Problem der polit. Ordnung in der Bundesrepublik Deutschland, in: König, Franz (Hrsg.), Wesen und Aufgaben einer kathol. Universität, Düsseldorf 1984 S. 99 ff.
Gensichen, Hans Werner, Damnamus, die Verwerfung von Irrlehre bei Luther und im Luthertum des 16. Jahrhunderts, Berlin 1955
Gerber, Hans, Das Recht der wissenschaftlichen Hochschulen, Bd. 1, Tübingen 1965
Giese, Friedrich, Das kirchenpolitische System der Weimarer Verfassung, in: AöR, N.F. Bd. 7, 1924 S. 16 f.
Gloege, Gerhard, Artikel: »Bekenntnis V., Dogmatisch«, in: Religion in Gesch. und Gegenw., 3. Aufl., Bd. 1 Sp. 994 ff., Tübingen 1957
Gollwitzer, Helmut, Die Theologie im Hause der Wissenschaften, in: Evangelische Theologie 19, 1958 S. 14 ff.
– Die Bedeutung des Bekenntnisses für die Kirche, in: Hören und Handeln, Festschrift für Ernst Wolf zum 60. Geburtstag, München 1962 S. 153 ff.
Goppelt, Leonhardt, Die Pluralität der Theologien im Neuen Testament und die Einheit des Evangeliums als ökumenisches Problem, in: Evangelium und Einheit, hrsg. v. V. Vaitja, Göttingen 1971 S. 103 ff.
Grässer, Erich, Bewährungsprobe in der Theologie, in: Deutsches Pfarrerblatt 1965 S. 633 ff.
Grane, Leif, Die Confessio Augustana, Göttingen 1970
Grass, Hans, Theologie als kirchliche Wissenschaft?, in: Humanitas – Christianitas, Walter von Loewenich zum 65. Geburtstag, Witten 1968 S. 242 ff.
Grauheding, Erich, Der Mainzer Staatsvertrag, in: ZevKR 10, 1963/64 S. 143 ff.
Greinacher, Norbert/Haag, Herbert (Hrsg.), Der Fall Küng, Eine Dokumentation, München Zürich 1980
Grundmann, Siegfried, Sacerdotium – Ministerium – Ecclesia Particularis, in: Für Kirche und Recht, Festschrift für Johannes Heckel zum 70. Geburtstag, Köln Graz 1954 S. 144 ff., auch in: *ders.,* Abhandlungen zum Kirchenrecht, Köln Wien 1969 S. 156 ff.
– Verfassungsrecht in der Kirche des Evangeliums, ZevKR 11, 1964/65 S. 51 ff.; auch in: *ders.,* Abhandlungen zum Kirchenrecht S. 112 ff.

– Art. Evangelische Kirche in Deutschland, in: Evangelisches Staatslexikon, 2. Aufl. Stuttgart Berlin 1975 Sp. 639 ff.
– Art. Vertragskirchenrecht, ebda. Sp. 2757 ff.
Gutachten der Evangelisch-theologischen Fakultäten der Königlich Preußischen Universitäten über den Lizentiaten Bruno Bauer in Beziehung auf dessen Kritik der evangelischen Geschichte der Synoptiker, Berlin 1842
Häberle, Peter, »Staatskirchenrecht« als Religionsrecht der verfaßten Gesellschaft, in: Mikat, Paul, Kirche und Staat in der neueren Entwicklung, 1980 S. 452 ff.
– Kulturverfassungsrecht im Bundesstaat, Wien 1980
– Kulturstaatlichkeit und Kulturverfassungsrecht, Darmstadt 1982
– Die Wesensgehaltsgarantie des Art. 19 Abs. 2 Grundgesetz, 3. Aufl. Heidelberg 1983
Halbfas, Hubertus, Theologie und Lehramt, in: Die Funktion der Theologie in Kirche und Gesellschaft, hrsg. v. P. Neuenzeit, München 1969 S. 171 ff.
Harder, Günther, Einführung in die Lehrbeanstandungsordnung der EKU, in: Kirche in der Zeit 18, 1963 S. 326 ff.
Haring, Johann B., Das Lehramt der katholischen Theologie, Graz 1926
Harnack, Adolf von, Die Aufgabe der theologischen Fakultäten und die allgemeine Religionsgeschichte, 3. Aufl. Gießen 1901
– Das neue kirchliche Spruchkollegium, in: Preußische Jahrbücher, Bd. 138, Berlin 1909 S. 385 ff., 564 f.
– Die Dienstentlassung des Pfarrers Lic. G. Traub, Leipzig 1912
– Die Bedeutung der theologischen Fakultäten, in: von Jahn-Harnack, Agnes, von Harnack, Axel (Hrsg.), Adolf v. Harnack, Ausgewählte Reden und Aufsätze, Berlin 1951 S. 113 ff.
Hauschild, W.-D./Kretschmar, G./Nicolaisen C. (Hrsg.), Die lutherischen Kirchen und die Bekenntnissynode von Barmen, Göttingen 1984
Heckel, Gisela geb. Schmidt, Der Rechtsstatus der evangelischen kirchlichen Hochschulen in der Bundesrepublik Deutschland, Diss. iur. Köln 1957 (gekürzte hektogr. Fassung 1963)
Heckel, Johannes, Evangelisch-theologische Fakultät über Kirchenverfassung und Bildungswesen, in: Theologische Blätter 11, 1932 Sp. 65 ff.
– Der Vertrag des Freistaates Preußen mit den evangelischen Landeskirchen v. 11. Mai 1931. Zu seiner Ratifizierung am 29. Juni 1931, in: Theologische Blätter 1932 Sp. 193 ff., auch in: *ders.,* Das blinde, undeutliche Wort »Kirche«, Gesammelte Aufsätze, Köln Graz 1964 S. 572 ff.
– Cura Religionis, ius in sacra, ius circa sacra, in: Festschrift Ulrich Stutz, Stuttgart 1938 S. 224 ff.
– Initia iuris ecclesiastici Protestantium, München 1950, auch in: Das blinde, undeutliche Wort »Kirche« S. 132 ff.
– Kirchengut und Staatsgewalt, in: »Rechtsprobleme in Staat und Kirche«, Festschrift f. R. Smend, Göttingen 1952, S. 103 ff., auch abgedr. in: »Das blinde, undeutliche Wort ›Kirche‹« S. 328 ff. und in: Staat und Kirchen in der Bundesrepublik, hrsg. v. H. Quaritsch, Bad Homburg 1967 S. 44 ff.
– Das blinde, undeutliche Wort »Kirche«, Gesammelte Aufsätze, hrsg. v. S. Grundmann, Köln Graz 1964
– Lex charitatis, 2. Aufl. Köln Wien 1973
Heckel, Martin, Glaubensfreiheit und Freiheit der Kirche, in: Lanzenstiel, Georg (Hrsg.), Kirche und Glaubensfreiheit, München 1968 S. 23 ff.
– Die Kirchen unter dem Grundgesetz, in: VVDStRL 26, 1968 S. 5 ff.
– Parität, in: ZRG 80 Kan.Abt. 49, 1963 S. 261 ff.
– Staat und Kirche nach den Lehren der evangelischen Juristen Deutschlands in der ersten Hälfte des 17. Jahrhunderts, Jus Ecclesiasticum Bd. 6, München 1968
– Staat – Kirche – Kunst. Rechtsfragen kirchlicher Kunstdenkmäler, Tübingen 1968
– Zum Sinn und Wandel der Freiheitsidee im Kirchenrecht der Neuzeit, in: ZRG 86 Kan.Abt. 55, 1969 S. 395 ff.
– Die Situation des Kirchenrechts an den deutschen Universitäten, ZevKR 18, 1973 S. 330 ff.
– Staat und Kirchen in der Bundesrepublik, Staatskirchenrechtliche Aufsätze 1950–1967, ZevKR 18, 1973 S. 22 ff.

- Die religionsrechtliche Parität, in: HdbStKirchR Bd. 1, 1974 S. 445 ff.
- Zum Recht der akademischen Abschlußprüfung im Fachbereich Evangelische Theologie, ZevKR 20, 1975 S. 398 ff.
- Artikel Reformation. III. Rechtsgeschichtlich, in: Evangelisches Staatslexikon, 2. Aufl. 1975 Sp. 2130
- Säkularisierung. Staatskirchenrechtliche Aspekte einer umstrittenen Kategorie, ZRG 97 Kan. Abt. 66, 1980 S. 77 ff.
- Deutschland im Konfessionellen Zeitalter, Göttingen 1983
- Das Säkularisierungsproblem in der Entwicklung des deutschen Staatskirchenrechts, in: Christentum und modernes Recht, hrsg. v. Gerhard Dilcher und Ilse Staff, (Suhrkamp) Frankfurt 1984 S. 35 ff.
- Zur zeitlichen Begrenzung des Bischofsamts, ZevKR 27, 1984 S. 134 ff.

Hegel, Eduard, Die Organisationsformen der diözesanen Priesterausbildung in Deutschland, in: »Die Kirche und ihre Ämter und Stände«, Festgabe für Joseph Kardinal Frings, Köln 1960 S. 645 ff.

Heidtmann, Jürgen, Grundlagen der Privathochschulfreiheit, Diss. Berlin 1980

Heinemann, Heribert, Lehrbeanstandung in der kathol. Kirche. Analyse und Kritik der Verfahrensordnung, Trier 1981

Herkenrath/Münch, Alternative: Hochschulen in freier Trägerschaft. Zum Selbstverständnis kirchlicher Fachhochschulen, Hildesheim 1978

Herms, Eilert, Die Einheit der Christen in der Gemeinschaft der Kirchen, Göttingen 1984
- Ökumene im Zeichen der Glaubensfreiheit, Una Sancta, Zeitschrift f. Ökumenische Begegnung, 1984 S. 178 ff.
- Ökumene wohin?, Materialdienst des Konfessionskundlichen Instituts Bensheim, H. 6, 1984 S. 107 ff.

Herrmann, Horst, Ein unmoralisches Verhältnis, Düsseldorf 1974

Herzog, Roman, Die Berliner Vereinbarung zwischen Staat und Kirchen, ZevKR 16, 1971 S. 268 ff.
- Die Kirche im weltanschaulich neutralen Staat, in: Kirche im Spannungsfeld der Politik, Festschrift für Hermann Kunst, Göttingen 1977 S. 55 ff.

Hesse, Konrad, Schematische Parität, ZevKR 3, 1953/54 S. 189 ff., auch in: *ders.*, Ausgewählte Schriften 1984 S. 475 ff.
- Die Entwicklung des Staatskirchenrechts seit 1945, in: Jahrb. d. Öff. R. n. F. 10, 1961 S. 3 ff., auch in: Ausgewählte Schriften S. 355 ff.
- Grundrechtsbindung der Kirchen, in: Festschrift für Werner Weber zum 70. Geburtstag, Berlin 1974 S. 447 ff., auch in: Ausgewählte Schriften S. 516 ff.
- Das Selbstbestimmungsrecht der Kirchen und Religionsgemeinschaften, in: HdbStKirchR, Bd. 1 S. 429, auch in: Ausgewählte Schriften S. 516 ff.
- Grundzüge des Verfassungsrechts der Bundesrepublik Deutschland, 12. Aufl. Karlsruhe 1980
- Der Gleichheitssatz in der neueren deutschen Verfassungsentwicklung, AöR 109, 1984 S. 174 ff.

v. der Heydte, Friedrich August Frh., Eine Universität in freier Trägerschaft: Das Beispiel von Eichstätt, in: Festschrift f. Theodor Maunz, 1981 S. 137 ff.

Hilling, Nikolaus, Das Promotionsrecht und die Prüfungsordnung des Kanonischen Instituts an der Universität München, in: Archiv f. kathol. Kirchenrecht 124, 1950 S. 461 ff.
- Die päpstliche Errichtung und staatliche Anerkennung der Theologischen Fakultät in Trier. Ein Selbstinterview mit Aktenpublikation, in: Archiv f. kathol. Kirchenrecht 125, 1951/52 S. 257 ff.

Hinschius, Paul, Allgemeine Darstellung des Verhältnisses von Staat und Kirche, in: Handbuch des öffentlichen Rechts der Gegenwart, Bd. 1, 1. Freiburg 1883
- Das Preußische Kirchenrecht im Gebiete des ALR, Berlin Leipzig 1884
- System des katholischen Kirchenrechts mit besonderer Rücksicht auf Deutschland, 4. Bd., Berlin 1888 (Ndr. Graz 1959)

Hinz, Christoph, Kommentare zu den Lima-Erklärungen, Theol. Literaturzeitung 1984 S. 173 ff.

Hoensbroech, Paul, Die Katholisch-theologischen Fakultäten im Organismus der Preußischen Staatsuniversitäten, 1907

Hoffmann, Georg, Lehrzucht und Glaubensduldung bei Luther und im Luthertum, in: Luthertum
– Neue kirchl. Zeitschrift 50, 1939 S. 161 ff., 193 ff.
– Die Frage des Lehramts und der Lehrgewalt im Luthertum, in: Zeitschrift für systematische
Theologie 17, 1940 S. 37 ff.
– Lehrgewalt und Lehrzucht, in: ZevKR 9, 1962/63 S. 337 ff.
– Art. Lehrfreiheit, in: Evangelisches Staatslexikon, 2. Aufl. 1975 Sp. 1472
– Art. Lehrzucht, ebda. Sp. 1472 ff.
– Art. Wissenschaftsfreiheit III. A. Lehrbindung der ev. Hochschullehrer, ebda. Sp. 2978 f.
Hofmann, Linus, Die Philosophisch-Theologischen Hochschulen in der Bundesrepublik Deutsch-
land. Zu dem gleichnamigen Buch v. M. Baldus, in: Trierer Theologische Zeitschrift 76, 1967
S. 183 ff.
Hollerbach, Alexander, Verträge zwischen Staat und Kirche in der Bundesrepublik Deutschland,
Frankfurt/Main 1965
– Trennung von Staat und Kirche?, in: Hochland 58, 1965/66 S. 63 ff.
– Das Staatskirchenrecht in der Rechtsprechung des Bundesverfassungsgerichts, in: AöR 92, 1967
S. 99 ff., II. AöR 106, 1981 S. 218 ff.
– Die Kirchen unter dem Grundgesetz, in: VVDStRL 26, 1968 S. 57 ff.
– Die verfassungsrechtlichen Grundlagen des Staatskirchenrechts, in: HdbStKirchR I S. 215 ff.
– Die vertragsrechtlichen Grundlagen des Staatskirchenrechts, in: HdbStKirchR I S. 267 ff.
– Das badische Konkordat vom 12. 10. 1932, in: Beiträge zur Rechtsgeschichte, Gedächtnisschrift
f. H. Conrad, Paderborn u. a. 1979 S. 299 ff.
– Die theologischen Fakultäten und ihr Lehrpersonal im Beziehungsgefüge von Staat und Kirche,
in: Theologie in der Universität, Essener Gespräche zum Thema Staat und Kirche, Band 16, hrsg.
v. Heiner Marré und Johannes Stüting, Münster 1982 S. 69 ff.
Honecker, Martin, Religionsfreiheit und evangelische Glaubensüberzeugung, Der Staat 23, 1984
S. 481 ff.
Honselmann, Klemens, Zum Promotionsrecht der deutschen katholisch-theologischen Fakultäten,
in: Theologie und Glaube 47, 1957 S. 321 ff.
Huber, Ernst Rudolf, Verträge zwischen Staat und Kirche im Deutschen Reich, Breslau 1930
– Zur Problematik des Kulturstaats, Tübingen 1958
– Deutsche Verfassungsgeschichte seit 1789, Band I, 2. Aufl. Stuttgart 1960 (Ndr. 1975), Band IV,
Stuttgart 1969, Band VI, Stuttgart 1981
Huber, Ernst Rudolf/Huber, Wolfgang, Staat und Kirche im 19. und 20. Jahrhundert. Dokumente
zur Geschichte des deutschen Staatskirchenrechts, Band I, Berlin 1973
Huber, Wolfgang, Kirche und Öffentlichkeit, Stuttgart 1973
Hubrich, Eduard, Das Verfahren gegen Geistliche bei Lehrirrung, Berlin 1909
Hübner, Friedrich, Consensus und dissensus de doctrina in Union und Ökumene, in: Schr. d.
Theol. Konvents Augsb. Bek., 8, Berlin 1955 S. 55 ff.
Ipsen, Hans Peter, Gleichheit, in: Die Grundrechte, hrsg. v. Neumann, Nipperdey, Scheuner,
Bd. 2, Berlin 1954 S. 111 ff.
Iserloh, Erwin (Hrsg.), Confessio Augustana und Confutatio. Der Augsburger Reichstag 1530 und
die Einheit der Kirche. Internationales Symposion d. Ges. z. Hrsg. d. Corpus Catholicorum v.
Sept. 1979 in Augsburg, Münster 1980
Iwand, Hans Joachim, In wessen Händen liegt das Lehramt?, in: Evangelische Theologie 11, 1951/
52 S. 86 ff.
Janssen, Albert, Das Streikrecht der Angestellten und Arbeiter im öffentlichen Dienst und der
»Dritte Weg« der Kirchen, Heidelberg 1982
Jatho, Carl, Briefe, hrsg. v. Carl O. Jatho, Jena 1914
Joest, Wilfried, Fundamentaltheologie, Stuttgart 1974
– Dogmatik, Bd. 1, Göttingen 1984
Jüngel, Eberhard, Die Freiheit der Theologie, Theologische Studien, Heft 88, Zürich 1967
– Bekennen und Bekenntnis, in: Theologie in Geschichte und Kunst. Walter Elliger zum 65.
Geburtstag, Witten 1968

Junker, Hubert, Die Errichtung der Theologischen Fakultät Trier und das deutsche Hochschulrecht, in: Trierer Theologische Zeitschrift 60, 1951 S. 146 ff.

Jurina, Josef, Der Rechtsstatus der Kirchen und Religionsgemeinschaften im Bereich ihrer eigenen Angelegenheiten, Berlin 1972

Käsemann, Ernst, Exegetische Versuche und Besinnungen, Bd. 1, 4. Aufl. Göttingen 1965

– (Hrsg.), Das Neue Testament als Kanon, Göttingen 1970

Kästner, Karl-Hermann, Die Geltung von Grundrechten in kirchlichen Angelegenheiten, Juristische Schulung 1977 S. 715 ff.

– Staat und Kirche – heute, in: Die Verwaltung 10, 1977 S. 67 ff.

Kahl, Joachim, Das Elend des Christentums oder Plädoyer für eine Humanität ohne Gott, Reinbek bei Hamburg 1968

Kahl, Wilhelm, Lehrsystem des Kirchenrechts und der Kirchenpolitik, Freiburg Leipzig 1894

– Bekenntnisgebundenheit und Lehrfreiheit, Berlin 1897

– Dr. A. Agricola, Bekenntnisgebundenheit und Lehrfreiheit unter dem Gesichtspunkt des Rechts. Besprechung in: Deutsche Zeitschrift für Kirchenrecht 8, 1898 S. 347 ff.

– Aphorismen zur Trennung von Staat und Kirche, Berlin 1908

– Die Missio Canonica zum Religionsunterricht und zur Lehre der Theologie an Schulen bzw. Universitäten nach dem Rechte der katholischen Kirche und dem staatlichen Rechte in Preußen, in: Deutsche Zeitschrift für Kirchenrecht 18, 1908 S. 349 ff.

– Das neue preußische »Irrlehregesetz«, in: Deutsch-Evangelisch, Berlin 1910 S. 21 ff.

Karpen, Ulrich, Die Entwicklung der Rechtsprechung zum Wissenschaftsrecht seit 1976, JZ 1983 S. 926 ff.

Kasper, Walter, Wissenschaftliche Freiheit und lehramtliche Bindung der katholischen Theologie, in: Essener Gespräche zum Thema Staat und Kirche 16, Münster 1982 S. 12 ff.

Kaufmann, Ekkehard, Grundlagenprobleme des Lehrzuchtverfahrens in der evangelischen Kirche, in: JZ 1960 S. 50 ff.

– Glaube, Irrtum, Recht, Stuttgart 1961

Keller, Dietrich, Verantwortung der Kirche für die rechte Verkündigung, ein Vergleich dreier Lehrzuchtordnungen, Düsseldorf 1972

Kimminich, Otto, Wissenschaft, in: v. Münch, Ingo (Hrsg.), Besonderes Verwaltungsrecht, 7. Aufl. Berlin u. a. 1985 S. 749 ff.

Kitzinger, Friedrich, Art. 142 Satz 1. Die Freiheit der Wissenschaft und der Kunst, in: Die Grundrechte und Grundpflichten der Reichsverfassung, Kommentar zum zweiten Teil der Reichsverfassung, Bd. 2, hrsg. v. Hans Carl Nipperdey, Berlin Mannheim 1930 S. 449 ff.

Kleineidam, Erich, Die katholisch-theologische Fakultät der Universität Breslau 1811–1945, Köln 1961

Klose, Hans-Ulrich, Die Rechtsbeziehungen zwischen dem Staat und den evangelischen Landeskirchen in Hessen unter besonderer Berücksichtigung des Hessischen Kirchenvertrages vom 18. 2. 1960, Berlin 1966

Kluge, Alexander, Die Universitätsselbstverwaltung, Frankfurt a. M. 1958

Knies, Wolfgang, Schranken der Kunstfreiheit als verfassungsrechtliches Problem, München 1967

Koch, Ernst/Ullrich, Lothar/Kühn, Ernst, Der wissenschaftliche Ertrag des Confessio-Augustana-Gedenkjahres 1980, Theol. Literaturzeitung 1981 S. 706 ff.

König, Franz (Hrsg.), Wesen und Aufgaben einer katholischen Universität, Düsseldorf 1984

Köttgen, Arnold, Die Freiheit der Wissenschaft und die Selbstverwaltung der Universitäten, in: Die Grundrechte, hrsg. v. Neumann, Nipperdey, Scheuner, 2. Bd., Berlin 1954 S. 291 ff.

– Das Grundrecht der deutschen Universität, Göttingen 1959

Koja, Friedrich, Konkordat und Wissenschaftsfreiheit, Salzburg 1980

Kolb, R. (Hrsg.), Confessio Augustana – Den Glauben bekennen. 450-Jahr-Feier des Augsburger Bekenntnisses, Gütersloh 1980

Kraus, Hans-Joachim, Systematische Theologie, Neukirchen 1983

Krebber, Werner, Staat und Kirche Hand in Hand? Die Sapientia Christiana in Nordrhein-Westfalen, in: Frankfurter Hefte 1984, 7 S. 7–8

Kreck, Walter, Grundfragen der Dogmatik, 2. Aufl. München 1977

Krüger, Herbert, Allgemeine Staatslehre, 2. Aufl. Stuttgart 1966

Kübel, Johannes, Der Vertrag der evangelischen Landeskirchen mit dem Freistaat Preußen, Berlin 1931

Küng, Hans, Unfehlbar?, Zürich 1970

Künkel, Klaus, »Freiwilliger Exodus der Theologie aus der Universität«?, in: Vorgänge 7, 1968 S. 315 ff.

Lagarde, Paul de, Über das Verhältnis des deutschen Staates zu Theologie, Kirche und Religion, in: Deutsche Schriften, Göttingen 1920 S. 40 ff.

Lahr, Horst, Chancen und Problematik einer Konkordie für die Einigung von Kirchen, in: Kerygma und Dogma, Heft 1, 1979 S. 17 ff.

Lammermeyer, Josef, Die juristischen Personen der katholischen Kirche, Paderborn 1929

Lauscher, Albert, Die katholisch-theologische Fakultät der Rheinischen Friedrich-Wilhelm-Universität (1818–1918), Düsseldorf 1920

Lempp, Richard, Die Frage der Trennung von Kirche und Staat im Frankfurter Parlament, Tübingen 1913

Lerche, Peter, Übermaß und Verfassungsrecht, Köln u. a. 1961

Lettmann, Reinhard, Das bischöfliche Nihil obstat, in: Investigationes Theologico-Canonicae, Roma 1978 S. 287 f.

Leuze, Dieter/Bender, Gisela, Gesetz über die wissenschaftlichen Hochschulen des Landes Nordrhein-Westfalen, Kommentar, Bielefeld 1981

Lienhard, Marc (Hrsg.), Lutherisch-Reformierte Kirchengemeinschaft heute, Frankfurt 1972

Liermann, Hans, Deutsches Evangelisches Kirchenrecht, Stuttgart 1933
– Die kirchliche Stiftung, in: Der Jurist und die Kirche, Jus Ecclesiasticum Bd. 17, München 1973 S. 274 ff.

Link, Christoph, Verfassungsrechtliche Fragen zur Aufhebung der »Staatskirche«, Bayerische Verwaltungsblätter 1966 S. 297 ff.
– Staatskirchenrechtliche Probleme der nichtakademisch vorgebildeten Geistlichen, ZevKR 17, 1972 S. 256 ff.
– Religionsunterricht, in: HdbStKirchR Bd. 2 Berlin 1975 S. 501 ff.
– Herrschaftsordnung und bürgerliche Freiheit, Wien Köln Graz 1979
– Christentum und moderner Staat, zur Grundlegung eines freiheitlichen Staatskirchenrechts in der Aufklärung, in: Christentum und modernes Recht, hrsg. v. Gerhard Dilcher und Ilse Staff, (Suhrkamp) Frankfurt 1984 S. 35 ff.

Link, Ludwig, Die Besetzung der kirchlichen Ämter in den Konkordaten Papst Pius' XI., Bonn 1942

Lisken, Hans F., Küng und das Kirchenrecht, in: Frankfurter Hefte 1980, 2 S. 8–10

Listl, Joseph, Das Grundrecht der Religionsfreiheit in der Rechtsprechung der Gerichte der Bundesrepublik Deutschland, Berlin 1971
– Die neuere Rechtsprechung des Bundesverfassungsgerichts zur Religions- und Kirchenfreiheit, in: Festschrift f. H. R. Klecatsky, Wien 1980 S. 571 ff.
– Staat und Kirche in der Bundesrepublik Deutschland, in: Mikat, Paul, Kirche und Staat in der neueren Entwicklung, 1980 S. 240 ff.

Listl, Joseph/Müller, Hubert/Schmitz, Heribert, Grundriß des nachkonziliaren Kirchenrechts, Regensburg 1979
– Handbuch des katholischen Kirchenrechts, Regensburg 1983

Litt, Theodor, Wissenschaft, Bildung, Weltanschauung, Leipzig 1928

Lobkowicz, Nikolaus, Wortmeldung zu Kirche, Staat, Universität, Graz 1980

v. Loewenich, Walther, Glaube, Kirche, Theologie. Freiheit und Bindung im Christsein, Witten 1958

Lohff, Wenzel, Die Konkordie reformatorischer Kirchen in Europa, Frankfurt a. M. 1985

Lohse, Bernhard/Pesch, Otto Hermann (Hrsg.), Das Augsburger Bekenntnis von 1530 – damals und heute, München Mainz 1980

Lohse, Eduard, Die ökumenischen Beziehungen zwischen der Römisch-Katholischen und der Evangelischen Kirche in Deutschland, Georgia Augusta, Nachrichten aus der Universität Göttingen, Mai 1981 S. 17 ff.

Lorenz, Dieter, Wissenschaftsfreiheit zwischen Kirche und Staat, Konstanz 1976
– Andere nichtstaatliche Hochschulen, HdbWissR Bd. 2 Berlin 1982 S. 1131 ff.

Luck, Selbstverständnis und Anspruch kirchlicher Hochschulen, in: Stähli (Hrsg.), Wort und Dienst. Jahrbuch der kirchlichen Hochschule Bethel, NF 16, Bielefeld 1981 S. 11 ff.

Lübbe, Hermann, Säkularisierung, 2. Aufl. Freiburg München 1975

Mahrenholz, Christhard, Kirche und theologische Fakultät, in: Musicologica et Liturgica. Gesammelte Aufsätze von Christhard Mahrenholz, Kassel 1960

Mahrenholz, Ernst Gottfried, Die Kirchen in der Gesellschaft der Bundesrepublik, 2. Aufl. Hannover 1972
– Kirchen als Korporationen, ZevKR 20, 1975 S. 42 ff.
– Küng und das Konkordat. Aspekte des Staatskirchenrechts, in: Ev. Kommentare 1980 S. 139–141

Mahrenholz, Hans Christhard, Die Mitwirkung der evangelischen Kirche bei der Besetzung der Lehrstühle in den evangelisch-theologischen Fakultäten. Diss. iur. Göttingen 1955 (ungedruckt), auszugsw. wiedergegeben in: ZevKR 5, 1956 S. 219 ff.

Maier, Hans, Kirche und Gesellschaft, München 1972
– Staat, Kirche, Bildung, Freiburg u. a. 1984

Maihofer, Werner, Kulturelle Aufgaben des modernen Staates, in: Handbuch des Verfassungsrechts, hrsg. v. E. Benda, W. Maihofer, H. J. Vogel, Berlin 1983 S. 953 ff.

Marbe, Karl, Überkonfessionalismus und konfessionelle Professuren an den Universitäten, Preuß. Jahrbücher 181/182, 1920 S. 22 ff.

Maunz, Theodor/Dürig, Günter, Grundgesetz, Kommentar, München Berlin ab 1959
– Kulturverwaltungsrecht, in: Mang, Maunz, Mayer, Obermayer, Staats- und Verwaltungsrecht in Bayern, 4. Aufl. München 1975 S. 725 ff.

Maurer, Hartmut, Zur Rechtsstellung der Fachbereiche, WissR 10, 1977 S. 193
– Promotion, in: HdbWissR Bd. I S. 835

Maurer, Wilhelm, Bekenntnis und Sakrament, Berlin 1939
– Das synodale evangelische Bischofsamt, Berlin 1955, auch in: *ders.,* Die Kirche und ihr Recht, Jus Ecclesiasticum 23, Tübingen 1976 S. 388 ff.
– Art. Bekenntnis, VII. Rechtlich, in: Religion in Gesch. u. Gegenw., Bd. 1 1957 Sp. 1003 ff.
– Art. Fakultäten, theologische, in Deutschland, ebda., Bd. 2 1958 Sp. 859 ff.
– Art. Lehrverpflichtung und Lehrfreiheit, ebda., Bd. 4 1960 Sp. 278 ff.
– Art. Lehrzuchtverfahren III. Grundsätzliches, ebda., Bd. 4 1960 Sp. 283 ff.
– Bekenntnis und Kirchenrecht (1963), in: *ders.,* Die Kirche und ihr Recht, S. 1 ff.
– Geistliche Leitung der Kirche (1966), ebda. S. 99 ff.
– Historischer Kommentar zur Confessio Augustana, Gütersloh Bd. 1 1976, Bd. 2 1978

Mausbach, Joseph, Der Eid wider den Modernismus und die theologische Wissenschaft, Köln 1911

May, Georg, Entstehung und Rechtscharakter der Vereinbarung zwischen dem Bischof in Mainz und dem Oberregierungspräsidenten von Hessen-Pfalz v. 15./17. April bzw. 5. Oktober 1946 zur Errichtung der Katholisch-theologischen Fakultät an der Johannes-Gutenberg-Universität in Mainz, in: Archiv f. kathol. Kirchenrecht (AkKR) 131, 1962 S. 15 ff.
– Das Verhältnis der Katholisch-theologischen Fakultät der Johannes-Gutenberg-Universität in Mainz zu dem Diözesanbischof nach der Vereinbarung zwischen Kirche und Staat vom 14./ 17. April bzw. 5. Oktober 1946, in: Im Dienste des Rechts in Kirche und Staat, Festschrift für Franz Arnold, Wien 1963 S. 171 ff.
– Der Vertrag des Landes Rheinland-Pfalz mit den evangelischen Landeskirchen vom 31. März 1962, in: AkKR 132, 1963 S. 61 ff., 434 ff.
– Die Ausbildung des Weltklerus in Deutschland, in: Theologische Quartalschrift 174, 1964 S. 170 ff.
– Die Errichtung von zwei mit Katholiken zu besetzenden Professuren in der philosophischen Fakultät der Universität Straßburg im Jahre 1902/03, in: Speculum iuris et ecclesiarium. Festschrift für Willibald Plöchl zum 60. Geburtstag, Wien 1967 S. 245 ff.

– Mit Katholiken zu besetzende Professuren an der Universität Breslau von 1811 bis 1945, in: ZRG 84 Kan.Abt. 53, 1967 S. 185 ff., 85 Kan.Abt. 54, 1968 S. 200 ff.
– Die Funktion der Theologie in Kirche und Gesellschaft, in: Die Funktion der Theologie in Kirche und Gesellschaft, hrsg. v. P. Neuenzeit, München 1969 S. 291 ff.
– Mit Katholiken zu besetzende Professuren für Philosophie und Geschichte an der Universität Freiburg nach dem Badischen Konkordat vom 12. Oktober 1932, in: ius et salus animarum, Festschrift für Bernhard Panzram, Freiburg 1972 S. 341 ff.
– Die Errichtung von Stiftungslehrstühlen für katholische Theologie an den Universitäten Frankfurt am Main und Gießen, AkKR 144, 1975 S. 464 ff.
– Mit Katholiken zu besetzende Professuren an der Universität Tübingen von 1817 bis 1945, Amsterdam 1975
– Die rechtliche Stellung der Einrichtungen zur Ausbildung katholischer Religionslehrer an den staatlichen Hochschulen in dem Land Hessen, Österr. Archiv f. Kirchenrecht 26, 1975 S. 55 ff.
– Die Rechtsstellung der akademischen Lehrer der katholischen Theologie und die Ausbildung der katholischen Theologiestudenten an den staatlichen Hochschulen in Bayern nach dem Vertrag zwischen dem Heiligen Stuhl und dem Freistaat Bayern vom 4. September 1974, AkKR 144, 1975 S. 402 ff.
– Verträge deutscher Bischöfe mit der Bundesrepublik Deutschland und den deutschen Bundesländern, in: Convivium utriusque iuris, Festschrift f. Alexander Dordett zum 60. Geburtstag, Wien 1976 S. 417 ff.
– Die Hochschulen, in: Grundriß des nachkonziliaren Kirchenrechts, hrsg. v. Joseph Listl u. a., Regensburg 1979 S. 654 ff.
– Die Hochschulen, in: Handbuch des katholischen Kirchenrechts, hrsg. v. Joseph Listl u. a., Regensburg 1983 S. 605 ff.
Mayer, Otto, Die Kaiser-Wilhelms-Universität Straßburg, Berlin Leipzig 1922
Mayer-Scheu, Hansjosef, Grundgesetz und Parität von Kirchen und Religionsgemeinschaften, Mainz 1970
Meinhold, Peter (Hrsg.), Kirche und Bekenntnis. Historische und theologische Aspekte zur Frage der gegenseitigen Anerkennung der lutherischen und der katholischen Kirche auf der Grundlage der Confessio Augustana, Wiesbaden 1980
Meyer, Harding/Schütte, Heinz, Confessio Augustana – Bekenntnis des einen Glaubens. Gemeinsame Untersuchung lutherischer und katholischer Theologen, Paderborn Frankfurt 1980
Meyer-Teschendorf, Klaus G., Staat und Kirche im pluralistischen Gemeinwesen, Jus Ecclesiasticum Bd. 26, Tübingen 1979
Michel, Otto, ὁμολογέω, in: Theol. Wörterbuch zum Neuen Testament, begr. v. G. Kittel, Bd. 5, Stuttgart 1954 S. 199 ff.
Mikat, Paul, Kirchen und Religionsgemeinschaften, in: Bettermann, Nipperdey, Scheuner (Hrsg.), Die Grundrechte, Bd. 4, 1. Halbbd. Berlin 1960 S. 111 ff.
– Das Verhältnis von Kirche und Staat in der Bundesrepublik, Berlin 1964
– Kirche und Staat in nachkonziliarer Sicht, in: Kirche und Staat, Festschrift für H. Kunst, Berlin 1967 S. 105 ff.
– Zur rechtlichen Bedeutung religiöser Interessen, Düsseldorf 1973, auch abgedr. in: *ders.*, Religionsrechtliche Schriften, hrsg. v. J. Listl, Bd. I, Berlin 1974 S. 303 ff.
– Die religionsrechtliche Ordnungsproblematik, in: HdbStKirchR Bd. 1 S. 112 ff.
– Staatskirchenrechtliche Bemerkungen zur Nihil-obstat-Problematik, in: Archiv f. kathol. Kirchenrecht 1979 S. 93 ff.
– Bemerkungen zu den staatskirchenrechtlichen Strukturelementen des Grundgesetzes, in: Festschrift für Johannes Broermann, 1982 S. 755 ff.
– Staat, Kirchen und Religionsgemeinschaften, in: Handb. d. Verfassungsrechts der Bundesrepublik Deutschland, 1983 S. 1059 ff.
Mirbt, Carl, Die katholisch-theologische Fakultät zu Marburg, Marburg 1905
– Quellen zur Geschichte des Papsttums und des römischen Katholizismus, 5. Aufl. Tübingen 1934
Mirbt, Hermann, Art. 135, 136, Glaubens- und Gewissensfreiheit, in: Nipperdey (Hrsg.), Die Grundrechte und Grundpflichten der Reichsverfassung, Bd. 2, Berlin 1930 S. 336 ff.

Mörsdorf, Klaus, Rechtsgutachten über das rechtswirksame Zustandekommen und die Fortgeltung des Reichskonkordats, in: Der Konkordatsprozeß, Bd. II., München 1957 S. 811 ff.

Mommsen, Theodor, Universitätsunterricht und Konfession, in: Reden und Aufsätze, 3. Abdruck, Berlin 1912 S. 432 ff.

Monninger, G. (Hrsg.), 30 Jahre Augustana-Hochschule, Neuendettelsau 1977

Müller, Friedrich, Jenseits der Verfassung. Konkordatslehrstühle am Maßstab des Grundgesetzes, Demokratie und Recht 1976 S. 175 ff.

– Das Recht der freien Schule nach dem Grundgesetz, Berlin 1980

Müller, Hanfried, Evangelische Dogmatik im Überblick, Teil 1, Berlin 1978

Müller, Hans Martin, Vom Umgang mit dem theologischen Pluralismus, in: Theologie und Wirklichkeit, Festschrift f. W. Trillhaas, Göttingen 1973 S. 91 ff.

– Der Lehrbegriff der Leuenberger Konkordie und die Frage der Kirchengemeinschaft, Kerygma und Dogma Heft 1, 1979 S. 2 ff.

– Bindung und Freiheit kirchlicher Lehre, Zeitschrift für Theologie und Kirche 77, 1980 S. 479 ff.

– Lehrverpflichtung und Gewissensfreiheit. Zur Frage der Bekenntnisbindung in der deutschen evangelischen Kirche, Kerygma und Dogma 26, 1980 S. 230 ff.

– Kirchengemeinschaft, Abendmahl und Amt. Die evangelische Sicht und das Lima-Papier, in: Theologische Beiträge, hrsg. v. Kl. Haacker und Theo Sorg, Heft 5, 1984 S. 219 ff.

– Lutherisches Kirchenverständnis und der Kirchenbegriff des Codex Iuris Canonici 1983, ZevKR 29, 1984 S. 546 ff.

Müller-Volbehr, Jörg, Staat und Kirche – Universität und Theologie. Aktuelle Rechtsprobleme der Theologenausbildung an staatlichen Hochschulen, ZevKR 24, 1979 S. 1 ff.

Mulert, Hermann, Die Lehrverpflichtung in der evangelischen Kirche Deutschlands, 2. Ausgabe, Tübingen 1906

– Anti-Modernisteneid, freie Forschung und theologische Fakultäten, Halle 1911

– Wahrhaftigkeit und Lehrverpflichtung, Tübingen 1911

– Konfessionalismus und freie Wissenschaft, Preuß. Jahrbücher 183/184, 1921 S. 104 ff.

Mussinghoff, Heinz, Theologische Fakultäten im Spannungsfeld von Staat und Kirche, Mainz 1979

– Ein aktuelles Sonderproblem des kirchlichen Hochschulrechts: Diplom in katholischer Theologie, in: WissR Beiheft 8, 1983 S. 74–112

Neumann, Johannes, Zur Problematik lehramtlicher Beanstandungsverfahren, in: Theologische Quartalsschrift 149, 1969 S. 259 ff.

– Die Theologischen Fakultäten in den staatlichen Universitäten, in: Jus sacrum, Klaus Mörsdorf zum 60. Geburtstag, München 1969 S. 853 ff.

Niebler, Engelhard, Die Rechtsprechung des BVerfG zum Verhältnis Staat und Kirche, in: Staat und Kirche 1984, Referate d. Tagung d. Dt. Richterakademie in Trier v. 6.–12. Nov. 1983, hrsg. v. Bayer.Staatsmin. d. Justiz, München 1984 S. 1 ff.

Nihues, Norbert, Schul- und Prüfungsrecht, 2. Aufl. München 1983

Obermayer, Klaus, Staatskirchenrecht im Wandel, in: DÖV 1967 S. 9 ff.

– Staat und Religion. Bekenntnisneutralität zwischen Traditionalismus und Nihilismus, Berlin 1977

– Das Verhältnis von Religionsgemeinschaften und Weltanschauungsgemeinschaften nach dem Grundgesetz, DVBl 1981 S. 615 ff.

– Verwaltungsverfahrensgesetz, Kommentar, Neuwied Darmstadt 1983

Oppermann, Thomas, Kulturverwaltungsrecht. Bildung – Wissenschaft – Kunst, Tübingen 1969

– Bildung, in: v. Münch (Hrsg.), Besonderes Verwaltungsrecht, 7. Aufl. 1985 S. 687 ff.

Pahlke, Armin, Kirche und Koalitionsrecht, Jus Ecclesiasticum Bd. 29, Tübingen 1983

Pannenberg, Wolfhardt, Wissenschaftstheorie und Theologie, Frankfurt 1973

Peters, Hans, Die Besonderheiten der beamtenrechtlichen Stellung der staatlichen Theologieprofessoren an den deutschen Universitäten, in: Festschrift für Eduard Eichmann zum 70. Geburtstag, Paderborn 1940 S. 401 ff.

– Die Gegenwartslage des Staatskirchenrechts, in: VVDStRL 11, 1954 S. 177 ff.

Picht, Georg, Die Verantwortung der Kirche für die Wissenschaft, in: Kirche im Spannungsfeld der Politik, Festschrift für Hermann Kunst, Göttingen 1977 S. 73 ff.

Pietzcker, Jost, Verfassungsrechtliche Anforderungen an die Ausgestaltung staatlicher Prüfungen, Berlin 1975

Pirson, Dietrich, Universalität und Partikularität der Kirche, Jus Ecclesiasticum Bd. 1, München 1965

– Kirchliche Fachhochschulen als Gegenstand des Staatskirchenrechts, ZevKR 30, 1985 S. 1 ff.

Quaritsch, Helmut, Kirchen und Staat. Verfassungs- und staatstheoretische Probleme der staatskirchenrechtlichen Lehre der Gegenwart, in: Der Staat 1, 1962 S. 175 ff., 289 ff., auch in: Staat und Kirchen in der Bundesrepublik, hrsg. v. H. Quaritsch, Bad Homburg 1967 S. 265 ff.

– Hans Küng, Tübingen und das Reichskonkordat, in: Baden-Württembergische Verwaltungspraxis 1981 S. 82 ff.

Rade, Martin, Jatho und Harnack, ihr Briefwechsel mit einem Geleitwort von –, Tübingen 1911

– Missio canonica für die evangelischen Fakultäten?, in: Christliche Welt 44, 1930 Sp. 170 ff.

– Foerster und Kübel, Zum Fakultätsartikel des evangelischen Konkordats, ebda. Sp. 927 ff.

– »Der Marburger Vorschlag«, in: Christliche Welt 45, 1931 Sp. 231 ff.

Rahner, Karl, Kirchliches Lehramt und Theologie nach dem Konzil, in: Schriften zur Theologie Bd. 8 Köln 1967 S. 111 ff.

– Die Freiheit theologischer Forschung in der Kirche, in: Stimmen der Zeit 94, 1969 S. 73 ff.

Rahner, Karl/Fries, Heinrich,

– Einigung der Kirchen – reale Möglichkeit, Freiburg i. Br. 1983

Rath, Peter (Hrsg.), Trennung von Staat und Kirche, Reinbek 1974

Reinhard, Wolfgang (Hrsg.), Bekenntnis und Geschichte. Die Confessio Augustana im historischen Zusammenhang, München 1981

Rendtorff, Trutz/Lohse, Eduard, Kirchenleitung und wissenschaftliche Theologie. Eine Ortsbestimmung, München 1974

Reppel, Klaus, Der Staat und die Vorschriften über die Vorbildung der Geistlichen, Diss. iur. Bonn 1966

Reuhl, Günter, Kulturstaatlichkeit im Grundgesetz, JZ 1981 S. 321–327

Richter, Aemilius Ludwig, Lehrbuch des katholischen und evangelischen Kirchenrechts mit besonderer Rücksicht auf deutsche Zustände, Leipzig 1842

Richter, Erich, Das Mitwirkungsrecht der evangelischen Kirche bei der Besetzung theologischer Lehrstühle, Diss. iur. Marburg 1934

Rössler, Dietrich, »Religion vom Katheder. Evangelische Theologie an der Universität«, in: Evangelische Kommentare 1983 S. 312 ff.

Rothacker, Erich, Logik und Systematik der Geisteswissenschaften, München Berlin 1927

Rückert, Hanns, Schrift, Tradition und Kirche (1951), in: *ders.*, Vorträge und Aufsätze zur historischen Theologie, Tübingen 1972

Rüfner, Wolfgang, Die Geltung von Grundrechten im kirchlichen Bereich, in: Essener Gespräche 7, 1972 S. 9 ff., auch in: Mikat, Kirche und Staat in der neueren Entwicklung, 1980 S. 174 ff.

Ruhbach, Gerhard (Hrsg.), Die kirchliche Hochschule Bethel 1905–1980, Bethel 1980

Rupp, Hans Heinrich, Hochschulorganisation und wissenschaftliche Lehrfreiheit, NJW 1972 S. 16 ff.

– Die Stellung der Studenten in der Universität, VVDStRL 27, 1969 S. 137

Sauter, Gerhard (Hrsg.), Theologie als Wissenschaft, Aufsätze und Thesen, München 1971

– Der Wissenschaftsbegriff der Theologie, Evangelische Theologie 1975 S. 283 ff.

Schäfer, Rütger, Zur Problematik der theologischen Fakultäten. Unter besonderer Berücksichtigung der Marburger Fakultät, in: Vorgänge 1968 S. 319 ff.

– Die theologische Fakultät – ein staatskirchliches Relikt, in: Club Voltaire, Jahrbuch für kritische Aufklärung IV S. 286 ff., auch in: Vorgänge 1969 S. 351 ff.

– Die Misere der theologischen Fakultäten. Dokumentation und Kritik eines Tabus, Schwerte (Ruhr) 1970

Schatzschneider, Wolfgang, Zu: Ulrich Scheuner, Rechtsfolgen der konkordatsrechtlichen Beanstandung eines katholischen Theologen, in: DVBl 1981 S. 553 f.

Scheffler, Gerhard, Die Stellung der Kirche im Staat nach Art. 140 GG in Verbindung mit Art. 137

WRV. Hektograph. Veröff. der Forschungsstelle für Völkerrecht und ausländisches öffentliches Recht der Universität Hamburg Nr. 42, 1964

Schell, Hermann, Theologie und Universität, Würzburg 1897

Scheuner, Ulrich, Pressefreiheit, in: VVDStRL 22, 1965 S. 32 ff.

– Die Religionsfreiheit im Grundgesetz, DÖV 1967 S. 585, auch in: *ders.*, Schriften zum Staatskirchenrecht, Berlin 1973 S. 33 ff.

– System der Beziehungen von Staat und Kirche im Grundgesetz, in: HdbStKirchR Bd. 1 S. 5 ff.

– Die Bundesrepublik als Kulturstaat, in: Bitburger Gespräche, Jahrbuch 1977/78, Trier o. J. S. 113 ff.

– Die Kirchen und die Einrichtungen der Wissenschaft, in: Georg Denzler (Hrsg.), Kirche und Staat auf Distanz, München 1977 S. 207 ff.

– Die institutionellen Garantien des Grundgesetzes (1953), in: *ders.*, Staatstheorie und Staatsrecht, Gesammelte Schriften, Berlin 1978 S. 665 ff., 709 ff.

– Rechtsfolgen der konkordatsrechtlichen Beanstandung eines katholischen Theologen, Berlin München 1980

Schieffer, Elisabeth, Von Schauenburg nach Leuenberg, Paderborn 1983

Schilling, Hans, Theologische Wissenschaft und kirchliches Lehramt, Erwägungen zur Therapie einer kranken Beziehung, in: Stimmen der Zeit 1980 S. 291 ff.

Schlaich, Klaus, Kollegialtheorie. Kirche, Recht und Staat in der Aufklärung, Jus Ecclesiasticum Bd. 8 München 1969

– Zur weltanschaulichen und konfessionellen Neutralität des Staates, in: Essener Gespräche zum Thema Staat und Kirche, Heft 4, Münster 1969

– Neutralität als verfassungsrechtliches Prinzip, Tübingen 1972

– Der Öffentlichkeitsauftrag der Kirchen, in: HdbStKirchR Bd. 2, Berlin 1975 S. 231 ff.

– Das Recht der Lehrfreiheit und Lehrbeanstandung in der Kirche, in: Brecht/Schwarz (Hrsg.), Bekenntnis und Einheit der Kirche, Stuttgart 1980 S. 491 ff.

– Der »Dritte Weg«, JZ 1980 S. 209 ff.

– Die Grundlagendiskussion zum evangelischen Kirchenrecht, Pastoraltheologie 72, 1983 S. 240 ff.

– Kirchenrecht und Kirche, ZevKR 28, 1983 S. 337 ff.

Schlink, Edmund, Theologie der lutherischen Bekenntnisschriften, 3. Aufl. München 1948

– Zum Problem der Tradition (1959), in: *ders.*, Der kommende Christus und die kirchlichen Traditionen, Göttingen 1961 S. 196 ff.

– Die Bedeutung der östlichen und westlichen Traditionen für die Christenheit (1959), ebda. S. 232 ff.

– Ökumenische Dogmatik, Göttingen 1983

Schmaus, Michael, Der Glaube der Kirche, München 1969

Schmidt, Karl Ludwig, Evangelisch-theologische Fakultät und Kirche, Theol. Blätter 9, 1930 Sp. 235 ff.

Schmidt, Walter A. E., Die Freiheit der Wissenschaft. Ein Beitrag zur Geschichte und Auslegung des Art. 142 der Reichsverfassung, Berlin 1929

Schmitt, Carl, Verfassungslehre, München Leipzig 1928

– Freiheitsrechte und institutionelle Garantien der Reichsverfassung, Berlin 1931, auch in: *ders.*, Verfassungsrechtliche Aufsätze, Berlin 1958 S. 140 ff., 157 ff.

– Grundrechte und Grundpflichten (1932), ebda. S. 181 ff.

Schmitt Glaeser, Walter, Partizipation an Verwaltungsentscheidungen, in: VVDStRL 31, 1973 S. 179 ff.

Schmitz, Heribert, Revision des kirchlichen Hochschulrechts, Archiv für kathol. Kirchenrecht (AkKR) 143, 1974 S. 69 ff.

– Kirchliche Hochschulen nach der Apostolischen Konstitution Sapientia Christiana von 1979, in: AkKR 150, 1981 S. 45 ff., 477 ff.

– Die Entwicklung des kirchl. Hochschulrechts v. 1917–1980, in: AkKR 151, 1982 S. 424 ff.

Schniewind, Julius, Der Verkündigungscharakter der theologischen Wissenschaft, in: Theologische Literaturzeitschrift 72, 1947 Sp. 167

Schoen, Paul, Das evangelische Kirchenrecht in Preußen, 1. Bd. Berlin 1903

Scholder, Klaus, Die Bedeutung des Barmer Bekenntnisses für die Evangelische Theologie und Kirche, in: Evang. Theologie 27, 1967 S. 435 ff.

– Die theologische Grundlage des Kirchenkampfes, Zur Entstehung und Bedeutung der Barmer Erklärung, ebda. 44, 1984 S. 505 ff.

Scholz, Heinrich, Wie ist eine evangelische Theologie als Wissenschaft möglich?, in: Zwischen den Zeiten 9, 1931 S. 8 ff.

Schrey, Heinz Horst, Art. Evangelische Theologie, in: Religion in Gesch. u. Gegenw. Bd. 4 Sp. 769

Schröker, Sebastian, Der Fall Barion, in: Hans Barion, Kirche und Kirchenrecht, hrsg. v. Werner Böckenförde, Paderborn u. a. 1984 S. 25 ff.

Schulte, Johann Friedrich von, Das Recht der Erteilung der Befugnis zum Lehramt in der Theologie (missio ecclesiastica) nach der Geschichte und nach dem geltenden Rechte der katholischen Kirche, in: Archiv f. kathol. Kirchenrecht 19, 1868 S. 3 ff.

– Das Vorgehen des Herrn Erzbischof von Köln gegen Bonner Professoren gewürdigt von einem katholischen Juristen, Köln 1871

Schultz, Günther, Rechtliches zum Fall Küng, Monatsschrift für deutsches Recht 1980 S. 275 f.

Seckler, Max, Die Theologie als kirchliche Wissenschaft nach Pius XII. und Paul VI., in: Theologische Quartalschrift 149, 1969 S. 209 ff.

Sellert, Wolfgang, Zur Problematik der Habilitation in ihrer historischen Entwicklung, ZRP 1972 S. 68 ff.

Simon, Josef, Die kirchliche Gebundenheit des staatlichen Amtes der katholischen Theologieprofessoren in Bayern, Diss. iur. München 1964

Smend, Rudolf, Verfassung und Verfassungsrecht (1928), in: *ders.*, Staatsrechtliche Abhandlungen, 2. Aufl. Berlin 1968 S. 119 ff.

– Staat und Kirche nach dem Bonner Grundgesetz, ZevKR 1, 1951 S. 4 ff., auch in: Staatsrechtl. Abhandlungen, 2. Aufl. S. 411 ff.

– Staat und Kirche nach dem Grundgesetz in der Sicht der deutschen Staatsrechtslehrer, in: ZevKR 13, 1967/68 S. 299 f.

– Protestantismus und Demokratie, in: *ders.*, Staatsrechtliche Abhandlungen 2. Aufl. S. 297 ff., auch in: Kirche und moderne Demokratie, hrsg. v. Theodor Strohm und Heinz-Dietrich Wendland, Darmstadt 1973 S. 1 ff.

– Zur Auseinandersetzung mit dem Aufsatz von Ulrich Krüger: Das Prinzip der Trennung von Staat und Kirche in Deutschland, in: *ders.*, Kirchenrechtliche Gutachten in den Jahren 1946–1969, München 1972 S. 374 ff.

– Zur Frage des Promotionsrechts der Erzbischöflichen Akademie Paderborn, ebda. S. 369 ff.

Söhngen, Oskar, Die Theologie im Streit der Fakultäten, in: Hochland 44, 1951/52 S. 225 ff.

Sohm, Rudolf, Der Lehrgerichtshof, Abdruck aus »Der Tag« v. 23. 11. 1909, in: Protestantenblatt 1909 S. 1252, 1352 ff.

Solte, Ernst-Lüder, Theologie an der Universität, Jus Ecclesiasticum Bd. 13, München 1971

– Die theologischen Fakultäten im Verfassungsrecht der Bundesrepublik Deutschland, in: Weth/Gestrich/Solte: Theologie an staatlichen Universitäten?, Stuttgart 1972 S. 90 ff.

– Die evangelischen kirchlichen Hochschulen in der neueren Rechtsentwicklung, in: WissR, Beiheft 8, 1983 S. 1 ff.

Stahl, Julius, Der christliche Staat, (1. Aufl. 1847), 2. Aufl. Berlin 1858

Stallmann, Martin, Was ist Säkularisierung?, Tübingen 1960

Starck, Christian, Freiheitlicher Staat und staatliche Schulhoheit, in: Essener Gespräche 9, Münster 1975 S. 9 ff.

Steck, Karl Gerhard, Evangelische Lehrzucht?, in: Bekennende Kirche, Martin Niemöller zum 60. Geburtstag, München 1952 S. 118 ff.

– Evangelische Lehrzucht? Theologische Existenz heute, NF 124 München 1965

Stein, Albert, Möglichkeiten und Grenzen kirchlicher Lehrzuchtverfahren heute, in: Monatsschrift für Pastoraltheologie 56, 1967 S. 84 ff.

– Probleme evangelischer Lehrbeanstandung, Bonn 1967

- Evangelische Lehrordnung als Frage kirchenrechtlicher Verfahrensgestaltung, in: ZevKR 19, 1974 S. 253 ff.
- Neue Entwicklungen im Lehrrecht, ZevKR 22, 1977 S. 413 ff.
- Ein Lehrgesetz auf dem Prüfstand, in: Wissenschaft und Praxis in Kirche und Gesellschaft 68, 1979 S. 505 ff.
- Evangelisches Kirchenrecht, 2. Aufl. Neuwied Darmstadt 1985
- Weitere Entwicklungen im Lehrrecht, ZevKR 26, 1981 S. 77 ff.
- Zum Stand der Grundlagendiskussion im deutschen evangelischen Kirchenrecht, NJW 1983 S. 2527 ff.
- Der Zeugnischarakter des ev. Kirchenrechts als Problem der Auslegung kirchenrechtl. Normen, ZevKR 28, 1983 S. 160 f.

Steiner, Udo/Grimm, Dieter, Kulturauftrag im staatlichen Gemeinwesen, VVDStRL 42, 1984

Steinmüller, Wilhelm, Kirchen- und staatskirchenrechtliche Probleme der Laienhabilitation an Katholisch-Theologischen Fakultäten in der Bundesrepublik Deutschland, in: Rahner, Karl: Zur Reform des Theologiestudiums, Freiburg/Br. u. a. 1969 S. 111 ff.

Stock, Martin, Art. Wissenschaftsfreiheit, in: Evangelisches Staatslexikon, 2. Aufl. 1975 Sp. 2973 ff.

Stutz, Ulrich, Das Bonner evangelische Universitätspredigeramt in seinem Verhältnis zu Staat, Kirche und Gemeinde. Sitzungsberichte der preußischen Akademie der Wissenschaften, Berlin 1920
- Die päpstliche Diplomatie unter Leo XIII., Berlin 1925

Süsterhenn, Adolf, Zur staatskirchenrechtlichen Stellung kirchlicher Hochschulen unter besonderer Berücksichtigung der Rechtslage in Rheinland-Pfalz und Nordrhein-Westfalen, in: DVBl 1961 S. 181 ff.

Tenbörg, Wolfgang, Kirchliches Promotionsrecht und kirchliche akademische Grade in der staatlichen Rechtsordnung. Diss. iur. München 1962
- Art. Hochschulen, kirchliche, in: Evangelisches Staatslexikon, 2. Aufl. 1975 Sp. 982 ff.

Tetzel, Claus, Staat – Kirche – Hochschule, Diss. iur. Erlangen 1982

Thielicke, Helmut, Was ist Wahrheit? Die Theologische Fakultät im System der Wissenschaften, Tübingen 1954, teilw. abgedr. unter dem Titel »Wahrheit und Verstehen«, in: Was ist die Wahrheit? Hamburger theologische Ringvorlesung 1965 S. 9 ff.
- Der evangelische Glaube, Grundzüge der Dogmatik, Bd. 1 Tübingen 1968.

Thieme, Werner, Deutsches Hochschulrecht, Berlin Köln 1956

Thurian, Max (Hrsg.), Ökumenische Perspektion von Taufe, Eucharistie und Amt, Paderborn Frankfurt 1983

Tilmann, Konrad, Die sogenannten Konkordatsprofessuren, Diss. jur. Freiburg 1971

Trillhaas, Wolfgang, Der Dienst der Kirche am Menschen, 2. Aufl. München 1958
- Dogmatik, Berlin 1962
- Die Theologie in der Universität, in: Die Universität. Kritische Selbstbetrachtungen. Fünf Vorlesungen, Göttinger Universitätsreden 42, Göttingen 1964 S. 75 ff.

Tröger, Gerhard, Das Bischofsamt in der evangelisch-lutherischen Kirche, Jus Ecclesiasticum Bd. 2, München 1966
- Wissenschaftsfreiheit. III. Wissenschaftsfreiheit und die Lehrbindung der Hochschullehrer der Theologie, in: Evang. Staatslexikon, 2. Aufl. Sp. 2978 ff.

Troeltsch, Ernst, Die Trennung von Staat und Kirche, der staatliche Religionsunterricht und die theologischen Fakultäten, Tübingen 1907
- Voraussetzungslose Wissenschaft, in: Gesammelte Schriften Bd. 2, Neudruck der 2. Aufl. Aalen 1962 S. 183 ff.

Verheugen, Günter, Das Programm der Liberalen, 2. Aufl. 1980

Vischer, Lukas (Hrsg.), Auf dem Weg, Zürich 1967

Vogel, Heinrich, Die Stellung der Theologie im Raume der Universität, in: Theologische Literaturzeitschrift 82, 1957 Sp. 721 ff.

Weber, Hermann, Die Religionsgemeinschaften als Körperschaften des öffentlichen Rechts im System des Grundgesetzes, Berlin 1966

- Grundprobleme des Staatskirchenrechts, Bad Homburg 1970
- Die Grundrechtsbindung der Kirchen, ZevKR 17, 1972 S. 386 ff.
- Gelöste und ungelöste Probleme des Staatskirchenrechts, NJW 1983 S. 2541 ff.

Weber, Max, Die Lehrfreiheit der Universitäten, in: Hochschulnachrichten, 12. Jg. 1909 S. 89 ff.
- Wissenschaft als Beruf, 2. Aufl. München Leipzig 1921

Weber, Otto, Grundlagen der Dogmatik, 5. Aufl. Neukirchen-Vluyn 1977

Weber, Werner, Das Nihil-obstat. Beiträge zum Verhältnis von Staat und katholischer Kirche, in: Zeitschrift für die gesamte Staatswissenschaft Bd. 99, 1939 S. 193 ff., auch in: *ders.*, Staat und Kirche in der Gegenwart, Jus Ecclesiasticum Bd. 25, Tübingen 1978
- Der gegenwärtige Status der theologischen Fakultäten und Hochschulen, in: Tymbos für Wilhelm Ahlmann, Berlin 1951 S. 309 ff., auch in: *ders.*, Staat und Kirche S. 93 ff.
- Rechtsfragen der kirchlichen Hochschulen, in: ZevKR 1, 1951 S. 346 ff., auch in: *ders.*, Staat und Kirche S. 135 ff.
- Die deutschen Konkordate und Kirchenverträge der Gegenwart, Bd. I, Göttingen 1962, Bd. II, Göttingen 1971
- Die Konfessionalität der Lehrerbildung in rechtlicher Betrachtung, Tübingen 1965
- Die neuere Entwicklung in der kirchlichen Mitwirkung bei der Besetzung theologischer Lehrstühle an staatlichen Hochschulen, AöR 95, 1970 S. 408 ff.
- Die Bindung theologischer Habilitationen an theologische Fakultäten oder Fachbereiche, in: Festschrift für Ulrich Scheuner zum 70. Geburtstag, Berlin 1973 S. 591 ff., auch in *ders.*, Staat und Kirche S. 361 ff.
- Theologische Fakultäten, staatliche Pädagogische und Philosophisch-Theologische Hochschulen, in: HdbStKirchR Bd. 2, Berlin 1975 S. 569 ff., auch in: *ders.*, Staat und Kirche S. 373 ff.

Weeber, Rudolf, Lehrgewalt und Lehrzucht, ZevKR 9, 1963 S. 384 ff.

Welte, Bernhard, Die Wesensstruktur der Theologie als Wissenschaft, Freiburger Universitätsreden N.F. Heft 19, Freiburg 1955

Wende, Erich, Grundlagen des preußischen Hochschulrechts, Berlin 1930

Wendland, Heinz-Dietrich, Die Berufung Adolf Harnacks nach Berlin im Jahre 1888, in: Jahrbuch für Brandenburgische Kirchengeschichte 29, 1934 S. 103 ff.

Wendt, Günther/Stein, Albert, »Inwieweit sind Schrift und Bekenntnis höherrangige Normen gegenüber dem positiven Recht?« Veröff. der Tagung der Arnoldshainer Konferenz und VELKD, Evang. Akademie Bad Herrenalb v. 23.–25. 4. 1982 (ohne Ort und Jahr)

Weth, Rudolf/Gestrich, Christof/Solte, Ernst-Lüder, Theologie an staatlichen Universitäten?, Stuttgart u. a. 1972

Wilkens, Erwin, Kirche in Staat und Gesellschaft, in: Kirchl. Jb. f. d. ev. Kirche in Deutschland 1979, 1983 S. 105 ff.

Wirsching, Johannes, Bekenntnisschriften, in: Theol. Realenzyklopädie Bd. V, hrsg. v. G. Krause und G. Müller, Berlin New York 1980 S. 487 ff.

Wochner, Manfred, Ein Fehl- oder Übergriff? Ein Kultusministerium versucht, die venia legendi eigenmächtig zu ändern, in: Universitäts-Zeitung 1984 H. 8 S. 13

Wolf, Erik, Das Problem und die Leitgedanken für eine Grundordnung der EKD (1948), in: *ders.*, Rechtstheologische Studien, Frankfurt 1972 S. 293 ff.
- Kirche und Recht (1936), ebda. S. 264 ff.
- Zur Rechtsgestalt der Kirche (1952), ebda. S. 312 ff.
- Zur Entstehung der Grundordnung der EKD (1955), ebda. S. 47 ff.
- Entwicklung und Krisen des Kirchenrechts (1961), ebda. S. 76 ff.
- Ordnung der Kirche, Frankfurt 1961

Wolf, Ernst, Theologie am Scheideweg, in: Bekennende Kirche, Martin Niemöller zum 60. Geburtstag, München 1952 S. 18 ff.
- Der christliche Glaube und das Recht, zu J. Heckels Lex charitatis, ZevKR 4, 1955 S. 225 ff.
- Christliche Freiheit für die »Freie Welt«, in: Existenz und Ordnung, Festschrift für Erik Wolf, Frankfurt 1962 S. 15 ff.
- Zum protestantischen Rechtsdenken, in: *ders.*, Peregrinatio Bd. 2, München 1965 S. 191 ff.

- Verantwortung in der Freiheit, ebda. S. 242 ff.
- Die Bindung an das Bekenntnis, in: Wort und Welt, Festgabe für E. Hertzsch, Berlin 1968 S. 323 ff.
- Botschafter des Evangeliums, Freiheit und Bindung kirchlichen Handelns, in: Der Glaube der Gemeinde und die mündige Welt, Festschrift f. O. Hammelsbeck, München 1969 S. 233 ff.
- Barmen, Kirchen zwischen Versuchung und Gnade, 2. Aufl. München 1970

Wolff, Hans Julius/Bachof, Otto, Verwaltungsrecht, Bd. 2, 4. Aufl. München 1976

Zeddies, Helmut, »Zur Kirche verdichtete Gemeinschaft«, in: Kerygma und Dogma Heft 1, 1979 S. 44 ff.

- Bekenntnis als Einigungsprinzip, Berlin 1980

Zeumer, Karl, Quellensammlung zur Geschichte der Deutschen Reichsverfassung, Tübingen 1913

Zezschwitz, Friedrich, Staatliche Neutralitätspflicht und Schulgebet. Zum Urteil des Hess. Staatsgerichtshofs vom 27. 10. 1965, JZ 1966 S. 337 ff.

Zippelius, Reinhold, Erläuterungen zu Art. 4 GG, in: Kommentar zum Bonner Grundgesetz (Bonner Kommentar), Stand Okt. 1984

Zorn, Der Staat und die theologischen Fakultäten, in: Protestantische Kirchenzeitung für das evangelische Deutschland 42, 1895 S. 515 ff.

Sachregister

Unter Einbeziehung der im Text erwähnten Namen

Freie Evangelisch-theol. Akademie (FETA)
372
Freiheit der Forschung und der Lehre 60,
292, 366
– der Kirche 25, 76, 150, 163
– des Christenmenschen 129
– des Evangeliums 92, 168, 228
– des Kulturellen 1, 17
– durch Normierung 84
– durch Trennung 30
Freiheitlicher Rechtsstaat 211, 253
Freiheitlich-pluralistisches Staatskirchen-
recht 112, 131, 198, 347
Freiheitsbegriff 9, 93, 168, 198
Freikirchen 45
Freizügigkeit (akademische) 250
Fremdhabilitationen, -promotionen 255,
260, 262
Fremdkonfessioneller Übergriff 254
Freundschaftsklausel 39, 58, 120, 329
Friedrich der Große 13, 88, 195, 221
Fürsorgepflicht 64, 73, 166

Ganzheit der Materie 31
Garantie der theologischen Fakultäten 32,
101, 202, 312, 369
– der kirchl. Hochschulen 368
– in den Landesverfassungen 3, 20
Gegenreformation 11
Gegenstand der theol. Forschung 239
Geistige Freiheit 21
Geistiges Erbe 38
Geistliche Aufsicht 225
– Ausbildungsfunktionen 58f., 264f., 281,
328, 347, 357, 365
– Belange 38, 41, 114, 116, 120, 385
– Freiheit und Bindung 54, 66, 93, 168
– Maßstäbe 51, 331
Geistlichenausbildung 274, 287, 334f., 365,
369
Geistlicher Charakter der theol. Fakultäten
29, 58, 310, 312
»Geistlicher Kern« 35f., 60, 99, 104, 349
Geistliches Amt 136, 347, 370
Geistliche Selbstbestimmung 7, 36, 61, 66,
70, 100, 111, 170, 347
Geistliches Wesen der Kirche 138, 213
Geistlich-geistige Sinneinheit 27, 326, 337,
349

Gemeindeprinzip 177
Gemeinsame Angelegenheiten 27, 31, 34,
266, 301, 325, 327, 340, 347
Gemeinsame Lehrveranstaltungen der Kon-
fessionen 214
Gemeinwohl 116, 367
Gerichtspraxis 210
Gesamtbetrachtung 5, 9, 84
Gesamthochschulen 261, 323
Gesamtstatus der theol. Fakultät 4, 9, 10
Gesellschaften mbH als Träger kirchl.
Hochschulen 361
Gesetzlichkeit 129, 134, 150, 164, 181,
190f., 208, 247
Gesetzmäßigkeitsprinzip 186, 279
Gewaltenteilung 279, 305
– innerkirchlich 186
Gewohnheitsrecht 270, 312
Glaubensgeschehen 134
– spaltung 254
– zwang 135
Glaube und Recht 1
Gleichberechtigung der Theologie 22
Gleichheit ohne Nivellierung 29
Gleichheitsgarantien (staatskirchenrecht-
lich) 40, 304f.
Gleichheitsgrundsatz – allgemeiner, Art. 3 I
GG 82, 95, 169, 211, 303, 311
– spezieller, Art. 3 III GG 23, 44f., 67, 75,
218f., 303, 306, 308, 315
Gleichstellung nichtstaatlicher Hochschulen
376
Gleichwertigkeitserfordernis 377f., 381, 384
Globalhabilitationen 262
Graduierung eines Bekenntnisfremden 308
Griechisch-orthodoxe Christen 276f.
Großkirchen 45
Gründungsfreiheit von Hochschulen 377
Grundrechte
– als Abwehrrechte 17, 94, 231, 304
– als positive Forderungsrechte 94, 102, 309
Grundrechtsausübung 28
– bindung der Kirche 54, 186, 198, 308f.,
382
– interpretation 5
– kollisionen 307f., 311, 315
– status 28
Gruppenuniversität 6, 48, 64, 72, 119, 160,
244, 268, 378, 383
Güterabwägung 308

Jus Ecclesiasticum

Beiträge zum evangelischen Kirchenrecht
und zum Staatskirchenrecht

Herausgegeben von

Axel Frhr. von Campenhausen
Gerhard Grethlein · Martin Heckel
Klaus Obermayer · Rudolf Weeber

30
Axel Frhr. von Campenhausen
Münchener Gutachten
Kirchenrechtliche Gutachten in den
Jahren 1970–1980
1983. XV, 288 Seiten. Ln.

29
Armin Pahlke
Kirche und Koalitionsrecht
1983. XIX, 299 Seiten. Ln.

28
Otto Luchterhandt
Die Gegenwartslage der Evangelischen
Kirche in der DDR
1982. IX, 109 Seiten. Ln.

27
Wilhelm Dantine
Recht aus Rechtfertigung
1982. XI, 394 Seiten. Ln.

26
Klaus G. Meyer-Teschendorf
Staat und Kirche im pluralistischen
Gemeinwesen
1979. XI, 225 Seiten. Ln.

25
Werner Weber
Staat und Kirche in der Gegenwart
1978. VIII, 404 Seiten. Ln.

24
Ulrich Bubenheimer
Consonantia Theologiae et
Iurisprudentiae
1977. XV, 335 Seiten. Ln.

23
Wilhelm Maurer
Die Kirche und ihr Recht
Herausgegeben von Gerhard Müller und
Gottfried Seebaß.
1976. IX, 589 Seiten. Ln.

22
Gottfried Held
Die kleinen öffentlich-rechtlichen
Religionsgemeinschaften im Staats-
kirchenrecht der Bundesrepublik
1974. 176 Seiten. Br.

21
Hartmut Frommer
Die Erlanger Juristenfakultät und das
Kirchenrecht 1743–1810
1974. 175 Seiten. Br.

20
Günter Henke
Die Anfänge der evangelischen Kirche in
Bayern
1974. 440 Seiten. Br.

19
Joachim Sartorius
Staat und Kirchen im francophonen
Schwarzafrika und auf Madagaskar
1973. 220 Seiten. Br.

18
Joachim Hägele
Das Geschäftsordnungsrecht der Synoden
der Evangelischen Landeskirchen und
gesamtkirchlichen Zusammenschlüsse
1973. 248 Seiten. Br.

17
Hans Liermann
Der Jurist und die Kirche
1973. 515 Seiten. Br.

16
Achim Krämer
Die gegenwärtige Abendmahlsordnung in der Evangelischen Kirche in Deutschland
1973. 268 Seiten. Br.

15
Ralf Dreier
Das kirchliche Amt
1972. 288 Seiten. Br.

14
Kirchenrechtliche Gutachten in den Jahren 1946–1969
Erstattet vom Kirchenrechtlichen Institut der EKD Göttingen unter Leitung von Rudolf Smend.
1972. 387 Seiten. Br.

13
Ernst-Lüder Solte
Theologie an der Universität
1971. XV, 320 Seiten. Br.

12
Thomas P. Wehdeking
Die Kirchengutsgarantien und die Bestimmungen über Leistungen der öffentlichen Hand an die Religionsgesellschaften im Verfassungsrecht des Bundes und der Länder
1971. XIV, 258 Seiten. Br.

11
Uvo Andreas Wolf
Jus divinum
1970. 230 Seiten. Br.

10
Hartwig Dieterich
Das protestantische Eherecht in Deutschland bis zur Mitte des 17. Jahrhunderts
1970. 286 Seiten. Br.

9
Martin Daur
Die eine Kirche und das zweifache Recht
1970. 240 Seiten. Br.

8
Klaus Schlaich
Kollegialtheorie
1969. 332 Seiten. Br.

7
Martin Honecker
Cura religionis Magistratus Christiani
1968. 248 Seiten. Br.

6
Martin Heckel
Staat und Kirche nach den Lehren der evangelischen Juristen Deutschlands in der ersten Hälfte des 17. Jahrhunderts
1968. XXI, 265 Seiten. Br.

5
Gertrud Schwanhäusser
Das Gesetzgebungsrecht der evangelischen Kirche unter dem Einfluß des Landesherrlichen Kirchenregiments im 16. Jahrhundert
1967. 164 Seiten. Br.

4
Irmtraut Tempel
Bischofsamt und Kirchenleitung in den lutherischen, reformierten und unierten deutschen Landeskirchen
1966. 192 Seiten. Br.

3
Christoph Link
Die Grundlagen der Kirchenverfassung im lutherischen Konfessionalismus des 19. Jahrhunderts
1966. 286 Seiten. Br.

2
Gerhard Tröger
Das Bischofsamt in der evangelisch-lutherischen Kirche
1966. 155 Seiten. Br.

1
Dietrich Pirson
Universalität und Partikularität der Kirche
1965. 343 Seiten. Br.

J.C.B. Mohr (Paul Siebeck) Tübingen